Betriebliches Rechnungswesen

Bilanz und Erfolgsrechnung
Kosten- und Leistungsrechnung
Wirtschaftlichkeits- und Investitionsrechnung

Von
Univ.-Prof. Dr.-Ing. Werner Zimmermann
Univ.-Prof. Dipl.-Kaufm. Hans-Peter Fries
und
Univ.-Prof. Dr. Gero Hoch

8., überarbeitete und erweiterte Auflage

R. Oldenbourg Verlag München Wien

Bibliografische Information Der Deutschen Bibliothek

Die Deutsche Bibliothek verzeichnet diese Publikation in der Deutschen
Nationalbibliografie; detaillierte bibliografische Daten sind im Internet
über <http://dnb.ddb.de> abrufbar.

© 2003 Oldenbourg Wissenschaftsverlag GmbH
Rosenheimer Straße 145, D-81671 München
Telefon: (089) 45051-0
www.oldenbourg-verlag.de

Gedruckt auf säure- und chlorfreiem Papier
Druck: Tutte Druckerei GmbH, Salzweg
Bindung: R. Oldenbourg Graphische Betriebe Binderei GmbH

ISBN 3-486-27375-2

Inhaltsverzeichnis

Vorwort

Das zentrale und älteste Anliegen der Betriebswirtschaft des Industrieunternehmens ist das Rechnungswesen; die industrielle Betriebswirtschaftslehre ist geradezu als Theorie des Rechnungswesens entstanden. Zunächst standen Bilanz und Kalkulation im Mittelpunkt des Interesses, dann erfolgte eine weitgehende Systematisierung der Buchführung und Kostenrechnung, und gerade in den letzten Jahrzehnten sind Wirtschaftlichkeits- und Investitionsrechnungen sehr stark in den Vordergrund getreten.

Ziel und Zweck des *Betrieblichen Rechnungswesens* ist die mengen- und wertmäßige Erfassung, Darstellung, Überwachung und Planung der Wertebewegungen und der Wirtschaftstätigkeit des Industrieunternehmens.

Entsprechend den unterschiedlichen Aufgabenstellungen des Rechnungswesens ist das vorliegende Buch – nach einer einführenden Klärung von Grundbegriffen – in die Abschnitte

– Bilanz und Erfolgsrechnung (A),
– Kosten- und Leistungsrechnung (B),
– Wirtschaftlichkeits- und Investitionsrechnung (C)

gegliedert.

Die Umsetzung des Bilanzrichtlinien-Gesetzes der Europäischen Gemeinschaft in deutsches Recht und die daraus resultierende Kodifizierung eines geschlossenen Buchführungs- und Bilanzrechtes im HGB (3. Buch), das seit dem 1.1. 1986 in Kraft ist, machte eine völlige Neubearbeitung des Hauptabschnittes A in der 4. Auflage notwendig.

Die drei Hauptabschnitte des Buches können als in sich abgeschlossene Abschnitte unabhängig voneinander durchgearbeitet werden. Die sachlichen Beziehungen zwischen den Teilen werden durch entsprechende Hinweise hergestellt.

Einen Schlüssel zum Inhalt des Buches als Nachschlagewerk gibt außerdem das ausführliche Sachwortverzeichnis.

Zur Vertiefung des behandelten Stoffes wird auf die empfohlene Literatur verwiesen.

Den Beispielen und Übungen ist eine zentrale Bedeutung beigemessen worden. Einmal sind die wichtigsten Informationen im Lehrtext durch Beispiele erläutert, und zum anderen dienen die Übungen und Fragenkataloge am Ende eines jeden Abschnittes der kritischen Überprüfung erworbener Kenntnisse sowie der Wiederholung und gedanklichen Nacharbeit des Stoffes.

Das vorliegende Buch ist in erster Linie als einführendes Lehrbuch für Studenten gedacht und soll ihnen den Zugang zu den speziellen Publikationen erleichtern. Gleichzeitig mag das Buch dem Praktiker eine wertvolle Hilfe sein, sich in kurzer Zeit über die Verfahren und Methoden des *Betrieblichen Rechnungswesens* zu informieren.

Werner Zimmermann
Hans-Peter Fries

Vorwort zur 8. Auflage

In der 8. Auflage ist das Betriebliche Rechnungswesen in wesentlichen Teilen gründlich überarbeitet und erweitert worden. Erstmals hat daran Herr Universitätsprofessor Dr. Gero Hoch mitgewirkt. Ungeachtet dessen wurde das bewährte didaktische Konzept des Lehr- und Fachbuchs beibehalten.

Von Bedeutung sind vor allem folgende Neuerungen:

* Kapitel A „Bilanz- und Erfolgsrechnung"
  Zunächst ist dieser Hauptabschnitt, der sich mit der Finanzbuchhaltung als *externem Rechnungswesen* beschäftigt, entsprechend den veränderten handels- und steuerrechtlichen Rahmenbedingungen korrigiert und aktualisiert worden.
  Die allgemeinen Ausführungen zur Jahresabschlussanalyse (Kap. A 4.) sind um eine praxisnahe Fallstudie (Kap. 4.4.) ergänzt worden (Fries). Das gleiche gilt für die Übungen in Kap. A 6.
  Aufgrund der wachsenden Globalisierung, d. h. der zunehmenden internationalen Beziehungen und Verflechtungen von Unternehmen, und der damit einhergehenden Tendenz zur Angleichung nationaler Rechnungslegungsvorschriften an internationale Normen ist das Kap. A 5 „Weiterentwicklung des deutschen Bilanzrechts" eingefügt worden (Hoch).

* Kapitel B „Kosten- und Leistungsrechnung"
  Dieser Hauptabschnitt, der das *interne Rechnungswesen* zum Gegenstand hat, ist weitgehend neu strukturiert sowie inhaltlich überarbeitet und erweitert worden (Fries).
  Darüber hinaus findet ein seit einigen Jahren kontrovers diskutierter und mittlerweile in der Praxis erprobter Ansatz zum Management der Gemeinkosten im Kap. B 5 „Prozesskostenrechnung" (Fries / Hoch) Berücksichtigung.
  Überdies ist auch die Aufgabensammlung in Kap. B 7 dem neuen Aufbau angepasst und ergänzt worden (Fries).

Für die Verfasser

Hans-Peter Fries

Abkürzungsverzeichnis

A	Aktiva (= linke Bilanzseite)
a. A.	anderer Ansicht
a. a. O.	am angegebenen Ort
AB	Anfangsbestand
Abs.	Absatz
a. F.	alte Fassung
AfA	Absetzung für Abnutzung
AfaA	Absetzung für außergewöhnliche Abnutzung
AfS	Absetzung für Substanzverringerung
AG	Aktiengesellschaft
AktG	Aktiengesetz
AO	Abgabenordnung
a. o.	außerordentlich
Aufl.	Auflage
AV	Anlagevermögen
BAB	Betriebsabrechnungsbogen
Bd.	Band
BDI	Bundesverband der Deutschen Industrie, Köln
Berlin FG	Berlin-Förderungsgesetz
BewG	Bewertungsgesetz
BFH	Bundesfinanzhof
BGBl	Bundesgesetzblatt
BiRiLiG	Bilanzrichtliniengesetz
BRD	Bundesrepublik Deutschland
BMF	Bundesminister(ium) für Finanzen
BS	Buchungssatz
BStBl	Bundessteuerblatt
BWL	Betriebswirtschaftslehre
DB	Der Betrieb
DGFB	Deutsche Gesellschaft für Betriebswirtschaft, Berlin
DStR	Deutsches Steuerrecht
EDV(A)	Elektronische Datenverarbeitung(sanlage)
EG	Europäische Gemeinschaft
EK	Eigenkapital
ESt	Einkommensteuer
EStDV	Einkommensteuer-Durchführungsverordnung
EStG	Einkommensteuergesetz
EStR	Einkommensteuer-Richtlinien
EU	Europäische Union
f.	folgende (Seite)
ff.	folgende (Seiten)
FK	Fremdkapital
gem.	gemäß
GenG	Genossenschaftsgesetz
GewErtrSt	Gewerbeertragsteuer
GewSt	Gewerbesteuer

GKR-I	Gemeinschaftskontenrahmen der Industrie
GKV	Gesamtkostenverfahren
GmbH	Gesellschaft mit beschränkter Haftung
GmbHG	GmbH-Gesetz
GoB	Grundsätze ordnungsmäßiger Buchführung
GoF	Geschäfts- oder Firmenwert
GuV	Gewinn- und Verlustrechnung
GWG	Geringwertige Wirtschaftsgüter

H	Haben (= rechte Kontoseite)
HGB	Handelsgesetzbuch
h. L./h. M.	herrschende Lehre / herrschende Meinung
Hrsg.	Herausgeber

IAS	International Accounting Standards
i. d. R.	in der Regel
IdW	Institut der Wirtschaftsprüfer
i. e. S.	im engeren Sinne
IFRS	International Financial Reporting Standards
IKR	Industriekontenrahmen
i. S.	im Sinne
i. V. (m.)	In Verbindung (mit)
i. w. S.	im weiteren Sinne

Kap.	Kapitel
KRR	Kostenrechnungsrichtlinien
KStG	Körperschaftsteuergesetz
KWG	Kreditwesengesetz

lmi	leistungsmengeninduziert
lmn	leistungsmengenneutral
LSÖ	Leitsätze für die Preisermittlung aufgrund der Selbstkosten bei Leistungen für öffentliche Auftraggeber (v. 15.11.1938)
LSP	wie vor, jedoch (v. 22.11.1951)

| MAPI | Machinery and Allied Products Institut |
| MWSt | Mehrwertsteuer |

| o. a. | oben angegeben |

| P | Passiva (= rechte Bilanzseite) |
| PublG | Publizitätsgesetz |

RAP	Rechnungsabgrenzungsposten
RFH	Reichsfinanzhof
RKW	Rationalisierungskuratorium der Deutschen Wirtschaft, Frankfurt

S	Soll (= linke Kontoseite)
S.	Seite oder Siehe
SB(K)	Schlußbilanz(konto)
StGB	Strafgesetzbuch
StuB	Steuern und Bilanzen

u. a.	unter anderem
UKV	Umsatzkostenverfahren
US-GAAP	United States – Generally Accepted Accounting Principles
USt	Umsatzsteuer
UStG	Umsatzsteuergesetz
UV	Umlaufvermögen
VAG	Versicherungsaufsichtsgesetz
VDMA	Verband Deutscher Maschinen- und Anlagenbauer
Vgl.	Vergleiche
WISU	Das Wirtschaftsstudium
ZRFG	Zonenrandförderungsgesetz

Einführung: Grundbegriffe und Gliederung des Rechnungswesens

v. Univ.-Prof. Dipl.-Kfm. Hans-Peter Fries

Anders als im täglichen Sprachgebrauch sind die Begriffe Betrieb und Unternehmung in der Betriebswirtschaftslehre und insbesondere im Rechnungswesen nicht synonym zu verwenden. Der Unterschied zwischen Betrieb und Unternehmung kann nicht als eine materielle, d. h. räumliche oder örtliche Trennung gedeutet werden. Betriebe sind demnach nicht örtliche Einheiten im Sinne von Werken, Fabriken oder Arbeitsstätten und das Unternehmen nicht eine Zusammenfassung von „Gliedbetrieben" (Nicklisch) oder gar deren Verwaltung. Die Unterscheidung ist vielmehr gedanklicher Art.

Das Rechnungswesen grenzt **Betrieb und Unternehmung** *unter verrechnungstechnischem Aspekt ab. Die Abrechnung des Unternehmens erfolgt durch die* **Geschäfts- bzw. Finanzbuchhaltung**, *die des Betriebes durch die* „**Betriebsbuchhaltung**" *bzw.* **Kosten- und Leistungsrechnung.**[1]

Danach erfüllt der **Betrieb** den eigentlichen *Sach- oder Betriebszweck*, nämlich die *Erstellung und Verwertung der Sach- und Dienstleistungen*. Alle Vorgänge und Aktivitäten, die dazu dienen, sind betrieblicher Natur oder leistungsorientiert. Aufgaben der **Betriebsbuchhaltung** sind die Ermittlung des Betriebsergebnisses und die Wirtschaftlichkeitskontrolle des Betriebsgeschehens durch Gegenüberstellung von Kosten und Leistungen bzw. durch Kostenvergleich. **Rechnungsgrößen bzw. Strömungsgrößen** der Betriebsbuchhaltung und somit Komponenten des Betriebserfolges sind **Kosten und Leistungen**.

Kosten beinhalten den bewerteten Güter- und Diensteverzehr, der zur Erstellung betrieblicher Leistungen erforderlich war.
Leistungen sind die bewerteten, durch die betriebliche Tätigkeit erstellten Güter und Dienste.

N. B.: Erlös = Wert der *verkauften* Leistungen
Leistungen = Erlöse $+/-$ Bestandsveränderungen $+$ Eigenleistungen
$\text{Erfolg}_{(\text{Betrieb})}$ = Leistung(swert) $-$ Kosten
oder in der Sprache der Finanzbuchhaltung
Zweckertrag – Zweckaufwand.

Im Gegensatz dazu erfaßt die Abrechnung des **Unternehmens** *alle*, d.h. auch die nicht sachzweck- bzw. leistungsorientierten *Aktivitäten*. Die Geschäftsbuchhaltung ermittelt den gesamten Unternehmenserfolg durch Vergleich aller, d.h. auch der betriebsfremden Aufwendungen und Erträge. **Rechnungsgrößen** der Finanz- oder Geschäftsbuchhaltung sind **Aufwand und Ertrag**.

$$\text{Erfolg}_{(\text{Unternehmen})} = \text{Ertrag} - \text{Aufwand}$$

Aufwand ist der gesamte bewertete Verzehr (Verbrauch) eines Unternehmens an Gütern und Diensten in einer Rechnungsperiode, die Summe aus Zweckaufwand (Kosten) und neutralem Aufwand.

Neutraler Aufwand setzt sich aus drei Kategorien zusammen:

---

[1] Der gebräuchliche Oberbegriff „Betriebliches Rechnungswesen" dürfte i. S. einer exakten Terminologie somit eigentlich nur für die „*Betriebs*buchhaltung" verwendet werden.

- **betriebsfremder Aufwand** ist nicht leistungsbedingt, nicht Zweck-Aufwand, z. B. Spenden, Aufwendungen für nicht betrieblich genutzte Grundstücke und Gebäude, für Beteiligungen, Repräsentationen (ohne Werbecharakter), Verluste aus Wertpapiergeschäften;
- **außerordentlicher Aufwand** resultiert nicht aus dem üblichen Geschäftsgang, fällt einmalig oder selten an und ist zufallsbedingt, z. B. Feuerschäden, Forderungsausfälle wegen Kundenkonkurs, Diebstahl, Gerichtsstrafen;
- **periodenfremder Aufwand** ist zwar betrieblich bedingt, hat aber seine Entstehungsursache nicht in der Abrechnungsperiode, hätte folglich in einem früheren Jahr berücksichtigt werden müssen, z. B. Verluste aus dem Abgang von zu niedrig abgeschriebenen Anlagen, Steuernachzahlungen.

Aufwandsarten:
- Aufwendungen für den Gebrauch und Verbrauch von Gütern:
  a) Aufwendungen für die Verbrauchsgüter (Roh-, Hilfs- und Betriebsstoffe)
  b) Wertminderungen an Gebrauchsgütern (Abschreibungen auf Betriebsmittel)
- Aufwendungen für die Inanspruchnahme von Leistungen (Löhne und Gehälter, Ausgabe für fremde Dienstleistungen, Versicherungsprämien und dgl.)
- Aufwendungen für Außenlasten (Steuern, öffentliche Abgaben usw.).

Ertrag ist der gesamte Wertzuwachs eines Unternehmens in einer Rechnungsperiode, die Summe aus Betriebs- oder Zweckertrag (Leistung) und neutralem Ertrag.

Neutraler Ertrag besteht analog zum neutralen Aufwand aus betriebsfremdem, außerordentlichem und periodenfremdem Ertrag.

Ertragsarten (z. B.)
- Umsatzerlöse (= Zweckertrag),
- Mieterträge,
- Zinserträge,
- Provisionen,
- Spekulationsgewinne.

Neutrale Aufwendungen und Erträge werden „nur" in der Gewinn- und Verlustrechnung (Erfolgsrechnung) der Finanzbuchhaltung, nicht aber in der Betriebsbuchhaltung verbucht, da sie nicht leistungsbedingt sind oder sachlich bzw. zeitlich betrachtet so außergewöhnlich sind, daß sie nicht in die periodischen Kosten(rechnungen) einbezogen werden können, um das Betriebsergebnis und die Basis der Selbstkostenrechnung und Preiskalkulation nicht zu verfälschen. Aufwand und Ertrag sind pagatorische Größen (lat.: pagare = zahlen), d. h., sie beruhen auf Zahlungsvorgängen (Ausgaben, Einnahmen), die einzelnen Rechnungsperioden zugeordnet werden. Im Gegensatz dazu sind Kosten und Leistungen kalkulatorische Größen. Sie beruhen auf von tatsächlichen Zahlungsvorgängen losgelösten Erwägungen, d. h., sie können selbst dann entstehen, wenn keine Zahlungen stattgefunden haben.

Beispiel:
Die Anschaffungsausgaben für eine Maschine betrugen 40 000 EUR; bei einer angenommenen Nutzungsdauer von 4 Jahren und linearer Abschreibung entfallen auf jede Rechnungsperiode 10 000 EUR Abschreibung (= Aufwand). Wird die Maschine betrieblich genutzt, handelt es sich dabei um Zweckaufwand = Kosten.

Die Abgrenzung von Unternehmens- und Betriebssphäre mag folgendes Beispiel verdeutlichen:
Ein Industriebetrieb stellt Kühlschränke her. Betriebliche Leistungen sind die produzierten Kühlschränke.

Betrieb:
Zweckerträge (Erlöse) resultieren aus der Produktion und dem Verkauf der Produkte. Zweckaufwand (Kosten) sind z. B. Löhne und Gehälter, Materialkosten, Abschreibungen betrieblich genutzter Anlagen.

Unternehmen:
Betriebsfremde Erträge sind z. B. Einnahmen aus der Verpachtung eines nicht selbst genutzten Fabrikgrundstückes, Mieteinnahmen aus Werkswohnungen. Betriebsfremde Aufwendungen sind z. B. Unterhaltung eines unternehmenseigenen Gestüts, Spenden für ein Kinderheim.

Andererseits darf die Finanzbuchhaltung aus handels- (und steuer-)rechtlichen Gründen keine sog. **kalkulatorischen Kosten** enthalten, dazu gehören

- **Zusatzkosten** (aufwandslose Kosten)
  Das sind betriebliche Werteverzehre (Kosten), denen der Aufwandscharakter fehlt, die also niemals Aufwand waren oder werden und denen auch keine Ausgaben gegenüberstehen, z. B. kalkulatorischer Unternehmerlohn, kalkulatorische Eigenkapitalzinsen, kalkulatorische Eigenmiete oder kalkulatorische Abschreibung eines unentgeltlich erworbenen Anlagegegenstandes.
- **Anderskosten** (aufwandsungleiche Kosten)
  Hierbei handelt es sich um Werteverzehre, die in der Betriebsbuchhaltung anders (höher) als in der Finanzbuchhaltung angesetzt werden, z. B. höhere kalkulatorische Abschreibung (eines Kfz aufgrund der tatsächlichen Kilometerleistung) im Vergleich zur pagatorischen (evtl. linearen, d. h. in gleichen Jahresbeträgen vorgenommenen) Abschreibung.

Die dargelegten Zusammenhänge und Abgrenzungen verdeutlicht Bild 1.

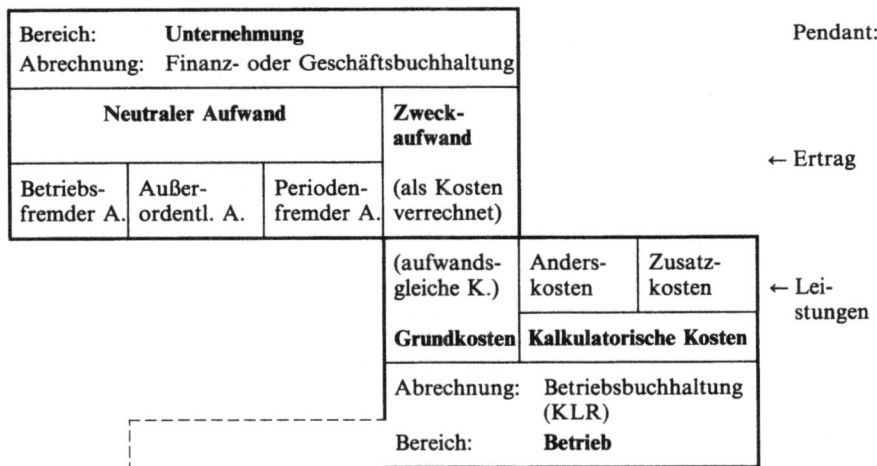

Bereich: **Unternehmung**						Pendant:
Abrechnung: Finanz- oder Geschäftsbuchhaltung						
Neutraler Aufwand			**Zweckaufwand**			← Ertrag
Betriebsfremder A.	Außerordentl. A.	Periodenfremder A.	(als Kosten verrechnet)			
			(aufwandsgleiche K.)	Anderskosten	Zusatzkosten	← Leistungen
			Grundkosten	**Kalkulatorische Kosten**		
			Abrechnung:	Betriebsbuchhaltung (KLR)		
			Bereich:	**Betrieb**		

Bild 1: Schematische Abgrenzung der Werteverzehre in Betrieb und Unternehmung

Außer den genannten Rechengrößen der Finanz- und Betriebsbuchhaltung sei noch das Begriffspaar **Ausgaben/Einnahmen** der **Geld- bzw. Finanzrechnung** erläutert und abgegrenzt.

Ausgaben und Einnahmen sind Geldabflüsse und -zuflüsse (Aus- und Einzahlungen), die aus Zahlungsvorgängen (Außenbeziehungen) entstehen und den Zahlungsmittelbestand (Kasse, Bank) verändern. Im erweiterten Sinne gehören zu den

Ausgaben der Rechnungsperiode				
Ausgabe *jetzt* / Aufwand nie	Ausgabe *jetzt* / Aufwand später oder früher	Ausgabe *jetzt* / Aufwand jetzt	Aufwand jetzt / Ausgabe *später* oder *früher*	Aufwand jetzt / Ausgabe *nie*
Ausgabe *ohne* Aufwandscharakter	Ausgabe *mit* Aufwandscharakter			
			Aufwand der Rechnungsperiode	

Bild 2: Schematische Abgrenzung der Strömungsgrößen Aufwand und Ausgaben

Rechnungwesen		
Zahlenmäßige (mengen- und wertmäßige), rechnerische Erfassung aller Aktivitäten Aufgaben: – Erfassung sämtlicher Veränderungen der Vermögens- und Kapitalstruktur – Kontrolle der Wirtschaftlichkeit des Betriebsgebarens (Kosten/Leistungen) – Ermittlung des Unternehmens- und Betriebserfolges – Schaffung von betrieblichen Vergleichs- und Kennzahlen, von Kalkulations- unterlagen – Erstellen von Plandaten zur Entscheidungsvorbereitung		
Bilanz und Erfolgsrech- nung (Finanzbuchhaltung)	**Wirtschaftlichkeits- und Investitionsrechnung**	**Kosten- und Leistungsrech- nung (Betriebsbuchhaltung)**
Zeitraumrechnung: Extern orientiert, d. h., sie unterliegt handelsrechtlichen Vorschriften (Steuerbilanz auch steuerrechtl. Vorschriften) Aufgaben: – Erfassung der Vermögens- und Kapitalveränderungen (Bilanz) – Fixierung und Kontrolle des Jahreserfolges des *Unternehmens* (GuV) Erfolg$_U$ = Ertrag – Aufwand – Informationsinstrument für Gesellschafter, Gläubiger und Finanzbehörden	*Planungs- und Vorschaurechnung* (basierend auf Finanz- und Betriebsbuchhaltung) zum Zwecke der Erhaltung und Verbesserung der Wirtschaftlichkeit und Rentabilität der Produktionsverfahren und -anlagen Aufgaben: – Beurteilung der Vorteilhaftigkeit von einzelnen Investitions- und Rationalisierungsmaßnahmen nach verschiedenen Kriterien – Ansatz jährlicher Investitionsbudgets und Aufstellung langfristiger optimaler Investitionsprogramme	*Internes Instrument* zur Beurteilung und Kontrolle des Betriebsgeschehens durch Beschaffung von Entscheidungsunterlagen für eine rationelle Planung und zielorientierte Unternehmenspolitik Aufgaben: – Kostenerfassung und -verteilung auf K.-Stellen und K.-Träger, kurzfristige *Betrieb*ergebnisrechnung Erfolg$_B$ = Leistungen – Kosten – Selbstkosten- und Deckungsbeitragsrechnung zur Beurteilung der Zweckmäßigkeit der Hereinnahme von Aufträgen – Analyse der Kostenabweichungen und ihrer Ursachen im Rahmen einer Plankostenrechnung
Pagatorische Rechnung		Kalkulatorische Rechnung

Bild 3: Gliederung des Rechnungswesens

Einnahmen auch die Forderungszugänge und die Schuldenabgänge, zu den Ausgaben auch die Schuldenzugänge und die Forderungsabgänge. Ausgaben und Einnahmen können in *materieller* Hinsicht, d. h. in ihrer absoluten Höhe von Aufwand und/oder Kosten abweichen (z. B. Geldabflüsse durch Privatentnahmen des Unternehmens sind weder Aufwand noch Kosten; Spenden sind Ausgaben, zugleich – neutraler – Aufwand, aber keine Kosten; kalkul. Kosten sind keine Ausgaben), oder in *zeitlicher* Hinsicht (Verteilung) divergieren (s. das obige Beispiel „Anschaffungsausgaben").

Das **Rechnungswesen** stellt ein Dokumentations-, Informations- und Kontrollinstrument dar, ohne das die Führung eines modernen Betriebes nicht mehr denkbar ist. Es erfaßt und überwacht sämtliche Mengen- und Wertbewegungen im Unternehmens- und Betriebsbereich und liefert nach deren Aufbereitung und Auswertung die Daten und Steuerungsgrößen für unternehmerische Planungen und Entscheidungen.

Unter Berücksichtigung der zuvor erläuterten Rechnungsgrößen und der verschiedenartigen Aufgabenstellungen empfiehlt sich für das Rechnungswesen die in Bild 3 gezeigte Gliederung.

Daraus geht hervor, daß die **Finanzbuchhaltung** extern orientiert ist, weil sie zum einen handels- und steuerrechtliche Vorschriften berücksichtigen muß und zum anderen sich mit dem Jahresabschluß an außenstehende Zielgruppen richtet. Die **Kostenrechnung** ist dagegen ein internes Kontroll- und Führungsinstrument.

In einem Ausnahmefall hat die Kostenrechnung allerdings doch externen Charakter: Wenn bei öffentlichen Aufträgen kostendeckende Preise vereinbart werden, muß die Kostenrechnung dem öffentlichen Auftraggeber gegenüber offengelegt werden. Die hierbei zu beachtenden Rechtsnormen sind die Verordnung über die Preise bei öffentlichen Aufträgen (VPöA) vom 21.11.1953 in der Fassung vom 12.12.1967 und die zugehörigen Leitsätze für die Preisermittlung auf Grund von Selbstkosten (LSP) in der Fassung vom 23.12.1954. Im Bauwesen gelten für öffentliche Aufträge andere, aber in weiten Teilen ähnliche Vorschriften: Die Verordnung über die Preise für Bauleistungen bei öffentlichen oder mit öffentlichen Mitteln finanzierten Aufträgen (BPVO) vom 6.3.1972 und die zugehörigen Leitsätze für die Ermittlung von Preisen für Bauleistungen auf Grund von Selbstkosten (LSP-Bau).

Aufgaben

1. Definieren Sie folgende Begriffe und grenzen Sie diese gegeneinander ab:

   a) Ausgaben, Aufwand, Kosten, kalkulatorische Kosten;

   b) Einnahmen, Ertrag, Leistung, Umsatzerlös.

2. Welchen der in der Tabelle angeführten Rechnungsgrößen würden Sie die folgenden Geschäftsvorfälle zuordnen? (Markieren Sie die Zuordnung durch ein Kreuz; beachten Sie, daß in jeder Spalte mindestens ein Kreuz anzubringen ist.)

   a) Die Grundsteuer für ein im Zuge eines Konkurses übernommenes, mit einem Wohnhaus bebautes Grundstück ist fällig.

   b) Die Miete für das unter a) erwähnte Wohnhaus geht ein.

   c) Durch eine Überschwemmung wird ein großer Teil der eingelagerten Hilfs- und Betriebsstoffe unbrauchbar.

d) Die Versicherung übernimmt den Schaden des unter c) geschilderten Falles.

e) Für das betriebsnotwendige Kapital rechnet sich die Firma 10 % Zinsen.

f) Herstellung eines Spezial-Erzeugnisses für einen bestimmten Kunden.

g) Für die Herstellung des unter f) genannten Erzeugnisses wurden Vorleistungen von Lieferanten in Anspruch genommen.

h) Zahlungseingang für gelieferte Waren.

i) In der Betriebsbuchhaltung werden die Maschinenabschreibungen von den gestiegenen Wiederbeschaffungspreisen vorgenommen.

Rechnungsgröße / Geschäftsvorfall	a	b	c	d	e	f	g	h	i
Ausgaben									
Aufwand, neutraler d. h.									
a) betriebsfremder									
b) außerordentlicher									
Kosten a) Zweckaufwand = Grundkosten									
b) Zusatzkosten									
c) Anderskosten									
Einnahmen									
Erträge, neutrale d. h.									
a) betriebsfremde									
b) außerordentliche									
Leistungen, Betriebserträge									

A. Bilanz und Erfolgsrechnung

v. Univ.-Prof. Dipl.-Kfm. Hans-Peter Fries
und Univ.-Prof. Dr. Gero Hoch

1. Rechtsgrundlagen

Die **Finanzbuchhaltung** unterliegt als externes Rechnungswesen handels- und steuerrechtlichen Vorschriften, die insbesondere zum Schutze der Gläubiger und zur richtigen Ermittlung von Steuerbemessungsgrundlagen (z. B. Gewinn, Umsatz) erlassen sind.

Das seit dem 1.1.1986 gültige *HGB* beruht auf der Umsetzung von EG – Bilanzrichtlinien in deutsches Recht durch das BiRiLiG v. 19.12.1985. Es enthält in dem neu geschaffenen „3. Buch: Handelsbücher" ein geschlossenes Buchführungs- und Bilanzrecht für alle Unternehmenskategorien. Dadurch sind zahlreiche Einzelnormen in AktG, GmbHG und GenG überflüssig geworden. Dieses 3. Buch enthält

1. Vorschriften für alle Kaufleute (§§ 238–263) bezüglich Buchführung, Inventur, Jahresabschluß, Aufbewahrungspflichten etc.,
2. ergänzende Vorschriften für Kapitalgesellschaften bezüglich
   – Jahresabschluß und Lagebericht (§§ 264–289),
   – Konzernabschluß und -lagebericht (§§ 290–315),
   – Abschlußprüfung (§§ 316–324),
   – Publizität (§§ 325–329) u. a.,
3. ergänzende Vorschriften für eingetragene Genossenschaften (§§ 336–339).

Speziell für die Aktiengesellschaften sind folgende Vorschriften des *AktG* von Bedeutung bezüglich
– Verwendung des Jahresüberschusses (§ 58),
– Rücklagen (§ 150), Bilanz (§ 152), GuV (§ 158), Anhang (§ 160),
– Prüfung und Feststellung des Jahresabschlusses (§§ 170–176).

Steuerrechtlich sind die §§ 4–9 EStG und §§ 6–11d EStDV, sowie für Kapitalgesellschaften die §§ 7f KStG verbindlich.

Die **Buchführungspflicht** ergibt sich *handelsrechtlich* für Kaufleute aus § 238 I HGB: „Jeder Kaufmann ist verpflichtet, Bücher zu führen und in diesen seine Handelsgeschäfte und die Lage seines Vermögens nach den Grundsätzen ordnungsgemäßer Buchführung ersichtlich zu machen".

Steuerrechtlich wird die Buchführungspflicht in § 141 AO unter folgenden Voraussetzungen auch auf andere Unternehmer ausgedehnt:
– Umsatz > 260 000 EUR p. a. oder
– Gewinn > 25 000 EUR p. a.

An manchen Gesetzesstellen – neben § 238 HGB – wird die Anwendung und Beachtung der **Grundsätze ordnungsmäßiger Buchführung (GoB)** ausdrücklich gefordert, s. §§ 243, 264 II HGB, § 5 I EStG.

GoB sind allgemeinste Buchführungs- und Bilanzierungsnormen, die sich nur z. T. aus dem Gesetz und zusätzlich aus dem Handelsbrauch herleiten lassen.

Erstmalig nennt der Gesetzgeber in § 239 des „neuen" HGB Grundanforderungen für eine ordnungsmäßige Buchführung (bisher nur der Steuergesetzgeber in § 146 AO, ergänzend in Abschn. 29 EStR), in § 243 für den Jahresabschluß.

Das Gesetz spricht nur von Grundsätzen ordnungsmäßiger Buchführung; diese schließt sachlich aber die Bilanzierung ein. Es empfiehlt sich folgende Systematik:

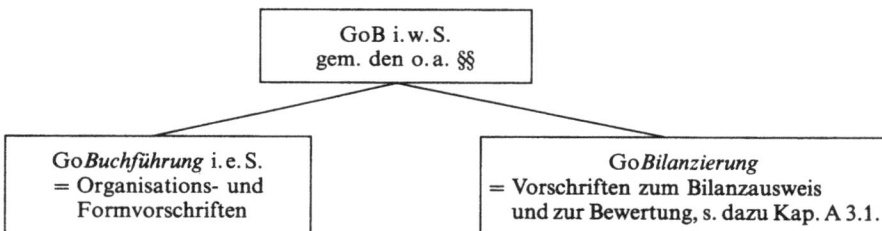

GoB i. w. S. gem. den o. a. §§

GoBuchführung i. e. S. = Organisations- und Formvorschriften	GoBilanzierung = Vorschriften zum Bilanzausweis und zur Bewertung, s. dazu Kap. A 3.1.

Üblicherweise werden die GoB i. e. S. wie folgt interpretiert:

Formelle Ordnungsmäßigkeit:

- Grundsatz der *Klarheit, Übersichtlichkeit, Verständlichkeit* und *Zeitgerechtheit* (vgl. §§ 238 I, 239 I, II, 243 f. HGB),
  Kriterium: Die Rechnungslegung muß einem Sachverständigen, z. B. Steuerbera-ter, problemlos einen Einblick in die Geschäftsvorfälle und die Lage des Unter-nehmens gestatten (§§ 238 I HGB, 145 I AO).
- *Belegprinzip*, d. h. Forderung „keine Buchung ohne Beleg"
- *Aufbewahrungsgrundsatz* (§ 257 HGB)

Materielle Ordnungsmäßigkeit:

- Grundsatz der *Vollständigkeit* und *Richtigkeit* (§ 239 II HGB).

Verstöße gegen die GoB können steuerrechtlich (Schätzung der Bemessungsgrund-lagen) und im Konkursfall strafrechtlich (Freiheitsstrafe gem. § 283 StGB) geahn-det werden.

Verhaltensnormen und Empfehlungen ohne Rechtsverbindlichkeit enthalten ferner:

- Richtlinien zur Organisation der Buchführung von 1937, neugefaßt 1949 als Gemein-schaftsrichtlinien für die Buchführung
- Gemeinschaftskontenrahmen der Industrie (GKR-I) von 1951
- Grundsätze für das Rechnungswesen der Industriebetriebe von 1952
- Industriekontenrahmen von 1971

2. Einführung in die Buchführungstechnik des Industriebetriebes

2.1. Das Konto

*Das **Konto** (ital. = Rechnung, zugleich Rechnungsführung) ist eine zweiseitige Rech-nung der Buchhaltung zur Verbuchung von Geschäftsvorfällen, deren linke Seite Soll (auch Debet) und deren rechte Seite Haben (auch Kredit) genannt wird (vgl. Bild A 1).*

Eine Buchung im Soll nennt man Sollbuchung, Lastschrift oder Belastung, eine Buchung im Haben Habenbuchung, Gutschrift oder Erkennung.

Unter *Geschäftsvorfall* versteht man jede in Geldeinheiten auszudrückende Werteverschie-bung. Bestellungen, Mahnungen, Mängelrügen sind keine Geschäftsvorfälle.

Alle Geschäftsvorfälle müssen in chronologischer Folge lückenlos wertmäßig erfaßt und aufgezeichnet, d. h. gebucht werden. Dies geschieht in der Finanzbuchhaltung auf Konten. Jede Buchung nennt die Merkmale „Datum", „Art des Geschäftsvorfalls" und „Wert" (Betrag).

Soll			Kasse		Haben
Datum	Text	Betrag	Datum	Text	Betrag
	(Einzahlungen)			(Auszahlungen)	
				Saldo	
	Summe			Summe	

Bild A 1: Schematische Darstellung eines Kontos (hier: Kasse-Konto in T-Form)

Vom Inhalt her ist zwischen **Bestands- und Erfolgskonten** zu unterscheiden. Letztere umfassen die Aufwands- und Ertragskonten. Aufwendungen werden im Soll, Erträge im Haben verbucht. Auf den Bestandskonten werden zunächst am Jahresanfang alle Bestände an Vermögen (im Soll) und Kapital (im Haben) und im Jahresverlauf sämtliche Veränderungen gebucht.

Am Jahresende sind alle Konten abzuschließen. Zu diesem Zweck werden auf jedem Konto die Positionen beider Seiten addiert; die Differenz zwischen den beiden Seiten nennt man **Saldo**. Ihre Salden geben die Erfolgskonten in die GuV, die Bestandskonten in die Bilanz ab[1].

2.2. Bilanz und Erfolgsrechnung (GuV) als Ausgangs- und Endpunkt der Buchführung

2.2.1. Aufbau und Inhalt von Bilanz und GuV

*Die **Bilanz**[2] ist eine in Kontoform durchgeführte Gegenüberstellung des Vermögens und des Kapitals einer Unternehmung zu einem bestimmten Zeitpunkt (Bilanzstichtag).*

Sie dient somit dem in § 240 HGB geforderten Nachweis der Relation von Vermögen und Schulden.

Ihrem Wesen nach ist die Bilanz eine zeitpunktbezogene **Beständerechnung** mit statischem Charakter. Sie weist auf der linken Seite das Vermögen, d. h. die Summe aller im Unternehmen eingesetzten Wirtschaftsgüter und Geldmittel, auf der rechten Seite das Kapital, d. h. die Gesamtheit aller von Kapitaleignern und Gläubigern stammenden Finanzierungsmittel aus. In der Sprache der Bilanz werden die Vermögenswerte **Aktiva** und die Kapitalien **Passiva** genannt. Die Bilanz ist *buchführungstechnisch* End- und Ausgangspunkt aller Geschäftsvorfälle, die das Vermögen

---

[1] Einzelheiten zur Buchführungstechnik s. Kap. A 2.3.
[2] Bis (lat.) = zweifach und lanx (lat.) = Schale als Synonym für eine im Gleichgewicht befindliche Waage drückt die Zahlen- und Wertgleichheit beider Bilanzseiten aus; vgl. Bild A 8 und Kap. A 4.4.1.

und/oder das Kapital verändern. Denn einerseits nimmt sie (als Schlußbilanz) die Salden aller Bestandskonten am Ende einer Rechnungsperiode (= Wirtschaftsjahr) als Aktivposten oder Passivposten auf, andererseits sind diese zugleich die Anfangsbestände der Bestandskonten, die zu Beginn der folgenden Rechnungsperiode (aus der Auflösung der Eröffnungsbilanz[3]) zu eröffnen sind.

Die **Aktiva** werden in zwei Gruppen unterteilt:
Das **Anlagevermögen** umfaßt alle Wirtschaftsgüter, die dem Unternehmen längerfristig zu dienen bestimmt sind, wiederum untergliedert in

- *Immaterielle Vermögensgegenstände* (z.B. Patente, Firmenwert),
- *Sachanlagen* (z.B. Grundstücke und Gebäude, Maschinen, Werkzeuge, Betriebs- und Geschäftsausstattung),
- *Finanzanlagen* (z.B. Beteiligungen, langfristig gegebene Darlehen, langfristige Wertpapiere).

Zum **Umlaufvermögen**, dessen Wirtschaftsgüter in kürzerer Zeit im Betriebsprozeß „umlaufen" bzw. umgewandelt werden, gehören

- *Vorräte* an Werkstoffen fertigen und unfertigen Erzeugnissen als nichtmonetäres Umlaufvermögen,
- *monetäres Umlaufvermögen*, das sind geldgleiche und geldnahe Vermögensteile wie Forderungen, kurzfristige Wertpapiere, Zahlungsmittel.

Die Zuordnung von Wirtschaftsgütern zum Anlage- oder Umlaufvermögen erfolgt nach deren Zweckbestimmung; Wertpapiere z.B. sind als langfristig beabsichtigte Finanzanlage oder Beteiligung im Anlagevermögen auszuweisen, als kurzfristige und jederzeit veräußerbare Liquiditätsreserve dagegen im Umlaufvermögen.

Die **Passiva** setzen sich zusammen aus

- *Eigenkapital* und
- *Fremdkapital* (Verbindlichkeiten, Darlehen, Rückstellungen).

Die Einteilung erfolgt unter *juristischem* Aspekt. Die Eigenkapitalgeber sind die Eigentümer der Unternehmung (Einzelunternehmer bzw. Gesellschafter; Kapitaleigner), die Fremdkapitalgeber haben ihrer Rechtsnatur nach die Stellung von Gläubigern.[4] Der Ausweis des Eigenkapitals ist je nach der Rechtsform des Unternehmens verschieden. (Gewinn ist wesensgemäß eine Vermehrung des Eigenkapitals, Verlust eine Minderung). Das Fremdkapital (Schulden, Verbindlichkeiten) wird weiter untergliedert nach Fristigkeit, Art der Verbindlichkeit etc. Aufgrund der **Bilanzgleichung** „Summe der Aktiva = Summe der Passiva" ergibt sich ex definitione „Vermögen − Schulden = Eigenkapital".

Ergänzt werden beide Bilanzseiten um Korrekturposten.

---

[3] S. Kap. A 2.2.7.
[4] Einzelheiten s. H.-P. Fries, BWL der Industrie, 5. Aufl., München/Wien 1999, S. 336f.

Bild A 2 zeigt den **Formalaufbau** einer Bilanz:

Aktiva	Passiva
I. Anlagevermögen Immaterielle Vermögensgegenstände Sachanlagen Finanzanlagen II. Umlaufvermögen Vorräte Forderungen Liquide Mittel III. Rechnungsabgrenzungsposten	I. Eigenkapital II. Fremdkapital Langfristige Verbindlichkeiten Kurzfristige Verbindlichkeiten III. Rechnungsabgrenzungsposten
Bilanzsumme	Bilanzsumme

Bild A 2: Formalaufbau einer Bilanz

Finanzwirtschaftliche Aussage

Der formale Bilanzaufbau spiegelt die Abgrenzung von Finanzierung und Investition wieder. Die Passivseite gibt Auskunft über die Herkunft der Finanzmittel (Finanzierung, Kapitalbeschaffung), die Aktivseite über deren Verwendung (Investition, Vermögensbildung). Auch darin begründet sich die wertmäßige Tautologie von Vermögen und Kapital. Beide Seiten stellen ein und dieselbe Wertgesamtheit unter verschiedenem Aspekt dar, sie müssen in der Summe gleich sein. Bilanztechnisch kann deshalb Kapital auch als abstrakter geldmäßiger Gegenausdruck der konkreten Vermögensteile definiert werden. Aus der Struktur von Vermögen und Kapital[5] wird erkennbar, inwieweit gewisse **Finanzierungsregeln**[6a] eingehalten sind; aus der Bilanz kann man jedoch nicht ablesen, mit welcher Kapitalart im einzelnen ein ganz bestimmtes Wirtschaftsgut finanziert worden ist.

	A	P	
Investition = Mittelver- wendung	Anlagevermögen Umlaufvermögen	Eigenkapital Fremdkapital	Finanzierung = Mittelher- kunft
	= Vermögen	= Kapital	

Bild A 3: Finanzwirtschaftliche Aussage der Bilanz

Die Anordnung der Vermögensgegenstände folgt in etwa dem **Liquiditätsgliederungsprinzip**. Die Liquidierbarkeit des Vermögens nimmt von oben nach unten zu. Ein Vergleich der nach Stufen der Liquidierbarkeit gruppierten Vermögensteile mit den nach Fristigkeiten geordneten Verbindlichkeiten durch Bildung von Kennzahlen (**Liquiditätsgrade**) läßt Rückschlüsse auf die Liquidität des Unternehmens zu. Der Aussagewert ist allerdings begrenzt, da – wie erwähnt – die Bilanz und damit die aus ihr abgeleiteten Kenngrößen statischer Natur sind und nur die gegenwärtige

---

[5] Vgl. hierzu H.-P. Fries, a.a.O., S. 31 f., 127 f., 379 f., 382.
[6a] Weiteres hierzu H.-P. Fries, a.a.O., S. 375 ff.

finanzielle Situation am Bilanzstichtag (status quo) wiedergeben. Zur Dynamisierung der Betrachtung bedarf es **Bewegungsbilanzen** (Kapitalflußrechnungen) und **Finanzpläne**.

Die Gewinn- und Verlustrechnung setzt den Schlußpunkt für die Verbuchung der erfolgswirksamen Geschäftsvorfälle, indem sie am Ende eines Wirtschaftsjahres auf der Sollseite die Salden der Aufwandskonten und im Haben die Salden der Ertragskonten aufnimmt.

Die Gewinn- und Verlustrechnung, auch Erfolgsrechnung genannt, ist eine zeitraumbezogene Rechnung, in der durch Gegenüberstellung von Erträgen und Aufwendungen als Saldo der Jahreserfolg eines Unternehmens ermittelt wird.

Diese Gegenüberstellung, die (anders als die Bilanz) Aufschluß über Ursachen und Komponenten des Erfolges geben kann und soll, kann in *Kontoform* (s. Bild A 4) oder – wie in § 275 HGB für Kapitalgesellschaften vorgeschrieben – in *Staffelform* (vgl. folgendes Kapital und Kap. D 3.2) vorgenommen werden. Unabhängig von der Form sollten die Erträge und Aufwendungen nicht nur nach Arten differenziert werden, empfehlenswert ist zwecks Analyse des Erfolgs insbesondere der gesonderte Ausweis der **neutralen** Erträge und Aufwendungen sowie ihre Unterteilung in:

* *Betriebsfremde* Erträge und Aufwendungen
* Betriebsbezogene, aber *außerordentliche* Erträge und Aufwendungen

  – periodenfremde
  – außergewöhnliche

S	GuV	H	S	GuV	H
Aufwendungen	Erträge		Aufwendungen	Erträge	
Gewinn			Verlust		
Summe	Summe		Summe	Summe	

Bild A 4:   Formalaufbau der GuV (Kontoform)

Wie erläutert ergibt sich der Erfolg nicht nur als Differenz zwischen Ertrag und Aufwand in der GuV, sondern auch als Unterschied zwischen Vermögen und Kapital (bzw. Kapital am Ende einer Rechnungsperiode und Anfangskapital) in der Bilanz. Die GuV kann deshalb auch als Unterkonto zum Eigenkapital (-konto) interpretiert werden. – Der aus der Gegenüberstellung von Ertrag und Aufwand errechnete **effektive Erfolg** (Jahresüberschuß/Jahresfehlbetrag) ist nicht generell identisch mit dem Bilanzgewinn bzw. -verlust. Letzterer ergibt sich durch rechtsformspezifische bzw. bilanzpolitische Modifikationen des effektiven Erfolges, wie Auflösung oder Bildung von Rücklagen, Gewinn- oder Verlustvortrag[6b]. Der verbleibende Bilanzgewinn der Kapitalgesellschaften ist der Teil des erwirtschafteten Gewinnes, der zur Ausschüttung zur Verfügung steht.

2.2.2. Bilanzarten und Bilanzauffassungen

2.2.2.1. Bilanzarten

Die Erstellung von Bilanzen erfolgt aus mancherlei Gründen und Zwecksetzungen; so ergeben sich für die Typisierung von Bilanzen zahlreiche Gesichtspunkte. Es lassen sich **Bilanzarten** unterscheiden

---

[6b] Vgl. S. 20.

- nach dem *Anlaß* bzw. *Zeitpunkt* ihrer Erstellung
- Periodenbilanzen bzw. ordentliche Bilanzen
regelmäßig erstellte Bilanzen, z. B. Jahresbilanzen[7] aufgrund gesetzlicher Vorschriften
- Sonder- bzw. außerordentliche Bilanzen
erstellt zu besonderen Anläßen, z. B. Gründungs-, Umwandlungs-, Auseinandersetzungs-, Fusions-, Sanierungs-, Liquidations-, Konkurs-, Vergleichsbilanzen.

- nach der angesprochenen *Zielgruppe*
- externe Bilanzen
Informationsempfänger sind Außenstehende wie Gläubiger, Banken, Finanzbehörden, Aktionäre.

- interne Bilanzen
dienen der Unterrichtung der Unternehmensleitung durch unverschleierte Darlegung der tatsächlichen Verhältnisse.

- nach dem *Aussagezweck* der Bilanz
- Erfolgsbilanzen
legen die Betonung auf Ausweis und Ermittlung des Erfolges.

- Vermögens- oder Statusbilanzen
dienen in erster Linie der Darstellung der Vermögens- und Kapitalsituation.

- Liquiditätsbilanzen
zur Beurteilung der Liquidität

- nach dem Grad der *Unternehmenskonzentration*
- Einzelbilanzen
- General- oder Gemeinschaftsbilanzen
Bilanzenzusammenfassung von mehreren rechtlich und wirtschaftlich selbständigen, aber zusammenarbeitenden Unternehmen, z. B. einer Interessengemeinschaft
- Konzernbilanzen oder konsolidierte Bilanzen
Gem. § 290 HGB vorgeschriebene Bilanzen für einen Konzern als Zusammenschluß rechtlich selbständiger, aber eine wirtschaftliche Einheit bildender Unternehmen[8].

- nach den anzuwendenden *Rechtsnormen*[9]
- Handelsbilanzen
sind nach handelsrechtlichen Vorschriften zu erstellen.

- Steuerbilanzen
sind zum Zwecke der Ermittlung des zu versteuernden Gewinns nach steuerrechtlichen Vorschriften aufzustellen.
Steuerbilanzen brauchen nicht veröffentlicht zu werden und weisen meist einen anderen Erfolg aus als die Handelsbilanzen. Das *Maßgeblichkeitsprinzip* besagt allerdings, daß die Wertansätze in der Handelsbilanz für die Steuerbilanz maßgebend sind. Daraus folgt, daß bereits die Handelsbilanz nach steuerrechtlichen Grundsätzen aufgemacht wird. In der Praxis stellen deshalb Unternehmen, die eine Handelsbilanz nicht veröffentlichen müssen, nur eine Steuerbilanz auf.

- nach der Länge der *Bilanzierungsperiode*
- Jahresbilanzen
- kurzfristigere Zwischenbilanzen
z. B. Halbjahres-, Quartals-, Monatsbilanzen

---

[7] Sie sind Gegenstand dieser Ausführungen.
[8] Vgl. H.-P. Fries, a.a.O., S. 55 und A.G. Coenenberg, Jahresabschluß und Jahresabschlußanalyse, 17. Aufl., Landsberg am Lech 2000, 1. Teil, 9. Kap.
[9] Vgl. Kap. A1.

● nach der *finanzwirtschaftlichen Aussagefähigkeit*
  – Zustandsbilanzen
    vermitteln zu einem bestimmten Zeitpunkt einen Einblick in die finanzwirtschaftliche
    Struktur der Unternehmung (= *statische* Liquiditätsrechnung)
  – Bewegungsbilanzen
    lassen Bewegungen in den Bilanzpositionen erkennen (= *dynamische* Liquiditätsrech-
    nungen, Kapitalflußrechnungen)
● nach dem *gesellschaftsbezogenen Umfang* der Rechnungslegung
  – Unternehmensbilanzen
    erfassen nur die geschäftsbezogenen Aktivitäten der Unternehmung (= Betriebswirt-
    schaft)
  – Sozialbilanzen
    erfassen (auf freiwilliger Basis) zusätzlich die gesamtwirtschaftlichen bzw. gesellschaftli-
    chen Auswirkungen (sozialer Nutzen – soziale Kosten bzw. Schäden = Sozialprofit) der
    Unternehmenstätigkeit als Gradmesser des sozialen Verantwortungsbewußtseins. Unge-
    löste Problematik: Abgrenzung und Bewertung der gesellschaftsbezogenen Aktivitäten
● nach der vertretenen *Bilanzauffassung* (s. folgender Abschnitt)

2.2.2.2. Bilanzauffassungen

*Bilanzauffassungen, auch Bilanztheorien genannt, sind historisch entwickelte Lehr-
meinungen über Wesen und Aufgabe der Bilanz, aus denen Regeln für den Aufbau und
die Bewertung abgeleitet werden.*[10]

● **Statische Bilanzauffassung**
  Nach der statischen Bilanzauffassung[11] ist die Bilanz ein Zustandsbild (Status).
  Ihre Aufgabe besteht primär in der Darlegung der Vermögens- und Kapitalaus-
  stattung am Bilanzstichtag (sog. Konstitution). Der Periodenerfolg als das Ergebnis der wirtschaftlichen Betätigung (sog. Situation) entspricht der Zunahme
  bzw. Abnahme des Eigenkapitals (= Reinvermögensveränderung) im Vergleich
  zur Vorjahresbilanz[12]. Der Erfolg ist quasi eine Restgröße. Seine Herkunft und
  Zusammensetzung sind aus der Bilanz nicht ersichtlich. Dazu bedarf es einer
  gesonderten Rechnung, der GuV. Ihre Einordnung in das System der statischen
  Bilanzauffassung bereitet Schwierigkeiten: Sie wird als Vorkonto des Eigenkapitalkontos, als Periodenwertebilanz mit eigenen Rechengrößen (Aufwand und
  Ertrag) interpretiert.

  Soll die Bilanz ihrem Charakter als **Übersichts- und Rechenschaftsbericht** gerecht
  werden, so müssen die einzelnen Posten nach dem **Bruttoprinzip** ausgewiesen
  werden (d. h. keine direkten Abschreibungen oder sonstigen Saldierungen). Deshalb stellt die statische Bilanztheorie die **Gliederungslehre** (und nicht die Bewertung) in den Vordergrund. Die Bewertung soll grundsätzlich zu Anschaffungswerten erfolgen, die Bildung stiller Reserven wird abgelehnt. Somit ist die statische Bilanz eine reine Kapitalrechnung[13] mit dem Ziel der **nominellen Kapitalerhaltung.**

---

[10] S. auch H.-P. Fries, Bilanzauffassungen, WISU 12/88, S. 652 ff.
[11] Sie liegt auch den gesetzlichen Vorschriften (§ 240 HGB, § 4 EStG) zugrunde.
[12] Vgl. hierzu den Wortlaut von § 4 I EStG.
[13] mit den Deutungen: Passivseite = Kapital, Aktivseite = Kapitalverwendung.

Als Hauptvertreter dieser Auffassung gelten *H. Nicklisch*[14] und *J. F. Schär*. Weiterentwicklungen sind die „*totale Bilanzauffassung*" von *W. Le Coutre*[15] und die „*nominalistische Bilanzauffassung*" von *W. Rieger*[16].

- **Dynamische Bilanzauffassung**

Sie wurde von *E. Schmalenbach*[17] konzipiert. Er stellt den Erfolg als Maßstab der (gemeinwirtschaftlichen) Wirtschaftlichkeit in den Vordergrund. Die Hauptaufgabe der Bilanz liegt somit in der Erfolgsermittlung. Dabei geht Schmalenbach vom **Totalerfolg**, d. h. dem Erfolg über die Gesamtlebensdauer des Betriebes, aus. Da dieser aber eine Zukunftsgröße ist, und überdies durch Jahresabschlüsse die Gesamtlebensdauer (willkürlich) in Teilperioden zerlegt wird, entsteht anstelle der Totalrechnung die **periodische Erfolgsrechnung**. Da nur nach Ablauf der Gesamtlebensdauer alle Aufwendungen und Ausgaben einerseits sowie alle Erträge und Einnahmen andererseits deckungsgleich wären, ist in dieser Rechnung zwischen Aufwand/Ertrag (als Kategorien der Erfolgsrechnung) und Einnahmen/Ausgaben (als Kategorien der Geldrechnung) zu trennen. Der vergleichbare Periodenerfolg ergibt sich in der GuV als Differenz derjenigen Erträge und Aufwendungen, die in der Rechnungsperiode zugleich Einnahmen bzw. Ausgaben darstellen. Alle übrigen „schwebenden Geschäfte" werden – neben den liquiden Mitteln und dem Kapital – solange in die Bilanz aufgenommen, bis sie „ausgelöst" werden. Die Bilanz (vgl. Schema in Bild A 5) ist daher nur ein Hilfsmittel der Erfolgsrechnung, eine Art transitorisches Konto, ein „Kräftespeicher der Unternehmung". Sie zeigt keinen Zustand an, sondern soll Aufschluß über **Bewegungen** geben (dynamische Bilanz).

Aktiva	Dynamische Bilanz	Passiva
1. Liquide Mittel		1. Kapital
2. Ausgaben noch nicht Aufwand (gekaufte Maschinen mit mehrjähriger Nutzungsdauer)		2. Aufwand noch nicht Ausgabe (Kreditoren, Rückstellungen)
3. Ausgabe noch nicht Einnahme (Wertpapiere, Aktivdarlehen)		3. Einnahme noch nicht Ausgabe (Darlehen)
4. Ertrag noch nicht Aufwand (selbsterstellte Maschinen, Werkzeuge)		4. Aufwand noch nicht Ertrag (rückständige Instandsetzung durch eigene Werkstatt)
5. Ertrag noch nicht Einnahme (Forderungen, Fertigfabrikate)		5. Einnahme noch nicht Ertrag (Anzahlung von Kunden)

Bild A 5: Aussageschema der dynamischen Bilanz

Ein in sich geschlossenes **Bewertungssystem** fehlt in Schmalenbachs Bilanzlehre. Maßgeblicher Wert für das *Anlagevermögen* ist der Anschaffungswert, bei Preisschwankungen jedoch der Zeitwert (Tageswert), dessen Ermittlung aber für nicht veräußerliche Gegenstände problematisch ist. Deshalb läßt Schmalenbach den *um die verbrauchsbedingten Abschreibungen verminderten Anschaffungswert* für Periodenvergleiche zu. Beim *Umlaufvermögen* ist mit eisernen Beständen (Vor-

---

[14] Die Betriebswirtschaft, 7. Aufl., Stuttgart 1932.
[15] Grundzüge der Bilanzkunde, eine totale Bilanzlehre, Teil I, 4. Aufl., Wolfenbüttel 1949.
[16] Einf. in die Privatwirtschaftslehre, 3. Aufl., Erlangen 1964.
[17] Dynamische Bilanz, 13. Aufl., Köln/Opl. 1962.

ratsminimum zur Aufrechterhaltung des Betriebsprozesses) zu rechnen, die zur
Vermeidung von Scheingewinnen bzw. -verlusten mit *Festwerten* anzusetzen sind.
Bei größeren Preisschwankungen sollen die Bilanzwerte anhand von *Indizes* umgerechnet werden, um eine indexmäßige, d. h. **reale Kapitalerhaltung** zu gewährleisten.

Als Weiterentwicklungen gelten die „finanzwirtschaftliche Bilanzauffassung"
von *E. Walb*[18], die „pagatorische Bilanzauffassung" von *E. Kosiol*[19] und die
„eudynamische Bilanzauffassung" von *H. Sommerfeld*[20].

- **Organische Bilanzauffassung**
  Nach der von *F. Schmidt*[21] entwickelten organischen Bilanzauffassung hat die
  Bilanz die Ermittlung des *richtigen Erfolges* und den Ausweis der *tatsächlichen
  Substanzwerte* des Vermögens am Bilanzstichtag zur Aufgabe.

  In der Benennung dieser Bilanzlehre soll begrifflich die organhafte Einbettung der Unternehmung in die Volkswirtschaft mit ihren Einflüssen zum Ausdruck kommen.

  Echte Gewinne können nur aus Umsätzen resultieren und zwar unter der Prämisse, daß die Erlöse die Wiederbeschaffungspreise am jeweiligen Verkaufstage übersteigen. Zum Zwecke der **substantiellen Kapitalerhaltung** sind deshalb die durch
  Geldwertschwankungen entstandenen Scheingewinne und -verluste durch Buchung auf ein „Vermögenswertänderungskonto" zu eliminieren.

  Beispiel:

Anschaffungspreis	10 EUR ⎫	nominaler Gesamt-				
Verkaufspreis	18 EUR ⎬	gewinn	8 EUR ⎫		Scheingewinn	2 EUR*
Wiederbesch.-preis	12 EUR ⎫	realer Umsatz- gewinn	6 EUR ⎭			

  * = Wiederbeschaffungspreis – Anschaffungspreis

  Das Vermögen ist folglich mit **Wiederbeschaffungspreisen** zu bewerten und zwar

  - des Umsatztages bei allen vollzogenen Umsätzen (Umsatzrechnung),
  - des Bilanzstichtages für die „unvollendeten Umsätze" (Vermögensrechnung).

  In Zeiten großer Geldwert- und Preisschwankungen ist der Grundgedanke dieser Bilanzlehre wiederholt zum Inhalt und zur Begründung von Forderungen an die (Steuer-)Gesetzge-
  bung geworden, von der nominalen Kapitalerhaltung abzugehen, um die Besteuerung von
  Scheingewinnen zu vermeiden.

- **Neuere bilanztheoretische Auffassungen**
  üben vor allem Kritik an dem durch die Bilanz ausgewiesenen Gewinn, der als
  Vergangenheitswert weder für die Unternehmensleitung ein geeignetes Kontroll-
  und Entscheidungsinstrument darstellt noch für Externe hinreichende Informationen bietet. Sie fordern u. a. die Ausgestaltung der Bilanz im Sinne einer **zu-
  kunfts- und finanzplanorientierten Rechnungslegung**[22].

---

[18] Finanzwirtschaftliche Bilanz, 3. Aufl., Wiesbaden 1966.
[19] Bilanzreform und Einheitsbilanz, 2. Aufl., Berlin–Stuttgart 1949.
[20] Eudynamische Bilanz, in: Lexikon des kaufm. Rechnungswesens (Hrsg. K. Bott), Bd. 2,
     2. Aufl., Stuttgart 1955, S. 980 ff.
[21] Die organische Tageswertbilanz, Wiesbaden 1951.
[22] Vgl. u. a. K. Käfer, Die Bilanz als Zukunftsrechnung, Zürich 1962;
     A. Moxter, Bilanzlehre, Bd. 1, 3. Aufl., Wiesbaden 1984.

2.2.3. Handelsrechtliche Gliederung von Bilanz und GuV für Kapitalgesellschaften

Den Kapitalgesellschaften sind **Mindestgliederungsvorschriften** für die Bilanz in § 266 HGB und für die GuV in § 275 HGB bindend vorgeschrieben (s. Bild A 6 und 7). Einzelunternehmen und Personengesellschaften sind zwar nicht an diese Vorschriften gebunden, halten sich aber in der Praxis meist ebenfalls an diese Gliederungsschemata, ggf. in verkürzter Form.

Abgesehen von der Konto- oder Staffelform stehen nach neuem Recht für die Ermittlung des Erfolges und damit für die Aufstellung bzw. Gliederung der **GuV** zwei Möglichkeiten zur Wahl:

- das Gesamtkostenverfahren,
- das Umsatzkostenverfahren.

Bis Ende 1985 war in der Bundesrepublik Deutschland nur das Gesamtkostenverfahren zulässig und somit Gegenstand der Literatur zum Rechnungswesen, während vor allem in angelsächsischen Ländern und Japan das Umsatzkostenverfahren angewendet wurde und wird. Wenngleich auch in Zukunft deutsche Unternehmen zum großen Teil ihre GuV nach dem Gesamtkostenverfahren aufstellen werden, so wird wegen der internationalen Vergleichbarkeit das Umsatzkostenverfahren für Unternehmen mit Auslandsbeziehungen und -beteiligungen an Bedeutung gewinnen.

Ausgangspunkt der Erfolgsrechnung sind in beiden Verfahren die Umsatzerlöse. Der Unterschied wird aus dem Vergleich der weiteren GuV-Positionen erkennbar.

Das Gesamtkostenverfahren ist leistungs- bzw. produktionsbezogen, d. h., es stellt den Erlösen einer Rechnungsperiode die gesamten Aufwendungen der Leistungserstellung derselben Periode gegenüber.

Sind in einer Periode die erzeugten und abgesetzten Leistungen nicht gleich, so ist eine Korrektur der Gesamtaufwendungen um die Bestandsveränderungen und Eigenleistungen erforderlich, um die Aufwendungen der erzeugten auf die der abgesetzten Leistungen zu transformieren.[23]

Den Gesamtaufwand gliedert dieses Verfahren nach Aufwandsarten und gibt damit Einblick in die **Aufwandsstruktur** des Unternehmens, für eine erzeugnisorientierte Erfolgsanalyse ist es jedoch unbrauchbar.

Das Umsatzkostenverfahren ist umsatzbezogen, d. h., es stellt den Verkaufserlösen nur den Aufwand (Selbstkosten) für die abgesetzten Leistungen einer Rechnungsperiode gegenüber.

Der Aufwand ist nicht nach Aufwandsarten, sondern **nach den Funktionsbereichen** Herstellung, Vertrieb und allgemeine Verwaltung untergliedert, jedoch sind mittlere und große Kapitalgesellschaften verpflichtet, den Material- und Personalaufwand im Anhang zu vermerken.

---

[23] S. im Einzelnen Kap. A 2.3.6.

Aktiva **Passiva**

A. Anlagevermögen:
I. Immaterielle Vermögensgegenstände:
  1. Konzessionen, gewerbliche Schutzrechte
    und ähnliche Rechte und Werte sowie
    Lizenzen an solchen Rechten und Werten;
  2. Geschäfts- oder Firmenwert;
  3. geleistete Anzahlungen;
II. Sachanlagen:
  1. Grundstücke, grundstücksgleiche Rechte
    und Bauten einschließlich der Bauten
    auf fremden Grundstücken;
  2. technische Anlagen und Maschinen;
  3. andere Anlagen, Betriebs- und Geschäfts-
    ausstattung;
  4. geleistete Anzahlungen und Anlagen im
    Bau;
III. Finanzanlagen:
  1. Anteile an verbundenen Unternehmen;
  2. Ausleihungen an verbundene Unter-
    nehmen;
  3. Beteiligungen;
  4. Ausleihungen an Unternehmen, mit
    denen ein Beteiligungsverhältnis besteht;
  5. Wertpapiere des Anlagevermögens;
  6. sonstige Ausleihungen.

B. Umlaufvermögen:
I. Vorräte:
  1. Roh-, Hilfs- und Betriebsstoffe;
  2. unfertige Erzeugnisse;
  3. fertige Erzeugnisse und Waren;
  4. geleistete Anzahlungen;
II. Forderungen und sonstige Vermögensgegenstände:
  1. Forderungen aus Lieferungen und
    Leistungen;
  2. Forderungen gegen verbundene
    Unternehmen;
  3. Forderungen gegen Unternehmen, mit
    denen ein Beteiligungsverhältnis besteht;
  4. sonstige Vermögensgegenstände;
III. Wertpapiere:
  1. Anteile an verbundenen Unternehmen;
  2. eigene Anteile;
  3. sonstige Wertpapiere;
IV. Schecks, Kassenbestand, Bundesbank- und
  Postgiroguthaben, Guthaben bei
  Kreditinstituten.

C. Rechnungsabgrenzungsposten

A. Eigenkapital:
I. Gezeichnetes Kapital;
II. Kapitalrücklage;
III. Gewinnrücklagen:
  1. gesetzliche Rücklage;
  2. Rücklage für eigene Anteile;
  3. satzungsmäßige Rücklagen;
  4. andere Gewinnrücklagen.
IV. Gewinnvortrag/Verlustvortrag;[2]
V. Jahresüberschuß/Jahresfehlbetrag.[2]

(Sonderposten mit Rücklageanteil § 273 HGB)

B. Rückstellungen:
  1. Rückstellungen für Pensionen
    und ähnliche Verpflichtungen;
  2. Steuerrückstellungen;
  3. sonstige Rückstellungen.

C. Verbindlichkeiten:
  1. Anleihen,
    davon konvertibel;
  2. Verbindlichkeiten gegenüber Kredit-
    instituten;
  3. erhaltene Anzahlungen auf Bestellungen;
  4. Verbindlichkeiten aus Lieferungen
    und Leistungen;
  5. Verbindlichkeiten aus der Annahme
    gezogener Wechsel und der Ausstellung
    eigener Wechsel;
  6. Verbindlichkeiten gegenüber
    verbundenen Unternehmen;
  7. Verbindlichkeiten gegenüber Unter-
    nehmen, mit denen ein Beteiligungs-
    verhältnis besteht;
  8. sonstige Verbindlichkeiten,
    davon aus Steuern,
    davon im Rahmen der sozialen
    Sicherheit.

D. Rechnungsabgrenzungsposten

Die Bilanz ist in Kontoform aufzustellen.

---

[1] **§ 266** (1) HGB: Kleine Kapitalgesellschaften (§ 267 HGB) brauchen nur eine verkürzte Bilanz aus den oben mit Buchstaben und römischen Zahlen bestehenden Posten aufzustellen.
[2] **§ 268** (1) HGB: Die Bilanz darf auch unter Berücksichtigung der vollständigen oder teilweisen Verwendung des Jahresergebnisses aufgestellt werden. Wird die Bilanz unter Berücksichtigung der teilweisen Verwendung des Jahresergebnisses (z. B. Zuführung von 50 % des Jahresgewinns in eine Gewinnrücklage) aufgestellt, so tritt an die Stelle der Posten „Jahresüberschuß/Jahresfehlbetrag" und „Gewinnvortrag/Verlustvortrag" der Posten „Bilanzgewinn/Bilanzverlust"; ein vorhandener Gewinn- oder Verlustvortrag ist in den Posten „Bilanzgewinn/Bilanzverlust" einzubeziehen und in der Bilanz oder im Anhang gesondert anzugeben.

Bild A 6: Gliederung der Jahresbilanz mittelgroßer und großer Kapitalgesellschaften[1] nach § 266 II, III HGB

(1) Die Gewinn- und Verlustrechnung ist in Staffelform auszuweisen.

(2) Bei Anwendung des **Gesamtkostenverfahrens** sind auszuweisen:

1. Umsatzerlöse
2. Erhöhung oder Verminderung des Bestands an fertigen und unfertigen Erzeugnissen
3. andere aktivierte Eigenleistungen
4. sonstige betriebliche Erträge
5. Materialaufwand:
   a) Aufwendungen für Roh-, Hilfs- und Betriebsstoffe und für bezogene Waren
   b) Aufwendungen für bezogene Leistungen
6. Personalaufwand:
   a) Löhne und Gehälter
   b) soziale Abgaben und Aufwendungen für Altersversorgung und für Unterstützung, davon für Altersversorgung
7. Abschreibungen:
   a) auf immaterielle Vermögensgegenstände des Anlagevermögens und Sachanlagen sowie auf aktivierte Aufwendungen für die Ingangsetzung und Erweiterung des Geschäftsbetriebs
   b) auf Vermögensgegenstände des Umlaufvermögens, soweit diese die in der Kapitalgesellschaft üblichen Abschreibungen überschreiten
8. sonstige betriebliche Aufwendungen
9. Erträge aus Beteiligungen, davon aus verbundenen Unternehmen
10. Erträge aus anderen Wertpapieren und Ausleihungen des Finanzanlagevermögens, davon aus verbundenen Unternehmen
11. sonstige Zinsen und ähnliche Erträge, davon aus verbundenen Unternehmen
12. Abschreibungen auf Finanzanlagen und auf Wertpapiere des Umlaufvermögens
13. Zinsen und ähnliche Aufwendungen, davon an verbundene Unternehmen
14. **Ergebnis der gewöhnlichen Geschäftstätigkeit**
15. außerordentliche Erträge
16. außerordentliche Aufwendungen
17. **außerordentliches Ergebnis**
18. Steuern vom Einkommen und vom Ertrag
19. sonstige Steuern
20. **Jahresüberschuß/Jahresfehlbetrag**

(3) Bei Anwendungen des **Umsatzkostenverfahrens** sind auszuweisen:

1. Umsatzerlöse
2. Herstellungskosten der zur Erzielung der Umsatzerlöse erbrachten Leistungen
3. Bruttoergebnis vom Umsatz
4. Vertriebskosten
5. allgemeine Verwaltungskosten
6. sonstige betriebliche Erträge
7. sonstige betriebliche Aufwendungen
8. Erträge aus Beteiligungen, davon aus verbundenen Unternehmen
9. Erträge aus anderen Wertpapieren und Ausleihungen des Finanzanlagevermögens, davon aus verbundenen Unternehmen
10. sonstige Zinsen und ähnliche Erträge, davon aus verbundenen Unternehmen
11. Abschreibungen auf Finanzanlagen und auf Wertpapiere des Umlaufvermögens
12. Zinsen und ähnliche Aufwendungen, davon an verbundene Unternehmen
13. **Ergebnis der gewöhnlichen Geschäftstätigkeit**
14. außerordentliche Erträge
15. außerordentliche Aufwendungen
16. **außerordentliches Ergebnis**
17. Steuern vom Einkommen und Ertrag
18. sonstige Steuern
19. **Jahresüberschuß/Jahresfehlbetrag**

(4) Veränderungen der Kapital- und Gewinnrücklagen dürfen in der Gewinn- und Verlustrechnung erst nach dem Posten „Jahresüberschuß/Jahresfehlbetrag" ausgewiesen werden.

---

[1] §276 HGB: Kleine und mittelgroße Kapitalgesellschaften (§267 HGB) dürfen die Posten §275 II Nr. 1 bis 5 oder III Nr. 1 bis 3 und 6 zu einem Posten unter der Bezeichnung „Rohergebnis" zusammenfassen.

Bild A 7: Gliederung der Gewinn- und Verlustrechnung in Staffelform[1] nach §275 HGB

Das folgende **Beispiel** verdeutlicht die unterschiedliche Erfolgsermittlung bei beiden Verfahren.[24]

GuV nach Gesamtkostenverfahren		**GuV nach Umsatzkostenverfahren**	
Umsatzerlöse	108	Umsatzerlöse	108
Bestandserhöhung	10		
Gesamtaufwand	100	Aufwand (umsatzbezogen)	90
Jahresüberschuß	18	Jahresüberschuß	18

Wird die Bilanz unter Berücksichtigung der (ggf. teilweisen) Verwendung des Jahresergebnisses aufgestellt[25], dann muß die GuV der AG gem. § 158 I S. 1 AktG unter Fortführung der Positionsnummern um folgende Posten ergänzt werden:

GKV	UKV	
21.	20.	Gewinnvortrag/Verlustvortrag aus dem Vorjahr
22.	21.	Entnahmen aus der Kapitalrücklage
23.	22.	Entnahmen aus Gewinnrücklagen
a)	a)	aus der gesetzlichen Rücklage
b)	b)	aus der Rücklage für eigene Aktien
c)	c)	aus satzungsmäßigen Rücklagen
d)	d)	aus anderen Gewinnrücklagen
24.	23.	Einstellungen in Gewinnrücklagen
a)	a)	in die gesetzliche Rücklage
b)	b)	in die Rücklage für eigene Aktien
c)	c)	in satzungsmäßige Rücklagen
d)	d)	in andere Gewinnrücklagen
25.	24.	Bilanzgewinn/Bilanzverlust

2.2.4. Erläuterungen zu Positionen der Bilanz

Zusätzlich zu den an anderer Stelle gegebenen Informationen[26] seien hier die Bilanzpositionen im Einzelnen erläutert. (Die Angaben in Klammern geben die Positionsnummern des Gliederungsschemas nach § 266 HGB an).

Dem Anlagevermögen (A) sind Gegenstände zuzuordnen, die dazu bestimmt sind, dem Geschäftsbetrieb dauernd zu dienen (§ 247 II HGB).

Immaterielle Vermögensgegenstände (A I)
Die Abgrenzung zwischen immateriellen Vermögensgegenständen („nicht körperliches Vermögen") und Sachanlagen („körperliche Vermögensgegenstände") stößt in der Praxis gelegentlich auf Schwierigkeiten. Strittig war z. B. lange die Zuordnung von Programmen (Software) der EDV, die durch die Rechtsprechung zugunsten der ersten Gruppe entschieden wurde[27].

Konzessionen (z. B. Güterfernverkehrs-, Schankkonzession) sind nur dann als immaterielle Vermögensgegenstände auszuweisen, wenn sie sich als „Betriebserlaubnis" auf den ganzen Betrieb erstrecken. Beziehen sie sich auf einzelne Anlagen oder Wirtschaftsgüter, so sind die Erwerbsentgelte den Anschaffungskosten dieser Anlagen zuzurechnen. Zu den **gewerblichen Schutzrechten** zählen Patente, Lizenzen, Ur-

---

[24] Vgl. Buchungsbeispiel in Kap. A 2.3.6.
[25] S. Fußnote 2 zu Bild A 6.
[26] Vgl. S. 9 f., 64, 80, 82, 84
[27] BFH 5.10.79, BStBl 1980 II S. 16.

heberrechte, Gebrauchsmuster, Warenzeichen u. a., zu den **ähnlichen Rechten** z. B. Lieferquoten, Nutzungsrechte, Syndikatsrechte, Erfindungen. Der **Geschäfts- oder Firmenwert** umfaßt den Wert von Organisationen, Know How (Fertigungs- und Verfahrenstechniken), Kundenstamm, Absatzmarktstellung u. s. w. eines Unternehmens. Er darf nur aktiviert werden, wenn er im Rahmen einer Unternehmensübernahme entgeltlich erworben, d. h. bezahlt worden ist (**derivativer Firmenwert**). Anzusetzen ist der Unterschiedsbetrag, um den der Unternehmenskaufpreis den Zeitwert (nicht den Buchwert!) der einzelnen Vermögensgegenstände abzüglich der Schulden übersteigt (§ 255 IV HGB).

Sachanlagen (A II)

Bei den Sachanlagen ist das gesamte **Grundvermögen** in einer einzigen Position (A II 1) zusammengefaßt.

Nach § 151 I AktG a. F. war vor 1986 eine Aufteilung in folgende 4 Positionen vorgesehen:
1. Grundstücke und immaterielle Rechte mit Geschäfts-, Fabrik- und anderen Bauten;
2. Grundstücke und grundstücksgleiche Rechte mit Wohnbauten;
3. Grundstücke und grundstücksgleiche Rechte ohne Bauten;
4. Bauten auf fremden Grundstücken, die nicht zu Nummer 1 oder 2 gehören.

Die Sammelposition nach geltendem Bilanzrecht vermindert den Aussagegehalt insbesondere für die externe Bilanzanalyse erheblich, da sie keinen Einblick in die Struktur des Grundvermögens mehr zuläßt. Es ist nicht mehr erkennbar, in welchem Umfang Grundstücke bebaut sind oder nicht und in wieweit der Grundbesitz dem Betriebszweck dient (betriebsnotwendiges Vermögen) oder nicht.

Grundstücksgleiche Rechte sind Erbbaurechte, Grunddienstbarkeiten (z. B. Wohn- und Nutzungsrechte) und Ausbeuterechte, die zivilrechtlich wie Grundstücke behandelt werden.

Zu den **technischen Anlagen** zählen alle Vermögensgegenstände, die neben den Maschinen unmittelbar dem Produktionsprozeß dienen, z. B. Hochöfen, Kräne, Transportanlagen, Tankanlagen, Arbeitsbühnen wie auch Ersatzteile und Werkzeuge; **andere Anlagen** sind Vorrichtungen, Fahrzeuge, Transporteinrichtungen (Gleisanlagen, Drahtseilbahnen) etc., die nicht direkt dem Leistungsprozeß dienen.

Finanzanlagen (A III)

Anteile sind Mitgliedschaftsrechte bzw. Kapitalanteile an Personen- und Kapitalgesellschaften; **Beteiligungen** sind nach § 271 I HGB solche Anteile, die dem eigenen Geschäftsbetrieb durch Herstellung einer dauerhaften Verbindung zu anderen Unternehmen dienen sollen. Anteile an Personengesellschaften sind prinzipiell als Beteiligungen einzustufen; für Anteile an Kapitalgesellschaften stellt § 271 I S. 3 HGB die widerlegbare Vermutung („im Zweifel") auf, daß sie bei einem Nennbetrag von über 20 % als Beteiligung gelten.

Ausleihungen sind langfristige Kapitalforderungen, z. B. Hypothekendarlehen.

Verbundene Unternehmen sind i. S. von § 271 II HGB[28] solche Unternehmen eines Konzerns, die als Mutter- oder Tochterunternehmen prinzipiell in den Konzernabschluß einzubeziehen sind, wobei das Mutterunternehmen eine Kapitalgesellschaft sein muß. Die für einen Konzern wesensbestimmende einheitliche Leitung (§ 290 HGB) kann jedoch statt durch eine Kapitalbeteiligung auch durch vertragliche Bindung erreicht werden.

---

[28] Die Definition in § 271 II HGB erfolgte nur für Zwecke der Rechnungslegung und ist enger als die in § 15 AktG.

Zu den **Wertpapieren**[29] **des Anlagevermögens** gehören

– festverzinsliche Wertpapiere, z. B. Obligationen, Pfandbriefe;
– Wertpapiere mit Gewinnbeteiligungsansprüchen (Aktien, Kuxe, Genußscheine),
  sofern sie nicht den Beteiligungen zuzuordnen sind.

Umlaufvermögen (B)

Das HGB gibt – anders als beim Anlagevermögen – keine Definition des Umlaufvermögens. Die inhaltliche Bestimmung ergibt sich als Umkehrschluß aus § 247 II HGB.

Demnach sind dem Umlaufvermögen solche Gegenstände zuzuordnen, die im Betriebsprozeß kurzfristig „umgeschlagen" werden sollen.

Die *beabsichtigte* kurze Verweildauer im Unternehmen resultiert aus den Zwecksetzungen Verbrauch (z. B. Werkstoffe), Verkauf (z. B. Erzeugnisse) und Umwandlung (z. B. von Forderungen in liquide Mittel oder von liquiden Mitteln in Sachwerte).

Vorräte (B I)

Sie stellen als Produktionsmaterial das Umlaufvermögen im engeren Sinne dar.

Die gesetzliche Untergliederung der Vorräte ist augenfällig an den praktischen Erfordernissen von Industrieunternehmen orientiert. Hinsichtlich der inhaltlichen Definition der Roh-, Hilfsund Betriebsstoffe wird auf das betriebswirtschaftliche Schrifttum verwiesen[30].

Forderungen und sonstige Vermögensgegenstände (B II)

Bei den **Forderungen** des Umlaufvermögens (Geldforderungen) handelt es sich um kurzfristige Zahlungsansprüche aus Ausleihungen und Umsatzakten (Lieferungen und Leistungen), die noch nicht zu Einnahmen geführt haben. In Industrieunternehmen hat der Posten „Forderungen aus Lieferungen und Leistungen" (sog. Außenstände oder Debitoren) aufgrund der üblicherweise gewährten Zahlungsziele den größten Umfang.

Unter der Sammelposition „**sonstige Vermögensgegenstände**" sind alle Forderungsrechte auszuweisen, die nicht anderen Positionen des Umlaufvermögens zugeordnet werden können, z. B. Gehaltvorschüsse, Kautionen, Ansprüche auf Steuererstattung und Schadensersatz und auch antizipative Aktiva[31].

Wertpapiere (B III)

Hier sind alle Wertpapiere auszuweisen, die nicht zum Anlagevermögen gehören.

Eigene Anteile sind Anteile der Kapitalgesellschaft an sich selbst. Sofern sie z. B. zur Ausgabe an Arbeitnehmer oder zur Abfindung von Aktionären gem. §§ 305, 320, 320 b AktG vorgesehen sind, stellen sie echte Vermögenswerte dar, anderenfalls nur Korrekturposten zum Eigenkapital, die im Falle der Liquidation des Unternehmens wertlos sind. Auch eigene Anteile der GmbH sind unter dieser Position B III 2 auszuweisen, obwohl sie nicht in Wertpapieren verbrieft sind. – Der Erwerb eigener Anteile unterliegt gesetzlichen Beschränkungen (§ 71 AktG, § 33 GmbHG). Als Pendant zur Aktivierung ist auf der Passivseite eine **Rücklage für eigene Anteile** zu bilden (§ 272 IV HGB).

Unter den **sonstigen Wertpapieren** sind grundsätzlich auch Wechsel auszuweisen. Nach dem Entstehungsgrund der Wechselforderung sind zu unterscheiden:

---

[29] Zu Begriffsbestimmung, Rechtsnatur und Arten s. H.-P. Fries, Wirtschaftsprivatrecht, 2. Aufl., München/Wien 1998, Kap. E. Wertpapierrecht.
[30] Vgl. H.-P. Fries, a. a. O. (BWL), S. 85 u. 108.
[31] Einzelheiten s. Kap. A 2.4.2.4.

– *Finanzwechsel*, die lediglich zur Gewährleistung von Überbrückungskrediten an nahestehende Unternehmen ausgestellt werden,
– *Warenwechsel*, die als Instrument der Absatzfinanzierung der Sicherung von Forderungen aus Lieferungen und Leistungen dienen und erfüllungshalber hereingenommen werden.

Letztere sollten wesensgemäß den entsprechenden Forderungen (B II 1) zugeordnet werden.

Schecks, Kassenbestand, Bundesbank- und Postgiroguthaben, Guthaben bei Kreditinstituten (B IV)
Diese Sammelposition faßt die **liquiden Mittel** des Unternehmens zusammen. Aus der Sicht der Bilanzanalyse ist es zu bedauern, daß (im Gegensatz zum alten Bilanzrecht) eine Aufgliederung dieser Position nicht vorgeschrieben ist.

Rechnungsabgrenzungsposten (Aktiva C., Passiva D.)
Hierbei handelt es sich um **Korrekturposten**, die der periodengerechten Erfolgsermittlung dienen. Ihr Umfang geht aus § 250 HGB hervor[32].

Eigenkapital
Der Ausweis des Eigenkapitals (sog. Haftungskapital) in der Bilanz ist je nach der Rechtsform des Unternehmens unterschiedlich.

Personenunternehmen (Einzelunternehmung, OHG, KG, stille Gesellschaft) haben variable Eigenkapitalkonten, die durch Gewinne und Verluste sowie durch Einlagen und Entnahmen direkt verändert werden.

Bei der *Offenen Handelsgesellschaft* können jedoch auf Kapitalkonten feste Beträge geführt werden; die nicht entnommenen Gewinne werden dann in ein besonderes Darlehenskonto eingestellt.

Bei der *Kommanditgesellschaft* werden die Konten für Kommanditisten meist nur in Höhe der fixen Kommanditeinlagen geführt. Gewinne werden auf dem Konto „sonstige Verbindlichkeiten" verbucht; der Kommanditist ist im Konkursfall wegen dieser Forderungen Konkursgläubiger.

Bei einer *Stillen Gesellschaft* geht die Einlage des stillen Gesellschafters je nach Abfassung des Privatvertrages entweder in das Eigenkapital des Firmeninhabers über (obwohl sie eigentlich Fremdkapital ist) oder aber sie wird auf einem Darlehenskonto verbucht. Gewinnanteile werden über das Konto „sonstige Verbindlichkeiten" geführt.

Bei **Kapitalgesellschaften** ist wegen der Beschränkung der Gesellschafterhaftung auf die Kapitaleinlagen ein Teil des Eigenkapitals, das gezeichnete Kapital, im Interesse des Gläubigerschutzes feststehend[33] und in der Mindesthöhe gesetzlich vorgeschrieben. Eigenkapitaländerungen erfolgen über die Rücklagen. Das **fixe Nominalkapital** soll Ausschüttungen vermeiden, solange nicht Gewinne erwirtschaftet und Rücklagen gebildet worden sind. Im Bilanzgliederungsschema für Kapitalgesellschaften nach neuem Recht sind erstmals alle Komponenten des Eigenkapitals unter dem Passivposten „A. Eigenkapital" zusammengefaßt und systematisch gegliedert.

Gezeichnetes Kapital (A I)
Es ist nach § 272 I HGB „das Kapital, auf das die Haftung der Gesellschafter für die Verbindlichkeiten der Kapitalgesellschaft gegenüber den Gläubigern beschränkt

---

[32] Einzelheiten s. Kap. A 2.4.2.4.
[33] Es kann nur durch Kapitalerhöhung bzw. -herabsetzung auf Beschluß der Gesellschafter (Satzungsänderung!) variiert werden; vgl. H.-P. Fries, a.a.O. (BWL), S. 347 ff.

ist". Zeichnung bedeutet soviel wie Verpflichtung zur Übernahme bzw. Einzahlung. Gezeichnetes Kapital ist bei der AG und KGaA das **Grundkapital** (= Aktienkapital; Mindestnennbetrag 50 000 EUR; § 7 AktG), bei der GmbH das **Stammkapital** (Mindestnennbetrag 25 000 EUR; § 5 GmbHG). Das gezeichnete Haftungskapital braucht im Falle von Bareinlagen nicht voll eingezahlt zu werden (§ 36a AktG, § 7 II GmbHG). Die (noch) **ausstehenden Einlagen** stellen bilanztechnisch einen Korrekturposten dar, haftungsrechtlich dagegen eine Forderung der Gesellschaft an ihre Gesellschafter. Dementsprechend stellt das Gesetz (§ 272 I HGB) zwei Möglichkeiten für den Bilanzausweis zur Wahl:

– Schaffung eines aktiven Gegenpostens „Ausstehende Einlagen auf das gezeichnete Kapital" vor dem Anlagevermögen mit Vermerk der davon eingeforderten Beträge (Bruttomethode) oder
– offene Absetzung der noch nicht eingeforderten ausstehenden Einlagen vom Posten „Gezeichnetes Kapital" in der Vorspalte, Ausweis der Differenz als Posten „Eingefordertes Kapital" in der Hauptspalte der Passivseite (Nettomethode). Ein eingeforderter, aber noch nicht eingezahlter Betrag ist unter den Forderungen gesondert auszuweisen.

Rücklagen
Bilanztechnisch unterscheidet man offene und stille Rücklagen.

Offene Rücklagen stellen den in der Bilanz ausgewiesenen variablen Teil des Eigenkapitals dar.

Sie treten in der Regel nur bei Kapitalgesellschaften auf, weil bei Personenunternehmen Eigenkapitaländerungen sich direkt auf den Eigenkapitalkonten niederschlagen. Nach ihrer Herkunft werden sie in zwei Gruppen gegliedert:

● die **Kapitalrücklage**, die *aus Kapitalbewegungen* stammt,
● **Gewinnrücklagen**, die *aus Jahresüberschüssen* resultieren.

Als **Kapitalrücklage** (A II) sind gem. § 272 II HGB auszuweisen

– das Agio (Aufgeld), d. h. der den Nennwert übersteigende Betrag bei einer überpari-Emission von Aktien,
– Mehreinnahmen, die bei der Ausgabe von Schuldverschreibungen für Wandlungs- und Optionsrechte zum Erwerb von Anteilen erzielt werden,
– Zuzahlungen, die Gesellschafter gegen Gewährung von Vorzügen für ihre Anteile leisten,
– andere Zuzahlungen der Gesellschafter in das Eigenkapital.

Aufgabe und Zweck offener Rücklagen: Sie dienen

● dem Schutz des Nominalkapitals,
● dem Gläubigerschutz,
● der Selbstfinanzierung,
● dem Ausgleich von Verlusten und Wertminderungen,
● der Kapitalerhöhung aus Gesellschaftsmitteln.

Stille Rücklagen (stille Reserven) sind aus der Bilanz nicht ersichtlich; sie stellen nicht ausgewiesenes (zusätzliches) Eigenkapital dar.

Die **Bildung stiller Reserven** erfolgt aus noch nicht versteuerten Gewinnen und vollzieht sich buchhalterisch durch

● Unterbewertung von Vermögensgegenständen (Aktiva), z. B. durch überhöhte Abschreibungen,

• Überbewertung von Fremdkapitalanteilen (Passiva), z. B. überhöhte Rückstellungen.

Auch die stillen Reserven können freiwillig bzw. bewußt gelegt werden (*Willkür- und Ermessensrücklagen*) oder aufgrund der Beachtung gesetzlicher Bewertungsvorschriften entstehen (*Zwangsrücklagen*). Letzteres ist z. B. der Fall bei einer Wertsteigerung über die Anschaffungs- oder Herstellkosten hinaus, welche die Obergrenze der Bewertung sind.

Zweck der Bildung stiller Reserven ist es, entsprechend dem Prinzip der kaufmännischen Vorsicht in Zeiten guter Geschäftslage einen geringeren Gewinn auszuweisen. Motive dafür sind
– Risikovorsorge,
– Dividendenstabilisierung und Ausschüttungsbegrenzung,
– Liquiditätspolitik,
– „Dämpfung" übersteigerter Lohnforderungen.
Die Bildung und Auflösung stiller Reserven ist zulässig, soweit sie nicht gegen die GoB verstoßen wie z. B. eine vollständige Unterlassung von Aktivierungen. Die Möglichkeit, in der Steuerbilanz stille Reserven zu legen, ist durch scharfe Bewertungsvorschriften stark eingeengt.

Als **Gewinnrücklagen** dürfen gem. § 272 III HGB nur Beträge ausgewiesen werden, die im Geschäftsjahr oder in einem früheren Geschäftsjahr aus dem Ergebnis gebildet worden sind; es handelt sich hier also um die Einbehaltung entstandener Gewinne (Gewinnthesaurierung).

Sie werden in der Regel aus versteuertem Gewinn gebildet. Steuerfreie Rücklagen sind eine Ausnahme; sie können nach dem Willen des Gesetzgebers in Sonderfällen meist als Instrument der Wirtschaftspolitik (z.. B. zum Ausgleich von Standortnachteilen oder zur Förderung bestimmter Wirtschaftszweige, des Exports und deutscher Auslandsinvestitionen) aus dem unversteuerten Gewinn gebildet werden, s. hierzu auch Sonderposten mit Rücklageanteil.

Zu den Gewinnrücklagen (i. e. S.) zählt § 272 III HGB (nur)

– *gesetzliche Rücklagen,*
– *satzungsmäßige (statutarische) Rücklagen,*
– *andere (freie) Rücklagen.*

Die *Rücklage für eigene Anteile* (A III 2) ist die Gegenposition zu den auf der Aktivseite ausgewiesenen „Eigenen Anteilen" (s. dort) und wird aus dem Jahresergebnis oder zu Lasten freier Rücklagen gebildet. Sie stellt eine Ausschüttungsperre her, die verhindern soll, daß eingezahltes Kapital an Gesellschafter zurückgezahlt wird.

Eine **gesetzliche Rücklage** (A III 1) kann nur in der Bilanz einer AG oder KGaA erscheinen, da ihre Bildung nur im AktG (§ 150) gefordert wird. Dieser Rücklage sind 5 % des um einen Verlustvortrag geminderten Jahresüberschusses zuzuführen, bis sie zusammen mit der Kapitalrücklage 10 % (oder einen in der Satzung festgelegten höheren Bruchteil) des Grundkapitals erreicht. Die Auflösung bzw. Verwendung dieser Rücklage wie auch der Kapitalrücklage ist streng zweckgebunden (s. § 150 III und IV AktG).

Von **satzungsmäßigen Rücklagen** (A III 3) spricht man, wenn kraft Beschlusses der Gesellschafter in die Satzung (Statut) Bestimmungen über die Bildung weiterer Gewinnrücklagen aufgenommen sind.
Andere Rücklagen (A III 4) stellen einen Sammelposten dar für einbehaltene Gewinne, die nicht unter gesetzlichen oder satzungsmäßigen Rücklagen auszuweisen sind. Sie können wie die letztgenannten mit oder ohne Zweckbindung gebildet werden.

Jahresergebnis

Der Jahresüberschuß/-fehlbetrag beziffert das positive/negative Jahresergebnis bzw. den Unternehmenserfolg der abgelaufenen Rechnungsperiode vor seiner Verwendung.

Möglichkeiten der *Verwendung des Jahresüberschusses* bei der AG sind:

- Einstellung in gesetzliche Rücklagen,
- Einstellung in statutarische Rücklagen,
- Ausgleich eines Verlustvortrages (s. unten),
- Einstellung in freie Gewinnrücklagen durch Beschluß von Vorstand und Aufsichtsrat (bis zu 50 % des Jahresüberschusses; § 58 AktG).

} Hierzu ist kein Beschluß eines Organs der AG erforderlich.

*Der **Bilanzgewinn** ist der (verbleibende) Teil des Jahresüberschusses, über dessen Verwendung die Hauptversammlung (HV) zu beschließen hat (§ 174 AktG)[34].*

Er tritt als Bilanzposten an die Stelle von Jahresüberschuß/-fehlbetrag und Gewinn-/Verlustvortrag, wenn die Bilanz *nach* der Verwendung des Jahresergebnisses aufgestellt wird. Der HV-Beschluß über die Verwendung des Bilanzgewinns führt nicht zu einer Änderung des festgestellten Jahresabschlusses (§ 174 III AktG).

Möglichkeiten der *Verwendung des Bilanzgewinns* sind:

- Einstellung in freie Gewinnrücklagen,
- Gewinnausschüttung (Dividende) an Aktionäre,
- **Gewinnvortrag** als Gewinnrest, der auf das kommende Jahr oder auch auf mehrere Jahre vorgetragen wird. Letzteres gilt ebenso für einen **Verlustvortrag**, der entsteht, wenn ein Vorjahresverlust nicht durch den Jahresüberschuß des Berichtjahres und/oder Rücklagen ausgeglichen werden kann.

*Ein **Bilanzverlust** ergibt sich, wenn ein Jahresfehlbetrag nicht aus einem Gewinnvortrag und/oder Rücklagen gedeckt werden kann.*

Den Zusammenhang zwischen den vorgenannten Ergebnisgrößen verdeutlicht auch die im vorigen Kapitel aufgeführte Fortführung der GuV gem. § 158 I S. 1 AktG.

Der **Sonderposten mit Rücklageanteil** ist im Bilanzgliederungsschema nach § 266 HGB nicht gesondert aufgeführt. Entsprechend seinem Mischcharakter aus Eigen- und Fremdkapital (letzteres in Form später zu zahlender Steuern) ist er gem. § 273 HGB zwischen Eigenkapital und Rückstellungen auszuweisen. Die Bildung und Auflösung dieses Passivpostens dient ertragsteuerlichen Zwecken und ist für *alle* buchführungspflichtigen Kaufleute möglich.

Zu den wichtigsten Sonderposten mit Rücklageanteil zählen:

- Rücklage zur Übertragung aufgedeckter stiller Reserven aus der Veräußerung bestimmter Anlagen innerhalb gesetzlich vorgesehener Zeit (Reinvestitionszulage) gemäß § 6 b EStG,
- Rücklage für Ersatzbeschaffung gem. Abschn. 35 EStR für stille Reserven, die im Zusammenhang mit Fällen höherer Gewalt (z. B. Brand, Einbruchdiebstahl, Überschwemmung) aufgedeckt wurden,
- Euroumrechnungsrücklage gem. § 6 d EStG,
- Rücklage für den Unterschiedsbetrag zwischen handels- und nur steuerrechtlich zulässigen Abschreibungen (z. B. aus steuerlichen Sonderabschreibungen) nach § 281 I HGB.

---

[34] S. Fußnote 2 zu Bild A 6.

Sonderposten mit Rücklageanteil werden auch „steuerfreie Rücklagen" genannt, weil sie – im Unterschied zu den vorgenannten Gewinnrücklagen – aus unversteuertem Gewinn gebildet werden und bei ihrer späteren Auflösung als Ertrag versteuert werden müssen. Sie führen jedoch nur zu einer Verzögerung der Versteuerung aufgelöster stiller Reserven und enthalten im Gegensatz zur Gewinnrücklage, die uneingeschränkt Eigenkapitalcharakter hat, nur einen Rücklageanteil in Gestalt des Gewinnanteils, der den Unternehmen *nach* der Versteuerung der stillen Reserven noch verbleibt. Die steuerrechtliche Anerkennung des Sonderpostens mit Rücklageanteil in der Steuerbilanz setzt voraus, daß dieser Passivposten auch in der Handelsbilanz gebildet wird (umgekehrtes Maßgeblichkeitsprinzip[35]). Einstellungen in den Sonderposten gehören in der GuV zu den „Sonstigen betrieblichen Aufwendungen", Erträge aus der Auflösung des Sonderpostens zu den „Sonstigen betrieblichen Erträgen".

Rückstellungen (B.)

*Als Rückstellungen bezeichnet man **zweckgebunden reservierte Kapitalteile**, die der Deckung von*

- *(bezüglich Höhe und/oder Fälligkeit) ungewissen Verbindlichkeiten,*
- *drohenden Verlusten aus schwebenden Geschäften und*
- *bestimmten Instandhaltungs- und Gewährleistungsaufwendungen sowie anderen voraussichtlich unabwendbaren, aber bezüglich Höhe und Fälligkeit unbestimmten Aufwendungen*

dienen.[36]

Rückstellungen für ungewisse Verbindlichkeiten (z. B. Pensions-, Steuer-, Garantie-, Prozeßrückstellungen), die nach der statischen Bilanzauffassung des alten Aktienrechts (vor 1965) ausschließlich bilanzierungsfähig waren, stellen wirtschaftlich und juristisch *Fremdkapital* dar. Das Handelsrecht folgt seit 1986 mit der Zulassung von *Verlust- und Aufwandsrückstellungen* (z. B. Rückstellungen für geplante Gebäuderenovierungen und Großreparaturen), denen der Schuldencharakter fehlt, der dynamischen Bilanztheorie. Aber auch in den erstgenannten Rückstellungen können *Eigenkapitalelemente* in Form von stillen Reserven enthalten sein, wenn der Betrag der zukünftigen Verbindlichkeiten zu vorsichtig geschätzt wird, d. h. die Rückstellungen zu hoch angesetzt sind.

Rückstellungen mindern in der Erfolgsrechnung als *Aufwand* der laufenden Rechnungsperiode, der erst in späteren Jahren zu Ausgaben führt, den auszuweisenden und zu versteuernden Gewinn; ebenso wie die aktiven und passiven Rechnungsabgrenzungsposten dienen auch sie der periodengerechten Erfolgsermittlung (Periodenabgrenzung)[37]. Bei Rechnungsabgrenzungsposten sind jedoch Betrag und Fälligkeit bestimmt bzw. bekannt. Die betriebswirtschaftliche Aufgabe der Rückstellungen liegt entsprechend dem kaufmännischen Vorsichtsprinzip (GoB) in der Zukunftsvorsorge und Unternehmenssicherung. Ferner haben Rückstellungen die Finanzierungsfunktion der Kapitalbildung. Der Finanzierungseffekt resultiert aus dem mehr oder weniger großen zeitlichen Abstand zwischen der Bildung der Rückstellungen und ihrer Auflösung (z. B. der Fälligkeit bzw. Auszahlung der Verbindlichkeit).

Das Bilanzgliederungsschema in §266 HGB (s. Bild A6) benennt die folgenden drei Rückstellungsgruppen:

---

[35] S. dazu S. 60.
[36] Zur Passivierung der Rückstellungen s. S. 84.
[37] S. auch S. 56.

Den **Pensionsrückstellungen** (B 1) kommt die größte finanzwirtschaftliche Bedeutung zu, weil sie i. d. R. den größten Umfang haben, beliebig verwendbar, langfristig und zinslos verfügbar und damit dem Eigenkapital ähnlich sind.

Solche Rückstellungen zum Zwecke der betrieblichen Altersversorgung für die Arbeitnehmer sind nur zulässig, wenn eine *rechtsverbindliche, schriftliche* und *vorbehaltslose* Pensionszusage (Betriebsvereinbarung, Pensionsvertrag als Bestandteil des Arbeitsvertrages) besteht; nähere Einzelheiten s. §6a EStG.

Steuerrückstellungen (B 2) müssen für alle Steuern gebildet werden, die in der GuV[38] Aufwand darstellen, wenn der Abschlußstichtag zwischen der wirtschaftlichen Verursachung der Steuer und der rechtskräftigen Entstehung der Steuerschuld (z. B. aufgrund des Steuerbescheids) liegt, und zwar in Höhe der Beträge, die wirtschaftlich und rechtlich entstanden, aber noch nicht rechtskräftig veranlagt sind. Ist jedoch die Steuerschuld nicht ungewiß (z. B. bei der Grundsteuer), so ist sie unter den Verbindlichkeiten auszuweisen. Aus der in §274 HGB für Kapitalgesellschaften eingeführten *Steuerabgrenzung* ergibt sich eine besondere (Unter-)Art der Steuerrückstellungen: Danach ist eine **Rückstellung für latente Steuern** in Höhe der voraussichtlichen Steuerbelastung der Folgejahre zu bilden, wenn der dem Geschäftsjahr und früheren Geschäftsjahren zuzurechnende Steueraufwand aufgrund einer Differenz zwischen zu versteuerndem Gewinn (Steuerbilanzgewinn) und handelsrechtlichem Ergebnis zu niedrig war. Im umgekehrten Fall sind die latenten Steuern als sog. Bilanzierungshilfe unter der aktiven Rechnungsabgrenzung zu berücksichtigen (strittig![39]).

Zu den **sonstigen Rückstellungen** (B 3) gehören z. B. **Garantierückstellungen** von Unternehmen, bei denen zukünftige (ungewisse) Verpflichtungen für Gewährleistungen nicht auszuschließen sind. Ihre Höhe ist branchenabhängig unterschiedlich. Die Finanzbehörden lassen pauschale Rückstellungen zu, die meistens bei 1 % des Jahresumsatzes liegen.

Verbindlichkeiten (C.)

Verbindlichkeiten (Schulden) sind die am Bilanzstichtag bezüglich Höhe und Fälligkeit feststehenden Zahlungsverpflichtungen des Unternehmens und stellen im eigentlichen Sinne das Fremdkapital dar.

Diese „echten" Verbindlichkeiten sind gem. §266 HGB (für große Kapitalgesellschaften) nach Gläubigergruppen bzw. nach dem Verpflichtungsgrund gegliedert in 8 Unterpositionen[40]. Neu sind die Gläubigergruppe der Position C 7 sowie die gesonderten „davon"-Vermerke bei den sonstigen Verbindlichkeiten (C 8).

Das Verständnis der Positionen sowie die Zuordnung der Verbindlichkeiten bereitet im allgemeinen keine Schwierigkeiten.

Anleihen sind langfristige Darlehen, die durch Emission von Schuldverschreibungen (Obligationen) auf dem Kapitalmarkt aufgenommen wurden.

Konvertibel sind solche Anleihen (Wandelschuldverschreibungen, convertible bonds), die dem Inhaber ein Umtausch- oder ein Bezugsrecht auf Aktien gewähren.

Verbindlichkeiten aus Lieferungen und Leistungen, auch **Kreditoren** genannt, nehmen in Industriebilanzen – wie die Forderungen aus Lieferungen und Leistungen – einen bedeutenden Umfang ein.

---

[38] S. Bild A 6 Pos. 18 und 19 nach GKV bzw. 17 und 18 nach UKV.
[39] S. dazu M. Heinhold, Der Jahresabschluß, 4. Aufl., München/Wien 1996, S. 153 ff.
[40] Zur Unterteilung der Verbindlichkeiten nach Fälligkeiten s. S. 89.

2.2.5. Erläuterungen zu Positionen der GuV

(Die Benennung der GuV-Positionen erfolgt ohne Bezifferung nach GKV oder UKV).

Umsatzerlöse sind Erlöse aus dem Verkauf, der Vermietung und der Verpachtung von Erzeugnissen und Waren sowie aus Dienstleistungen im Rahmen der gewöhnlichen Geschäftstätigkeit und zwar nach Abzug der Erlösschmälerungen (z. B. Rabatte, Boni, Skonti) und der Umsatzsteuer (§ 277 I HGB). Sie stellen die Zweckerträge des Unternehmens dar.

Als **Bestandsveränderungen** an unfertigen und fertigen Erzeugnissen kommen in Betracht (§ 277 II HGB)

- *Mengenänderungen* als Differenz zwischen Produktions- und Absatzzahlen und
- *Wertänderungen* aus der Veränderung der Herstellkosten.

Bestandserhöhungen werden den Erträgen hinzugerechnet, Bestandsminderungen abgezogen. Methodisch bedingt sind – wie bereits erwähnt – Bestandsveränderungen wie auch die folgenden aktivierten Eigenleistungen nur bei Anwendung des GKV zu berücksichtigen. Bei den **anderen aktivierten Eigenleistungen** handelt es sich um selbsterstellte Gegenstände des Anlagevermögens (innerbetriebliche Leistungen), die als Pendant zur Vermögensmehrung in der GuV den Erträgen hinzuzurechnen sind, da die bei der Erstellung von Eigenleistungen angefallenen Aufwendungen (z. B. Löhne, Material) bei Anwendung des GKV im Aufwand der GuV enthalten sind.

Materialaufwand beinhaltet den Werkstoffverbrauch und die bezogenen Leistungen im Fertigungsbereich. Materialverbräuche des Verwaltungs- und Vertriebsbereichs sollten zweckmäßigerweise unter den „sonstigen betrieblichen Aufwendungen" (Pos. 8 nach GKV) ausgewiesen werden.

Die Position **Personalaufwand** umfaßt

- Löhne und Gehälter, inkl. Lohnsteuer und Arbeitnehmeranteile zur Sozialversicherung. Nicht hierher gehören Aufsichtsratsbezüge, Rückerstattung von Reisespesen, Pensionen für Belegschaftsmitglieder,
- soziale Abgaben, bestehend aus dem Arbeitgeberanteil zur Sozialversicherung und
- Aufwendungen für Altersvorsorge und Unterstützung als Zuschüsse zu Werksverpflegung, Erholungsheime, Treueprämien usw.

Mit **Abschreibungen** werden die Wertminderungen an Vermögensgegenständen als Aufwand je Rechnungsperiode erfaßt. Abschreibungen auf Anlagen sind im Anlagenspiegel zu spezifizieren[41]. Wegen ihrer zentralen Bedeutung in der Erfolgs- und Kostenrechnung sind die Abschreibungen in einem gesonderten Abschnitt behandelt[42].

Erträge und Aufwendungen aufgrund von Beteiligungen, sonstigen Finanzanlagen, Guthaben, Forderungen oder Verbindlichkeiten etc. bilden das betriebsfremde **Finanzergebnis**[43].

Hinsichtlich der **sonstigen betrieblichen Erträge/Aufwendungen** und **außerordentliche Erträge/Aufwendungen** wird auf die Ausführungen im Rahmen der Jahresabschlußanalyse verwiesen[44].

---

[41] Vgl. Kap. A 3.3.2.
[42] S. Kap. A 3.3.3.
[43,44] S. Kap. A 4.2.1.2.

Steuern vom Einkommen und vom Ertrag sind bei Kapitalgesellschaften die *Körperschaftsteuer* und die *Gewerbeertragsteuer*, einschließlich der Nachzahlungen für frühere Jahre. Steuererstattungen sind hier ebenfalls zu berücksichtigen, da es sich dabei lediglich um die Korrektur des Steueraufwandes und nicht um einen Ertrag handelt, somit auch kein Verstoß gegen das Saldierungsverbot des § 246 HGB vorliegt[45].

Bei Personenunternehmen ist die Einkommensteuer keine Betriebssteuer mit Aufwandscharakter. Ein Ausweis der persönlichen Einkommensteuer des Unternehmers bzw. Gesellschafters kommt hier nur in Betracht, wenn sie durch seinen Gewinnanteil begründet ist. Zu den **sonstigen Steuern** zählen alle anderen Betriebssteuern mit Aufwandscharakter.

Die Herstellungskosten der zur Erzielung der Umsatzerlöse erbrachten Leistungen ergeben sich folgendermaßen:

Anfangsbestände an unfertigen und fertigen Erzeugnissen
+ gesamte Herstellungskosten lt. Konten der Kostenarten
= Summe der Herstellungskosten einschl. Anfangsbestände
– Schlußbestände an unfertigen und fertigen Erzeugnissen
= Herstellungskosten der abgesetzten Leistungen.

Die **Vertriebskosten und allgemeinen Verwaltungskosten** werden im Gesetz nicht definiert.

Vertriebskosten sind alle im Vertriebsbereich anfallenden Kosten wie Materialkosten, Lohnkosten, Kosten für Lagerung und Versand der Fertigerzeugnisse und Waren.

Verwaltungskosten sind noch schwieriger abzugrenzen, weil viele Verwaltungskosten außerhalb des eigentlichen Verwaltungsbereiches anfallen. Man ist hier sehr stark abhängig von einer ausgebauten Kostenstellenrechnung.

2.2.6. Wertbewegungen in der Bilanz

Aufgrund der Tatsache, daß jedes Bestandskonto über die Bilanz abgeschlossen wird, verändert jeder erfolgsneutrale, auf einem Bestandskonto gebuchte Geschäftsvorfall letztlich die Bilanz und zwar – wegen des noch zu erläuternden Systems der doppelten Buchführung[46] – in zweifacher Weise. Vier mögliche Auswirkungen sind dabei zu unterscheiden:

● **Aktivtausch** (Vermögensumschichtung)
Der Geschäftsvorfall berührt nur die Aktivseite der Bilanz, indem ein Aktivposten um denselben Betrag zunimmt, um den ein anderer abnimmt. Die Bilanzsumme bleibt unverändert.

Beispiel: Kauf eines Schreibtischs gegen Banküberweisung für 500 EUR, d.h. Zunahme der Geschäftsausstattung und gleichzeitige Verminderung des Bankguthabens um 500 EUR.

● **Passivtausch** (Kapitalumschichtung)
Der Geschäftsvorfall hat nur Auswirkungen auf der Passivseite der Bilanz, indem ein Passivposten um denselben Betrag zunimmt, um den ein anderer abnimmt. Die Bilanzsumme bleibt unverändert.

---

[45] So auch Ditges/Arendt, Bilanzen, 10. Aufl., Ludwigshafen 2002, S. 251; M. Heinhold, a.a.O., S. 357.
[46] Vgl. Kap. A 2.3.1.

Beispiel: Umwandlung einer kurzfristigen Lieferantenverbindlichkeit von 10 000 EUR in ein (langfristiges) Darlehen, d. h. Verminderung der Verbindlichkeiten aus Lieferungen und gleichzeitige Erhöhung der Darlehensschuld um 10 000 EUR.

- **Aktiv-Passiv-Mehrung** (Bilanzverlängerung)
Auf jeder Seite der Bilanz wird ein Posten um denselben Betrag erhöht, was eine Zunahme der Bilanzsumme um diesen Betrag zur Folge hat.

Beispiel: Rohstoffeinkauf auf Ziel für 2 500 EUR. Die Vorräte nehmen ebenso um 2 500 EUR zu wie die Verbindlichkeiten aus Lieferungen.

- **Aktiv-Passiv-Minderung** (Bilanzverkürzung)
Auf jeder Bilanzseite verringert sich ein Posten um denselben Betrag; die Folge ist eine Verminderung der Bilanzsumme.

Beispiel: Bezahlung einer Lieferantenrechnung über 7 300 EUR durch Banküberweisung, d. h. gleichzeitige Abnahme des Bankguthabens und der Lieferantenverbindlichkeiten um 7 300 EUR.

Die Auswirkungen der Geschäftsvorfälle auf die Bilanz sowie der Sachverhalt der stets erfüllten Gleichheit von Vermögen (= Investierung) und Kapital (= Finanzierung) kann auch am Beispiel des finanzwirtschaftlichen Aufbaus verdeutlicht werden[47].

2.2.7. Auflösung der Bilanz in Bestandskonten

Aufgrund gesetzlicher Vorschriften ist während der Gesamtlebensdauer des Unternehmens jährlich eine Bilanz zu erstellen. Sie ist die periodisierte Abschlußrechnung aller *bestandsverändernden Geschäftsvorfälle* und dokumentiert am Jahresende in zahlreichen Einzelpositionen die Bestände an Vermögensgegenständen, Schulden sowie Eigenkapital. Welcher Art die bilanziellen Auswirkungen solcher Geschäftsvorfälle sein können, wurde im vorigen Kapitel erläutert. Da es aber buchungstechnisch nicht praktikabel ist, mit jeder Buchung die Bilanz zu ändern, werden die bestandswirksamen Geschäftsvorfälle auf **Bestandskonten** gebucht. Dazu ist zunächst die Bilanz (jetzt als Eröffnungsbilanz eines beginnenden Geschäftsjahres) in Konten aufzulösen.

Bilanzauflösung bedeutet, daß für eine jede Position der Bilanz ein entsprechendes Konto einzurichten ist, auf dem der Bilanzwert den Anfangsbestand der folgenden Rechnungsperiode bildet. Den beiden Bilanzseiten entsprechend sind Aktiv- und Passivkonten zu unterscheiden[48].

Aus den Positionen der Aktivseite der Bilanz werden **Aktivkonten**, die den Bilanzwert als *Anfangsbestand auf der Sollseite* übernehmen, aus den Positionen der Passivseite **Passivkonten**, die den Bilanzwert als *Anfangsbestand auf der Habenseite* übernehmen (s. Bild A 8).

Strenggenommen muß – aus rein formalen Gründen der noch zu erläuternden „Doppik" – zuvor ein **Eröffnungsbilanzkonto** (als Hilfs- bzw. Gegenkonto ohne materielle Bedeutung) *spiegelbildlich* zur Schlußbilanz zwecks Aufnahme der Gegenbuchungen eingerichtet werden.

---

[47] S. hierzu H.-P. Fries, a. a. O. (BWL), S. 30 f.
[48] Die GuV ist keine Beständerechnung und kennt folglich keine Auflösung.

Aktiva	Eröffnungsbilanz zum 1.1.19..		Passiva
Maschinen	220	Eigenkapital	350
Vorräte		Fremdkapital	
a) Rohstoffe	160	Darlehensschulden	200
b) Fertigerzeugnisse	110	Verbindlichkeiten a. L. u. L.	135
Forderungen	135	Schuldwechsel	5
Bank	55		
Kasse	10		
	690		690

Aktivkonten: **Passivkonten:**

S	Maschinen	H	S	Eigenkapital	H
AB	220			AB	350

S	Rohstoffe	H	S	Darlehen	H
AB	160			AB	200

S	Fertigerzeugnisse	H	S	Verb. a. L. u. L.	H
AB	110			AB	135

S	Forderungen	H	S	Schuldwechsel	H
AB	135			AB	5

S	Bank	H
AB	55	

S	Kasse	H
AB	10	

Bild A 8:   Bilanzauflösung in Bestandskonten (Beträge in Tsd. EUR)

Somit ist die Bilanz nicht nur Schlußpunkt, sondern auch Ausgangspunkt des jährlichen Rechnungskreises Geschäftsbuchhaltung[49].

2.3. Buchung von Geschäftsvorfällen

2.3.1. Buchführungssysteme; Buchungssatz

In der kaufmännischen Buchführung[50] unterscheidet man zwischen den Buchführungssystemen

- einfache Buchführung,
- doppelte Buchführung.

---

[49] Vgl. auch Bild A 16.
[50] Die kameralistische Buchführung der Behörden und öffentlichen Betriebe bleibt hier unberücksichtigt.

| *Bei der einfachen Buchführung wird jeder Geschäftsvorfall nur einmal gebucht.*

Da dieses System die Rechnungskategorien Ertrag und Aufwand nicht kennt, ist die Ermittlung des Erfolges nur durch Vergleich des Reinvermögens am Anfang und Ende einer Rechnungsperiode möglich; die Erfolgskomponenten werden jedoch nicht transparent. Aus diesem Grund findet die einfache Buchführung nur noch in Kleinbetrieben Anwendung.

| *Im System der doppelten Buchführung[51], auch Doppik genannt, führt jeder Geschäftsvorfall zu zwei wertgleichen Buchungen: die eine im Soll eines Kontos, die zweite (= Gegenbuchung), im Haben eines anderen Kontos.*

Die Doppik geht davon aus, daß jeder Geschäftsvorfall (mindestens) zwei Konten verändert. Nur dieses System grenzt zwischen Bestands- und Erfolgskonten und somit zwischen erfolgsneutralen und erfolgswirksamen Geschäftsvorfällen ab.

Die folgenden **Beispiele** sollen das Wesen der doppelten Buchführung verdeutlichen:
- Wareneinkauf auf Ziel
  1. Buchung (Soll; Zugang) auf dem Warenkonto (Bestandskonto)
  2. Buchung (Haben; Zugang) auf dem Lieferantenkonto (= Verbindlichkeiten; Bestandskonto).
- Begleichung einer Kundenrechnung per Banküberweisung
  1. Buchung (Soll; Zugang) auf dem Bankkonto (Bestandskonto)
  2. Buchung (Haben; Abgang) auf dem Forderungskonto (Bestandskonto).
- Barzahlung von Löhnen
  1. Buchung (Soll; Aufwand) auf dem Konto „Löhne" (Erfolgskonto)
  2. Buchung (Haben; Abgang) auf dem Kassekonto (Bestandskonto).

Alle erfolgswirksamen Geschäftsvorfälle verändern „indirekt", d. h. über das „Unterkonto GuV" das Eigenkapital. Die Auswirkungen der erfolgsneutralen Vorfälle auf die Bilanz wurden bereits beschrieben[52].

Als Folge des geschlossenen Systems ergeben sich einige **Vorzüge**:
- automatische *Kontrolle und Abstimmung* durch Gegenbuchungen,
- *Erfolgsausweis in doppelter Weise*, nämlich in Bilanz und GuV,
- Aufschluß über *Erfolgskomponenten und -ursachen* durch die GuV,
- Wahrung der *Bilanzidentität*, d. h. der inhaltlichen Gleichheit von Schlußbilanz und Eröffnungsbilanz.

Handels- und Steuerrecht schreiben kein Buchführungssystem vor. Die Entscheidung für ein bestimmtes System ist nach Zweckmäßigkeitserwägungen zu treffen. Ob die Ordnungsmäßigkeit der Buchführung gewahrt ist, hängt von den aufgrund der Art und Größe des Unternehmens zu führenden Büchern ab.

Um sicherzustellen, daß in der doppelten Buchführung jeder Geschäftsvorfall richtig gebucht wird, wandelt der Buchhalter ihn auf dem Buchungsbeleg in einen Buchungssatz (= Buchungsanweisung) um.

---

[51] Erste geschlossene Darstellung in „Summa de Arithmetica, Geometria, Proportioni et Proportionalita" von Luca Pacioli (1494); sämtliche vorhergehenden sowie folgenden Erörterungen betreffen die doppelte Buchführung.
[52] S. Kap. A 2.2.6.

*Der **Buchungssatz** ist die Umformung eines Geschäftsvorfalls in die „Sprache" der Buchführung.* Er gibt an, welche Konten berührt werden und nennt[53] dabei immer zuerst das Konto der Sollbuchung, dann – verbunden durch das Wörtchen „an" – das Konto der Habenbuchung sowie den Buchungsbetrag (sog. **Kontierung**).

Beim **einfachen Buchungssatz** werden nur zwei Konten angesprochen, es erfolgt *eine* Lastschrift und *eine* Gutschrift.

Beispiel: Rohstoffeinkauf auf Ziel für 2 300 EUR
Buchungssatz: Rohstoffe an Verbindlichkeiten 2 300 EUR

Ein **zusammengesetzter Buchungssatz** ist zu bilden, wenn von einem Geschäftsvorfall mehr als zwei Konten betroffen sind.

Beispiel: Bezahlung der offenen Lieferantenrechnung durch Barzahlung von 300 EUR und Banküberweisung von 2 000 EUR.
Buchungssatz: Verbindlichkeiten 2 300 EUR an Kasse   300 EUR.
                                                      an Bank 2 000 EUR.

In jedem Fall ist die Summe der Sollbuchung(en) wertmäßig gleich der Summe der Habenbuchung(en).

2.3.2. Organisation der Buchführung

Wesensmerkmal des Leistungsprozesses in Industriebetrieben ist die Fertigung (= Produktion i. e. S.) von Sachgütern durch Umwandlung (Be- und Verarbeitung) von Werkstoffen in absatzreife Produkte. Dies kommt auch in der Abgrenzung der beiden **Hauptabrechnungsbereiche** Finanzbuchhaltung und Betriebsbuchhaltung (= Kosten- und Leistungsrechnung) sichtbar zum Ausdruck:

– die **Finanzbuchhaltung** erfaßt als *unternehmensbezogene* Rechnung alle auf Zahlungsvorgängen beruhenden Geschäftsvorfälle,
– die **Betriebsbuchhaltung** zeichnet mengen- und wertmäßig den industrietypischen *Leistungsprozeß* auf.

Der Betrieb ist als rechnungstechnisch verselbständigte Einheit in die Unternehmung eingebettet, steht mir ihr quasi (bargeldlos) „in Geschäftsverbindung", indem er z. B. mit Werkstoffverbrauch, Löhnen, Gehältern, anteiligen Verwaltungskosten belastet und mit dem Wert der auf Lager gelieferten Halb- und Fertigfabrikate erkannt wird.

Grundsätzlich erfolgt die Buchung von Geschäftsvorfällen auf Konten. Die Ordnung des Kontengefüges geschieht im bzw. durch den Kontenrahmen.

*Der **Kontenrahmen** ist das systematische Gliederungsschema der organisatorischen Zu- und Unterordnung für alle Konten der Buchführung.*

Er ist dekadisch aufgebaut und enthält 10 Kontenklassen (0–9), die wieder in 10 Gruppen und Untergruppen (Kontenarten) unterteilt werden können.

Die erste Idee für ein „Kontensystem" gab 1890 J. F. Schär. Von Bedeutung für die Entwicklung des Kontenrahmens sind jedoch erst die Anregungen von E. Schmalenbach, die 1937 in dem für alle Betriebe vom Reichswirtschaftsminister vorgeschriebenen **Erlaßkontenrahmen** ihren Niederschlag fanden.

Eine branchenspezifische Weiterentwicklung ist der **Gemeinschaftskontenrahmen der Industrie** (GKR-I), den 1951 der Bundesverband der deutschen Industrie (BDI)

---

[53] entweder durch verbale Kontobezeichnungen oder durch Angabe der Konto-Nummern (s. nachfolg. Kap.).

herausgebracht hat. Er hat nur noch empfehlenden Charakter. Hierin erfolgt die Ordnung des Kontengefüges nach dem **Prozeßgliederungsprinzip**, d. h., die Bildung von Kontenklassen vollzieht den Produktionsprozeß des Industriebetriebes von der Kapital- und Betriebsmittelbeschaffung über die Fertigung bis zum Vertrieb nach (vgl. Bild A 9). Die Betriebsbuchhaltung mit den Klassen 4−7 ist direkt in die Finanzbuchhaltung eingebettet; beide bilden *einen* geschlossenen Rechnungskreis (**Einkreissystem**). Ein nennenswerter Vorzug des GKR ist die genaue Erfassung und Trennung der neutralen Aufwendungen und Erträge von den Kosten und Leistungen.

Klasse 0	Klasse 1	Klasse 2	Klasse 3	Klasse 4	Klasse 5/6	Klasse 7	Klasse 8	Klasse 9
Anlage-Vermögen und langfristiges Kapital	Finanz-Umlaufvermögen und kurzfristige Verbindlichkeiten	Neutrale Aufwendungen u. Erträge	Stoffe-Bestände	Kostenarten	Kostenstellen	Kostenträger Bestände an unfertigen u. fertigen Erzeugnissen	Erlöse, Bestandsänderung an Erzeugnissen, Eigenleistungen	Abschluß (Ergebnis- u. Bilanzkonten)
Geschäftsbuchhaltung				Betriebsbuchhaltung			Geschäftsbuchhaltung	

Bild A 9: System des Gemeinschaftskontenrahmens der Industrie

Die durch die Aktienrechtsreform von 1965 bedingten Schwierigkeiten bei der Anwendung des GKR für Aktiengesellschaften (z. B. Abgrenzungsprobleme und Umbuchungen zwecks Verwirklichung der Gliederungsvorschriften für Bilanz und GuV) sowie die Forderung nach einer stärkeren Trennung von Finanz- und Betriebsbuchhaltung führten zur Entwicklung des **Industriekontenrahmens** (IKR), der 1971 vom BDI veröffentlicht wurde und den GKR ablösen soll. Eine Einführungspflicht besteht jedoch auch für den IKR nicht.

Die **Zielsetzungen** des IKR sind:
- Anregung zur Aufstellung unternehmensindividueller Kontenpläne,
- Präzisierung und Vereinfachung des Rechnungswesens unter Berücksichtigung der Entwicklung in der EDV,
- Förderung der Harmonisierung des Rechnungswesens auf internationaler Ebene, insbesondere in EG-Ländern.

Die Kontenorganisation des IKR folgt dem **Abschlußgliederungsprinzip**, d. h., das System der Kontenklassen entspricht den handelsrechtlichen Gliederungsvorschriften des Jahresabschlusses. Die Hauptabrechnungsbereiche Finanzbuchführung und Betriebsbuchführung bilden zwei getrennte, in sich geschlossene Rechnungskreise (**Zweikreissystem**).

Auf der Grundlage eines Kontenrahmens stellt jedes Industrieunternehmen seinen individuellen **Kontenplan** auf. Er enthält nur die für dieses Unternehmen entsprechend seiner Branche, Struktur und Größe erforderlichen Konten.

	Rechnungskreis I: Finanzbuchhaltung								Rechnungskreis II: Kosten- u. Leistungsrechnung
	Bestandskonten				Erfolgskonten			Abschluß-konten	
	Aktivkonten		Passivkonten		Ertrags-konten	Aufwandskonten			
	Kontenklassen								
0	1	2	3	4	5	6	7	8	9
Sachanlagen u. immaterielle Anlagen	Finanzanlagen u. Geldkonten	Vorräte, Forderungen u. aktive Rechnungsabgrenzungsposten	Eigenkapital, Wertberichtigungen, Rückstellungen	Verbindlichkeiten und passive Rechnungsabgrenzungsposten	Erträge	Material- u. Personalaufwendungen, Abschreibungen, Wertberichtigungen	Zinsen, Steuern u. sonstige Aufwendungen		
nach § 266 HGB,					nach § 275 HGB gegliedert				

Bild A 10: System des Industriekontenrahmens

2.3.3. Buchen auf Bestandskonten

Vor der Formulierung des Buchungssatzes und der **Verbuchung** eines Geschäftsvorfalles muß der Buchhalter zwei Fragen beantworten:

(1) Welche Konten werden angesprochen?
(2) Auf welchem Konto ist die Sollbuchung, auf welchem Konto die Habenbuchung vorzunehmen?

Die erste ist aus dem Geschäftsvorfall selbst zu erschließen; so berührt z. B. der
Geschäftsvorfall „Rohstoffeinkauf auf Ziel" die Konten „Rohstoffe" und „Verbindlichkeiten". Die zweite Frage impliziert die Überlegung, ob auf einem Konto
ein Zugang oder ein Abgang erfolgt. Ihre Beantwortung hängt ab von der Art bzw.
dem Charakter des Kontos. Geht man nämlich von der Tatsache aus, daß – nach der
Bilanzauflösung – auf den Aktivkonten die Anfangsbestände im Soll und auf den
Passivkonten im Haben vorgetragen sind, so ergibt sich die Antwort auf die zweite
Frage fast zwangsläufig. Die **Zugänge** werden immer auf der Kontoseite gebucht,
auf der die Anfangsbestände stehen, die **Abgänge** auf der Gegenseite. Dies zeigt das
nachfolgende Schema.

Bestandskonten

S	Aktivkonten	H	S	Passivkonten	H
Anfangsbestand	Abgänge		Abgänge	Anfangsbestand	
Zugänge				Zugänge	

Bild A 11:   Schematische Darstellung der Buchung auf Bestandskonten

Vor den Buchungen auf den Konten des **Hauptbuches** werden die Geschäftsvorfälle
mit einem kurzen Buchungstext in zeitlicher Reihenfolge im **Grundbuch (Journal)**
aufgezeichnet.

Bei der Übertragung (Buchung) auf die Konten des Hauptbuches ist auf jedem Konto das im
Buchungssatz genannte Gegenkonto zu vermerken. Dieser Vermerk läßt auf den zugrunde
liegenden Geschäftsvorfall und damit auf die Ursache der Wertbewegung schließen. Da nach
den GoB keine Buchung ohne Beleg erfolgen darf (**Beleg-Prinzip**), sind ferner auch Beleg-
Nummer und -Datum (zum Zwecke der schnellen Wiederauffindung der Belege) anzugeben.
Die Belege – natürliche Belege wie Rechnungen, Quittungen, Schecks, Lohnlisten und künstli-
che Belege für Um-, Storno-, Abschlußbuchungen – sind Beweismittel für die Richtigkeit und
den Anlaß der Buchungen. Die Kontierung wird auf den Belegen mittels Stempel vorgenommen.

Der **Kontenabschluß** geschieht am Jahresende durch Saldieren.

*Unter **Saldieren** versteht man die Feststellung der Differenz, sog. **Saldo** (ital. =
Rechnungsabschluß), zwischen der wertmäßig größeren und der wertmäßig kleineren
Seite eines Kontos.*

Bei Aktivkonten ist die wertmäßig größere Seite die Sollseite, bei Passivkonten die
Habenseite. Der errechnete Saldo ist der *buchmäßige Endbestand* des entsprechenden Vermögens- oder Kapitalkontos, der zum Ausgleich dieses Kontos auf der
wertmäßig kleineren Seite eingetragen wird. Auch dieser „Eintrag" ist eine Buchung, die folglich eine Gegenbuchung erforderlich macht und zwar in der Schlußbilanz bzw. auf dem Schlußbilanzkonto (SBK).

Die Buchungssätze für die **Abschlußbuchungen** lauten:

- SBK an Aktivkonten,
- Passivkonten an SBK.

Den Kontenabschluß zeigt schematisch Bild A 12.

S	Aktivkonten	H	S	Passivkonten	H
Anfangsbestand	Abgänge		Abgänge	Anfangsbestand	
Zugänge				Zugänge	
	Saldo		Saldo		

Bild A 12: Schematische Darstellung des Kontenabschlusses

Buchungsbeispiel:

Geschäftsvorfall:

Bezahlung einer Lieferantenrechnung über 2000 EUR durch Banküberweisung.

Grundbuch:

Datum	Beleg-Nr.	Buchungssatz (Kontierung)	Betrag
		A. Geschäftsvorfälle	
		Verbindlichkeiten an Bank	2 000
		.	
		.	
		.	
		B. Abschlußbuchungen	
		SBK an Bank	53 000
		Verbindlichkeiten an SBK	133 000

Hauptbuch:

S	Bank		H	S	Verbindlichkeiten		H
AB	55 000	Verbindl.	2 000	Bank	2 000	AB	135 000
		SBK	53 000	SBK	133 000		
	55 000		55 000		135 000		135 000

S	SBK		H
.		.	
Bank	53 000	Verbindl.	133 000
.		.	

2.3.4. Buchen auf Erfolgskonten

Auch beim Buchen erfolgswirksamer Geschäftsvorfälle sind die eingangs des vorigen Kapitels gestellten Fragen zu beantworten. Die Antwort auf die erste Frage ergibt sich wiederum aus dem Geschäftsvorfall.

Beispiel: Banküberweisung von Gehältern.
Berührt wird das Aufwandskonto „Gehälter" sowie das Bestandskonto „Bank".

Zur Beantwortung der zweiten Frage geht man von der Vorstellung aus, daß das GuV-Konto, auf dem der Erfolg des Unternehmens festgestellt wird, als Unterkonto des Eigenkapitalkontos gedeutet werden kann[54]. Dieses **Eigenkapitalkonto** ist ein Bestandskonto besonderer Art. Es gibt Auskunft über den „Bestand" an Nettovermögen (= Differenz zwischen Vermögen und Fremdkapital) und ist somit strenggenommen selbst ein Saldoposten. Eigenkapitalmehrungen resultieren aus Erträgen, Eigenkapitalminderungen aus Aufwendungen[55]. Da das Eigenkapitalkonto ein Passivkonto ist, wären die Mehrungen im Haben, die Minderungen im Soll zu buchen. Eine direkte Verbuchung von Aufwendungen und Erträgen auf dem Eigenkapitalkonto oder auf einem einzigen Erfolgskonto (GuV-Konto) wird bei einer Vielzahl von erfolgswirksamen Geschäftsvorfällen sowie Aufwands- und Ertragsarten wegen folgender Nachteile vermieden:

- das Konto wird unübersichtlich,
- die Ursachen des Erfolgs sind nicht mehr erkennbar,
- ebenso die Summe der einzelnen Aufwands- und Ertragsarten.

Man arbeitet stattdessen mit mehreren **Erfolgskonten,** indem für jede anfallende Aufwands- und Ertragsart ein eigenes Konto eingerichtet wird. Die Verbuchung von Geschäftsvorfällen auf diesen Konten entspricht der auf dem Eigenkapitalkonto.

*Die Aufwendungen werden im Soll der **Aufwandskonten,** die Erträge im Haben der Ertragskonten gebucht.*

Die Beachtung des **Bruttoprinzips** verbietet eine Aufrechnung von artverwandten Aufwendungen und Erträgen wie z. B. Zinsaufwand und Zinsertrag und führt zu folgender Besonderheit: Sofern keine Korrekturbuchung, sog. Storno (ital. = Umbuchung), vorzunehmen ist, bleibt – abgesehen vom Saldo – bei den Ertragskonten die Sollseite und bei den Aufwandskonten die Habenseite frei.

Die Erfolgskonten werden (wie die Bestandskonten) durch Saldierung abgeschlossen und zwar die Ertragskonten mit einem Soll-Saldo, die Aufwandskonten mit einem Haben-Saldo. Die Salden sind auf dem GuV-Konto gegenzubuchen.

Die Buchungssätze für diese **Abschlußbuchungen** lauten:

- GuV-Konto an Aufwandskonten,
- Ertragskonten an GuV-Konto.

S	Aufwandskonten	H	S	Ertragskonten	H
Aufwendungen	ggf. Storno		ggf. Storno	Erträge	
	Saldo	→GuV←	Saldo		

Bild A 13: Schematische Darstellung der Buchungen auf Erfolgskonten

---

[54] Vgl. Kap. A 2.2.1., S. 12.
[55] Ansonsten wird das Eigenkapital nur durch Einlagen und Entnahmen verändert.

Buchungsbeispiel:

Am Monatsende werden 20 000 EUR Gehälter per Banküberweisung bezahlt.
Buchungssatz: Gehälter an Bank 20 000 EUR

S	Gehälter	H	S	Bank	H
Bank 20 000				Gehälter 20 000	

Die Salden der Erfolgskonten sind – anders als die Salden der Bestandskonten –
somit die *Summen* der nach einzelnen Arten differenzierten Erträge und Aufwendungen je Rechnungsperiode. Weist das GuV-Konto einen Soll-Saldo aus (d. h.
Erträge > Aufwendungen), so ist ein Periodengewinn erzielt worden, ein Haben-
Saldo (d. h. Aufwand > Ertrag) bedeutet dagegen einen Periodenverlust (s. Bild
A 4). Die Verbuchung (Gegenbuchung) des GuV-Saldos ist abhängig von der
Rechtsform des Unternehmens. Bei den *Personenunternehmungen* (Einzelunternehmung, Personengesellschaften) erfolgt der Abschluß des GuV-Kontos über das
variable Eigenkapitalkonto (s. Bild A 14), bei *Kapitalgesellschaften* aber, bei denen
ein Teil des Eigenkapitals feststehend und in der Mindesthöhe vorgeschrieben ist
(fixes Nominalkapital; sog. gezeichnetes Kapital), wird der Gewinn bzw. Verlust in
die Bilanz als gesonderte Position eingestellt und/oder mit dem Passivposten

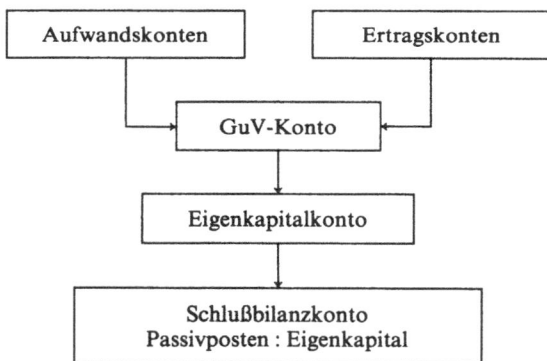

Bild A 14: Abschluß des GuV-Kontos bei Personenunternehmen

Bild A 15: Abschluß des GuV-Kontos bei Kapitalgesellschaften

„Rücklagen" verrechnet, der ebenfalls zur Eigenkapitalbasis gehört (s. Bilder A 15, 6 und 7).

Eine spezifische Aufwandsart stellen die **Abschreibungen** dar. Ihre Besonderheit besteht darin, daß sie im Rahmen der Jahresabschlußbuchungen erst am Bilanzstichtag „entstehen" und die Wertminderungen bzw. Werteverzehre an Vermögensgegenständen als Aufwand berücksichtigen[56].

2.3.5. Von der Eröffnungsbilanz zur Schlußbilanz

Nach der grundsätzlichen Erläuterung der Bilanzauflösung, der Buchungs- und Abschlußtechnik soll ein Übersichtsschema sowie ein zusammenhängendes Beispiel die Methodik der Finanzbuchführung und den Weg von der Eröffnungsbilanz bis zur Schlußbilanz in einer Rechnungsperiode verdeutlichen. Das Übersichtsschema zeigt Bild A 16.

Es sind folgende *Geschäftsvorfälle* des laufenden Geschäftsjahres im Grundbuch und im Hauptbuch zu verbuchen und die Abschlußbuchungen vorzunehmen:

1. Rohstoffeinkauf auf Ziel für 30 000 EUR
2. Bareinnahmen auf Kundenrechnungen in Höhe von 45 000 EUR
3. a) Barzahlung von Löhnen 20 000 EUR
   b) Überweisung von Gehältern 23 000 EUR
4. Rohstoffverbrauch im Wert von 55 000 EUR
5. Verkauf der im laufenden Jahr hergestellten Erzeugnisse
   a) gegen Banküberweisung im Wert von 100 000 EUR
   b) auf Ziel im Wert von 71 000 EUR
6. Ausgleich von Lieferantenrechnungen über 61 000 EUR durch Banküberweisung
7. Barzahlung der Miete in Höhe von 5 000 EUR
8. Bankeingang einer Provision für Geschäftsvermittlung über 4 000 EUR
9. Umwandlung von Lieferantenverbindlichkeiten in Darlehen in Höhe von 20 000 EUR
10. Bezahlung von Zinsen (18 000 EUR) und Betriebssteuern (16 000 EUR) per Scheck
11. Verrechnung von Abschreibungen auf Maschinen (10 %)
12. Privatentnahmen von 25 000 EUR aus der Kasse

---

[56] Nähere Einzelheiten in Kap. A 3.3.3.

Grundbuch:

Datum	Beleg-Nr.	Buchungssatz (Kontierung)	Betrag
		A. Eröffnung (Hier sind die Buchungssätze zur Bilanz- auflösung in Bestandskonten entspr. Bild A 8 anzugeben) B. Geschäftsvorfälle	
	1	Rohstoffe an Verbindlichkeiten	30 000
	2	Kasse an Forderungen	45 000
	3	Löhne und Gehälter	
		a) an Kasse	20 000
		b) an Bank	23 000
	4	Rohstoffaufwendungen an Rohstoffe	55 000
	5	a) Bank an Umsatzerlöse	100 000
		b) Forderungen an Umsatzerlöse	71 000
	6	Verbindlichkeiten an Bank	61 000
	7	Mietaufwendungen an Kasse	5 000
	8	Bank an Provisionserträge	4 000
	9	Verbindlichkeiten an Darlehen	20 000
	10	a) Zinsaufwand an Bank	18 000
		b) Betriebssteuern an Bank	16 000
	11	Abschreibungen an Maschinen	22 000
	12	Privatkonto an Kasse	25 000
		C. Abschluß	
	A 1	Eigenkapital an Privatkonto	25 000
	A 2	Schlußbilanz an Maschinen	198 000
	A 3	Schlußbilanz an Rohstoffe	135 000
	A 4	Schlußbilanz an Fertigerzeugnisse	110 000
	A 5	Schlußbilanz an Forderungen	161 000
	A 6	Schlußbilanz an Bank	41 000
	A 7	Schlußbilanz an Kasse	5 000
	A 8	Darlehen an Schlußbilanz	220 000
	A 9	Verbindlichkeiten an Schlußbilanz	84 000
	A 10	Schuldwechsel an Schlußbilanz	5 000
	A 11	GuV an Löhne und Gehälter	43 000
	A 12	GuV an Rohstoffaufwand	55 000
	A 13	GuV an Mietaufwand	5 000
	A 14	GuV an Abschreibungen	22 000
	A 15	GuV an Zinsaufwand	18 000
	A 16	GuV an Betriebssteuern	16 000
	A 17	Umsatzerlöse an GuV	171 000
	A 18	Provisionen an GuV	4 000
	A 19	GuV an Eigenkapital	16 000
	A 20	Eigenkapital an Schlußbilanz	341 000

Hauptbuch:
Alle Werte in Tsd EUR; die eingeklammerte Ziffer vor jeder Buchung gibt die Nummer des Buchungsbeleges an, der Buchungstext nennt das jeweilige Gegenkonto.

Aktivkonten   **Passivkonten**

S	Maschinen		H		S	Eigenkapital (EK)		H
AB	220	(11) Abschr.	22		(A1) Privat	25	AB	350
		(A2) SB	198		(A20) SB	341	(A19) GuV	16
	220		220			366		366

S	Rohstoffe		H		S	Darlehen		H
AB	160	(4) Rohstoff-			(A8) SB	220	AB	200
		aufw.	55				(9) Verbindl.	20
(1) Verbindl.	30	(A3) SB	135			220		220
	190		190					

S	Fertigerzeugnisse		H
AB	110	(A4) SB	110
	110		110

S	Verbindlichkeiten a. L. u. L.		H
(6) Bank	61	AB	135
(9) Darlehen	20	(1) Rohstoffe	30
(A9) SB	84		
	165		165

S	Forderungen		H
AB	135	(2) Kasse	45
(5b) Erlöse	71	(A5) SB	161
	206		206

S	Schuldwechsel		H
(A10) SB	5	AB	5
	5		5

S	Bank		H
AB	55	(3b) L + G	23
(5a) Erlöse	100	(6) Verbindl.	61
(8) Provision	4	(10a) Zinsen	18
		(10b) Steuern	16
		(A6) SB	41
	159		159

S	Privatkonto		H
(12) Kasse	25	(A1) EK	25
	25		25

S	Kasse		H
AB	10	(3a) L + G	20
(2) Forderungen	45	(7) Miete	5
		(12) Privat	25
		(A7) SB	5
	55		55

Aufwandskonten				Ertragskonten		

S	Löhne und Gehälter (L + G)		H	S	Umsatzerlöse		H
(3a)	Kasse	20	(A11) GuV 43	(A17) GuV 171	(5a)	Bank	100
(3b)	Bank	23			(5b)	Forderung.	71
		43	43	171			171

S	Rohstoffaufwand		H	S	Provisionen		H
(4)	Rohstoffe	55	(A12) GuV 55	(A18) GuV 4	(8)	Bank	4
		55	55	4			4

S	Mietaufwand		H
(7)	Kasse	5	(A13) GuV 5
		5	5

S	Abschreibungen		H
(11)	Maschinen	22	(A14) GuV 22
		22	22

S	Zinsaufwand		H
(10a)	Bank	18	(A15) GuV 18
		18	18

S	Betriebssteuern		H
(10b)	Bank	16	(A16) GuV 16
		16	16

A	Schlußbilanz		P	S	GuV		H
Maschinen	198	Eigenkapital	341	Löhne + Geh.	43	Umsatzerlöse	171
Vorräte:		Fremdkapital		Rohstoffe	55	Provisionen	4
a) Rohstoffe	135	Darlehen	220	Miete	5		
b) Fertiger-		Verbindlichkei-		Abschreibg. a. M.	22		
zeugnisse	110	ten a. L. u. L.	84	Zinsen	18		
Forderungen	161	Schuldwechsel	5	Betriebssteuern	16		
Bank	41			Gewinn (→ EK!)	16		
Kasse	5						
	650		650		175		175

verschiedene Erfolgskonten

A Eröffnungsbilanz zum 01.01.19..	P
Positionen des Anlagevermögens	Eigenkapital
Positionen des Umlaufvermögens	Fremdkapital-Positionen

S Ertragskonten	H
(Storno)	Erträge
Saldo	

S Aufwandskonten	H
Aufwen-dungen	(Storno)
Saldo	

S	GuV-Konto	H
Salden der Aufwands-konten		Salden der Ertrags-konten
Saldo = Gewinn		

S	Eigenkapitalkonto	H
Abgang		AB
Saldo (EB)		Zugang

verschiedene Bestandskonten (ohne EK-Konto)

S Passivkonten	H
Abgänge	AB
Saldo (EB)	Zugänge

S Aktivkonten	H
AB	Abgänge
Zugänge	Saldo (EB)

A Schlußbilanz zum 31.12.19..	P
Salden aller aktiven Bestandskonten (Pos. des AV + UV)	Eigenkapital / Salden der passiven Bestandskonten (zugl. Fremdkap.-Pos.)

S Privatkonto	H
Privat-entnahmen	Privat-einlagen
Saldo	

AB = Anfangsbestand
EB = Endbestand

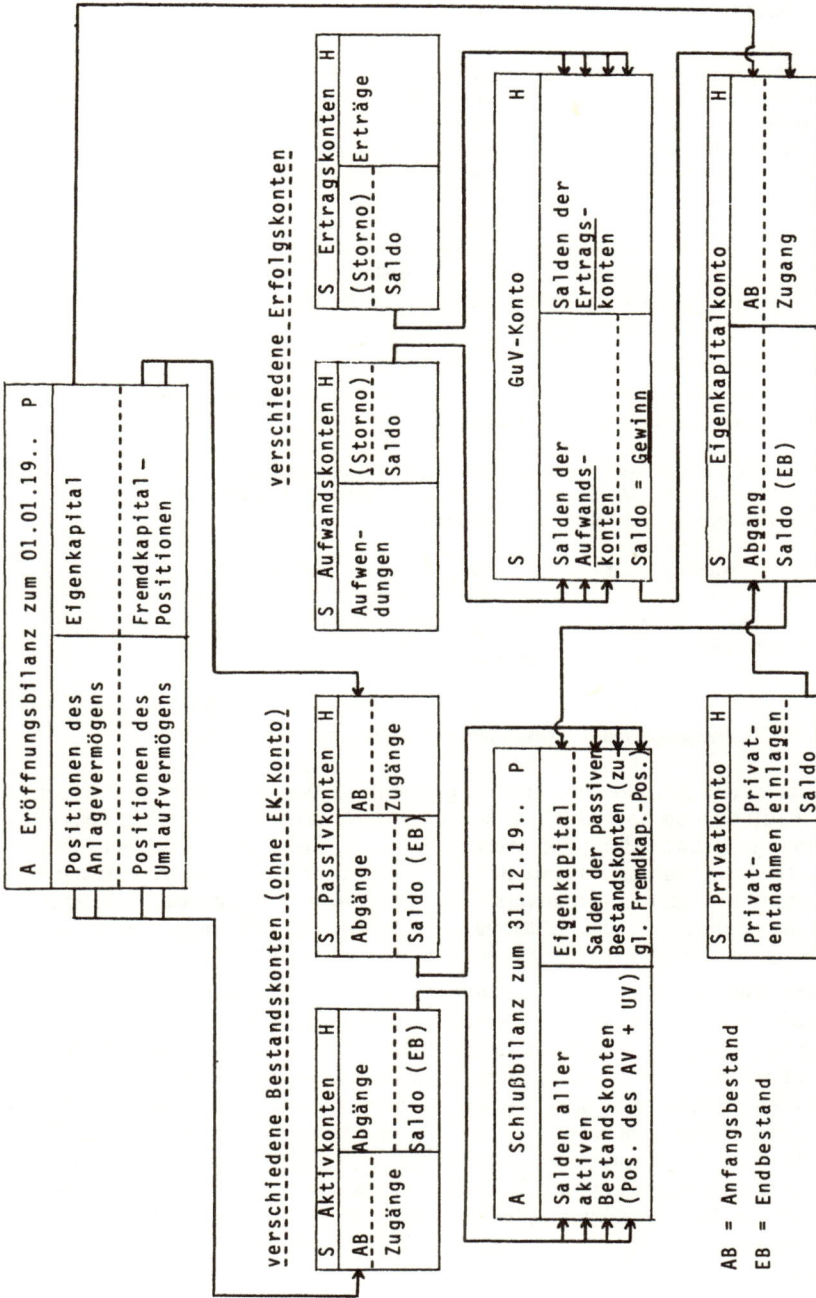

Bild A 16: Schema der doppelten Buchführung (am Beispiel einer Einzelunternehmung)

2.3.6. Charakteristika der Industriebuchführung

Als Bindeglied zwischen Fertigungsbetrieben und Konsumenten bzw. Weiterverarbeitern (sog. Handelskette) übernimmt der **Handel** die Distribution der hergestellten Erzeugnisse. Kennzeichen dieser Aufgabe ist es, daß die Handelsbetriebe die bezogenen Waren ohne (wesentliche) Be- oder Verarbeitung weiterverkaufen. Da die Weiterveräußerungen in der Regel zu höheren Preisen als den Beschaffungspreisen geschehen, handelt es sich hierbei um eine Vermischung von bestands- und erfolgswirksamen Vorgängen.

S	Warenkonto	H
Anfangsbestand + Zugänge (= Einkäufe) zu Einstandspreisen (EP)	Abgänge (= Verkäufe) zu Verkaufspreisen (VP)	
Warenrohgewinn	Endbestand lt. Inventur zu Einstandspreisen	

Bild A 17: Schema des gemischten Warenkontos

Da nach den GoB gemischte Konten möglichst zu vermeiden sind, spaltet man das Warenkonto auf in ein *Wareneinkaufskonto* und ein *Warenverkaufskonto*. Das erstere stellt ein Bestandskonto dar, das letztere weist den Warenerfolg aus.

S	Wareneinkauf	H	S	Warenverkauf	H
Anfangsbestand + Zugänge zu EP	Abgang zu EP		Abgang zu EP	Warenverkäufe zu VP	
	Endbestand zu EP lt. Inventur		Warenrohgewinn		

Bild A 18: Buchungsschema des gespaltenen Warenkontos

Wenngleich auch in Industriebetrieben gelegentlich Waren bezogen und unverändert verkauft werden, so ist doch das typische Merkmal der industriellen Leistungserstellung die Umwandlung von Werkstoffen, d.h. Roh-, Hilfs- und Betriebsstoffen, durch die Kombination mit den weiteren Produktionsfaktoren Arbeit und Betriebsmittel in neue, andersartige Güter (Produkte, Erzeugnisse, Fabrikate)[57]. Es ist das charakteristische Merkmal der **Industriebuchführung**, daß sie diesen Transformationsprozeß buchungstechnisch nachvollzieht.

Die **Beschaffung** von **Roh-, Hilfs- und Betriebsstoffen** wird auf verschiedenen *aktiven Bestandskonten* verbucht; der **Verbrauch** als typisches Zeichen der industriellen Produktion ist je Rechnungsperiode mengenmäßig zu erfassen, zu bewerten und als Aufwand auf differenzierten *Aufwandskonten* zu verbuchen. Die Endbestände an Werkstoffen können ohne oder mit Inventur ermittelt werden. Auch die fertigen und unfertigen **Erzeugnisse** werden auf *Bestandskonten* festgehalten. Die Verbuchung des *Verkaufs* erfolgt auf dem *Ertragskonto* „Umsatzerlöse". Die verrechnungstechnische Erfassung und Überwachung des Produktionsprozesses selbst ist nicht Aufgabe der Finanzbuchhaltung, sondern der Betriebsbuchhaltung (Kosten- und Leistungsrechnung). Die Finanzbuchhaltung registriert nur „Input" und „Output" dieses Prozesses.

Das Buchungsbeispiel des vorhergehenden Kapitels zeigt diese Vorgehensweise unter der Annahme, daß alle (und nur die) in der Rechnungsperiode hergestellten Erzeugnisse verkauft

---

[57] Einzelheiten hierzu s. H.-P. Fries, a.a.O. (BWL), S. 85f. und 13ff.

wurden, d. h., daß deren (Anfangs-)Bestände unverändert geblieben sind (vgl. Geschäftsvorfall/Buchung Nr. 5). Für die Praxis ist diese Annahme jedoch unrealistisch. Weil höchst selten die Herstellmenge (m_H) und Absatzmenge (m_A) in einer Rechnungsperiode gleich sind, werden am Bilanzstichtag regelmäßig Bestände an Erzeugnissen vorhanden sein.

Es ergeben sich folgende **Bestandsveränderungen**, die im Zuge der Erfolgsermittlung bei **Anwendung des Gesamtkostenverfahrens** zu berücksichtigen sind:

- $m_H > m_A$ = Mehrbestand an Erzeugnissen = EB > AB
- $m_H < m_A$ = Minderbestand an Erzeugnissen = EB < AB

Im Falle der **Bestandsmehrung** ist das GuV-Konto mit dem gesamten Herstellaufwand, also auch denjenigen für die (noch) nicht verkauften Erzeugnisse, belastet worden. Folglich muß auf der *Habenseite des GuV-Kontos* außer den Umsatzerlösen (= Wert/Ertrag der verkauften Leistungen) noch der Herstellwert des Mehrbestandes als Ertrag (= Wert der auf Lager genommenen Leistungen) quasi als korrektiv (Storno) erscheinen, um dem Grundsatz der periodengerechten Erfolgsermittlung zu entsprechen. Denn dadurch stehen den Erträgen der verkauften Produkte nur die durch ihre Herstellung verursachten Aufwendungen gegenüber. Die Gegenbuchung (Soll) ist die Bestandsmehrung auf dem Erzeugniskonto. Die mengenmäßige Bestandserhöhung wird in der Praxis durch Inventur ermittelt (bzw. kontrolliert) und mit dem Herstellaufwand bewertet.

Buchungsbeispiel:
Der Einfachheit halber sei unterstellt, daß keine Anfangsbestände an Fertigerzeugnissen (FE) vorhanden sind.[58]
Daten der Rechnungsperiode: Herstellmenge 10 000 Stück, Herstellaufwand (HA) 10,- EUR/Stück, Absatzmenge 9 000 Stück, Verkaufspreis 12,- EUR/Stück.

S	FE		H	A	SB	P
AB	–	SB	10[1]		FE	10	.
GuV	10[2]			$\xrightarrow{\text{SB an FE}}$ FE	.	.
	10		10			

FE an GuV

S	GuV		H
HA	100	Umsatzerlöse	108
Gewinn	18	Mehrbestand	10 ←
	118		118

[1] lt. Inventur, zu HA bewertet
[2] Bestandsmehrung

Alle Buchungswerte in Tsd. EUR

Eine **Bestandsminderung** setzt – wegen $m_H < m_A$ – voraus, daß zu Beginn der Periode Lagerbestände des Fertigproduktes zur Verfügung stehen. Ansonsten stellt sich der Buchungsablauf spiegelbildlich zur Bestandsmehrung dar, wie das folgende Schema zeigt.

---

[58] Selbstverständlich ist auch das Buchungsbeispiel auf S. 42ff. als Bestandsmehrung bzw. -minderung variierbar.

S	FE	H	A	SB	P
Anfangsbestand	Endbestand	$\xrightarrow{\text{SB an FE}}$ Endbestand FE		:
	Minderbestand	GuV an FE	:		:

S	GuV	H
$\hookrightarrow$ Herstellaufwand Minderbestand FE	Umsatzerlöse
Gewinn	

Bild A 19: Verbuchung der Bestandsminderung an Fertigerzeugnissen (Schema)

Sofern am Bilanzstichtag die Endbestände der Erzeugnisläger per Inventur festgestellt werden, erübrigt sich eine laufende Verbuchung der Bestandsveränderungen auf den Bestandskonten während der Rechnungsperiode. Alle sich als Saldo (gegenüber den Anfangsbeständen) ergebenden Bestandsminderungen oder -mehrungen werden der Übersichtlichkeit wegen nicht direkt auf dem GuV-Konto gegengebucht, sondern zunächst auf einem speziellen Konto „**Bestandsveränderungen**". Eine Aufrechnung aller Bestandsveränderungen von Halb- und Fertigerzeugnissen ist insofern zulässig, als sie die Korrekturbuchung der Bestandsveränderungen für die GuV nur zusammenfaßt und wertmäßig in der GuV ohne Einfluß ist. Das „Sammelkonto" Bestandsveränderungen gibt also nur seinen Saldo an das GuV-Konto ab (s. Bild A 20).[59]

Im Einzelnen ergeben sich folgende *Buchungen:*
- bei Bestandsmehrungen auf Erzeugniskonten
  - Unfertige Erzeugnisse (Saldo) an Bestandsveränderungen (so Bild A 20)
  - Fertigerzeugnisse (Saldo) an Bestandsveränderungen
- bei Bestandsminderungen auf Erzeugniskonten
  - Bestandsveränderungen an Unfertige Erzeugnisse (Saldo)
  - Bestandsveränderungen an Fertigerzeugnisse (Saldo, so Bild A 20)
- bei Bestandsmehrung auf dem Konto Bestandsveränderungen
  - Bestandsveränderungen (Saldo) an GuV-Konto (so Bild A 20)
- bei Bestandsminderung auf dem Konto Bestandsveränderungen
  - GuV-Konto an Bestandsveränderungen (Saldo).

S	Fertigerzeugnisse	H	S	Unfertige Erzeugnisse	H
AB	EB lt. Inventur $\to$ SB	AB	EB lt. Inventur $\to$ SB
	Bestandsminderung		Bestandsmehrung	

S	GuV	H	S	Bestandsveränderungen	H
	Umsatzerlöse	$\to$ Bestandsminderung bei FE	Bestandsmehrung $\leftarrow$ bei UFE
Bestandsmehrung $\leftarrow$	Bestandsmehrung		

Bild A 20: Schema der Verbuchung von Bestandsveränderungen bei fertigen und unfertigen Erzeugnissen

[59] Lt. Konto-Nr. des IKR (Klasse 5) ist das Konto Bestandsveränderungen ein Ertragskonto. Weist es jedoch einen Haben-Saldo aus, so gibt es an die GuV „Aufwendungen" ab.

2.4. Jahresabschluß

2.4.1. Zwecksetzung und Bestandteile

*Das Ergebnis der fortlaufenden und vollständigen Aufzeichnung aller Geschäftsvorfälle ist der **Jahresabschluß**.*

Die **Zwecksetzung**[60] des Jahresabschlusses besteht in der Information und Rechenschaftslegung über die finanz- und erfolgswirtschaftliche Situation, d. h. in der Bereitstellung von Daten zur Beurteilung der unternehmerischen Betätigung durch Ausweis

– der Vermögens- und Kapitalstruktur, d. h. der Investitionen und ihrer Finanzierung,
– des Unternehmenserfolgs und seiner Komponenten sowie
– der (statischen) Liquidität.

Bestandteile des Jahresabschlusses sind (gem. § 242 II HGB)

● die *Bilanz*,
● die *Gewinn- und Verlustrechnung* (GuV) und
● i.w.S. bei Kapitalgesellschaften und bei „Kapitalgesellschaften & Co" i.S. von § 264a HGB der *Anhang* (gem. § 264 I HGB).

Bilanz und GuV wurden bereits detailliert erläutert.[61]

*Der **Anhang** dient der näheren Erläuterung von Bilanz und GuV (§§ 264 I, 284–288 HGB).*

Der Umfang der vom Gesetzgeber für den Anhang geforderten Angaben hängt – wie bei Bilanz und GuV – von der Größe der Kapitalgesellschaft ab (gem. § 267 HGB).

Mittlere Kapitalgesellschaften sind solche, bei denen mindestens zwei der nachstehenden Merkmale erfüllt sind:

Bilanzsumme größer als 3,438 bis 13,75 Mio. EUR,
Umsatzerlöse größer als 6,875 bis 27,5 Mio. EUR,
Arbeitnehmer mehr als 50 bis 250 (im Jahresdurchschnitt).

Liegen mindestens zwei der genannten Merkmale unterhalb dieser Bereichsgrenzen, so gilt eine Kapitalgesellschaft als klein, liegen mindestens zwei Merkmale darüber, so gilt sie als groß.

Pflichtangaben für **alle Kapitalgesellschaften** im Anhang betreffen z.B.:

● Angewandte Bilanzierungs- und Bewertungsmethoden,
● Fremdkapitalzinsen als Bestandteil der Herstellkosten,
● Erläuterung und Rechtfertigung von Wertansätzen zu bestimmten Bilanz- oder GuV-Positionen,
● Nennung der Mitglieder des Geschäftsführungsorgans und des Aufsichts- oder Beirates sowie Angabe der Aufwendung hierfür,
● Angaben über Unternehmen, an denen eine Beteiligung existiert.

Zusätzliche Pflichtangaben für **mittlere und große Kapitalgesellschaften** sind z.B.:

● Aufgliederung des Gesamtbetrages der Verbindlichkeiten mit einer Restlaufzeit

---

[60] Vgl. § 264 II HGB.
[61] S. Kap. A2.2.1.

von mehr als fünf Jahren, sowie eine Aufgliederung nach Art und Form der Sicherheiten.

- Bei Anwendung des Umsatzkostenverfahrens der GuV-Rechnung ist eine Aufgliederung des Materialaufwandes und des Personalaufwandes in der Art, wie es beim Gesamtkostenverfahren gefordert wird, vorzunehmen.

Große Kapitalgesellschaften müssen außerdem ihre Umsatzerlöse nach Tätigkeitsbereichen und nach geographisch bestimmten Absatzmärkten angeben.

Alle Kapitalgesellschaften müssen ihren Jahresabschluß um einen Lagebericht ergänzen (§ 264 I HGB).

*Der **Lagebericht** soll ein tatsächliches Bild vom **Geschäftsverlauf** und der gegenwärtigen **Lage** der Gesellschaft vermitteln (§ 289 HGB). Er ist nicht Bestandteil des Jahresabschlusses.*

Die wirtschaftliche Beurteilung ermöglichen z. B. Angaben über
- Produktion, Beschäftigung, Umsatz, Auftragseingang u. -bestand,
- Marktstellung und -beurteilung,
- Veränderungen in Produktionsprogramm und -verfahren,
- Kosten, Erlöse, Rentabilität, Liquidität, Finanzierung,
- Personal- und Sozialangelegenheiten,
- Struktur der Gesellschaft, Beteiligungen, Filialgründungen.

Der Lagebericht soll gem. § 289 II HGB auch eingehen auf
- Vorgänge von besonderer Bedeutung, die nach dem Schluß des Geschäftsjahres eingetreten sind,
- die voraussichtliche Entwicklung der Kapitalgesellschaft,
- den Bereich von Forschung und Entwicklung.

Zur Aufstellung von Anhang und Lagebericht sind außer Kapitalgesellschaften auch die folgenden Unternehmen verpflichtet:
- Genossenschaften (§ 33 GenG),
- mit Ausnahme der Einzelunternehmungen und Personengesellschaften alle Unternehmen, die in den Geltungsbereich des Publizitätsgesetzes fallen (§ 5 II PublG, z. B. Vereine mit wirtschaftlichem Geschäftsbetrieb, Gewerbe betreibende Stiftungen des Privatrechts, Körperschaften, Stiftungen oder Anstalten des öffentlichen Rechtes, soweit sie Kaufmann oder im Handelsregister eingetragen sind, § 3 I PublG),
- Kreditinstitute beliebiger Rechtsform (§ 25a II KWG),
- Versicherungsunternehmen beliebiger Rechtsform (§ 55 I VAG).

Die dargelegten Bestandteile des Jahresabschlusses eines einzelnen Unternehmens sind jeweils auch für einen **Konzern** zu erstellen (§§ 290 ff. HGB). Dies gilt, wenn eine inländische Muttergesellschaft in der Rechtsform einer Kapitalgesellschaft die einheitliche Leitung von und Beteiligung an Tochterunternehmen (auch an Nicht-Kapitalgesellschaften) hat.

Der Jahresabschluß ist zusammen mit dem Lagebericht in den ersten drei Monaten des folgenden Geschäftsjahres aufzustellen und danach unverzüglich den Abschlußprüfern vorzulegen (§§ 264, 320 HGB).

Als **Zielgruppen** für den Jahresabschluß kommen in Betracht:
- Unternehmensleitung
  Die kritische Analyse des Jahresabschlusses liefert ihr Beurteilungskriterien für die Erfüllung ihrer Führungsaufgabe und die Basis für zukünftige Entscheidungen.

● **Kapitaleigner (Gesellschafter)**
Sie haben einen rechtmäßigen Anspruch auf diesen Rechenschaftsbericht über die „Verwaltung" ihrer Eigenkapitalanteile. Eine ausführliche Berichterstattung erleichtert ihnen die Ausübung ihrer Mitgliedschaftsrechte.

● **Gläubiger**
Sie sind im Sinne der Kreditsicherung an den Informationen des Jahresabschlusses interessiert.

● **Finanzbehörden**
Sind im Jahresabschluß zugleich steuerrechtliche Vorschriften berücksichtigt, so dient der richtig ermittelte Gewinn als Bemessungsgrundlage der Ertragsteuern (ESt, KSt, GewSt).

● **Belegschaft und ggf. Öffentlichkeit**
Die Belegschaft hat ein verständliches Interesse am Bestand bzw. Fortbestand „ihres" Unternehmens, die Öffentlichkeit ist ggf. Zielgruppe als Reservoir potentieller Kapitalanleger oder auch Geschäftspartner.

2.4.2. Jahresabschlußarbeiten

2.4.2.1. Der Jahresabschluß im Überblick

Die mit dem Jahresabschluß verbundenen Arbeiten können schon ihres Umfangs wegen nicht am Bilanzstichtag erledigt werden. Den Kapitalgesellschaften wird dafür in § 264 HGB ein Zeitraum von drei Monaten zugebilligt, der auch für andere Unternehmensformen als Richtlinie (i. S. der GoB) gelten kann.

In *formaler Hinsicht* sind mit dem Jahresabschluß buchhalterische Aufgaben in folgender Reihenfolge verbunden:

● **Vorbereitende Abschlußbuchungen**
Zu diesen zählen alle Abschlußbuchungen, die weder das Schlußbilanz- noch das GuV-Konto berühren.

Es handelt sich um den Abschluß von **Unterkonten und die Umbuchung** ihrer Salden auf die jeweils übergeordneten Konten, sowie um Korrekturbuchungen:

– Abschluß von Unterkonten wie
  Privatkonto auf das Eigenkapitalkonto,
  Erlösschmälerungen auf das Umsatzerlöskonto,
  Bezugskosten auf Roh-, Hilfs- und Betriebsstoffe-Bestandskonten,
– Bestandsveränderungen auf Erzeugniskonten,
– Mengenkorrekturen aufgrund von Differenzen zwischen Buch- und Istbeständen (lt. Inventur),
– Abschreibungen auf Anlage- (u. Umlauf-)vermögen,
– Bildung von Rückstellungen,
– zeitliche Abgrenzungen,
– Bewertungskorrekturen,
– Verrechnung der Vorsteuer auf das MWSt-Konto.

● **Abschlußbuchungen** (vgl. Buchungssätze auf S. 38, 39 und 42)
– Abschluß der Erfolgskonten über das GuV-Konto
– Übertragung des Jahreserfolges (= Saldo des GuV-Kontos) auf das Eigenkapital- oder das Schlußbilanzkonto
– Abschluß der Bestandskonten und Übertragung ihrer Salden auf das Schlußbilanzkonto
(– endgültige Erstellung von GuV und Bilanz)

Bei Anwendung des GKR werden in der Finanzbuchhaltung die Zweck- bzw. betrieblichen

Erträge und Aufwendungen separat von den neutralen Erträgen und Aufwendungen gebucht werden. Die ersteren sind dann über das **Betriebsergebniskonto**, die letzteren über das Konto **Neutrales Ergebnis** abzuschließen, beide Ergebniskonten letztlich über das GuV-Konto.

Bevor ein Geschäftsjahr buchhalterisch in der beschriebenen Weise seinen formalen Abschluß gefunden hat, sind in *materieller Hinsicht* einige Vorbereitungen zu treffen, nämlich mengen- und wertmäßige sowie zeitbezogene Korrekturen vorzunehmen, auf die in den drei nachfolgenden Abschnitten näher eingegangen wird.

2.4.2.2. Inventur und Bestandskorrekturen

Inventur[62] *ist die Bezeichnung für die mengen- und wertmäßige Erfassung des Bestandes aller Vermögensteile und Schulden eines Unternehmens (Bestandsaufnahme).*

Über den formalen Abschluß aller im Geschäftsjahr fortlaufend geführten Konten kommt man dann zu einer inhaltlich richtigen Bilanz, wenn am Bilanzstichtag die Buchbestände mit den tatsächlichen Beständen übereinstimmen. In der betrieblichen Realität ist dies jedoch kaum der Fall. Die Notwendigkeit der Inventur ergibt sich aus der Tatsache, daß „nichtbestimmungsgemäße" Verbräuche bzw. Abgänge (z. B. Schwund, Diebstahl) an Material und Erzeugnissen vorkommen, die eine Anpassung der Buch- an die Istbestände erforderlich machen. Die Bestandskonten können deshalb erst nach der Inventur abgeschlossen werden. Die Inventur ist somit Grundlage und Element einer *ordnungsmäßigen Buchführung* und hat ihre *gesetzliche Grundlage* in § 240f. HGB und in den §§ 140, 141 AO.

Da die Inventur die Basis der Schlußbilanz ist, umfaßt sie außer der art- und **mengenmäßigen Bestandsaufnahme** auch die **Bestandsbewertung**. Das Ergebnis ist das Inventar.

*Das **Inventar** ist das Bestandsverzeichnis aller Vermögensgegenstände und Schulden nach Art, Menge und Wert zu einem bestimmten Zeitpunkt.*

Es ist aufgegliedert in

- Vermögen (Anlage- und Umlaufvermögen; nach Liquidierbarkeit geordnet),
- Schulden (langfristige und kurzfristige Schulden; nach Fälligkeit geordnet),
- Reinvermögen (= Eigenkapital als Differenz zwischen Vermögen und Schulden).

Inventurarten
können wie folgt typisiert werden:

- nach der *Methode* der Bestandsaufnahme
  - **körperliche Inventur**
    Die Bestände der Vermögensgüter werden durch Zählen, Messen, Wiegen oder ggf. Schätzen konkret nach Art und Menge festgestellt.[63]
  - **Buchinventur**
    In manchen Fällen, so z. B. bei Forderungen, Guthaben, Schulden, immateriellen Anlagen, Grundstücken, ist eine körperliche Bestandsaufnahme nicht möglich, die Bestände werden hier mittels schriftlicher Unterlagen (Belege, Auszüge, Saldenlisten, Verträge, Grundbuchauszüge etc.) ermittelt. – Darüberhinaus kann diese Methode auch bei körperlichen Gegenständen kombiniert mit einer

---

[62] invenire (lat.) = (vor)finden, (an)treffen.
[63] Bezüglich der Möglichkeiten einer Gruppen- oder Festbewertung wird auf Kap. A3.2.1., 3.3.2. und 3.3.4. verwiesen.

körperlichen Bestandsaufnahme als permanente Inventur (s. unten) angewandt werden.

• nach dem *Zeitpunkt* der Bestandsaufnahme
  – **Stichtagsinventur**
  Sie wird am Bilanzstichtag (bzw. innerhalb 10 Tagen davor oder danach, vgl. Abschn. 30 I EStR) durchgeführt. Als *körperliche* Bestandsaufnahme ist sie – zumindest in Handelsbetrieben – nach wie vor der „*Standardfall*" der Inventur. Sie hat jedoch den großen **Nachteil**, daß wegen des umfangreichen Arbeitsanfalls und Personaleinsatzes *Betriebsschließungen* oder zumindest Störungen des Betriebsprozesses kaum zu vermeiden sind. Aus dieser Erkenntnis resultiert die
  – **vor- oder nachverlegte Inventur.**
  Sie findet gem. § 241 III 1 HGB, Abschn. 30 III EStR innerhalb von 3 Monaten vor oder von 2 Monaten nach dem Bilanzstichtag statt (sog. „besonderes Inventar"), so daß eine körperliche Bestandsaufnahme am Bilanzstichtag entfällt. Dies macht eine *wertmäßige* (nicht mengenmäßige!) *Fortschreibung* bzw. *Rückrechnung* auf den Abschlußtag erforderlich.
  – **permanente Inventur**
  Sie ist eine Kombination von körperlicher und buchmäßiger Bestandsaufnahme. Die körperliche Bestandsaufnahme der Vermögensgegenstände kann zu einem beliebigen Zeitpunkt während des Geschäftsjahres (mindestens einmal!) vorgenommen werden. Die Bestände werden *mengenmäßig* bis zum Bilanzstichtag *laufend fortgeschrieben*, das Inventar trägt (im Unterschied zur verlegten Inventur) das Datum des Bilanzstichtages.

  Voraussetzung für die Anwendung und Zulässigkeit (§ 241 III HGB) dieser Inventurart ist eine exakte Lagerbuchführung mit fortlaufender, lückenloser Aufzeichnung der Zu- und Abgänge nach Art und Menge.

  Die permanente Inventur hat den **Vorteil**, daß die körperliche Bestandsaufnahme der einzelnen Vorratsläger zu verschiedenen Zeitpunkten – über das Wirtschaftsjahr verteilt – durchgeführt werden kann und zwar am zweckmäßigsten dann, wenn die Lagerbestände am niedrigsten sind. Ferner ist (nur) sie in der Lage, Daten über die Bestandsbewegungen der Läger – insbesondere bei Verwendung von EDVA – zu liefern.

• nach dem *Umfang* der Bestandsaufnahme
  – **Vollinventur** = vollständige Bestandsaufnahme
  – **Stichprobeninventur** (gem. § 241 I HGB)
  Im Unterschied zur Vollinventur wird hierbei nur ein repräsentativer Teil der Vermögensgegenstände aufgenommen und mittels mathematisch-statistischer Methoden auf den Gesamtbestand (Grundgesamtheit) hochgerechnet.

Die körperliche Bestandsaufnahme ist beim **Anlagevermögen** entbehrlich, wenn die Bestände – und beim beweglichen Anlagevermögen die Bestandsveränderungen – in einer ordnungsgemäß geführten *Anlagekartei bzw. -datei* erfaßt sind (Buchinventur; Abschn. 31 EStR). Die Erstellung des Inventars der **Vorräte** erfordert dagegen mindestens einmal jährlich eine *körperliche Inventur* (Ausnahme nach § 240 III HGB). Im Hinblick auf die anschließende *Bewertung* sind dabei auch der Verwendbarkeitsgrad von Material und Fertigprodukten (sog. Ladenhüter) sowie der Fertigstellungsgrad der „Halbfabrikate" festzustellen. Die Inventur der **Forderungen und Verbindlichkeiten** ist immer eine *Buchinventur* und besteht nur in der wertmäßigen Erfassung der Einzelpositionen (= Salden des Debitoren- bzw. Kreditoren-Kontokorrents). Haben sich bei der körperlichen Bestandsaufnahme Mengenabweichungen von den Buchbeständen herausgestellt, so sind diese **Inventurdifferenzen** – nach Bewertung – erfolgswirksam zu verbuchen und zwar

- im Falle von *Minderbeständen* zu Lasten des GuV
  - bei Roh-, Hilfs- und Betriebsstoffen unter Pos. 5 „Aufwendungen für Roh-, Hilfs- und Betriebsstoffe",
  - bei unfertigen und fertigen Erzeugnissen über das Konto „Bestandsveränderungen" (Pos. 2 der GuV),
  - beim Anlagevermögen und sonstigen Gegenständen des Umlaufvermögens i. d. R. als Abgang auf dem entsprechenden Konto und aufwandsmäßig entweder in der Sammelposition 8 „sonst. betriebl. Aufwendungen", wie u. a. „Verluste aus dem Abgang von Gegenständen des Anlagevermögens" (früher Pos. 22) und „Verluste...des Umlaufvermögens" (früher Pos. 21), oder in Schadensfällen wie Diebstahl, Brand, Überschwemmung unter Pos. 16 „a. o. Aufwendungen".
- im Falle von *Mehrbeständen*
  - als Korrektur (Gutschrift) auf dem Konto „Stoffaufwendungen" (Pos. 5 der GuV) oder
  - als „außerordentlicher Ertrag" (Pos. 15 der GuV)

(sofern nicht eine frühere Fehlbuchung, z. B. unterlassene Zugangsbuchung, gefunden und korrigiert wird).

2.4.2.3. Bewertung und Wertkorrekturen

Der mengenmäßigen Beständeermittlung schließt sich die **Beständebewertung** an. Die Bewertung ist im gesamten Rechnungswesen[64] ein zentrales Problem und die schwierigste Aufgabe. Dies mag ganz allgemein die Bewertung der Materialien verdeutlichen, wenn man bedenkt, daß selbst gleichartige Gegenstände zu verschiedenen Zeitpunkten beschafft wurden und folglich auch unterschiedliche Anschaffungswerte haben können. Für die Bewertung sind einerseits durch Handels- und Steuerrecht Wertansätze vorgeschrieben (*Bewertungszwänge*), andrerseits verbleiben dem Unternehmer gewisse *Wahlrechte* hinsichtlich der Bewertungsmethoden und der möglichen Wertansätze, die er nach der mit der Rechnungslegung verfolgten Zwecksetzung, d. h. nach der **Bilanzpolitik** ausüben wird. Eine detaillierte Erörterung ist dem Hauptabschnitt „Bilanzierung" zu entnehmen. Generell wirkt sich buchtechnisch jede Auf- oder Abwertung (Wertkorrektur) als außerordentlicher Ertrag bzw. Aufwand aus.

In diesem Zusammenhang sei kurz auf **Wertkorrekturen** besonderer Art hingewiesen. Die Besonderheit besteht darin, daß manche Vermögensgegenstände tatsächlich mengenmäßig (ggf. sogar unverändert) vorhanden sind, aber im Rahmen des Jahresabschlusses planmäßige oder außerplanmäßige Wertkorrekturen erfahren. So stellt sich bei Gegenständen des abnutzbaren Anlagevermögens, z. B. Maschinen, der Verzehr dieses Produktionsfaktors, solange er im Unternehmen genutzt wird, nicht wie bei den Stoffverbräuchen mengenmäßig „sichtbar" dar, sondern wird nur in planmäßigen, jährlichen Wertminderungen, genannt **Abschreibungen**, erfaßt und zum Ausdruck gebracht. Außerplanmäßige Wertberichtigungen stehen an bei Forderungen, die zwar juristisch noch Bestand haben, aber wegen (drohender) Insolvenz des Kunden zweifelhaft oder gar uneinbringlich und deshalb abzuschreiben sind, und bei Materialien oder Erzeugnissen, die nicht mehr brauchbar oder verwertbar sind.

---

[64] Vgl. Kap. A 2.1.1.1.

2.4.2.4. Zeitbezogene Korrekturen

Eine wesentliche Zielsetzung der Finanzbuchhaltung ist die **periodengerechte Erfolgsermittlung** durch Gegenüberstellung derjenigen Erträge und Aufwendungen, die – unabhängig vom Zeitpunkt des Zahlungsvorganges – einer bestimmten Rechnungsperiode (Geschäfts-, Wirtschaftsjahr) wirtschaftlich zuzuordnen sind (**Verursachungsprinzip**). Wenngleich Erträge und Aufwendungen pagatorische Größen sind, d. h. auf Zahlungsvorgängen basieren, so fallen die Einnahmen und Ausgaben keineswegs immer in demselben Geschäftsjahr an, in welchem die entsprechenden Erträge oder Aufwendungen erfolgswirksam zu verbuchen sind.

Beispiele:

(1) Eine Versicherungsprämie wird im Dezember des abzuschließenden „alten" Jahres für das 1. Halbjahr des folgenden „neuen" Jahres gezahlt:
Ausgabe im alten Jahr, Aufwand im neuen Jahr.
(2) Die Miete für Monat Januar des Folgejahres wird schon im alten Jahr vereinnahmt:
Einnahmen im alten Jahr, Ertrag im neuen Jahr.
(3) Die Betriebssteuerzahlung für Dezember erfolgt erst am 10. Januar des neuen Jahres:
Aufwand im alten Jahr, Ausgabe im neuen Jahr.
(4) Ein Darlehnsschuldner hat die Zinsen für das 4. Quartal des alten Jahres bis zum 31. Dezember noch nicht gezahlt:
Ertrag im alten Jahr, Einnahme im neuen Jahr.

In solchen Fällen sind die betreffenden Perioden durch zeitbezogene Korrekturbuchungen erfolgsrechnerisch voneinander abzugrenzen. Betrifft eine Zahlung bezüglich der Erfolgszuordnung sowohl das alte als auch das neue Jahr, so ist anteilig abzugrenzen.

Abgrenzungen kommen in Betracht bei Mieten, Versicherungen, Steuern, Gebühren, Honoraren, Zinsen, Prämien, Personalaufwendungen, Telefonkosten etc.

Die **Typisierung** der abgrenzungsbedürftigen Geschäftsvorfälle geschieht unter zwei Gesichtspunkten:

● Zeitpunkt der Erfolgswirksamkeit
  – Alle im abgelaufenen Rechnungsjahr erhaltenen oder geleisteten Zahlungen (Einnahmen/Ausgaben), die erst **nach** dem Bilanzstichtag, d. h. im folgenden Jahr *erfolgswirksam* (Ertrag/Aufwand) werden, nennt man „**transitorische Posten**".[65] Der erfolgswirksame Betrag wird quasi in der Bilanz gespeichert und ins neue Jahr hinüber genommen (Beispiel 1 und 2).
  – Alle Geschäftsvorfälle, die **vor** dem Bilanzstichtag *erfolgswirksam* sind, d. h. dem abzuschließenden Rechnungsjahr als Aufwand oder Ertrag zuzuordnen sind, deren Zahlungen aber erst im neuen Jahr erfolgen, sind **antizipative Posten**.[66] Die Erfolgswirksamkeit steht vor dem Zahlungszeitpunkt (Beispiele 3 und 4). Die *erwartete Zahlung* wird als Forderung oder Verbindlichkeit bilanziert.

● Einstellung in der Bilanz
  – Besteht aus dem alten Rechnungsjahr eine „Forderung" an das neue, dann erfolgt die Einstellung auf der Aktivseite der Bilanz. Man spricht deshalb von **aktiven Rechnungsabgrenzungsposten** (Beispiele 1 und 4).
  – **Passive Rechnungsabgrenzungsposten** liegen vor, wenn die „Verbindlichkeit"

---

[65] transire (lat.) = hinübergehen.
[66] anticipere (lat.) = vorwegnehmen.

des alten gegenüber dem neuen Jahr auf der Passivseite bilanziert wird (Beispiele 2 und 3).

Unterläßt die Buchhaltung eine aktive oder passive Rechnungsabgrenzung, so wird der Periodenerfolg zu niedrig bzw. zu hoch ausgewiesen.

Nach handels- und steuerrechtlichen Vorschriften (§ 250 HGB, § 5 EStG) dürfen nur die transitorischen Posten namentlich als Rechnungsabgrenzungsposten (RAP) ausgewiesen werden; die antizipativen Posten sind als „Sonstige Forderungen" bzw. „Sonstige Verbindlichkeiten" zu bilanzieren, obwohl sie unter betriebswirtschaftlichem Aspekt ebenso der zeitlichen Abgrenzung von Ertrag/Aufwand dienen. Bild A 21 zeigt die 4 Typen abgrenzungsbedürftiger Geschäftsvorfälle.

Charakter der Abgrenzung	Geschäftsvorfall		Auswirkung im *alten* Jahr	Kontenbezeichnung/ Bilanzposition
	altes Jahr (*jetzt*)	neues Jahr (*später*)		
transitorisch	Ausgabe	Aufwand	Aufwandsminderung	Aktive Rechnungsabgrenzungsposten
	Einnahme	Ertrag	Ertragsminderung	Passive Rechnungsabgrenzungsposten
antizipativ	Aufwand	Ausgabe	Aufwandserhöhung	Sonstige Verbindlichkeiten
	Ertrag	Einnahme	Ertragserhöhung	Sonstige Forderungen

Bilanzstichtag

Bild A 21: Typisierung der Jahresabgrenzungen

Bei den antizipativen Posten handelt es sich um „echte" Forderungen und Verbindlichkeiten, die durch eine Zahlung im neuen Jahr „automatisch" *erfolgsneutral* aufgelöst werden. Problematisch ist ihre Erfassung im alten Jahr, weil wegen fehlender Zahlungen noch keine natürlichen Belege[67] existieren. Deshalb müssen alle in Betracht kommenden Ertrags- und Aufwandsarten dahingehend durchleuchtet werden, ob hierzu antizipative Posten zu bilden sind.

Eine Verwandtschaft mit den antizipativen Posten weisen die **Rückstellungen** auf, weil auch sie Passivposten sind, die zum Zwecke der periodengerechten Erfolgsermittlung durch Antizipieren von *Aufwendungen* gebildet werden. Sie sind ihrem Charakter nach Aufwand der abzuschließenden Rechnungsperiode bzw. *Verbindlichkeiten* bezüglich der kommenden Rechnungsperiode(n), unterscheiden sich jedoch von den antizipativen Passiva durch die *Ungewißheit* bezüglich der Entstehung (Fälligkeit) und/oder Höhe der Verbindlichkeit. Wegen dieser Ungewißheit muß die Höhe des zurückzustellenden Betrages unter Beachtung des *Prinzips der vorsichtigen Bewertung* geschätzt werden. Der *Buchungssatz* für die Bildung von Rückstellungen lautet: Aufwandskonto an Rückstellungen.

---

[67] Vgl. S. 37.

2.4.3. Prüfung und Veröffentlichung des Jahresabschlusses

Der Jahresabschluß und der Lagebericht aller mittleren und großen Kapitalgesellschaften und „Kapitalgesellschaften & Co" i. S. von § 267 HGB[68] müssen durch einen Abschlußprüfer, der vor Ablauf des Geschäftsjahres von den Gesellschaftern gewählt wird (§ 318 HGB), geprüft werden (§ 316 HGB). Ohne Prüfung ist die Feststellung des Jahresabschlusses nicht möglich. Das Ergebnis der Prüfung ist im **Prüfungsbericht** schriftlich niederzulegen (§ 321 I HGB). Dieser Bericht muß den gesetzlichen Vertretern der Gesellschaft vorgelegt werden (§ 321 V HGB). Erfolgen keine Einwendungen, hat der Abschlußprüfer den sog. **Bestätigungsvermerk** gem. § 322 HGB zu erteilen. Letztlich ist der gebilligte und somit „festgestellte" Jahresabschluß gem. § 325 ff. HGB spätestens vor Ablauf des 9. Monats nach dem Abschlußstichtag „offenzulegen", d. h. zum Handelsregister einzureichen und im Bundesanzeiger bekannt zu machen. – Entsprechendes gilt für den Konzernabschluß und -lagebericht.

Diese **Publizitätspflicht** trifft nach § 1 PublG auch alle Personenunternehmen, wenn sie mindestens 2 der folgenden Merkmale an drei aufeinanderfolgenden Abschlußstichtagen erfüllen:

– Bilanzsumme   > 60 Mio. EUR,
– Umsatzerlöse   > 130 Mio. EUR,
– Beschäftigte   > 5 000.

3. Bilanzierung

3.1. Grundsätze ordnungsmäßiger Bilanzierung

Bei den Grundsätzen ordnungsmäßiger Bilanzierung handelt es sich um Vorschriften zum Ausweis und zur Bewertung von Bilanzpositionen.

3.1.1. Grundsatz der Bilanzklarheit und -übersichtlichkeit

Gem. § 243 II HGB muß der Jahresabschluß klar und übersichtlich sein. In **formaler Hinsicht** wird dieses Postulat erfüllt durch

– Anwendung einer zweckmäßigen *Gliederung* für Bilanz und GuV. In diesem Sinne sind die Gliederungsschemata der §§ 266 und 275 HGB nach h. M. als Mindestvorschriften anzusehen,
– Anwendung des *Bruttoprinzips* (Verbot der Saldierung von Aktiv- gegen Passiv-Posten sowie von Aufwands- gegen Ertrags-Posten, § 246 II HGB; s. auch Vorschrift der Bruttomethode für Kapitalgesellschaften bei Aufstellung des Anlagespiegels, § 268 II HGB).

Als **materielle Vorschrift** ist hier die Beachtung des *Stichtags- und Einzelbewertungsgrundsatzes* sowie des *Going-Concern-Grundsatzes* (= Bewertung unter der Annahme der Fortführung der Unternehmenstätigkeit, § 252 I 2 HGB) zuzuordnen.

3.1.2. Grundsatz der Bilanzwahrheit (und -vollständigkeit)

Das Wahrheitspostulat beinhaltet zunächst, daß sämtliche Vermögensgegenstände, Schulden, Rechnungsabgrenzungsposten, Aufwendungen und Erträge (rechnerisch richtig) erfaßt werden (**Grundsatz der Vollständigkeit**, § 246 I HGB).

---

[68] S. S. 49.

Aus dem Wahrheits- bzw. Vollständigkeitspostulat der GoB leitet sich die grundsätzliche **Bilanzierungspflicht** (konkretisiert in den Positionen des Bilanzgliederungsschemas gem. §266 HGB) ab, sofern nicht das Gesetz ausdrücklich ein **Bilanzierungswahlrecht** oder gar ein **Bilanzierungsverbot** vorsieht.

Bezüglich der *Bewertung* ist keine absolute Wahrheit (= ethische Norm) gefordert, sondern eine relative, d. h. auf den *Zweck* der Bilanzierung bezogene **Wahrhaftigkeit** oder **Richtigkeit**. Wertmäßig richtig sind somit Bilanzansätze, die den Bilanzzwecken und -zielen (z. B. Gläubigerschutz, Kapitalerhaltung, Gewinnermittlung) gerecht werden und nicht gegen Gesetz, GoB und Handelsbrauch verstoßen.

Die Problematik der Zweckbezogenheit der Bilanzansätze wird deutlich beim Vergleich der unterschiedlichen Bilanzauffassungen zur Kapitalerhaltung[69]. Die handels- und steuerrechtlichen Bewertungsvorschriften gestatten lediglich eine nominelle Kapitalerhaltung.

Im vorgenannten Sinne unwahr sind *Bilanzfälschungen* (vorsätzlich falsche Wertansätze, z. B. nicht zulässiger, überhöhter stiller Reserven, und vorsätzlich falsche Buchungen, z. B. von aktivierungspflichtigen Vermögensgegenständen als Aufwendungen oder Privatentnahmen als Aufwendungen) und *Bilanzverschleierungen* (unklare, undurchsichtige Darstellungen, z. B. Verstoß gegen das Saldierungsverbot).

3.1.3. Grundsatz der Bilanzkontinuität

Dieser Grundsatz schließt folgende Forderungen ein:

- Gleichheit von Schlußbilanz eines Jahres und Eröffnungsbilanz des Folgejahres (**Bilanzidentität, -stetigkeit**, §252 I 1 HGB),
- Beibehaltung der Form insbes. der Gliederung aufeinanderfolgender Bilanzen und GuV-Rechnungen (**formelle Bilanzkontinuität**, §265 I HGB).
- Beibehaltung der Bewertungsmethode und Wertansätze (**materielle Bilanzkontinuität**, §252 I 6 HGB).

Abweichungen sind nur in begründeten Ausnahmefällen zulässig.

3.1.4. Grundsatz der Vorsicht

Der Grundsatz der Vorsicht ist seit jeher ein elementarer Bestandteil der GoB, im neuen HGB (§252 I 4) aber erstmalig ausdrücklich als Bilanzierungsnorm kodifiziert. Er verfolgt den Zweck, mögliche Wertverluste und vorhersehbare Risiken bei der Bilanzierung und Bewertung zu berücksichtigen. Dies wird dadurch erreicht, daß Vermögenswerte und Gewinne eher zu niedrig, Schulden eher zu hoch ausgewiesen werden, der Ausweis von nicht realisierten Gewinnen unterbleibt und erzielte Gewinne thesauriert werden. Das Prinzip der kaufmännischen Vorsicht dient dem *Gläubigerschutz* und trägt der Unsicherheit der wirtschaftlichen Entwicklung Rechnung. Es wird konkretisiert durch die Bewertungsgrundsätze Realisations-, Imparitäts-, Höchst- und Niederstwertprinzip.

3.2. Bewertungsgrundsätze und Wertansätze in Handels- und Steuerbilanz

3.2.1. Bewertungsgrundsätze für die Handelsbilanz

Neben den oben erwähnten GoB sind folgende Bewertungsprinzipien von Bedeutung:

- **Grundsatz der Einzelbewertung** (§252 I 3 HGB)
  Vermögensgegenstände und Schulden sind einzeln zu bewerten; es dürfen also in

---

[69] Vgl. S. 14 ff.

der Bilanz nicht mehrere, verschiedene Positionen zusammengefaßt werden. Gesetzlich geregelte Ausnahmen sind[70]
- die *Festbewertung* gem. § 240 III HGB;
- die *Gruppenbewertung* mit einem Durchschnittswert gem. § 240 IV HGB (ggf. i. V. mit § 256 HGB).

● **Stichtagsprinzip** (§ 252 I 3 HGB)
Vermögen und Schulden sind zum Abschlußstichtag zu bewerten (vgl. auch § 241 II HGB).

● **Anschaffungswertprinzip** (§ 253 I HGB)
Vermögensgegenstände dürfen *höchstens* mit den Anschaffungs- oder Herstellungskosten als Wertobergrenze, ggf. vermindert um Abschreibungen, angesetzt werden. Dieser Grundsatz und das daraus resultierende **Nominalwertprinzip** haben auch für die Steuerbilanz Gültigkeit (§ 6 EStG).

Die Möglichkeit eines Tageswertansatzes, die Art. 33 der 4. EG-Bilanzrichtlinie einräumte und die das Preissteigerungsproblem in der Bewertung hätte lösen können, hat der deutsche Gesetzgeber nicht genutzt.

● **Realisationsprinzip** (§ 252 I 4 HGB)
Gewinne dürfen nur ausgewiesen werden, wenn sie am Abschlußstichtag durch Lieferungen und Leistungen realisiert sind. Hinsichtlich des Wertansatzes wird dieser Grundsatz durch das Anschaffungswertprinzip konkretisiert.

● **Imparitätsprinzip** (§ 252 I 4 HGB)
Alle am Bilanzstichtag vorhersehbaren Risiken und Verluste, die zwar noch nicht realisiert sind, deren Ursache aber vor dem Bilanzstichtag liegt, sind zu berücksichtigen, selbst wenn sie erst zwischen dem Abschlußstichtag und dem Tag der Aufstellung des Jahresabschlusses bekannt geworden sind (*Wertaufhellungstheorie*).

● **Niederstwertprinzip**
Von mehreren möglichen Wertansätzen für **Vermögensgegenstände** (z. B. Anschaffungskosten, Börsen- oder Marktwert) ist jeweils der niedrigste anzusetzen. Zwei Ausprägungen sind zu unterscheiden:
- Das **gemilderte Niederstwertprinzip** gilt für das Anlagevermögen und läßt Abweichungen zu, wenn Wertminderungen nicht dauerhaft sind (§ 253 II HGB).
- Das **strenge Niederstwertprinzip** gilt für das Umlaufvermögen und zwar ohne Ausnahme (§ 253 III HGB) sowie für dauernde Wertminderungen beim Anlagevermögen (§ 253 II HGB).

● **Höchstwertprinzip**
Die Beachtung von Realisations- und Imparitätsprinzip führt bei der Bewertung der **Verbindlichkeiten und Rückstellungen** zum Höchstwertprinzip. Liegt z. B. der Zeitwert einer auf Fremdwährung lautenden Zahlungsschuld aufgrund eines gesunkenen Wechselkurses unter dem ursprünglichen Rückzahlungsbetrag, so ist dennoch der letztere anzusetzen (Realisationsprinzip!). Im umgekehrten Falle ist der höhere Zeitwert anzusetzen (Imparitätsprinzip). Insofern ist die Formulierung in § 253 I HGB „Verbindlichkeiten sind zu ihrem Rückzahlungsbetrag ... anzusetzen" mißverständlich.

● **Prinzip des Wertzusammenhangs**
Grundsätzlich sind zwei Formen zu unterscheiden:

---

[70] S. auch S. 65 und 81.

– Prinzip des *uneingeschränkten* Wertzusammenhangs: Der Bilanzansatz darf
den Vorjahresansatz nicht überschreiten, d. h. Zuschreibungen sind nicht zulässig.

– Prinzip des *eingeschränkten* Wertzusammenhangs: Die (niedrigeren) Wertansätze des Vorjahres dürfen beibehalten werden (**Beibehaltungswahlrecht**); Zuschreibungen bis höchstens zu den Anschaffungs- oder Herstellungskosten sind
möglich.

Gemäß § 253 V HGB gilt das Prinzip des **eingeschränkten Wertzusammenhangs**
für alle Vermögensgegenstände, wenn die Gründe für die nach § 253 II S. 3, III
oder IV HGB bzw. nach § 254 HGB vorgenommenen Abscheibungen weggefallen
sind.

● **Grundsatz der Periodenabgrenzung (§ 252 I 5 HGB)**
Zum Zwecke der periodengerechten Gewinnermittlung sind Aufwendungen und
Erträge im Jahre ihrer Entstehung zu berücksichtigen ohne Rücksicht auf die
Zeitpunkte der entsprechenden Zahlungen.

3.2.2. Bewertungsgrundsätze für die Steuerbilanz

● **Maßgeblichkeitsprinzip**
Aus § 5 I EStG ergibt sich, daß die handelsrechtlichen Bewertungsgrundsätze und
Wertansätze auch für die Steuerbilanz bindend sind, sofern das Steuerrecht nicht
zwingend eine andere Bewertung vorschreibt. Durch Beschluß des BFH (BStBl II
1969, S. 291) ist dieses Prinzip folgendermaßen eingeschränkt: Ein handelsrechtliches Aktivierungswahlrecht bedeutet eine steuerrechtliche Aktivierungspflicht,
ein handelsrechtliches Passivierungswahlrecht entspricht einem steuerlichen Passivierungsverbot. Steuerliche Sondervorschriften und Wahlrechte (z. B. zwischen
linearer und degressiver Abschreibung) können nur ausgeübt werden, wenn sie
zugleich in der Handelsbilanz beachtet werden (§ 5 I S. 2 EStG). Das bedeutet
praktisch immer dann eine *Umkehrung des Maßgeblichkeitsprinzips*, wenn steuerliche Sonderabschreibungen in Anspruch genommen werden sollen oder wenn
aus Gründen der Arbeitsvereinfachung kleinere Unternehmen nur *eine* Bilanz
erstellen.

● **Prinzip des Wertzusammenhangs**
Auch im Steuerrecht gilt das Prinzip des **eingeschränkten Wertzusammenhangs**.
Nach § 6 I Nr. 1 S. 4 EStG (für abnutzbare Anlagegüter) und § 6 I Nr. 2 S. 3
EStG (für alle übrigen Wirtschaftsgüter) können Zuschreibungen vorgenommen
oder der niedrigere Teilwert beibehalten werden.

3.2.3. Wertansätze in der Handelsbilanz

Das Handelsrecht nennt folgende Wertansätze (§ 253, 283 HGB)

● für Aktiva:
  – Anschaffungs- oder Herstellungskosten (als Basiswerte für AV und UV),
  – Börsen- oder Marktpreis bzw. ein entsprechender beizulegender Wert (als Ver-
    gleichswerte für das UV),

● für Passiva (als Basiswerte):
  – Nennbetrag (für das EK),
  – Rückzahlungsbetrag (für Verbindlichkeiten),
  – Barwert (für Rentenverpflichtungen),
  – ein nach vernünftiger kaufmännischer Beurteilung notwendiger Wert (für
    Rückstellungen).

§254 HGB erlaubt darüber hinaus die Übernahme niedrigerer steuerlicher Wertansätze (z. B. aufgrund überhöhter AfA nach §7 EStG) in die Handelsbilanz.

3.2.3.1. Anschaffungskosten

Aus §255 HGB ergibt sich für die Anschaffungs- und Herstellungskosten folgende Berechnung:

Anschaffungspreis (Rechnungs- bzw. Kaufpreis)
+ Anschaffungsnebenkosten wie Fracht, Verpackung, Zölle, Versicherungen, Provisionen, Notar- und Gerichtskosten, Verkehrsteuern (außer USt)
+ Kosten der Inbetriebnahme z. B. für Fundamentierung und Montage
+ nachträgliche Anschaffungskosten wie Nachberechnungen, erhöhte Grunder-werbsteuer, sofern ein *unmittelbarer sachlicher und wirtschaftlicher Zusammen-hang* mit der Anschaffung besteht
− Anschaffungspreisminderungen wie Rabatte, Skonti, Boni

= Anschaffungskosten

Für **Schenkung** (= unentgeltlicher Erwerb) und **Tausch** bestehen keine gesetzlichen Regelungen. Nach h. L. und kaufmännischer Gepflogenheit ist im ersten Fall die Aktivierung zum Zeitwert oder die Nichtaktivierung, im zweiten Fall der Ansatz zum Buchwert oder zum geschätzten Zeitwert des hergegebenen Gegenstandes möglich.

Der handelsrechtliche Begriff der Anschaffungskosten (besser: *Anschaffungsbetrag*) – prinzipiell inhaltsgleich im Steuerrecht verwendet – deckt sich weder mit dem „pagatorischen Aufwandsbegriff" der Finanzbuchhaltung noch mit dem „wertmäßigen Kostenbegriff" der betriebswirtschaftlichen Kostenlehre (Kostentheorie und Kostenrechnung), weil er (zunächst) keine erfolgswirksame, sondern nur eine bestandswirksame Größe ist. Bei Tausch und Schenkung fehlt zudem das Zahlungskriterium des Aufwands, und bei Anschaffung von nicht abnutzbaren Vermögensgegenständen ist das Verbrauchskriterium der Kosten nicht erfüllt.

Die Anschaffungskosten des derivativen Firmenwertes sind in §255 IV HGB definiert.

3.2.3.2. Herstellungskosten

Während die Anschaffungskosten Bewertungsmaßstab (Höchstwert gem. §253 I HGB) für erworbene Gegenstände sind, erfolgt die Bewertung von fertigen und unfertigen *Erzeugnissen* sowie in *Eigenleistung* erstellten Bauten und Anlagen zu Herstellungskosten.

Sie umfassen nach §255 II HGB zunächst *pflichtgemäß*

– Materialeinzelkosten (Fertigungsmaterial),
– Fertigungseinzelkosten (Fertigungslöhne einschl. gesetzlicher und tariflicher Sozialaufwendungen),
– Sondereinzelkosten der Fertigung.

Ein (volles oder teilweises) *Aktivierungsrecht* wird eingeräumt für

– Materialgemeinkosten (variable und fixe),
– variable Fertigungsgemeinkosten (z. B. Hilfslöhne),
– fixe Fertigungsgemeinkosten (z. B. Meistergehälter, Sachversicherungsprämien, Wartung und Instandhaltungskosten) einschl. Werteverzehr für fertigungsbedingtes Anlagevermögen und fertigungsbedingtes Fremdkapital, Aufwendungen für freiwillige soziale Leistungen und betriebliche Altersversorgung,
– Verwaltungsgemeinkosten.

Ein *Aktivierungsverbot* besteht für sämtliche Vertriebskosten. Aufgrund der pagatorischen Auslegung des handelsrechtlichen Kostenbegriffs sind auch aufwandsungleiche kalkulatorische Kosten nicht aktivierungsfähig.

Die handelsrechtliche Definition der Herstellungskosten folgt fast wörtlich der Bestimmung des Abschn. 33 EStR, allerdings sind Material- und Fertigungskosten steuerlich aktivierungspflichtig.

3.2.3.3. Börsen- und Marktpreis

Der Börsen- und Marktpreis kommt wegen des strengen Niederstwertprinzips als *marktorientierter Vergleichswert* für die Bewertung des *Umlaufvermögens* zur Anwendung (§253 III HGB).

Börsenpreis ist der an einer Börse (z. B. Effekten-, Devisen-, Warenbörse) amtlich festgestellte Kurs.
Marktpreis ist ein Durchschnittspreis für Waren einer bestimmten Gattung von mittlerer Art und Güte.

* Der **Beschaffungsmarkt** liefert diesen Vergleichswert für noch nicht verarbeitete Werkstoffe (einschl. fremdbezogener Halb- und Fertigteile) in Form des **Wiederbeschaffungspreises** oder **Reproduktionswertes** unter Berücksichtigung eventueller Beschaffungsnebenkosten und Preisminderungen (s. o.).

* Am **Absatzmarkt** orientiert sich die Bewertung aller übrigen Wirtschaftsgüter des Umlaufvermögens, d. h. der fertigen und unfertigen Erzeugnisse und der Wertpapiere. Vergleichswert ist hier der voraussichtliche **Verkaufspreis (Tages- oder Zeitwert)**, von dem zum Zwecke einer **verlustfreien Bewertung** alle bis zum Verkauf noch anfallenden Aufwendungen abzusetzen sind.[71]

Ist ein Börsen- oder Marktpreis für einen bestimmten Vermögensgegenstand nicht festzustellen, so hat sich der „**beizulegende Wert**" an vergleichbaren Gegenständen des Beschaffungs- oder Absatzmarktes anzulehnen. Vom Gesetzgeber ist dieser Wert nicht konkretisiert.

3.2.4. Wertansätze in der Steuerbilanz

Während das Handelsrecht nur Höchstwertvorschriften macht und Untergrenzen nur für Kapitalgesellschaften angibt, enthält das Steuerrecht überwiegend Mindestwertvorschriften für die Vermögensbewertung. Dazu fixiert es neben den handelsrechtlichen Basiswertansätzen, die aufgrund des Maßgeblichkeitsgrundsatzes auch für die Steuerbilanz relevant sind, zwei spezifische Wertbegriffe:

* Teilwert,
* gemeiner Wert.

*Der **Teilwert** ist nach § 6 I 1 EStG „der Betrag, den ein Erwerber des ganzen Betriebs im Rahmen des Gesamtkaufpreises für das einzelne Wirtschaftsgut ansetzen würde; dabei ist davon auszugehen, daß der Erwerber den Betrieb fortführt".*

Er ist somit ein anteiliger oder **verbundener Betriebswert**, der sich an den Ertrags- bzw. Nutzungsmöglichkeiten eines Wirtschaftsgutes im Rahmen des Gesamtbetriebes unter der ausdrücklichen Annahme der Betriebsfortführung (Going-concern-Grundsatz) orientiert. Dieser fiktive Wert ist theoretisch umstritten und praktisch nicht zu ermitteln. Er wird deshalb unter Zuhilfenahme anderer Werte bestimmt.

---

[71] S. dazu G. Wöhe, Einf. i. d. Allg. BWL, 20. Aufl., München 2000, S. 934.

Die Obergrenze bildet nach den „*Teilwertvermutungen*" des RFH der Wiederbeschaffungspreis eines Gegenstandes, die Untergrenze ist der Einzelveräußerungspreis.

Der Teilwert ist das Pendant zu allen handelsrechtlichen Werten, durch die das Niederstwert- und Imparitätsprinzip realisiert wird. Er ersetzt in der Steuerbilanz den Börsen- oder Marktpreis bzw. den sonst beizulegenden Wert.

Der Teilwert ist aus dem gemeinen Wert abgeleitet worden. Der **gemeine Wert** wird nach § 9 II BewG durch den Preis bestimmt, der im gewöhnlichen Geschäftsverkehr nach der Beschaffenheit des Wirtschaftsgutes bei einer Veräußerung zu erzielen wäre. Er ist demnach im Unterschied zum Teilwert ein vom Betrieb *losgelöster Wert* und kommt in der Ertragsteuerbilanz nur selten zur Anwendung, z. B. bei Betriebsaufgabe und Überführung der Wirtschaftsgüter in das Privatvermögen (§ 16 III EStG).

3.3. Bilanzierung des Vermögens (Aktiva)

3.3.1. Aktivierung von Vermögensgegenständen

Ausschlaggebend für die Aktivierung von Wirtschaftsgütern ist nicht das privatrechtliche Eigentum, sondern die **wirtschaftliche Zugehörigkeit** zum Unternehmen.

So sind als **wirtschaftliches Eigentum** zu aktivieren:

- unter Eigentumsvorbehalt erworbene Anlagen und Vorräte,
- zur Sicherung von Krediten an Gläubiger übereignete Vermögensgegenstände,
- abgetretene (zedierte) Forderungen,
- vermietete, verpachtete oder verliehene Güter,
- Vorräte in Konsignationslägern,
- *verkaufte*, rollende oder schwimmende Ware als *Forderung*, unabhängig von ihrem Aufenthaltsort (entsprechend ist *gekaufte*, rollende oder schwimmende Ware als *Verbindlichkeit* zu passivieren).

Problematisch ist die Behandlung, wenn Gegenstände mittels **Leasing** beschafft werden. Ob ein Leasingobjekt beim Leasing-Geber oder beim Leasing-Nehmer bilanziert wird, hängt von den vertraglichen Umständen und Regelungen ab[72] und hat nicht nur Auswirkungen auf die Vermögens- und Kapitalstruktur, sondern auch auf die Erfolgsgestaltung (Leasingraten!).

Ein **Aktivierungsverbot** besteht für *originäre*, d. h. selbst geschaffene immaterielle Vermögensgegenstände.

Abgesehen von diesen Ausnahmen erstrecken sich die Aktivierungsverbote des Handelsrechts ausschließlich auf **Aufwendungen**, denen keine Vermögensgegenstandseigenschaft zukommt.

Hiervon sind z. B. betroffen[73]:

- Aufwendungen für die **Gründung** des Unternehmens und für die Beschaffung des Eigenkapitals (diese beiden Aktivierungsverbote sind im Gesetz ausdrücklich erwähnt im § 248 I HGB);
- Aufwendungen für **Grundlagenforschung**, soweit sie nicht ohnehin unter das Aktivierungsverbot originärer immaterieller Vermögensgegenstände fallen. Dage-

---

[72] Näheres s. H.-P. Fries, a.a.O (BWL), S. 364 und M. Heinhold, a.a.O., S. 89 f.
[73] M. Heinhold, a.a.O., S. 77.

gen sind Aufwendungen für Zweckforschung, z. B. Weiterentwicklung eines Produktes im Rahmen der Herstellungskosten dieses Produktes aktivierungsfähig;
– Aufwendungen zur Unterhaltung, Instandhaltung bzw. Instandsetzung eines Anlagengutes (steuerlich: **Erhaltungsaufwand**). Solch ein Erhaltungsaufwand liegt vor, wenn er dazu dient, die Funktionsfähigkeit des Vermögensgegenstandes, z. B. einer Maschine, wiederherzustellen und sie in nutzungsfähigem Zustand zu erhalten. Darüber hinausgehende Reparaturen (sog. Herstellungsaufwand) sind bei der betroffenen Aktivposition aktivierungspflichtig;
– Aufwendungen für **Reklame- und Werbekampagnen**.

Weiterhin besteht ein Aktivierungsverbot für diejenigen Vermögensgegenstände, die nicht dem Unternehmen zuzuordnen sind, sondern zum **Privatvermögen** des Kaufmannes gehören.

3.3.2. Bewertung des Anlagevermögens

Das Anlagevermögen wird nach § 266 HGB untergliedert in die Bewertungsgruppen

● immaterielle Vermögensgegenstände,
● Sachanlagen,
● Finanzanlagen.

Entsprechend den verschiedenen Bewertungsvorschriften ist das **Sachanlagevermögen** zu unterteilen in

● abnutzbares Anlagevermögen und
● nicht abnutzbares Anlagevermögen.

Das *Steuerrecht* teilt in § 6 I EStG das Vermögen auf in

● Wirtschaftsgüter des Anlagevermögens, die der Abnutzung unterliegen, und
● andere Wirtschaftsgüter, nämlich
  – Grund und Boden, Beteiligungen, Geschäfts- oder Firmenwert,
  – Umlaufvermögen.

Gem. § 268 II HGB müssen **Kapitalgesellschaften** ab 1.1.1987 den (gegenüber altem Recht erweiterten) Anlagenspiegel unter Einbeziehung der Position „Aufwendungen für die Ingangsetzung und Erweiterung des Geschäftsbetriebes" (sofern diese aktiviert wurden; § 269 HGB) in der Bilanz (Aktivseite) oder im Anhang nach der direkten Bruttomethode aufstellen (s. Bild A 22). Insofern ist hier die Methode der indirekten Abschreibung[74] hinfällig geworden und der passive Bilanzposten „Wertberichtigungen zum Anlagevermögen" (vgl. § 151 AktG a. F.) im Gliederungsschema des § 266 HGB nicht mehr enthalten.

Bilanz-posten	ursprüngliche Anschaf-fungs-/Her-stellungs-kosten	Zu-gänge	Ab-gänge	Umbu-chungen	Zu-schrei-bungen	Abschrei-bungen kumuliert	Abschrei-bungen Abschluß-jahr	Buchwert 31.12. Vorjahr	Buchwert 31.12. Abschluß-jahr
		+	–	+/–	+	–			
0	1	2	3	4	5	6	7	8	9

Bild A 22: Beispiel für einen Anlagenspiegel gem. § 268 HGB

---

[74] S. Kap. A 3.3.3.3.

Die relevanten Wertansätze für das Anlagevermögen sind in Bild A 23 für Handels-
und Steuerbilanz zusammengefaßt. Es wurde bereits in anderem Zusammenhang[75]
erwähnt, daß Gegenstände des **Sachanlagevermögens** als Ausnahme vom Prinzip
der Einzelbewertung gem. §240 III HGB mit einem **Festwert** bilanziert werden
können, wenn folgende Voraussetzungen erfüllt sind:
- regelmäßiger Ersatz,
- Gesamtwert für das Unternehmen von untergeordneter Bedeutung,
- geringe Bestandsveränderungen hinsichtlich Größe, Wert und Zusammensetzung,
- körperliche Bestandsaufnahme (Inventur) i.d.R. alle 3 Jahre.

Die Festbewertung kommt vor allem bei Massengütern (z.B. Werkzeugen, Formen,
Stanzen, Büromaschinen, Meßgeräten, Gerüsten, Geschirr) in Betracht. Im Anlagenspiegel ist der Festwert in der Spalte des Restbuchwertes einzusetzen (evtl. mit
früherem höheren Wert in der Spalte der Anschaffungskosten).

3.3.3. Abschreibungen

3.3.3.1. Wesen, Begründung und Arten

Abschreibungen bedeuten

- ● *Erfassung der Wertminderungen von Wirtschaftsgütern je Rechnungsperiode in der
  Buchhaltung sowie*
- ● *im Falle planmäßiger Abschreibung die periodengerechte Verteilung des Anschaf-
  fungs- oder Herstellwertes der Wirtschaftsgüter als Aufwand[76] auf die Jahre der
  wirtschaftlichen Nutzung.*

Die Abschreibungen und ihre möglichen Ursachen lassen sich wie folgt systematisieren[77]:

- ● **verbrauchsbedingte (technische) Abschreibung**
  - *technischer Verschleiß* durch leistungsabhängige Abnutzung, d.h. Abbau des
    aktivierten „Nutzungsvorrates"
  - *natürlicher und zeitabhängiger Verschleiß* durch Alterung und Korrosion infol-
    ge von Witterungs- und Temperatureinflüssen
  - *Substanzverringerung* in Gewinnungsbetrieben (z.B. Bergbau, Ölquellen,
    Steinbrüche)
  - *Wertminderung durch Katastrophen*, z.B. Schäden durch Feuer, Überschwem-
    mungen, Unfälle

- ● **wirtschaftlich bedingte Abschreibung**, deren Ursachen nicht den Nutzungsvorrat,
  sondern den wirtschaftlichen Wert des Wirtschaftsgutes beeinträchtigen
  - *Wertminderung als Folge des technischen Fortschritts*
  - *Nachfrageverschiebungen*
  - *Fehlinvestitionen*
  - *Gesunkene Wiederbeschaffungskosten*
  - *Gesunkene Absatzpreise und Effektenkurse*

---

[75] S.S. 59, vgl. auch S. 81.
[76] in der Betriebsbuchhaltung als Kosten.
[77] Vgl. G. Wöhe, a.a.O. (BWL), S. 936ff.

Aktiva		
Bilanzposition	Handelsbilanz (HGB)	Steuerbilanz (EStG)
I. Anlagevermögen A. Materielle Gegen- stände des Anlage- vermögens a) nicht abnutzbar	Anschaffungs- oder Herstellungskosten (§§ 253 I, 255 HGB) obligatorisch: niedrigerer beizulegender Wert bei voraussichtlich dauernder Wertminderung (§ 253 Abs. 2 HGB) wahlweise: niedrigerer beizulegender Wert bei voraussichtlich nur zeitweiliger Wertminderung (§ 253 Abs. 2 HGB, nach § 279 Abs. 1 HGB für Kapitalgesellschaften Abwertungsverbot, außer bei Finanzanlagen) wahlweise: niedrigerer steuerlich zulässiger Wert (§ 254 HGB) wahlweise: Beibehaltung niedrigerer Wertansätze bei Wegfall der Gründe oder Zuschreibung bis höchstens zu den Anschaffungs- oder Herstellungskosten (§ 253 Abs. 5 HGB; jedoch Zuschreibungsgebot für Kapitalgesellschaften nach § 280 I HGB; Relativierung durch § 280 Abs. 2 HGB)	Anschaffungs- oder Herstellungskosten (§ 6 Abs. 1 Nr. 2, S. 1) wahlweise: niedrigerer Teilwert bei voraussichtlich dauernder Wertminderung (§ 6 Abs. 1 Nr. 2, S. 2) oder Zwischenwert wahlweise: höherer Teilwert gegenüber letztem Bilanzansatz oder Zwischenwert (Obergrenze: Anschaffungs- oder Herst.-Kosten) (§ 6 Abs. 1 Nr. 2, S. 3) durch Zuschreibung wahlweise: Übertragung stiller Reserven (§ 6b), ggf. Bewertungsabschläge
b) abnutzbar	Anschaffungs- oder Herstellungskosten (§§ 253 I, 255 HGB) obligatorisch: planmäßige Abschreibungen (§ 253 Abs. 2 HGB) obligatorisch: niedrigerer beizulegender Wert bei voraussichtlich dauernder Wertminderung (§ 253 Abs. 2 HGB) wahlweise: niedrigerer beizulegender Wert bei voraussichtlich nur zeitweiliger Wertminderung (§ 253 Abs. 2 HGB, nach § 279 Abs. 1 HGB für Kapitalgesellschaften Abwertungsverbot) wahlweise: niedrigerer steuerlich zulässiger Wert (§ 254 HGB) wahlweise: Beibehaltung niedrigerer Wertansätze bei Wegfall der Gründe oder Zuschreibung bis höchstens zu den um planmäßige Abschreibungen verminderten Anschaffungs- oder Herstellungskosten (§ 253 Abs. 5 HGB; jedoch Zuschreibungsgebot für Kapitalgesellschaften; Relativierung durch § 280 Abs. 2 HGB)	Anschaffungs- oder Herstellungskosten (§ 6 Abs. 1 Nr. 1, S. 1) obligatorisch: AfA bzw. AfS (§ 7 Abs. 7 Abs. 1 S. 5) i. d. R. wahlweise Leistungs-AfA (§ 7 Abs. 1, S. 5) oder AfaA (§ 7 Abs. 1, S. 6) wahlweise; niedrigerer Teilwert oder Zwischenwert (§ 6 Abs. 1 Nr. 1, S. 2) Teilwert bei voraussichtlich dauernder Wertminderung wahlweise: erhöhte AfA (Sonderabschreibungen § 7a) Übertragung stiller Reserven (§ 6b), Vollabschreibung geringwertiger Wirtschaftsgüter (§ 6 Abs. 2) wahlweise: höherer Teilwert durch Zuschreibung (§ 6 Abs. 1 Nr. 1, S. 4; vgl. oben I A a)

[1] **Aufwendungen für die Ingangsetzung und Erweiterung des Geschäftsbetriebes** (§ 269 HGB). Die Wirkung und wohl auch der gesetzlich beabsichtigte Zweck dieser Bilanzierungshilfe ist, daß durch die Aktivierung des Aufwandes Anlauf- bzw. Erweiterungsverluste buchungstechnisch vermieden werden. Jede Aktivierung hat eine Ertragsgegenbuchung zur

B. Entgeltlich erworbene immaterielle Werte a) Anlagewerte	Anschaffungskosten sonst wie I A b)	Anschaffungskosten sonst wie I A b) sofern „geschäftswertähnlich": wie I B b)
b) derivativer Geschäfts- und Firmenwert	Anschaffungskosten; wahlweise: Verzicht auf Aktivierung nach § 255 Abs. 4 HGB; Mindestabschreibung von 25 % jährlich in den Folgejahren oder planmäßige Abschreibung über die voraussichtliche Nutzungsdauer (§ 255 Abs. 4 HGB)	Anschaffungskosten; Aktivierungspflicht gehört ab Kj. 87 bzw. Wj. 87/88 zu den abnutzbaren Wirtschaftsgütern des Anlagevermögens (§ 6 Abs. 1 Nr. 1 EStG) obligatorisch: planmäßige Abschreibungen, Nutzungsdauer 15 Jahre (§ 7 Abs. 1 S. 3), ggf. Teilwertabschreibung
C. Kosten der Ingangsetzung und Erweiterung des Geschäftsbetriebes bei Kapitalgesellschaften (Bilanzierungshilfe)[1]	tatsächliche Aufwendungen obligatorisch: Mindestabschreibung von 25 % jährlich (§ 282 HGB) wahlweise: Verzicht auf Aktivierung oder Vollabschreibung sofort oder später	Aktivierungsverbot (kein Wertansatz)
II. Umlaufvermögen	Anschaffungs- oder Herstellungskosten (§§ 253 I, 255 HGB) Für Vorratsvermögen wahlweise: Bewertungsvereinfachungen gem. § 256 HGB obligatorisch: niedrigerer Börsen- oder Marktpreis (§ 253 Abs. 3 HGB) obligatorisch: niedrigerer „beizulegender" Wert, sofern kein Börsen- oder Marktpreis zu ermitteln (§ 253 Abs. 3, S. 2 HGB) wahlweise: niedrigerer Wertansatz zur Vermeidung künftiger Wertschwankungen [v. a. für Kapitalgesellschaften relevant] (§ 253 Abs. 4 HGB) wahlweise: niedrigerer steuerlich für zulässig gehaltener Wert (§ 254 HGB) wahlweise: Beibehaltung niedrigerer Werte bei Wegfall der Gründe (§ 253 Abs. 5 HGB) oder Zuschreibung; bei Kapitalgesellschaften jedoch obligatorisch: Zuschreibung bei Wegfall der Gründe (§ 280 Abs. 1 HGB), jedoch Relativierung durch § 280 Abs. 2 HGB	Anschaffungs- oder Herstellungskosten (§ 6 Abs. 1 Nr. 2, S. 1) obligatorisch: niedrigerer Teilwert (§ 6 Abs. 1 Nr. 2, S. 2 i. V. m. handelsrechtl. Niederstwertprinzip) wahlweise: höherer Teilwert gegenüber letztem Bilanzausweis oder Zwischenwert (Obergrenze: Anschaffungs- oder Herst.-Kosten) (§ 6 Abs. 1, Nr. 2, S. 3)

Folge. Der Buchungssatz hierzu lautet etwa „Aktivkonto Aufwendungen für die Ingangsetzung und Erweiterung an Erfolgskonto Andere aktivierte Eigenleistungen". Die erfolgswirksame Aktivierung neutralisiert somit die vorausgegangenen Aufwandsbuchungen, die durch die Ingangsetzungs- und Erweiterungskosten entstanden sind. Nach Neugründungen und größeren Betriebsumstellungen werden auf diese Weise die ansonsten zwangsläufig entstehenden großen Anlaufverluste aus der Bilanz ferngehalten.

Von **Bilanzierungshilfen** spricht man in den Fällen, in denen die Bilanzierungsfähigkeit mangels Erfüllung der Bilanzierungskriterien nicht gegeben ist, in denen das Gesetz aber trotzdem eine Bilanzierungsmöglichkeit zuläßt. Es handelt sich folglich um Aufwendungen, die weder zu einem Vermögensgegenstand, noch zu einem Rechnungsabgrenzungsposten führen und sich eigentlich als Aufwand sofort gewinnmindernd (bzw. verlusterhöhend) in der Bilanz niederschlagen müßten.

| III. Disagio[2] (als Rechnungsabgrenzungsposten) | (positive) Differenz zwischen Rückzahlungs- und Ausgabebetrag einer Verbindlichkeit (Anleihe) obligatorisch: Mindestabschreibung nach Laufzeit (§ 250 Abs. 3 HGB) wahlweise: Vollabschreibung (herrschende Meinung) | (positive) Differenz zwischen Rückzahlungs- und Ausgabebetrag einer Verbindlichkeit (Anleihe) Aktivierungspflicht (Abschn. 37 Abs. 3 EStR.) obligatorisch: Verteilung auf Laufzeit |

Passiva

Bilanzposition	Handelsbilanz (HGB)	Steuerbilanz (EStG)
IV. Eigenkapital (Gezeichnetes Kapital u. Rücklagen)	Nennbetrag (§ 283 HGB)	Nennbetrag
V. Rückstellungen A. Pensionsrückstellungen	Barwert bei Rentenverpflichtungen, für die eine Gegenleistung nicht mehr zu erwarten ist (§ 253 Abs. 1, S. 2 HGB); Betrag, der nach vernünftiger kaufmännischer Beurteilung notwendig ist, bei anderen Rentenverpflichtungen (§ 253 Abs. 1 S. 2 HGB); Bilanzierungspflicht (§ 249 HGB)	Teilwert (§ 6a) (= Barwert künftiger Pensionsleistungen, ggf. abzüglich Barwert der Jahresbeträge)
B. Sonstige Rückstellungen (incl. Steuerrückstellungen)	Betrag, der nach vernünftiger kaufmännischer Beurteilung notwendig ist (§ 253 Abs. 1 S. 2 HGB), ggf. Bilanzierungswahlrecht	Wert der am Stichtag bestehenden, in der Höhe oder Fälligkeit unbestimmten Last oder des drohenden Verlustes (Einzelheiten s. § 5 Abs. 3a). Bilanzierungsverbot für Aufwandsrückstellungen (§ 5 Abs. 4b)
VI. Verbindlichkeiten A. Rentenverpflichtungen	Barwert (der zukünftigen Auszahlungen) (§ 253 Abs. 1 S. 2 HGB)	Barwert nach versicherungsmathematischen Grundsätzen
B. Sonstige Verbindlichkeiten	Rückzahlungsbetrag (§ 253 Abs. 1 S. 2 HGB)	Verfügungsbetrag oder Rückzahlungsbetrag; Abzinsung um 5,5% bei nicht verzinslichen Verbindlichkeiten und Verbindlichkeiten mit Laufzeit unter 1 Jahr obligatorisch: höherer Teilwert wahlweise: niedrigerer Teilwert gegenüber letztem Bilanzausweis oder Zwischenwert (Untergrenze: Verfügungsbetrag) (§ 6 Abs. 1 Nr. 3)
VIII. Posten der Rechnungsabgrenzung	Nennbetrag der abgegrenzten Einnahmen und Ausgaben	Nennbetrag der abgegrenzten Einnahmen und Ausgaben

[2] **Disagio/Damnum.** Es besteht **handelsrechtlich** ein **Wahlrecht** für den Ansatz des Disagios; dieses darf jedoch nur im Jahr der Kreditaufnahme ausgeübt werden. Eine spätere Aktivierung ist nicht zulässig.

Häufig wird das Disagio zu den Rechnungsabgrenzungsposten gezählt. Inhaltlich handelt es sich jedoch um eine Bilanzierungshilfe, da eine Wahlmöglichkeit zwischen Aktivierung oder sofortiger Aufwandsbuchung besteht. Dieses Wahlrecht ist bei den Rechnungsabgrenzungsposten im engeren Sinne (sog. transitorische Rechnungsabgrenzungsposten) nicht gegeben.

Bild A 23: Übersicht über obligatorische und wahlweise Wertansätze nach Handels- und Steuerrecht

- **zeitlich bedingte Abschreibung**
  - *Ablauf von Miet- oder Pachtverhältnissen* vor Beendigung der Nutzungsfähigkeit von Anlagen
  - *Ablauf von Immaterialgüterrechten* (Patente, Lizenzen, Gebrauchs- und Markenschutzrechte)
  - *Ablauf von Konzessionen*

Die Höhe der Abschreibungen wird in diesen Fällen nicht durch den betriebsgewöhnlichen Verbrauch des Leistungsvorrats, sondern durch die zeitliche Befristung bestimmt, d. h., die Anschaffungswerte sind dem Zeitablauf entsprechend zu verteilen.

Darüber hinaus werden **Abschreibungstypen** gebildet

- nach dem Berechnungsmodus (Abschreibungsverfahren)
  - lineare Abschreibung,
  - degressive Abschreibung,
  - progressive Abschreibung,
  - leistungsabhängige Abschreibung,
- nach dem Rechnungskreis
  - bilanzielle (pagatorische) Abschreibung (Finanzbuchhaltung),
  - kalkulatorische Abschreibung (Betriebsbuchhaltung),
- nach der gesetzlichen Grundlage
  - handelsrechtliche Abschreibung,
  - steuerrechtliche Abschreibung,
- nach der Buchungsmethode
  - direkte Abschreibung,
  - indirekte Abschreibung,
- nach dem Anfall von Wertminderungen
  - planmäßige Abschreibung,
  - außerplanmäßige Abschreibung.

3.3.3.2. Abschreibungen in Finanz- und Betriebsbuchhaltung

Bilanzielle Abschreibungen sind Gegenstand der Finanzbuchhaltung und mindern als Aufwand den Periodenerfolg des Unternehmens.

Sie sind nach *handels- und steuerrechtlichen Vorschriften* zu bemessen. Aufgrund des Charakters dieser Vorschriften[78] ermöglichen sie – ausgehend von den „alten" Anschaffungs- und Herstellungskosten – lediglich eine *nominelle Kapitalerhaltung*. Bilanzielle Abschreibungen werden von *allen* Wirtschaftsgütern des Anlagevermögens (und ggf. des Umlaufvermögens) aufgrund der Wertminderungen vorgenommen.

Kalkulatorische Abschreibungen sind Gegenstand der Betriebsbuchhaltung (Kosten- und Leistungsrechnung) und beeinflussen als Kosten das Betriebsergebnis.

Sie unterliegen keinen gesetzlichen Vorschriften und sollen den tatsächlichen Werteverzehr erfassen. Da sie regelmäßig von (gestiegenen) Wiederbeschaffungspreisen berechnet werden, erlauben sie – unter der Voraussetzung „verdienter Abschreibungen"[79] – *substantielle Kapitalerhaltung*. Kalkulatorisch abgeschrieben werden

---

[78] Vgl. S. 14f.
[79] S. dazu H.-P. Fries, a.a.O. (BWL), S. 370f.

nur *betriebsnotwendige* Vermögensgegenstände, d.h. solche, die dem eigentlichen Sach- oder Betriebszweck dienen, und zwar solange, bis sie tatsächlich aus dem Betrieb ausscheiden.

3.3.3.3. Buchungsmethoden der Abschreibungen

Methodisch ist bei der Verbuchung von Abschreibungen zwischen direkter und indirekter Abschreibung zu unterscheiden.

*Bei der **direkten Abschreibung** wird die Wertminderung unmittelbar auf dem jeweiligen aktiven Bestandskonto (Haben) gebucht.*

Die Gegenbuchung erfolgt auf dem Aufwandskonto „Abschreibungen" (Soll). In der Schlußbilanz wird der Vermögensgegenstand auf der Aktivseite mit dem aktuellen Restbuchwert ausgewiesen[80].

*Bei der **indirekten Abschreibung** bleiben die ursprünglichen Anschaffungs- oder Herstellungskosten unverändert auf dem aktiven Bestandskonto; die Wertminderung wird auf einem Passivkonto „Wertberichtigungen" gebucht.*

Auch hier erfolgt die Gegenbuchung auf dem Konto „Abschreibungen". Die Schlußbilanz weist unter den Passiva als Korrekturposten (indirekt) zu den unverminderten Aktiva kumulierte **Wertberichtigungsposten** aus, die zur Verbesserung der Übersichtlichkeit und Aussage der Bilanz nach Gruppen (z. B. Gebäude, Maschinen, Forderungen) gegliedert werden sollten. Wertberichtigungen haben weder Eigenkapital- noch Fremdkapitalcharakter. Die Wertberichtigungen sind aufzulösen, wenn der Vermögensgegenstand (z. B. durch Verkauf) aus dem Unternehmen ausscheidet. Dabei entsteht – wie auch bei der direkten Abschreibung – ein „sonstiger betrieblicher Ertrag bzw. Aufwand", wenn das Wirtschaftsgut zu einem höheren bzw. niedrigeren Preis als dem Restbuchwert (hier: Anschaffungs- oder Herstellungskosten – Wertberichtigungen) verkauft wird.

Für die Abwandlung des **Buchungsbeispiels** (Geschäftsvorfall Nr. 11) in Kap. A 2.3.5 i. S. der indirekten Abschreibung seien hier nur die Buchungssätze genannt, die entsprechend auf Konten zu übertragen sind:

(1) Abschreibungen auf Maschinen an Wertberichtigungen　22 000
(2) GUV　　　　　　　　　　　　　an Abschreibungen　　　22 000
(3) Schlußbilanz　　　　　　　　　　an Maschinen　　　　　220 000
(4) Wertberichtigungen　　　　　　　an Schlußbilanz　　　　22 000
Ergänzende Annahme eines Maschinenverkaufs zum Preis von
DM 210 000 + DM 21 000 MWSt:
(5) Bank　　　　　　231 000　　　an Maschinen　　　　　210 000
　　　　　　　　　　　　　　　　　an MWST　　　　　　　21 000
(6) Wertberichtigungen　22 000　　an sonst. betriebl.
　　　　　　　　　　　　　　　　　Erträge　　　　　　　　12 000

Nach § 266 HGB dürfen **Kapitalgesellschaften keine Wertberichtigungen** mehr in der Bilanz ausweisen, wohl aber Personenunternehmen[81]. Es handelt sich hierbei um eine **formale Publizitätsvorschrift** für die zu publizierende Bilanz, die die indirekte Abschreibung im Rahmen der Buchführung nicht untersagt.

---

[80] Diese Methode zeigt das Buchungsbeispiel (Geschäftsvorfall Nr. 11) in Kap. A 2.3.5.
[81] so auch: W. Kresse u. a., Buchen – Bilanzieren – Prüfen, Stuttgart 1986, S. 105 und G. Wörner, Handels- und Steuerbilanz nach neuem Recht, 5. Aufl., Landsberg/L. 1998, S. 103; a. A.: H. Schierenbeck, Betriebswirtschaftslehre, 15. Aufl., München/Wien 2000, S. 563 und G. Wöhe, Einf. i. d. Allg. BWL, 18. Aufl., München 1993, S. 1053.

3.3.3.4. Berechnung des jährlichen Betrages planmäßiger Abschreibungen

Bestimmungsfaktoren
Das **abnutzbare Anlagevermögen** ist gem. §253 II HGB **planmäßig** abzuschreiben.
Der jährliche **Abschreibungsbetrag** (steuerlich: AfA = Absetzung für Abnutzung,
§7 EStG) wird durch folgende Faktoren, die aus der Anlagekartei bzw. -datei als
Planungsgrundlage hervorgehen, bestimmt:

- **Wert der Anlage,** definiert durch den Anschaffungs- oder Herstellungsbetrag, der
  ggf. um den Schrottwert gekürzt wird.
- **Nutzung der Anlage,** definiert durch die „betriebsgewöhnliche Nutzungsdauer"
  und den Nutzungsgrad.
- **Abschreibungsverfahren,** d. h. die Art der Verteilung des vorweggenommenen, anteiligen Aufwands auf die Nutzungsdauer.

Im **Abschreibungsplan** wird der abzuschreibende Wert der Anlage auf die betriebsgewöhnliche Nutzungsdauer nach einem dem GoB entsprechenden Abschreibungsverfahren verteilt.

Anschaffungs- und Herstellungskosten als **Ausgangswert** bilanzieller Abschreibungen wurden bereits dargelegt. Ein **Schrottwert** ist vor Nutzung einer Anlage nur
selten bekannt. Er ist bei der Bemessung der Abschreibungen nur zu berücksichtigen, wenn er – wie z. B. bei Seeschiffen – absolut und im Verhältnis zu den Anschaf-
fungs- und Herstellungskosten erheblich ist.

Die **betriebsgewöhnliche Nutzungsdauer** darf nicht willkürlich bemessen werden,
sondern muß unter Berücksichtigung aller technischen und wirtschaftlichen Wertminderungsursachen aufgrund objektiver Erfahrungssätze geschätzt werden. Anhaltspunkte für (steuerlich) angemessene Abschreibungen liefern die vom BMF
herausgegebenen AfA-Tabellen für **übliche Nutzungsdauern** (ab 1. 1. 2001); einen
Auszug gibt Bild A 24 wieder. Der Anlagegegenstand ist bei Weiterverwendung
nach Ablauf der Nutzungsdauer mit einem **Erinnerungswert** von 1 EUR anzusetzen.

Anlagegegenstand	übliche Nutzungs- dauer in Jahren
Geschäftsgebäude	25–50
Fabrikgebäude bei starker Erschütterung	17–25
Klimaanlagen, Waagen, Hebebühnen(mobil)	11
Personal-Computer (PC), Drucker, Laptops	3
Büromöbel, div. Maschinen (z. B. Druck-, Lackier-M.)	13
Lagereinrichtungen, Laboreinrichtungen	14
PKW	6
LKW	9
sonst. Fahrzeuge, z. B. Stapler, Traktoren	8
Pressen, Kräne, Förderbänder	14
Drehbänke, Bohrmaschinen (stationär)	16
Fräsmaschinen (stationär), Hochregallager	15
Lokomotiven, Loren	25

Bild A 24:   Übliche Nutzungsdauern von Anlagen

Im Einzelfall kann eine kürzere oder längere Nutzungsdauer durch die besonderen betrieblichen oder sonstigen Verhältnisse begründet werden. Für solche Fälle ist die übliche Nutzungs-

dauer durch Anwendung von **Multiplikatoren**, wie sie z. B. vom RKW oder von der DGfB erarbeitet wurden, zu modifizieren:

Betriebsgewöhnliche Nutzungsdauer = Übliche Nutzungsdauer × Multiplikator

Einige Mulitplikatoren sind exemplarisch in Bild A 25 aufgeführt.

Betrieblicher Einsatz	Multiplikator
Einsatz von weniger als 8 Stunden pro Tag (z. B. Versuchsabteilung)	1,2–1,8
Zweischicht-Einsatz	0,75–1,0
Dreischicht-Einsatz	0,6–1,0
Einsatz in feuchten und staubigen Räumen oder im Freien	0,6–0,8
Einsatz in Räumen mit schädigenden chemischen Einwirkungen	0,5–0,9
Einsatz in Lehr- und Ausbildungswerkstätten	0,7
Erstausführung einer Maschine, wo die Maschinenkonstruktion technisch oder preislich Änderungen erwarten läßt	0,5–1,0

Bild A 25:   Multiplikatoren zur Berücksichtigung besonderer betrieblicher Verhältnisse

Dennoch kann von einer so ermittelten Nutzungsdauer nicht generell gesagt werden, daß sie im konkreten Fall richtig oder genau ist. Häufig sind in der Praxis nicht einmal die Nutzungsdauern gleichartiger Maschinen in demselben Betrieb vergleichbar, weil zusätzlich noch andere Aspekte zu beachten sind wie z. B.

– Fabrikat und Qualität der Maschine,
– Sorgfalt des Bedienungspersonals,
– Art des zu bearbeitenden Werkstoffes.

Abschreibungsverfahren
Die Verfahren planmäßiger Abschreibung lassen sich wie folgt systematisieren:

• zeitbezogene Abschreibung
  – lineare Abschreibung, d. h. Abschreibung in gleichbleibenden Jahresbeträgen,
  – degressive Abschreibung, d. h. Abschreibung in fallenden Jahresbeträgen,
    a) geometrisch-degressive Abschreibung (Buchwertabschreibung),
    b) arithmetisch-degressive Abschreibung (digitale Abschreibung),
  – progressive Abschreibung, d. h. Abschreibung in steigenden Jahressätzen,
• leistungsbezogene Abschreibung.

Da das HGB keine Verfahrensnormen enthält, sind diese Abschreibungsmethoden handelsrechtlich grundsätzlich zulässig, sofern sie nicht gegen Bewertungsgrundsätze und GoB verstoßen.

(1) *Lineare Abschreibung*

*Die **lineare Abschreibung** verteilt die Anschaffungs- oder Herstellungskosten als Bemessungsgrundlage mit jährlich gleichen Beträgen auf die Nutzungsdauer.*

Sie ist das einfachste und in der Praxis gebräuchlichste Berechnungsverfahren, entspricht aber oftmals nicht der tatsächlichen Wertminderung, vor allem nicht dem Risiko der technisch-wirtschaftlichen Überholung von Anlagen.

$$p = \frac{100}{n};$$

$$a = \frac{W_o - W_s}{n} = p\,(W_o - W_s)$$

wobei:

p   = Abschreibungsprozentsatz
n   = Nutzungsdauer in Jahren
a   = Abschreibungsbetrag
W_o = Anfangswert
W_s = Schrottwert

(2) *Geometrisch-degressive Abschreibung (Buchwertabschreibung)*

*Bei der **geometrisch-degressiven Abschreibung** erfolgt die Abschreibung mit einem jährlich konstanten Prozentsatz vom jeweiligen (Rest-)Buchwert als Bemessungsgrundlage (deshalb auch **Buchwertabschreibung** genannt).*

Dies führt zwangsläufig zu *fallenden Abschreibungsbeträgen*. Demzufolge ergibt sich bei diesem Verfahren nach Ablauf der Nutzungsdauer kein Restwert von Null. Um diesen Restwert, der im letzten Nutzungsjahr (zusätzlich zur planmäßigen Abschreibung) voll abzuschreiben ist, möglichst niedrig zu erhalten, muß der Abschreibungssatz bedeutend höher als bei der linearen Abschreibung gewählt werden.

$$p = 100\left(1 - \sqrt[n]{\frac{W_n}{W_o}}\right)$$

$$a_t = p \cdot W_{t-1}$$

wobei (ergänzend zu oben):

t   = Nutzungsjahre 1, 2, ..., n
W_n = Restwert am Ende der Nutzungsdauer
a_t = Abschreibungsbetrag im Jahr t
W_{t-1} = Restbuchwert am Ende des Jahres t − 1

(3) *Arithmetisch-degressive Abschreibung (digitale Abschreibung)*

*Bei der **arithmetisch-degressiven Abschreibung** nehmen die Abschreibungsbeträge von Jahr zu Jahr um den gleichen absoluten Betrag ab.*

Im Gegensatz zur geometrisch-degressiven Abschreibung verbleibt bei der **digitalen Abschreibung** als Sonderform der arithmetisch-degressiven Abschreibung am Ende der Nutzungsdauer *kein Restbuchwert*. Ein weiterer Unterschied besteht darin, daß bei der geometrisch-degressiven Abschreibung immer der Quotient von zwei aufeinanderfolgenden Jahresabschreibungen konstant ist, hingegen bei der digitalen Abschreibung stets die Differenz aus zwei aufeinanderfolgenden Abschreibungsbeträgen. Diese Differenz, genannt **Degressionsbetrag** (d), sowie Abschreibungsbetrag und -prozentsatz errechnen sich wie folgt:

$$d = \frac{W_o}{\sum\limits_{t-1}^{n} t} = \frac{W_o}{\frac{n(n+1)}{2}} = \frac{2\,W_o}{n(n+1)}$$

$$a_t = (n - t + 1) \cdot d$$

$$p_t = \frac{100\,(n - t + 1)}{1 + 2 + \ldots + n} = \frac{200\,(n - t + 1)}{n(n+1)}$$

Bild A 26 zeigt die Ermittlung von jährlichen Abschreibungssätzen bei digitaler Abschreibung in Abhängigkeit von der jeweiligen Nutzungsdauer.

Nutzungs-dauer (Jahre)	Jahressumme (arithmetische Reihe)	Jährl. Abschreibungssatz vom Anfangswert über die gesamte Nutzungsdauer
5	1 + 2 + 3 + 4 + 5 = 15	5/15, 4/15, 3/15, 2/15, 1/15
6	1 + 2 + 3 + 4 + 5 + 6 = 21	6/21, 5/21, ... , 2/21, 1/21
7	1 + 2 + 3 + 4 + ... + 6 + 7 = 28	7/28, 6/28, ... , 2/28, 1/28
8	1 + 2 + 3 + 4 + ... + 7 + 8 = 36	8/36, 7/36, ... , 2/36, 1/36
9	1 + 2 + 3 + 4 + ... + 8 + 9 = 45	9/45, 8/45, ... , 2/45, 1/45
10	1 + 2 + 3 + 4 + ... + 9 + 10 = 55	10/55, 9/55, ... , 2/55, 1/55
.	.	.
.	.	
.	.	
50	1 + 2 + ... + 49 + 50 = 1275	50/1275, ... , 1/1275

Bild A 26: Ermittlung des Abschreibungssatzes bei der digitalen Abschreibung

(4) *Progressive Abschreibung*

Die progressive Abschreibung ist methodisch die Umkehrung der degressiven Abschreibung. Sie ist praktisch ohne Bedeutung, da sie meistens den tatsächlichen Wertminderungen und dem Grundsatz der Vorsicht widerspricht. Zudem ist sie seit 1958 steuerrechtlich nicht mehr zulässig.

(5) *Leistungsbezogene Abschreibung*

*Die **leistungsbezogene Abschreibung** wird nicht nach der Nutzungsdauer bemessen, sondern nach dem jährlich in Anspruch genommenen Anteil des Nutzungs- oder Leistungspotentials einer Anlage, das zu Beginn der Nutzung geschätzt werden muß (z. B. in Maschinenstunden, km-Leistung).*

Sie ist folglich eine *variable Abschreibung*, die am ehesten der Wertminderung durch technischen Verschleiß und somit dem Verursachungsprinzip in der Kostenrechnung entspricht, und empfiehlt sich insbesondere bei Aggregaten mit stark schwankender Leistungsabgabe bzw. Beschäftigung. Jährlicher Abschreibungssatz und -betrag können folgendermaßen berechnet werden:

$$p_t = \frac{100\, l_t}{L}$$

$$a_t = p_t \cdot (W_o - W_s)$$

wobei (ergänzend zu oben):
l = effektive Jahresleistung
L = Gesamtleistung bzw. Leistungspotential

Beispiel: Der Anschaffungswert W_o eines LKW beträgt 140 000 EUR, ein Schrottwert wird nicht angesetzt. Die Gesamtleistung wird auf 300 000 km geschätzt, die Fahrleistung in einem bestimmten Jahr belief sich auf 105 000 km

$$p_t = \frac{105}{300} \cdot 100 = 35\%; \quad a_t = 35\% \text{ von } 140\,000 = 49\,000 \text{ EUR}$$

Dieses Abschreibungsverfahren hat den **Nachteil**, daß zeitbedingte Wertminderungsursachen nicht berücksichtigt werden. Er kann jedoch durch eine Kombination der Leistungsabschreibung mit zeitbezogener Abschreibung behoben werden, indem z. B. unter Berücksichtigung der wirtschaftlichen Nutzungsdauer die lineare Abschreibung als Mindestabschreibung festgesetzt wird.

In Bild A 27 sind die zeitbezogenen Abschreibungsverfahren (mit Ausnahme der progressiven Abschreibung) schematisch einander gegenüber gestellt, wobei eine Nutzungsdauer von 10 Jahren zugrunde gelegt wurde. Im Anschluß daran werden diese Verfahren in einem Berechnungsbeispiel mit Tabelle (Bild A 28) verglichen.

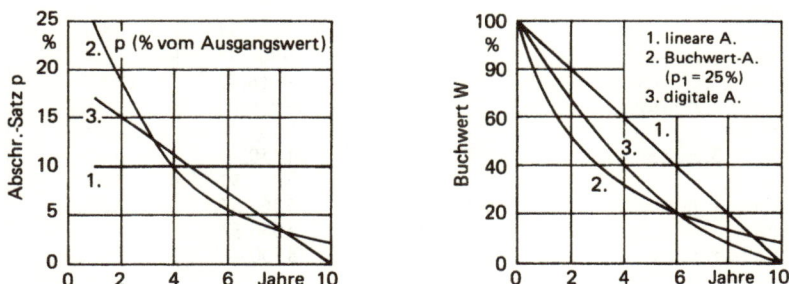

Bild A 27: Vergleich der gebräuchlichsten Abschreibungsverfahren bei n = 10 Jahren Nutzungsdauer

Beispiel: Berechnung der Abschreibungssätze

Eine Verpackungsanlage im Werte W_o von 51 200,– EUR ist beschafft woden. Ihre Nutzungsdauer n beträgt voraussichtlich 8 Jahre, der Restwert W_n bzw. Schrottwert W_s der Anlage nach Ablauf dieser Zeit soll 200,– EUR betragen.

a) Bei *linearer Abschreibung* beträgt der Abschreibungprozentsatz

$$p = \frac{100}{8} = 12,5\% \text{ jährlich}$$

Die jährlichen Abschreibungen betragen

$$\frac{W_o - W_s}{n} = (W_o - W_s)p = 6375,- \text{ EUR}$$

b) Bei *arithmetisch-degressiver Abschreibung* (digitaler Abschreibung) ergeben sich die folgenden jährlichen Abschreibungssätze:

8/36, 7/36, 6/36, 5/36, 4/36, 3/36, 2/36, 1/36.

Die Abschreibungssätze nehmen jährlich um 1/36 ab.

c) Bei der *geometrisch-degressiven Abschreibung* (Buchwertabschreibung) errechnet sich der Prozentsatz aus

$$p = 100 \left(1 - \sqrt[n]{\frac{W_n}{W_o}}\right) = 100 \left(1 - \sqrt[8]{\frac{200}{51\,200}}\right) = 50\%$$

Jährlich werden also 50% des jeweils verbleibenden Restwertes abgeschrieben. Die Abschreibungsbeträge sind in den ersten Jahren sehr hoch[82].

---

[82] Zur steuerrechtlichen Begrenzung des Abschreibungssatzes s. Kap. A 3.3.3.6 (1).

| | linear | degressiv | |
| | | arithmetisch | geometrisch |
	EUR	EUR	EUR
Anschaffungswert:	51 200,—	51 200,—	51 200,—
Abschreibung	6 375,—	11 333,33	25 600,—
Buchwert Ende 1. Jahres	44 825,—	39 866,67	25 600,—
Abschreibung	6 375,—	9 916,67	12 800,—
Buchwert Ende 2. Jahres	38 450,—	29 950,—	12 800,—
Abschreibung	6 375,—	8 500,—	6 400,—
Buchwert Ende 3. Jahres	32 075,—	21 450,—	6 400,—
Abschreibung	6 375,—	7 083,33	3 200,—
Buchwert Ende 4. Jahres	25 700,—	14 366,67	3 200,—
Abschreibung	6 375,—	5 666,67	1 600,—
Buchwert Ende 5. Jahres	19 325,—	8 700,—	1 600,—
Abschreibung	6 375,—	4 250,—	800,—
Buchwert Ende 6. Jahres	12 950,—	4 450,—	800,—
Abschreibung	6 375,—	2 833,33	400,—
Buchwert Ende 7. Jahres	6 575,—	1 616,67	400,—
Abschreibung	6 375,—	1 416,67	200,—
Buchwert Ende 8. Jahres = Schrottwert	200,—	200,—	200,—

Bild A 28: Tabelle der jährlichen Abschreibungsbeträge und Buchwerte zu vorgenanntem Beispiel

3.3.3.5. Außerplanmäßige Abschreibungen

Gründe für außerplanmäßige Abschreibungen sind außergewöhnliche Wertminderungen infolge von Katastrophen, technischen Fortschritten, Fehlinvestitionen etc. oder auch die Übernahme von steuerrechtlichen (Sonder-)Abschreibungen in die Handelsbilanz gem. § 254 HGB.

Beim **Anlagevermögen** – unabhängig davon, ob abnutzbar oder nicht – muß eine außerplanmäßige Abschreibung vorgenommen werden im Falle einer voraussichtlich dauernden Wertminderung (strenges Niederstwertprinzip), andernfalls besteht ein Abwertungswahlrecht (gemildertes Niederstwertprinzip; § 253 II HGB). Für Kapitalgesellschaften besteht dieses Wahlrecht nur bei Finanzanlagen, für alle sonstigen Anlagegüter gilt bei nur vorübergehender Wertminderung ein Abwertungsverbot (§ 279 HGB).

Beim abnutzbaren Anlagevermögen erfolgt die außerplanmäßige Abschreibung zusätzlich zur planmäßigen Abschreibung, bei nicht abnutzbaren Anlagegegenständen kommt nur eine außerplanmäßige Abschreibung in Betracht, da diese Gegenstände keiner Nutzungsbegrenzung unterliegen.

Die Einhaltung des strengen Niederstwertprinzips führt ggf. auch beim **Umlaufvermögen** zu Abschreibungen auf den „niedrigeren Wert", die ihrem Wesen nach den außerplanmäßigen Abschreibungen beim Anlagevermögen entsprechen (§ 253 III HGB).

Die außerplanmäßig abgeschriebenen, niedrigeren Vermögenswerte dürfen auch dann beibehalten werden, wenn die Abwertungsgründe nicht mehr bestehen (**Beibehaltungswahlrecht**; § 253 V HGB). Es können jedoch auch Wertzuschreibungen bis höchstens zu den (planmäßig abgeschriebenen) Anschaffungs- oder Herstellungskosten vorgenommen werden. Die *Kapitalgesellschaften* trifft jedoch ein **Wertaufho-lungsgebot** (§ 280 I)[83]. – Einzelheiten sind in Bild A 23 zusammengestellt.

3.3.3.6. Steuerliche Abschreibungen

Die steuerliche Betrachtungsweise und Behandlung der Abschreibungen unterscheidet sich von der handelsrechtlichen und kalkulatorischen insofern, als sie in erster Linie die **Ermittlung des zu versteuernden Periodengewinnes** zum Ziel hat.

Die **Abschreibungspflicht** ergibt sich für das abnutzbare Anlagevermögen aus § 6 I Ziff. 1. S. 1 i. V. mit § 7 I EStG (bewegliche Güter) und § 7 IV EStG (Gebäude)[84]. Bewußt bzw. willkürlich unterlassene Pflichtabschreibungen dürfen mit steuerlicher Wirkung in späteren Jahren nicht mehr nachgeholt werden. Absolute obere **Abschreibungsgrenze** sind auch hier die Anschaffungs- oder Herstellungskosten (Nominalwertprinzip). Für den **Abschreibungsbeginn** ist grundsätzlich der *Zeitpunkt der Anschaffung* (= Erwerb des wirtschaftlichen Eigentums) *oder Herstellung* (= Fertigstellung) maßgebend und nicht der Zeitpunkt der Ingebrauchnahme, d.h., in diesem ersten Jahr ist die Abschreibung zeitanteilig nach Monaten zu berechnen. Für *abnutzbare bewegliche Anlagegüter* besteht jedoch ein *Wahlrecht* (Abschn. 44 II EStR): Danach kann bei Erwerb bzw. Fertigstellung in der ersten Hälfte eines Wirtschaftsjahres der volle Jahresabschreibungsbetrag verrechnet werden, für im zweiten Halbjahr zugegangene Anlagegüter nur der halbe Jahresbetrag.

Bei den steuerlichen Abschreibungen sind 3 Gruppen zu unterscheiden:

(1) *Normalabschreibung*

*Die steuerliche **Normalabschreibung**, genannt **Absetzung für Abnutzung (AfA)**, betrifft Wirtschaftsgüter des Anlagevermögens, die der Abnutzung unterliegen und ist ein rechentechnisches Mittel der periodengerechten Aufwandsverteilung und Erfolgsermittlung.*

Die Abschreibungspflicht am Bilanzstichtag bezieht sich zunächst auf die **lineare AfA (Regel-AfA)**. Abweichend hiervon sind als Alternativen planmäßiger Abschreibung für *bewegliche Wirtschaftsgüter* die geometrisch-degressive AfA bzw. Buchwert-AfA (§ 7 II EStG) und die Leistungs-AfA (§ 7 I S. 5 EStG) zulässig[85].

Als bewegliche Anlagegüter gelten auch Betriebsvorrichtungen. Hierzu rechnen nach herrschender Auffassung außer Maschinen auch alle Apparate, Kessel, Tanks, Kräne, Rohrleitungen, Öfen, Sammelheizungen, Fahrstuhlanlagen, Warmwasseranlagen und dergleichen mehr. Ferner gehören hierzu auch gebäudeähnliche Betriebsvorrichtungen wie kleine Transformatorenhäuser, Maschinenumschaltung usw.

Wird die **Buchwert-AfA** gewählt, so darf der Abschreibungssatz
– das Doppelte des linearen AfA-Satzes und
– 20% nicht überschreiten.

Ein **Verfahrenswechsel** (Übergang) von der degressiven zur linearen AfA ist jederzeit möglich, nicht jedoch umgekehrt (§ 7 III EStG). Daraus ergibt sich der Umkehrschluß, daß das Wahlrecht zugunsten der Buchwert-AfA nur zu Beginn der planmäßigen Abschreibungen, d.h. der Nutzungsdauer ausgeübt werden kann.

---

[83] Dieses wird allerdings durch § 280 II HGB relativiert.
[84] Vgl. die Formulierungen „sind ... vermindert ... anzusetzen" in § 6 I 1 EStG und „ist ... abzusetzen" in § 7 I EStG.
[85] Die arithmetisch-degressive bzw. digitale AfA ist seit 1.1.1985 nicht mehr zulässig (Steuerbereinigungsgesetz 1985 vom 14.12.1984, BGBl I S. 1493), die progressive AfA bereits seit 1958.

Der Vorteil eines solchen Übergangs besteht darin, daß auf diese Weise der bei der Buchwert-AfA unvermeidliche Restbuchwert, der bei Nutzungsdauern von weniger als 10 Jahren häufig ein Vielfaches der Vorjahresabschreibung beträgt, vermieden wird. Der günstigste **Übergangszeitpunkt** ist in dem Jahr erreicht, nach dessen Ablauf der Abschreibungsbetrag der degressiven AfA bezogen auf den Restbuchwert etwa dem der linearen AfA gleicht. Er ist im Diagramm von Bild A 29 durch den Berührungspunkt der Tangente durch das Ende der Nutzungsdauer mit der Abschreibungskurve bestimmt.

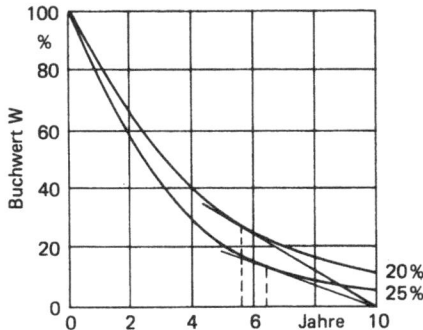

Bild A 29: Bestimmung des vorteilhaften Überganges von der degressiven zur linearen Abschreibung

Bedingungen für die AfA nach Maßgabe der Leistung des Wirtschaftsgutes (**Leistungs-AfA**) sind gem. § 7 I S. 5 EStG
– die wirtschaftliche Begründung (z. B. starke Leistungsschwankungen),
– der Nachweis des jährlichen Leistungsumfanges.

Bei Gewinnungsbetrieben (z. B. Bergbaubetriebe, Steinbrüche), die durch einen Substanzabbau gekennzeichnet sind, ist statt der Regel-AfA eine Abschreibung nach Maßgabe des Substanzverzehrs (**Absetzung für Substanzverringerung, AfS**) zulässig (§ 7 VI EStG).

Ein weiteres Abschreibungswahlrecht besteht in Form der **Bewertungsfreiheit für geringwertige Anlagegüter**, d. h. für solche abnutzbaren beweglichen Wirtschaftsgüter des Anlagevermögens,

– deren Anschaffungs- oder Herstellungskosten (ohne MWSt) im Einzelfall 410 EUR nicht übersteigen und
– die einer selbständigen Nutzung und Bewertung fähig sind.

Sie können im Jahr der Anschaffung oder Herstellung *in voller Höhe* als Aufwand (steuerlich: Betriebsausgabe) *oder planmäßig* über die Nutzungsdauer abgeschrieben werden (§ 6 II EStG).

(2) Abschreibung für außergewöhnliche Abnutzung und Teilwertabschreibung

Das Steuerrecht spricht nicht von außerplanmäßigen Abschreibungen, sondern von der Absetzung für außergewöhnliche technische oder wirtschaftliche Abnutzung (AfaA).

Sie kann neben der normalen (linearen) AfA bei allen *abnutzbaren* Anlagegütern vorgenommen werden (§ 7 I S. 6 EStG)[86], jedoch nicht neben der degressiven AfA.

---

[86] Der Ausschluß der AfaA bei degressiver AfA ist nicht von großer Tragweite, da eine Teilwertabschreibung oder die Vornahme der AfaA nach einem Übergang von der degressiven zur linearen AfA möglich ist.

Ist der Wert irgendeines Wirtschaftsgutes durch *marktbedingte Verluste* unter die (beim abnutzbaren Anlagevermögen um die AfA verminderten) Anschaffungs- oder Hestellungskosten gesunken, so kann (aufgrund des Maßgeblichkeitsgrundsatzes ggf. muß) der Wertminderung durch eine Abschreibung auf den niederen Teilwert (**Teilwertabschreibung**) Rechnung getragen werden (§ 6 I Nr. 1 u. 2 EStG). Die Teilwertabschreibung ist bei *allen* Wirtschaftsgütern anwendbar.

(3) *Sonderabschreibungen und erhöhte Absetzungen*

Sonderabschreibungen und erhöhte Absetzungen werden zur Verwirklichung von außerfiskalischen, nämlich wirtschafts- und sozialpolitischen Zielsetzungen gewährt.

Sie können sowohl aufgrund des EStG und der EStDV (z. B. erhöhte Absetzungen gem. § 7d EStG zur Förderung des Umweltschutzes, für Baudenkmäler gem. § 82i EStDV, Sonderabschreibungen zur Förderung mittlerer und kleiner Betriebe gem. § 7g EStG, für Energiesparmaßnahmen gem. § 82a EStDV) als auch aufgrund einkommensteuerrechtlicher Sondergesetze (z. B. vor der Wiedervereinigung erhöhte Absetzungen gem. §§ 14f. Berlin FG oder § 3 ZRFG) zulässig sein.

Erhöhte Absetzungen können nur *anstelle* der normalen AfA, **Sonderabschreibungen** dagegen *neben* der linearen AfA – nicht aber der degressiven AfA – vorgenommen werden (§ 7a IV EStG). § 7a III EStG konkretisiert quantitativ die Abschreibungspflicht im Falle erhöhter Absetzungen insofern, als in jedem Jahr des Begünstigungszeitraums *mindestens die lineare Regel-AfA* angesetzt werden muß.

AfA nach § 7 EStG können nur für **betrieblich genutzte Anlagegüter** angesetzt werden. Werden Gebäude teilweise dem Betriebsvermögen[87] und teilweise dem Privatvermögen zugerechnet, so kann nur auf den Teil des Gebäudes AfA berechnet werden, der zum Betriebsvermögen gehört. Bei allen anderen Anlagegütern ist eine teilweise Zurechnung zum Betriebsvermögen nicht möglich.

3.3.3.7. Betriebswirtschaftliche Wirkungen der Abschreibungen

Zunächst sind – wie bereits erwähnt – die Abschreibungen ein Instrument zur rechnerischen Verteilung der Anschaffungs- und Herstellungskosten auf die Jahre der betrieblichen Nutzung. Geht man von der Annahme „**verdienter**" Abschreibungen aus, dann sind sie aufgrund des Kapitalfreisetzungseffektes verbunden mit der Möglichkeit der Reinvestition auch ein Instrument der **unechten Selbstfinanzierung**.[88] Werden vom Gesetzgeber eingeräumte Abschreibungswahlrechte im Rahmen der (Steuer-)Bilanzpolitik dazu benutzt, **überhöhte Abschreibungen** (= **Aufwendungen!**), welche die tatsächlichen Wertminderungen übersteigen, vorzunehmen, dann ermöglichen sie die Bildung stiller Reserven (**stille, echte Selbstfinanzierung**) aus noch nicht versteuerten Gewinnen und ggf. einen Steuerminderungseffekt. Hierfür kommen in Betracht:

- degressive Abschreibung mit höherer Jahresrate als bei der linearen Abschreibung,
- AfaA und Teilwertabschreibungen,
- Sonderabschreibungen, sofern sie höher sind als lineare Absetzungen.

---

[87] Der steuerliche Terminus „Betriebsvermögen" bedeutet soviel wie „dem Unternehmen zugeordnet" und entspricht nicht dem Begriff „Betrieb" der Betriebsbuchhaltung (= Kosten- und Leistungsrechnung) als Pendant zur „Unternehmung" (Finanzbuchhaltung).

[88] Einzelheiten hierzu s. H.-P. Fries, a.a.O. (BWL), S. 365 ff.

Da die stillen Reserven den in der Bilanz auszuweisenden Jahresgewinn mindern, entziehen sie sich bis zu ihrer Auflösung (z. B. bei Verkauf des Anlagegutes) der Besteuerung, führen also zu einer **Steuerstundung** mit einem entsprechenden **Zinsgewinn**. Denn diese Steuerstundung bedeutet für das Unternehmen ein zinsloses, ohne Sicherheiten gewährtes Darlehen und eine **liquiditätsmäßige Entlastung**. Eine echte **Steuerersparnis** ergibt sich nur dann, wenn in der späteren Zeit der niedrigeren Abschreibungen oder spätestens der Reserveauflösung die relative Steuerbelastung geringer ist, sei es aufgrund gesunkener Steuersätze oder rückläufiger Gewinne bei Unternehmen, die von der progressiven Einkommensteuer betroffen sind. Im letzteren Fall empfiehlt sich die Vornahme von „Mehrabschreibungen" in Jahren mit besonders hohen Gewinnen.

Umgekehrt können Sonderabschreibungen auch nachteilig sein, nämlich dann, wenn sie in Zeiten geringer Gewinne vorgenommen werden und die Ertragslage sich später bessert. Insbesondere ist es meistens nicht ratsam, Sonderabschreibungsmöglichkeiten auch dann auszunutzen, wenn ohnedies schon oder erst dadurch ein Verlust ausgewiesen wird. Mancher Steuerzahler hat dies nicht erkannt und sich durch Sonderabschreibungen mit erhöhten Steuerverpflichtungen für die Zukunft belastet, ohne in der Gegenwart einen entsprechenden Nutzen zu haben.

Kritisch sei überdies angemerkt, daß die Einschätzung der betrieblichen Ertragslage wie auch der konjunkturellen Entwicklung erheblichen Imponderabilien unterliegt. Die genannten Steuervorteile verleiten oft zu unsinnigen Maßnahmen; so birgt das Verlangen von ertragsstarken Unternehmen nach sog. „Abschreibungsobjekten" die Gefahr von Fehlinvestitionen in sich, die sich durch Steuervorteile nicht bezahlt machen.

3.3.4. Bewertung des Umlaufvermögens

Das Umlaufvermögen wird nach § 266 HGB untergliedert in die Bewertungsgruppen

- Vorräte (an Werkstoffen, Erzeugnissen und Anzahlungen),
- Forderungen und sonstige Vermögensgegenstände,
- Wertpapiere,
- Zahlungsmittel.

Die Position „sonstige Vermögensgegenstände" umfaßt alle Forderungen, die nicht unter die anderen Positionen einzustufen sind, z. B. antizipative Aktiva.

Die relevanten Wertansätze für das Umlaufvermögen sind in Bild A 23 für Handels- und Steuerbilanz zusammengefaßt. Zwei **Bewertungsvorschriften** sind für das Umlaufvermögen hervorzuheben[89]:

- strenges Niederstwertprinzip (auch bei voraussichtlich nur vorübergehender Wertminderung) und Beibehaltungsrecht,
- keine planmäßigen Abschreibungen.

Die Notwendigkeit außerplanmäßiger Abschreibungen ergibt sich insbesondere bei den Forderungen in Abhängigkeit von ihrer „Bonität" (Einbringlichkeit). Zum Bilanzstichtag sind die Forderungen einer Bonitätsprüfung zu unterziehen. Als deren Ergebnis sind folgende **Forderungskategorien** und **Wertansätze** festzustellen:

- **einwandfreie** bzw. **vollwertige Forderungen** – Bewertung zum *Nennwert* (incl. Nebenkosten und MWSt),

---

[89] S. auch Kap. A 3.2.

- **zweifelhafte bzw. dubiose Forderungen** – Abschreibung auf den *wahrscheinlichen Wert* (= beizulegender Wert gem. § 253 III HGB),
- **uneinbringliche Forderungen** – volle Abschreibung auf den *Wert „Null"*.

Forderungen sind *zweifelhaft*, wenn ein Kunde (Schuldner) trotz mehrfacher Mahnung oder Mahnbescheid nicht zahlt oder über sein Vermögen die Eröffnung eines Vergleichs- oder Konkursverfahrens beantragt wurde; sie sind *uneinbringlich*, wenn der Konkurs mangels Masse abgelehnt wurde oder eine Pfändung fruchtlos war.

Als **Bewertungsverfahren** kommen in Betracht:

- **Einzelabschreibung** bei individuellem Ausfallrisiko (z. B. aufgrund des Konkurses eines Schuldners),
- **Pauschalabschreibung** bei statistisch erfaßbaren allgemeinen Kreditrisiken (z. B. Auslands-, Branchen-, Konjunkturrisiken), sog. „Gesamtdelkredere-Wertberichtigungen" in Form eines Prozentsatzes vom Gesamtbetrag der Forderungen.

Je nach den Erfahrungswerten des Wirtschaftszweiges oder den speziellen Verhältnissen des bilanzierenden Unternehmens bewegt sich der Delkrederesatz zwischen 3 und 7%.

Hinsichtlich der **Buchungstechnik** empfiehlt sich für uneinbringliche Forderungen die direkte Abschreibung, für zweifelhafte Forderungen und Pauschalabschreibungen die indirekte Abschreibungsmethode. Es sei jedoch nochmal darauf hingewiesen, daß das Bilanzgliederungsschema des § 266 HGB für Kapitalgesellschaften keinen Ausweis von Wertberichtigungen auf der Passivseite mehr vorsieht.[90] – Die Gegenbuchung des Abschreibungsaufwandes wirkt sich auf Pos. 7b oder 8 der GuV aus.

In vielen Fällen ist eine Einzelbewertung beim Umlaufvermögen praktisch nicht möglich. Dies gilt vor allem für das Vorratsvermögen, wenn im Wirtschaftsjahr zahlreiche Zugänge einer Lagerposition zu verschiedenen Anschaffungs- oder Herstellungspreisen erfolgt sind. Im *HGB* sind deshalb einige **Bewertungsvereinfachungen**[91] zugelassen, sofern dabei das strenge Niederstwertprinzip eingehalten wird:

- *Festbewertung* gem. § 240 III HGB,
- *Gruppenbewertung* mit einem gewogenen Durchschnittspreis gem. § 240 IV HGB,
- *Verbrauchsfolgeverfahren* gem. § 256 HGB.

Festbewertung
Beim Umlaufvermögen ist der Ansatz einer gleichbleibenden Menge mit einem gleichbleibenden Wert (Festwert) auf die Roh-, Hilfs- und Betriebsstoffe beschränkt. Die handelsrechtlichen Voraussetzungen der Festbewertung sind dieselben wie beim Anlagevermögen[92]. Der Ersatz (Zugänge) solcher festbewerteten Werkstoffe wird unmittelbar als Aufwand verbucht.

Durchschnittsbewertung
Voraussetzung einer Durchschnittsbewertung ist, daß es sich um „gleichartige Vermögensgegenstände des Vorratsvermögens sowie andere gleichartige oder annähernd gleichwertige bewegliche Vermögensgegenstände" handelt.

(1) *Gewogener Durchschnittswert*
Aus dem Anfangsbestand und den mengen- sowie preißmäßig verschiedenen Lagerzugängen wird das gewogene arithmetische Mittel errechnet, das für die Bewertung der Abgänge und des Endbestandes herangezogen wird.

---

[90] S. hierzu Kap. A 3.3.3.3.
[91] Die Benennungen sind in der Literatur nicht einheitlich.
[92] S. S. 65.

(2) *Gleitender Durchschnittswert*

Eine methodische Verfeinerung der gewogenen Durchschnittsbewertung ist die gleitende Durchschnittsmethode (**Skontration**), bei der nach jedem Zugang unter Einbeziehung des Bestandswertes ein neuer gewogener Durchschnittswert gebildet wird. Diese Methode erfordert aufwendigere Rechenverfahren (EDV).

Die Durchschnittsbewertung ist handels- und steuerrechtlich wegen des strengen Niederstwertprinzips nur bei konstanten oder steigenden Preisen anwendbar.

Verbrauchsfolgeverfahren

Diese Methoden unterstellen – ohne Rücksicht auf die tatsächlichen Verbrauchszeitpunkte – die Verbrauchsreihenfolgen in Abhängigkeit von den Einstandspreisen. Handelsrechtlich zulässig sind diese Verfahren bei gleichartigen Vermögensgegenständen des Vorratsvermögens (§ 256 HGB), sofern sie den GoB entsprechen.

(1) *FIFO-Methode* (nur bei sinkenden Preisen zweckmäßig)
    Es wird unterstellt, daß die zuerst auf Lager genommenen Vorräte bewertungsmäßig zuerst verbraucht wurden (first in – first out).

(2) *LIFO-Methode* (nur bei steigenden Preisen zweckmäßig)
    Hier wird die umgekehrte Fiktion zur vorgenannten Methode angewendet (last in – first out).

(3) *HIFO-Methode* (bei schwankenden Preisen zweckmäßig)
    Es wird unterstellt, daß die Vorräte mit den höchsten Einstandspreisen zuerst verbraucht wurden (highest in – first out); dies führt zu einer äußerst vorsichtigen Bewertung, da der Endbestand generell zu den niedrigsten Einstandspreisen angesetzt wird.

Bild A 30 stellt die Varianten der Verbrauchsfolgebewertung und die Durchschnittsbewertung vergleichend gegenüber[93].

Steuerrechtlich sind Fest- und Durchschnittsbewertung unter den handelsrechtlichen Bedingungen zulässig (Maßgeblichkeitsprinzip; vgl. § 5 I EStG und Abschn. 36 IV EStR), von den Verbrauchsfolgeverfahren jedoch nur die LIFO-Methode für Gewerbebetriebe, die den Gewinn mittels Buchführung ermitteln (§ 5 EStG), und zwar selbst dann, wenn die tatsächliche Verbrauchsfolge nicht mit der fiktiven Verbrauchsfolge identisch ist (§ 6 I Nr. 2 a EStG).

3.4. Bilanzierung des Kapitals (Passiva)

3.4.1. Passivierung von Kapitalpositionen

Die Passivseite der Bilanz wird – abgesehen von den korrektiven Rechnungsabgrenzungsposten (und Wertberichtigungen) – unterteilt in die Bewertungsgruppen

- Eigenkapital,
- Rückstellungen und
- Verbindlichkeiten (= Schulden).

Für alle rechtlich begründeten **Verbindlichkeiten** besteht im Handels- und Steuerrecht generell eine **Passivierungspflicht**.

---

[93] Die LOFO-Methode (lowest in – first out) verstößt gegen das Vorsichtsprinzip und damit gegen die GoB und widerspricht bei fallenden Preisen dem Niederstwertprinzip. Sie ist folglich nicht zulässig.

Bewertungsverfahren	Bestandsentwicklung	steigende Preise	schwankende Preise	fallende Preise
Lifo zuletzt beschaffte/hergestellte Güter werden **zuerst** veräußert/verbraucht	A'Bestand Zugang Zugang Abgang	100 EH à 5,— = 500,— 50 EH à 8,— = 400,— 100 EH à 10,— = 1000,— 100 EH Endbestand 150 EH	100 EH à 5,— = 500,— 100 EH à 10,— = 1000,— 50 EH à 8,— = 400,— 100 EH Endbestand 150 EH	100 EH à 10,— = 1000,— 50 EH à 8,— = 400,— 100 EH à 5,— = 500,— 100 EH Endbestand 150 EH
	Abgang Endbestand	100 EH à 10,— = 1000,— 150 EH à 6,— = 900,—	50 EH à 8,— = 900,— 50 EH à 10,— 150 EH à 6,66 = 1000,—	100 EH à 5,— = 500,— 150 EH à 9,33 = 1400,—
Fifo zuerst beschaffte/hergestellte Güter werden **zuerst** veräußert/verbraucht	Abgang Endbestand	100 EH à 5,— = 500,— 150 EH à 9,33 = 1400,—	100 EH à 5,— = 500,— 150 EH à 9,33 = 1400,—	100 EH à 10,— = 1000,— 150 EH à 6,— = 900,—
Hifo Güter mit den **höchsten** Anschaffungs-/Herstellungskosten werden **zuerst** veräußert/verbraucht	Abgang Endbestand	100 EH à 10,— = 1000,— 150 EH à 6,— = 900,—	100 EH à 10,— = 1000,— 150 EH à 6,— = 900,—	100 EH à 10,— = 1000,— 150 EH à 6,— = 900,—
Vergleichswert bei der Periodendurchschnittsmethode		150 EH à $\frac{1900}{250}$ = 7,60 = 1140,—	150 EH à 7,60 = 1140,—	150 EH à 7,60 = 1140,—
Stichtagswert		150 EH à 10,— = 1500,—	150 EH à 8,— = 1200,—	150 EH à 5,— = 750,—

Balkendiagramm (Bilanzwert):

	steigende Preise	schwankende Preise	fallende Preise
Lifo	900	1000	1400
Fifo	1400	1400	900
Hifo	900	900	900
Durchschnitt	1140	1140	1140

Skala: 1500 — 1000 — 500

Schraffierte Grenze: steigende 1500; schwankende 1200; fallende 750

Die schraffierte Fläche zeigt den wegen der Geltung des Niederstwertprinzipes nicht ansetzbaren Wertbereich.

Bild A 30: Auswirkungen von Bewertungsvereinfachungen auf den Bilanzwert bei unterschiedlichen Preissituationen (aus: H. Schierenbeck, a.a.O., S. 563)

Rückstellungen müssen gem. § 249 HGB gebildet werden (**Passivierungspflicht**) für

- *ungewisse Verbindlichkeiten,*
  - hier insbesondere für laufende Pensionen und Pensionsanwartschaften (Pensionsrückstellungen),
- *drohende Verluste aus schwebenden Geschäften* (z. B. Delkredere-Rückstellungen für dubiose Forderungen),
- im Geschäftsjahr *unterlassene Aufwendungen* zur
  - Instandhaltung, die im folgenden Geschäftsjahr innerhalb von 3 Monaten,
  - Abraumbeseitigung, die im folgenden Geschäftsjahr
  nachgeholt werden,
- *Gewährleistungen,* die ohne rechtliche Verpflichtung erbracht werden (z. B. für Kulanzleistungen).

Darüber hinaus dürfen (**Passivierungswahlrecht**) Rückstellungen gebildet werden für

- im Geschäftsjahr unterlassene Aufwendungen für Instandhaltung, die im folgenden Geschäftsjahr erst nach Ablauf von 3 Monaten nachgeholt werden,
- Aufwandsrückstellungen, die
  - ihrer Eigenart nach genau umschrieben,
  - diesem oder einem früheren Geschäftsjahr zuzuordnen,
  - am Abschlußstichtag wahrscheinlich oder sicher,
  - hinsichtlich ihrer Höhe oder des Zeitpunktes ihres Eintrittes unbestimmt sind.

Das handelsrechtliche Passivierungswahlrecht dieser Aufwandsrückstellungen führt im *Steuerrecht* (Steuerbilanz) zu einem Passivierungs- bzw. Bilanzierungsverbot (vgl. Kap. A 3.2.2., Abschn. „Maßgeblichkeitsprinzip").

Ein **Passivierungsverbot** für alle Rückstellungen mit anderen als den zuvorgenannten Zwecken ist ausdrücklich in § 249 III HGB aufgenommen. – Ansonsten beschränken die Prinzipien der Vorsicht und der Bilanzwahrheit ein Verbot der Passivierung auf den Ausweis fiktiver Schulden und solcher Verbindlichkeiten, die eindeutig der Privatsphäre des Anteilseigners zuzuordnen sind.

3.4.2. Bewertung des Kapitals[94]

Für die Bewertung des **Eigenkapitals** als Differenzgröße zwischen dem Gesamtwert des Vermögens und dem Gesamtwert der Schulden (Fremdkapital) ergeben sich keine Bewertungsprobleme.

Feststehende **Verbindlichkeiten** sind gem. § 253 I HGB mit dem am Bilanzstichtag maßgeblichen Rückzahlungsbetrag anzusetzen. In Analogie zum Niederstwertprinzip bei Vermögensgegenständen führt die Beachtung des Vorsichts- bzw. Realisations- und Imparitätsgrundsatzes bei der Bewertung der Verbindlichkeiten zum **Höchstwertprinzip**[95], d. h., von alternativen Werten (z. B. Beschaffungswert, Tageswert) ist der höhere anzusetzen. Zwei Varianten sind zu unterscheiden:

- *langfristige Verbindlichkeiten* müssen mit dem höheren Wert passiviert werden, falls die Werterhöhung dauerhaft ist (**strenges Höchstwertprinzip**); bei nur vorübergehender Wertsteigerung kann der höhere Wert bilanziert werden (**gemildertes Höchstwertprinzip**);

---

[94] S. auch Bild A 23.
[95] Vgl. S. 59.

– *für kurzfristige Verbindlichkeiten* ist stets das **strenge Höchstwertprinzip** anzuwenden, d. h., auch bei nur vorübergehender Werterhöhung ist der höhere Wert anzusetzen.

Während bei Verbindlichkeiten aus Lieferungen und Leistungen i. d. R. Beschaffungswert (Verfügungsbetrag) und Rückzahlungsbetrag übereinstimmen, sind alternative Werte möglich bei

- **Valutaverbindlichkeiten** (Währungsverbindlichkeiten)
  Nach Vergleich der Devisenkurse am Beschaffungstag und am Bilanzstichtag ist zur Vermeidung unrealisierter Verluste jeweils der höhere Wert maßgeblich;
- **Anleihen und Darlehen** (z. B. Hypothekendarlehen)
  Hier ist der Rückzahlungsbetrag immer dann höher als der Verfügungsbetrag (Auszahlungsbetrag), wenn ein sog. **Disagio, Damnum bzw. Abgeld** vereinbart wurde. Bezüglich der bilanziellen Behandlung des Disagios besteht ein **Aktivierungswahlrecht**:
  - sofortige Verbuchung als Aufwand oder
  - ganze oder teilweise Aktivierung als Rechnungsabgrenzungsposten und planmäßige Abschreibung während der Laufzeit der Verbindlichkeit (§ 250 III HGB). Für *Kapitalgesellschaften* (§ 268 VI HGB) sowie im Rahmen des *Steuerrechts*[96] besteht **Aktivierungspflicht**.

In der **Steuerbilanz** sind gem. § 6 I 3 EStG die Verbindlichkeiten unter „sinngemäßer Anwendung der Vorschriften der Nummer 2" mit den Anschaffungskosten oder mit dem Teilwert anzusetzen. Als Anschaffungskosten einer Verbindlichkeit gilt der Nennwert (Rückzahlungsbetrag)[97].

Rückstellungen sind nach § 253 I HGB mit dem Betrag zu passivieren, der nach *vernünftiger kaufmännischer Beurteilung* notwendig ist. Da es sich hier i. d. R. um (noch) nicht feststehende zukünftige Verpflichtungen handelt, muß dieser Betrag mittels statistischer Methoden und/oder Erfahrungswerte geschätzt werden. Dies ist besonders schwierig bei sporadischen Ereignissen wie Produkt- und Sachmängelhaftung. Pensionsrückstellungen werden bilanziert zum Barwert, der nach versicherungsmathematischen Grundsätzen berechnet wird.

4. Jahresabschlußanalyse

4.1. Begriff, Wesen und Arten

*Unter **Jahresabschlußanalyse**[98] versteht man die Untersuchung und kritische Auswertung des (zuvor) aufbereiteten Zahlenmaterials aus den Bestandteilen des Jahresabschlusses zum Zwecke der **Unternehmensbeurteilung**.*

Die **Aufgabe** der Jahresabschlußanalyse ist es folglich, das Informationspotential des Jahresabschlusses systematisch aufzubereiten und auszuschöpfen, dabei Zusammenhänge transparent zu machen, die daraus nicht unmittelbar ersichtlich sind, um letztlich **Erkenntnisse** *über die erfolgs- und finanzwirtschaftliche Situation und Entwicklung* des Unternehmens gewinnen zu können.

---

[96] BFH 29.6.67, BStBl III S. 670 und 19.1.78, BStBl II S. 262.
[97] BFH 4.3.76, BStBl 77 II S. 380 und 4.5.77, BStBl II S. 802.
[98] Manchmal nur, wenn auch unzutreffend Bilanzanalyse genannt.

In Abhängigkeit von Art und Umfang des verfügbaren Datenmaterials unterscheidet man zwischen

- externer Jahresabschlußanalyse und
- interner Jahresabschlußanalyse.

Die **externe Jahresabschlußanalyse** kann sich nur auf den *veröffentlichten Jahresabschluß*[99] und den Lagebericht stützen.

Von **interner Jahresabschlußanalyse** spricht man, wenn darüber hinaus dem Analytiker sämtliche innerbetrieblichen Daten des Finanz- und Rechnungswesens (z. B. der Buchführung, Kostenrechnung, Liquiditäts- und Finanzplanung) zur Verfügung stehen. Sie wird deshalb zutreffender *Betriebsanalyse* genannt.

Interessenten der Jahresabschlußanalyse sind folgende Personengruppen:

- Unternehmensleitung,
- Anteilseigner und potentielle Anleger,
- Gläubiger (z. B. Kreditinstitute, Lieferanten) und Kunden,
- Wettbewerber,
- Arbeitnehmer,
- sonstige interessierte Öffentlichkeit (z. B. Behörden, Gewerkschaften, Wirtschaftspresse, Wissenschaft und Lehre).

Die **Interessenlage** der einzelnen Gruppen ist unterschiedlich. Während das primäre Ziel der Analyse für Unternehmensleitung, Anteilseigner und Anleger in der Erfolgskraft als Garant für die Verzinsung des investierten Kapitals und für mögliche Dividendenausschüttungen liegt, wünschen die Gläubiger Auskunft über die finanzielle Stabilität und Liquidität des Unternehmens. Die Sachverhalte sind jedoch interdependent.

Für die Unternehmensführung hat der veröffentlichte Jahresabschluß als Informationsgrundlage nur subsidiäre Bedeutung, denn sie hat aufgrund ihrer Leitungsfunktion Zugang zum gesamten unternehmensinternen Datenmaterial. Dies mag auch für Großaktionäre und Großgläubiger aufgrund faktischer Machtkonstellationen zutreffen, nicht aber für die übrigen Interessentengruppen. Sie sind angewiesen auf die externe Jahresabschlußanalyse, die Gegenstand der vorliegenden Ausführungen ist.

Dabei sind die **Möglichkeiten und Grenzen** der externen Analyse zu bedenken. Die Grenzen und Probleme sind nicht methodisch bedingt, sondern in der *Unzulänglichkeit* des Ausgangsmaterials begründet:

- *mangelnde Vollständigkeit und Detaillierung der ausschließlich quantitativen Daten*

  Es fehlen „qualitative" Informationen über das Management, das Firmenimage, das Know-how, die Marktstellung, die Produkte. Stille Reserven sind nicht erkennbar. Der Jahresabschluß gibt auch keine Auskunft über Leasing-Verhältnisse, Sicherungsübereignungen, Eigentumsvorbehalte, Auftragsbestände und die Beschäftigung.

- *mangelnde „objektive Richtigkeit" der Daten*[100]

  Die Bewertung und die Ausübung von Bewertungswahlrechten erfolgt – unter Nutzung und Wahrung gesetzlicher Spielräume – bei der Bilanzierung zweckorientiert nach bilanz-

---

politischen Gesichtspunkten, sei es, daß man den Periodengewinn zur Vermeidung von Ausschüttungen und damit zur Stärkung der Selbstfinanzierung niedrig ausweisen will oder daß man ihn zur besseren Darstellung des Unternehmensimage über Jahre auf gleichem Niveau oder gar wachsend gestalten will. Der externe Analytiker kann nur Mutmaßungen über die bilanz- und finanzpolitische Strategie (z. B. kaufmännische Vorsicht, Gewinn-Nivellierung, Kapitalerhaltung) anstellen. Außerdem führt das vom Gesetzgeber präferierte Nominalwertprinzip bei Geldwertschwankungen zu unrichtigem Erfolgs- und Vermögensausweis.

- *Vergangenheitsorientierung und späte Publikation der Daten*

  Dieser Mangel ist besonders nachteilig für eine zukunftsorientierte Beurteilung der Liquidität und des Erfolges.

Erschwerend kommt hinzu, daß die Analyse eines einzigen Jahresabschlusses – wie auch die Bilanz selbst – *statischen Charakter* hat. Die Aussagefähigkeit der Jahresabschlußanalyse kann aber wesentlich erhöht werden durch Vergleiche (*komparative Statik*). Dabei kommen grundsätzlich drei Möglichkeiten in Betracht:

- **Zeit- oder Periodenvergleich**, d. h. Vergleich von zwei oder mehreren aufeinanderfolgenden Jahresabschlüssen. Durch diese dynamische Betrachtungsweise werden Entwicklungstendenzen sichtbar, die – unter Vorbehalten – in die Zukunft projizierbar sind.
- **Betriebsvergleich**, d. h. Vergleich mit Jahresabschlüssen anderer Unternehmungen, insbesondere der Konkurrenz. Sinnvoll sind Betriebsvergleiche nur unter „vergleichbaren" Unternehmen[101]. Kriterien der Vergleichbarkeit sind z. B. (gleiche) Branche, Größe, Struktur, Fertigungstyp.
  Erschwert wird ein Betriebsvergleich durch ggf. unterschiedlichen Aufbau der GuV (Gesamt- und Umsatzkostenverfahren).
- **Soll-Ist-Vergleich**, d. h. Vergleich mit Plan- oder Sollgrößen, wie z. B. die 1:1-Regel für die Kapitalstruktur und die goldene Finanzierungs- bzw. Bilanzregel für die Anlagendeckung[102].

Abschließend kann gesagt werden, daß die externe Jahresabschlußanalyse gewiß keine optimalen Informationen, aber nach systematischer, sachkundiger Aufbereitung der Daten und vergleichender Analyse doch hinreichend Aufschlüsse gibt.

4.2. Technik der Jahresabschlußanalyse

Die Jahresabschlußanalyse umfaßt die **Ablaufschritte**

- Sammlung und Aufbereitung des Datenmaterials,
- Auswahl, Berechnung und Auswertung von Kennzahlen.

4.2.1. Aufbereitung des Jahresabschlusses

Aufbereitung des Jahresabschlusses ist die zweckentsprechende „Verdichtung", d.h. Zusammenfassung, Umgruppierung, Bereinigung und Saldierung von Bilanz- und GuV-Posten, um deren Inhalt für eine kritische Beurteilung übersichtlicher und transparenter zu machen.

---

[101] oder mit für den Industriezweig typischen Gruppenkennzahlen, die Maßstabscharakter haben.

[102] Zu solchen Finanzierungsregeln im einzelnen und ihrer kritischen Würdigung s. H.-P. Fries, a.a.O. (BWL), S. 379 ff.

4.2.1.1. Aufbereitung der Bilanz

Eine erste **Gruppierung** des Vermögens (*Aktivseite*) in Anlage- und Umlaufvermögen mit entsprechenden Untergruppen ist bereits vom Gesetz vorgegeben. Auf der *Passivseite* ist erstmals im neuen Bilanzgliederungsschema nach § 266 HGB die Positionengruppe „Eigenkapital" zu finden. Das Fremdkapital wird aber nach wie vor nicht explizit zu einer Positionengruppe zusammengefaßt. Im Rahmen der Aufbereitung sind die Bilanzpositionen im einzelnen wie folgt zu gruppieren und zu verdichten (die alphanumerischen Benennungen entsprechen den Positionen des Bilanzgliederungsschemas[103]):

Aktivseite

- **Anlagevermögen (AV):** Will man die langfristigen finanziellen Transaktionen herausstellen, so können (wie früher) „Immaterielle Vermögensgegenstände" und „Sachanlagen" in einer Position zusammengefaßt werden.
- **Umlaufvermögen (UV)**
  - „**Gesamt-UV**" = Umlaufvermögen (B)
                    + aktive Rechnungsabgrenzungsposten (C)
    - aktiviertes Disagio (§ 250 III HGB)
    Für den externen Analytiker ist die Behandlung der **eigenen Anteile** schwierig. Im Zuge einer vorsichtigen Analyse sollten sie aufgrund der Vermutung, daß es sich um einen Korrekturposten zum Eigenkapital handelt, vom UV abgezogen werden. Sind sie jedoch als echte Vermögenswerte (z. B. für Belegschaftsaktien) erkennbar, sollten sie im UV verbleiben.
  - **Forderungen** = Positionen B II 1–3
    Eine Kürzung um Pauschalwertberichtigungen auf Forderungen entfällt insoweit, als nach neuem Recht in publizierten Bilanzen von Kapitalgesellschaften kein Ausweis von Wertberichtigungen mehr erfolgt.

    Wechselforderungen aus sog. „Warenwechseln", die erfüllungshalber für Warenforderungen hereingenommen wurden, sind unter die zugehörigen Forderungspositionen zu subsumieren; Finanzwechsel gehören dagegen zu den „sonstigen Wertpapieren" (B III 3).

    Da gem. § 268 IV HGB ein **Bilanzvermerk** zu jeder Forderung mit einer Restlaufzeit von mehr als einem Jahr zu machen ist, lassen sich somit umgekehrt für die Bilanzanalyse auch die *kurzfristigen Forderungen* errechnen.
  - **monetäres UV** = „Gesamt-UV" (wie oben)
                    - Vorräte (B I)
  - **liquide Mittel** = Position B IV

Das **betriebsnotwendige Vermögen**, das zur Ermittlung der Betriebsrentabilität herangezogen wird, läßt sich aus dem Gesamtvermögen wie folgt errechnen, sofern die publizierte Bilanz und die Erläuterungen in Anhang und Lagebericht dazu die erforderlichen Informationen bereitstellen.

Gesamtvermögen (AV + UV)
- unbebaute Grundstücke und Grundstücke mit Wohn- und Sozialgebäuden (in A II 1)
- Finanzanlagen (A III)
- Forderungen an verbundene Unternehmen, soweit nicht aus dem Betriebszweck (Lieferungen und Leistungen) resultierend (in B II 2)
- Forderungen aus Krediten an Gesellschafter, Organmitglieder oder Belegschaft
- nicht betriebsnotwendige Wertpapiere, sonstige Vermögensgegenstände und Reservevermögen

= betriebsnotwendiges Vermögen

---

[103] S. Bild A 6.

Passivseite

- **Eigenkapital** = Positionengruppe A
  + 50 % der Sonderposten mit Rücklageanteil
  − Jahresüberschuß bzw. Bilanzgewinn, soweit er ausgeschüttet wurde/werden soll (s. GuV)
  − aktiviertes Disagio, ebenso aktivierte Ingangsetzungsaufwendungen und aktivierte latente Steuern
  − ausstehende Einlagen auf das gezeichnete Kapital (ausgewiesen auf der Aktivseite vor dem AV, sofern nicht auf der Passivseite offen vom Posten „Gezeichnetes Kapital" abgesetzt)
  − eigene Anteile (Aktiva B III 2)

Die Sonderposten mit Rücklageanteil gem. §§ 247 III, 273 HGB (zutreffender: Rückstellungen mit Rücklageanteil) werden aufgrund eines angenommenen Ertragsteueranteils von 50 % je zur Hälfte den Rücklagen und den Rückstellungen (Fremdkapital) zugerechnet, wenn nicht im Anhang eine andere Zusammensetzung angegeben ist. – Ein Jahresfehlbetrag bzw. Bilanzverlust führt zu einer Minderung des Eigenkapitals (A).

- **Fremdkapital** = Positionengruppe B + C
  + 50 % der Sonderposten mit Rücklageanteil
  + Jahresüberschuß bzw. Bilanzgewinn, der ausgeschüttet wurde/werden soll („Verbindlichkeiten an Aktionäre")
  + Jahresfehlbetrag, wenn die Bilanz *vor* der Ergebnisverwendung aufgestellt wurde
  + passive Rechnungsabgrenzungsposten (D)

Analog zu den Forderungen ist zu jeder Verbindlichkeit mit einer Restlaufzeit bis zu einem Jahr ein **Bilanzvermerk** zu machen (§ 268 V HGB). Darüber hinaus müssen Kapitalgesellschaften im Anhang den Gesamtbetrag der Verbindlichkeiten mit einer Restlaufzeit von mehr als 5 Jahren angeben (§ 275 Ziff. 1 HGB). Dies ermöglicht dem externen Bilanzanalytiker eine Strukturierung der Verbindlichkeiten nach Fristigkeiten in langfristige (über 5 Jahre), mittelfristige (1 bis 5 Jahre) und kurzfristige Verbindlichkeiten (bis 1 Jahr) und erleichtert die Liquiditätsanalyse[104].

Die Strukturierung des gesamten Fremdkapitals (FK) hat folgendes Aussehen:

- **langfristiges FK** = Verbindlichkeiten (Restlaufzeit > 5 Jahre)
  + Pensionsrückstellungen (B 1)
  + 50 % der sonstigen Rückstellungen (B 3)
- **mittelfristiges FK** = Verbindlichkeiten (Restlaufzeit 1–5 Jahre)
  + 50 % der Sonderposten mit Rücklageanteil
  (+ Rückstellungen für latente Steuern)
- **kurzfristiges FK** = Verbindlichkeiten (Restlaufzeit < 1 Jahr)
  + Steuerrückstellungen (B 2)
  + 50 % der sonstigen Rückstellungen (B 3)
  + Jahresüberschuß bzw. Bilanzgewinn für Ausschüttungen
  + passive Rechnungsabgrenzungsposten (D)
  (+ Jahresfehlbetrag, s. o. bei FK)

---

[104] Letztlich sind als Bilanzvermerk oder im Anhang auch Eventualverbindlichkeiten (z. B. Bürgschaften) und Haftungsverhältnisse aufgrund von Sicherheitsgewährungen (z. B. Pfandrechte) zu benennen.

Die **sonstigen Rückstellungen** können sowohl mittel- bis kurzfristiger Natur (z. B. für Gewährleistungen) als auch langfristiger Natur (z. B. für Dienstjubiläen und Vorruhestand) sein. Im Rahmen der externen Analyse sind sie jedoch bezüglich ihrer Fälligkeit nicht bestimmbar. In Ermangelung detaillierter Informationen kann eine Aufteilung je zur Hälfte in kurz- und langfristiges Fremdkapital vorgenommen werden, wenngleich diese quantitativ nicht zu begründen ist.

Verzichtet man auf die Gruppe „mittelfristiges FK", so ist diese dem langfristigen FK zuzuschlagen.

Die aus der Bilanzaufbereitung resultierenden Positionengruppen finden in der **Strukturbilanz** ihren Niederschlag[105]. Die Aussagefähigkeit der Strukturbilanz kann erhöht werden, indem die absoluten Zahlenwerte um Gliederungszahlen zur Zusammensetzung des Vermögens und des Kapitals (in % der Bilanzsumme) ergänzt werden. Eine Verkürzung der Bilanzsumme ergibt sich in der Strukturbilanz, wenn von der Aufrechenbarkeit (Saldierung) der Forderungen und Verbindlichkeiten gegenüber verbundenen Unternehmen ausgegangen wird. Eine erste Durchsicht der Strukturbilanz nach ihrer Erstellung ermöglicht das Erkennen von Besonderheiten und Auffälligkeiten.

4.2.1.2. Aufbereitung der GuV

Es ist der Zweck der erfolgswirtschaftlichen Analyse, die Ertrags- und Aufwandsstruktur sowie die Quellen und Einflußfaktoren des Erfolgs erkennbar zu machen. Bild A 31 zeigt die Komponenten des Unternehmenserfolges in der Terminologie der Betriebswirtschaftslehre. Daraus ergibt sich für die **Ergebnisquellenanalyse**, daß die Erfolgskategorien nach den Kriterien der **Betriebsbedingtheit** und der **Regelmäßigkeit** zu ordnen sind und zwar in die Gruppen

– (ordentliches) Betriebsergebnis,
– ordentliches betriebsfremdes Ergebnis (Finanzergebnis),
– außerordentliches Ergebnis.

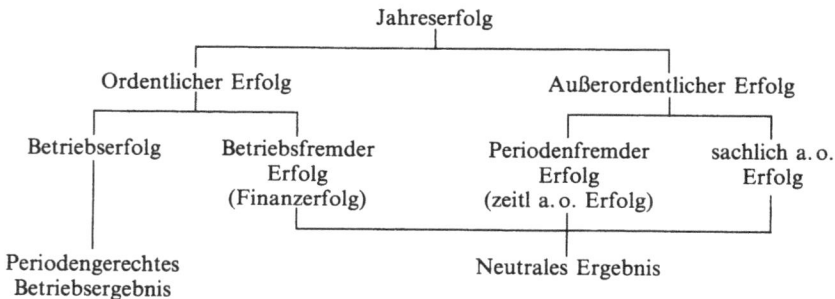

Bild A 31: Betriebswirtschaftliche Terminologie der Komponenten des Unternehmenserfolges

[105] Vgl. S. 107.

Das gesetzliche Gliederungsschema der GuV läßt zwar diese **Erfolgsspaltung** erkennen, nimmt jedoch keine exakte Zuordnung der Aufwendungen und Erträge zu diesen Erfolgskategorien vor. Für die Erfolgsbeurteilung ist besonders relevant der Anteil und die Entwicklung des **ordentlichen Betriebserfolges**, der aus dem eigentlichen Betriebszweck resultiert, also leistungsbedingt ist und regelmäßig erwirtschaftet wird. Seine Ermittlung ist nach Gesamtkostenverfahren und Umsatzkostenverfahren unterschiedlich. Insofern besteht zwischen den Positionen beider Verfahren keine Vergleichbarkeit. Strittig ist die Behandlung der „**sonstigen betrieblichen Erträge und Aufwendungen**"; es handelt sich um Sammelposten für Erträge und Aufwendungen aus der „gewöhnlichen Geschäftstätigkeit", die nicht in anderen Positionen gesondert ausgewiesen werden, die aber erfahrungsgemäß – nach den Kriterien der Betriebswirtschaftslehre – auch neutrale, d.h. periodenfremde, betriebsfremde und außerordentliche Bestandteile enthalten dürften wie z.B. Gewinne/Verluste aus dem Abgang von Gegenständen des Anlage- oder Umlaufvermögens, Forderungsabschreibungen, Mieten und Pachten, Spenden, Provisionen, deren Aussonderung für den externen Analytiker unmöglich sein dürfte[106]. Lediglich die periodenfremden Erträge und Aufwendungen sind im Anhang zu erläutern, soweit ihre „Beträge für die Beurteilung der Ertragslage nicht von untergeordneter Bedeutung sind" (§ 277 IV HGB). Zu beachten ist ferner, daß das **Betriebsergebnis der GuV** keine (betrieblichen) Zinsen und Steuern enthält und somit nicht inhaltsgleich mit dem der Kosten- und Leistungsrechnung ist.

Die Position „**Ergebnis der gewöhnlichen Geschäftstätigkeit**" als Zwischensumme aus Betriebsergebnis und Finanzergebnis ist zwar z.B. für Betriebsvergleiche durchaus nützlich, in ihrer Benennung aber betriebswirtschaftlich nur bedingt richtig und deshalb – weil irreführend – mit Vorsicht auszulegen. Denn die darin subsumierten **Finanzerträge und -aufwendungen** sind – außer bei Kreditinstituten und Versicherungen – üblicherweise nicht Gegenstand der „gewöhnlichen Geschäftstätigkeit", und andere Positionen wie Gewinne bzw. Verluste aus dem Abgang von Vermögensgegenständen (s. oben) oder (steuerliche) Sonderabschreibungen sind betriebswirtschaftlich eher als außerordentlich zu definieren. Das **außerordentliche Ergebnis** umfaßt – abweichend vom alten Aktienrecht – nur noch *sachlich-außerordentliche* Erträge und Aufwendungen, die einmalig oder selten anfallen, aber periodengerecht bilanziert werden (z.B. Nachlässe auf Verbindlichkeiten, Subventionen, Brandschäden, Gründungs- oder Ingangsetzungsaufwand), aber keine zeitlich-außerordentlichen, d.h. betriebsbedingten, aber periodenfremden Erträge und Aufwendungen mehr. Letztere sind i.d.R. unter den „sonstigen betrieblichen Erträgen bzw. Aufwendungen" auszuweisen, jedoch leider ohne besondere Kennzeichnungspflicht. Insofern ist eine **periodengerechte Erfolgsabgrenzung** nicht möglich, falls sie nicht aus Erläuterungen im Anhang ersichtlich ist.

Um die angestrebte Erfolgsspaltung deutlicher zu machen, bedarf (auch) die publizierte GuV einer Aufbereitung. Wegen des fehlenden Einblicks in die innere Zusammensetzung von aggregierten Positionsbeträgen hat der externe Analytiker dabei das Problem der Zuordnung von Positionen nach dem „Prinzip der überwiegenden Zugehörigkeit" zu lösen. Bild A 32 zeigt eine zweckmäßige (weitergehende) **Strukturierung der GuV** (Angaben in Klammern nennen die Positionsnummern des ge-

---

[106] Deshalb stellt sich die Frage, ob diese besser dem außerordentlichen Erfolg (vgl. H. Schierenbeck, a.a.O., S. 615) zuzuordnen sind; vgl. hier die Erläuterung Nr. 3 zu Bild A 32.

setzlichen Gliederungsschemas der GuV[107]), vgl. auch Bild A 34. – Sollen Entwicklungstendenzen des Erfolges aufgezeigt werden, so empfehlen sich Zeitvergleiche, zumal die absoluten Ergebnisgrößen der GuV für sich allein wenig aussagefähig sind.

Gesamtkostenverfahren	
	Umsatzerlöse (1)
+/−	Bestandsveränderungen (2)
+	aktivierte Eigenleistungen (3)
=	**Gesamtleistung**[1] (= betriebsgewöhnliche Erträge)
−	Material- oder Sachaufwand (5)[2] ⎤ betrieblicher
−	Personalaufwand (6) ⎬ Aufwand (für
−	Abschreibungen auf Sachanlagen etc. (7) ⎦ Leistungen)
=	**(ordentliches) Betriebsergebnis**
+/−	sonstige betriebliche Erträge/Aufwendungen (4/8)[3]
=	**Betriebsergebnis** (jedoch ohne Zinskosten und Steuern)
+/−	*Finanzergebnis* bzw. ordentliches betriebsfremdes Ergebnis = Finanzerträge − Finanzaufwendungen (9 + 10 + 11 − 12 − 13)[4]
=	**Ergebnis der gewöhnlichen Geschäftstätigkeit**
+/−	a.o. Ergebnis (17) = a.o. Erträge − a.o. Aufwendungen (15–16)
=	**Gesamtergebnis vor Steuern**
−	Steuern (18 + 19)
=	**Jahresergebnis**, d.h. Jahresüberschuß/-fehlbetrag (20)
+/−	Gewinn-/Verlustvortrag
+/−	Entnahmen aus/Einstellungen in Gewinnrücklagen
=	**Bilanzergebnis**, d.h. Bilanzgewinn/-verlust[5]
Umsatzkostenverfahren	
	Umsatzerlöse (1)
−	Herstellungskosten der umgesetzten Leistungen (2)
=	**Bruttoergebnis vom Umsatz** (3)[2]
−	Vertriebskosten (4)
−	allgemeine Verwaltungskosten (5)
=	**(ordentliches) Betriebsergebnis**
+/−	sonstige betriebliche Erträge/Aufwendungen (6/7)[3]
=	**Betriebsergebnis** (jedoch ohne Zinskosten und Steuern) (Fortsetzung siehe Gesamtkostenverfahren)

Bild A 32:   Schema einer strukturierten GuV

Erläuterungen zu Bild A 32:
1) Die Gesamtleistung war als Zwischensumme (Pos. 4) in der GuV-Gliederung nach altem Aktienrecht auszuweisen, ist aber in der GuV-Gliederung nach HGB (ab 1986) nicht vorgesehen.

[107] S. Bild A 7.

2) Von kleinen und mittleren Kapitalgesellschaften darf als aggregierte Position das *„Roher-gebnis"* (beim Gesamtkostenverfahren: = Gesamtleistung + sonstige betriebliche Erträge − Materialaufwand; beim Umsatzkostenverfahren: = Bruttoergebnis vom Umsatz + sonstige betriebliche Erträge) ausgewiesen werden (§ 276 HGB).

3) Obwohl es ex definitione kein außerordentliches Betriebsergebnis geben kann, sind hier wegen der oben genannten Ausführungen zur Zuordnungsproblematik die „sonstigen betrieblichen Erträge/Aufwendungen" vom „ordentlichen" Betriebsergebnis abgesetzt.

4) Soweit die Finanzaufwendungen, insbes. Zinsen, betrieblich bedingt sind (Zweckaufwand = Kosten), sind sie dem Betriebsergebnis zuzuordnen. – Das Finanzergebnis kann auch als *ordentliches betriebsfremdes Ergebnis* definiert werden.

5) Das Bilanzergebnis tritt an die Stelle des Jahresergebnisses, wenn die Bilanz nach dem Beschluß über die Verwendung des Jahresergebnisses aufgestellt wird (§ 268 I HGB). Der Bilanzgewinn nennt den Betrag, über dessen Verwendung die Hauptversammlung gemäß § 174 AktG beschließt.

4.2.2. Bildung von Kennzahlen

Unter mathematisch-formalem Aspekt sind **Kennzahlen** der Jahresabschlußanalyse zu gliedern in:

- **absolute Zahlen** (Grundzahlen), z. B. Gewinn, Cash-Flow,
- **relative Zahlen** (Verhältniszahlen),
  - **Gliederungszahlen** geben das (prozentuale) Verhältnis eines Teils zum Ganzen bzw. zur Gesamtheit an, z. B. Anteil des AV am Gesamtvermögen;
  - **Indexzahlen** verdeutlichen die größenmäßigen Veränderungen von Positionen im Zeitablauf, wobei die Positionen des Ausgangs-Jahresabschlusses gleich 100 (Index) gesetzt werden;
  - **Beziehungszahlen** entstehen dadurch, daß man Größen zueinander in Relation setzt, zwischen denen man einen kausalen Zusammenhang annimmt, z. B. Gewinn zu Kapital, Umsatz zu Beschäftigtenzahl, EK zu AV.

Außer der zahlenmäßigen Darstellung lassen sich Sachverhalte und Zusammenhänge auch grafisch veranschaulichen. Neben der Bildung statischer Kennzahlen werden zum Zwecke einer dynamischen Betrachtung auch finanzwirtschaftliche Bewegungsbilanzen aufgestellt. Trotz bestehender Interdependenzen einzelner Kennzahlen empfiehlt sich eine inhaltlich nach dem Untersuchungsgegenstand getrennte Analyse der Erfolgs- und Finanzsituation. Dabei ist zu beachten, daß eine zweckorientierte, beschränkte Auswahl von Kennzahlen besser ist als eine Anhäufung ungelesener Daten („Zahlenfriedhof").

So sind auch die im folgenden vorgestellten Kennzahlen eine exemplarische Auswahl aus der unübersehbaren Fülle möglicher Kennzahlen und erheben keinen Anspruch auf Vollständigkeit.

4.3. Untersuchungsbereiche der Jahresabschlußanalyse

4.3.1. Finanzwirtschaftliche Analyse

Das *Erkenntnisziel* der finanzwirtschaftlichen Untersuchung ist die Gewinnung von Informationen über Finanzierung (Kapitalherkunft) und Investition (Kapitalverwendung) der Unternehmung zum Zwecke der Beurteilung der Finanzierungspolitik bezüglich der Finanzierungsgrundsätze Liquidität, Sicherheit bzw. Stabilität und Unabhängigkeit (Autonomie)[108].

---

[108] Vgl. auch H.-P. Fries, a.a.O. (BWL), S. 123 ff. und 376 ff.

Der Grundsatz der Sicherheit steht in engem Zusammenhang mit seinem Pendant, d.h. dem (finanz-)wirtschaftlichen Risiko. Stütze der Stabilität und **Sicherheit**, aber auch der Unternehmens-Autonomie ist eine größtmögliche *Eigenkapitalausstattung* (die unter den Prämissen des Leverage-Effektes in Zielkonkurrenz mit dem Rentabilitätsprinzip stehen kann). Unter dem Aspekt der Risikominderung ist es von Vorteil, wenn das Fremdkapital von zahlreichen Gläubigern stammt und die einzelnen Darlehen nicht zu hoch sind. Ferner sollten risikobehaftete Anlagen und Investitionen (z.B. Bergbau) und Risikoentscheidungen (z.B. Produkteinführungen, Erschließung neuer Märkte) durch Eigenkapital finanziert sein. Weitere Aussagen sind nur unter Einbeziehung der Fristigkeiten möglich. Hier gilt der allgemeine Grundsatz, daß Investitionen mit langer Kapitalbindung (AV und „Eiserne Bestände" im UV) zur Erhaltung des *finanziellen Gleichgewichts* mit langfristigem Kapital zu finanzieren sind (Anlagendeckung). Dies ist besonders relevant für anlageintensive (u. ggf. vorratsintensive) Betriebe. Auch das Postulat ausreichender Liquidität ist integrierter Bestandteil des Sicherheitsgrundsatzes. Auskunft über die Stabilität und Zahlungsbereitschaft geben Kennzahlen zur Kapital-, Vermögens- und Finanzstruktur sowie zur Liquidität.

Methodisch ist zwischen zeitpunktbezogener (statischer) und zeitraumbezogener (dynamischer) Analyse zu unterscheiden.

4.3.1.1. Zeitpunktbezogene Finanzanalyse

Instrumente der zeitpunktbezogenen Analyse sind Kennzahlen.

(1) *Beurteilung der Liquidität (Zahlungsfähigkeit)*

Zur Beurteilung der kurzfristigen Zahlungsbereitschaft werden Kenngrade gebildet, die Auskunft darüber geben, in welchem Maße Verbindlichkeiten durch Zahlungsmittel, Forderungen oder sonstige Vermögensteile gedeckt sind. Dazu müssen zunächst die Vermögensteile nach ihrer **Liquidierbarkeit** (bisweilen auch als „Liquidität" bezeichnet), d.h. der Möglichkeit, sie mehr oder weniger leicht in flüssige Mittel umzuwandeln, geordnet werden.

Stufen der Vermögensliquidierbarkeit:

Liquide Mittel 1. Ordnung:
Zahlungsmittel, d.h. Geld und Geldsurrogate (z.B. Schecks) und auch Wechsel
Liquide Mittel 2. Ordnung:
Vermögen, dessen Umwandlung noch erfolgt und dessen Liquidierbarkeit groß ist, z.B. Forderungen, Fertigerzeugnisse, börsengängige Wertpapiere
Liquide Mittel 3. Ordnung:
Schwer (u.U. mit Erlöseinbußen) liquidierbare Vermögensteile, z.B. unfertige Erzeugnisse, nicht börsenfähige Wertpapiere, langfristige Forderungen
Liquide Mittel 4. Ordnung:
(Unter dem Aspekt der Betriebsbereitschaft) nicht liquidierbares Vermögen, z.B. Grundstücke und Gebäude, Maschinen, Geschäfts- und Betriebsausstattung.

Da die Liquidierbarkeit des Vermögens allein keine Aussage über die Zahlungsbereitschaft des Unternehmens erlaubt, werden die Vermögensteile den Verbindlichkeiten – jeweils ihrer Fristigkeit entsprechend – gegenübergestellt. Es ergeben sich folgende **Liquiditätsgrade:**

- Liquidität 1. Grades (Barliquidität) $= \dfrac{\text{Zahlungsmittel} \times 100}{\text{kurzfristige Verbindlichkeiten (sofort fällig)}}$

- Liquidität 2. Grades $= \dfrac{(\text{Zahlungsmittel} + \text{kurzfrst. Forderungen}) \times 100}{\text{kurzfrst. Verbindlich. (z.B. fällig innerhalb 30 Tagen)}}$

Die ersten beiden Kenngrade berücksichtigen im Zähler nur das monetäre Umlaufvermögen, klammern also die Vorräte aus unter dem Aspekt, daß diese meist nicht in der selben Frist zu liquiden Mitteln werden, in der die kurzfristigen Verbindlichkeiten fällig werden.

- Liquidität 3. Grades $= \dfrac{\text{Gesamtes Umlaufvermögen} \times 100}{\text{kurzfristige Verbindlichkeiten}}$

Weitere Zwischengrade sind möglich. Eine Überdeckung des Umlaufvermögens über die kurzfristigen Verbindlichkeiten wird *working capital* bzw. freies Betriebskapital genannt:

- Working capital = Umlaufvermögen − kurzfr. Verbindlichkeiten.

Üblicherweise wird verlangt, daß das working capital die Hälfte des UV ausmacht.

Ergänzend zu den Liquiditätskennzahlen mögen Umschlagskoeffizienten der Forderungen und Verbindlichkeiten herangezogen werden.

- Kennzahlen zu **Zahlungsgepflogenheiten:**

  – durchschnittliche Zielgewährung an Kunden $= \dfrac{\text{Forderungen}}{\text{Tagesumsatzerlös}}$

  – durchschnittliche Zielinanspruchnahme bei Lieferanten $= \dfrac{\text{Lieferantenverbindlichkeiten}}{\text{Tagessachaufwendungen}}$

Lautete das Fazit der Liquiditätsanalyse auf Über- oder Unterliquidität, so sind seitens der Unternehmensleitung (als interner Bilanzanalytiker) die Folgen und erforderlichen Abhilfemaßnahmen zu bedenken.

Der *begrenzte Aussagewert* der (externen) Liquiditätsanalyse hat folgende Gründe

– die Liquiditätskennzahlen sind *statischer Natur,*
– die so ermittelte „*Stichtagsliquidität*" ist ein *historisches* Ergebnis, da sie bei der Bilanzveröffentlichung bereits überholt ist,
– die Bilanz gibt keine präzisen Auskünfte über die Fälligkeiten von Verbindlichkeiten und Forderungen[109] und
– sie enthält keine Angaben zu bestimmten *Zahlungsverpflichtungen* wie Löhne und Gehälter, Mieten, Steuern.

Effizienter wird die Liquiditätsanalyse, wenn man (intern) in kurzen Zeitabständen einen **Liquiditätsstatus** macht sowie **Finanzpläne** erstellt, die als Vorschaurechnungen die Steuerung der erwarteten Zahlungsströme (Einnahmen/Ausgaben) und die Sicherung der ständigen Zahlungsbereitschaft in der Zukunft zur Aufgabe haben.

(2) *Beurteilung der Vermögensstruktur (Investierung)*

Die Zusammensetzung des Vermögens wird entscheidend bestimmt durch den Industriezweig und den Grad der Mechanisierung und Automatisierung. Insofern ist eine Beurteilung der Relationen nur unter Heranziehen von Branchenzahlen (Betriebsvergleich) und im Vergleich mehrerer Jahre möglich.

Die **vertikale Vermögensanalyse** untersucht die Aktivseite der aufbereiteten Bilanz.

- Kennzahlen zur **Vermögensstruktur** (vertikal):
  – Anlagenintensität (in %) = Anlagevermögen : Gesamtvermögen × 100
  – Umlaufintensität (in %) = Umlaufvermögen : Gesamtvermögen × 100

---

[109] Der in § 268 IV, V HGB geforderte Bilanzvermerk faßt lediglich alle Fälligkeiten unter einem Jahr pauschal zusammen.

- Vorratsintensität (in %) = Vorräte : Umlaufvermögen × 100
- Vermögensstruktur = Anlagevermögen : Umlaufvermögen

Die Vermögensanalyse gibt Auskunft über den **Grad der Elastizität.** Je höher die Anlagenintensität[110] sowie die Spezialisierung und Automatisierung der Anlagen (hohe Fixkostenbelastung!), desto geringer wird die Anpassungsfähigkeit an konjunkturelle Beschäftigungsrückgänge, Änderungen der Kundenwünsche und Nachfrageschwankungen.
Ein Maß für die Investitionstägigkeit (Zukunftsvorsorge) ist die

$$\bullet \text{ Investitions- oder Wachstumsrate}^{111} = \frac{\text{Nettoinvestitionen} \times 100}{\text{Abschreibungen}}.$$

Die Anlagenzugänge sollten möglichst größer als die Wertminderungen sein, d. h. es sollten wenigstens die Abschreibungen reinvestiert werden.

(3) *Beurteilung der Kapitalstruktur (Finanzierung)*

Untersuchungsobjekt der **vertikalen Kapitalanalyse** ist die Passivseite der aufbereiteten Strukturbilanz.

- Kennzahlen zur **Kapitalstruktur** (vertikal)
  - Eigenkapitalquote (in %) = Eigenkapital : Gesamtkapital × 100
  - Fremdkapitalquote bzw. Kapitalanspannung (in %) = Fremdkapital : Gesamtkapital × 100
  - Verschuldungsgrad (Kapitalstruktur) = Fremdkapital : Eigenkapital
- Kennzahl zum **„inneren Wert" des verbrieften Grundkapitals** (AG)
  Bilanzkurs (in %) = Eigenkapital : Grundkapital × 100
- Kennzahl zur **Eigenkapitalsicherung**
  Rücklagenquote = Rücklagen : Eigenkapital × 100

Die *vertikale Finanzierungsregel* (sog. Eins-zu-Eins-Regel), die für eine „optimale Kapitalstruktur" gleiche Anteile von Eigen- und Fremdkapital verlangt, ist nicht wissenschaftlich begründbar und wird in der industriellen Finanzierungspraxis ignoriert. Dennoch muß mit Besorgnis registriert werden, daß der Anteil des Eigenkapitals (= Risikoträger und Garantiefonds) in den letzten Jahren in der BRD erheblich zurückgegangen ist, weil dies zugleich einen Anstieg des Verschuldungsgrades bzw. der Fremdkapitalquote bedeutet. Eine ausreichende Eigenkapitalbasis ist deshalb unerläßlich. Sie wird aber vor allem bestimmt von der Vermögensstruktur.

(4) *Beurteilung der Finanzstruktur*

Da die Eigenkapitalquote wesentlich von der Anlagenintensität bestimmt wird, untersucht die *horizontale Analyse* der Finanzstruktur die Relationen zwischen langfristigen Vermögens- und Kapitalposten unter dem Gesichtspunkt der Fristenkongruenz und der Risikoentsprechung.

- Kennzahlen zur **Finanzstruktur** (horizontal), sog. Deckungsgrade oder „Stabilitätskennzahlen":
  - Deckungsgrad A (in %) = Eigenkapital : Anlagevermögen × 100

$$- \text{ Deckungsgrad B (in %)} = \frac{\text{Eigenkapital + langfr. Fremdkapital}}{\text{Anlagevermögen}} \times 100$$

---

[110] z. B. in Schwerindustrie 60–70%, Elektroindustrie und Maschinenbau 25–35%.
[111] Die Umkehrung wird Investitionsdeckung genannt.

$$- \text{Deckungsgrad C (in \%)} = \frac{\text{Eigenkapital} + \text{langfr. Fremdkapital}}{\text{Anlagevermögen} + \text{langfr. gebundenes Umlaufvermögen}} \times 100$$

Die sog. goldene Bilanzregel fordert einen mindestens 100%igen Deckungsgrad.

4.3.1.2. Zeitraumbezogene Finanzanalyse

Aus dem Wissen der beschränkten Aussagefähigkeit statischer Finanzkennzahlen erklärt sich das Bemühen um zeitraumbezogene Analysen.

(1) *Cash flow-Analyse*

Die Cash flow-Analyse ist eine periodenbezogene Untersuchung der Innenfinanzierungskraft eines Unternehmens.

Maßgröße für die Beurteilung der Innenfinanzierung ist der Cash flow („Kassenfluß").

Cash flow bezeichnet den Teil der aus dem betrieblichen Umsatzprozeß zufließenden Mittel (Erlöse), der den ausgabewirksamen Aufwand übersteigt und der Innenfinanzierung zur Verfügung steht.

Der Cash flow wird unterschiedlich weit interpretiert; gebräuchlich ist (in der Bundesrepublik) der Cash flow als der finanzwirtschaftliche Gegenwert des Gewinnes, der vorgenommenen Abschreibungen und der Zuführungen zu den langfristigen Rückstellungen:

Bilanzgewinn/Jahresüberschuß
+ Nettozuweisung zu offenen Rücklagen und zum Sonderposten mit Rücklageanteil (d. h.: + Rücklagenerhöhung bzw. − Rücklagenauflösung)
+ Abschreibungen (u. Wertberichtigungen)
+ Erhöhung der langfristigen Rückstellungen

= Cash flow (i. w. S.)[112]

Der Cash flow i. e. S. erfaßt nicht die Erhöhung der Rückstellungen, somit also nicht sämtliche Liquiditätszuflüsse; er will vielmehr ausschließlich die als Eigenmittel zugeflossenen Beträge zum Ausdruck bringen.

Der Cash flow dient folgenden **Zwecken**:

- In erster Linie ist er **Indikator der Finanzkraft**. Er soll Aussagen über den Selbstfinanzierungsspielraum (finanzwirtschaftlichen Überschuß) eines Unternehmens für Schuldentilgungen, Investitionen und Gewinnausschüttungen ermöglichen. Daneben ist er
- **Indikator der Ertragskraft**, d. h. des erfolgswirtschaftlichen Überschusses und dient als
- **Kriterium bei der Aktienbewertung.**

Cash flow-Kennzahlen zur **Innenfinanzierung:**

- Umsatz-Cash flow-Rate (in %) = Cash flow : Umsatz × 100

Sie zeigt, wieviel Prozent des Umsatzes für die Innenfinanzierung zur Verfügung stehen.

---

[112] Neben dieser *indirekten Ermittlung* (Cash flow = Jahresergebnis + auszahlungslose, d. h. nicht finanzwirksame Aufwendungen − einzahlungslose Erträge) ist auch eine *direkte Ermittlung* des Cash flow als Differenz aller zahlungsbegleiteten Erträge und Aufwendungen möglich. Hierbei sind eventuelle Bestandserhöhungen (+) und -minderungen (−) zu berücksichtigen. Beim UKV kann der Cash flow nur indirekt ermittelt werden.

• Innenfinanzierungsgrad (in %) $= \dfrac{\text{(betrieblicher) Cash flow} \times 100}{\text{(betriebliche) Nettoinvestitionen}}$

Er zeigt das Maß selbstfinanzierter Investitionen („Lohmann-Ruchti-Effekt"). Ein Wert unter 100% besagt, daß zusätzliche Außenfinanzierungsmittel erforderlich waren.

• Verschuldungs-Cash flow-Rate $= \dfrac{\text{Fremdkapital bzw. Effektivverschuldung}}{\text{Cash flow}}$

Effektivverschuldung = Fremdkapital (ohne langfristige Rückstellungen) – (liquide Mittel + kurzfristige Forderungen).

(2) Bewegungsbilanzen

Ein weiteres Instrument der dynamischen Finanzanalyse ist die Kapital- oder Finanzflußrechnung.

*Die **Bewegungsbilanz** ist eine zeitraumorientierte Rechnung (in Bilanzform), die über Herkunft und Verwendung finanzieller Mittel Auskunft gibt, indem sie die **Veränderungen** (Nettobewegungen, d. h. Plus-/Minusdifferenzen) der einzelnen **Bilanzposten** (**Vermögens- und Kapitalbestände**) zeitlich aufeinanderfolgender Bilanzen erfaßt und wiedergibt.*

Bild A 33 zeigt den prinzipiellen Aufbau einer Bewegungsbilanz.

Bewegungsbilanz	
Mittelverwendung	Mittelherkunft

I. Mehrung der Aktiva (Vermögen) Investitionen im
1. Anlagevermögen
2. Umlaufvermögen
  a) in Vorräten
  b) in Forderungen (sog. aktive Finanzierung)
  c) in liquiden Mitteln
	I. Minderung der Aktiva
	(sog. Desinvestitionen) im
	1. Anlagevermögen
	  a) Abschreibungen*
	  b) sonst. Minderung von Anlagewerten
	2. Umlaufvermögen
	  (Umkehrung von nebenan)

II. Minderung der Passiva (Kapital)
1. Eigenkapitalminderung durch
  a) Eigenkapitalentnahmen
  b) Gewinnausschüttungen
  c) Verlust
2. Fremdkapitalrückzahlung
  (incl. Auflösung von Rückstellungen)
	II. Mehrung der Passiva
	1. Eigenkapitalvermehrung durch
	  a) Einlagen
	  b) Gewinn*
	  c) Rücklagenerhöhung*
	2. Fremdkapitalerhöhung durch
	  a) Erhöhung von Rückstellungen*
	  b) Kreditaufnahme

Bild A 33: Grundschema einer Bewegungsbilanz

Anm.: Die mit * gekennzeichneten Positionen werden im Cash flow erfaßt. Der Cash flow ermöglicht nur eine partielle Finanzanalyse, nämlich der Innenfinanzierung; die Bewegungsbilanz ist dagegen als Totalmodell auf die Erfassung des gesamten Finanzflusses gerichtet.

4.3.2. Erfolgswirtschaftliche Analyse

Untersuchungsgegenstand der erfolgswirtschaftlichen Analyse des Jahresabschlusses sind der Erfolg, der Cash flow und die Rentabilität. Informationsgrundlage ist primär die GuV, deren absolute Zahlen in ihrer Struktur und Entwicklung sowie in Relationen zueinander und zu Zahlen der Bilanz ausgewertet werden.

(1) *Erfolgsanalyse*

Einen ersten Aufschluß über die Erfolgssituation des Unternehmens gibt der in der GuV ausgewiesene **Jahresüberschuß/-fehlbetrag** bzw. Bilanzgewinn/-verlust. Da das handelsrechtliche Jahresergebnis aber durch bilanzpolitische Maßnahmen „verfälscht" sein kann, die vom externen Analytiker nur bedingt erkennbar sind, empfiehlt sich als weiteres Beurteilungsindiz der **Steuerbilanzgewinn** (G_{St}). Dieser wird näherungsweise aus der GuV-Position „Steuern vom Einkommen und vom Ertrag" (St_{EE} = GewErtrSt + KSt) und der Dividendenausschüttung (D) nach folgender Formel berechnet[113]:

$$G_{St} = 2{,}09 \times St_{EE} + 0{,}3 \times D$$

Prämissen: 40 % KSt auf einbehaltene Gewinne,
  30 % KSt auf ausgeschüttete Gewinne,
  300 % Hebesatz und 5 % Steuermeßzahl für die (von sich selbst abzugsfähige) GewErtrSt.

Aber auch dieser Steuerbilanzgewinn ist nicht der „wahre" Periodenerfolg, wenn

– stille Reserven im Rahmen *steuerlicher* Bewertungsfreiheiten und Sonderabschreibungen gebildet sowie aufgelöst wurden,
– Gewinnvorträge und Rücklagen für Dividendenausschüttungen verwendet wurden,
– in den Gewinnsteuern Steuervorauszahlungen und/oder -nachzahlungen enthalten sind,
– die Bemessungsgrundlage für die GewSt aufgrund von Hinzurechnungen und Kürzungen vom KSt-Gewinn abweicht.

Sowohl Jahresergebnis als auch Steuerbilanzgewinn sagen nichts über die Komponenten und Quellen des Erfolges aus. Zweckmäßig ist deshalb eine Aufspaltung des Jahreserfolges in seine Komponenten[114], von denen vor allem dem **ordentlichen Betriebserfolg**, d. h. dem Periodenerfolg der laufenden betrieblichen Tätigkeit, besondere Aufmerksamkeit gewidmet werden sollte. Weiteren Einblick in die Erfolgslage verschafft eine Durchleuchtung der **Erträge** und **Aufwendungen** nach Art, Struktur und Veränderungen zur Beurteilung von Produktivität und Wirtschaftlichkeit.

Hilfreich sind dabei folgende Kennzahlen

● zur **Ergebnisstruktur** (zwecks Beurteilung von Nachhaltigkeit und Sicherheit der Ergebnisentwicklung)

$$= \frac{\text{ordentliches Betriebsergebnis}}{\text{Gesamtergebnis (vor Steuern)}} \times 100$$

● zur **Aufwandsstruktur**
  – Kostenartenintensitäten (in %)

$$\text{Personalintensität} = \frac{\text{Personalaufwand}}{\text{Gesamtleistung}} \times 100$$

$$\text{Kapitalintensität} = \frac{\text{Abschreibungen auf Sachanlagen}}{\text{Gesamtleistung}} \times 100$$

$$\text{Materialintensität} = \frac{\text{Materialaufwand}}{\text{Gesamtleistung}} \times 100$$

---

[113] Einzelheiten s. H. Schierenbeck, a.a.O., S. 617.
[114] S. S. 90 f.

$$- \text{ Arbeitsproduktivität } = \frac{\text{Gesamtleistung oder Umsatzerlöse}}{\emptyset \text{ Beschäftigtenzahl}^{115}}$$

$$- \text{ Lohnniveau } = \frac{\text{Personalaufwand}}{\emptyset \text{ Beschäftigtenzahl}^{115}}$$

(2) *Cash flow-Analyse*

Der Cash flow wird auch als Erfolgsindikator herangezogen mit der Begründung, daß er

- als finanzwirtschaftliche und somit von bilanzpolitischen Manipulationen (= Ausnutzung von Bewertungsspielräumen) weitgehend freie Überschußgröße die Ertragslage vergangener Perioden (besser als der Gewinn) widerspiegelt (retrospektiver Erfolgsmaßstab),
- als ausschließlich selbsterwirtschafteter Überschuß die künftige Ertragskraft zu prognostizieren vermag (prospektiver Erfolgsmaßstab).

Diese Verwendung des Cash flow wird im Schrifttum sehr kritisch beurteilt[116].

$$\bullet \text{ Cash flow-Rendite (in \%) } = \frac{\text{(betriebsbedingter) Cash flow}}{\text{Gesamt- oder Eigenkapital}} \times 100$$

(3) *Rentabilitätsanalyse*

*Die **Rentabilität** ist eine erfolgswirtschaftliche Maßzahl, definiert als Verhältnis des Erfolges zum eingesetzten Kapital oder zum erzielten Umsatz in einer Rechnungsperiode, d.h. die in Prozent ausgedrückte Ergiebigkeit (Verzinsung) des Kapitals oder Umsatzes.*

$$\text{Rentabilität} = \frac{\text{Erfolg}}{\text{Kapital}} \times 100$$

Der Erfolg muß zum Kapital oder Umsatz in Beziehung gesetzt werden, da er für sich allein keine Schlüsse über die Rentabilität des Unternehmens bzw. Betriebes zuläßt. Auch in der Entwicklung sind Erfolg (z. B. Gewinn) und Rentabilität nicht immer gleichgerichtet.

Hierzu zwei **Beispiele**:

1. Ein Unternehmen, das mit einem Kapital von 500 000 EUR einen Gewinn von 75 000 EUR erwirtschaftet hat, weist eine vergleichsweise höhere Rendite (15 %) auf als ein Unternehmen, das diesen Gewinn mit einem Kapitaleinsatz von 750 000 EUR erzielt hat (R = 10 %).
2. Ein Unternehmen erhöht seinen Kapitaleinsatz von 1 Mio. EUR auf 1,2 Mio. EUR. Der Periodengewinn kann dadurch zwar von 100 000 EUR auf 115 000 EUR gesteigert werden, die Rentabilität sinkt aber von 10 % auf 9,58 %.

Je nach dem Zweck der Rentabilitätsrechnung werden der Erfolg (Zähler) und/oder die Bezugsgröße (Nenner) modifiziert. Es ergeben sich folgende Rentabilitätskennzahlen (R):

- **Kapitalrentabilitäten (return on investment/ROI)**
  - Gesamtkapital- oder Unternehmungsrentabilität

$$R_{GK} = \frac{(E + Z_{FK})}{GK} \times 100$$

---

[115] dem „Geschäftsbericht" zu entnehmen.
[116] S. hierzu A. G. Coenenberg, a.a.O., S. 967 ff., H. Gräfer, Bilanzanalyse, 8. Aufl., Herne/ Berlin 2001, S. 157 ff., H. Schierenbeck, a.a.O., S. 618 f., E. Schult, a.a.O., S. 93.

Fremdkapitalzinsen sind dem Erfolg bei der Ermittlung der R_{GK} (und R_B) hinzuzurechnen, da sie den „Ertrag" des Fremdkapitals aus der Sicht der Gläubiger darstellen, bei der Erfolgsermittlung aber zuvor als Aufwand abgezogen wurden.

– Eigenkapital- oder Unternehmerrentabilität[117]

$$R_{EK} = \frac{E}{EK} \times 100$$

– Betriebsrentabilität

$$R_B = \frac{(E_B + Z_{FKB})}{\text{betriebsnotwendiges Kapital}} \times 100$$

● **Umsatzrentabilität oder Umsatzgewinnrate bzw. -quote**

$$R_U = \frac{E}{U} \times 100$$

wobei:

EK = Eigenkapital	B = Betrieb
FK = Fremdkapital	Z = Zinsen
GK = Gesamtkapital = EK + FK	U = Umsatz
K = Kapital	E = Erfolg (Gewinn oder Verlust)

Erläuterungen zu den vorgenannten Kennzahlen:
(1) Zur Verbesserung der Periodenvergleichbarkeit empfiehlt sich für den Erfolg E die Verwendung des **bereinigten Jahresergebnisses** (= Jahresergebnis $-/+$ a.o. Erträge/Aufwendungen), da das a. o. Ergebnis mehr zufälliger und einmaliger Natur ist.
(2) Für K ist bei Vorliegen aufeinanderfolgender Bilanzen und bei größeren Kapitalveränderungen das durchschnittlich eingesetzte Kapital (= Mittelwert aus Anfangs- und Schlußkapital) einzusetzen.
(3) Das „betriebsnotwendige Kapital" als Bezugsgrundlage für das Betriebsergebnis (E_B) wird zweckmäßigerweise nicht als Eigen- und Fremdkapital der Passivseite der Bilanz verstanden, sondern ist aus den zum Betriebsprozeß erforderlichen Werten des AV und UV (Aktivseite) zu ermitteln. Dazu fehlen dem externen Analytiker i.d.R. notwendige Informationen der Betriebsbuchhaltung[118].

Faktoren[119], von denen die Höhe der Kapitalrentabilität abhängt, sind

– **Umsatzgewinnrate** (Stückgewinn), wiederum beeinflußt von Wirtschaftlichkeit und Marktstellung des Betriebes,

– **Umschlagshäufigkeit des Kapitals** (UH_K) = $\dfrac{U}{K}$.

Daraus ergibt sich die Verknüpfung der Kapitalrentabilität mit der Umsatzrentabilität über die Umschlagshäufigkeit des Kapitals:

$$R_K = UH_K \times R_U = \frac{U}{K} \times \frac{E}{U} \times 100$$

Die reziproke Kennzahl der Umschlagshäufigkeit ist die **Umschlagsdauer des Kapitals**. Eine Verkürzung der Kapitalumschlagsdauer führt – ceteris paribus – zur Reduzierung des Kapitalbedarfs und damit zur Erhöhung der Kapitalrentabilität. Der Rentabilitätsanalyse dienen deshalb auch die aus der Umschlagshäufigkeit des in-

---

[117] Zur Beeinflussung der R_{EK} durch Fremdkapitaleinsatz (Leverage Effekt) s. H.-P. Fries, a.a.O. (BWL), S. 127f.

[118] S. auch S. 21 und 88.

[119] Zum Wirkungszusammenhang der ROI-Faktoren (Du Pont-Kennzahlensystem) s. H.-P. Fries, a.a.O. (BWL), S. 126.

vestierten Gesamtkapitals (richtiger: Gesamtvermögens) abgeleiteten Umschlagskennzahlen für Lagerbestände und Forderungen (Debitoren):

● Umschlagshäufigkeit (UH)

$$- \ UH_{LE} = \frac{Jahresumsatz^{120}}{\emptyset \ Erzeugnisvorräte}$$

$$- \ UH_{F} = \frac{Jahresumsatz^{120}}{\emptyset \ Forderungsbestand}$$

$$- \ UH_{LM} = \frac{Materialaufwand}{\emptyset \ Materialvorräte}$$

● Umschlagsdauer (UD)

$$- \ UD_{LE} = \frac{\emptyset \ Erzeugnisvorräte \times 360}{Jahresumsatz^{120}}$$

$$- \ UD_{F} = \frac{\emptyset \ Forderungsbestand \times 360}{Jahresumsatz^{120}}$$

$$- \ UD_{LM} = \frac{\emptyset \ Materialvorräte \times 360}{Materialaufwand}$$

Indizes: L = Lager, E = Erzeugnisse, M = Material, F = Forderungen

Beispiel:
Der Jahresumsatz eines Konsumgüterherstellers (ohne Barverkäufe) betrug 3 Mio. EUR,
der durchschnittliche Debitorenbestand laut Buchhaltung 600 000 EUR. Der Umschlagskoef-
fizient beträgt 5 und das durchschnittliche – für diesen Betrieb relativ lange – Debitorenziel
(Forderungslaufzeit) 72 Tage. Eine Verkürzung, z. B. durch Verbesserung des Mahnwesens
oder Änderung der Zahlungsbedingungen, ist anzustreben.

Ergänzend zur finanz- und erfolgswirtschaftlichen Analyse besteht in den letzten Jahren zu-
nehmend Interesse an der **Analyse des gesellschaftsbezogenen Beitrags** eines Unternehmens.
Dieser kommt zum Ausdruck in der **Wertschöpfung**, die hinsichtlich ihrer Entstehung und
Verteilung untersucht wird und bisweilen im Lagebericht erwähnt wird.

Entstehung:
Gesamtleistung (= Bruttoproduktionswert)
./. Vorleistungen der produzierenden Bereiche (Materialaufwand)

= Netto-Produktionswert
./. Vorleistungen anderer Betriebe (z. B. Transport, Versicherung, Beratung)
./. Abschreibungen
./. Kostensteuern

= Wertschöpfung

---

[120] Bei Vorliegen einer nach dem Umsatzkostenverfahren aufgestellten GuV können die Herstellkosten des Umsatzes eingesetzt werden.

Verteilung:
  Wertschöpfung
./. Arbeitserträge (Einkommen der Mitarbeiter)
./. Gemeinerträge (z. B. Steuern, öffentliche Abgaben)
./. Kapitalerträge (Zinsen für FK-Geber, Gewinnausschüttungen für EK-Geber)

= „Restposten" für den dispositiven Faktor Unternehmensleitung

Die Analyse der Wertschöpfungsentstehung und -verteilung wird i. d. R. den externen Bilanzanalytiker vor größere Probleme stellen, insbesondere weil aus der GuV nur solche Positionen und Beträge zu berücksichtigen sind, die für die Leistungserstellung relevant waren.

4.4. Fallstudie zur Jahresabschlußanalyse

4.4.1. Jahresabschlüsse der PHARMAG

Von einer pharmazeutischen Aktiengesellschaft liegen die handelsrechtlichen Jahresabschlüsse dreier aufeinanderfolgender Jahre mit den Bestandteilen Bilanz, GuV und Anlagenspiegel vor.

Anhand dieses Ausgangsmaterials ist eine externe Beurteilung der finanz- und erfolgswirtschaftlichen Lage der PHARMAG vorzunehmen.

Zunächst wurden zur Vorbereitung der Jahresabschlußanalyse die handelsrechtlichen Bilanzen zu Strukturbilanzen aufbereitet. Die vorliegenden Gewinn- und Verlustrechnungen sind bereits über die gesetzlich vorgeschriebene Gliederung hinaus strukturiert.

Bilanzen der PHARMAG (Angaben in 1.000 EUR)	31.12.1999		31.12.2000		31.12.2001	
Aktiva						
A. Anlagevermögen						
I. Sachanlagen						
1. Grundstücke und Gebäude	5.000		8.000		8.500	
2. Technische Anlagen und Maschinen	8.000		12.000		13.000	
3. Betriebs- und Geschäftsausstattung	2.000	15.000	3.000	23.000	3.500	25.000
II. Finanzanlagen						
Wertpapiere des Anlagevermögens		2.000		500		200
B. Umlaufvermögen						
I. Vorräte						
1. Roh-, Hilfs- und Betriebsstoffe	2.000		2.500		2.600	
2. Unfertige Erzeugnisse	500		800		1.500	
3. Fertige Erzeugnisse	1.000		1.700		4.700	
4. Geleistete Anzahlungen	500	4.000	100	5.100	100	8.900
II. Forderungen aus Lieferungen und Leistungen		2.000		1.600		1.500
III. Liquide Mittel						
1. Guthaben bei Kreditinstituten	1.400		200		150	
2. Kassenbestand	600	2.000	100	300	50	200
		25.000		30.500		35.800
Passiva						
A. Eigenkapital						
I. Grundkapital		5.000		5.000		5.000
II. Rücklagen		2.500		2.500		2.500
III. Bilanzgewinn		2.500		2.500		2.500
B. Rückstellungen						
1. Rückstellungen für Pensionen	2.000		2.500		3.000	
2. Sonstige Rückstellungen	1.000	3.000	1.500	4.000	2.000	5.000
C. Verbindlichkeiten						
1. Verbindlichkeiten mit einer Restlaufzeit von mindestens 5 Jahren	2.000		3.000		3.000	
2. Verbindlichkeiten gegenüber Kreditinstituten	3.000		3.500		4.500	
3. Verbindlichkeiten aus Lieferungen und Leistungen	5.000		7.500		9.000	
4. Sonstige Verbindlichkeiten	2.000	12.000	2.500	16.500	4.300	20.800
		25.000		30.500		35.800

Gewinn- und Verlustrechnungen der PHARMAG (Angaben in 1.000 EUR)	1999		2000		2001	
1. Umsatzerlöse		30.000		36.000		40.000
2. Erhöhung oder Verminderung des Bestandes an fertigen und unfertigen Erzeugnissen		--		+ 1.500		+ 3.700
3. Gesamtleistung (1 +/– 2)		30.000		37.500		43.700
4. Materialaufwand		13.000		19.000		22.000
5. Rohergebnis (3 – 4)		17.000		18.500		21.700
6. Personalaufwand a) Löhne und Gehälter	7.000		8.600		10.000	
b) Sozialabgaben und Aufwendungen für Altersversorgung	1.200	8.200	1.400	10.000	1.800	11.800
7. Abschreibungen auf Sachanlagen		1.600		2.800		3.500
8. Betriebsergebnis (5 – 6 – 7)		7.200		5.700		6.400
9. Erträge aus Finanzanlagen		200		150		30
10. Zinserträge		100		50		20
11. Zinsaufwand		500		800		1.000
12. Finanzergebnis (9 + 10 – 11)		– 200		– 600		– 950
13. Ergebnis der gewöhnlichen Geschäftstätigkeit (8 + 12)		7.000		5.100		5.450
14. Außerordentliche Erträge		–		1.000		250
15. Außerordentliche Aufwendungen		2.500		2.000		1.600
16. Außerordentliches Ergebnis (14 – 15)		– 2.500		– 1.000		– 1.350
17. Gesamtergebnis vor Steuern (13 + 16)		4.500		4.100		4.100
18. Steuern vom Einkommen und vom Ertrag (St$_{EE}$)	1.310		1.380		1.370	
19. Sonstige Steuern	190	1.500	220	1.600	230	1.600
20. Jahresüberschuß (17 – 18 – 19)		3.000		2.500		2.500
21. Einstellungen aus dem Jahresüberschuß in Gewinnrücklagen		500		--		--
22. Bilanzgewinn (20 – 21)		2.500		2.500		2.500

Anlagenspiegel der PHARMAG

(Angaben in 1.000 EUR)	Anfangs-bestand	Zugänge	Abgänge	Abschrei-bungen	Endbestand
im Geschäftsjahr 1999					
Grundstücke und Gebäude	4.500	1.000	--	500	5.000
Maschinen und maschinelle Anlagen	7.000	1.500	--	500	8.000
Betriebs- und Geschäftsausstattung	2.000	600	--	600	2.000
Wertpapiere des Anlagevermögens	2.000	--	--	--	2.000
im Geschäftsjahr 2000					
Grundstücke und Gebäude	5.000	4.000	--	1.000	8.000
Maschinen und maschinelle Anlagen	8.000	5.000	--	1.000	12.000
Betriebs- und Geschäftsausstattung	2.000	1.800	--	800	3.000
Wertpapiere des Anlagevermögens	2.000	--	1.500	--	500
im Geschäftsjahr 2001					
Grundstücke und Gebäude	8.000	1.500	--	1.000	8.500
Maschinen und maschinelle Anlagen	12.000	3.000	--	2.000	13.000
Betriebs- und Geschäftsausstattung	3.000	1.000	--	500	3.500
Wertpapiere des Anlagevermögens	500	--	300	--	200

Strukturbilanzen der PHARMAG (Angaben in 1.000 EUR)	31.12.1999		31.12.2000		31.12.2001	
Aktiva						
A. Anlagevermögen						
I. Sachanlagen						
1. Grundstücke und Gebäude	5.000		8.000		8.500	
2. Technische Anlagen und Maschinen	8.000		12.000		13.000	
3. Betriebs- und Geschäftsausstattung	2.000	15.000	3.000	23.000	3.500	25.000
II. Finanzanlagen						
Wertpapiere des Anlagevermögens		2.000		500		200
Gesamtes Anlagevermögen		17.000		23.500		25.200
B. Umlaufvermögen						
I. Vorräte						
1. Roh-, Hilfs- und Betriebsstoffe	2.000		2.500		2.600	
2. Unfertige Erzeugnisse	500		800		1.500	
3. Fertige Erzeugnisse	1.000		1.700		4.700	
Vorräte ohne Anzahlung		3.500		5.000		8.800
4. Geleistete Anzahlungen		500		100		100
II. Forderungen aus Lieferungen und Leistungen		2.000		1.600		1.500
III. Liquide Mittel						
1. Guthaben bei Kreditinstituten	1.400		200		150	
2. Kassenbestand	600	2.000	100	300	50	200
Monetäres Umlaufvermögen		(4.000)		(1.900)		(1.700)
Gesamtes Umlaufvermögen		8.000		7.000		10.600
		25.000		30.500		35.800
Passiva						
A. Eigenkapital						
I. Grundkapital	5.000		5.000		5.000	
II. Rücklagen	2.500	7.500	2.500	7.500	2.500	7.500
B. Fremdkapital						
I. Langfristiges Fremdkapital						
1. Rückstellungen für Pensionen	2.000		2.500		3.000	
2. Sonstige Rückstellungen (50%)	500		750		1.000	
3. Verbindlichkeiten mit einer Restlaufzeit von mindestens 5 Jahren	2.000	4.500	3.000	6.250	3.000	7.000
II. Kurzfristiges Fremdkapital						
1. Bilanzgewinn	2.500		2.500		2.500	
2. Sonstige Rückstellungen (50%)	500		750		1.000	
3. Verbindlichkeiten gegenüber Kreditinstituten	3.000		3.500		4.500	
4. Verbindlichkeiten aus Lieferungen und Leistungen	5.000		7.500		9.000	
5. Sonstige Verbindlichkeiten	2.000	13.000	2.500	16.750	4.300	21.300
		25.000		30.500		35.800

4.4.2. Finanzwirtschaftliche Analyse der PHARMAG

4.4.2.1. Zeitpunktbezogene Analyse

a) Kapitalstruktur

• **Eigenkapitalquote** (ohne ausgeschütteten Bilanzgewinn)

	1999	2000	2001	Gesamtentwicklung
EK-Quote	$\dfrac{7500 \cdot 100}{25000} = 30\%$	$\dfrac{7500 \cdot 100}{25000} = 30\%$	$\dfrac{7500 \cdot 100}{25000} = 30\%$	-30%

Von einem befriedigenden Niveau in 1999 ist der Anteil des Eigenkapitals (EK) am Gesamtkapital um insgesamt 30% zurückgegangen. Die EK-Quote von 21% entspricht zwar etwa dem industriellen Durchschnitt, liegt aber weit unter dem Branchenschnitt und ist unter dem Kriterium der **Stabilität** als nicht ausreichend anzusehen.

Die **Rücklagenquote** von 33,3% und der sich daraus ergebende **Bilanzkurs** von 150% sind im Analysezeitraum unverändert und ebenfalls unbefriedigend.

• **Langfristkapitalanteil**

	1999	2000	2001	Gesamtentwicklung
LFK-Quote	$\dfrac{12000 \cdot 100}{25000} = 48\%$	$\dfrac{13750 \cdot 100}{30500} = 45,1\%$	$\dfrac{14500 \cdot 100}{35800} = 40,5\%$	-15,6%

Auch der Anteil des langfristigen Kapitals [hier: EK + Pensionsrückstellungen + 50% der sonstigen Rückstellungen + langfristiges Fremdkapital (FK)] am Gesamtkapital ist im Betrachtungszeitraum rückläufig und liegt nur knapp über der Hälfte des Branchendurchschnitts (ca. 75%). Die Kapitalstruktur erscheint für einen Produktionsbetrieb wesentlich zu kurzfristig ausgerichtet.

b) Vermögensstruktur

• **Anlagenintensität (AI)**

	1999	2000	2001	Gesamtentwicklung
AI	$\dfrac{17000 \cdot 100}{25000} = 68\%$	$\dfrac{23500 \cdot 100}{30500} = 77\%$	$\dfrac{25200 \cdot 100}{35800} = 70\%$	+2,9%

Der Anteil des Anlagevermögens am Gesamtvermögen steigt zunächst von 68% (1999) auf 77% (2000) an und geht dann wieder auf 70% (2001) zurück. Die Werte liegen alle über dem Branchenschnitt (ca. 60%), d.h. die Finanzierungsmittel sind überdurchschnittlich langfristig gebunden.

• **Vorratsintensität (VI)**

	1999	2000	2001	Gesamtentwicklung
VI	$\dfrac{3500 \cdot 100}{8000} = 43,8\%$	$\dfrac{5000 \cdot 100}{7000} = 71,4\%$	$\dfrac{8800 \cdot 100}{10600} = 83,0\%$	+89,5%

Der Anteil der Vorräte am Umlaufvermögen (1999 = 43,8%; 2000 = 71,4; 2001 = 83,0) ist um fast das Doppelte angestiegen; entsprechend dramatisch ist der Rückgang des Finanz- bzw. monetären Umlaufvermögens (und sein Anteil am Umlauf- bzw. Gesamtvermögen). Ganz offensichtlich werden die Aspekte der Flexibilität und Liquiditätsvorsorge zu wenig beachtet.

- **Investitions- bzw. Wachstumsrate (IR)**

	1999	2000	2001
$IR = \dfrac{\text{Nettoinvestitionen} \cdot 100}{\text{Abschreibungen}}$	$\dfrac{3100 \cdot 100}{1600} = 194\%$	$\dfrac{9300 \cdot 100}{2800} = 333\%$	$\dfrac{5200 \cdot 100}{3500} = 149\%$

Anm.: Nettoinvestitionen = Zugänge – Abgänge des Anlagevermögens

Die Investitionstätigkeit ist ungewöhnlich hoch, bedingt durch Kapazitätserweiterungen insbesondere in 2000.

c) Finanzstruktur (Langfristige Deckungsrelationen)

	1999	2000	2001
Deckungsgrad A	$\dfrac{7500 \cdot 100}{17000} = 44,1\%$	$\dfrac{7500 \cdot 100}{23500} = 31,9\%$	$\dfrac{7500 \cdot 100}{25200} = 29,8\%$
Deckungsgrad B	$\dfrac{12000 \cdot 100}{17000} = 70,6\%$	$\dfrac{13750 \cdot 100}{23500} = 58,5\%$	$\dfrac{14500 \cdot 100}{25200} = 57,5\%$
Deckungsgrad C (incl. 50% des Materials)	$\dfrac{12000 \cdot 100}{18000} = 66,7\%$	$\dfrac{13750 \cdot 100}{24750} = 55,6\%$	$\dfrac{14500 \cdot 100}{26500} = 54,7\%$

Auch die Deckungsrelationen verstärken die schon zuvor herausgestellten Bedenken bezüglich der Finanzlage. Sie sind alle (z.T. stark) zurückgegangen. Das Anlagevermögen ist letztlich nur noch zu etwas mehr als der Hälfte mit langfristigem Kapital finanziert (Deckungsgrad B), was eine schwere strukturelle Finanzkrise bedeutet. Soll-Postulate, die unter dem Gesichtspunkt der finanzwirtschaftlichen Vorsicht zur Erhaltung des finanziellen Gleichgewichts eine mindestens 100%ige Deckung verlangen, sind von der Unternehmensführung sträflich vernachlässigt worden.

d) Liquiditätsgrade (Kurzfristige Deckungsrelationen)

	1999	2000	2001
Liquidität 1. Grades[1]	$\dfrac{2000 \cdot 100}{13000} = 15,4\%$	$\dfrac{300 \cdot 100}{16750} = 1,8\%$	$\dfrac{200 \cdot 100}{21300} = 0,9\%$
Liquidität 2. Grades[2]	$\dfrac{4000 \cdot 100}{13000} = 30,8\%$	$\dfrac{1900 \cdot 100}{16750} = 11,3\%$	$\dfrac{1700 \cdot 100}{21300} = 8,0\%$
Liquidität 3. Grades[3]	$\dfrac{8000 \cdot 100}{13000} = 61,5\%$	$\dfrac{7000 \cdot 100}{16750} = 41,8\%$	$\dfrac{10600 \cdot 100}{21300} = 49,1\%$
working capital	$8000 - 13000 = -5000$	$7000 - 16750 = -9750$	$10600 - 21300 = -10700$

[1] Liquide Mittel : kurzfristige Verbindlichkeiten
[2] (Liquide Mittel + Forderungen) : kurzfristige Verbindlichkeiten
[3] Umlaufvermögen : kurzfristige Verbindlichkeiten
kurzfristige Verbindlichkeiten = Verbindlichkeiten der Bilanz-Pos. C 2 bis 4 + Bilanzgewinn + 50% der sonstigen Rückstellungen

Auch die **Liquiditätskennzahlen** belegen die starke Belastung der Finanz- bzw. Liquiditätslage seitens der Bestände. Die einerseits hohe Anlagenintensität und der andererseits niedrige Anteil des langfristigen Kapitals (s.o.) haben zur Folge, daß nur relativ wenig Umlaufvermögen zur Deckung der kurzfristigen Verbindlichkeiten vorhanden ist. Die stark bedrohte Liquidität wird auch ersichtlich am **working capital**, das als „freies Betriebskapital" eine positive Größe sein soll und möglichst die Hälfte des Umlaufvermögens ausmachen soll. Hier ist es zunehmend negativ und erreicht 2001 – 10,7 Mio. EUR; in dieser Höhe sind die kurzfristigen Verbindlichkeiten nicht mehr durch kurzfristig liquidierbare Vermögenswerte gedeckt.

Zahlungsgepflogenheiten	1999	2000	2001
Kundenziel (in Tagen)	$\dfrac{2000}{83,3}=24$	$\dfrac{1600}{100}=16$	$\dfrac{1500}{111,1}=14$
Lieferantenziel (in Tagen)	$\dfrac{5000}{36,1}=138$	$\dfrac{7500}{52,8}=142$	$\dfrac{9000}{61,1}=147$

Während die kurzen **Kundenziele** (Debitorenziele) positiv zu beurteilen sind und die Bemühungen um Verbesserung der Liquidität erkennen lassen, unterstreichen die ungewöhnlich langen **Lieferantenziele** (Kreditorenziele) die bereits durch die Liquiditätskennzahlen analysierten Probleme. Die Zinsvorteile eingeräumter Skontoabzüge dürften wohl kaum ausgenutzt worden sein.

4.4.2.2. Zeitraumbezogene Analyse

a) Cash Flow - Analyse

Der Cash Flow (= finanzwirtschaftlicher Überschuß der einnahmewirksamen Erträge über die ausgabewirksamen Aufwendungen) kann auf zwei Weisen ermittelt werden:

1. Direkte Ermittlung: Cash Flow = finanzwirksame Erträge – finanzwirksame Aufwendungen
2. Indirekte Ermittlung: Cash Flow = Jahresüberschuß + finanz*un*wirksame Aufwendungen – finanz*un*wirksame Erträge

Direkte Ermittlung des Cash Flow (als Differenz zwischen finanzwirksamem, d.h. zahlungsbegleitetem Ertrag und Aufwand)			
	1999	2000	2001
Umsatzerlöse	30.000	36.000	40.000
Erträge aus Finanzanlagen	200	150	30
Zinserträge	100	50	20
Außerordentliche Erträge	--	1.000	250
Betriebseinnahmen	30.300	37.200	40.300
Materialaufwand	13.000	19.000	22.000
Personalaufwand	8.200	10.000	11.800
Zinsaufwand	500	800	1.000
Außerordentliche Aufwendungen	2.500	2.000	1.600
Steuern	1.500	1.600	1.600
Betriebsausgaben	25.700	33.400	38.000
Cash Flow	4.600	3.800	2.300

Indirekte Ermittlung des Cash Flow (durch Korrektur des Bilanzgewinns um die finanzunwirksamen Erfolgskomponenten)			
	1999	2000	2001
Bilanzgewinn abzüglich Bestandserhöhung	2.500	36.000	40.000
Rücklagen	500	--	--
Abschreibungen	1.600	2.800	3.500
Rückstellungen	--	--	--
Cash Flow	4.600	3.800	2.300

Je höher der Cash Flow - ceteris paribus - ist, desto besser sind die finanziellen Voraussetzungen für Investitionen, Schuldentilgungen und Gewinnausschüttungen.

CF - Kennzahlen	1999	2000	2001
Cash Flow	4600	3800	2300
Cash Flow abzüglich Ersatzinvestitionen[1]	3000	1000	– 1200
Innenfinanzierungsgrad	$\dfrac{4600 \cdot 100}{3100} = 148{,}4\%$	$\dfrac{3800 \cdot 100}{9300} = 40{,}9\%$	$\dfrac{2300 \cdot 100}{5200} = 44{,}2\%$

[1] Unterstellt werden Ersatzinvestitionen in Höhe der Abschreibungen auf Sachanlagen.

Der **Cash Flow** zeigt im Betrachtungszeitraum eine stark fallende Tendenz. Er ist 2001 nicht einmal mehr ausreichend, um die *Ersatz*investitionen zu finanzieren. Der in 2000 und 2001 weit unter 100% liegende **Innenfinanzierungsgrad** besagt, daß zur Finanzierung der Investitionen in bedeutendem Umfang Außenfinanzierungsmittel erforderlich waren. Der nicht unerhebliche **Zinsaufwand** und die Zunahme der **Bankkredite** (1999/2000 = + 16,7%, 2000/2001 = + 28,6%) und der langfristigen Darlehen zeigen in die gleiche Richtung.

b) Bewegungsbilanz

Aufschluß über Vermögens- und Kapitalveränderungen bzw. Herkunft und Verwendung der Finanzmittel gibt die Bewegungsbilanz, in der die Aktivmehrungen und Passivminderungen als Mittelverwendungen den Aktivminderungen und Passivmehrungen als Mittelherkünften gegenübergestellt werden. Zur Erhöhung der Aussagekraft sind die Kapitalflüsse nach Fristigkeiten gegliedert und die Bewegungen des Anlagevermögens brutto ausgewiesen (s. dazu die Angaben im Anlagenspiegel).

Die Bewegungsbilanz macht deutlich, daß die Unternehmensleitung nur zwei Verwendungsschwerpunkte verfolgt hat, nämlich Unternehmenswachstum und Bedienung der Kapitaleigner mit Dividende, und dabei den Gläubigerschutz sträflich vernachlässigt hat. Denn per Saldo sind keine Finanzmittel zur Verringerung irgendeiner Schuldenposition verwendet worden. Auch unter Fristigkeitsaspekten ist die Finanzpolitik ungleichgewichtig. In 2000 sind 90% der Finanzmittel langfristig verwendet, obwohl nur ca. 58% langfristig beschafft werden konnten. Die Deckungsdifferenz von 4,75 Mio. EUR zwischen den langfristigen Verwendungen in Höhe von 13,3 Mio. EUR und den langfristigen Bereitstellungen in Höhe von 8,55 Mio. EUR ist 2000 fast so groß wie das ausgewiesene Grundkapital der AG. In 2001 ist zwar die Unterdeckung geringer, beträgt aber immer noch knapp 1 Mio. EUR. Über beide Jahre beläuft sie sich auf 5,7 Mio. EUR, d.h., in dieser Größenordnung sind kurzfristige Mittel für langfristige Investitionen eingesetzt worden.

Die Fristenungleichgewichte bestätigen die finanzwirtschaftliche Gefährdung des Unternehmens, die bereits durch die strukturellen Kennzahlen aufgedeckt wurden.

Bewegungsbilanz
(Mittelherkunfts- und Mittelverwendungsrechnung; Angaben in 1000 EUR)

Mittelverwendung	2000	2001	Mittelherkunft	2000	2001
I. Langfristige Kapitalflüsse					
Anlagevermögensbereich			**Anlagevermögensbereich**		
Sachanlageinvestitionen [1]	10.800	5.500	Abschreibungen auf Sach- anlagen [1]	2.800	3.500
			Abgänge von Finanzanlagen [1]	1.500 4.300	300 3.800
Eigenkapitalbereich			**Eigenkapitalbereich**		
Dividende	2.500	2.500	Gewinn	2.500	2.500
Fremdkapitalbereich			**Fremdkapitalbereich**		
Abnahme langfristigen Fremdkapitals	–	–	Zunahme langfristiger Verbindlichkeiten	1.000	–
			Zunahme der Pensions- rückstellungen	500	500
			Zunahme der sonstigen Rückstellungen (50%)	250 1.750	250 750
Langfristige Verwendungen	13.300	8.000	Langfristige Herkünfte	8.550	7.050
II. Kurzfristige Kapitalflüsse					
Umlaufvermögensbereich			**Umlaufvermögensbereich**		
Zunahme der Material- bestände	500	100	Abnahme der geleisteten Anzahlungen	400	–
Zunahme der unfertigen Erzeugnisse	300	700	Abnahme der Kunden- forderungen (Debitoren)	400	100
Zunahme der fertigen Erzeugnisse	700 1.500	3.000 3.800	Abnahme des Kassen- bestandes	500	50
			Abnahme der Bank- guthaben	1.200 2.500	50 200
Fremdkapitalbereich			**Fremdkapitalbereich**		
Abnahme der kurzfristigen Verbindlichkeiten	–	–	Zunahme der sonstigen Rückstellungen (50%)	250	250
			Zunahme der Lieferanten- verbindlichkeiten (Kredi- toren)	2.500	1.500
			Zunahme der Bank- verbindlichkeiten	500	1.000
			Zunahme der sonstigen Verbindlichkeiten	500 3.750	1.800 4.550
Kurzfristige Verwendungen	1.500	3.800	Kurzfristige Herkünfte	6.250	4.750
Mittelverwendung insgesamt	14.800	11.800	Mittelherkunft insgesamt	14.800	11.800

[1] lt. Anlagenspiegel

4.4.3. Erfolgswirtschaftliche Analyse der PHARMAG

4.4.3.1. Gewinnanalyse

Gewinn - Kennzahlen	1999	2000	2001
Jahresüberschuß	3000	2500	2500
Ordentliches Betriebsergebnis	7200	5700	6400
Ergebnis der gewöhnlichen Geschäftstätigkeit	7000	5100	5450
Außerordentliches Ergebnis	– 2500	– 1000	– 1350
Jahresergebnis nach Abzug der Bestandserhöhung an Erzeugnissen	3000	1000	– 1200

a) Jahresüberschuß

Der Rückgang des Jahresüberschusses 1999/2000 um 500 TEUR (= – 16,67%) ist zwar nicht erfreulich; gemessen an einem Grundkapital von lediglich 5 Mio. EUR sind die Jahresüberschüsse in allen Jahren aber recht hoch. Bei der Würdigung des Jahresüberschusses darf jedoch nicht unberücksichtigt bleiben, daß in 2000 und 2001 die Bestände an fertigen und unfertigen Erzeugnissen stark zugenommen haben; in 2001 machen sie immerhin 8,5% der Gesamtleistung aus! In 2000 ist mehr als die Hälfte und in 2001 der gesamte Jahresüberschuß durch **Bestandserhöhungen** verursacht. Subtrahiert man diese *noch nicht realisierten Gewinne* (bzw. Erträge) vom Jahresüberschuß, ergibt sich ein weniger gutes Bild der Erfolgslage, nämlich in 2000 ein Jahresüberschuß von nur noch 1 Mio. EUR und 2001 gar ein Jahresfehlbetrag von 1,2 Mio. EUR. Die Gewinne liegen hier z.T. noch „auf Lager".

b) Erfolgsspaltung

Das negative **außerordentliche Ergebnis** ist ungewöhnlich und beeinträchtigt das Gesamtergebnis in allen drei Jahren stark. Über die Ursachen müßte der Anhang näheren Aufschluß geben. Ob die a. o. Aufwendungen und Erträge mehr zufallsbedingt sind, sollte durch interne Ursachenanalysen eruiert werden.

Um so positiver stellt sich das **Betriebsergebnis** auf hohem Niveau dar, wenn auch 1999/2000 mit einem Rückgang von 1,5 Mio. EUR (= – 20,8%) und 2000/2001 wieder mit steigender Tendenz (+ 0,7 Mio. EUR = + 12,3%).

	1999	2000	2001
Ergebnisstruktur	$\dfrac{7200 \cdot 100}{4500} = 160\%$	$\dfrac{5700 \cdot 100}{4100} = 139\%$	$\dfrac{6400 \cdot 100}{4100} = 156\%$

Die **Ergebnisstruktur**, d. h. der Anteil des Betriebsergebnisses am gesamten Jahresergebnis (vor Steuern), bestätigt die Nachhaltigkeit des Erfolgs und seine Absicherung durch das Betriebsergebnis.

Negativ wirkt sich auch das **Finanzergebnis**, hier vor allem der gestiegene Zinsaufwand (s.o.), aus.

c) Erfolgskomponenten

• **Erlöse**

Positiv stellt sich der starke Anstieg der Umsatzerlöse dar, und zwar 1999/2000 um 6 Mio. EUR (= + 20%) und 2000/2001 um 4 Mio. EUR (= + 11,1%). Festzustellen ist jedoch, daß dieser nicht zu einer entsprechenden Gewinnsteigerung geführt hat. In welchem Umfang die einzelnen Erzeugnisse des Produktionsprogramms zu dieser Entwicklung beigetragen haben, müßte die kurzfristige Erfolgsrechnung aufzeigen.

Mögliche Ursachen der Erlössteigerung:

- größere Absatzmengen z.B. aufgrund von Produktinnovationen,
- Forcierung der Erzeugnisse mit den höchsten Deckungsbeiträgen,
- Reduzierung variabler und ggf. fixer Kosten,
- Preissteigerungen (auf nicht gesättigten Märkten) und damit Verbesserung der Deckungsbeiträge.

● **Materialaufwand**

Der Materialaufwand stieg 1999/2000 um 6 Mio. EUR (= + 46,2%) und 2000/2001 um weitere 3 Mio. EUR (= + 15,8%), d. h. prozentual wesentlich stärker als der Umsatz. Zu berücksichtigen ist, daß er in 2000 und 2001 zum Teil durch (noch) nicht verkaufte Leistungen, d. h. Bestandserhöhungen, mitverursacht worden ist.

	1999	2000	2001
Materialintensität	$\dfrac{13000 \cdot 100}{30000} = 43,3\%$	$\dfrac{19000 \cdot 100}{37500} = 50,7\%$	$\dfrac{22000 \cdot 100}{43700} = 50,3\%$

Auch an der Gesamtleistung (Anstieg 1999/2000 = 25%; 2000/2001 = 16,5%) gemessen ist der Materialeinsatz sehr hoch und 1999/2000 mit ca. 46% unverhältnismäßig stark gestiegen. Produktions- und Wirtschaftlichkeitsverbesserungen sind hier unbedingt anzustreben (z.B. durch Wertanalyse, Verschnitt-, Ausschuß-, Abfall-Minimierung, günstigere Einstandspreise).

● **Personalaufwand**

Der Anstieg 1999/2000 um 1800 Tsd. EUR (= 22%) und 2000/2001 um ebenfalls 1800 Tsd. EUR (= 18%) entspricht in etwa dem der Gesamtleistung. Möglichkeiten der Produktivitätssteigerungen sind zu eruieren:

- Leistungssteigerungen,
- Rationalisierungsinvestitionen,
- Personaleinsparungen.

	1999	2000	2001
Personalintensität	$\dfrac{8200 \cdot 100}{30000} = 27,3\%$	$\dfrac{10000 \cdot 100}{37500} = 26,7\%$	$\dfrac{11800 \cdot 100}{43700} = 27,0\%$

● **Abschreibungen auf Sachanlagen**

Die Abschreibungen stiegen 1999/2000 um 1,2 Mio. EUR (= 75%) und 2000/2001 um 0,7 Mio. EUR (= 25%). Eine Aufgliederung ist dem Anlagenspiegel zu entnehmen. Die hohen Investitionen bei den Maschinen lassen (noch) keinen positiven Einfluß auf die Produktivität erkennen; der Anteil der Abschreibungen an der Gesamtleistung („Kapitalintensität") ist allerdings auch vergleichsweise gering.

	1999	2000	2001
„Kapitalintensität"	$\dfrac{1600 \cdot 100}{30000} = 5,3\%$	$\dfrac{2800 \cdot 100}{37500} = 7,5\%$	$\dfrac{3500 \cdot 100}{43700} = 8,0\%$

• **Zinsaufwand**

Der Zinsaufwand stieg 1999/2000 um 0,3 Mio. EUR (= 60%!) und 2000/2001 um 0,2 Mio. EUR (= 25%), möglicherweise bedingt durch kreditfinanzierte Anlagenkäufe und/oder Zinsanstieg auf dem Geld- und Kapitalmarkt und/oder zu starke Überziehung der (kurzfristigen) Kreditlinien (s. Anstieg der Bankverbindlichkeiten).

• **Steuern**

Die **gewinnabhängigen Steuern** stiegen 1999/2000 um 70 TEUR (= + 5,34%) und gingen 2000/2001 geringfügig um 10 Tsd. EUR (= − 0,73%) zurück.

Die **sonstigen Steuern** sind entsprechend den Investitionen leicht angestiegen.

4.4.3.2. Cash Flow-Analyse

Die Entwicklung des Cash Flow selbst wurde bereits im Zuge der finanzwirtschaftlichen Analyse kritisch gewürdigt. Entsprechend dramatisch ist der Rückgang der Cash Flow-Rendite (hier bezogen auf das Gesamtkapital).

	1999	2000	2001
Cash Flow-Rendite	$\frac{4600 \cdot 100}{25000} = 18,4\%$	$\frac{3800 \cdot 100}{30500} = 12,5\%$	$\frac{2300 \cdot 100}{35800} = 6,4\%$
Umsatz-Cash Flow-Rate	$\frac{4600 \cdot 100}{30000} = 15,3\%$	$\frac{3800 \cdot 100}{36000} = 10,6\%$	$\frac{2300 \cdot 100}{40000} = 5,8\%$

Die Entwicklung der Umsatz-Cash Flow-Rate zeigt an, daß auch die Fähigkeit, Preisrückgänge am Absatzmarkt verkraften zu können, rapide abgenommen hat. Ein Preisverfall von mehr als 5,8% hätte - ceteris paribus - die existenzbedrohende Konsequenz, daß der Unternehmung mehr finanzielle Mittel entzogen würden als ihr zuflössen.

4.4.3.3. Rentabilitätsanalyse

Wie effizient („lohnend") der Einsatz des Kapitals oder die Erzielung des Umsatzes war, zeigt nicht der Gewinn in seiner Absolutheit, sondern erst in der Relation zu diesen Basisgrößen.

Rentabilitäts - Kennzahlen	1999	2000	2001	Gesamtentwicklung
Gesamtkapital-Rentabilität	14,0 %	10,8 %	9,8 %	− 30,0%
Eigenkapital-Rentabilität	40,0 %	33,3 %	33,3 %	− 16,8%
Umsatz-Rentabilität a) ohne FK-Zinsen	10,0 %	6,9 %	6,3 %	− 37,0%
b) incl. FK-Zinsen	11,7 %	9,2 %	8,8 %	− 24,8%
Kapitalumschlagshäufigkeit	1,20	1,18	1,12	

Die **Eigenkapitalrentabilität** ist, wenngleich rückläufig, sehr hoch und erheblich über dem Branchendurchschnitt (von ca. 5% - 10%). Auch die Sätze der **Gesamtkapitalrentabilität** sind gut, jedoch bei weitem nicht so hoch über dem Branchendurchschnitt wie die Eigenkapitalrentabilität. Das Verhältnis von Eigen- und Gesamtkapitalrentabilität läßt vermuten, daß die Unternehmensleitung die Politik verfolgt, durch fremdfinanzierte Geschäftsausweitung die Eigenkapitalrentabilität möglichst zu erhöhen („**Leverage-Effekt**").

Auch die **Umsatzrentabilität** (R_U) kann trotz einer signifikanten Verschlechterung insgesamt als gut bezeichnet werden, da sie über dem Branchendurchschnitt von ca.

5% liegt. Bedenklich ist an der Umsatzrendite, daß der Gewinn in 2000 und 2001 zum Teil bzw. ganz durch Bestandserhöhungen (rechnerisch) zustande gekommen ist. Ohne diese „Gewinnkomponente" betrüge die Umsatzrentabilität 2000 nur 2,8% und wäre 2001 sogar negativ (– 3%).

Neben der Umsatzrentabilität ist die **Umschlagshäufigkeit des Kapitals** (UHK) als zweiter Einflußfaktor des ROI zu betrachten.

Beispiel: $ROI_{1999} = R_U \times UHK = 11,7\% \times 1,2 = 14,0\%$

Die Kapitalumschlagshäufigkeit hat sich im Analysezeitraum geringfügig verschlechtert.

Ihr reziproker Wert ist die Umschlagsdauer in Tagen, die für den nicht sachkundigen Interessenten aussagefähiger und leichter verständlich ist.

	1999	2000	2001
Umschlagsdauer	$\dfrac{360}{1,2} = 300$ Tage	$\dfrac{360}{1,18} = 305$ Tage	$\dfrac{360}{1,12} = 321$ Tage

Umsatzrentabilität und Kapitalumschlagshäufigkeit sind bedauerlicherweise *beide* rückläufig. Nach Maßnahmen zur Verbesserung sollte geforscht werden; z.B. wird durch Reduzierung der Forderungs- und Vorratsbestände sowie durch Verkürzung der Lagerdauer und der Zahlungsziele der Kunden (Letztere sind allerdings schon recht kurz.) relativ schnell die Kapitalumschlagshäufigkeit erhöht.

Der Erkenntniswert der Rentabilitätsanalyse wird noch verbessert durch detaillierte Umschlagskennzahlen.

Umschlagshäufigkeiten	1999	2000	2001
$UH_{Leistungseinheiten}$	$\dfrac{30000}{1500} = 20$	$\dfrac{36000}{2500} = 14,4$	$\dfrac{40000}{6200} = 6,5$
$UH_{Forderungen}$	$\dfrac{30000}{2000} = 15$	$\dfrac{36000}{1600} = 22,5$	$\dfrac{40000}{1500} = 26,7$
$UH_{Lagermaterial}$	$\dfrac{13000}{2000} = 6,5$	$\dfrac{19000}{2500} = 7,6$	$\dfrac{22000}{2600} = 8,5$

Positiv ist der Anstieg der $UH_{Forderungen}$ und der $UH_{Lagermaterial}$ im Untersuchungszeitraum. Den Umschlag der Erzeugnisse gilt es zu verbessern.

4.4.4. Gesamtbeurteilung der PHARMAG

Die Finanzpolitik war in den betrachteten Jahren sehr unausgewogen. Die Analyse der **Finanzlage** zeigt sowohl unter quantitativen Gesichtspunkten als auch unter Fristigkeitsaspekten ein bedenkliches finanzielles Ungleichgewicht. Es wurde zum einen massiv gegen das Prinzip der Fristenkongruenz verstoßen, zum anderen hat sich die schon in 1999 schwache Kapital- und Finanzstruktur durch die Finanzpolitik der Folgejahre dermaßen verschlechtert, daß sie eine permanente Bedrohung für die Existenz des Betriebes darstellt. Dies gilt sowohl langfristig als auch kurzfristig. Eine derart angespannte Finanzlage beeinträchtigt stark die Kreditwürdigkeit, d.h. zusätzliches Fremdkapital dürfte von Kreditinstituten nur schwerlich zu bekommen sein und das Vertrauen der Lieferanten („Lieferantenkredit") ebenso geschwunden sein. Da die PHARMAG auch kaum über Liquiditätsbestände verfügt, hängt ihre Fähigkeit, die kurzfristigen Verbindlichkeiten von 18,8 Mio. EUR (zuzügl. evtl.

Gewinnausschüttung von 2,5 Mio. EUR) zu bezahlen, direkt von den Zahlungseingängen aus dem Umsatz ab. Bereits geringfügige Verzögerungen von Zahlungseingängen oder Umsatzausfälle (z.B. durch eine Betriebsunterbrechung) könnten zur Illiquidität führen. Die Cash Flow-Analyse zeigt, daß auch die Selbstfinanzierungskraft völlig ungenügend ist. Der Cash Flow ist in 2 Jahren auf die Hälfte zurückgegangen und reicht 2001 nicht mal mehr zur Finanzierung der Ersatzinvestitionen.

Eine Änderung der bisherigen primär auf hohe Eigenkapitalrentabilität, Dividendenausschüttung und fremdfinanziertes Wachstum ausgerichteten Unternehmenspolitik ist dringend geboten und zwar in Richtung auf Konsolidierung und Sicherheit. Empfohlene Maßnahmen zur Verbesserung der Finanzlage:

- beträchtliche Erhöhung des Grundkapitals,
- Einbehaltung des Bilanzgewinns zwecks Ablösung kurzfristiger Verbindlichkeiten.

Bei ausschließlich retrospektiver Betrachtung ist die **Erfolgslage** der PHARMAG ausgezeichnet. Jahresüberschuß und Rentabilität sind beachtlich und überdurchschnittlich hoch, wenngleich mit fallender Tendenz. Jedoch ist bedenklich, daß die Gewinne der Jahre 2000 und 2001 großenteils bzw. ausschließlich sich durch Leistungen errechnen, die auf Lager produziert wurden. Positiv ins Gewicht fallen die Umsatzsteigerungen, die jedoch nicht absolut bzw. für sich allein beurteilt werden dürfen. Prospektive Aussagen sind nur möglich unter Einbeziehung von Einschätzungen und Prognosen über

- die Entwicklung der Konjunktur, der Branche und der Unternehmung selbst,
- die Konkurrenzfähigkeit und Marktchancen des Produktionsprogramms sowie
- die Produktinnovationen.

Allerdings ist zu vermuten, daß die Erfolgsindikatoren künftig nicht mehr so überdurchschnittlich ausfallen werden, da die Umsatzerzielung auf größere Marktwiderstände mit höherem Marketingaufwand stoßen wird.

5. Weiterentwicklung des deutschen Bilanzrechts

5.1. Internationalisierung der Rechnungslegung

Die Rechnungslegung nach international anerkannten Regeln hat im Zeichen der Internationalisierung der Märkte und der Globalisierung des wirtschaftlichen Handelns mit zunehmender grenzüberschreitender Verflechtung der Wirtschaft an Bedeutung stark gewonnen. Von 560 börsennotierten deutschen Unternehmen bilanzierten zum 31.12.2001 keine 25% mehr allein nach nationalen Vorschriften[121]. Bei den DAX-Unternehmen werden entweder internationale Rechnungslegungsstandards (**IAS**: International Accounting Standards) angewendet oder US-amerikanische (**US-GAAP**: Generally Accepted Accounting Principles). Da die Rechnungslegung nach HGB in den USA für eine Börsenzulassung nach den Regeln der US-Börsenaufsicht (**SEC**: Security Exchange Commission) nicht ausreicht, haben deutsche Konzernunternehmen bereits 1993 begonnen, zusätzlich Bilanzen nach den US-GAAP aufzustellen oder Überleitungsrechnungen vorzulegen. Zugleich hat das **International Accounting Standards Committee** seine Bemühungen

---

[121] Nach einer Untersuchung der Universität des Saarlandes, s. Küting/Zwirner, StuB 2002, S. 785

intensiviert, übernationale Rechnungslegungsvorschriften (überwiegend orientiert an den US-GAAP) zu entwickeln. Diese IAS dürfen in Deutschland seit Einführung des § 292 a HGB ebenso wie die US-GAAP an Stelle nationaler Vorschriften der Konzernrechnungslegung angewandt werden. In einzelnen Börsensegmenten, wie dem Neuen Markt (2003 umstrukturiert und ersetzt) und dem SMAX, müssen sogar die IAS angewendet werden. Die IAS-Anwendung hat somit stark zunehmende Tendenz. In der Praxis der internationalen Rechnungslegung in Deutschland haben demgegenüber die ursprünglich dominierenden US-GAAP an Bedeutung verloren. Für die Zukunft ist festgelegt, daß die IAS die Bezeichnung **IFRS** (International Financial Reporting Standards) tragen werden.

Die Anwendung internationaler Rechnungslegungsnormen als reines Problem der Konzernrechnungslegung anzusehen, greift zu kurz. Die Rechnungslegung der Konzerne läßt sich aus Gründen der Vergleichbarkeit und Wirtschaftlichkeit nicht isolieren. Daher wird ein Durchschlagen auf die Rechnungslegung zumindest der größeren börsennotierten Unternehmen alsbald und auf die übrigen Einzelunternehmen auf Dauer erwartet. Für alle *börsennotierten Unternehmen* ist eine EU-Verordnung mit *IAS-Verpflichtung bis 2005* erlassen. Damit erscheint eine nationale Umsetzung zwischen 2005 und 2007 realistisch.

5.2. Merkmale internationaler Rechnungslegung

Die Anwendung internationaler Rechnungslegungsvorschriften kann als Signal der jeweiligen Unternehmen gesehen werden, daß sie sich in ihrer Berichterstattung zu mehr Offenheit und Transparenz, zu mehr Marktnähe und Realismus verpflichten wollen.

*Nach den **US-GAAP** ist die Bereitstellung von Informationen für ökonomische Entscheidungen mit wahrheitsgetreuer Darstellung (fair presentation) dominanter Zweck internationaler Rechnungslegung.*

*Für die **IAS** gilt ähnliches: Im Vordergrund steht die Informationsbereitstellung für eine breite Palette von Adressaten mit den Schwerpunkten Financial Position, Performance und Decision Usefulness.*

Die **HGB-Normen** für den Jahresabschluß sind - wie auch andere zentraleuropäische Vorschriften (z. B. französische) - gekennzeichnet durch eine starke Betonung des **Vorsichtsprinzips**, das über Realisationsprinzip, Imparitätsprinzip und Niederstwertprinzip seine Wirkung entfaltet. Eigenkapitalmehrungen treten dabei ausschließlich über realisierte Umsätze auf, während jede (ferne) negative Wertentwicklung sofort auch ohne Realisation erfaßt werden muß. Durch diese Hervorhebung des Vorsichtsprinzips wird die Informationsfunktion beeinträchtigt, sie wird quasi Sekundärziel der Rechnungslegung. Das Vorsichtsprinzip dient wiederum dem **Gläubigerschutz**, der im deutschen Bilanzrecht Vorrang genießt. Der im HGB angestrebte Gläubigerschutz erfordert zur Kapitalerhaltung die **Ausschüttungsbegrenzung**. Im Übrigen ist der Jahresabschluß Universalinstrument für weitere Bedarfe von der Information bis zur Steuerzahlungsermittlung. Dies kommt u. a. zum Ausdruck durch den kleinen Zusatz „*unter Beachtung der GoB*" in der Generalnorm des § 264 II HGB: „Der Jahresabschluß der Kapitalgesellschaft hat unter Beachtung der Grundsätze ordnungsmäßiger Buchführung ein den tatsächlichen Verhältnissen entsprechendes Bild der Vermögens-, Finanz- und Ertragslage der Kapitalgesellschaft zu vermitteln". Die ansonsten nach dem Wortlaut ähnlich der internationalen Rechnungslegung informationszielorientierte Generalnorm wird dadurch subsidiärer Maßstab nachrangig nach den GoB, die primär gläubigerschutzorientiert sind. Mit anderen Worten: Das im Wortlaut der Generalnorm geforderte Ziel der Rechnungslegung nach HGB unterscheidet sich kaum von anderen Rechtssystemen. Unterschiedlich sind lediglich die Transformationsregeln, mit denen die Geschäftsvorfälle der Unternehmen im Jahresabschluß abgebildet werden.

Der angelsächsisch geprägten internationalen Rechnungslegung (wie IAS und US-GAAP) ist die Mehrfachzielsetzung des HGB fremd. Sie ist demgegenüber **kapitalmarktorientiert**. An Stelle des Gläubigerschutzes tritt als primäres Ziel der **Investorschutz**, der für Anlageentscheidungen nützliche, aktuelle Informationen erfordert. Das Realisationsprinzip ist somit eher marktwert- als umsatzorientiert und das Imparitätsprinzip weit weniger stark ausgeprägt. Außerdem gibt es weniger explizite Wahlrechte, während die zahlreichen deutschen Bilanzierungs- und Bewertungswahlrechte vielgenutzte Mittel zur Gewinnglättung und Ausschüttungsverkürzung bzw. verdeckten Reservenbildung sind. Weitergehende Wahlrechte als für normale Kapitalgesellschaften gelten in Deutschland für Banken; für alle Unternehmen resultieren aus dem Prinzip der Maßgeblichkeit der Handels- für die Steuerbilanz zusätzliche, rein steuerliche Wahlrechte. Die umfassendsten Wahlrechte gelten (noch) für Rechtsformen mit unbeschränkter persönlicher Haftung, die sich über § 253 IV HGB de facto so arm rechnen können, wie sie wollen. Bild A 37 stellt wesentliche Unterschiede zwischen zentraleuropäischem und angelsächsischem Rechnungslegungsrecht dar.

	Deutschland/Frankreich	**USA/England/IAS**
Ziele	Gläubigerschutz; Zahlungsbemessungsfunktion[1]; Informationsfunktion sekundär	Investorschutz; Fair presentation; Informationsfunktion primär
Konzernabschluß	subdominant gegenüber Einzelabschluß; reine Informationsfunktion	dominant gegenüber Einzelabschluß
Steuerbilanz	Maßgeblichkeit, enge Verbindung zur Handelsbilanz; Umkehrung der Maßgeblichkeit	Unabhängig; keine Maßgeblichkeit; steuerliche Abschreibungen unzulässig
Generalnorm	subsidiär	US-GAAP: Overriding principle; IAS: Subsidiär bei anderen Transformationsregeln
Realisat.-Prinzip	konservativ; streng umsatzbezogen	Fair presentation dominiert; Markt-bezogen
Wert-Obergrenze	Anschaffungs-/Herstellkosten = Obergrenze (auch Teilkosten)	Ansch.-/Herst.-kosten (nur Vollkosten) Durchbrechungen nach oben möglich, (Neubewertung zum Marktwert)
Stille Reserven	in großem Umfang, auch als Ermessensreserven	nur eingeschränkt möglich; Zwangsreserven

[1] Handelsbilanz: Gewinnausschüttung; Steuerbilanz: Steuerzahlung

Bild A 37: Unterschiede zwischen deutschem und angelsächsischem Rechnungslegungsrecht

In allen Punkten des in Bild A 37 skizzierten deutschen Bilanzrechts sind Änderungen zu erwarten. Eine schnelle Anpassung an die IAS deutet sich an, zumindest gemessen am langwierigen Prozeß der europäischen Rechtsharmonisierung.

5.3. Wirkung der internationalen Rechnungslegung

Im Jahr 1994 legte Daimler-Benz einen Konzernabschluß vor, der erstmals eine Überleitungsrechnung nach US-GAAP (auch für 1993) enthielt, und zwar zu dem Zweck, in den USA die Kriterien für die Börsenzulassung nach SEC-Regeln zu erfüllen. Spätestens seit der Vorlage dieses Abschlusses ist der deutschen Öffentlichkeit die internationale Rechnungslegung als Problem bewußt. Die Unterschiede zwischen dem HGB-Abschluß und dem US-GAAP-Abschluß wurden in ihrer materiellen Bedeutung sichtbar und lagen bei Eigenkapital, Bilanzsumme und Jahreserfolg im mehrstelligen Prozentbereich.

Daimler Benz-Konzernabschluß 1994			
Überleitungsrechnung von HGB auf US-GAAP (Angaben in Mio. DM, gerundet)			
	HGB-Ausweis	US-GAAP-Ausweis	Differenz
Konzernergebnis 1994	895	1.052	157 / 17,5 %
Konzernergebnis 1993	615	-1.839	2.454 / 400 %
Eigenkapital 1994	20.250	29.440	8.890 / 4,0 %
Eigenkapital 1993	18.150	26.280	8.130 / 44,8 %

Bild A 38:   Differenzen HGB/US-GAAP im Daimler Benz-Konzernabschluß[122]

Ursache dieser Differenzen sind signifikante Unterschiede zwischen den Rechnungslegungsvorschriften der IAS (ähnlich US-GAAP) und denen des HGB. Im materiellen Bilanzrecht sind insbesondere folgende Unterschiede zum deutschen Recht hervorzuheben:

- Weiterreichende Ansatzvorschriften (kein Bilanzierungsverbot für selbstgeschaffene immaterielle Wirtschaftsgüter; stärkeres Gewicht der wirtschaftlichen Betrachtungsweise)
- Strengere Passivierungskriterien (keine Aufwandsrückstellungen, hohe Eintrittswahrscheinlichkeit als Voraussetzung für die Bilanzierung von Verbindlichkeitsrückstellungen)
- Weiteres Verständnis der Gewinnrealisierung (anteilige Gewinnbilanzierung bei langfristiger Auftragsfertigung mit dem Baufortschritt: „percentage of completion method" (POC-Methode) statt der „completed contract method" des HGB; generell marktnahe Bewertung über den Anschaffungskosten möglich)
- Bildung von Bewertungseinheiten (z. B. Durchbrechung des Einzelbewertungsgrundsatzes bei Finanzanlagen: Abwertung nur, wenn das Gesamtportfolio an Wert verliert).
- Keine Wahlrechte (z. B. kein Ansatzwahlrecht für aktive latente Steuern und keine Verrechnungsmöglichkeit aktiver mit passiven latenten Steuern)

Durch die inzwischen teilweise mehrjährige Anwendung der internationalen Vorschriften bei namhaften deutschen Unternehmen haben sich deren Abschlüsse in Richtung auf eine aktuelle Berichterstattung mit zeitnaher Bewertung entwickelt.

---

[122] Daimler Benz AG, Geschäftsjahr 1994, Stuttgart 1995, S. 67

Dadurch ist nicht nur eine *bessere Vergleichbarkeit* deutscher Abschlüsse mit denen ausländischer Unternehmen außerhalb der EU eingetreten, sondern auch eine *Annäherung des externen an das interne Rechnungswesen* der betroffenen Unternehmen. Interne und externe Berichterstattung bei deutschen Unternehmen, welche die IAS anwenden, werden keine großen Unterschiede mehr aufweisen. Ein klarer Vorteil der internationalen Rechnungslegung.

Das gegenwärtig noch geltende Nebeneinander unterschiedlicher Systeme mit und ohne Wahlrechte, mit unterschiedlichen Transformationsregeln bedeutet, daß man derzeit die Abschlüsse von Ford (USA) und DaimlerChrysler (BRD) vergleichen kann, weil sie beide nach US-GAAP bilanzieren, nicht aber die Abschlüsse von DaimlerChrysler (US-GAAP-Anwender über § 292 a HGB) und Volkswagen (HGB-Anwender), beides deutsche Unternehmen. Daß zwei deutsche Konzerne im deutschen Recht nach verschiedenen Regeln bilanzieren, spricht für eine verpflichtende Anwendung internationaler Rechnungslegungsregeln in Deutschland.

5.4. Wesentliche Transformationsregeln der IAS

Grundsätzlich gilt für die internationale Rechnungslegung im Vergleich zum HGB ein weiterer Vermögens- und ein engerer Schuldensbegriff. Bilanzierungshilfen, wie Aufwendungen für Ingangsetzung und Erweiterung des Geschäftsbetriebes nach § 269 HGB, sind in den IAS unbekannt. Allerdings können Entwicklungskosten als „asset" zum Ansatz kommen.

Als Vermögensgegenstand (asset) ist alles zu aktivieren, was mit hinreichender Wahrscheinlichkeit (über 50%) einen künftigen wirtschaftlichen Nutzen erwarten läßt, eine verläßliche Wertbestimmung ermöglicht, dem Betriebsvermögen zuzuordnen und als (zumindest wirtschaftliches) Eigentum anzusehen ist.

Im Vergleich zu diesem eher zukunftsbezogenen (dynamischen) Asset-Begriff ist das zeitpunktbezogene „Einzelverwertbarkeitskriterium" des HGB-Vermögensgegenstandes durch eine statische Sichtweise gekennzeichnet. Der Unterschied wird am derivativen Geschäfts- oder Firmenwert (GoF) deutlich, der mangels Einzelverwertbarkeit kein Vermögensgegenstand im Sinne des HGB ist (allerdings aktivierungsfähig aufgrund ausdrücklicher gesetzlicher Regelung in § 255 IV HGB), während er nach den IAS die Asset-Kriterien erfüllt.

Im Bereich der Schulden liegen die Unterschiede im Wesentlichen bei den Rückstellungen, die unter Verbindlichkeiten ausgewiesen werden. Alle langfristigen Verbindlichkeiten sind abzuzinsen. Da Rückstellungen als Teil der Verbindlichkeiten gesehen werden, sind nur Rückstellungen für Außenverpflichtungen zulässig, also keine Aufwandsrückstellungen. Die Eintrittswahrscheinlichkeit für Rückstellungen muß 50 % überschreiten. Sonderposten mit Rücklageanteil sind mangels Anbindung der Steuerbilanz (kein Maßgeblichkeitsprinzip) im System der IAS unbekannt. Bild A 39 erläutert die Unterschiede für einzelne Bilanzposten.

Eine zentrale Frage der Bewertung nach IAS ist die Behandlung von **Zuschreibungen**, insbesondere von Werterhöhungen, die über die Anschaffungskosten hinausgehen. Grundsätzlich werden solche Werterhöhungen erfolgsneutral vorgenommen, also ohne Wirkung auf die GuV. Dies geschieht durch eine **Neubewertungsrücklage**, die Teil des Eigenkapitals ist. In Ausnahmefällen kommt auch eine erfolgs-

	HGB	IAS
Immaterielle Wirtschaftsgüter	Ansatzverbot für selbstgeschaffene, Ansatzpflicht für erworbene; Wahlrecht für derivativen GoF	Grundsätzlich Ansatzpflicht sofern Asset; auch für derivativen GoF; langfristige GoF-Abschreibung
Sachanlagen	Anschaffungswertprinzip; Leasing überwiegend nach steuerlichem Erlaß	Anschaffungswertprinzip; Neubewertung zum Zeitwert bei abnutzbarem AV; Leasingbegriff weiter (Finanzierungsleasing)
Finanzanlagen	Einzelbewertung; Anschaffungswertprinzip; Niederstwertprinzip	Bildung von Bewertungseinheiten (Portfoliobewertung); Zeitwertprinzip; erfolgswirksame Neubewertung bei available for sale securities; Equity-Bewertung bei Unternehmensanteilen auch im Einzelabschluß zulässig
Vorratsvermögen	Anschaffungswertprinzip; strenges Niederstwertprinzip; niedrigerer Zukunftswert möglich; Teilkostenansatz möglich; bei langfristiger Fertigung completed contract method	Anschaffungswertprinzip; strenges Niederstwertprinzip; Vollkosten der Herstellung; bei langfristiger Fertigung percentage of completion method (Gewinnrealisierung mit Baufortschritt)
Wertpapiere des UV	konservativ; streng umsatzbezogen; Aktivierung eigener Anteile möglich	Fair presentation dominiert; marktbezogene Portfoliobewertung; Aktivierungsverbot für eigene Anteile
Forderungen	Pauschalwertberichtigungen möglich	keine Pauschalwertberichtigungen
Latente Steuern	Wahlrecht für aktive latente Steuern; Verrechnung aktiv/passiv möglich	generelle Ansatzpflicht; keine Verrechnung; detaillierte Regeln
Verbindlichkeiten	abgegrenzt von Rückstellungen und passiven RAP; Rückzahlungsbetrag; keine Abzinsung	umfassen auch Rückstellungen und passive RAP; Abzinsung bei langfristigen Verbindl. (über 1 Jahr Laufzeit)
Rückstellungen	Katalog nach § 249 HGB; Ermessensspielraum; (wesentlich weiterer Rückstellungsbegriff)	behandelt wie Verbindlichkeiten; hohes Objektivierungserfordernis; Eintrittswahrscheinlichkeit über 50%; keine Aufwandsrückstellungen; Erfüllungsbetrag; Abzinsung
Sonderposten mit Rücklageanteil	Wahlrecht für steuerliche Werte (§ 247 III HGB)	Passivierungsverbot (keine Maßgeblichkeit)
Eigenkapital	Keine Absetzung eigener Anteile, jedoch Rücklage für eigene Anteile nach § 272 IV HGB;	Absetzung eigener Anteile; keine Rücklage für eigene Anteile; Neubewertungsrücklage

Bild A 39: Vergleich der bilanziellen Behandlung von Bilanzposten nach HGB und IAS

wirksame Behandlung in Frage, z. B. bei spekulativ gehaltenen Finanztiteln (bei trading securities und bei available for sale securities).

Die Neuorientierung des Rechnungslegungsrechts nach dem Vorbild der IAS hat neben abweichender Zielsetzung und anderen Transformationsregeln auch einen *anderen rechtssystematischen Ansatz.* Gesetzliche Einzelregelungen abstrakter Art werden dabei durch sogenannte Standards ersetzt, die von Fachgremien aufgestellt werden und die sich durch einen sehr viel höheren Detaillierungsgrad auszeichnen.

Liste internationaler Rechnungslegungsstandards (IAS, Stand 2002)

IAS 1   Darstellung des Abschlusses
IAS 2   Vorräte
IAS 7   Kapitalflußrechnungen
IAS 8   Jahresüberschuß, Änderungen der Bilanzierungs- und Bewertungsmethoden
IAS 10   Ereignisse nach dem Bilanzstichtag
IAS 11   Fertigungsaufträge
IAS 12   Bilanzielle Behandlung von Ertragsteuern / latenten Steuern
IAS 14   Segmentberichterstattung
IAS 15   Auswirkungen von Preisänderungen im Jahresabschluß
IAS 16   Sachanlagevermögen
IAS 17   Leasingverhältnisse
IAS 18   Erträge
IAS 19   Leistungen an Arbeitnehmer
IAS 20   Bilanzierung und Darstellung von Zuwendungen
IAS 21   Auswirkungen von Wechselkursänderungen
IAS 22   Unternehmenszusammenschlüsse
IAS 23   Fremdkapitalkosten
IAS 24   Angaben über Beziehungen zu nahe stehenden Unternehmen und Personen
IAS 26   Bilanzierung und Berichterstattung von Altersversorgungsplänen
IAS 27   Konzernabschlüsse
IAS 28   Assoziierte Unternehmen
IAS 29   Rechnungslegung in Hochinflationsländern
IAS 30   Angaben im Abschluß von Banken
IAS 31   Ansatz von Joint Ventures
IAS 32   Finanzinstrumente – Angaben und Darstellung
IAS 33   Ergebnis je Aktie
IAS 34   Zwischenberichterstattung
IAS 35   Einstellung von Bereichen
IAS 36   Wertverfall von Vermögen
IAS 37   Rückstellungen, Eventualschulden, Eventualforderungen
IAS 38   Immaterielles Vermögen
IAS 39   Finanzinstrumente – Ansatz und Bewertung
IAS 40   Nicht selbstgenutztes Sachanlagevermögen
IAS 41   Landwirtschaft

Für den Bereich der **Konzernrechnungslegung** sind diese IAS über § 292 a HGB anwendbar. Darüber hinaus hat das deutsche Rechnungslegungsstandard-Komitee (§ 342 HGB) für den gleichen Bereich eine Reihe von deutschen Rechnungslegungsstandards entwickelt.

Liste deutscher Rechnungslegungsstandards (DRS, Stand 2002)

DRS 1   Befreiender Konzernabschluß nach § 292 a HGB
DRS 2   Kapitalflußrechnung
DRS 3   Segmentberichterstattung
DRS 4   Unternehmenserwerbe im Konzernabschluß
DRS 5   Risikoberichterstattung
DRS 6   Zwischenberichterstattung
DRS 7   Konzerneigenkapital und Konzerngesamtergebnis

DRS 8 Bilanzierung von Anteilen an assoziierten Unternehmen im Konzernabschluß
DRS 9 Bilanzierung von Anteilen an Gemeinschaftsunternehmen im Konzernabschluß
DRS 10 Latente Steuern im Konzernabschluß
DRS 11 Angaben zu nahe stehenden Personen

Es stellt sich die Frage, wie weit das Konzernrecht vom Recht des Einzelabschlusses entfernt werden kann bzw. ob der Einzelabschluß in die gleiche Richtung wie der Konzernabschluß entwickelt werden muß. Eine Rechtsentwicklung mit entsprechender Zielsetzung auch im Einzelabschluß wurde kontrovers diskutiert. Als Ergebnis liegen Vorschläge namhafter Institutionen wie IdW und Schmalenbachgesellschaft vor, die kaum noch Zweifel daran lassen, daß relativ kurzfristig angelsächsische Rechnungslegungsstandards auch auf den Einzelabschluß durchschlagen werden und zwar mit einer verstärkten *Gewichtung des Informationsziels*.

5.5. Beiträge zur Internationalisierung der deutschen Rechnungslegungsnormen

5.5.1. Vorschläge der Schmalenbachgesellschaft

Der Arbeitskreis Externe Unternehmensrechnung der Schmalenbachgesellschaft hat zehn Thesen zur Entwicklung des Rechnungslegungsrechts vorgelegt[123]. Darin manifestiert sich eine vollständige Neuorientierung des HGB. Die hier interessierenden Kernsätze sind, daß Einzelabschlüsse künftig grundsätzlich nach den IAS aufzustellen sind und (nationale) Bilanzierungs- und Bewertungswahlrechte entfallen sollen. Dazu sollen hier fünf Thesen aufgeführt werden.

- Nationale Bilanzierungs- und Bewertungswahlrechte entfallen, nationale Besonderheiten sind sachadäquat in der Rechnungslegung abzubilden (These 3).
- IAS werden zum globalen Standard der Konzernrechnungslegung (These 4).
- Auch für Einzelabschlüsse gelten grundsätzlich die IAS (These 7).
- Die Entwicklung der IAS erfolgt über ein privatwirtschaftlich organisiertes Gremium (These 8).
- Die unterjährige Berichterstattung wird für alle kapitalmarktorientierten Unternehmen verpflichtend (These 9).

Das bei These 3 vorrangig verfolgte Ziel ist eine bessere Vergleichbarkeit. Ein und derselbe Sachverhalt soll von jedem Unternehmen in jedem Land stets in gleicher Weise bilanziert werden. Überdies sollen nationale Besonderheiten, soweit sie Unterschiede erfordern, sehr restriktiv gehandhabt werden. „German-IAS" sind somit nicht angestrebt. Diese These wird gestützt durch den Harmonisierungsprozeß in der EU, der auf Reduzierung nationaler Wahlrechte zielt, ohne eine absolute Vereinheitlichung anzustreben. Im Übrigen bedingt ein Nebeneinander von Aktionärs- und Gläubigerschutz, wie er für Europa typisch war und ist, Wahlrechte und die „Nicht-Regelung" strittiger Sachverhalte, wie latente Steuern. Die Kapitalmärkte akzeptieren aber im Rahmen der stattfindenden Globalisierung keine nationalen Unterschiede mehr.

---

[123] DB 2001, S. 160 f.

Kernproblem ist die *Objektivierung von Bilanzansatz und Bewertung*, insbesondere der erforderliche Grad von Objektivierung. Zweifel am deutschen System, das auf den Erfahrungen der industriellen Revolution im vorletzten Jahrhundert beruht und nicht so recht zur informationellen Revolution der Gegenwart passen will, erscheinen berechtigt. Auch die Rechtsprechung des BGH läuft längst in die gleiche Richtung. Steuerliche Abschreibungswahlrechte, Aufwandsrückstellungen und Unterschreitungen des Niederstwertprinzips sind als nicht GoB-konforme Gestaltungen seit Mai 1997 Gewinnverwendung und somit nicht mehr Geschäftsführungskompetenz[124].

Auch wenn Wahlrechte teilweise Vereinfachungsregeln[125] darstellen, so sind sie - soweit es sie noch gibt - zweckmäßigerweise zu vereinheitlichen, damit sie denen der IAS entsprechen. Die IAS gemäß der These 4 zum globalen Standard zu machen, dafür spricht, daß ein rein europäisches Recht dem Globalisierungsgedanken widersprechen würde und ein rein amerikanisches Recht, wie US-GAAP, seitens der BRD bzw. der EU nicht beeinflußt werden kann. Die IAS stellen sich damit als *Kompromiß ohne echte Alternative* dar.

5.5.2. Vorschläge des Instituts der Wirtschaftsprüfer (IdW)

Den bisher konkretesten Änderungsvorschlag zur Umgestaltung des HGB im Sinne einer Anpassung an internationale Standards hat das IdW vorgelegt[126].

5.5.2.1. Vorschläge zur Bilanzierung

Als strategische Leitlinie bekennt sich das IdW zum Ziel der Angleichung des Einzelabschlusses an den Konzernabschluß und damit zur *Dominanz des Informationsziels*. Als Weg wird eine Anpassung der 4. EU-Richtlinie gesehen. Das Ziel gilt insbesondere für die Einzelabschlüsse börsennotierter Unternehmen, die keinen Konzernabschluß aufstellen. Für die übrigen Unternehmen sollen gewisse Erleichterungen gegenüber den IAS gelten, z. B. bei Kapitalflußrechnungen und Berichterstattung. Als ersten Schritt sieht das IdW eine Anpassung der Wahlrechte des HGB, so daß eine Annäherung an die IAS erfolgt, ohne zunächst die bisherige Systematik bilanzieller Einzelregelungen aufzugeben. Auch ist *Steuerneutralität* ein Ziel. Dies setzt möglichen Änderungen natürlich Grenzen.

Nicht überraschen kann daher, daß entsprechend den bekannten Regeln des Maßgeblichkeitsprinzips grundsätzlich aktivische Wahlrechte zu Pflichten und passivische zu Verboten werden. Aufwandsrückstellungen, die auch jetzt schon mangels Drittverpflichtung in statischer Sicht keine Verbindlichkeiten darstellen, sind nach den IAS ebenfalls keine. Daher werden sie entfallen. Es ist für einen mitteleuropäischen Betriebswirt schwer nachvollziehbar, daß im internationalen Bilanzrecht einerseits ein weiter Vermögensgegenstandsbegriff vertreten wird, andererseits aber sehr enge juristische Vorstellungen bei den Schulden für richtig gehalten werden. Dies erscheint als angreifbare Umkehrung des Imparitätsprinzips.

Die Bilanzierungshilfe nach § 269 HGB wird entfallen, ebenso die Sonderbehandlung von Altzusagen für Pensionspflichten. Die aktivischen latenten Steuern nach

---

[124] Vgl. Hoch, G.: DStR 1998, S. 134 mit ausführlichen Erläuterungen.
[125] Z. B. Einzelkosten-Bewertungswahlrecht und GWG-Abschreibungswahlrecht
[126] Vgl. IdW-Fachnachrichten Nr. 6/2001, S. 223 ff.

Bilanzierungswahlrechte	Änderungsvorschlag
Rückstellungen für unterlassene Aufwendungen für Instandhaltung i. S. v. § 249 I Satz 3 HGB	Passivierungsverbot
Aufwandsrückstellungen i. S. v. § 249 II HGB	Passivierungsverbot
Rechnungsabgrenzungsposten nach § 250 I Satz 2 Nr. 1 HGB (Zölle, Verbrauchsteuern)	Ansatzgebot im Rahmen der Anschaffungs- und Herstellungskosten
Rechnungsabgrenzungsposten nach § 250 I Satz 2 Nr. 2 HGB (USt auf Anzahlungen)	Ansatzverbot
Rechnungsabgrenzungsposten nach § 250 III HGB (Disagio)	Ansatzgebot
Geschäfts- oder Firmenwert gem. § 255 IV Satz 1 HGB	Aktivierungsgebot
Aufwendungen für die Ingangsetzung und Erweiterung des Geschäftsbetriebs gem. § 269 HGB	Aktivierungsverbot
Wahlrecht zur Aktivierung von aktiven latenten Steuern gem. § 274 II HGB	Aktivierungsgebot unter Beibehaltung der Ausschüttungssperre
Wahlrecht zur Passivierung von sog. Altzusagen, mittelbaren Pensionsverpflichtungen und pensionsähnlichen Verpflichtungen gem. Artikel 28 I EG-HGB	Passivierungsgebot

Bild A 40: Änderungsvorschläge des IdW zur Bilanzierung

§ 274 HGB werden bilanzierungspflichtig. Zu keinem dieser Vorschläge erscheint ein ernsthaftes Gegenargument erwägenswert, zumal der Vorschlag beim Firmenwert, der bekanntlich mangels Einzelverwertbarkeit nicht als Vermögensgegenstand gilt, ergänzt wird um eine Anpassung des § 246 I HGB: Der Jahresabschluß soll künftig alle Vermögensgegenstände einschließlich eines aus einer Unternehmensübernahme entstandenen Firmenwertes enthalten. Ähnlich überzeugend erscheinen die Vorschläge zur Bewertung.

5.5.2.2. Vorschläge zur Bewertung

Die Streichung des gemilderten Niederstwertprinzips im Anlagevermögen überrascht nicht. Denn die bisherige Berücksichtigung kurzfristiger Wertschwankungen im per definitionem langfristig gebundenen Vermögen erscheint als Widerspruch in sich. Ebenso die bisher zulässige Durchbrechung des Stichtagsprinzips beim niedrigeren Zukunftswert des § 253 III HGB. Dabei handelt es sich letztlich allerdings nur um eine Vereinfachungsregel.

Der Vorschlag, § 253 IV HGB abzuschaffen, ist - wie bereits erwähnt - auch im Hinblick auf die BGH-Rechtsprechung zur gewinnverwendenden Bilanzierungsentscheidung konsequent. Das gleiche gilt für § 254 HGB. Wegen der beabsichtigten Steuerneutralität ist es jedoch einstweilen nicht möglich, die Steuerabschreibungen ganz aus der Handelsbilanz zu entfernen. Dazu müßte das Prinzip der umgekehrten Maßgeblichkeit fallen. Das Wahlrecht nach § 254 HGB soll daher bleiben, aber mit der *Pflicht zur indirekten Steuerabschreibung* verbunden werden. Diese war bisher nach § 281 HGB als Wahlrecht für Kapitalgesellschaften gestaltet. Durch den Vorschlag, der als Übergangsregel verstanden wird, sind die Steuerabschreibungen im Abschluß erkennbar.

Bewertungswahlrechte	Änderungsvorschlag
Außerplanmäßige Abschreibungen im Anlagevermögen bei nur vorübergehender Wertminderung (§ 253 II Satz 3 HGB)	Abschreibungsverbot
Außerplanmäßige Abschreibungen auf den niedrigeren Zukunftswert im Umlaufvermögen (§ 253 III Satz 3 HGB)	Abschreibungsverbot
Abschreibungen nach vernünftiger kaufmännischer Beurteilung (§ 253 IV HGB)	Abschreibungsverbot
Steuerliche Abschreibungen nach § 254 HGB	Beibehaltung des Wahlrechts (jedoch unter Pflicht zur Bildung eines Sonderpostens mit Rücklageanteil)
Bewertung selbst erstellter Vermögensgegenstände zu Voll- oder Teilkosten (§ 255 II und III HGB)	Pflicht zur Vollkostenbewertung
Abschreibung des aktivierten Firmen- bzw. Geschäftswerts (§ 255 IV Satz 2 HGB)	Pflicht zur planmäßigen Abschreibung über die Nutzungsdauer
Bewertungsvereinfachungsverfahren (§ 256 i. V. m. § 240 III und IV HGB)	Beschränkung der zulässigen Verfahren auf die - LIFO- und FIFO-Methode als Verbrauchsfolgeverfahren - Gruppen- und Durchschnittsbewertung
Wertaufholung (§ 280 I und II HGB)	Wertaufholungsgebot

Bild A 41: Änderungsvorschläge des IdW zur Bewertung

Wenig überzeugend ist, daß künftig grundsätzlich *Vollkosten als Wertmaßstab* für die Herstellungskosten gelten sollen, da nur die variablen Kosten verursachungsgerecht den Produkten zuzurechnen sind. Dagegen sind fixe Kosten zeitabhängig und sollten daher grundsätzlich nicht den Erzeugnissen angelastet werden[127]. Dennoch spricht ein ganz gewichtiger Grund für den pragmatischen IdW-Vorschlag: Der Vollkostenansatz entspricht internationalen Gepflogenheiten. Er ist IAS-konform. Wahlrechte darf es zwar nicht mehr geben. Faktische Gestaltungsspielräume sind allerdings unvermeidlich, da die Gestaltung von Kostenrechnungssystemen (internes Rechnungswesen) sich dem gesetzlichem Zugriff entzieht.

Angesichts des IdW-Vorschlages mit dramatischen Wahlrechtseinschränkungen liegt die Frage nahe, was nach den IAS neben den angedeuteten Ermessensspielräumen an Gestaltungsmasse verbleibt.

5.6. Bilanzpolitische Instrumente nach den IAS

5.6.1. Bilanzierungswahlrechte

In den IAS sind, ebenso wie nach den US-GAAP, grundsätzlich keine Aktivierungs- und Passivierungswahlrechte vorgesehen. Faktische Gestaltungsmöglichkeiten verbleiben im Immaterialbereich.

• Faktisches Aktivierungswahlrecht für selbsterstellte immaterielle Vermögensgegenstände des Anlagevermögens (intangible assets) nach den US-GAAP und den IAS (Ermessensentscheidung)

---

[127] Siehe hierzu auch Kap. B 4.1.

- Faktisches Aktivierungswahlrecht für Entwicklungskosten nach IAS 9 (Ermessensspielräume)

5.6.2. Bewertungswahlrechte

Vergleichsweise mehr Wahlrechte lassen die IAS bei der Bewertung zu. Das ist nicht verwunderlich, da in der Bewertung auch bisher schon weitaus mehr Gestaltungsspielraum existierte. Dies gilt für Anzahl und Wirkung. Die nachfolgende Auflistung vermittelt einen Eindruck der IAS-Bewertungswahlrechte.

- Bewertung zum Revalued Amount anstelle der fortgeführten Anschaffungs- oder Herstellungskosten (Neubewertung zum Fair Value)
- Methodenwahlrechte bei Abschreibungen ähnlich HGB
- Firmenwertabschreibung nur über die wirtschaftliche Nutzungsdauer (20 Jahre maximal)
- Verbrauchsfolgeverfahren FIFO oder Durchschnittsbewertung oder alternativ LIFO (IAS 2)
- Methodenwahlrecht bei der Anwendung der POC-Methode bei langfristiger Auftragsfertigung (unterschiedliche Messgrößen wie Kosten, Leistungen oder physischer Anteil des Gesamtanteils zulässig)
- Wahlweise Portfoliobewertung bei Wertpapieren des Umlaufvermögens
- Bewertungswahlrecht nach IAS 19 bei Pensionsansprüchen

Das markanteste Wahlrecht ist aus zentraleuropäischem Rechtsverständnis zweifellos die zulässige *Durchbrechung des Anschaffungswertprinzips bei abnutzbaren Sachanlagen* (zulässige Alternativbewertung). Regelmäßig wird sie mit einer **Neubewertungsrücklage** verknüpft sein. Gleichwohl ist an dieser Regelung bei der Marktwertorientierung der IAS nur die Ausgestaltung als Wahlrecht erstaunlich. Auch bei den anderen Bewertungswahlrechten sind Überraschungen nicht zu finden: Portfoliobewertung wird nach derzeitigem Recht bereits in beschränktem Umfang bei Finanzanlagen für zulässig gehalten. Die Wahlrechte bei den Abschreibungsmethoden sind identisch mit zentraleuropäischem Bilanzrecht.

5.7. Steuerliche Aspekte der Umstellungsvorschläge

Die vorgesehenen Änderungen können unter zwei wesentlichen steuerlichen Aspekten gesehen werden. Zum einen ist das die künftige Ausgestaltung des Prinzips der Maßgeblichkeit der Handelsbilanz für die Steuerbilanz und seiner Umkehrung. Es ist offensichtlich so, daß die Umkehrung, die steuerliche Subventionswahlrechte über Öffnungsklauseln in die Handelsbilanz einfließen läßt, nicht mit den Bewertungsregeln der IAS vereinbar ist, selbst wenn, wie vorgeschlagen, dies in der steuerlichen Wirkung durch einen passivischen Sonderposten relativiert bzw. transparent gemacht wird. Darüber hinaus führt auch der Kern des **Maßgeblichkeitsprinzips** zu einer Verkürzungstendenz des Bilanzausweises zwecks Steuerersparnis oder Zinsvorteil, was ebenfalls nicht dem true-and-fair-value Gedanken entspricht. Zudem verursacht ein höherer und/oder vorgezogener Ergebnisausweis - ceteris paribus - eine höhere Steuerzahlungsverpflichtung.

Die *Anbindung der Steuerbilanz* an die Handelsbilanz ist wegen unauflösbar gegensätzlicher Interessenlage des Bilanzierungspflichtigen auf Dauer *unhaltbar*.

Konsequenterweise sieht das IdW seinen dargestellten Vorschlag als Übergangslösung. Mit hoher Wahrscheinlichkeit wird die steuerliche Erfolgsermittlung künftig eigenen Regeln folgen. Vielleicht wird es nicht nur spezielle steuerliche GoB geben, sondern zu einer völligen Neuorientierung mit *Aufgabe des Vermögensvergleichs* als Grundkonzept kommen. Seine Ablösung durch enger am zahlungswirksamen wirtschaftlichen Geschehen der Abrechnungsperiode orientierte Methoden der Erfolgsermittlung erscheint nicht mehr ausgeschlossen.

5.8. Sachliche und zeitliche Perspektive der Änderungen

Nach den Vorstellungen des IdW werden zuerst die IAS als Standard für die Rechnungslegung der Konzerne und auch für börsennotierte Unternehmen vorgegeben. Für den Vollzug dieses ersten Schrittes ist der 31.12.2005 avisiert. Allerdings kann auch eine Verlängerung des Provisoriums § 292 a HGB in Betracht kommen. Anschließend soll eine Anpassung der nationalen Rechtsvorschriften für den Einzelabschluß im skizzierten Rahmen unter prinzipieller Beibehaltung der bisherigen Rechtsvorschriften erfolgen. Die dritte Stufe könnte dann „IAS für alle" lauten, also vollständiger Ersatz der 4. und 7. Richtlinie der EU durch die IAS bzw. IAS-identisches Recht. Die Frage ist also nicht mehr, *ob* es IAS im Einzelabschluß geben wird, sondern *wann* und mit welchen weiteren Konsequenzen. Für die gegenwärtigen Wahlrechte wird es, ebenso wie für das Maßgeblichkeitsprinzip, keine Zukunft geben.

Der Prüfung der IAS-Transformationsregeln und der kritischen Begleitung ihrer Weiterentwicklung und ihrer Umsetzung in nationales Recht bedarf es gleichwohl. Schließlich ist nicht zu übersehen, daß es auch in der Welt der angelsächsischen Rechnungslegung nach US-GAAP im Jahre 2002 spektakuläre Insolvenzen[128] gibt, die trotz des dominanten Informationsziels nicht rechtzeitig erkannt wurden.

---

[128] Z.B. das Konkursverfahren des texanischen Energiekonzerns ENRON im Dezember 2001 (zu dieser Zeit eines der größten Unternehmen der Welt). „Kreative Buchführung" im Rahmen der US-GAAP (überbewertete Aktiva, unterbewertete Passiva) konnte über lange Zeit Anleger und Wirtschaftsprüfer täuschen (vermutlich auch das „Aus" für Arthur Anderson, eine der fünf großen Prüfungsgesellschaften). Sehr wahrscheinlich wären bilanzielle Fehlinformationen in diesem Umfang unter dem Vorsichtsprinzip nicht möglich gewesen.

6. Übungen zur Bilanz und Erfolgsrechnung

Die folgenden Aufgaben dienen der Wiederholung und Nacharbeit des Wissensstoffes. Dabei soll der Leser selbst überprüfen, inwieweit er diesen verarbeitet hat. Zur Kontrolle der selbständig zu erarbeitenden Lösungen können die Musterlösungen im Anhang (Kap. D 1.) eingesehen werden.

Aufgabe 1

Folgende acht Geschäftsvorfälle sind hinsichtlich ihrer Wirkung auf die angeführten Bilanzpositionen zu untersuchen. Markieren Sie bei jedem Vorfall, welche der in der Tabelle angeführten Bilanzpositionen vermehrt werden (+), vermindert werden (-) oder unberührt bleiben (0); vermerken Sie außerdem in der letzten Zeile der Tabelle, um welchen Fall von Buchungen es sich handelt: Aktiv-Tausch (AT), Passiv-Tausch (PT), Bilanz-Zunahme (BL) oder Bilanzabnahme (BK).

Geschäftsvorfälle:

1. *Erhaltene* Anzahlung für eine gelieferte Maschine
2. Rohstoffeinkauf auf Ziel
3. Verkauf einer gebrauchten Maschine gegen Barzahlung
4. Auszahlung von Dividenden für das Vorjahr
5. Lieferung von Produkten mit Zielgewährung
6. Kapitalerhöhung aus Gesellschaftsmitteln
7. Rückzahlung eines Darlehens an einen Kreditgeber
8. Kauf von Wertpapieren auf Ziel

Bilanzpositionen	1	2	3	4	5	6	7	8
Sachanlagen Finanzanlagen Vorräte Forderungen Liquide Mittel								
Gezeichnetes Kapital Rücklagen Darlehen Verbindlichkeiten Bilanzgewinn								
Vermerk								

Aufgabe 2

Welche der folgenden Geschäftsvorfälle führen zu einer Aktivmehrung (A +), Aktivminderung (A −), Passivmehrung (P +), Passivminderung (P −), Erfolgsmehrung (E +) oder Erfolgsminderung (E −). Notieren Sie die in den Klammern angegebenen Abkürzungen hinter jedem Geschäftsvorfall!

Entscheidungshilfe: Überlegen Sie, ob die Gegenwerte für die Einnahmen oder Ausgaben aktiviert oder passiviert werden müssen.

Geschäftsvorfälle:

1. Einnahmen aus der Über-Pari-Emission von Aktien
2. Ausgaben für Forschung und Entwicklung neuer Produkte
3. Anzahlung für ein Gebäude, das sich im Bau befindet
4. Ausschüttung des Jahresgewinnes
5. Einnahmen aus der Verpachtung eines Grundstückes
6. Tilgung eines Darlehens, das einem Vorstandsmitglied gewährt wurde
7. Verkauf aktivierter gewerblicher Schutzrechte
8. Steuerrückzahlung durch das Finanzamt
9. Erhaltene Anzahlung für eine noch zu liefernde Ware

Aufgabe 3

Gegeben ist folgende Eröffnungsbilanz (Angaben in 1.000 EUR):

AKTIVA			PASSIVA
Anlagevermögen		Eigenkapital	107
Grundstücke und Gebäude	100	Fremdkapital	
Maschinen und Anlagen	48	Hypothekenverbindlichkeiten	76
Betriebs- u. Geschäftsausstattung	25	Darlehen	31
Umlaufvermögen		Lieferantenverbindlichkeiten	54
Vorräte	40		
Forderungen	30		
Bank und Kasse	25		
	268		268

Eröffnen Sie die Konten, bilden Sie zu den nachstehenden Geschäftsvorfällen die Buchungssätze, führen Sie die Buchungen durch und erstellen Sie den Jahresabschluß (Bilanz, GuV).

1. Rohstoffeinkauf auf Ziel	7.000 EUR
2. Verkauf von Erzeugnissen	
a) gegen Banküberweisung	15.000 EUR
b) auf Ziel	19.000 EUR
3. Rohstoffverbrauch	16.000 EUR
4. Zahlung von Löhnen und Gehältern	3.000 EUR
5. Bankgutschrift für eine Forderung	11.000 EUR
6. Darlehenstilgungen per Bank	
a) für Hypothekenverbindlichkeiten	9.000 EUR
b) für Darlehen	4.000 EUR
7. Mieteingang	5.000 EUR
8. Zinsbelastungen auf dem Bankkonto	3.000 EUR
9. Begleichung von Lieferantenverbindlichkeiten	10.000 EUR
10. Abschreibungen	
a) auf Gebäude	3.000 EUR
b) auf Maschinen und Anlagen	4.000 EUR
c) auf Betriebs- u. Geschäftsausstattung	2.000 EUR

Aufgabe 4

Eine Aktiengesellschaft hat eine Schlußbilanz mit den nachstehenden Bilanzposten erstellt:

AKTIVA	PASSIVA
Umlaufvermögen	Gezeichnetes Kapital
Rückstellungen	Verbindlichkeiten
Finanzanlagen	Eigenkapital
Unfertige Erzeugnisse	Jahresüberschuß
Rohstoffe	
Kasse	Fremdkapital
	Forderungen
Anlagevermögen	Löhne und Gehälter
Sachanlagen	
Eigene Anteile	
Fertigerzeugnisse	
Rücklagen	
Umsatzerlöse	
Bankguthaben	

Überprüfen Sie die Bilanz gemäß den handelsrechtlichen Gliederungsvorschriften und ordnen Sie die Positionen ggf. neu.

Aufgabe 5

Stellen Sie aufgrund folgender Informationen eine ausführliche GuV nach dem Gesamtkostenverfahren auf und bestimmen Sie Gesamtleistung, Material- und Personalaufwand, Ergebnis der gewöhnlichen Geschäftstätigkeit und Jahresüberschuß! (Alle Werte in 1.000 EUR)

Soziale Abgaben und Altersaufwendungen	900
Aufwendungen für Roh-, Hilfs- und Betriebsstoffe und Waren	6.149
Steuern vom Einkommen und vom Ertrag	992
Zinsen und ähnliche Erträge	227
Erhöhung des Bestandes an fertigen und unfertigen Erzeugnissen	43
Sonstige betriebliche Aufwendungen	2.118
Abschreibungen auf Finanzanlagen und Wertpapiere des Umlaufvermögens	316
Andere aktivierte Eigenleistungen	64
Sonstige Steuern	88
Abschreibungen auf immaterielle Anlagevermögensgegenstände und Sachanlagen	803
Aufwendungen für bezogene Leistungen	637
Erträge aus Beteiligungen	194
Löhne und Gehälter	3.882
Zinsen und ähnliche Aufwendungen	130
Umsatzerlöse	15.101
Sonstige betriebliche Erträge	666

Aufgabe 6

Erstellen Sie die Aktivseite der Bilanz entsprechend den handelsrechtlichen Vorschriften, wenn die Bücher einer AG zum Bilanzstichtag folgende Bestände ausweisen (alle Zahlen in 1.000 EUR)

Forderungen gegen Unternehmen, mit denen ein Beteiligungsverhältnis besteht	98
Geleistete Anzahlungen	142
Rechnungsabgrenzungsposten	6
Forderungen gegen verbundene Unternehmen	913
Technische Anlagen und Maschinen	383
Roh-, Hilfs- und Betriebsstoffe	405
Unfertige Erzeugnisse und Leistungen	403
Beteiligungen	148
Forderungen aus Lieferungen und Leistungen	1.592
Sonstige Ausleihungen	96
Fertige Erzeugnisse und Waren	598
Wertpapiere	1.391
Andere Anlagen und Betriebsausstattungen	846
Anteile an verbundenen Unternehmen	1.430
Kassenbestand und Guthaben	901
Sonstige Vermögensgegenstände	453
Grundstücke und Bauten	460

Aufgabe 7

Beurteilen Sie die Zulässigkeit und Ordnungsmäßigkeit folgender Wertansätze und Einstellungen in die Bilanz!

1. Der Marktwert eines Grundstückes, das vor Jahren zu 10.000,- EUR erworben wurde, ist auf das Doppelte gestiegen und wird zum Tageswert bilanziert.

2. Eine Maschine wurde mit Eigentumsvorbehalt geliefert und erst nach voller Bezahlung aktiviert.

3. Der Kurswert der Wertpapiere des Anlagevermögens hat sich gegenüber dem Vorjahr erheblich verändert; einige Papiere sind unter den Anschaffungswert gesunken, andere sind stark gestiegen. Da sich Kursgewinne und Kursverluste in etwa ausgleichen, wird der Aktienbestand mit dem gleichen Wert wie im Vorjahr angesetzt.

4. Der PKW eines säumigen Kunden wurde als Pfand zur Sicherung einer Forderung gegenüber diesem Kunden in Verwahrung genommen, jedoch nicht aktiviert.

5. Ein Teil der Forderungen aus Lieferungen und Leistungen wurde zur Sicherung eines Kredites an eine Bank abgetreten und deshalb nicht aktiviert.

6. Kurz vor dem Bilanzstichtag ist eine Lieferung an einen Kunden mit der Rechnung abgegangen; da der Kunde die Lieferung noch nicht erhalten hat und die Ware noch nicht bezahlt ist, wird erwogen, sie noch unter der Position „Fertige Erzeugnisse" zu aktivieren. Wie würden Sie entscheiden?

7. Im September wurden in einer Halle sechs Heizgeräte von Betriebsangehörigen eingebaut. Der Wert der Geräte beträgt 300,- EUR pro Einheit. An Löhnen mußte das Unternehmen insgesamt 220,- EUR zahlen. Die Beschaffungs- und Installationskosten wurden als Aufwendungen in der Gewinn- und Verlustrechnung berücksichtigt.

8. Im Laufe des Jahres wurde eine Groß-Anlage für 5 Jahre gemietet. Die Monatsmiete beträgt 20.000,-. EUR Prüfen Sie die bilanzielle Behandlung dieses Geschäftsvorfalles!

9. Für Rohstoffe wurden 10 Mio. EUR aufgewendet; dieser Betrag wurde zusammen mit den unfertigen und fertigen Erzeugnissen unter der Position „Vorräte" aktiviert.

10. Am 31. Dezember ging eine Lieferung von 10 t Rohstoffe unter Eigentumsvorbehalt ein. Da die Rechnung erst am 2. Januar eintraf, erfolgte am 31.12. keine Buchung.

11. Um den Kapitaleignern und Gläubigern den Rückgang der Produktion nicht offen legen zu müssen, wird vorgeschlagen, die bisher getrennt ausgewiesenen Positionen Roh-, Hilfs- und Betriebsstoffe, unfertige und fertige Erzeugnisse stillschweigend in einer Position zusammenzufassen, da dann der Endbestand mit dem des Vorjahres ungefähr übereinstimmt.

12. Am Jahresende besitzt die Unternehmung ein Guthaben von 26.500,- EUR gegenüber der X-Bank. Diese hat der Unternehmung einen langfristigen Investitionskredit eingeräumt, der am Jahresende 150.000,- EUR beträgt. Es ist beabsichtigt, das Guthaben mit der Verbindlichkeit zu saldieren und nur den Restbetrag von 123.500,- EUR als Verbindlichkeit auszuweisen.

Aufgabe 8

Bestimmen Sie die Herstellungskosten eines Fertigerzeugnisses für die Handels- und die Steuerbilanz. Es interessieren insbesondere

a) die in der Handelsbilanz mindestens zu aktivierenden Herstellungskosten,
b) die in der Steuerbilanz mindestens zu aktivierenden Herstellungskosten.

Folgende Informationen stehen zur Verfügung:

Bilanzielle Abschreibung	20,- EUR/Stunde
Fertigungslöhne	40,- EUR/Stunde
Fertigungsgemeinkosten	
(ohne Wertminderung der Fertigungsanlagen)	120 % der Fertigungslöhne
Fertigungszeit	5 Stunden/Erzeugnis
Kalkulatorische Abschreibungen	10,- EUR/Stunde
Marktwert	750,- EUR/Erzeugnis
Materialeinzelkosten	100,- EUR/Erzeugnis
Materialgemeinkosten	10 % der Materialeinzelkosten
Vertriebskosten	50,- EUR/Erzeugnis

Aufgabe 9

Eine Unternehmung richtet eine neue Abteilung ein, die mit 4 Mitarbeitern besetzt wird. Sie hat von einer Möbelfabrik folgendes Angebot für die Zimmerausstattung erhalten:

4 Schreibtischstühle	zu je 150,- EUR	600,- EUR
4 Schreibtische	zu je 420,- EUR	1.680,- EUR
4 Schränke	zu je 302,- EUR	1.208,- EUR
1 Konferenztisch		434,- EUR
4 Stühle	zu je 94,50 EUR	378,- EUR
		4.300,- EUR
	+ 16 % MWSt	680,- EUR
		4.988,- EUR

Lieferungs- und Zahlungsbedingungen:

Die Lieferung erfolgt frei Haus. Es werden 3 % Skonto bei Zahlung innerhalb von 10 Tagen ab Rechnungsdatum gewährt.

Die Zimmerausstattungen werden im Mai bestellt, im Juni geliefert und im Juli mit Scheck nach Abzug von 3 % Skonto bezahlt.

Die Unternehmung geht von einer Nutzungsdauer von 10 Jahren aus. Mit welchem Betrag sind die Büromöbel zum 31.12. zu aktivieren, wenn man in der Handels- und Steuerbilanz einen möglichst geringen Wert für die gekauften Zimmerausstattungen ausweisen will?

Aufgabe 10

Eine maschinelle Anlage wird zum Preis von 150.000,- EUR gekauft, an Nebenkosten für Transport und Aufstellung entstehen 30.000,-. EUR Die betriebsgewöhnliche Nutzungsdauer beträgt laut AfA-Tabelle 8 Jahre. Der Restwert nach dieser Zeit wird auf 20.000,- EUR geschätzt. Es wird damit gerechnet, daß die Wiederbeschaffungspreise für die Anlage jährlich um 5 % steigen.

Ermitteln Sie die zweckmäßigsten jährlichen Abschreibungsbeträge, Abschreibungssätze und Buchwerte der Anlage

a) für die Handelsbilanz
b) für die Steuerbilanz und
c) für die Kalkulation

und begründen Sie diese Werte!

Untersuchen Sie die Anwendung der linearen Abschreibung und der Buchwertabschreibung in den obigen Fällen!

Aufgabe 11

Die Firma X hat im Januar bei der Maschinenfabrik M eine Maschine bestellt, die im Monat Oktober von der Spedition S geliefert wird. Im September wurden die Fundamente durch den Bauunternehmer B hergestellt. Es liegen folgende Rechnungen vor:

- Rechnung des Bauunternehmers: 6.960,- EUR (einschließlich 16 % MWSt), Rechnungsdatum 1. Dezember, Zahlung erfolgt erst im nächsten Jahr.
- Rechnung der Spedition: 2.500,- EUR zuzüglich 400,- EUR MWSt, Barzahlung.
- Rechnung der Maschinenfabrik über 232.000,- EUR (einschließlich 16 % MWSt). Die Zahlung erfolgt unter Abzug eines Nachlasses von 5 % wegen eines kleinen Mangels und von 2 % Skonto am 1. November durch Bankscheck.

a) Wie hoch ist die Zahlung an die Maschinenfabrik?
b) Wie hoch sind die Anschaffungskosten der Maschine?
c) Wie hoch sind die Abschreibungen und die Wertansätze in der Steuerbilanz im
   ersten und zweiten Geschäftsjahr, wenn die Nutzungsdauer 8 Jahre beträgt?

Aufgabe 12

Die Firma Y erwarb ein Grundstück mit aufstehendem abbruchreifem Gebäude.
Der Kaufpreis betrug 750.000,- EUR. Für die Beurkundung des Kaufvertrages, die
Grunderwerbsteuer usw. fielen noch 75.000,- EUR an. Die Abbruchkosten für das
Gebäude betrugen einschließlich 16 % MWSt 5.800,- EUR. Die Firma Y erbaute
nach Abbruch des Altgebäudes auf einem Teil des Grundstückes ein Bürogebäude,
das zwei Monate vor Ablauf des Geschäftsjahres fertiggestellt wurde. Die Rech-
nungen der Handwerker betrugen 1.300.000,- EUR; außerdem fielen noch folgende
Aufwendungen im Zusammenhang mit dem Bau an (alle jeweils ohne MWSt).

* Erschließungskosten für den Straßenanschluß   90.000,- EUR
* Architektengebühr für Entwurf und Bauleitung   70.000,- EUR
* Anschluß des Grundstückes an das Strom- und
  Wassernetz der Gemeinde   30.000,- EUR
* 5 % Agio auf ein Darlehen von 600.000,- EUR zur
  Finanzierung des Baues sowie Zinsen für dieses
  Darlehen bis zur Bezugsfertigkeit   75.000,- EUR

a) Wie hoch sind die Anschaffungskosten des unbebauten Grundstückes?
b) Wie hoch sind die Herstellungskosten des Bürogebäudes?
c) Wie hoch sind die Abschreibungen und die Wertansätze zum Jahresende und
   zum Ende des Folgejahres, wenn für das Bürogebäude mit einer Nutzungsdauer
   von 25 Jahren gerechnet werden kann?
   [AfA entweder 25 Jahre mit je 4 % gem. § 7 IV S. 1 und 2 EStG (2002) oder im
   1. – 4. Jahr mit je 10 %, im 5. – 7. Jahr mit je 5 % und im 8. – 25. Jahr mit je
   2,5 % gem. § 7 V Nr. 1 EStG (2002)]

Aufgabe 13

1. Skizzieren Sie Zielsetzung und Aufbau von Bilanz und Gewinn- und Verlustrechnung.
2. Umreißen Sie kurz die Buchungs- und Abschlußtechnik bei der Doppelten
   Buchführung.
3. Wie sind Vorstand, Aufsichtsrat, Wirtschaftsprüfer und Aktionäre an der Feststellung des Jahresabschlusses beteiligt?
4. Welche Werte sind für die einzelnen materiellen Wirtschaftsgüter entsprechend
   der Steuergesetzgebung in der Bilanz anzusetzen?
5. Was ist bei der Bilanzierung immaterieller Wirtschaftsgüter zu beachten?
6. Beurteilen Sie die verschiedenen Verfahren zur Bewertung der Vorräte hinsichtlich ihrer Anwendung bei der Bilanzierung.
7. Was ist Ziel und Inhalt der Bilanzposition "Rechnungsabgrenzung"?
8. Was ist Sinn und Zweck der verdeckten Rücklagen (stillen Reserven) und wie
   ist ihre planvolle Legung und Auflösung zu beurteilen?

9. Welcher Bewertungsgrundsatz ist bei der Bilanzierung von Verbindlichkeiten zu beachten?
10. Wodurch unterscheiden sich Steuerbilanz und Handelsbilanz?
11. Nennen und kommentieren Sie einige Kennzahlen zur Beschreibung der Vermögensstruktur und der Vorratshaltung.
12. Was versteht man unter folgenden Begriffen?

Körperliche Inventur	Verbindlichkeiten	Rückstellungen
Umsatzerlöse	Jahresabschluß	Teilwert
Rücklagen	Vermögensbilanzen	Neutrale Aufwendungen
Festwert	Umlaufvermögen	Bilanzwahrheit

Aufgabe 14

1. Wodurch unterscheiden sich Einnahmen und Ausgaben einerseits und Erträge und Aufwendungen andererseits?
2. Was versteht man unter Aktivtausch, Passivtausch, Bilanzverlängerung und Bilanzverkürzung?
   Nennen Sie zur Erläuterung je einen Geschäftsvorgang, der diese Wirkung hervorruft.
3. Wie und wo werden vermietete bzw. gemietete Wirtschaftsgüter bilanziert?
4. Unter welcher Position der Aktiva und mit welchem Wert sind Wertpapiere einzustellen?
5. Gruppieren Sie die Forderungen nach dem Gesichtspunkt der Bonität und erläutern Sie den Einfluß auf die Bewertung der Forderungen.
6. Umreißen Sie kurz Sinn und Zweck der offenen Rücklagen.
7. Was ist die Zielsetzung der Rückstellungen und welche Arten von Rückstellungen sind zu unterscheiden?
8. Erläutern Sie Zielsetzung, Aussagefähigkeit und Vorgehensweise der Bilanz und Erfolgsanalyse.
9. Was versteht man unter Strukturierung im Zusammenhang mit der Beurteilung des Jahresabschlusses?
10. Nennen und kommentieren Sie einige Kennzahlen zur Beschreibung der Kapitalstruktur und der Rentabilität.
11. Welche Maßnahmen zur Beurteilung der Liquidität würden Sie empfehlen?
12. Was versteht man unter folgenden Begriffen?

Permanente Inventur	Prinzip der Bilanzvorsicht
Abschreibungen	Anlagevermögen
Eigenkapital	Stille Reserven
Verluste aus Forderungen	Außerordentliche Erträge
Gesamtleistung	Eigene Anteile
Herstellungskosten	Bilanzgewinn
Arbeitsproduktivität	Umschlaghäufigkeit

Aufgabe 15

Für welche Unternehmen sind in Deutschland die Regeln der internationalen Rechnungslegung (z. B. IAS) anwendbar?

Womit läßt sich diese Beschränkung begründen?

Aufgabe 16

Skizzieren Sie wesentliche Unterschiede der IAS zum deutschen Handelsrecht bei Bilanzierung und Bewertung!

Aufgabe 17

Ein Unternehmen legt Liquiditätsüberhänge aus spekulativen Gründen mittelfristig in Aktien an. Es werden für 450.000 EUR je 10.000 Aktien der A-, B- und der C-AG erworben. Am Kauftag lauten die Aktienkurse für die A-AG 15 EUR, für die B-AG 20 EUR und für die C-AG 10 EUR. Am Bilanzstichtag sind die Kurse der A-AG auf 10 EUR gefallen, die der B-AG auf 22 EUR und die der C-AG auf 16 EUR gestiegen. Mit welchem Wert sind die Aktien anzusetzen, wenn sie

a) nach HGB (einzeln) bewertet werden,
b) als Portfolio zum Marktwert bewertet werden (Regelbewertung nach US-GAAP),
c) als Portfolio unter Beachtung des Anschaffungswertprinzips bewertet werden?

Aufgabe 18

Geben Sie an, ob folgende Aussagen zur internationalen Rechnungslegung richtig oder falsch sind:

a) Die IAS sind in Deutschland derzeit nur für bestimmte Konzerne anwendbar.
b) Für die internationale Rechnungslegung ist der Gläubigerschutz primäres Rechnungslegungsziel.
c) Nach den Normen der internationalen Rechnungslegung ist immer der Marktwert der Vermögensgegenstände anzusetzen.
d) Für die internationale Rechnungslegung gelten weiterreichende Regeln für den Bilanzansatz auf der Aktivseite der Bilanz und strengere Regeln für den Bilanzansatz auf der Passivseite der Bilanz.
e) Der Grundsatz der Einzelbewertung darf nach HGB niemals durchbrochen werden.
f) Der Grundsatz der Einzelbewertung darf nach den IAS für Finanzanlagen durchbrochen werden.
g) Aufwandsrückstellungen sind nach dem HGB zulässig, nicht aber nach den IAS.
h) Für HGB und IAS gilt ein Wahlrecht für den Ansatz des derivativen Geschäftsoder Firmenwertes.
i) Nach den IAS sind keine Bewertungswahlrechte vorgesehen.
j) Bei Zuschreibungen sind nach dem HGB die Anschaffungskosten der Höchstwert, während bei den IAS der Zeitwert angesetzt werden darf.
k) Das HGB ermittelt den ausschüttungsfähigen Jahresüberschuß schlechter als die internationale Rechnungslegung.
l) Der Jahresabschluß nach den IAS zeigt die Performance eines Unternehmens (Leistungsfähigkeit) besser als der HGB-Abschluss.

Fall 1

MASCHAG (Jahresabschlußanalyse)

Von der MASCHAG liegen die Jahresabschlüsse zweier Jahre vor. Mittels Jahresabschlußanalyse ist die finanz- und erfolgswirtschaftliche Lage dieser Unternehmung zu beurteilen. Dazu ist die GuV zuvor zu strukturieren.

Bilanzen der MASCHAG

(Angaben in 1.000 EUR)	31.12.2000		31.12.2001	
Aktiva				
A. Anlagevermögen				
I. Sachanlagen		350		400
II. Finanzanlagen		150		200
B. Umlaufvermögen				
I. Vorräte				
1. Roh-, Hilfs- und Betriebsstoffe	150		190	
2. Erzeugnisse	130	280	130	320
II. Forderungen aus Lieferungen und				
Leistungen		50		90
III. Liquide Mittel				
1. Guthaben bei Kreditinstituten	120		80	
2. Kassenbestand	200	320	150	230
		1.150		1.240
Passiva				
A. Eigenkapital				
I. Grundkapital		400		400
II. Rücklagen		200		200
III. Bilanzgewinn		130		90
B. Rückstellungen		100		150
C. Verbindlichkeiten				
1. Verbindlichkeiten mit einer Rest-				
laufzeit von mindestens 5 Jahren	200		330	
2. Verbindlichkeiten aus Lieferungen				
und Leistungen	120	320	70	400
		1.150		1.240

Anmerkung: Der ausgewiesene Bilanzgewinn wurde 2000 in voller Höhe als Dividende (D) an die Aktionäre ausgeschüttet. Für den Bilanzgewinn des Jahres 2001 ist dasselbe beabsichtigt.

Gewinn- und Verlustrechnungen der MASCHAG

(Angaben in 1.000 EUR)	2000	2001
1. Umsatzerlöse	2.600	3.000
2. Materialaufwand	1.200	1.550
3. Rohergebnis	1.400	1.450
4. Personalaufwand	1.000	1.100
5. Abschreibungen auf Sachanlagen	50	80
6. sonst. betriebl. Aufwand (Rückstellungen)	--	50
7. Erträge aus Beteiligungen	36	55
8. Zinsaufwand	36	55
9. Abschreibungen auf Finanzanlagen	150	100
10. Ergebnis der gewöhnlichen		
Geschäftstätigkeit	200	120
11. Steuern	70	30
12. Jahresüberschuß	130	90
13. Einstellungen in Gewinnrücklagen	--	--
14. Bilanzgewinn	130	90

Anlagespiegel für 2001 (Angaben in 1.000 EUR)

	Anfangsbestand	Zugänge	Abschreibungen	Endbestand
Sachanlagen	350	130	80	400
Finanzanlagen	150	150	100	200

Lt. Geschäftsbericht bestehen die Finanzanlagen nur aus Beteiligungen, deren Abschreibungen durch Konkurs einer Beteiligungsgesellschaft notwendig wurden.

Fall 2

ABC-Company (Kapitalflußrechnung)[129]

Mr. Jones von der ABC-Company hatte einen guten Jahresbeginn. Seine Firma stellte Kleinigkeiten (Widgets) her - jeweils das, was der Kunde begehrte. Er stellte sie für 0,75 $ pro Stück her und verkaufte sie für 1,00 $. Er hielt Lagerbestände für 30 Tage, zahlte seine Rechnungen prompt und stellte die Rechnungen für seine Kunden auf 30 Tage netto Kasse aus. Sein Verkaufsleiter sagte eine Steigerung um 500 Einheiten pro Monat voraus. Es hatte den Anschein, als sei dies ein glückliches Jahr und es begann folgendermaßen:

1. Januar:	Kasse: 875 $; Forderungen: 1.000 $; Bestände: 750 $.
Januar:	Im Januar verkaufte er 1.000 Einheiten; die Herstellkosten betrugen 750 $; er zog seine Forderungen ein und schloß mit einem ordentlichen Gewinn von 250 $ ab. Seine Bücher reflektierten folgendes:
1. Februar:	Kasse: 1.125 $; Forderungen: 1.000 $; Bestände: 750 $.
Februar:	Der Umsatz dieses Monats stieg, wie vorhergesagt, auf 1.500 Stück an. Mit der entsprechenden Produktionserhöhung zur Erhaltung seines Lagerbestandes für 30 Tage stellte er 2.000 Einheiten her, die ihn 1.500 $ kosteten. Alle Forderungen aus den Verkäufen des Monats Januar wurden eingezogen. Gewinn bis dahin: 625 $. Jetzt zeigten seine Bücher folgende Zahlen:
1. März:	Kasse: 625 $; Forderungen: 1.500 $; Bestände: 1.125 $.
März:	Die Umsätze im März waren sogar noch besser: 2.000 Einheiten. Einzüge: Pünktlich. Produktion in Übereinstimmung mit der Lagerhaltungspolitik: 2.500 Einheiten. Betriebsergebnis des Monats: 500 $ Gewinn. Gewinn bis zu diesem Zeitpunkt: 1.125 $. Seine Bücher:
1. April:	Kasse: 250 $; Forderungen: 2.000; Bestände 1.500 $
April:	Im April nahm der Umsatz um weitere 500 Einheiten auf 2.500 zu, und Jones klopfte seinem Verkaufsleiter auf die Schulter. Seine Kunden zahlten pünktlich. Die Produktion wurde auf 3.000 Einheiten erhöht, und er machte in diesem Monat einen Gewinn von 625 $, so daß sein Gesamtgewinn bis jetzt 1.750 $ betrug. Er verreiste nach Florida, bevor er den Bericht des Buchhalters sah. Plötzlich erhielt er einen Anruf von seinem Kassenverwalter: „Kommen Sie zurück! Wir brauchen Geld!" Seine Bücher waren auf den neuesten Stand gebracht worden:
1. Mai	Kasse: 0 $; Forderungen: 2.500 $; Bestände: 1.875 $.

---

[129] Aus *Anthony, R. N./Mattesich, R. V.*: Harvard-Fälle aus der Praxis des betrieblichen Rechnungswesens, Band 3 der Bochumer Beiträge zur Unternehmensführung und Unternehmensforschung, Bielefeld 1969, Fall 12-1, S. 129 f.

Fragen und Aufgabe:

1. Warum brauchte die ABC-Company Geld?
2. Nehmen Sie an, daß sich das Geschäft um 500 Einheiten pro Monat vergrößert. Wieviel Geld braucht die Firma in jedem einzelnen Monat bis Dezember?
3. Erstellen Sie die Monatsbilanzen für Januar bis August.

7. Empfohlene Literatur zur Bilanz und Erfolgsrechnung

Adler, Hans / Düring, Walther / Schmaltz, Kurt: Rechnungslegung und Prüfung der Unternehmen, 6. Aufl., 9 Bde. u. Erg.-Bd., Stuttgart, versch. Jg.

Amen, Matthias: Erstellung von Kapitalflußrechnungen, 2. Aufl., München/Wien 1998

Baetge, Jörg / Kirsch, Hans-Jürgen / Thiele, Stefan: Bilanzen, 6. Aufl., Düsseldorf 2002

Bechtel, Wilfried: Einführung in die moderne Finanzbuchführung, 7. Aufl., München/Wien 2001

Bitz, Michael / Schneeloch, Dieter / Wittstock, Wilfried: Der Jahresabschluß, 3. Aufl., München 2000

Blödtner, Wolfgang / Bilke, Kurt / Weiss, Manfred: Lehrbuch Buchführung und Bilanzsteuerrecht, 5. Aufl., Herne/Berlin 2001

Börner, Dietrich / Krawitz, Norbert: Steuerbilanzpolitik, Herne/Berlin 1977

Bossert, Rainer / Hartmann, Peter: Jahresabschluß, Internationaler Abschluß, Konzernabschluß – Repetitorium in Übungen und Fällen mit Musterlösungen, Stuttgart 2000

Buchholz, Rainer: Internationale Rechnungslegung – Die Vorschriften nach IAS, HGB und US-GAAP im Vergleich, 2. Aufl., Berlin 2002

Burger, Anton: Jahresabschlußanalyse, München/Wien 1995

Coenenberg, Adolf Gerhard: Jahresabschluß und Jahresabschlußanalyse, 18. Aufl., Landsberg am Lech 2002 (dazu erschienen: Aufgaben und Lösungen)

Ditges, Johannes / Arendt, Uwe: Bilanzen, 10. Aufl., Ludwigshafen (Rhein) 2002

Eilenberger, Guido: Betriebliches Rechnungswesen, 7. Aufl., München/Wien 1995

Engelhardt, Werner / Raffée, Hans / Wischermann, Barbara: Grundzüge der doppelten Buchhaltung, 5. Aufl., Wiesbaden 2002

Federmann, Rudolf: Bilanzierung nach Handelsrecht und Steuerrecht, 11. Aufl., Berlin 2000

Freidank, Carl-Christian (Hrsg.): Rechnungslegungspolitik, Berlin 1998

Fries, Hans-Peter: Betriebswirtschaftslehre des Industriebetriebes; 5. Aufl., München/Wien 1999

Gabele, Eduard (fortgef. von *Mayer, Horst*): Buchführung – Einführung in die manuelle und PC-gestützte Buchhaltung und Jahresabschlußerstellung, 7. Aufl., München/Wien 2001

Gräfer, Horst: Bilanzanalyse, 8. Aufl., Herne/Berlin 2001

Hahn, Heiner / Wilkens, Klaus: Buchhaltung und Bilanz, München/Wien, Teil A: Grundlagen der Buchhaltung, 6. Aufl. 2002, Teil B: Bilanzierung, 2. Aufl. 2000

Harrmann, Alfred: Bilanzanalyse für die Praxis, 3. Aufl., Herne/Berlin 1988

Heinen, Edmund: Handelsbilanzen, 12. Aufl., Wiesbaden 1986

Heinhold, Michael: Der Jahresabschluß, 5. Aufl., München/Wien 2001

Hesse, Kurt / Fraling, Rolf / Fraling, Wolfgang: Wie beurteilt man eine Bilanz?, 20. Aufl., Wiesbaden 2000

Hoch, Gero: Die gewinnverwendende Bilanzierungsentscheidung – Probleme der Trennung von Gewinnentstehung und Gewinnverwendung, in: DStR 1998, S. 134 ff.

Hohenstein, Götz: Cash-flow – Cash-Management, 2. Aufl., Wiesbaden 1990

Jacobs, Otto H.: Bilanzanalyse – EDV-gestützte Jahresabschlußanalyse als Planungs- und Entscheidungsrechnung, 2. Aufl.,München 1994

Kremin-Buch, Beate: Internationale Rechnungslegung, 2. Aufl., Wiesbaden 2002

Kresse, Werner / Kotsch-Faßhauer, Lieselotte / Leuz, Norbert: Neues Bilanzieren, Prüfen und Buchen nach dem Bilanzrichtlinien-Gesetz, 2. Aufl., Stuttgart [u.a.] 1988

Küting, Karlheinz / Weber, Claus-Peter: Die Bilanzanalyse, 6. Aufl., Stuttgart 2001

Lachnit, L.: Externe Erfolgsanalyse auf der Grundlage der GuV nach dem Gesamtkosten-verfahren, Oldenburg 1990

Leffson, Ulrich: Bilanzanalyse, 3. Aufl., Stuttgart 1984

Meyer, Claus: Bilanzierung nach Handels- und Steuerrecht, 13. Aufl., Herne/Berlin 2001

Moxter, Adolf: Bilanzlehre, Bd. 1: Einführung in die Bilanztheorie, 3. Auflage, Wiesbaden 1984, Bd. 2: Einf. In das neue Bilanzrecht, 3. Auflage, Wiesbaden 1986 (Nachdruck Bd. 1 und 2: 1991)

Rehkugler, Heinz: Bilanzanalyse, 4. Aufl., München/Wien 1998

Schildbach, Thomas: Der handelsrechtliche Jahresabschluß, 6. Aufl., Herne/Berlin 2000

Schildbach, Thomas: Der Konzernabschluß nach HGB, IAS und US-GAAP, 6. Aufl., München/Wien 2001

Schmalenbach, Eugen: Dynamische Bilanz, 13. Aufl., Köln, 1962 (Nachdruck 1988)

Schmolke, Siegfried / Deitermann, Manfred: Industrielles Rechnungswesen (IKR, EURO), 30. Aufl., Darmstadt 2002

Schöttler, Jürgen / Spulak, Reinhard: Technik des betrieblichen Rechnungswesens, 9. Aufl., München/Wien 2002 (dazu erschienen: Übungsbuch)

Schott, Gerhard: Kennzahlen – Instrument der Unternehmensführung, 6. Aufl., Wiesbaden 1991

Schult, Eberhard: Bilanzanalyse, 10. Aufl., Berlin 1999

Seicht, Gerhard: Bilanztheorien, Würzburg/Wien 1982

Seicht, Gerhard: Buchhaltungs- und Bilanzierungsprobleme, 8. Aufl., Wien 1991

Selchert, Friedrich W. / Erhardt, Martin: Internationale Rechnungslegung – Der Jahresab-schluß nach HGB, IAS und US-GAAP, 2. Aufl., München/Wien 1999

Wöhe, Günter: Betriebswirtschaftliche Steuerlehre, Bd. I/2: Der Einfluß der Besteuerung auf das Rechnungswesen des Betriebes. Steuerbilanz, Vermögensaufstellung, steuerliche Betriebsprüfung, 7. Aufl., München 1992

Wöhe, Günter: Bilanzierung und Bilanzpolitik – Betriebswirtschaftlich, handelsrechtlich, steuerrechtlich, 9. Aufl., München 1997

Wörner, Georg: Handels- und Steuerbilanz nach neuem Recht, 6. Aufl., Landsberg/Lech 2000

Wysocki, Klaus v.: Sozialbilanzen, Stuttgart/New York 1981

Zdrowomyslaw, Norbert: Jahresabschluss und Jahresabschlussanalyse, München/Wien 2001

B. Kosten- und Leistungsrechnung

v. Univ.-Prof. Dipl.-Kfm. Hans-Peter Fries,
Univ.-Prof. Dr. Gero Hoch und
Univ.-Prof. Dr.-Ing. Werner Zimmermann

1. Einführung in die betriebswirtschaftliche Kostenlehre

1.1. Kostentheorie und Kostenrechnung als Bestandteile der Kostenlehre

Kostentheorie und Kostenrechnung sind gleichermaßen die Elemente der betriebswirtschaftlichen Kostenlehre, welche die Erfassung und Analyse des Kostenbegriffs sowie der Kosten und ihrer Einflußgrößen in der betrieblichen Wirklichkeit zum Gegenstand hat. Die Kosten sind somit der Kernbegriff der Kostenlehre.

Das Ziel der **Kostentheorie** besteht darin, die Abhängigkeit der Kosten von einer oder mehreren Kosteneinflussgrößen zu bestimmen. Traditionelle Erklärungsmodelle beschränken sich dabei auf den Zusammenhang zwischen den Produktionskosten und der Ausbringungsmenge (Beschäftigung), der in einer Kostenfunktion ausgedrückt wird[1].

*Die **Kostenfunktion** gibt die funktionale Abhängigkeit der Gesamtkosten K von alternativ möglichen Ausbringungsmengen x wieder und lautet*

$$K (x) = f (x).$$

Darüber hinaus untersucht und erklärt die analytische Kostentheorie die Höhe der Kosten - mittels isolierender Abstraktion - auch in Abhängigkeit von anderen Kostendeterminanten. Folgende **Hauptkosteneinflussgrößen** bestimmen das Kostenniveau eines Betriebes:

- *Beschäftigung (Proportionen der Produktionsfaktoren[2]),*
- *Faktorqualitäten,*
- *Faktorpreise,*
- *Betriebsgröße* und
- *Fertigungsprogramm.*

Die **Kosten- (und Leistungs-)rechnung** ist ein Teil des Rechnungswesens und somit Gegenstand dieses Buches.

1.2. Wesen, Aufgaben und Teilbereiche der Kosten- und Leistungsrechnung

Das Rechnungswesen stellt ein Informations- und Kontrollinstrument dar, das für das moderne Management unentbehrlich ist. Jedoch sind - wie bereits dargestellt[3] -

---

[1] Einzelheiten hierzu s. H.-P. Fries, Betriebswirtschaftslehre des Industriebetriebes (BWL), 5. Aufl., München/Wien 1999, S. 147 ff.

[2] Betriebswirtschaftliche **Produktionsfaktoren** im elementaren Sinne sind menschliche Arbeit, Betriebsmittel und Werkstoffe (Roh-, Hilfs- und Betriebsstoffe); vgl. Kap. B 2.1.1.1.

[3] S. Kap. „Einführung: Grundbegriffe ..."

Inhalt und Aussage(fähigkeit) der beiden „Informationslieferanten" (Teilbereiche) Finanzbuchhaltung und Kosten- und Leistungsrechnung (Betriebsbuchhaltung) unterschiedlich.

Aufgaben der Finanzbuchhaltung sind:

- *Ermittlung des Unternehmenserfolges aus Ertrag und Aufwand,*
- *Nachweis des Vermögens und des eingesetzten Kapitals sowie deren Veränderungen.*

Ziele bzw. Aufgaben der Kosten- und Leistungsrechnung sind:

- *Ermittlung und Beurteilung des Betriebserfolges aus Leistungen und Kosten,*
- *Planung, Steuerung und Kontrolle des Betriebsgeschehens,*
- *Erfassung der Kosten je Leistungsperiode und ihre Verteilung auf Kostenstellen und Leistungseinheiten.*

Im folgenden sind einige relevante Unterschiede beider Abrechnungsbereiche zusammengefasst:

- Ihrem Wesen nach ist die Finanzbuchhaltung (pagatorische Buchführung) extern orientiert, d. h., sie erfasst die wirtschaftlichen Beziehungen zur Umwelt (Lieferanten, Kunden, Banken etc.), indem sie alle auf Zahlungsvorgängen beruhenden Geschäftsvorfälle des Unternehmens verbucht. Dabei unterliegt sie handels- und steuerrechtlichen Vorschriften. Das Ergebnis dieser fortlaufenden Aufzeichnungen ist der Jahresabschluss mit den Bestandteilen Bilanz und Gewinn- und Verlustrechnung. Die Kosten- und Leistungsrechnung (Betriebsbuchführung, kalkulatorische Buchführung) ist dagegen eine interne Rechnung, d. h., sie zeichnet die innerbetrieblichen Vorgänge auf. Dabei ist sie nicht an handels- und steuerrechtliche Vorschriften gebunden.
- Demzufolge lässt ein positiver Unternehmenserfolg noch nicht ohne weiteres auf einen positiven Betriebserfolg schließen. Der Unternehmenserfolg wird auch von anderen, oft mehr zufälligen Einflüssen bestimmt, die nicht von der Leistung des Betriebs abhängen (z. B. von Absatz und Preisschwankungen, neutralen Aufwendungen und Erträgen). Die Kosten- und Leistungsrechnung eliminiert solche „Außeneinflüsse", z. B. unterschiedliche steuerliche Behandlung der Geschäftsführervergütungen durch kalkulatorische Unternehmerlöhne, Marktpreisschwankungen durch feste Fabrikverrechnungspreise.
- Die Finanzbuchhaltung ist eine Jahresrechnung. Die Kosten- und Leistungsrechnung ermöglicht als kurzfristige, möglichst monatliche Rechnung ein schnelleres Erkennen und Reagieren auf Veränderungen.
- Der im Jahresabschluss (GuV) ausgewiesene Unternehmenserfolg entspricht nicht der objektiven Wahrheit, d. h., aus finanz-, steuer- und geschäftspolitischen Erwägungen oder aus kaufmännischer Vorsicht ist der Erfolg meist niedriger (seltener aber auch höher) ausgewiesen als er „tatsächlich" ist[4].

Weil das betriebliche Geschehen, d. h., die Erstellung und Verwertung betrieblicher Leistungen, das „Standbein" des Unternehmens ist, bedarf es vor allem einer ständigen Beobachtung und Kontrolle durch die Kosten- und Leistungsrechnung.

Die *Teilbereiche* der Kosten- und Leistungsrechnung zeigt das folgende Schema:

---

[4] Vgl. S. 58 und 86 f.

Kosten- und Leistungsrechnung	
Betriebsabrechnung (Zeitraumrechnung) • Kostenartenrechnung • Kostenstellenrechnung • Kostenträger*zeit*rechnung, (Betriebsergebnisrechnung, Kurzfristige Erfolgsrechnung)	**Kalkulation** (Objektrechnung) • Kostenträger*stück*rechnung (Selbstkostenrechnung, Leistungs- einheitsrechnung)

Die *funktionale Verknüpfung der Aufgaben und Teilbereiche* der Kosten- und Leistungsrechnung ist in Bild B 1 dargestellt.

Bild B 1: Schematische Darstellung der Aufgaben der Betriebsabrechnung und Kalkulation

Die Aufgaben, die von den Teilbereichen zu erfüllen sind, können auch durch drei Fragestellungen umschrieben werden:

Bereich	Fragestellung	Beispiel
Kostenarten-rechnung	Welche Kosten sind angefallen?	Materialkosten, Fertigungs-lohn, Energiekosten
Kostenstellen-rechnung	Wo sind die Kosten angefallen?	Materialbeschaffung, Stan-zerei, Fertigungsplanung
Kostenträger-rechnung	Wofür sind die Kosten angefallen?	Motor LB 801, Kommis-sion 4711, Maschine 0817

1.3. Kosten als Kernbegriff der Kostenlehre

1.3.1. Begriff, Wesen und Abgrenzung der Kosten

Die Rechnungsgrößen Kosten und Leistungen als betriebsbezogene Kategorien wurden bereits im 1. Abschnitt dieses Buches definiert, erläutert und von den unternehmensbezogenen Rechengrößen Aufwand und Ertrag sowie von den Kategorien Ausgaben und Einnahmen der Geldrechnung abgegrenzt. Wegen der grundlegenden Bedeutung für das Verständnis der Kostentheorie und Kostenrechnung soll das Wesen der Kosten nochmals herausgestellt werden.

Kosten[5] sind der durch die betriebliche Leistungserstellung (und -verwertung) verursachte, mit den Faktorpreisen bewertete Verzehr bzw. Verbrauch an Produktionsfaktoren.

Dieser wertmäßige Kostenbegriff hat eine Mengen- und eine Wert-Komponente und wird durch die *Kriterien*
- Faktorverbrauch,
- Bewertung,
- Betriebs- bzw. Leistungsbezogenheit

inhaltlich eindeutig definiert.

In dieser Definition der *Mengenkosten* sind die sog. *Geldkosten,* auch Kosten der menschlichen Gesellschaft genannt, wie öffentliche Abgaben, Steuern, Versicherungsprämien etc., die nicht direkt durch den mengenmäßigen Güterverzehr entstehen, sondern eher Zwangscharakter haben, noch nicht enthalten. Sie sind zusätzlich in den Kostenbegriff einzubeziehen.

In der Praxis der Kostenrechnung ist die Grenze zwischen *betriebsbedingtem* und *betriebsfremdem* Werteverzehr oft fließend, d. h. die Zuordnung von Verbräuchen zum Betrieb oder Unternehmen häufig eine Ermessensfrage.

Aufwendungen für Werkswohnungen sind normalerweise betriebsfremde Aufwendungen. Sie können jedoch z. B. dann betriebsbedingten Charakter haben, wenn die Erstellung der Werkswohnungen notwendig war, um genügend Arbeitskräfte für den Betrieb zu gewinnen.

Eindeutig betriebsfremd sind jedoch Aufwendungen, die in keinem organischen Zusammenhang mit der Leistungserstellung stehen, wie z. B. Schenkungen, Stiftungen, Repräsentationsaufwendungen ohne werbenden Charakter, Verluste aus An- und Verkauf von Wertpapieren, Reparaturen an nicht-betriebsnotwendigen Gebäuden.

Die Abgrenzung zwischen *betriebsgewöhnlichem* und (sachlich) *außerordentlichem* sowie *periodenfremdem* Werteverzehr ist dagegen meist eindeutig.

So gehören z. B. Aufwendungen für außerordentliche Schadensfälle, Debitorenausfälle, Verluste aus Anlagenabgängen, gerichtliche Strafen nicht zum normalen Gang des Betriebsgeschehens. Sie haben zwar u. U. eine Affinität zum Betrieb, sind aber sachlich oder zeitlich so außergewöhnlich, dass sie nicht in die periodischen Kosten(rechnungen) einbezogen werden können.

Ebenso sind z. B. Ausgaben für die Beschaffung von Anlagen und Maschinen keine Kosten; solche Anschaffungsbeträge sind in der Bilanz zu aktivieren und werden erst später über die jährlichen Abschreibungen (Wertminderungen) zu Kosten.

1.3.2. Gliederung der Kosten

1.3.2.1. Kriterien für die Gliederung der Kosten

Wegen der Vielzahl unterschiedlicher Kostenarten ist eine sinnvolle Gliederung erforderlich. Diese setzt zweckmäßige Gliederungskriterien voraus. Im folgenden sind Kostenarten in Abhängigkeit von ihren Einteilungskriterien aufgeführt.

---

[5] **Unkosten** (entsprechend der Negationsbedeutung der Vorsilbe „Un" = *Nicht*-Kosten) beinhalten immanent einen unauflösbaren Widerspruch, sind also Unsinn und folglich aus der deutschen Sprache auszumerzen.

Kosten lassen sich typisieren
- nach dem Verhalten bei Beschäftigungsveränderung ⇒
  - fixe Kosten
  - variable Kosten
- nach der Bezugsbasis der Kosten ⇒
  - Perioden- bzw. Gesamtkosten (bezogen auf eine Periode bzw. den Betrieb)
  - Stückkosten bzw. Durchschnittskosten (bezogen auf eine Leistungseinheit)
  - Grenzkosten (bezogen auf die letzte gefertigte Leistungseinheit)
- nach der Zurechenbarkeit auf die Kostenträger ⇒
  - Einzelkosten (direkte Kosten)
  - Gemeinkosten (indirekte Kosten)
- nach dem Umfang der in der Kalkulation verrechneten Kosten[6] ⇒
  - Vollkosten
  - Teilkosten
- nach der Erfassung des Werteverzehrs in Finanz- und Betriebsbuchhaltung
  sowie nach der Ausgabenwirksamkeit ⇒
  - Grundkosten (= Zweckaufwand in der Finanzbuchhaltung)
  - kalkulatorischen Kosten (nur in der Betriebsbuchhaltung)
- nach der Entstehungsursache bzw. dem Verbrauch an Produktionsfaktoren und
  sonstigen Gütern und Dienstleistungen ⇒
  - Personalkosten
  - Betriebsmittelkosten
  - Materialkosten
  - Kapitalkosten
  - Abgaben, Gebühren etc. (= Kosten der menschlichen Gesellschaft)
- nach dem Entstehungsort bzw. dem verursachenden Funktionsbereich ⇒
  - Beschaffungskosten
  - Fertigungskosten
  - Vertriebskosten
  - Verwaltungskosten
- nach dem Grad der Bereinigung von Zufällen[7] ⇒
  - Istkosten
  - Normalkosten
  - Plankosten
- nach der Häufigkeit des Auftretens ⇒
  - einmalige Kosten
  - laufende Kosten

Einige für die Kostenlehre besonders relevante Kostenkategorien werden im folgenden erläutert.

---

[6] S. Kap. B 3. und 4.
[7] S. Kap. B 6.

1.3.2.2. Typisierung der Kosten nach dem Verhalten bei Beschäftigungsschwankungen

(1) Kapazität und Beschäftigung

Für das Verständnis des Verhaltens der Kosten bei Beschäftigungsschwankungen sind zunächst die Begriffe Kapazität und Beschäftigung zu erläutern und voneinander abzugrenzen.

*Die **Kapazität** eines Betriebes (Betriebsgröße) ist sein **Leistungspotential** in quantitativer und qualitativer Hinsicht je Zeiteinheit (Periodenkapazität) und wird bestimmt*
- *durch die Kapazitäten (Leistungsvermögen) der produktionstechnischen Anlagen (Betriebsmittel),*
- *durch die Leistungsfähigkeit der Arbeitskräfte.*

Während die Kapazität eines einzelnen Betriebsmittels (z. B. einer Maschine) ziemlich genau bestimmbar ist, handelt es sich bei der Gesamtkapazität des Betriebes um eine vage, additive Größe, weil die Einzelkapazitäten der Betriebsmittel oder Betriebsteile nicht immer „harmonisch" aufeinander abzustimmen sind und sich dadurch Engpassbereiche ergeben.

Folgende Kapazitätsbegriffe sind zu unterscheiden:

- **Qualitative Kapazität**
  Eigenart und Güte der Leistungen, die ein Betriebsmittel abzugeben in der Lage ist.
- **Quantitative Kapazität**
  - *Maximale Kapazität* - Obergrenze des Leistungsvermögens je Zeiteinheit auf Grund technischer Gegebenheiten,
  - *Minimale Kapazität* - Mindestleistung (z.B. Mindestdrehzahl), ab der eine Maschine arbeitsfähig ist; meistens nicht so präzise bestimmbar wie die Maximalkapazität,
  - *Optimale Kapazität* - Leistungsvermögen eines Betriebsmittels, bei dem der technische Wirkungsgrad am günstigsten ist, d. h. Verschleiß und Energieverbrauch und damit die Kosten je Leistungseinheit am niedrigsten sind.

Maximal- und Minimalkapazität sind *technische Kapazitätsbegriffe*, die Optimalkapazität ist eine *wirtschaftliche Größe*; sie liegt gewöhnlich unter der technischen Maximalkapazität.

Kapazität und Beschäftigung sind streng voneinander zu trennen.

*Die **Beschäftigung** drückt die effektive **Auslastung** bzw. Inanspruchnahme des Leistungspotentials von Betrieben, Betriebsmitteln oder Betriebsmittelkombinationen zu einem bestimmten Zeitpunkt aus.*

Der Maßstab für die Beschäftigung ist die Ausbringung (Output, Ausstoß), d. h. die Produktionsmenge gemessen in Stückzahl, Gewicht oder anderen Dimensionen. Das Verhältnis von Kapazität und Beschäftigung gibt der **Beschäftigungsgrad** oder **Kapazitätsausnutzungsgrad** wieder:

$$\text{Kapazitätsausnutzungsgrad (in \%)} = \frac{\text{Ist - Produktionsmenge} \cdot 100}{\text{mögliche Erzeugungsmenge}}$$

Bei jeder Angabe des Kapazitätsausnutzungsgrades muss vermerkt werden, ob der Beschäftigungsgrad auf die maximale oder die optimale Kapazität bezogen ist.

(2) Fixe und variable Kosten

Betriebsgröße und Beschäftigung sind Hauptkosteneinflussgrößen, denen die betriebswirtschaftliche Kostenanalyse besondere Aufmerksamkeit widmet. Nach ihrem *Verhalten bei Änderungen der Beschäftigung* bzw. der Kapazitätsausnutzung sind zwei Kostenkategorien zu unterscheiden:

Fixe Kosten werden durch die gewählte Betriebsgröße, d. h. das für einen bestimmtem Zeitraum zur Verfügung stehende Leistungspotential verursacht und sind vom Beschäftigungsgrad unabhängig konstant. Sie werden deshalb auch Kosten der Betriebsbereitschaft, Kapazitätskosten oder Zeitkosten genannt. Hierzu gehören z. B. Gehälter, Abschreibungen, Zinsen, Mieten.

Variable Kosten steigen oder fallen bei Beschäftigungsschwankungen, und zwar proportional, progressiv oder degressiv. Da sie von der Leistungserzeugung (Ausbringungsmenge) abhängig sind, werden sie auch als Mengenkosten bezeichnet. Hierzu gehören z. B. Fertigungsmaterial, Fertigungslöhne, Energiekosten.

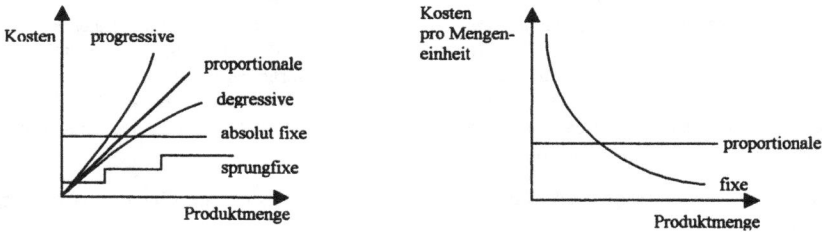

Bild B 2:   Kostenverläufe in Abhängigkeit von der Kapazitätsausnutzung

Nach der Inanspruchnahme der Betriebsbereitschaft lassen sich die Fixkosten gedanklich bzw. verrechnungstechnisch aufteilen in:

- **Leerkosten (Stillstandkosten)**, d. h. Fixkosten der nicht genutzten Kapazität, und
- **Nutzkosten (Beschäftigungskosten)**, d. h. Fixkosten der genutzten Kapazität.

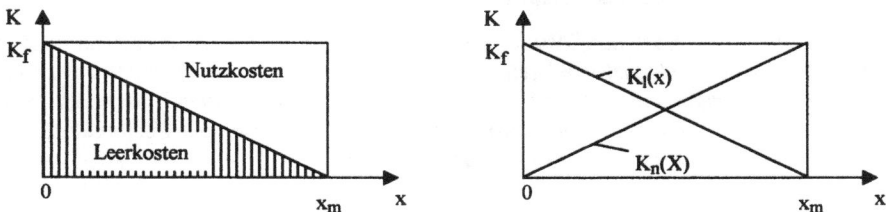

Bild B 3:   Aufspaltung der Fixkosten in Nutz- und Leerkosten

Je mehr die Kapazität genutzt wird, desto mehr verwandeln sich Leerkosten in Nutzkosten und umgekehrt. Diese Erkenntnis muss zu dem Fazit führen, dass

Leerkosten in der Kalkulation nicht auf die Kostenträger (Produkte) verrechnet werden dürften.

Entsprechend der mehr oder weniger begrenzten Teilbarkeit der Produktionsfaktoren sind bei den Fixkosten weitere zwei Gruppen zu unterscheiden (siehe Bild B 2):

- **Absolut fixe Kosten** sind bezogen auf eine Abrechnungsperiode unveränderlich, z. B. Jahresgehalt eines Geschäftsführers, Gebäudeabschreibungen, Zinsen.
- **Relativ fixe (intervallfixe, sprungfixe) Kosten** können bei Beschäftigungsschwankungen in Sprüngen angepasst werden, z. B. Anschaffung einer zusätzlichen Maschine, Einstellung eines weiteren Meisters.

Die Intervallbreite dieser Kosten bestimmt sich nach der Kapazität des entsprechenden Produktionsfaktors, die Sprunghöhe nach dem Faktorpreis (pro Periode).

Bezüglich des Verlaufes der variablen Kosten ist auf das Phänomen der sog. **Kostenremanenz** hinzuweisen, nämlich die Erscheinung, dass bei rückläufiger Beschäftigung die Kosten häufig nicht in dem gleichen Maße sinken, wie sie bei zunehmender Beschäftigung steigen. Die Gründe dafür, dass der Kostenabbau sehr viel träger erfolgt als der Kostenanstieg, liegen insbesondere im Personalbereich und können sowohl psychologischer, organisatorischer als auch rechtlicher Natur sein.

Mögliche Gründe der Kostenremanenz: Der Betriebsangehörige ist bei nachlassender Produktion geneigt, die Arbeit zu ,,strecken". - Die Betriebsleitung wird versuchen, die Belegschaft zu halten, weil ansonsten nach Überwindung der von ihr als temporär angesehenen Schwierigkeiten wieder Arbeitskräfte gesucht werden müssten. - Der evtl. Absicht, den Arbeitskräftebedarf der schlechten Auftragslage anzupassen, stehen meist arbeitsrechtliche Kündigungsfristen oder sonstige Schutzvorschriften entgegen.

Durch Addition der fixen und variablen Kosten ergeben sich die Gesamtkosten des Betriebes.

(3) Kostenauflösung

Für die Zerlegung der Gesamtkosten oder auch einzelner Kostenarten in ihre fixen (zeitabhängigen) und variablen (leistungsabhängigen) Bestandteile gibt es mehrere Methoden; allen ist gemeinsam, dass lineare Abhängigkeit zwischen Kosten und Leistungen unterstellt wird oder, anders formuliert, dass sie nur bei linearen Kostenverläufen zu sinnvollen Ergebnissen führen.

Die buchmäßige Kostenauflösung

Die buchmäßige Kostenauflösung basiert auf der Beobachtung vergangener Zeitperioden; jede Kostenart wird getrennt durch Vergleich der tabellarisch zusammen gefassten Vergangenheitswerte hinsichtlich ihres Charakters überprüft und, entweder ganz oder aber aufgesplittet in fixe und proportionale Bestandteile, den beiden Kategorien fix *oder* variabel *zugeordnet.*

Beispiel B 1: *Buchmäßige Kostenauflösung*

Wird bei einem Beschäftigungsanstieg von 10 % bei den Gehältern ein Kostenanstieg von nur 2 % festgestellt, so wird daraus geschlossen, dass 20 % der Gehälter als variabel und 80 % als fix anzusehen sind.

Das Ergebnis der Analyse in einem speziellen Fall (Umsatz 20 Mill. EUR) könnte dann wie folgt aussehen:

Kostenart	Kosten in Mio. EUR	davon fix	variabel
Fertigungsmaterial	7	–	100 %
Fertigungslöhne	3	–	100 %
Gehälter	2	80 %	20 %
Hilfslöhne	1,5	20 %	80 %
Hilfsmaterial	0,5	25 %	75 %
Abschreibungen	1,5	70 %	30 %
Zinsen	0,5	100 %	–
Instandhaltung	0,8	30 %	70 %
Energie	0,5	10 %	90 %

Die buchmäßige Kostenauflösung auf der Basis der unbereinigten Istzahlen der Vergangenheit birgt jedoch die Gefahr in sich, dass Unwirtschaftlichkeiten und „Schlendrian" der Vergangenheit nicht aufgedeckt werden, sondern sogar als Rechnungsgrundlage für die Zukunft verwendet werden, wenn man die Daten zu Planungszwecken benutzt.

Deshalb empfiehlt sich für alle zukunftsorientierten Rechnungen und für die Plankostenrechnung, das Zeit- und Mengengerüst jeder Kostenart und Kostenstelle aufgrund von systematischen Kostenanalysen sorgfältig durchzuplanen und die Kostenauflösung anhand von quantifizierten Verbrauchsmengen durchzuführen.

In der **Plankostenrechnung**[8] ist es üblich, den **Variator** als Maß für das Kostenverhalten zu verwenden.

Der Variator V gibt an, wie viel Prozent der Kosten sich proportional zur Bezugsgröße Beschäftigungsgrad verhalten; der Variator wird üblicherweise auf eine Beschäftigungsgrad-Änderung von 10 Prozent bezogen.

V = 0　　besagt, dass sich sämtliche Kosten absolut fix verhalten; sie reagieren nicht auf eine Beschäftigungsänderung.

V = 10　　bedeutet absolute Proportionalität zwischen Kosten und Beschäftigung; die Kosten verändern sich proportional zur Beschäftigungsänderung.

V = 6　　besagt, dass bei einer 10 %-igen Beschäftigungsänderung eine 6 %-ige Kostenänderung beobachtet wurde, d. h., 60 % der Kosten sind variabel und 40 % sind fix.

Die mathematische Kostenauflösung

*Bei der mathematischen Kostenauflösung wird die Kostenfunktion rechnerisch ermittelt (**rechnerische Methode**) oder aber der Kostenverlauf im Diagramm dargestellt (**graphische Methode**).*

Bei der **rechnerischen Methode** liefert die analytische Trendberechnung mittels de[r] **Regressionsanalyse** eindeutige Ergebnisse, da hierbei alle gemessenen Wertepaar[e] (Ausbringung / Kosten) berücksichtigt werden. Das Ziel der Regressionsanalyse i[st] die Abhängigkeit einer metrischen Variablen von mehreren anderen (metrische[n] Variablen zu untersuchen. Dies wird erreicht durch Berechnung der s[...] **Ausgleichs- oder Regressionsgeraden**, die den Verlaufstrend angibt. Diese A[us]gleichsgerade, im vorstehenden Fall die Kostengerade, wird nach der **Methode**

---

[8] Vgl. Kapitel B 5.3.

kleinsten Quadrate berechnet. Nach dem Gauß'schen Prinzip der kleinsten Quadrate ist die Lage dieser Geraden dann richtig, wenn die Summe der Quadrate der Abstände aller Streu-(Ist-)Werte zu der zu ermittelnden Gerade ein Minimum ist und nicht die Summe der einfachen Werte.

Für eine Kostengerade der Form

$$K(x) = K_f + k_v \cdot x$$

ist die Abstandsquadratsumme dann ein Minimum, wenn für K_f und k_v bei n Wertepaaren folgende Normalgleichungen erfüllt sind:

(1) $n \cdot K_f + k_v \cdot \Sigma x_j = \Sigma K_j$

(2) $K_f \cdot \Sigma x_j + k_v \cdot \Sigma x_j^2 = \Sigma x_j \cdot K_j$ $(j = 1, 2, \ldots, n)$

Sind die Kosten K_j bei den unterschiedlichen Ausbringungen x_j gegeben, so lässt sich die Gleichung der Geraden bestimmen.

Beispiel B 2: *Mathematische Kostenauflösung - rechnerische Methode der kleinsten Quadrate*

Aus den Aufschreibungen aus 10 Abrechnungsperioden mit unterschiedlicher Beschäftigung ergab sich die in den folgenden Zahlenreihen zum Ausdruck gebrachte Abhängigkeit einer bestimmten Kostenart von der Ausbringung; die Kosten wurden bereits von allen Zufälligkeiten bereinigt; die Ausbringung ist durch den Produktionswert (Umsatz + Lagerbestandsveränderungen) angegeben.

Periode j	Kosten K_j in Mio. EUR	Ausbringung x_j Produktionswert in Mio EUR
1	13	45
2	13	50
	12	55
	14	60
	15	65
	16	70
	15	75
	15	80
	18	85
	19	90

nötigten Koeffizienten lassen sich zweckmäßigerweise tabellarisch ermitteln.

K_j	x_j^2	$x_j K_j$
13	2.025	585
13	2.500	650
12	3.025	660
14	3.600	840
15	4.225	975
16	4.900	1.120
15	5.625	1.125
15	6.400	1.200
18	7.225	1.530
9	8.100	1.710
	47.625	10.395

Damit lauten die Normalgleichungen:

(1) $10 K_f + 675 k_v = 150$

(2) $675 K_f + 47.625 k_v = 10.395$

Daraus ergibt sich

$k_v = 0,131$ Mio. EUR pro 1 Mio EUR Produktionswert

$K_f = 6,164$ Mio. EUR pro Periode

$K(x) = 6,164 + 0,131 \cdot x$ (Gleichung der Ausgleichsgeraden) .

Das einfachste rechnerische Verfahren der Kostenauflösung ist die **Zweipunkt-methode**, bei der aus allen vorhandenen Wertepaaren nur die Kosten K_1 und K_2 zweier Beschäftigungsniveaus (Ausbringungsmengen oder -werte) x_1 und x_2 ausgewählt werden. Dabei empfiehlt es sich, zwei möglichst weit auseinander liegende Beschäftigungsgrade zu wählen, die keine atypischen Kosten enthalten. Die gesuchten fixen und variablen Kosten ergeben sich wie folgt:

$$K_f = K_1 - k_v x_1 = K_2 - k_v x_2$$

$$k_v = \frac{K_2 - K_1}{x_2 - x_1} = \frac{\Delta K}{\Delta x}$$

Der Nachteil dieser Methode besteht in der subjektiven Auswahl der beiden Wertepaare, die folglich alle übrigen unberücksichtigt lässt

Beispiel B 3: *Mathematische Kostenauflösung - rechnerische Zweipunktmethode*

Für die in Beispiel B 2 gegebenen Werte ist die Kostenauflösung durchzuführen, wenn die Wertepaare der Perioden 1 und 10 ausgewählt werden.

$$k_v = \frac{19 - 13}{90 - 45} = 0,133$$

$K_f = 13 - 0,133 \cdot 45 = 19 - 0,133 \cdot 90 = 7,015$ Mio. Eur pro Periode

$K(x) = 7,015 + 0,133 \cdot x$ (Gleichung der Ausgleichsgeraden)

Bei der **graphischen Methode** werden die Kosten der vergangenen Perioden über den jeweiligen Beschäftigungswerten in einem sogenannten **Streupunkt-Diagramm** aufgetragen. Durch die so entstehende Punktwolke wird eine Ausgleichsgrade gelegt. Der Schnittpunkt dieser Geraden mit der Ordinaten gibt dann die fixen Kosten an, während die Steigung der Geraden das Maß für die variablen Kosten pro Beschäftigungseinheit ist.

Beispiel B 4: *Mathematische Kostenauflösung - graphische Methode*

Für die in Beispiel B 2 gegebenen Werte ist die Kostenauflösung graphisch durchzuführen.

Die graphische Methode ergibt das in Bild B 4 wiedergegene Streupunkt-Diagramm. Dabei werden zunächst die gegebenen Zustände in ein Kosten-Leistungs-Diagramm eingetragen (Rauten in Bild B 4). Als Hilfe für das Einzeichnen der Kostengeraden empfiehlt es sich, den Mittelwert der Kosten und auch der Ausbringungswerte zu bestimmen; dadurch erhält man den Mittelwert der Punktwolke (Kreis in Bild B 4), durch den die Ausgleichsgerade nach Augenmaß gelegt werden kann.

Mittelwert der Kosten $\overline{K} = 1/n \ \Sigma K_j = 15$ Mio. EUR/Periode

Mittelwert der Ausbringung $\overline{x} = 1/n \ \Sigma x_j = 67,5$ Mio. EUR/Periode

Die Ausgleichsgerade schneidet die Ordinate (Kostenachse) bei 6 Mio. EUR; die fixen Kosten betragen somit $K_f = 6$ Mio. EUR/Periode.

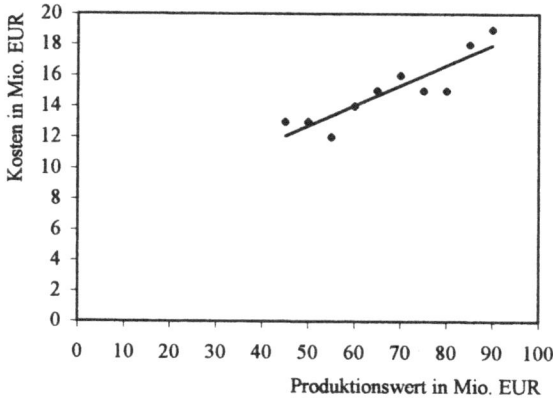

Bild B 4 : Darstellung des Kostenverlaufes

Die variablen Kosten ergeben sich für jede Beschäftigung x_j aus

$$K_{j,v} = K_j - K_f$$

z. B. $K_{j,v} = 15 - 6 = 9$ Mio. EUR/Periode bei einem Produktionswert von $x_j = 67,5$ Mio. EUR. Die variablen Kosten pro Mio. EUR Produktionswert sind

$$k_v = K_{j,v}/\bar{x} = 9 \text{ Mio.}/67,5 = 0,133 \text{ Mio. EUR}/1 \text{ Mio. EUR Produktionswert}$$

Die Kostenfunktion lautet also

$$K(x) = 6 + 0,133 \, x$$

Diese Ergebnisse gelten selbstverständlich streng genommen nur für den Beschäftigungsbereich zwischen 45 und 90 Mio EUR Produktionswert.

In den meisten Fällen wird die graphische Methode hinreichend genau sein. Wenn man bedenkt, dass außer dem Beschäftigungsgrad auch andere Kosteneinflussfaktoren die in die Rechnung eingehenden Zahlen der Vergangenheit geprägt und beeinflusst haben (z. B. Preisschwankungen, Kostensprünge bei Kapazitätserhöhungen, Kostenremanenz bei rückläufiger Beschäftigung), dann ist das Fazit zulässig, dass sich bei so problematischen Ausgangswerten auch durch Verwendung eines aufwendigen Verfahrens kein wesentlich exakteres Ergebnis erzielen lässt.

1.3.2.3. Typisierung der Kosten nach der Bezugsbasis

● **Gesamt- bzw. Periodenkosten**

*Die **Gesamtkosten** K (des Betriebes) ergeben sich aus der Addition der fixen und variablen Kosten ($K_v + K_f$) und beziehen sich auf eine **Rechnungsperiode**.*

Entsprechend den - in der Produktions- und Kostentheorie entwickelten - Produktions- und Kostenfunktionen gelten in der landwirtschaftlichen Erzeugung (umgekehrt) S-förmige Gesamtkostenverläufe (Typ A) und in der industriellen

Produktion lineare Gesamtkostenverläufe (Typ B) als repräsentativ, letztere insbes. innerhalb der engen Schwankungsbereiche der Beschäftigung in der industriellen Praxis[9].

- **Durchschnittskosten**

*Dividiert man die Gesamtkosten K einer Rechnungsperiode durch die in dieser Periode erzeugte Produktmenge x, so erhält man die **Durchschnittskosten k** (auch **Stückkosten** genannt), d.h. die Kosten bezogen auf eine **Leistungseinheit**.*

Ebenso wie die Gesamtkosten K lassen sich auch die variablen Gesamtkosten K_v und die Fixkosten K_f auf eine Leistungseinheit beziehen.

Die Gesamt-Durchschnittskosten sind definiert

$$k = K/x \ ,$$

die variablen Durchschnittskosten

$$k_v = K_v/x \ ,$$

die fixen Durchschnittskosten

$$k_f = K_f/x \ .$$

- **Grenzkosten**

*Grenzkosten K' sind die Kosten **der letzten zusätzlich produzierten Produkteinheit**. Man bestimmt die Grenzkosten, indem man die Produktionsmenge um eine Einheit erhöht und dafür den Kostenzuwachs ermittelt.*

$$K' = \frac{dK}{dx}$$

Grenzkosten (Zuwachskosten) sind somit das Maß der Veränderung der (variablen) Kosten und beziehen sich auf die letzte zusätzlich gefertigte Leistungseinheit. Sie ergeben sich analytisch durch Differenzierung der Gesamtkostenfunktion nach x.

Eine (umgekehrt) *S-förmige Gesamtkostenkurve* mit ihrer zugehörigen Durchschnitts- und Grenzkostenkurve ist unter Einbeziehung einer Erlöskurve der Form E (x) = px in Bild B 5 abgebildet. Es entspricht dem nachfolgenden Beispiel B 5.

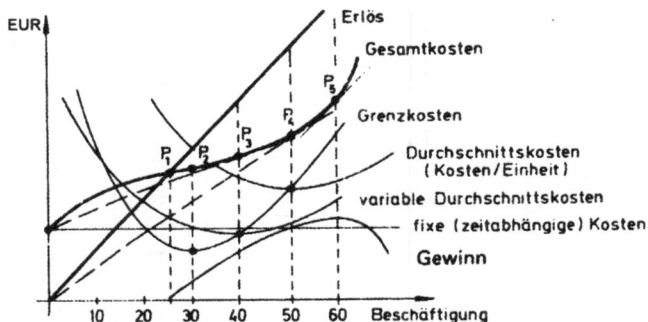

Bild B 5: Kritische Punkte bei S-förmigem Gesamtkostenverlauf

---

[9] Einzelheiten hierzu s. H.-P. Fries, a.a.O. (BWL), S. 151 ff.

Aus der Konstellation dieser Kurven ergeben sich folgende **kritische Punkte** von betriebswirtschaftlicher Relevanz:

(1) **Gewinnschwelle** (Break-even-point) bei E = K

(2) **Grenzkostenminimum** unter dem Wendepunkt von K

(3) **Minimum der variablen Durchschnittskosten** bei $k_{v\,(min)} = K'$

Dieser Punkt stellt die **absolute Preisuntergrenze** dar. Sinkt der Preis unter dieses Minimum, dann ist der Betrieb schon *kurzfristig* nicht mehr existenzfähig, da nicht einmal die variablen Kosten je Produkteinheit gedeckt werden.

(4) **Stückkostenminimum** oder **Minimum der Gesamt-Durchschnittskosten** bei

$k_{(min)} = K'$

Dieser Punkt bedeutet die *langfristige Preisuntergrenze*, da auf lange Sicht der Betrieb nur lebensfähig ist, wenn alle Kosten durch den Preis gedeckt werden.

(5) **Gewinnmaximum** bei E' = K'

Das Kriterium für die gewinnmaximale Ausbringung ist also die Gleichheit von Grenzerlös und Grenzkosten. Sie impliziert den größten Abstand zwischen E und K. Das heißt mit anderen Worten: Solange der Grenzerlös eines Produktes noch höher ist als die Grenzkosten dieses Produktes, ist eine Ausweitung der Produktion noch zweckmäßig, da das Gewinnmaximum noch nicht erreicht ist.

In Bild B 5 ist das Gewinnmaximum definiert durch den Berührungspunkt einer parallel zur Erlösgeraden an die Gesamtkostenkurve verschobenen Tangente.

Beispiel B 5: *Kurvendiskussion bei S-förmigem Gesamtkostenverlauf*

Gegeben sind die fixen und variablen Kosten sowie die Erlöse bei verschiedenen Beschäftigungsgraden; zu ermitteln und graphisch darzustellen sind Gewinn und Kostenverläufe. Ferner sind die Kostenverläufe auf ihr jeweiliges Minimum hin zu untersuchen sowie das Gewinnmaximum festzustellen.

	gegebene Werte			errechnete Werte				
Beschäftigung x	Fixe Kosten K_f	Variable Kosten K_v	Erlös E (x)	Gesamt-Kosten K (x)	Gewinn G = E - K	Durchschn.-kosten K / x	Grenzkosten dK/dx	Variable ∅ - kosten K_v / x
1	800	50	60	850	- 790	850	-	50
10	800	350	600	1.150	- 550	115	33	35
20	800	600	1.200	1.400	- 200	70	25	30
30	800	800	1.800	1.600	+ 200	53,3	20	26,7
40	800	1.050	2.400	1.850	+ 550	46,2	25	26
50	800	1.400	3.000	2.200	+ 800	44	35	27,7
60	800	1.900	3.600	2.700	+ 900	45	50	31,5
70	800	2.600	4.200	3.400	+ 800	48,5	70	37
80	800	3.400	4.800	4.200	+ 600	52,5	80	43
90	800	4.500	5.400	5.300	+ 100	59	110	50

Es ergeben sich folgende kritische Punkte:

Gewinnschwelle bei einer Beschäftigung von x ≈ 25 (Punkt P_1 in Bild B 5).

Grenzkostenminimum bei x = 30 (Punkt P_2).

Minimum der variablen Durchschnittskosten bei x = 40 (Punkt P_3).

Minimum der Durchschnittskosten bei x = 50 (Punkt P_4).

Gewinnmaximum bei x = 60 (Punkt P_5).

Im Falle einer *linearen Gesamtkostenkurve* (Bild B 6) ergibt sich ein hyperbolischer Verlauf der Gesamt-Durchschnittskostenkurve (asymptotisch zur Abszisse) und ein horizontaler Verlauf der Grenzkosten. Die Grenzkosten entsprechen den variablen Durchschnittskosten ($K' = k_v = const.$). Das Gewinnmaximum und das „Minimum" der fixen Durchschnittskosten ergeben sich erst bei voller Auslastung der Betriebskapazität.

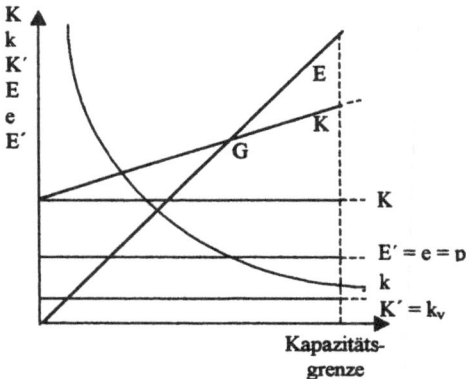

Erläuterungen:

K = Gesamtkosten

K_f = Gesamtfixkosten

k = Durchschnittskosten (gesamt)

k_v = Durchschnittskosten (variabel)

K' = Grenzkosten

E = Gesamterlös

e = Durchschnittserlös = Stückpreis

E' = Grenzerlös

G = Gewinnschwelle (Break-even-point)

x = Ausbringungs-, Produktmenge

Bild B 6: Linearer Gesamtkostenverlauf

1.3.2.4. Typisierung der Kosten nach der Zurechenbarkeit auf die Kostenträger

Als **Kostenträger** *werden die betrieblichen Leistungen (Produkte oder Aufträge) bezeichnet, für deren Herstellung die Kosten angefallen sind und die deshalb diese Kosten zu tragen haben.*

Hinsichtlich der Zurechenbarkeit von Kosten auf die Kostenträger ist zwischen Einzelkosten und Gemeinkosten zu unterscheiden.

Einzelkosten (direkte Kosten) können für jeden Kostenträger genau erfasst und direkt angelastet werden; Einzelkosten haben meistens variablen Charakter.

Zu ihnen gehören:

• Fertigungsmaterial - Material, das bei der Fertigung in die Produkte eingeht,

• Fertigungslöhne - Bruttolöhne vor Abzug von Versicherung und Steuer aller *direkt bei* der Herstellung absatzfähiger Produkte beschäftigten Arbeiter.

• Sondereinzelkosten - Kosten, die ausnahmsweise bei einzelnen Aufträgen entstehen, z. B. in der Fertigung (Spezialwerkzeuge, Modellkosten, Lizenzgebühren usw.), im Vertrieb (Ausgangsfrachten, Spezialverpackung, Verkaufsprovision, spezielle Reisekosten usw.), in der Entwicklung (Entwicklung spezieller Vorrichtungen oder Sonderausführungen usw.).

Gemeinkosten (indirekte Kosten), vom Laien oft als „Unkosten" bezeichnet, lassen eine direkte Verrechnung nicht zu, da sie nicht durch einzelne Kostenträger verursacht werden, sondern durch die Gesamtheit aller Kostenträger gemeinsam. Gemeinkosten können fixen oder variablen Charakter haben.

Ihre Verrechnung auf den Kostenträger erfolgt mittelbar, d. h. auf dem Umweg über die Kostenstellen.

Zu den Gemeinkosten gehören:

- **Materialgemeinkosten** - Kosten für das Material, das nicht Fertigungsmaterial ist und als solches nicht in das Erzeugnis direkt eingeht.

  Beispiele: Fertigungshilfsstoffe (Schweißelektroden, Farben usw.), Betriebsstoffe (Öle, Fette, Schutzbekleidung usw.), Elektromaterial (Kabel, Stecker, Birnen usw.), Verpackungsmaterial, Büromaterial, Energiestoffe (Koks, Heizöl, Karbid usw.), Baustoffe, Stoffe zur Anlageninstandsetzung, Material für Versuchs- und Entwicklungsarbeiten.

- **Personalgemeinkosten,** bestehend aus Gehältern, Hilfslöhnen und sozialen Aufwendungen.

  Zu den Hilfslöhnen zählen Löhne für Einrichten der Maschinen, Reinigung und Pflege, Löhne bei Betriebsstörungen, Löhne für Transport, Werksaufsicht, Feuerwehr, Lager- und Inventurarbeiten, Ausschuß und Nacharbeit, Urlaubs- und Feiertagslöhne, Überstundenzuschläge, Löhne für Instandhaltungs-, Versuchs- und Entwicklungsarbeiten. - Im Rahmen der Personalgemeinkosten darf bei Personenunternehmen der kalkulatorische Unternehmerlohn nicht vergessen werden.

- **Sonstige Gemeinkosten**

  Werkzeugverbrauch,
  Energie- und Wasserverbrauch,
  Mieten und Pachten,
  Instandhaltungs-Fremdleistungen,
  Steuern und öffentliche Abgaben,
  Versicherungen,
  Reisekosten und Repräsentationskosten,
  Werbung, Ausstellungen, Vertreterkosten,
  Gebühren, Beiträge, Rechts- und Beratungskosten,
  kalkulatorische Kosten (kalkulatorische Abschreibungen, Wagnisse, Zinsen),
  sonstige Gemeinkosten (Postkosten, Patent- und Lizenzkosten, Zeitungen und Zeitschriften, Bücher usw.).

In der Betriebsabrechnung fasst man die Gemeinkosten *nach dem Ort der Entstehung* gruppenweise zusammen in

- Materialgemeinkosten.
- Fertigungsgemeinkosten,
- Verwaltungsgemeinkosten,
- Vertriebsgemeinkosten.

1.3.2.5. Typisierung der Kosten nach dem Umfang der verrechneten Kosten

Unter diesem Kriterium ist zwischen Vollkosten und Teilkosten zu differenzieren[10].

---

[10] S. Kap. B 2.3. und B 4.

*Man spricht von **Vollkosten**, wenn alle Kosten, d. h. variable und fixe Kosten (bzw. Einzelkosten und Gemeinkosten) in die Berechnung der Selbstkosten eines Produktes oder des Betriebsergebnisses einbezogen werden.*

*Bei Berechnungen auf **Teilkosten-Basis** werden die fixen Kosten nicht einbezogen, weil eine verursachungsgerechte Verteilung der fixen Kosten nicht nur problematisch, sondern eigentlich unmöglich ist.*

In Vollkostenrechnungen sind die Fixkosten stückbezogen, in Teilkostenrechnungen dagegen periodenbezogen.

1.3.2.6. Typisierung der Kosten nach der Erfassung des Werteverzehrs in Finanz- und Betriebsbuchhaltung

Da die Finanzbuchhaltung als „externe" Rechnung handels- und steuerrechtliche Vorschriften beachten muss, ist die Erfassung der Werteverzehre meist nicht identisch mit der in der Kosten- und Leistungsrechnung (Betriebsbuchhaltung). Aus diesem Grund ist in der Kosten- und Leistungsrechnung zwischen Grundkosten und kalkulatorischen Kosten zu unterscheiden.

*Bei den **Grundkosten** handelt es sich um den betriebsbedingten und betriebsgewöhnlichen wertmäßigen Güter- und Dienstverzehr, der auch in der pagatorischen Finanzbuchhaltung als Zweckaufwand erfasst wird, weil er irgendwann auch zu Ausgaben führt bzw. geführt hat.*

Hierzu zählen alle bei der Leistungserstellung verarbeiteten Rohstoffe, Teile, Hilfs- und Betriebsstoffe, Löhne und Gehälter, alle die Betriebstätigkeit unterstützenden Dienstleistungen fremder Betriebe, alle Aufwendungen für Eigenfertigung und Reparatur von Betriebsmitteln und für Versuchs- bzw. Entwicklungsarbeiten, wenn dadurch betriebliche Leistungen ermöglicht, vorbereitet oder gefördert werden. Soweit auch bei wirtschaftlicher Führung eines Betriebes Ausschuss, Schwund, Abfall usw. anfällt, gehört auch dieser hierher.

*Bei den **kalkulatorische Kosten** handelt es sich um betriebsbedingten und betriebsgewöhnlichen wertmäßigen Güter- und Dienstverzehr, der nicht in der pagatorischen Finanzbuchhaltung erfasst wird, weil er nicht oder nicht in gleicher Höhe ausgabewirksam ist.*

Zu den kalkulatorischen Kosten gehören[11]:

- **Anderskosten** = aufwandsungleiche Kosten
  Es handelt sich um Werteverzehre, die in der Betriebsbuchhaltung anders (höher oder niedriger) angesetzt werden als in der Finanzbuchhaltung, z. B. kalkulatorische Abschreibungen.
- **Zusatzkosten** = aufwandslose Kosten
  Es handelt sich um Werteverzehre, denen der Aufwandscharakter fehlt und die deshalb in der Finanzbuchhaltung keine Berücksichtigung finden dürfen, z. B. kalkulatorische Zinsen, kalkulatorischer Unternehmerlohn.

---

[11] Zu den einzelnen Arten kalkulatorischer Kosten siehe Kap. B 2.1.2.

2. Betriebsabrechnung

2.1. Kostenartenrechnung

2.1.1. Aufgabe und Ablauf

2.1.1.1. Verbrauchserfassung und Bewertung

*Aufgabe der **Kostenartenrechnung** ist die nach Kostenarten getrennte, mengen- und wertmäßige Erfassung des betriebsbedingten Verzehrs an Gütern und Diensten einer Abrechnungsperiode (z. B. Monat).*

Eine präzise **Verbrauchserfassung** (Mengengerüst der Kosten) ist Vorrausetzung der anschließenden verursachungs- und periodengerechten Verteilung bzw. Verrechnung der Kosten. Sie erfordert deshalb eine zweckmäßige Betriebsorganisation (Betriebsaufbau, Arbeitsablauf und Belegfluss) und Formulargestaltung.

Entsprechend der Systematik betriebswirtschaftlicher Produktionsfaktoren ist in der Kostenartenrechnung folgende Gliederung üblich:

- Lohn- und Gehaltsabrechnung
- Betriebsmittel- bzw. Anlagenabrechnung
- Materialabrechnung

(1) Lohn- und Gehaltsabrechnung

*Die **Lohn- und Gehaltsabrechnung** hat die Erfassung, Abrechnung und Buchung der Arbeitsentgelte sowie der gesetzlichen und freiwilligen Abzüge zum Gegenstand.*

Dabei sind zu unterscheiden:

- die **Bruttolohnabrechnung**, d. h. Ermittlung der Löhne und Gehälter einschließlich Lohnsteuer und Sozialleistungen und ihre Verteilung auf die Kostenstellen,
- die **Nettolohnabrechnung**, d. h. Ermittlung der für jeden Beschäftigten auszuzahlenden Nettolohnbeträge nach Abzug von Sozialabgaben und Lohnsteuer.

Der Verbrauchserfassung in der Lohn- und Gehaltsabrechnung dienen Lohnscheine, Akkordzettel, Lohnstücklisten, Gehaltslisten, Stempelkarten, elektronische Zeiterfassungsgeräte u.a.

Lohnscheine enthalten den Namen und/oder die Nummer des Arbeiters, die Kostenstellen-Nummer des Arbeitsganges bzw. des Auftrags, Zeit- und Akkordangaben, Lohngruppe oder Akkordfaktor sowie Prüfvermerke.

Sie nehmen folgenden Weg durch den Betrieb:

- Ausstellung nach Arbeitsplänen in der Arbeitsvorbereitung,
- Vervollständigung mit den Arbeitsdaten in der Werkstatt oder Kostenstelle (Arbeiter X),
- Verwendung als Beleg für die Lohnabrechnung des Arbeiters X,
- Verwendung als Beleg für die Betriebsabrechnung und Kalkulation.

Zur Trennung von **Fertigungslohn** und **Gemeinkostenlohn** sind unterschiedlich gefärbte Scheine bzw. Karten angebracht.

Zur genaueren Analyse der Zusammensetzung des *Gemeinkostenlohnes* ist eine Aufteilung etwa folgender Art zu empfehlen:

Lohn für Transportarbeiter,
Lohn für Einrichter, Vorarbeiter und Prüfer,
Lohn für Nacharbeit einzelner Teile aufgrund von Arbeits- oder Materialfehlern sowie Mehrlohn für betriebsbedingte Zeitüberschreitungen,
Lohn für Betriebshandwerker, Fahrer, Reparaturpersonal,
Urlaubs- und Feiertagslohn,
Lohn für Fehlzeiten, z. B. Arztbesuch, Berufsschulbesuch, Sonderurlaub, Betriebsversammlungen,
Zuschläge und Zulagen für Überstunden, Nacht- und Feiertagsarbeit, Schmutzzulagen usw.,
Gratifikationen und Prämien.

Die Scheine für Gemeinkostenlohn werden bei Bedarf von der Arbeitsvorbereitung, vom Werkstattschreiber oder dem zuständigen Kostenstellen-Leiter ausgestellt.

(2) Betriebsmittel- bzw. Anlagenabrechnung

*Der Produktionsfaktor **Betriebsmittel** umfasst alle beweglichen und unbeweglichen **Einrichtungen und Anlagen**, welche die technische Voraussetzung der Leistungserstellung und -verwertung bilden.*

Hierzu zählen außer den Maschinen und maschinellen (technischen) Anlagen, Werkzeugen, Vorrichtungen und Transportmitteln auch die Grundstücke und Gebäude sowie die Betriebs- und Geschäftsausstattung, d. h. Büro- und Lagereinrichtungen. Die Erfassung der Betriebsmittelkosten in der Betriebsmittelabrechnung stützt sich auf die Anlagendatei. In anlagenintensiven Industriebetrieben machen die Betriebsmittelkosten, insbesondere die Abschreibungen, den größten Kostenanteil aus.

(3) Materialabrechnung

Für den Materialverbrauch (**Mengenerfassung**) ergeben sich zwei Alternativen:

- Bei **sofortigem Verbrauch** von angeliefertem Material, wie er bei Einzelfertigung die Regel ist, kann das Material entsprechend den Eingangsrechnungen übernommen werden, d. h., Materialzugang ist zugleich Materialverbrauch.
- Wird das Material dagegen zunächst eingelagert, d. h. bei **Materialbevorratung,** ist der tatsächliche monatliche Lagerabgang zu ermitteln; dieser entspricht dem Materialverbrauch.

Der Materialverbrauch stellt das Mengengerüst der Materialkosten dar. Zum Zwecke der (anschließenden) Bewertung des Verbrauchs (s. unten) ist zudem eine **Preiserfassung** für alle Materialarten erforderlich.

Hilfs- und Betriebsstoffe werden wohl immer bevorratet, das Fertigungsmaterial in der Serien- und Massenfertigung ebenfalls - mit Ausnahme der Just-in-time-Beschaffung.

Im Falle der **Materialbevorratung** bestehen drei Möglichkeiten für die **Mengenerfassung** des Materialverbrauches:

- die direkte Methode,
- die indirekte Methode (Inventurmethode),
- die kombinierte Methode.

Bei der **direkten Methode** wird der mengenmäßige Materialverbrauch mittels Materialentnahmescheinen oder Stücklisten erfasst. Der Materialverbrauch ist dann die Summe der Einzelentnahmen.

Die **Materialentnahmescheine** und **Stücklisten** sollten Angaben über Materialart, Preis, entnehmende Kostenstelle und Kostenträger enthalten. Durch die Sortierbarkeit dieser Belege kann der Materialverbrauch differenziert nach den angeführten Angaben festgestellt werden.

Die Belege durchlaufen folgende Abteilungen (Kostenstellen):
- Erstellung in der Arbeitsvorbereitung oder bei Sonderentnahmen in den anfordernden Kostenstellen bzw. Meistereien,
- Werkstatt bzw. ausführende Kostenstellen,
- Materialabrechnung und Kalkulation,
- Lagerbestandsbuchführung.

Bei der **indirekten Methode** wird der mengenmäßige Verbrauch durch eine **Inventur** der Läger festgestellt.

Der mengenmäßige Materialverbrauch ergibt sich wie folgt:

Anfangsbestand + Zugänge − Endbestand = Verbrauch

Diese Vorgehensweise hat gegenüber der direkten Methode jedoch folgende Nachteile:
- Die monatliche Inventur bereitet häufig Schwierigkeiten.
- Es ist nicht festzustellen, für welche Kostenstellen oder Kostenträger der Verbrauch angefallen ist.

Deshalb empfiehlt sich die **kombinierte Methode**, da sie außer dem Materialverbrauch zugleich den jeweiligen Bestand des Materiallagers angibt. Es handelt sich hierbei um eine Lagerbestandsführung mit jährlich einmaliger Inventur (zu einem beliebigen Zeitpunkt) und fortlaufender, lückenloser Aufzeichnung der Zu- und Abgänge nach Art und Menge (permanente Inventur[12]) mithilfe von *Lagerbestandskarteien bzw. -dateien*. Die Lagerzugänge werden aufgrund der Lieferscheine gebucht und die Lagerabgänge aufgrund des auf der Basis der direkten Methode bestimmten Materialverbrauches.

Kostenerfassung heißt zugleich **Bewertung des Verbrauchs** (Kosten = Menge x Preis). Diese Bewertung ist die - vor allem bei Anlagen und Material - schwierigste, aber wichtigste Aufgabe der Kostenartenrechnung und wird bestimmt vom Zweck der Rechnung. Für die Bewertung des Materialverbrauchs bedarf es einer korrekten Erfassung der Beschaffungspreise der Materialien zu verschiedenen Beschaffungszeitpunkten[13].

Mögliche Wertansätze in Abhängigkeit vom Rechnungszweck sind:

- Wirtschaftlichkeitskontrolle und Vergleichbarkeit
⇒ feste Verrechnungspreise (z.B. Durchschnittspreis aus Anschaffungs- und Wiederbeschaffungspreis)

⇒ Sollwertansätze

---

[12] Vgl. S. 53

[13] Zu den Bewertungsmöglichkeiten bei schwankenden Einstandspreisen s. Verbrauchsfolgeverfahren auf S. 82

• Preisbildung	⇒ Einstandspreise bzw. Herstellkosten, sofern nur nominelle Kapitalerhaltung beabsichtigt ist.
	⇒ Tages- oder Wiederbeschaffungspreise, wenn substantielle Vermögenserhaltung angestrebt wird und Preisschwankungen nicht nur sporadisch und geringfügig sind.
• Unterstützung der Ergebnisrechnung	⇒ In der kurzfristigen Erfolgsrechnung ist jeder zweckorientierte Wertansatz möglich.

2.1.1.2. Ablaufschritte

Die Kostenartenrechnung vollzieht sich in zwei Schritten:

(1) Erfassung der als Aufwand angefallenen Kosten (Zweckaufwand = Grundkosten) und zugleich Eliminierung des neutralen Aufwands

(2) Berücksichtigung von kalkulatorischen Kosten in Form von Anders- und Zusatzkosten

Quelle für die Übernahme der **Grundkosten** ist die Finanzbuchhaltung. Dort können die durch den Betriebsprozeß verursachten Grundkosten aus den entsprechenden Aufwandsposten (= Zweckaufwendungen) entweder der Kontenklasse 4 des **Gemeinschaftskontenrahmens (GKR)** oder der Kontenklasse 6 des **Industriekontenrahmens (IKR)** entnommen werden[14]. Für die anschließende Verteilung auf die Kostenstellen sind die Kosten in Einzel- und Gemeinkosten aufzuteilen.

In Klasse 4 des **GKR** sind folgende Kostenarten aufgeführt:

40/42 Stoffkosten und dergl.
40 Fertigungsmaterial (Einzelkosten)
41 Gemeinkostenmaterial
42 Brennstoffe und Energie
    420 Brenn- und Treibstoffe
    425 Strom, Gas, Wasser
43/44 Personalkosten und dergl.
43 Löhne und Gehälter
    431 Fertigungslöhne
    432 Hilfslöhne
    439 Gehälter
        4390 Kaufmännische Gehälter
        4391 Technische Gehälter
44 Sozialkosten
440/45 gesetzliche:
440 Krankenversicherung
441 Invalidenversicherung
442 Angestelltenversicherung
443 Arbeitslosenversicherung
444 Beiträge zur Berufsgenossenschaft
446/49 freiwillige:
446 Unterstützungen
447 Pensionen und sonstige Personenversicherungen
448 Andere Personenkosten

45 Instandhaltung und verschiedene andere Leistungen
450 Instandhaltung an Maschinen und maschinelle Anlagen (Kleinreparaturen)
451 Instandhaltung an Fahrzeugen
452 Instandhaltung an Werkzeugen, Betriebs- und Geschäftsausstattung
455 allgemeine Dienstleistungen
456 Entwicklungs-, Versuchs- und Konstruktionskosten
457 Mehr- und Minderkosten (Über- und Unterschreitungen)
459 Ausschuss, Gewährleistungen
46 Steuern, Gebühren, Beiträge, Versicherungsprämien und dergl.
460 Steuern
464 Abgaben und Gebühren Rechts- und Beratungskosten
468 Verbandsbeiträge
469 Versicherungsprämien
    4690 Feuerversicherung
    4691 Diebstahlversicherung
    4692 Haftpflichtversicherung
    4693 Kreditversicherung

---

[14] Zur Organisation der Finanzbuchführung s. Kap. A 2.3.2.

47 Mieten, Verkehrs-, Büro-, Werbekosten (verschiedene Kosten) usw.	48 Abschreibungen
470 Raumkosten	480 Abschreibungen auf Anlagen
471 Maschinen-Mieten	481 Abschreibungen auf Außenstände
472 Verkehrskosten (Transport, Versand, Reise, Post)	49 Sondereinzelkosten
476 Bürokosten	494 Sondereinzelkosten der Fertigung
477 Werbe- und Vertreterkosten	495 Sondereinzelkosten des Vertriebs
479 Finanzkosten (Kosten des Geldverkehrs wie Bankprovisionen, Bankspesen usw.)	4951 Vertreterprovision
	4952 Transportversicherungen, Ausgangsfrachten

Klasse 6 des **IKR** enthält folgende Untergliederung:

60   Aufwendungen für Roh-, Hilfs- und Betriebsstoffe
     600 Rohstoffe
     601 Kaufteile
     602 Fremdbearbeitungskosten
     603 Hilfsstoffe
     604 Energie
     605 Werkzeuge, Vorrichtungen, Modelle
     606 Betriebsstoffe
     608 Beschaffungskostenerhöhung (Fracht, Verpackung, Versicherung)
     609 Beschaffungskostenminderung (Skonti, Nachlässe, Boni)
61   Löhne
62   Gehälter
63   Gesetzliche und tarifliche Sozialaufwendungen
64   Freiwillige Sozialaufwendungen
65   Sonstige Personalaufwendungen
66   Abschreibungen auf Sachanlagen
67   Abschreibungen auf Finanzanlagen
68   Verluste aus Wertminderungen oder aus dem Abgang von Gegenständen des Umlaufvermögens (außer Vorräten)
69   Verluste aus dem Abgang von Gegenständen des Anlagevermögens

Die **kalkulatorischen Kosten** müssen gesondert ermittelt werden. Im folgenden Kapitel sind die grundsätzlich in Betracht kommenden Arten erläutert.

2.1.2. Kalkulatorische Kosten

Mit den kalkulatorischen Kosten werden folgende **Zwecke** verfolgt:
• Erfassung des für die Leistungserstellung tatsächlich entstandenen Werteverbrauchs, der in der Finanzbuchhaltung nicht oder in anderer Höhe erscheint, als Berechnungsbasis für die Selbstkosten der Produkte,
• gleichmäßige Verteilung aperiodisch auftretender Kostenarten (z. B. Wagnisse, Gebäudeaufwendungen) auf die einzelnen Zeitperioden und Produkte.

Zu den kalkulatorischen Kosten gehören:

• **Kalkulatorische Abschreibungen**

Die bilanziellen Abschreibungen der Finanzbuchhaltung orientieren sich unter Berücksichtigung des Prinzips der kaufmännischen Vorsicht an finanzpolitischen und steuerlichen Gesichtspunkten und beziehen sich auf das gesamte Anlagevermögen des Unternehmens. Dabei steht die Bewertung des Vermögens und die Verteilung des Anschaffungsbetrages der Anlagegüter auf die Jahre der Nutzung im Mittelpunkt. - Dagegen erfassen die kalkulatorischen Abschreibungen der Betriebsbuchhaltung *ausschließlich das betriebsnotwendige Anlagevermögen*. Dabei ist die *Verrechnung der leistungsbedingten Wertminderung* in die Kosten sowie eine *gleichmäßige Belastung der einzelnen Perioden und Produkte* unter dem Gesichtspunkt der Vergleichbarkeit der Perioden und der Produktion die Hauptaufgabe der kalkulatorischen Abschreibungen. Die grundsätzliche Gültigkeit dieser Zielsetzung wird nicht dadurch in Frage gestellt, dass die tatsächliche, in einer Nutzungsperiode verursachte Wertminderung oftmals nicht exakt zu erfassen ist.

Ergänzend zu den Ausführungen im Abschnitt A 3.3.3. sind die nachstehenden Einzelheiten zu beachten, die z. B. aus den
- **Gemeinschaftsrichtlinien für die Kosten- und Leistungsrechnung (GRK)** aus dem Jahre 1950,
- gesetzlich vorgeschriebenen **Leitsätzen für die Preisermittlung aufgrund der Selbstkosten bei Leistungen für öffentliche Auftraggeber (LSP)** vom 21.11.1953, derzeit gültige Fassung v. 19.12.1967
hervorgehen.

1. Maßgebend für die Berechnung der kalkulatorischen Abschreibungen sind zwar *prinzipiell die Anschaffungs- und Herstellkosten*, einschließlich der mit der Einrichtung und Ingangsetzung verbundenen Kosten; falls jedoch der auf den Zeitpunkt der Bewertung bezogene Wiederbeschaffungspreis, d. h. der Zeit- oder Tagesbeschaffungswert einer gleich leistungsfähigen Anlage, erheblich und nicht nur vorübergehend höher ist als die nominellen (historischen) Anschaffungs- und Herstellkosten, kann (zum Zwecke der Substanzerhaltung) dieser *gestiegene Wiederbeschaffungspreis als Bemessungsgrundlage* gewählt werden.

2. Ferner sind kalkulatorische Abschreibungen aus Gründen der gleichmäßigen Belastung aller auf einer Anlage hergestellten Produkte *über die volle (tatsächliche) Nutzungsdauer der Anlage*, d. h. bis zu ihrem Ausscheiden aus dem Betrieb vorzunehmen, auch wenn die Anlage in der Finanzbuchhaltung bereits voll abgeschrieben ist. Bei der möglichst *realistischen Schätzung der Nutzungsdauer* ist die verbrauchsbedingte Wertminderung sowie die voraussehbare Bedarfsverschiebung oder technische Entwicklung zu berücksichtigen. Die Schätzung der Nutzungsdauer für die einzelnen Anlagegüter oder für Gruppen gleichartiger Anlagegüter ist in regelmäßigen Zeitabständen zu prüfen.

3. Von dem Verfahren der *linearen Abschreibung* sollte nur abgewichen werden, wenn Betriebserfahrungen ergeben, dass eine *andere Abschreibungsmethode nachweisbar* dem tatsächlichen Werteverzehr besser entspricht oder bei gleicher Genauigkeit erheblich einfacher ist. Aus Gründen der Vereinfachung der Rechnung ist es jedoch meist zweckmäßig, kalkulatorisch selbst dann linear abzuschreiben, wenn die Nutzung nachweislich degressiv ist.

4. *Aufwendungen für kleinere Instandhaltungen* sind *sofort als Kosten* zu verrechnen, größere Instandsetzungen sind während der Zeit ihrer wirtschaftlichen Auswirkungen als Kosten zu verrechnen. Ist die Dauer der wirtschaftlichen Auswirkung gleich der restlichen Nutzungsdauer der Anlage, so sind die Aufwendungen mit der Anlage zusammen zu aktivieren und abzuschreiben.

Alle für die Abschreibungen wichtigen Daten der Betriebsmittel werden in einer Betriebsmitteldatei erfasst, z. B. Betriebsmittel-Nr., Kostenstelle, Anschaffungsbetrag und -datum, geplante Nutzungsdauer, Wert und Zeitpunkt von durchgeführten Reparaturen (getrennt nach Erhaltungs- und Herstellungsaufwand), technische Daten.

Kalkulatorische Zinsen

Zinsen sind aus der Sicht des *Kapitalgebers* das Entgelt für das von ihm zur Verfügung gestellte Kapital, aus der Sicht des *Kapitalnehmers* Kosten für die Inanspruchnahme des im Betriebsprozess eingesetzten Kapitals. Der Unterschied zwischen den in der Betriebsbuchhaltung zu verrechnenden kalkulatorischen Zinsen und den in der Finanzbuchhaltung erfassten Zinsen lässt sich in dreifacher Weise beschreiben und begründen:

- In der Gewinn- und Verlustrechnung der Finanzbuchhaltung werden nur die tatsächlich gezahlten Zinsen für Fremdkapital als Aufwand erfasst. Die Kostenrechnung berücksichtigt im Rahmen der Verzinsung des *gesamten* betrieblich eingesetzten *Kapitals* folgerichtig auch *Zinsen für das Eigenkapital* als Kostenbestandteile, um auch den Eigenkapitalgebern (Unternehmern) eine adäquate Verzinsung (Entgelt) für ihr bereitgestelltes Eigenkapital zu gewährleisten.

- Andererseits dürfen kalkulatorische *Zinsen nur für das betriebsnotwendige Kapital* angesetzt werden, d. h. für den Teil des Eigen- und Fremdkapitals, der zur Erreichung des Sach- bzw. Betriebszieles im betriebsnotwendigen Anlage- und Umlaufvermögen investiert ist, während pagatorischer Zinsaufwand in der Finanzbuchhaltung auch durch Fremdkapitalaufnahme für nicht betriebsbedingte Zwecke (z. B. Werkswohnungen) entsteht.

- Der Zinsaufwand in der Finanzbuchhaltung resultiert gewöhnlich aus Kreditaufnahmen mit unterschiedlich hohen Zinssätzen; die kalkulatorischen Zinsen werden dagegen für das gesamte betriebsnotwendige Kapital errechnet *mit einem einheitlichen Satz*, der sich am landesüblichen Zinssatz für festverzinsliche Wertpapiere, ggf. zuzüglich eines Risikozuschlags, orientiert. Bei Kreditaufnahme ist es ferner üblich, die Zinsen stets auf den halben Anschaffungswert eines Investitionsobjektes, d. h. *auf das durchschnittlich investierte Kapital,* anzusetzen, statt sie vom jeweiligen Restwert zu berechnen; dadurch bleiben die kalkulatorischen Zinsen während der Nutzungsdauer konstant.

Kalkulatorischer Unternehmerlohn

„Unternehmerlohn" ist als Vergütung für die leitende Tätigkeit der Unternehmer (Kapitaleigner) zu definieren. *Bei Personenunternehmen (Einzelkaufleute und Personengesellschaften)* wird jedoch aus rein formaljuristischen, gesellschaftsrechtlichen Gründen[15] den Unternehmern kein Gehalt gezahlt, die „Entlohnung" soll vielmehr über den Gewinn erfolgen. Dieser ist jedoch eine ungewisse Größe. Eine Ausgabe sowie ein entsprechender Zweckaufwand in der Finanzbuchhaltung (wie bei den Kapitalgesellschaften, bei welchen die geschäftsführenden Gesellschafter als leitende Angestellte gelten und somit Gehaltsempfänger sind) liegt also nicht

---

[15] Zu Einzelheiten s. H.-P. Fries, Wirtschaftsprivatrecht (WPR), 2. Aufl., München/Wien 1998, Kap. D III (S. 189 ff.)

vor! Um hier einen Ausgleich des nicht durch die betriebliche Kostenstruktur verursachten Unterschiedes zu schaffen, ist ein kalkulatorischer Unternehmerlohn *in Höhe des Gehalts eines vergleichbaren leitenden Angestellten* (z. B. Geschäftsführer, Vorstandsmitglied) im Sinne von **Zusatzkosten** anzusetzen.

Kalkulatorische Miete

Wie beim kalkulatorischen Unternehmerlohn ist *bei Personenunternehmen* eine *kalkulatorische Miete* (Zusatzkosten*) für im Privathaus des Unternehmers betrieblich genutzte Räume* in Höhe einer üblichen Vergleichsmiete anzusetzen, da der Unternehmer an sich selbst keine Miete zahlt.

Bei eigenen wie auch gemieteten Gebäuden ist es manchmal sinnvoll, zum Zwecke der gleichmäßigen zeitlichen Verteilung *anstelle der tatsächlichen Aufwendungen* für Abschreibungen bzw. Mieten, Hypothekenzinsen und sonstige Nebenkosten (z. B. Heizung, Beleuchtung, Gebäudeunterhaltung und -verwaltung) einen *kalkulatorischen Mietsatz* (**Anderskosten**) zu errechnen, in den diese Aufwendungen periodenanteilig eingehen.

Kalkulatorische Wagnisse

Vom allgemeinen Unternehmerwagnis, das weder kalkulierbar noch versicherbar ist, sondern durch den Gewinn abgegolten wird, sind die *speziellen Einzelrisiken* zu unterscheiden. Diese haben *Kostencharakter*. Sofern sie nicht durch Fremdversicherung (z. B. Feuer-, Betriebsunterbrechungs-, Transport-, Haftpflichtversicherung), deren Prämienzahlungen effektive Kosten sind, abzudecken sind, muss ihnen durch *Selbstversicherung* Rechnung getragen werden. Dies geschieht durch Bildung bilanztechnischer Rückstellungen zu Lasten der Erfolgsrechnung (GuV) in der Finanzbuchhaltung oder durch Verrechnung kalkulatorischer Wagniskosten.

Zu diesen Wagnissen (Verlustgefahren) gehören:
- *Anlagenwagnis* (Brand, Explosion, Überschwemmung),
- *Beständewagnis* (Diebstahl, Schwund, Verderb, Entwertung),
- *Entwicklungswagnis* (erfolglose Forschungs-, Entwicklungs- und Versuchsarbeiten),
- *Fertigungswagnis* (Ausschuss, Nacharbeit, Gewährleistung),
- *Vertriebswagnis* (Zahlungsausfälle, Valuta-Kursverluste, Transportschäden, Konventionalstrafen).

Aufgrund der Erfahrungen früherer, tatsächlich eingetretener Wagnisverluste wird ein **kalkulatorischer Wagnissatz** ermittelt. Grundsätzlich können nur die Wagnisverluste in die Kosten eingerechnet werden, die auch bei solider und fachkundiger Geschäftsführung unvermeidbar sind.

2.1.3. Kostenarten-Vergleichsbogen

*Zur Kostenartenrechnung gehört außer der Erfassung auch die **Kontrolle der monatlichen Beträge der einzelnen Kostenarten**. Zur besseren Übersicht werden die Beträge (meist auf volle Hunderter oder Tausender gerundet) in einem Bogen zusammengefasst, den man **Kostenarten-Nachweis** oder **Kostenarten-Vergleichsbogen** nennt.*

Ein Vergleich der Kosten des analysierten Monats mit den Vormonaten, mit dem Durchschnitt des Quartals, dem entsprechenden Monat des Vorjahres und dem Monatsdurchschnitt des Vorjahres kann Hinweise auf Veränderungen und Eingriffsmöglichkeiten geben. Zur Analyse der Veränderungen ist es jedoch unzweckmäßig, allzu detaillierte Aufstellungen zu verwenden, da die Zufallseinflüsse um so größer werden, je kleiner die einzelnen Beträge sind. Eine Zusammenfassung von Kostenarten-Gruppen kann hier Abhilfe schaffen.

Bild B 7 zeigt den möglichen Aufbau eines Kostenarten-Vergleichsbogens.

Kostenarten	Jan. 2001	Feb. 2001	März 2001	Durchschnitt 1. Quartal 2001	März 2000	Durchschnitt 2000
Produktion (t = Tonnen)	140 t	130 t	120 t	130 t	110 t	120 t
1. Fertigungsmaterial	300	280	250	277	225	260
2. Fertigungslöhne	100	98	92	97	85	90
3. Gemeinkostenlöhne	52	50	54	52	46	48
4. Gehälter	95	95	96	95	88	90
5. Personalnebenkosten	45	50	44	47	45	45
6. Gemeinkostenmaterial	32	30	31	31	30	28
7. Energiekosten	34	32	30	32	27	30
8. Instandhaltung und Reparatur	40	30	34	35	32	35
9. Steuern, Gebühren und Beiträge	60	59	61	60	58	60
10. Werbung, Reisespesen	8	10	7	8	8	10
11. Kundendienst, Vertreterprovision	35	34	30	33	28	32
12. Kalkulatorische Abschreibungen	99	99	99	99	94	94
13. Kalkulator. Zinsen u. Wagnisse	14	14	14	14	13	13
14. Summe Kosten	914	881	842	880	779	835
15. Summe Kosten/100 t Produktion	653	678	702	677	708	696

Bild B 7:   Kostenarten-Vergleichsbogen für März 2001 (Alle Beträge in 1000 EUR)

Um die Veränderungen besser überschaubar zu machen, kann man alle Gemeinkosten zu einem Block zusammenfassen; dadurch wird allerdings der Informationsgehalt geringer.

Kostenarten (in 1000 EUR)	Jan. 2001	Febr. 2001	März 2001	1.Quartal 2001	März 2000	Durchschnitt 2000
Produktion (t = Tonnen)	140 t	130 t	120 t	130 t	110 t	120 t
Fertigungsmaterial	300	280	250	277	225	260
Fertigungslohn	100	98	92	97	85	90
Gemeinkosten	514	502	500	506	469	485
Summe	914	881	842	880	779	835

Zur richtigen Beurteilung der Veränderungen bzw. Abweichungen der Kosten von Monat zu Monat muss der Einfluss der Beschäftigungs- bzw. Produktionsänderung untersucht werden. Dazu sind die Kostenarten in variable und fixe Bestandteile aufzulösen, denn nur die variablen (beschäftigungsabhängigen) Kosten sind beeinflussbar.

Unter der vereinfachenden Annahme, dass nur Fertigungsmaterial und Fertigungslöhne variabel sind, können die Verbrauchsunterschiede durch Bildung der Kennzahl

„Variable Kosten pro 100 t Produktion"

untersucht werden. Eine Verfolgung des Material- und Lohnanteils in % der Gesamtkosten oder der Gesamtleistung kann ebenfalls sehr wertvoll sein.

Variable Kosten/100 t Produktion	Jan. 2001	Feb. 2001	März 2001	Durchschnitt 1.Quartal 2001	März 2000	Durchschnitt 2000
Fertigungsmaterial (in 1000 EUR)	214	215	208	213	205	215
Fertigungslöhne (in 1000 EUR)	72	75	77	74,5	77	75
Summe	286	290	285	287,5	282	290

Zusatzaufgabe:
Der Monat März 2001 ist hinsichtlich seiner Abweichungen zu den Vormonaten und zum Vorjahr zu beurteilen. Ferner sind Gründe für die Abweichungen in den einzelnen Kostenarten zu diskutieren.

Bei der Beurteilung der Kostenveränderungen müssen auch die Verzerrungen durch Preisschwankungen und sporadische Verbrauchsabweichungen berücksichtigt werden; durch Bewertung der Verbräuche zu Verrechnungspreisen lassen sich diese Preisschwankungen eliminieren.

2.2. Kostenstellenrechnung

2.2.1. Wesen und Aufgaben

*In der **Kostenstellenrechnung** erfolgt die Verteilung der Gemeinkosten auf die Kostenstellen nach dem Verursachungsprinzip[16].*

***Kostenstellen** sind Betriebs- bzw. Abrechnungsbereiche, die für die Kostenentstehung verantwortlich sind.*

Die Kostenstellenrechnung erfüllt zwei Aufgaben:

• **Wirtschaftlichkeitskontrolle** des Betriebes und der einzelnen Kostenstellen durch Überwachung der Gemeinkostenentwicklung,
• **Unterstützung der Kalkulation** durch Ermittlung von Zuschlagssätzen zur Weiterverrechnung der Gemeinkosten auf die Kostenträger.

Zur Verteilung der Gemeinkosten muss das gesamte Kostenfeld Betrieb in Kostenstellen (Abrechnungsbereiche) zerlegt werden. Diese Aufgliederung kann geschehen

– nach räumlichen Gesichtspunkten, im Extrem bis zum einzelnen Arbeitsplatz,
– nach Funktionen (Verrichtungsorientierung),
– nach Verantwortungsbereichen (meist Abteilungen), z. B. gemäß dem Stellenplan oder Organigramm der Betriebsorganisation (häufig mit der funktionellen Gliederung identisch),
– nach Kostenträger(gruppen).

---

[16] Vgl. hierzu Kap. B 3.1.3.

Typische Kostenstellenbereiche industrieller Betriebe sind die Bereiche *Material, Fertigung, Verwaltung, Vertrieb.* In größeren Betrieben ist eine weitere Unterteilung sinnvoll und notwendig. Anzahl und Aufteilung der Kostenstellen werden im **Kostenstellenplan** festgelegt.

Hinsichtlich der ersten Aufgabe der Kostenstellenrechnung, nämlich der **Wirtschaftlichkeitskontrolle des Betriebsgeschehens,** dienen die Kostenstellen der Verantwortungsabgrenzung; sie sollen den Gesamtbetrieb in leicht überschaubare Bereiche aufgliedern, die eine kostenmäßige Überwachung der Betriebsabläufe gewährleisten.

Andererseits werden im Hinblick auf die zweite Aufgabe der Kostenstellenrechnung, der **Schaffung von Kalkulationsunterlagen,** homogene Kostenstellen verlangt, um verursachungsgerechte Gemeinkostenzuschlagssätze[17] zu erhalten.

Außerdem muss stets darauf geachtet werden, dass neben der Übersichtlichkeit und der Kontrollfähigkeit die Wirtschaftlichkeit gewahrt bleibt.

Unter verrechnungstechnischen sowie funktionalen Aspekten ergibt sich folgende industrietypische Kostenstellengliederung:

* **Allgemeiner Bereich**
Kostenstellen des Allgemeinen Bereichs erbringen ihre Leistungen für den gesamten Betrieb. Ihre Kosten sind deshalb auf alle Kostenstellen umzulegen.
Beispiele:
Grundstücke- und Gebäudeverwaltung, Heizung, Fuhrpark, Energieversorgung, Instandsetzungsbetriebe, Werkschutz, Feuerwehr, Sozialbetriebe (In kleineren Unternehmen sind letztere häufig im Verwaltungsbereich enthalten.)
* **Materialbereich**
Kostenstellen dieses Bereichs dienen der Beschaffung, Lagerung und Bereitstellung des Materials.
Beispiele:
Einkauf, Eingangskontrolle, Rechnungsprüfung, Materiallager, Materialausgabe
* **Fertigungsbereich**
Fertigungshauptkostenstellen sind unmittelbar für die Erzeugnisfertigung tätig; sie erbringen ihre Leistungen am (Haupt-)Produkt.
Beispiele:
Dreherei, Stanzerei, Schweißerei, Schlosserei, Bohrerei, Lackiererei, Montage
Fertigungshilfskostenstellen erbringen Leistungen nur für Hauptkostenstellen, auf die auch die Verteilung ihrer Kosten erfolgt. Sie sind nicht direkt an der Erzeugnisfertigung beteiligt.
Beispiele:
Technische Betriebsleitung, Arbeitsvorbereitung, Innentransport, Zwischenläger, Werkzeugmacherei, Reparaturwerkstatt
Auch die Kostenstellen des **Gestaltungsbereichs,** z. B. Forschung und Entwicklung, Versuchsabteilung, Konstruktion und Projektierung, werden meistens den Fertigungshilfskostenstellen zugeordnet.

---

[17] Vgl. Kap. B 3.2.2.

Fertigungsnebenkostenstellen sind Nebenbetriebe, die nicht am Hauptprodukt arbeiten, sondern Neben- oder Abfallprodukte verwerten bzw. be- und (weiter) verarbeiten

• **Verwaltungsbereich**
Kostenstellen des Verwaltungsbereichs erbringen administrative Leistungen.

Beispiele:
Geschäftsführung, Personalwesen, Finanzwirtschaft, Rechnungswesen

• **Vertriebsbereich**
Kostenstellen dieses Bereichs erbringen absatzwirtschaftliche Leistungen.

Beispiele:
Marktforschung, Werbung, Lager, Verkauf, Versand, Kundendienst

Kostenstellen, deren Kosten unmittelbar auf die Kostenträger verrechnet werden, bezeichnet man als **Endkostenstellen**; **Vorkostenstellen** sind dagegen solche Kostenstellen, deren Kosten im Rahmen der innerbetrieblichen Leistungsverrechnung auf andere Kostenstellen umgelegt werden.

Methodisch kann die Verteilung der Gemeinkosten auf die Kostenstellen auf zweierlei Weise erfolgen:

– Für die **buchhalterische Methode** sind im Gemeinschaftskontenrahmen der Industrie[18] die Kontenklassen 5 und 6 „Kostenstellen" reserviert; daher rührt die Bezeichnung Betriebsbuchhaltung. Jede Kostenstelle erhält ein Konto, auf dem ihr die verursachten Kosten belastet und ggf. die an andere Kostenstellen weiter zu verrechnenden Kosten gutgeschrieben werden. Diese Methode wird nur selten angewandt.

– Gebräuchlich ist in der Industrie die Betriebsabrechnung auf **statistisch-tabellarischem Wege** mittels Betriebsabrechnungsbogen. Nur diese Methode soll im folgenden Kapitel näher erläutert werden.

2.2.2. Betriebsabrechnungsbogen

Der Betriebsabrechnungsbogen (BAB) ist das Kernstück der Kostenstellenrechnung. Er ist das Hilfsmittel zur Verteilung der Gemeinkosten auf die Kostenstellen und zur Ermittlung von Zuschlagssätzen für die Zuschlagskalkulation.

Der BAB ist horizontal (Spalten) in Kostenstellen eingeteilt und vertikal (Zeilen im oberen Bereich) nach Kostenarten gegliedert (s. Bilder B 8 und B 9).

Die Kostenstellenrechnung mittels des BAB läuft in folgenden Schritten ab (in Bild B 8 zunächst schematisch dargestellt):

(1) **Übernahme der Gemeinkosten** aus der Kostenartenrechnung und **Verteilung auf die Kostenstellen**

(2) **Gemeinkostenumlage**
   – des Allgemeinen Bereiches auf alle übrigen Kostenstellen,
   – der Hilfskostenstellen auf die Hauptkostenstellen

(3) **Ermittlung der Gemeinkostenzuschlagssätze**

---

[18] Siehe Kap. A 2.3.2.

(4) **Berechnung der Kostenüberdeckung oder -unterdeckung** durch Vergleich der verrechneten mit den tatsächlich angefallenen Kosten

Darüber hinaus eventuell noch

(5) **Ermittlung von Kenngrößen**

Die einzelnen Schritte werden im Folgenden näher erläutert.

| Ablaufschritte | Gemeinkostenarten | Verteilungsschlüssel | Zahlen der Buchhaltung | Kostenstellen | | | | | |
				Allgemeiner Bereich	Materialbereich	Fertigungshilfskostenstellen	Fertigungshauptkostenstellen	Verwaltung	Vertrieb
1.	Hilfsstoffe		•→	x	x	x	x	x	x
	Hilfslöhne		•→	x	x	x	x	x	x
	Abschreibungen		•→	x	x	x	x	x	x
	usw.		•→	x	x	x	x	x	x
			•→	x	x	x	x	x	x
	Summe der GK		•	•	•	•	•	•	•
2.	Umlage			↳	x	x ----	x	x	x
						•→	x		
	Summe		•		•		•	•	•
3.	Bezugsgrößen				FM		FL	HK	HK
	Gemeinkostenzuschläge (in %)				Materialkostenzuschlag		Lohnkostenzuschlag	Verwaltungskostenzuschlag	Vetriebskostenzuschlag
4.	Kostenüber- bzw. -unterdeckung								

Erläuterungen:
- • = Verteilungs- oder Summenwerte   FM = Fertigungsmaterial   HK = Herstellkosten
- x = Verteilte Größen   FL = Fertigungslöhne   GK = Gemeinkosten

Bild B 8: Schematischer Ablauf einer Kostenstellenrechnung mittels BAB

2.2.2.1. Übernahme der Gemeinkosten und ihre Verteilung auf die Kostenstellen

Die in der Kostenartenrechnung erfassten Gemeinkostenarten werden in den BAB übernommen und sind anschließend auf die Kostenstellen zu verteilen und zwar entsprechend ihrer Verursachung durch die einzelnen Kostenstellen. Die Verteilungsgrundlage ist für jede Kostenart in einer Spalte des BAB anzugeben.

Einige Gemeinkosten (z. B. Gemeinkostenmaterial, Gemeinkostenlöhne, Gehälter) können *direkt* auf die Kostenstellen verteilt werden.

Verteilungsgrundlage für Gemeinkostenlöhne und Gemeinkostenmaterial sind die Lohnbelege und die Materialentnahmescheine, auf denen die verbrauchende Kostenstelle vermerkt wurde.

Die Belege werden folglich nach Kostenstellen sortiert und die aufsummierten Beträge im BAB den jeweiligen Kostenstellen belastet.

Die Gehälter für das kaufmännische und technische Personal werden entsprechend der Tätigkeit der Angestellten den betreffenden Kostenstellen zugerechnet. Falls ein Angestellter für mehrere Kostenstellen arbeitet, so wird der Anteil je Kostenstelle geschätzt.

Bei den übrigen Gemeinkosten, die den einzelnen Kostenstellen nur unmittelbar bzw. *indirekt* zuzurechnen sind, wie z. B. Heizungs- und Beleuchtungskosten, Steuern, Versicherungen, Mieten, Abschreibungen, Telefonkosten erfolgt die *Verteilung durch Schlüsselung.*

Als **Schlüsselgrößen** werden verwendet
* **Mengengrößen**
  z. B. Umlage nach zeitlicher Belastung (Mannstunden, Betriebsstunden), nach Längen-, Flächen-, Volumen-, Gewichtseinheiten oder nach sonstigen technischen Größen (installierte kwh, kcal usw.),
* **Wertgrößen**
  z. B. Umlage nach Kosten (Löhne, Material, Fertigungskosten) Umsatzanteil, gebundenem bzw. investiertem Kapital.

Bei der Suche nach geeigneten Schlüsseln ist darauf zu achten, dass zwischen der Schlüsselgröße und der Kostenverursachung durch die zu belastende Kostenstelle **Proportionalität** bestehen soll. Die Schlüsselgrößen dürfen keinesfalls spekulativer Art sein. Ein einmal gewählter Schlüssel sollte auch nicht zu oft gewechselt werden, da sonst die Vergleichbarkeit verloren geht.

Die *Personalnebenkosten*, bestehend aus gesetzlichen und freiwilligen Sozialabgaben, werden nach Köpfen oder entsprechend den monatlichen Lohn- und Gehaltsbelastungen auf die Kostenstellen verteilt. [Beachte: Die Personalnebenkosten der Industrie erreichten im Jahre 2000 bereits 81% (West) bzw. 68% (Ost) des Direktentgeltes.]

Energiekosten, z. B. für Strom, Gas und Wasser, werden durch Zwischenzähler gemessen oder nach Maschinenlaufstunden, Lohnsumme oder einem anderen Schlüssel auf die Kostenstellen verteilt.

Die Zuordnung der *kalkulatorischen Abschreibungen* ergibt sich aus dem Standort der Anlagegüter.

Die *kalkulatorischen Zinsen* richten sich nach dem Anteil des betriebsnotwendigen Kapitals (Anlagen und Vorräte) in jeder Kostenstelle.

2.2.2.2. Gemeinkostenumlage

Die Kostenstellen des Allgemeinen Bereichs und die Fertigungshilfsstellen sind ihrer Art und Einrichtung nach dazu bestimmt, für andere Kostenstellen Dienste und Leistungen zu erbringen. Die dort anfallenden Kosten müssen daher auf die anderen Kostenstellen nach Maßgabe ihrer Inanspruchnahme verteilt, d. h. umgelegt werden.

Diese Verteilung erfolgt nach dem **Kostenstellenumlage-Verfahren** in folgender Reihenfolge (vgl. Bilder B 8 und B 9).

1. **Umlage der Kosten des Allgemeinen Bereiches** auf alle anderen Kostenstellen (in Bild B 9 erfolgte die Umlage proportional dem investierten Kapital).

2. **Umlage der Kosten der Fertigungshilfsstellen** auf die Fertigungshauptstellen (in Bild B 9 erfolgte die Umlage proportional den Fertigungslöhnen).

2.2.2.3. Ermittlung der Gemeinkostenzuschlagssätze

Die Berechnung von Gemeinkostenzuschlagssätzen ist nur dann erforderlich, wenn später für die Ermittlung der Selbstkosten je Kostenträger die Zuschlagskalkulation angewendet wird.

Gemeinkostenzuschlagssätze (GK-Z) werden errechnet, indem man die Gemein-kosten der Hauptkostenstellen zu einem geeigneten Basiswert ins Verhältnis setzt.

Gemeinkostenzuschlagssätze (GK-Z) werden errechnet, indem man die Gemein-kosten der Hauptkostenstellen zu einem geeigneten Basiswert ins Verhältnis setzt. Üblich sind folgende Zuschlagsgrundlagen und daraus resultierende Zuschlagssätze:

• für die Materialgemeinkosten (MGK) das Fertigungsmaterial

   MGK-Z = Materialgemeinkosten / Fertigungsmaterial x 100

• für die Fertigungsgemeinkosten (FGK) die Fertigungslöhne

   FGK-Z = Fertigungsgemeinkosten / Fertigungslöhne x 100

• für die Verwaltungs- und Vertriebsgemeinkosten (VwGK bzw. VtGK) die Her-stellkosten

   VwGK-Z = Verwaltungsgemeinkosten / Herstellkosten x 100

   VtGK-Z = Vertriebsgemeinkosten/ Herstellkosten x 100

Bisweilen werden als Zuschlagsbasis statt der Herstellkosten nur die Fertigungskosten gewählt. Die Vertriebskosten können i. S. des Verursachungsprinzips auch ausschließlich auf die Herstell-kosten des Umsatzes, d. h. der verkauften Erzeugnisse bezogen werden.

Dabei gelten folgende Definitionen:

– Materialkosten = Fertigungsmaterial + Materialgemeinkosten

– Fertigungskosten = Fertigungslöhne + Fertigungsgemeinkosten

– Herstellkosten = Materialkosten + Fertigungskosten

2.2.2.4. Berechnung der Kostenüberdeckung oder -unterdeckung

Die (monatliche) Betriebsabrechnung basiert i. d. R. auf den tatsächlich angefalle-nen Kosten, den sog. **Istkosten**. Die daraus berechneten effektiven Zuschlagssätze enthalten die Zeilen 3.3, 3.6, 3.8 und 3.9 in Bild B 9. Die Istkostenrechnung ist jedoch dauernd von Zufällen wie

– Schwankungen der Faktorpreise auf dem Beschaffungsmarkt,

– Schwankungen im Verbrauch der Produktionsfaktoren,

– Beschäftigungsschwankungen

bedroht. Entsprechend den daraus resultierenden Kostenschwankungen weichen auch die monatlich errechneten Zuschlagssätze häufig stark voneinander ab. Um solche Zufallsschwankungen zu eliminieren, verrechnet man statt der tatsächlich an-gefallenen Gemeinkosten sog. **Normalkosten**. Diese basieren auf dem „normalen" durchschnittlichen Verbrauch und Durchschnittspreisen der Kostengüter in der (jüngeren) Vergangenheit. Zwischen den daraus resultierenden auf die Kostenträger „verrechneten Gemeinkosten" bzw. den „verrechneten Durchschnittszuschlags-sätzen" (s. Zeile 4.1 in Bild B 9) einerseits und den Ist-Gemeinkosten bzw. effek-tiven Zuschlagssätzen andererseits ergeben sich folglich stets Abweichungen. Es empfiehlt sich nachzuprüfen, ob diese positiv oder negativ sind, d. h. ob Über- oder Unterdeckung der Kosten vorliegt. Bei häufiger Unterdeckung ist eine Erhöhung der Zuschlagssätze angezeigt (s. Zeile 4.11 in Bild B 9).

Schritt	Kostenarten	Zahlen der Buchhaltung	Allgemeine Kostenstellen	Fertigungsstellen Hauptkostenstellen A	B	Summe	Hilfskostenstellen	Materialstellen	Verwaltungsstellen	Vertriebsstellen
1. Kostenverteilung	1.1 Produktionswert	900		520	380	900				
	1.2 Fertigungsmaterial FM	250		150	100	250				
	1.3 Fertigungslöhne FL	92		60	32	92				
	1.4 Gemeinkostenlöhne	54	2	21	19	40	10	2		
	1.5 Gehälter	96	8	6	6	12	16	8	25	27
	1.6 Personalnebenkosten	44	4	3	3	6	8	4	13	10
	1.7 Gemeinkostenmaterial	31	9	7	8	15	3	1	1	1
	1.8 Energie (Fremdbezug)	30	2	14	10	24	4			
	1.9 Instandhaltung und Reparatur (Fremdleistung)	34	5	10	9	19	8	2		
	1.10 Steuern, Versicherungen, Gebühren, Miete, Beiträge	61	6	10	10	20	8	3	12	12
	1.11 Werbung, Repräsentation	7						1	2	4
	1.12 Kundendienst, Vertreterprovision	30								30
	1.13 kalkulatorische Abschreibungen	99	8	25	26	51	11	4	10	15
	1.14 kalkulatorische Zinsen und Wagnisse	14	2	4	3	7	1	4		
2. Kostenumlage	2.1 Summe 1.4 ... 1.14	500	46	100	94	194	70	28	63	99
	2.2 Umlage der allgemeinen Kostenstellen		↳	13	13	26	6	1	5	8
	2.3 Umlage der Fertigungshilfsstellen			50	26	76	↳			
3. Ermittlung der Gemeinkostenzuschläge	3.1 Summe Gemeinkosten GK			163	133	296		29	68	107
	3.2 Fertigungslöhne FL			60	32	92				
	3.3 Fertigungsgemeinkosten-Zuschläge FGK-Z			270%	415%					
	3.4 Fertigungskosten FK = FL + FGK					388				
	3.5 Fertigungsmaterial FM					250		250		
	3.6 Materialgemeinkostenzuschlag MGK-Z					29		11,5%		
	3.7 Herstellkosten HK = FK + FM + MGK					667			667	667
	3.8 Verwaltungsgemeinkosten-Zuschlag VwGK-Z					68			10%	
	3.9 Vertriebsgemeinkosten-Zuschlag VtGK-Z					107				16%
	3.10 Gesamtkosten 3.1 ... 3.9					842				16%
4. Kostenüberdeckung bzw. Kostenunterdeckung	4.1 verrechnete Durchschnittszuschlagssätze			300%	400%			10%	10%	15%
	4.2 verrechnete Fertigungslöhne FL			60	32	92				
	4.3 verrechnete Fertigungsgemeinkosten FGK			180	128	308				
	4.4 verrechnete Fertigungskosten FK					400				
	4.5 verrechnetes Fertigungsmaterial FM					250		250		
	4.6 verrechnete Materialgemeinkosten MGK					25		← 25		
	4.7 verrechnete Herstellkosten HK					675			675	675
	4.8 verrechnete Verwaltungsgemeinkosten VwGK					68			←68	
	4.9 verrechnete Vertriebsgemeinkosten VtGK					101				← 101
	4.10 verrechnete Gesamtkosten Σ K					844				
	4.11 Abweichung, Überdeckung gegenüber 3.10					+ 2				
5. Ermittlung von Kennzahlen	5.1 Beschäftigte	240	20	100	60	160	20	10	10	20
	5.2 Gemeinkosten 1.4 ... 1.14 je Beschäftigtem	2,1	2,3	1	1,6	1,2	3,5	2,8	6,3	5
	5.3 Gesamtkosten 3.10 je Beschäftigten und Jahr	ca. 42.000 EUR								
	5.4 Maschinenstunden	ca. 30.000 Std. (Kapazität = 37500 Std.)								
	5.5 Beschäftigungsgrad	ca. 80%								
	5.6 Fertigungskosten 3.4 je Maschinenstunde	ca. 13 EUR/Std.								
	5.7 Gesamtkosten 3.10 je Maschinenstunde	ca. 28 EUR/Std.								
	5.8 Mannstunden	ca. 40.000 Std.								
	5.9 Gemeinkosten 1.4 ...1.14 je Mannstunde	ca. 12,5 EUR/Std.								
	5.10 Produktionsleistung	ca. 120 t								
	5.11 Gesamtkosten 3.10 je kg Produktionsleistung	ca. 700 EUR/kg								

Bild B 9: Betriebsabrechnungsbogen März 2001 (alle Zahlen in 1000 EUR)
(Der BAB basiert auf den gleichen Zahlen wie der in Bild B 7 dargestellte Kostenarten-Vergleichsbogen.)

2.2.2.5. Ermittlung von Kennzahlen

Mittels einiger Kenngrößen ist die Veränderung im Betriebsgeschehen häufig einfach und instruktiv darstellbar, insbesondere dann, wenn die Veränderung der Kenngrößen schaubildlich erfasst wird (vgl. Bild B 11).

In Bild B 9 wurden folgende Kenngrößen ermittelt:

> Beschäftigte insgesamt und in den einzelnen Kostenstellen,
> Gemeinkosten je Beschäftigtem und Monat,
> Gemeinkosten je Beschäftigtem und Jahr,
> Maschinenlaufstunden,
> Maschinenausnutzungsgrad,
> Fertigungskosten je Maschinenstunde,
> Gesamtkosten je Maschinenstunde,
> Mannstunden,
> Gemeinkosten je Mannstunde,
> Produktion in Tonnen Ausstoß,
> Gesamtkosten pro kg Ausstoß.

Zeitperioden → / ↓Kostenarten/Kenngrößen	Ø 2000	Jan. 2001	Febr. 2001	März 2001	Ø I. Quartal 2001	April 2001	Mai 2001	Juni 2001
I. 1. Produktionswert	380	450	410	380	413			
2. Fertigungsmaterial	95	120	110	100	110			
3. Fertigungslöhne	30	34	34	32	33			
4. Gemeinkostenlöhne	20	20	21	19	20			
5. Gehälter	6	6	6	6	6			
6. Personalnebenkosten	4	5	4	3	4			
7. Gemeinkostenmaterial	10	10	4	8	7			
8. Energie	10	13	12	10	12			
9. Instandhaltung	14	6	12	9	9			
10. Steuern, Miete, Beiträge	6	9	7	10	9			
11. Kalkulatorische Abschreibungen	22	26	26	26	26			
12. Kalkulatorische Zinsen und Wagnisse	3	3	3	3	3			
13. Summe (4 bis 12)	95	98	95	94	96			
14. Umlage Allgemeiner Bereich	12	13	13	13	13			
15. Umlage Fertigungshilfsbereich	25	27	28	26	27			
16. Summe FGK (13 + 14 + 15)	132	138	136	133	136			
17. FGK-Zuschlag	440%	405%	400%	415%	410%			
18. Verrechneter Zuschlag	440%	400%	400%	400%	400%			
19. Verrechnete FGK	132	136	136	128	133			
20. Fertigungskosten FK (3 + 16)	162	172	170	165	169			
II. 1. Beschäftigte	58	62	62	60	61,3			
2. Lohnkosten	61	65	65	60	63			
3. Lohnkosten/Beschäftigte (in EUR)	1.050	1.050	1.050	1.000	1.033			
4. Arbeitstage	21	21	20	19	20			
5. Mannstunden (8 Std./Tage)	9.700	10.400	9.900	9.000	9.767			
6. Lohnkosten/Mannstunde (in EUR)	6,30	6,25	6,58	6,68	6,45			
7. Fertigungskosten/Mannstunde (in EUR)	16,7	16,6	17,2	18,3	17,4			
8. Produktion/Mannstunde (in EUR)	39	43,3	41,4	42,2	42,3			

Bild B 10: Kostenstellen-Vergleichsbogen für den Fertigungshauptbereich B / März 2001
(alle Zahlen in 1.000 EUR, sofern nicht anders angegeben)

2.2.3. Kostenstellen-Vergleichsbogen

Insbesondere in größeren Unternehmen mit detaillierter Kostenstellengliederung wird der „klassische" Betriebsabrechnungsbogen unhandlich groß und unübersichtlich („Zahlenfriedhof"). Deshalb verwendet man dort mehr und mehr anstelle des alle Kostenstellen umfassenden BAB den **Kostenstellen-Vergleichsbogen.** Dieser wird aus dem BAB entwickelt, indem man sozusagen den BAB spaltenweise aufschneidet. Jeder Kostenstellen-Leiter erhält dann nur die Zahlen seiner Kostenstelle.

Diese Vorgehensweise hat den Vorzug, dass sich die Zahlen für 6 oder 12 Monate auf einem Bogen im DIN A 4 - Format unterbringen und sehr gut vergleichen lassen.

Bild B 10 zeigt den möglichen Aufbau eines Kostenstellen-Vergleichsbogens, hier am Beispiel der Fertigungshauptkostenstelle B des in den Bilder B 7 und B 9 untersuchten Unternehmens. Die Aussagekraft kann noch gesteigert werden durch eine grafische Darstellung wichtiger Kenngrößen (Bild B 11).

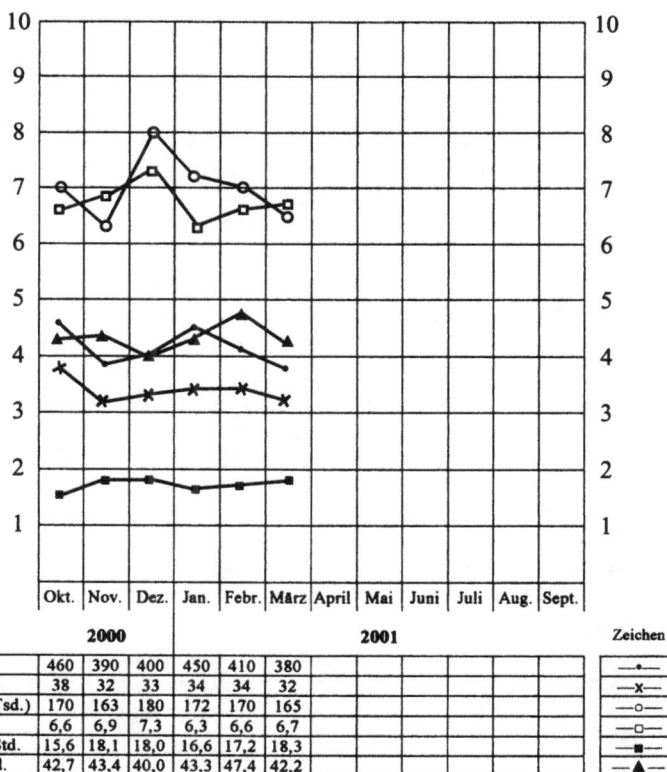

	Okt.	Nov.	Dez.	Jan.	Febr.	März	April	Mai	Juni	Juli	Aug.	Sept.	Zeichen
	2000						**2001**						
Produktionswert (in Tsd.)	460	390	400	450	410	380							—•—
Fertigungslöhne (in Tsd.)	38	32	33	34	34	32							—x—
Fertig.-Gemeinkosten (in Tsd.)	170	163	180	172	170	165							—o—
Lohnkosten/Mann-Std.	6,6	6,9	7,3	6,3	6,6	6,7							—□—
Fertigungs-Kosten/Mann-Std.	15,6	18,1	18,0	16,6	17,2	18,3							—■—
Produktionswert/Mann-Std.	42,7	43,4	40,0	43,3	47,4	42,2							—▲—

Bild B 11: Graphische Darstellung wichtiger Kenngrößen als Beilage zum Kostenstellen-Vergleichsbogen für die Fertigungshauptkostenstelle B (s. Bild B 10)

Der Kostenstellen-Vergleichsbogen wird Monat für Monat durch die Abteilung „Betriebsabrechnung" aktualisiert, geht nach jeder Eintragung dem jeweiligen Kostenstellen-Leiter zu und ist für diesen ein gutes Kontrollinstrument. Durch Beobachtung und Analyse der Kosten in Abhängigkeit von der Zeit oder der Beschäftigung lassen sich Anhaltspunkte für Verlustquellen oder Hinweise für Rationalisierungsmaßnahmen gewinnen.

2.2.4. Verrechnung der innerbetrieblichen Leistungen

Ein besonderes Problem in der Kostestellenrechnung ist die Zurechnung der innerbetrieblichen Leistungen.

Innerbetriebliche Leistungen sind – im Gegensatz zu den für den Verkauf bestimmten Endprodukten und Halbfabrikaten als deren Vorstufen - diejenigen (Hilfs-) Leistungen, die nicht Absatzleistungen sind.

Dieses sind insbesondere die Leistungen der Allgemeinen Kostenstellen und der Fertigungshilfskostenstellen. Aber auch Fertigungshauptkostenstellen können an der Herstellung innerbetrieblicher Leistungen beteiligt sein, z. B. mit der Ausführung von Innenaufträgen zur Erstellung von eigengenutzten Betriebsmitteln (s. unten).

Die wichtigsten innerbetrieblichen Leistungen sind:

- Erzeugung von Anlagen, Maschinen, Werkzeugen und Vorrichtungen für den Eigenbedarf,
- Ausführung von Reparaturen und Instandsetzungen,
- Erzeugung von Strom, Dampf, Pressluft, Gas usw.
- Entwicklungs-, Versuchs- und Forschungsarbeiten,
- Herstellung von Vervielfältigungen, Vordrucken usw.

Von den verschiedenen Verfahren zur **Verrechnung der innerbetrieblichen Leistungen** sollen einige kurz beschrieben werden[19].

(1) Kostenartenverfahren
Bei diesem Verfahren werden keine Allgemeinen Kostenstellen und Hilfskostenstellen zur Verrechnung innerbetrieblicher Leistungen eingerichtet, sondern diese Leistungen quasi „nebenbei" zwischen den Hauptkostenstellen verrechnet. Dabei werden nur die Einzelkosten der innerbetrieblichen Leistungen erfasst und bereits im Zuge der Kostenartenverteilung der Kostenstelle, welche die Leistung empfängt, wie Gemeinkosten belastet. Nachteilig ist, dass die Gemeinkosten der leistenden Kostenstelle nicht der empfangenden Kostenstelle belastet werden, was die Kostenstruktur verzerrt. Deshalb empfiehlt sich dieses Verfahren nur bei sofort verbrauchten Leistungen mit geringen Umfang, z. B. Kleinreparaturen.

(2) Kostenstellenumlageverfahren
Für Eigenleistungen werden Allgemeine Kostenstellen und Hilfskostenstellen gebildet, deren Gesamtkosten nach einem Schlüssel (z. B. Anzahl der gelieferten Leistungen oder Einzelkostenhöhe) auf die empfangenden Kostenstellen umgelegt werden.

(3) Kostenträgerverfahren
Soweit innerbetriebliche Leistungen aktivierbar sind (z. B. Anlagen, Maschinen, Gebäude), werden sie wie Absatzleistungen behandelt, indem für sie innerbetrieb-

---

[19] Zu Einzelheiten wird auf die einschlägige Literatur verwiesen.

liche Kostenträger gebildet werden, auf welche die Ist-Herstellkosten (oder Verrechnungspreise) verrechnet werden. Diese werden dann in der Bilanz aktiviert. In den Jahren der Eigennutzung gehen die Kosten dieser innerbetrieblichen Leistungen in Form von kalkulatorischen Abschreibungen wieder in die Kostenrechnung ein. Dies mag z. B. bei einem Computerhersteller der Fall sein, der fertige PC vom Lager nimmt und sie im eigenen Unternehmen einsetzt.

(4) Gleichungsverfahren
Hierbei handelt es sich um ein mathematisches Verfahren, das angewendet werden kann, wenn zwischen den (Hilfs-)Kostenstellen ein wechselseitiger Leistungsaustausch stattfindet (gegenseitige Belieferung). Die Leistungsverflechtung wird durch ein System linearer Gleichungen erfasst, in das die Mengen der innerbetrieblichen Leistungen als bekannte, die gesuchten Verrechnungspreise dagegen als unbekannte Größen eingehen. Bei mehr als drei verflochtenen Kostenstellen lässt sich das Gleichungssystem kaum noch ohne technische Hilfsmittel lösen.

2.2.5. Kritische Anmerkungen zur Kostenstellenrechnung mittels BAB

In vielen Betrieben versucht man noch heute, die beiden weiter oben[20] genannten Aufgaben der Kostenstellenrechnung gleichzeitig mit Hilfe des BAB zu lösen, wobei Klein- und Mittelbetriebe sich diesen häufig nicht einmal monatlich „leisten" können. Die folgenden Gründe zeigen die Unzulänglichkeit des BAB für diese Aufgabenerfüllung auf:

- Bei größeren Betrieben wird der BAB zu umfangreich und dadurch unübersichtlich.
- Für eine wirksame Kostenbeobachtung muss die Kostenstellenrechnung mindestens monatlich - besser noch alle 10 Tage - durchgeführt werden, weil ansonsten die Zahlen zu spät kommen, um eine wirksame Steuerung und Kontrolle zu ermöglichen.
- Gerade bei kurzen Abrechnungszeiträumen enthält der BAB jedoch in den einzelnen Kostenarten und Kostenstellen derart große Zufallsschwankungen, dass er für die zweite Aufgabe, die Bereitstellung von Kalkulationsunterlagen, nicht verwendet werden kann. Für diesen Zweck würde eine jährliche oder halbjährliche Erstellung eines BAB günstiger sein.
- Nach der Entwicklung neuer Kostenrechnungssysteme[21], wie der Plankostenrechnung, hat der nur die Ist-Kosten enthaltende BAB an Bedeutung verloren bzw. ist durch ein hinsichtlich der Kontrolle des Betriebes wirkungsvolleres Instrument ersetzt worden.
- Unter dem Einfluss der zunehmenden Rationalisierung und der fortwährend kapitalintensiveren Produktion finden statt der Zuschlagskalkulation, für die man Informationen aus dem BAB benötigt, immer häufiger andere Kalkulationsverfahren Anwendung[22], so dass man diesbezüglich auch nicht mehr so sehr auf den BAB angewiesen ist.

---

[20] S. Kap. B 2.2.1.
[21] Näheres siehe Kap. B 6.
[22] Vgl. Kap. B 3.2.3.

2.3. Betriebsergebnisrechnung

2.3.1. Wesen und Aufgabe

*Die **Betriebsergebnisrechnung** oder **Kostenträgerzeitrechnung** soll durch Gegenüberstellung von Leistungen und Kosten den **Erfolg** des Betriebes und damit die **Effektivität der Betriebstätigkeit** je Rechnungsperiode aufzeigen und durch Aufschlüsselung dieses Periodenerfolgs nach Erzeugnissen bzw. Erzeugnisgruppen (Kostenträger) deren Erfolgsanteile erkennbar machen.*

Da sie - im Unterschied zur GuV der Finanzbuchhaltung - möglichst **monatlich** (mindestens quartalsweise) erstellt werden soll, ist sie ihrem Wesen nach eine **kurzfristige Erfolgsrechnung.**

Mit der zum Ende eines Wirtschaftsjahres aufgestellten GuV kann zwar auch ein Betriebsergebnis ermittelt werden, es sprechen aber gewichtige Argumente dagegen, dass dieses das „richtige" und zweckmäßige Betriebsergebnis ist[23].

Gründe für die Notwendigkeit einer Betriebsergebnisrechnung sind:

1. Die Bewertung (Methoden und Wertansätze) der Erträge und Aufwendungen muss in der Finanzbuchhaltung den gesetzlichen Vorschriften folgen, wobei die Bewertungsspielräume oft nach steuer- und finanzpolitischen Gesichtspunkten ausgeschöpft werden. Der durch die GuV ermittelte Erfolg gibt folglich kein zutreffendes Bild über die Erfolgssituation des Betriebes.

2. Der Erfolg der GuV wird erst nach Ablauf eines Jahres ermittelt. Er „kommt" zu spät, um rechtzeitig und kurzfristig auf negative Entwicklungen im Betriebsgeschehen reagieren zu können.

3. Dieser Jahreserfolg enthält auch neutrale, d. h. betriebsfremde Erfolgsanteile und gibt auch deshalb keine Auskunft über die Effektivität der betrieblichen Leistungserstellung.

4. Der (in einer strukturierten) GuV errechnete Betriebserfolg enthält keine Finanzierungskosten (Zinsen etc.) für das betrieblich investierte Kapital.

5. Aus der GuV sind die Erfolgsbeiträge der einzelnen Erzeugnisse bzw. Erzeugnisgruppen nicht festzustellen, weil die Aufwendungen nicht erzeugnisbezogen, sondern nur nach den Produktionsfaktoren gegliedert sind (und dies auch nur in einer nach Gesamtkostenverfahren erstellten GuV). Auch eine erzeugnisbezogene Aufspaltung der Umsatzerlöse ist für die GuV nicht vorgeschrieben.

Methodisch kann die kurzfristige Erfolgsrechnung
- nach dem Gesamtkostenverfahren oder dem Umsatzkostenverfahren
  und jeweils
- auf Teilkosten- oder Vollkostenbasis
erstellt werden (s. Bild B 12).

---

[23] S. auch die Ausführungen hierzu in Kap. A 4.2.1.2.

Betriebsergebnisrechnung

Gesamtkostenverfahren		Umsatzkostenverfahren	
auf Vollkostenbasis	auf Teilkostenbasis	auf Vollkostenbasis	auf Teilkostenbasis

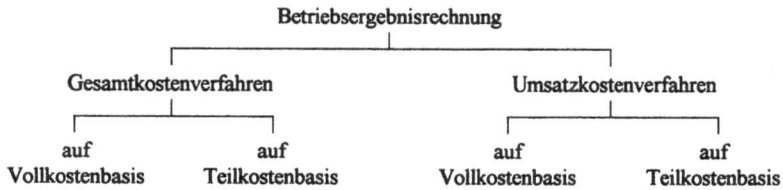

Bild B 12: Verfahren der Betriebsergebnisrechnung

2.3.2. Betriebsergebnisrechnung mittels Gesamtkostenverfahren

Beim Gesamtkostenverfahren werden zur Ermittlung des Betriebsergebnisses die Gesamtkosten einer Rechnungsperiode dem Umsatzerlös derselben Periode gegenüber gestellt.

Der Saldo entspricht jedoch nur dann dem tatsächlichen Betriebsergebnis, wenn Produktions- und Absatzmengen in dieser Periode übereinstimmen, d. h. wenn alle in einer Periode produzierten Erzeugnisse (und nur diese!) auch in derselben Periode umgesetzt wurden. Ist dies nicht der Fall, d. h. wenn auf Lager gefertigt und vom Lager verkauft wird, müssen die Produktionsmengen über die Bestandsveränderungen auf die Verkaufsmengen abgestimmt werden.

Ähnlich ist die Situation, wenn die Durchlaufzeit (Herstellzeit) eines Produktes über mehrere Abrechnungsperioden läuft; hier fallen in der Fertigung ständig Kosten an, ohne dass Umsatzerlöse diesen Kosten gegenüberstehen. Die Werterhöhung des Produktes von einem Abrechnungszeitpunkt zum anderen muss festgestellt und als Bestandserhöhung verbucht werden.

Bei **Bestandserhöhungen** müssen die Herstellkosten der in der Abrechnungsperiode erzeugten, aber nicht verkauften Produkte von den Gesamtkosten der Abrechnungsperiode *abgesetzt* werden, ehe man diese mit den Umsatzerlösen saldiert.

Umgekehrt sind bei **Bestandsminderungen** die Herstellkosten der in früheren Abrechnungsperioden gefertigten und jetzt erst verkauften Produkte den Gesamtkosten der untersuchten Abrechnungsperiode *hinzuzurechnen.*

Betriebsergebnis - Umsatzerlöse – (Gesamtkosten der Periode – Herstellkosten der Bestandserhöhung + Herstellkosten der Bestandsminderung)

Nachteilig beim Gesamtkostenverfahren ist, dass auch die Gemeinkosten entweder nach Kostenträgergruppen erfasst oder aber auf diese umgelegt werden müssen. Ersteres ist mit zusätzlichem Aufwand verbunden, während letzteres aufgrund des fehlenden verursachungsgerechten Verteilungsschlüssels zu einem ungenauen Ergebnis führen kann.

2.3.2.1. Gesamtkostenverfahren auf Vollkostenbasis

Die Anwendung des Gesamtkostenverfahrens auf Vollkostenbasis bedeutet Einbeziehung von fixen Kosten. Die Einrechnung anteiliger Fixkosten (nach irgendeinem Schlüssel) in die Kostenträgergruppen verstößt aber gegen das Verursachungsprinzip; deshalb kann dieses Verfahren keine gültige Information über das tatsächliche Betriebsergebnis der einzelnen Kostenträgergruppen liefern. Dies geht auch aus Bild B 13[24] hervor, woraus nicht der Schluss gezogen werden darf, dass die

---

[24] Es ist auf dasselbe Unternehmen und auf dieselbe Periode bezogen wie die Bilder B 7, 9 und 10.

Kostenträgergruppe 2 wegen des negativen Betriebsergebnisses aus dem Programm gestrichen werden sollte. Bei einem Verzicht auf die Erzeugung dieser Gruppe entfallen nämlich die dieser Gruppe angelasteten fixen Kosten keinesfalls; sie müssen nunmehr von den anderen Gruppen mitgetragen werden und schmälern das Gesamtbetriebsergebnis.

Fazit: Das Gesamtkostenverfahren auf Vollkostenbasis ist also *kein geeignetes Verfahren zur Kostenträgererfolgsanalyse*. Zur Ermittlung des Gesamt-Betriebsergebnisses ist es jedoch durchaus brauchbar.

| | Kostenträger-Gruppen | | | Gesamt- |
	1	2	3	Betrieb
1. Fertigungsmaterial	120	80	50	250
2. Materialgemeinkosten[1]	13	10	6	29
3. Materialkosten	133	90	56	279
4. Fertigungslöhne	48	31	13	92
5. Fertigungsgemeinkosten[2]	155	100	41	296
6. Fertigungskosten	203	131	54	388
7. Herstellkosten der Periode	336	221	110	667
8. Bestandsveränderungen (zu Herstellkosten bewertet) (+ = Minderung / − = Erhöhung)	− 30	+ 90	+ 20	+ 80
9. Herstellkosten der umgesetzten Produkte	306	311	130	747
10. Verwaltungsgemeinkosten[3]	34	22	12	68
11. Vertriebsgemeinkosten[4]	57	35	15	107
12. Selbstkosten der umgesetzten Produkte	397	368	157	922
13. Netto-Erlöse der umgesetzten Produkte	480	320	250	1050
14. Betriebsgewinn (+ = Gewinn / − = Verlust)	+ 83	− 48	+ 93	+ 128
15. Betriebsergebnis in % der Netto-Erlöse	+ 18%	− 15%	+ 37%	+ 12%

[1] 11,5% des Fertigungsmaterials   [3] 10% der Herstellkosten der Periode
[2] 325% der Fertigungslöhne   [4] 16% der Herstellkosten der Periode

Bild B 13: Betriebsergebnisrechnung (Kostenträgererfolgsrechnung) nach dem Gesamtkostenverfahren auf Vollkostenbasis für März 2001 (alle Zahlen in 1.000 EUR)

2.3.2.2. Gesamtkostenverfahren auf Teilkostenbasis

Will man Informationen über den tatsächlichen Beitrag der einzelnen Kostenträger zum Betriebsergebnis erhalten, so sollte man auf die Verteilung der fixen Kosten verzichten und nur die durch die einzelnen Kostenträger direkt verursachten variablen Kosten in die Rechnung aufnehmen[25].

---

[25] In diesem Zusammenhang wird bereits auf die entsprechende Methodik bei der Deckungsbeitragsrechnung hingewiesen; s. Kap. B 4.

	Kostenträger-Gruppen			Gesamt-Betrieb
	1	2	3	
1. Fertigungsmaterial	120	80	50	250
2. Variable Material-GK[1]	5	3	2	10
3. Variable Materialkosten	125	83	52	260
4. Fertigungslöhne	48	31	13	92
5. Variable Fertigungs-GK[1]	40	26	11	77
6. Variable Fertigungskosten	88	57	24	169
7. Variable Herstellkosten	213	140	76	429
8. Variable Bestandteile der Bestandsveränderungen (+ = Minderung/– = Erhöhung)	– 20	+ 60	+ 10	+ 50
9. Variable Herstellkosten der umgesetzten Produkte	193	200	86	479
10. Netto-Erlöse der umgesetzten Produkte	480	320	250	1050
11. Deckungsbeitrag I[2] der umgesetzten Produkte	287	120	164	571
12. Deckungsbeitrag I in % der Netto-Erlöse	60%	37%	65%	55%
13. Variable Verwaltungs- und Vertriebsgemeinkosten[3]	42	28	15	85
14. Deckungsbeitrag II (Zeile 11 – Zeile 13)	245	92	149	486
15. Deckungsbeitrag in % der Netto-Erlöse	51%	29%	59%	46%
16. Fixe Gemeinkosten der Periode[4]				358
17. Betriebsergebnis (Zeile 14 – Zeile 16)			-	128

[1] Es wurde unterstellt, dass die variablen Gemeinkosten durch Kostenauflösung ermittelt wurden, und sich proportional dem Fertigungsmaterial bzw. dem Fertigungslohn verhalten.

[2] Beitrag zur Deckung der fixen Kosten = Erlös - variable Kosten.

[3] Es wurde unterstellt, dass die variablen VwGK und VtGK proportional zu den variablen Herstellkosten der Abrechnungsperiode auf die Kostenträger-Gruppen anfallen.

[4] Die fixen Gemeinkosten sind dadurch gekennzeichnet, dass sie sich nicht auf die Kostenträger verursachungsgemäß verteilen lassen.

Bild B 14: Betriebsergebnisrechnung (Kostenträgererfolgsrechnung) nach dem Gesamtkostenverfahren auf Teilkostenbasis für März 2001 (alle Zahlen in 1.000 EUR)

Dies erfordert zunächst eine Kostenauflösung in variable und fixe Kosten; sodann sind die variablen Kosten entsprechend der Verursachung den einzelnen Kostenträgern direkt zuzuordnen.

Aus Bild B 14 ist zu erkennen, dass die Kostenträgergruppe 2 immerhin noch einen Beitrag von 92000,– EUR zur Fixkosten-Deckung liefert; um diesen Betrag würde das Betriebsergebnis vermindert, wenn man diese Kostenträgergruppe aus dem Produktionsprogramm herausnähme.

Fazit: Das Gesamtkostenverfahren auf Teilkostenbasis ist ein *geeignetes Verfahren zur Kostenträgererfolgsanalyse.*

2.3.3. Betriebsergebnisrechnung mittels Umsatzkostenverfahren

*Beim **Umsatzkostenverfahren** werden zur Ermittlung des Betriebsergebnisses von den Umsatzerlösen nur die Kosten der umgesetzten Produkte abgesetzt. Diese Kosten erhält man durch Multiplikation der umgesetzten Menge mit den Selbstkosten[26] pro Mengeneinheit (Verrechnungspreis).*

***Betriebsergebnis** = Umsatzerlöse – Selbstkosten der umgesetzten Erzeugnisse*

Beim Umsatzkostenverfahren erübrigt sich die Bestimmung der Lagerbestandsveränderungen; jedoch ist eine ständige Kontrolle der Selbstkosten der Kostenträger durch Nachkalkulation erforderlich.

Betriebe, die ständig Nachkalkulationen ihrer Erzeugnisse durchführen, verwenden zur Betriebsergebnisrechnung zweckmäßig das Umsatzkostenverfahren, da dies dann weniger aufwendig ist (vgl. Bilder B 15 und B 16).

2.3.3.1. Umsatzkostenverfahren auf Vollkostenbasis

Wie bereits in Kap. B 2.3.2.1 dargelegt wurde und auch aus Bild B 15 ersichtlich wird, ist eine Ergebnisrechnung auf Vollkostenbasis für eine Kostenträgererfolgsanalyse nicht geeignet.

	Kostenträger-Gruppen			Gesamt-Betrieb
	1	2	3	
1. Umgesetzte Mengen	55 t	52 t	28 t	135 t
2. Selbstkosten/Mengeneinheit (EUR/kg)	6,45	6,85	7,55	
3. Selbstkosten der umgesetzten Mengen (in 1.000 EUR)	354	356	212	922
4. Netto-Erlöse der umgesetzten Mengen (in 1.000 EUR)	480	320	250	1.050
5. Betriebsergebnis (in 1.000 EUR)	+ 126	– 36	+ 38	+ 128

Bild B 15: Betriebsergebnisrechnung (Kostenträgererfolgsrechnung) nach dem Umsatzkostenverfahren auf Vollkostenbasis für März 2001

2.3.3.2. Umsatzkostenverfahren auf Teilkostenbasis

Ebenso wie beim Gesamtkostenverfahren ist auch beim Umsatzkostenverfahren eine Betriebsergebnisrechnung auf Teilkostenbasis für eine Kostenträgererfolgsanalyse gut geeignet, wie Bild B 16 beweist.

Falls der Gesamtblock der fixen Kosten in Teilblöcke zerlegt werden kann, die den Kostenträgergruppen verursachungsgerecht zugerechnet werden können (z. B. weil einige Betriebsmittel und Anlagen nur für bestimmte Kostenträgergruppen benötigt werden), dann lassen sich auch die Beiträge der einzelnen Kostenträgergruppen zum Betriebsergebnis nach Abzug dieser Gruppen-Fixkosten ermitteln.

Die in Bild B 16 dargestellten Verhältnissen sind in diesem Sinne zu Bild B 17 erweitert worden.

---

[26] Zur Definition der Selbstkosten s. Kap. B 3.1.

	Kostenträger-Gruppen			Gesamt-Betrieb
	1	2	3	
1. Umgesetzte Mengen	55 t	52 t	28 t	135 t
2. Variable Selbstkosten pro Mengeneinheit (EUR/kg)	4,27	4,36	3,61	
3. Variable Selbstkosten (in 1.000 EUR)	235	228	101	564
4. Netto-Erlöse (in 1.000 EUR)	480	320	250	1.050
5. Deckungsbeitrag (in 1.000 EUR)	245	92	149	486
6. Fixe Gemeinkosten der Periode (in 1.000 EUR)				358
7. Betriebsergebnis (in 1.000 EUR)				+ 128

Bild B 16: Betriebsergebnisrechnung (Kostenträgererfolgsrechnung) nach dem Umsatzkosten-verfahren auf Teilkostenbasis für März 2001

	Kostenträger-Gruppen			Gesamt-Betrieb
	1	2	3	
5. Deckungsbeitrag	245	92	149	
6. – Gruppen-Fixkosten	150	50	80	280
7. Gruppen-Betriebsergebnis	95	42	69	206
8. – Unternehmungs-Fixkosten				78
9. Gesamtbetriebsergebnis				128

Bild B 17: Ergänzung zu der Rechnung in Bild B 16 bei Vorliegen von kostenträgerspezifischen Fixkosten

3. Kalkulation - Kostenträgerstückrechnung

3.1. Grundlagen

*Die **Kostenträgerstückrechnung** oder **Kalkulation** hat die Zurechnung aller Kosten auf eine Leistungseinheit (Mengen-, Gewichts- oder Längeneinheit), d. h. die Ermittlung der **Selbstkosten** zum Ziel. Sie ist somit ihrem Wesen nach eine **Vollkostenrechnung**.*

Selbstkosten sind die durch die Leistungserstellung und -verwertung insgesamt hervorgerufenen Kosten (d. h. Herstell-, Vertriebs- und Verwaltungskosten) je Leistungseinheit.

Während es sich bei der Betriebsabrechnung (Kostenarten- und Kostenstellen-rechnung) um eine zeitbezogene Rechnung handelt, ist die Kalkulation objekt- bzw. produktorientiert.

Die Ermittlung von Herstell- oder Selbstkosten der Produkte oder Erzeugnisteile dient als Basis für

- die Verrechnung innerbetrieblicher Leistungen,
- Wertansätze in der Bilanz,
- Wirtschaftlichkeits- und Optimierungsrechnungen,
- Betriebs- und Kostenüberwachung,
- die kurzfristige Erfolgsrechnung,
- die Beurteilung der Verkaufspreise der Erzeugnisse.

3.1.1. Vorkalkulation und Nachkalkulation

Je nach dem Zeitpunkt der Kalkulation in Relation zur Leistungserstellung unterscheidet man Vorkalkulation und Nachkalkulation.

Die Vorkalkulation erfolgt vor der Leistungserstellung und hat die Aufgabe, den voraussichtlichen Verbrauch an Produktionsfaktoren zu ermitteln und diesen mit dem mutmaßlich richtigen Wertansatz zu bewerten.

Sie wird vorwiegend bei Kundenanfragen durchgeführt. Ihre Bedeutung liegt nicht primär in der Preisbildung, sondern in der Beurteilung der Anfrage dahingehend, ob ein Auftrag vom Unternehmen übernommen werden soll oder besser abzulehnen ist. Zur Beurteilung der Kostensituation sind Vorkalkulationen auch zu empfehlen bei der Planung neuer Erzeugnisse, Verfahrensänderungen, Investitionen usw.

Existiert für ein Erzeugnis ein Marktpreis, dann kann anhand der ermittelten Selbstkosten die Kostensituation beurteilt werden. Ist jedoch kein Marktpreis vorhanden, so kann mittels Vorkalkulation die Preisuntergrenze, d. h. die Mindestforderung gegenüber dem Kunden, als Basis für den Angebotspreis ermittelt werden.

Da zum Zeitpunkt der Vorkalkulation - zumindest bei Auftragsfertigung - meist noch keine zutreffenden Aussagen über den tatsächlichen Kostenanfall gemacht werden können, wird das Mengengerüst (Materialverbrauch und Zeitaufwand) aufgrund von Erfahrungswerten und Ergebnissen früherer Nachkalkulationen geschätzt und mit Normalkosten, d. h. den durchschnittlichen Kosten der letzten Abrechnungsperioden, oder mit Plankosten (als Ergebnis systematischer Kostenanalysen) bewertet. Es leuchtet ein, dass derartig ermittelte „Kostenpreise" nur Anhaltspunkte oder Richtwerte, aber keine „richtigen" Angebotspreise sein können.

Die Nachkalkulation erfolgt nach (oder ggf. parallel zu) der Leistungserstellung; da sie mit den Istkosten der vergangenen Periode rechnet, ist sie ein Instrument der Kostenkontrolle.

Sie dient insbesondere

- der Kontrolle der Vorkalkulation in der Einzelfertigung,
- der Bereitstellung von Unterlagen für zukünftige Vorkalkulationen,
- der Kontrolle der veranschlagten Kosten in der Serienfertigung nach der Aufnahme neuer Produkte,
- der Bewertung und Abrechnung innerbetrieblicher Leistungen,
- der Erfolgskontrolle in der kurzfristigen Erfolgsrechnung,
- der Ermittlung von Selbstkosten(erstattungs)preisen bei Aufträgen der öffentlichen Hand, wenn die Aufträge entsprechend den Leitsätzen für die Preisermittlung aufgrund der Selbstkosten (LSP) abgerechnet werden.

Bei der „normalen" Nachkalkulation werden die Ist-Mengen, d. h. die tatsächlich verbrauchten Materialmengen und Fertigungszeiten, mit den Istkosten, d. h. den tatsächlich angefallenen Kosten, bewertet.

Bei der sogenannten Standard-Nachkalkulation, der Nachkalkulation in Unternehmen, die mit der Plankostenrechnung[27] arbeiten, wird das Ist-Mengengerüst mit Plankostensätzen bewertet und anschließend eine Verteilung der Abweichungen gegenüber der Vorkalkulation durchgeführt.

---

[27] Vgl. Abschnitt B 6.3.

3.1.2. Kostenpreis und Marktpreis

Weil die Kalkulation oftmals nicht nur zur Beurteilung von Verkaufspreisen, sondern zur Preisbildung selbst herangezogen wird, spricht man auch von der **Preisermittlung auf Selbstkosten-Basis** für diesen Rechenvorgang, bei dem der sogenannte (Selbst-)Kosten*preis* ermittelt wird.

Es ist jedoch ein weitverbreiteter Irrtum zu glauben, man könnte den Wert eines Gutes und damit seinen Preis grundsätzlich aus den Selbstkosten ableiten. Wert und Preis eines Gutes sind nicht eine objektive Eigenschaft eines Gutes, sondern eine subjektive Größe, die von den Nutzenerwartungen oder der jeweiligen wirtschaftlichen Situation des Nachfragers abhängig ist.

Ein Briefmarkensammler kauft eine seltene Marke zu einem weitaus höheren Preis als dem Nominalwert der Marke, d. h. als dem Wert, den die Deutsche Post der Marke beimisst.

In Shakespeares „Richard II" bietet der englische König in einer schweren Stunde seines Lebens sogar ein Königreich für ein Pferd, obwohl er nicht gerade als Pferdeliebhaber in die Geschichte eingegangen ist.

*Der Preis eines Gutes bildet sich in der freien Marktwirtschaft durch das Zusammenspiel von Angebot und Nachfrage auf dem Markt; einen solchen Preis nennt man **Marktpreis**.*

Es ist festzuhalten, dass die Kalkulation bei **marktorientierten Betrieben** keine Preisbildungs-, sondern nur eine Preiskontrollfunktion hat; die Bildung von Verkaufspreisen kann also nicht Aufgabe der Kalkulation sein.

Der Kalkulator kann zwar die Selbstkosten auf der Basis der Vollkosten oder aber die Grenzkosten auf der Basis der Teilkostenrechnung ermitteln, aber es bleibt die Aufgabe des Vertriebes, aus den Marktgegebenheiten Preisvorstellungen abzuleiten.

Erst wenn die Preise vorliegen, sei es als Marktpreise (i. V. mit geschätzten Absatzhöchstmengen) oder als Ergebnis geplanter Preis-Absatz-Funktionen (Preis-Mengen-Diagrammen), sollten die Kosten zur Steuerung des Verkaufs- oder Produktionsprogrammes herangezogen werden. In diesem Sinne wird seit den 70er Jahren in Japan und seit den 90er Jahren auch in Deutschland (z. B. bei Siemens und Audi) das **Target Costing** (Zielkostenmanagement) als strategisches Instrument eingesetzt. Es richtet das besondere Augenmerk nicht erst auf die Produktion, sondern schon auf die frühen Phasen (Entwicklung, Konstruktion) im Produktlebenszyklus und ermöglicht, ausgehend von den Marktanforderungen, eine Kostenbeeinflussung in einer Phase, in der die größten Effekte zu erzielen sind. Dabei ist die zentrale Frage, „was *darf* das Produkt kosten?", und nicht (wie in der traditionellen Kalkulation), „was *wird* das Produkt kosten?".

Häufig hört man den Einwand, dass bei **auftragsorientierten Betrieben** (Einzelfertigung), z. B. im Großmaschinenbau, Schiffbau und Stahlbau, die Bestimmung des Kosten*preises* für die Festsetzung des Angebotspreises unerlässlich sei. Dieser Einwand kann jedoch leicht entkräftet werden. Gerade in der Einzelfertigung ist zum Zeitpunkt der Kundenanfrage eine genaue Kalkulation erstens nicht möglich, weil die für eine Kalkulation erforderlichen Angaben (Zeichnungen, Stücklisten, Arbeitsablaufpläne usw.) noch nicht vorliegen, und zweitens auch nicht wirtschaftlich, weil zur Schaffung dieser Unterlagen 15 - 25% der Gesamtkosten des Auftrages als Vorleistungen erbracht werden müssten und außerdem erfahrungsgemäß nur 5 - 15 % der Anfragen zu einem Auftrag führen.

Aus diesen Gründen arbeitet man in der Einzelfertigung zu Angebotszwecken, d. h. bei der Vorkalkulation nur mit globalen Werten (z. B. x EUR je Tonne Walzwerk, y EUR je Tonne Brückenkonstruktion, z EUR je kg Elektronik), die aus der Nachkalkulation früherer Aufträge abgeleitet wurden.

Vielfach werden Kostenpreise auch für *Produktneuentwicklungen* gefordert. Dazu ist folgendes zu bemerken: Neue Produkte sollten zwar nur entwickelt werden, wenn zu erwarten ist, dass Verkaufsmengen und Preise erzielt werden können, die neben den proportionalen Kosten und den Entwicklungskosten auch angemessene Anteile der fixen Kosten decken. Aber auch hier vermag kein Verfahren der Kalkulation den richtigen Verkaufspreis zu errechnen. Gerade die Verkaufspreise für neue Produkte sollten aus den Ergebnissen der Marktforschung und nicht aus Kosten abgeleitet werden.

Fazit: Es müssen die Vorstellungen des Kunden über den Wert des Erzeugnisses erforscht werden; in einer ex-ante-Analyse ist zu ermitteln, was der Kunde für das neue Produkt zu zahlen bereit ist[28]. Gerade dann, wenn die Nachfrage noch nicht bekannt ist, lassen sich verkaufspolitische Entscheidungen nur unter Vorbehalt aus den Ergebnissen der Kalkulation ableiten.

3.1.3. Prinzipien der Kostenverteilung

Die Verteilung bzw. Zurechnung der Kosten auf die Kostenstellen in der Betriebsabrechnung sowie auf die Kostenträger in der Kalkulation kann nach drei unterschiedlichen Prinzipien vorgenommen werden.

• Verursachungsprinzip

Die Kosten sollen hier den Kostenbereichen bzw. Produkten zugerechnet werden, die sie auch verursacht haben. Nur dieses Prinzip ist sachlich richtig und theoretisch zu rechtfertigen. Das Problem liegt folglich darin, die Kosten, welche nicht direkt und kausal durch ein Produkt verursacht wurden, durch irgendeinen möglichst verursachungsgerechten Schlüssel weiter zu verrechnen.

Mit diesem Problem, geeignete verursachungsgerechte Verteilungsschlüssel zu finden, hat es stets die **Vollkostenrechnung** (absorption costing, Selbstkostenrechnung auf Vollkosten-Basis) zu tun, bei der sämtliche Kosten, d. h. variable und fixe Kosten bzw. Einzel- und Gemeinkosten, auf die Kostenträger überwälzt werden.

Da fixe Kosten aber vom Beschäftigungsgrad unabhängig anfallen, können sie nicht nach dem Verursachungsprinzip zugerechnet werden. Diese Erkenntnis berücksichtigt die sog. **Teilkostenrechnung**, die sich auf die Verteilung der direkten bzw. variablen Kosten beschränkt und die Differenz zwischen Preis und direkten bzw. variablen Kosten als Beitrag zur Deckung der Fixkosten, kurz **Deckungsbeitrag** des Produktes definiert. Die Summe der Deckungsbeiträge aller Produkte muss auf lange Sicht den Fixkostenblock abdecken, wenn das Unternehmen existenzfähig bleiben will.

---

[28] Vgl. H.-P. Fries, a.a.O. (BWL), S. 308 und 280

• Tragfähigkeitsprinzip (Deckungsprinzip)

Die Kosten werden nach der Tragfähigkeit der Kostenträger, d. h. nach der Höhe ihrer Absatzpreise oder Deckungsbeiträge verteilt; dies gilt insbesondere für die fixen Kosten. Kostenträger, die auf dem Markt einen höheren Preis erzielen, werden unabhängig von der Kostenverursachung höher mit Kosten belastet als solche Produkte, die aus irgendwelchen Gründen nur zu einem geringeren Preis veräußert werden können.

Dieser Verfahrensweise liegt folgender Gedanke zugrunde: Unabhängig davon, ob die Kalkulation auf der Basis der Voll- oder Teilkostenrechnung arbeitet, müssen die über die verkauften Produkte erzielten Umsatzerlöse auf lange Sicht die Summe aller Kosten decken. Dabei ist es unerheblich, ob alle Produkte den prozentual gleichen Teil der Gemein- bzw. Fixkosten abdecken oder ob einige Produkte, die aus irgendwelchen Gründen nicht aus dem Produktionsprogramm gestrichen werden können, keinen Beitrag zur Deckung dieser Kosten leisten, während andere Erzeugnisse prozentual sehr stark zur Deckung beitragen.

Dieses Prinzip hat besondere Bedeutung für die
– Selbstkostenermittlung bei Kuppel-Produktion,
– Preisbildung eines Produktes auf stark unterschiedlichen Absatzmärkten.

• Durchschnittsprinzip

Bei Anwendung dieses Prinzips wird festgestellt, welche Kosten durchschnittlich auf alle Leistungen entfallen. Es ist ebenfalls eine Ersatzmethode, wenn eine verursachungsgerechte Verteilung nicht gelingt. Alle Vollkostenrechnungen sind ihrem Wesen nach auf diesem Prinzip aufgebaut; denn sie verteilen die fixen Kosten in irgend einer Weise willkürlich auf die Kostenträger.

3.2. Kalkulationsmethoden

3.2.1. Kalkulationsmethoden und Fertigungsverfahren

Vor der Beschreibung der verschiedenen Kalkulationstechniken sei die Frage nach der richtigen Methode gestellt. Die Wahl der geeigneten Kalkulationsmethode wird bestimmt durch das Fertigungsverfahren bzw. speziell durch den sog. Fertigungstyp[29]. Die Typisierung eines industriellen Betriebes bzw. seiner Fertigung nach den beiden Kriterien
– Menge und Differenziertheit der Produkte (Struktur des Erzeugnisprogramms),
– Wiederholung(shäufigkeit) des Herstellvorgangs
kennt zwei Extremfälle:
• **Massenfertigung,**
• **Einzelfertigung.**
Serien- und Sortenfertigung sind Zwischenformen. Die Übergänge zwischen den einzelnen Typen sind fließend. Überdies kann die Fertigung über mehrere Stufen verlaufen.

---

[29] Einzelheiten zu den industriellen Fertigungs- und Organisationstypen s. H.-P. Fries, a.a.O. (BWL), S. 137 ff.

Bei globaler Betrachtung besteht zwischen den Grundtypen der Fertigung und der Kalkulationsmethoden folgende Affinität:

Fertigungstyp		Kalkulationsmethode
Massenfertigung	-	Divisionskalkulation
Einzelfertigung	-	Zuschlagskalkulation

Bei der **undifferenzierten Massenfertigung**, die durch völlige Gleichartigkeit der in großen Mengen hergestellten Erzeugnisse gekennzeichnet ist, bedeutet die verursachungsgerechte Zurechnung der Kosten auf die Kostenträger kein Problem. Im Sinne einer Durchschnittsrechnung werden die Gesamtkosten einer Rechnungsperiode durch die Erzeugungsmenge dieser Periode dividiert (**Divisionskalkulation**). Eine nach Einzel- und Gemeinkosten differenzierte Behandlung ist nicht notwendig. Mehrstufige Fertigung und Sortenfertigung machen Modifikationen dieser Kalkulationstechnik erforderlich.

Völlig gegensätzlich ist die Situation bei der **Einzelfertigung**, bei der jedes Produkt quasi ein „Unikat" darstellt. Die Heterogenität der Erzeugnisse verbietet eine kostenmäßige Gleichbehandlung wie bei der Massenfertigung. Dies gilt in aller Regel auch für die Serienfertigung. Nur die Einzelkosten, d. h. das Fertigungsmaterial und die Fertigungslöhne, können einem Kostenträger unmittelbar und verursachungsgerecht angelastet werden; die Gemeinkosten werden prozentual mit den im BAB ermittelten Sätzen zugeschlagen (**Zuschlagskalkulation**).

3.2.2. Divisionskalkulation

*Die **Divisionskalkulation** ist die einfachste Form der Kalkulation; die Selbstkosten einer Leistungseinheit werden ermittelt, indem man die Gesamtkosten einer Rechnungsperiode durch die Anzahl der in der selben Periode erstellten Leistungseinheiten dividiert.*

Da hierbei nicht nach Einzel- und Gemeinkosten und häufig auch nicht nach Kostenarten unterschieden wird, macht die Anwendung der Divisionskalkulation zwar eine Kostenstellenrechnung zum Zwecke der „Unterstützung der Kalkulation" entbehrlich; zum Zwecke der Kosten- und Wirtschaftlichkeitskontrolle einzelner Verursachungsbereiche ist aber eine Zurechnung der Gemeinkosten auf die Kostenstellen unverzichtbar.

3.2.2.1. Einstufige Divisionskalkulation

*Handelt es sich bei einer Produktion um einen einheitlichen, nicht weiter unterteilbaren Prozeß, so wird die **einstufige Divisionskalkulation** verwendet.*

Sie ist anwendbar als

– als *einfache Divisionskalkulation* bei kontinuierlicher Fertigung eines einzigen homogenen Massenproduktes, sog. *Einfach-Produktion* (z. B. Erzeugung von Roheisen im Hochofenwerk, Stromerzeugung),
– als *mehrfache Divisionskalkulation* bei Fertigung mehrerer Produkte nebeneinander, sog. *Parallel-Produktion* (z. B. gleichzeitige Erzeugung von Elektro- und Siemens-Martin-Stahl), wenn die Möglichkeit laufend getrennter Kostenermitt-

lung besteht und die Beschäftigungsschwankungen gering sind. Für jedes Produkt ist eine gesonderte einstufige Divisionskalkulation durchzuführen, wozu jedoch eine getrennte Kostenstellenrechnung erforderlich ist.

Die Kalkulationsformel zur Ermittlung der Selbstkosten je Leistungseinheit (SK) lautet bei der einstufigen Divisionskalkulation

• für den Fall, dass die erzeugten Einheiten direkt abgesetzt werden,

$$SK = \frac{\text{Gesamtkosten / Periode}}{\text{Leistungseinheiten / Periode}}$$

• für den Fall, dass Produktion und Umsatz nicht identisch sind, d. h. auf Lager gefertigt oder vom Lager verkauft wird,

$$SK = \frac{\text{Gesamtkosten / Periode} \pm \text{Herstellkosten der Lagerbestandsänderung}}{\text{umgesetzte Leistungseinheiten / Periode}}$$

wobei + für Lagerbestandsverminderungen und
       – für Lagerbestandserhöhungen steht.

Die einstufige Divisionskalkulation wird angewendet

• in Produktionsbetrieben
  z. B. in Bergwerken (EUR/t), Brauereien (EUR/hl), Gas- und Wasserwerken (EUR/m³), Elektrizitätswerken (EUR/kWh), Ziegeleien (EUR/100 Stück), Zementfabriken (EUR/100 Sack), Hochofenwerken (EUR/t),

• in Dienstleistungsbetrieben
  z. B. Verkehrsbetrieben (EUR/Tonnenkilometer oder EUR/Personenkilometer), Reparaturbetrieben (EUR/Mannstunde).

Die Divisionskalkulation ist auch in Kombination mit anderen Kalkulationsverfahren möglich; für gewisse Arbeitsplätze, Produktionsphasen, Neben- oder Vorbetriebe wird dann die Divisionskalkulation verwendet und als Glied in die gesamte Kalkulation eingefügt. So werden z. B. die Schmelzkosten je Tonne in einer Gießerei durch Divisionskalkulation errechnet, während die Form-, Gieß- und Putzkosten nach der Zuschlagskalkulation ermittelt werden.

Ebenso ist es üblich, bei der Fließfertigung, d. h. bei zwangsläufig hintereinander geschalteten Arbeitsgängen, z. B. bei Fertigungs-, Veredelungs- oder Montagestraßen, über die Divisionskalkulation die Kosten je Einheit zu ermitteln (vgl. Beispiel B 7).

Beispiel B 6: *Einstufige Divisionskalkulation*

Es sind die Selbstkosten je Sack Zement zu bestimmen, wenn folgende Daten der Zementfabrik bekannt sind:

Produktion/Jahr	1 Mio Sack
Lagerbestand am Jahresanfang	0,5 Mio Sack
Lagerbestand am Jahresende	0,3 Mio Sack
Materialkosten/Jahr	0,5 Mio EUR ⎫
Fertigungskosten/Jahr	1,2 Mio EUR ⎭ Herstellkosten/Jahr ⎫ Selbstkosten/Jahr
Verwaltungs- und Vertriebskosten/Jahr	0,7 Mio EUR ⎭

Herstellkosten/produzierte Einheit

$$= \frac{1,7 \text{ Mio. EUR}}{1 \text{ Mio. Sack}} = 1,7 \text{ EUR}$$

Herstellkosten der Lagerbestandsverminderung

$$= 0,2 \text{ Mio. Sack} \cdot 1,7 \text{ EUR/Sack} = 0,34 \text{ Mio EUR}$$

Selbstkosten/verkaufte Einheit

$$= \frac{2,4 \text{ Mio. EUR} + 0,34 \text{ Mio. EUR}}{1,2 \text{ Mio. Sack}} = 2,28 \text{ EUR/Sack}$$

Beispiel B 7: *Einstufige Divisionskalkulation*

300 Rechenwerke eines bestimmten Typs einer Datenverarbeitungsanlage werden auf einer Universal-Montage- und Prüfstraße mit 20 Arbeitsplätzen montiert und erprobt.

Die Gesamtkosten der Straße betragen 500 EUR/Stunde. Die Umstellung der Straße auf diesen Typ des Rechenwerkes erforderte 5 Stunden. Der Takt der Straße beträgt 15 Minuten, d. h. alle 15 Minuten verlässt ein Rechenwerk die Straße.

Wie hoch sind die Montage- und Prüfkosten pro Rechenwerk?

Rüstzeit: 5 Stunden

Anlaufzeit, d. h. die Zeit zwischen dem Moment, in dem die 1. Einheit aufgelegt wird, und dem Moment, in dem die 1. Einheit die Straße verlässt:

20 Arbeitsplätze x 15 Minuten/Arbeitsplatz = 300 Minuten = 5 Stunden.

Durchlaufzeit, d. h. die Zeit zwischen dem Moment, in dem die 1. Einheit die Straße verlässt, bis zu dem Moment, in dem die letzte Einheit die Straße verlässt:

299 Einheiten x 15 Minuten/Einheit = 4.485 Minuten ≈ 75 Stunden.

Gesamtzeit = Rüstzeit + Anlaufzeit + Durchlaufzeit = 5 + 5 + 75 = 85 Stunden.

Montage- und Prüfkosten EUR/Stunden x 85 Stunden = 42.500 EUR

Leistung 300 Stück

Montage- und Prüfkosten/Recheneinheit

$$= \frac{42.500 \text{ EUR}}{300 \text{ Einheiten}} \approx 142 \text{ EUR/Einheit}$$

Beispiel B 8: *Einstufige Divisionskalkulation*

Eine Kupfer-Gießerei muss mit stark schwankenden Material-Einstandspreisen rechnen. Die Situation in einer bestimmten Zeitperiode ist durch folgende Daten gekennzeichnet:

	Menge	Wert	Wert/Mengeneinheit
Fertiglagerbestand zu Beginn	500 t	3 Mio. EUR	6.000 EUR/t
Produktion (zu Herstellkosten)	1.000 t	7 Mio. EUR	7.000 EUR/t
Absatz	1.200 t	-	-
Verwaltungs- und Vertriebskosten	-	0,5 Mio. EUR	-

Es sind die Selbstkosten/t Absatz und der Endlagerbestand zu ermitteln

a) bei Bewertung des Lagers zu Durchschnittswerten/Mengeneinheit,

b) bei Bewertung nach dem HIFO-Verfahren[30].

---

[30] Vgl. S. 82 f.

Lösung:

a) Bewertung zu Durchschnitts-Herstellkosten

	Menge	Wert	Wert/Mengeneinheit
Anfangsbestand	500 t	3 Mio. EUR	6.000 EUR/t
Zugang (zu Herstellkosten)	1.000 t	7 Mio. EUR	7.000 EUR/t
Zwischenbestand	1.500 t	10 Mio. EUR	∅ 6.667 EUR/t
Abgang (zu Durchschnitts-Herstellkosten)	1.000 t	8 Mio. EUR	6.667 EUR/t
Endbestand	200 t	2 Mio. EUR	6.667 EUR/t

Herstellkosten der abgesetzten Menge   8,0 Mio. EUR
Verwaltungs- und Vertriebskosten   + 0,5 Mio. EUR
Selbstkosten der abgesetzten Menge   8,5 Mio. EUR

$$\text{Selbstkosten/t Absatz} = \frac{8{,}5 \text{ Mio. EUR}}{1200 \text{ t}} \approx 7083 \text{ EUR/t}$$

b) Bewertung nach dem HIFO-Verfahren

	Menge	Wert	Wert/Mengeneinheit
Anfangsbestand	500 t	3 Mio. EUR	6.000 EUR/t
Zugang (zu Herstellkosten)	1.000 t	7 Mio. EUR	7.000 EUR/t
Zwischenbestand	1.500 t	10 Mio. EUR	∅ 6.667 EUR/t
Abgang	1.000 t	7 Mio. EUR	7.000 EUR/t
	200 t	1,2 Mio. EUR	6.000 EUR/t
Endbestand	300 t	1,8 Mio. EUR	6.000 EUR/t

Herstellkosten der abgesetzten Menge   8,2 Mio. EUR
Verwaltungs- und Vertriebskosten   + 0,5 Mio. EUR
Selbstkosten der abgesetzten Menge   8,7 Mio. EUR

$$\text{Selbstkosten/t Absatz} = \frac{8{,}7 \text{ Mio. EUR}}{1200 \text{ t}} \approx 7250 \text{ EUR/t}$$

3.2.2.2. Mehrstufige Divisionskalkulation

*Die **mehrstufige Divisionskalkulation** ist anzuwenden, wenn der Fertigungsprozess (als Einfach- oder Parallel-Produktion) hintereinander **mehrere Produktionsstufen** durchläuft, bei denen die Stufenleistungen nach Art und Menge unterschiedlich sind und/oder zwischen den Stufen Läger mit wechselndem Bestand eingeschaltet sind, von denen aus auch Erzeugnisse verkauft werden (z. B. als rohes Schmiedeteil oder als vor- oder fertigbearbeitetes Teil).*

Dabei müssen Fertigungslöhne und Fertigungsgemeinkosten auf den verschiedenen Bearbeitungsstufen bzw. in den Abrechnungsbereichen getrennt erfasst werden.

Können die Verwaltungs- und Vertriebskosten nicht nach den Bearbeitungsstufen getrennt ermittelt werden, so müssen sie irgendwie (z. B. proportional zu den Herstell- oder Fertigungskosten) auf die verkauften Produkte in den verschiedenen Stufen aufgeschlüsselt werden.

Für die mehrstufige Divisionskalkulation existieren zwei verschiedenen Versionen.

*Bei der **Stufenkalkulation** (Divisionskalkulation **ohne Kostenüberwälzung**) werden die Selbstkosten der einzelnen Stufen separat nach der einstufigen Divisionskalkulation errechnet und dann zur Gesamtsumme addiert.*

*Bei der **Veredelungskalkulation** (Divisionskalkulation **mit Kostenüberwälzung**) wird das Ergebnis der Kalkulation in einer Fertigungsstufe für die Kalkulation in der nächsten Fertigungsstufe verwendet.*

Beispiel B 9: *Stufenkalkulation*

Ein Unternehmen, das Betonprofilsteine für die Befestigung von Garagenzufahrten, Bachbetten usw. herstellt und vertreibt, interessiert sich für die Selbstkosten pro Quadratmeter Steine. Es ist zu beachten, dass ein Teil der Produktion vom Käufer selbst abgeholt und verlegt wird, ein weiterer Teil dem Kunden durch den firmeneigenen Lastwagen zur Selbstverlegung angeliefert wird und der Rest der Produktion frei Baustelle geliefert und verlegt wird.

Es empfiehlt sich, die Dienstleistung des Betonsteinwerkes in drei Stufen aufzuteilen und die Produktions-, Transport- und Verlegungskosten pro Einheit getrennt zu ermitteln.

Lösung:

1. Stufe: Produktion

Produktions-Gesamtkosten/Jahr	500.000 EUR
Produktion/Jahr	50.000 m^2
also Selbstkosten/Einheit	10 EUR/m^2

2. Stufe: Transport

Transport-Gesamtkosten/Jahr	80.000 EUR
Gefahrene km/Jahr	80.000 km
also Transportkosten/km	1 EUR/km

3. Stufe: Verlegung

Verlegungs-Gesamtkosten/Jahr	300.000 EUR
Verlegte Menge	25.000 m^2
also Verlegungskosten/Einheit	12 EUR/m^2

Die Gesamtkosten (Produktion, Transport und Verlegung) eines Auftrages von 100 m^2 Betonprofilsteine (genau zwei Lastwagen-Ladungen) inklusive Transport über 25 km Entfernung betragen also:

Produktionskosten	100 m^2 x 10 EUR/m^2	=	1.000 EUR
Transportkosten	100 km x 1 EUR/km	=	100 EUR
Verlegungskosten	100 m^2 x 12 EUR/m^2	=	1.200 EUR
	Summe	=	2.300 EUR

Gesamtkosten/m^2 also 23 EUR

Beispiel B 10: *Veredelungskalkulation*

Ein Unternehmen besteht aus drei selbständigen Produktionsstufen, nämlich Stahlgießerei, Schmiede und Mechanische Werkstatt. Aus der Stahlgießerei und der Schmiede wird z. T. ohne Weiterverarbeitung im eigenen Hause direkt an den Kunden geliefert, z. T. erfolgt jedoch die Weiterverarbeitung in der Mechanischen Werkstatt.

Es sind die Herstellkosten pro Tonne als Basis für den Materialeinsatz in der nächst höheren Produktionsstufe und die Selbstkosten pro Tonne als Basis für die Beurteilung des Erfolges in jeder Produktionsstufe zu ermitteln, wenn die Fertigungskosten, Materialeinsätze und die produzierten Mengen pro Periode in den 3 Produktionsstufen gegeben sind. Die Vertriebs- und Verwaltungskosten von 45.000 EUR sollen proportional zu den Herstellkosten der verkauften Produkte aufgeschlüsselt werden.

Fertigungslöhne und Fertigungsgemeinkosten wurden getrennt erfasst. Bei der in Bild B 18 durchgeführten Kalkulation wird bis Zeile 8 spaltenweise vorgegangen, d. h. die Kalkulation in folgender Reihenfolge durchgeführt: 1. Gießerei, 2. Schmiede und 3. Mechanische Werkstatt.

Lösung:

	Gießerei	Schmiede	Mechanische Werkstatt	Gesamt
1. Materialeinsatz (t)	*50*[1]	30	15	
2. Materialpreis (EUR/t)	*800*[1]	⟶ 2.500	⟶ 5.000	
3. Materialkosten (EUR)	40.000	75.000	75.000	
4. Fertigungskosten (EUR) [1]	*60.000*	*50.000*	*75.000*	
5. Herstellkosten (EUR)	100.000	125.000	150.000	
6. Produzierte Menge (t) [1]	*40*	*25*	*12*	
7. Herstellkosten/Mengeneinheit (EUR/t)	2.500 ⊣	5.000 ⊣	12.500	
8. Verkaufte Mengen (t) [1]	*10*	*10*	*12*	
9. Herstellkosten der verkauften Mengen (EUR)	25.000	50.000	150.000	225.000
10. Vertriebs- und Verwaltungs-Gemeinkosten (EUR)	5.000	10.000	30.000	45.000 = 20%
11. Selbstkosten (EUR)	30.000	60.000	180.000	270.000
12. Selbstkosten/Tonne Umsatz (EUR/t)	3.000	6.000	15.000	

[1] gegebene Werte (kursiv)

Bild B 18: Veredelungskalkulation

Die mehrstufige Divisionskalkulation wird insbesondere angewendet in

- gemischten Hüttenwerken (mit Hochofen-, Stahl- und Walzwerk),
- Braunkohlenzechen (mit Grubenbetrieb und Brikettfabrik),
- Industrie der Steine und Erden (mit Steinbruch und Veredelungsbetrieben),
- gemischten Maschinenbaubetrieben (mit Grund- und Veredelungsbetrieben),
- Textilindustrie (mit z. B. Zwirnerei, Weberei und Färberei).

Wenn verschiedene Materialien von unterschiedlichem Wert eine Fertigungsstufe mit gleichen Bearbeitungsgängen durchlaufen, so kann man diese Fertigungsstufe auch ohne Materialkosten abrechnen; dann gehen nur die Fertigungskosten (Löhne und Gemeinkosten) in die Divisionskalkulation ein. Die Materialkosten je Leistungseinheit werden dann später addiert.

3.2.2.3. Äquivalenzziffernrechnung

Werden in einer Unternehmung mehrere hinsichtlich Rohstoff, Form, Verwendung, Ausstattung oder Fertigungsverfahren ähnliche Produkte erstellt, dann handelt es sich um **Sortenfertigung,** die einen hohen Verwandschaftsgrad in der Kostenstruktur[31] aufweist.

Eine Sortenfertigung liegt z. B. vor bei der Herstellung von
- Drähten, Blechen, Papier und Garn unterschiedlicher Stärke bei gleichem Material oder unterschiedlichem Material, aber gleicher Stärke,
- Ziegelsteinen, Flaschen, Ketten usw. verschiedener Größe, jedoch von gleichem Material.

In diesen Fällen ist die sog. Äquivalenzziffernrechnung zu empfehlen.

*Die **Äquivalenzziffernrechnung,** die auch **Sortenkalkulation** genannt wird, ist eine Abwandlung der Divisionskalkulation. Ihr Wesen besteht darin, dass der Verwandschaftsgrad und damit das Kostenverhältnis der hergestellten Sorten in Äquivalenzziffern ausgedrückt wird.*

__Äquivalenzziffern__ sind Gewichtungsfaktoren (Verhältniszahlen), welche die Kostenabweichungen verschiedener Produktsorten von den Kosten einer ausgewählten Richt- oder Bezugssorte widerspiegeln.

Mit Hilfe dieser Gewichtungsfaktoren werden die tatsächlichen Produktmengen auf fiktive, „gleiche" Rechnungseinheiten der Richtsorte, welche die Wertigkeit 1 erhält, umgerechnet und die Gesamtkosten anschließend durch die Zahl der Rechnungseinheiten dividiert.

Das Zentralproblem liegt folglich in der **Bildung von Äquivalenzziffern,** d. h., in dem Ausfindigmachen von charakteristischen Einflussgrößen, die das Kostenverhältnis richtig wiedergeben. Liegt der Unterschied der Sorten bei gleichem Fertigungsverfahren vorwiegend in Materialmenge oder -qualität, so könnte man die Materialkosten-Relationen als Äquivalenzziffern verwenden; bei ungefähr gleichen Materialkosten, aber unterschiedlichen Fertigungsverfahren, würde man die Relationen der Fertigungszeiten oder Fertigungslöhne zur Bestimmung der Äquivalenzziffern heranziehen.

Bisweilen ist zur Verbesserung der Kalkulation, insbesondere bei komplexer Betriebsstruktur zu empfehlen, für die Materialkosten, die Fertigungskosten sowie die Verwaltungs- und Vertriebskosten jeweils besondere Äquivalenzziffernreihen zu verwenden und die ermittelten Kosten für die einzelnen Sorten zu addieren, d. h. also, eine mehrstufige Divisionskalkulation mit Äquivalenzziffern aufzubauen.

---

[31] Als Kostenstruktur wird die prozentuale Zusammensetzung der Gesamtkosten in Materialanteil, Lohnanteil, Gemeinkostenanteil usw. bezeichnet.

Beispiel B 11: *Sortenkalkulation*

Bei der Abfüllung von Flaschen unterschiedlicher Größe kann man unterstellen, dass die Flüssigkeit dem Abfüllhahn mit gleicher Geschwindigkeit entnommen wird und damit die Füllkosten pro Flasche proportional dem Flaschenvolumen sind.

Es wurden die Füllkosten pro Zeitperiode mit 99.000,- EUR angegeben und in der gleichen Periode folgende Leistung gemessen:

Flaschensorte	A	B	C
Flascheninhalt	200 cm³	300 cm³	600 cm³
Abfüll-Leistung	180.000 Stück	80.000 Stück	120.000 Stück

Es sind die Abfüllkosten pro Flaschensorte zu bestimmen!

Lösung:

Flaschensorte		A	B	C
1.	Flascheninhalt	200 cm³	300 cm³	600 cm³
2.	Äquivalenzziffern[1]	1	1,5	3
3.	Abfüll-Leistung	180.000 Stück	80.000 Stück	120.000 Stück
4.	Rechnungseinheiten[2]	180.000 Stück	120.000 Stück	360.000 Stück
5.	Abfüllkosten/Rechnungseinheit	= 99.000,- EUR/660.000 Rechnungseinheiten		
		= 0,15 EUR/Rechnungseinheit		
6.	Abfüllkosten/Sorteneinheit[3]	0,15 EUR/Fl	0,225 EUR/Fl	0,45 EUR/Fl
7.	Abfüllkosten/Flaschensorte[4]	27.000 EUR	18.000 EUR	54.000 EUR

Erläuterungen:

[1] Äquivalenzziffern orientiert am Flaschenvolumen

[2] Rechnungseinheiten = Abfüll-Leistung x Äquivalenzziffer

[3] Abfüllkosten/Sorteneinheit = Äquivalenzziffer x Abfüllkosten/Rechnungseinheit

[4] Abfüllkosten/Flaschensorte = Abfüll-Leistung x Abfüllkosten/Sorteneinheit

Beispiel B 12: *Sortenkalkulation*

Es sind die Selbstkosten pro Stück der in Beispiel B 11 verwendeten Flaschensorten zu bestimmen.

Die Flaschen werden nach dem gleichen Fertigungsverfahren hergestellt. Für die Verteilung der Materialkosten von 25.000,- EUR wird die Relation der Fertiggewichte der Flaschen herangezogen (Äquivalenzziffern 1 – 1,3 – 1,8). Für die Umlegung der Fertigungskosten von 46.000,- EUR wird die Relation der Fertigungszeiten als Äquivalenzziffer verwendet (1 – 1,25 – 1,5). Für Verwaltungs- und Vertriebskosten (38.000,- EUR) erscheint eine gleichmäßige Belastung jeder Flasche gerechtfertigt.

Lösung:

Flaschensorte	A	B	C
1. Äquivalenzziffern für Materialkosten	1	1,3	1,8
2. Produktions-Ausstoß	180.000 Stück	80.000 Stück	120.000 Stück
3. Rechnungseinheiten	180.000 Stück	104.000 Stück	216.000 Stück
4. Materialkosten/Rechnungseinheit	= 25.000,- EUR/500.000 Rechnungseinheiten		
	= 0,05 EUR/Rechnungseinheit		
5. Materialkosten/Sorteneinheit	0,05 EUR/Fl	0,065 EUR/Fl	0,09 EUR/Fl
6. Äquivalenzziffern für Fertigungskosten	1	1,25	1,5
7. Rechnungseinheiten	180.000 Stück	100.000 Stück	180.000 Stück
8. Fertigungskosten/Rechnungseinheit	= 46.000,- EUR/460.000 Rechnungseinheiten		
	= 0,10 EUR/Rechnungseinheit		
9. Fertigungskosten/Sorteneinheit	0,10 EUR/Fl	0,125 EUR/Fl	0,15 EUR/Fl
10. Äquivalenzziffern für Verw.- und Vertr.-Kosten	1	1	1
11. Rechnungseinheiten	180.000 Stück	80.000 Stück	120.000 Stück
12. Verw.- und Vertr.-Kosten /Rechn.-Einheit	= 38.000,- EUR/380.000 Rechnungseinheiten		
	= 0,10 EUR/Rechnungseinheit		
13. Verw.- und Vertr.-Kosten/Sorteneinheit	0,10 EUR/Fl	0,10 EUR/Fl	0,10 EUR/Fl
14. Selbstkosten/Sorteneinheit	0,25 EUR/Fl	0,29 EUR/Fl	0,34 EUR/Fl

3.2.3. Zuschlagskalkulation

3.2.3.1. Technik der Zuschlagskalkulation

Die Voraussetzungen der Divisionskalkulation, nämlich Einheitlichkeit der Produkte (hinsichtlich Material, Fertigungsverfahren und Produktionstiefe) oder aber wenigstens eine hohe kostenmäßige Verwandtschaft der Erzeugnisse, sind in der wirtschaftlichen Praxis nur seltenen gegeben. In diesen Fällen ist dann die Divisionskalkulation nicht anwendbar; die Herstellung heterogener Erzeugnisse bedingt den Einsatz der Zuschlagskalkulation.

*Die **Zuschlagskalkulation** teilt die Gesamtkosten auf in Gemein- und Einzelkosten. Die mit Hilfe von Belegen (z. B. Materialentnahmescheine, Stücklisten, Lohnscheine und Arbeitspläne) erfassten Einzelkosten werden den Kostenträgern direkt angelastet, die Gemeinkosten jedoch prozentual den Einzelkosten zugeschlagen.*

Folglich setzt die Zuschlagskalkulation - das adäquate Kalkulationsverfahren für Industriebetriebe mit Einzel- und Serienfertigung - eine ausgebaute Kostenstellenrechnung, in der die Zuschlags(prozent)sätze ermittelt werden, voraus. Das Problem der Zuschlagsrechnung besteht darin, geeignete Zuschlagsgrundlagen zu finden, zu denen die Gemeinkosten möglichst proportional sind.

Nach der Zahl der verwendeten Bezugsgrößen für die Gemeinkostenverteilung unterscheidet man

• die summarische Zuschlagskalkulation und
• die differenzierende Zuschlagskalkulation.

*Bei der **summarischen (kumulativen) Zuschlagskalkulation** wird nur eine einzige Bezugsgröße als Basis für den Zuschlag der Gemeinkosten herangezogen.*

In Betrieben mit lohnintensiver Produktion wird die **Lohn-Zuschlagskalkulation** angewendet, bei welcher der Fertigungslohn als alleinige Zuschlagsbasis herangezogen wird.

Lohnintensive Produktion liegt z. B. vor im Bergbau, Stahlbau, Maschinenbau und in der Elektrotechnik, in Betrieben der feinmechanischen und feinkeramichen Industrie sowie im Handwerk. Diese Betriebe liegen mit 30 bis 50% Lohnkostenanteil an der Spitze. Demgegenüber haben Brauereien, Tabakindustrie, Mineralölverarbeitung und Zuckerindustrie nur einen Lohnkostenanteil von 5 bis 10% der Gesamtkosten.

In materialintensiven Betrieben[32] wählt man die **Material-Zuschlagskalkulation,** bei der alle Gemeinkosten summarisch entsprechend der Bezugsgröße Materialkosten verteilt werden.

Von *materialintensiver Produktion* spricht man, wenn die Materialkosten den Hauptkostenfaktor ausmachen. Im Fahrzeugbau, in Walzwerken sowie in der Zucker- und Milch-verarbeitenden Industrie beträgt der Materialkostenanteil 50 bis 75%.

*Die **differenzierende (elektive) Zuschlagskalkulation** verwendet mehrere Zuschlagsgrundlagen. Hier geht man davon aus, dass die Gemeinkosten von mehreren Einflussgrößen abhängen und deshalb mittels mehrerer Zuschlagssätze verteilt werden müssen.*

Je größer die Zahl der Zuschlagsgrundlagen ist, desto genauer wird sicher das Kalkulationsergebnis. Das Wirtschaftlichkeitsprinzip geht aber dem Grundsatz der Genauigkeit vor und setzt ihm Grenzen.

Die *Differenzierung* der Zuschlagsgrundlagen bzw. Zuschlagssätze kann erfolgen

– *nach Kostenarten*, z. B. werden für die Materialgemeinkosten die Materialkosten, für die Fertigungsgemeinkosten die Fertigungslöhne und für die Verwaltungs- und Vertriebsgemeinkosten die Herstellkosten (manchmal auch die Fertigungskosten) als Zuschlagsbasis gewählt,
– *nach Kostenstellen*, d. h. für die einzelnen Kostenstellen gelangen unterschiedliche Zuschlagssätze zum Ansatz.

Die Kostenstellen-Aufteilung kann dabei u. U. bis zum einzelnen, nicht mehr unterteilbaren Arbeitsplatz gehen. Diese **Kostenplatzrechnung** wird angewendet, wenn hinsichtlich Art, Größe und Kosten stark unterschiedliche Betriebsmittel in einer Abteilung zusammengefasst sind und die Aufteilung wirtschaftlich vertretbar ist.

Für die Zuschlagskalkulation werden die Ist-Zuschlagssätze im allgemeinen im Betriebsabrechnungsbogen errechnet. In zunehmendem Maße verwendet man jedoch heute bei der Zuschlagskalkulation nicht die Ist-Gemeinkostenzuschläge der letzten Abrechnungsperiode, sondern die in der Normal- oder Plankostenrechnung[33] ermittelten Normal- bzw. Plan-Zuschlagssätze, durch die größere Zufallsschwankungen in der Vergangenheit eliminiert bzw. bereits die Kosten- und Beschäftigungsentwicklung der zukünftigen Abrechnungsperiode weitgehend berücksichtigt werden sollen. Dabei ist zu beachten, dass die Zuschlagssätze auf der Basis der

---

[32] Im Sinne des (neben Arbeit und Werkstoffen) dritten Produktionsfaktors Betriebsmittel spricht man von *kapital- oder anlagenintensiver Produktion* bei einem Kapitalkostenanteil von 33 bis 40 %; er ist z. B. in Hütten- und Walzwerken, in der Chemischen Industrie, im Maschinenbau und in der Elektrotechnik gegeben.

[33] Vgl. Kapitel B 6.

Plan- oder Vollbeschäftigung ermittelt werden und deshalb bei Beschäftigungsänderung korrigiert werden müssen.

Kostenart	Abkürzung	Erfassung bzw. Verrechnung
1. Fertigungsmaterialkosten (Einzelkosten)	FMK	direkt
2. Materialgemeinkosten	MGK	in % von FMK
I. Materialkosten (1. + 2.)	*MK*	Summe Pos. 1 und 2
3. Fertigungslohnkosten (Einzelkosten)	FLK	direkt
4. Fertigungsgemeinkosten	FGK	in % von FLK
5. Sondereinzelkosten der Fertigung	SEF	direkt
II. Fertigungskosten (3. + 4. + 5.)	*FK*	Summe Pos. 3 bis 5
6. Sondereinzelkosten der Gestaltung	SEG	direkt
III. Herstellkosten (I. + II. + 6.)	*HK*	Summe Pos. 1 bis 6
7. Verwaltungsgemeinkosten	VwGK	in % von HK (oder FK)
8. Vertriebsgemeinkosten	VtGK	in % von HK (oder FK)
9. Sondereinzelkosten des Vertriebes	SEV	direkt
IV. Selbstkosten (III. + 7. + 8. + 9.)	*SK*	Summe Pos. 1 bis 9

Bild B 19: Kalkulationsschema der differenzierenden Zuschlagskalkulation

Beispiel B 13: *Differenzierende Zuschlagskalkulation*

Die Selbstkosten eines Produktes sind zu ermitteln, wenn folgende Daten gegeben sind:

FMK: 50 kg mit je 2 EUR/kg
FLK in der Kostenstelle (KSt) A: 15 Stunden je 5 EUR/Stunde
FLK in der Kostenstelle (KSt) B: 10 Stunden je 6 EUR/Stunde

Entwicklungskosten: 150 EUR
10% MGK,   153% FGK in KSt A, 10% VwGK (von HK)
              200% FGK in KSt B, 15% VtGK (von HK)

Damit ergeben sich die Herstellkosten des Produktes wie folgt:

1. Fertigungsmaterialkosten		100,- EUR	
2. Materialgemeinkosten (10% von FMK)		10,- EUR	
I. Materialkosten			110,- EUR

	KSt A	KSt B	Summe	
3. Fertigungslohnkosten	75,- EUR	60,- EUR	135,- EUR	
4. Fertigungsgemeinkosten	115,- EUR	120,- EUR	235,- EUR	
5. Sondereinzelk. d. Fertigung	-	-	-	
II. Fertigungskosten				370,- EUR
6. Entwicklungskosten				150,- EUR
III. Herstellkosten				630,- EUR
7. Verwaltungsgemeinkosten (10% von HK)				63,- EUR
8. Vertriebsgemeinkosten (15% von HK)				95,- EUR
9. Sondereinzelkosten des Vertriebs (nicht ausgewiesen)				-
IV. Selbstkosten				788,- EUR

Die Verteilung der Vertriebskosten proportional zu den Herstellkosten (oder
Herstellkosten des Umsatzes) ist eigentlich nicht gerechtfertigt, denn die Belastung
der Vertriebsabteilung durch einen Auftrag ist alles andere als proportional zu den

Herstellkosten. Hier wäre eine Belastung nach der Anzahl der Angebote, die zum Auftrag führten, oder entsprechend der Anzahl der Mann-Stunden, die zur Auftragsbearbeitung in der Vertriebsabteilung erforderlich sind, sicherlich richtiger, aber auch viel aufwendiger. Man begnügt sich deshalb mit dieser „Gießkannen-Verteilungsmethode".

3.2.3.2. Kritische Anmerkungen zur Zuschlagskalkulation

Die Zuschlagskalkulation unterstellt für den Bereich der Fertigung Proportionalität zwischen den Gemeinkosten und den Fertigungslöhnen[34]. Je anlagenintensiver[35] ein Betrieb ist, desto weniger ist diese Unterstellung zutreffend. Dies wiederum hat große Nachteile bzw. falsche Kalkulationsergebnisse zur Folge, insbesondere dann, wenn nicht oder nur ganz grob nach Kostenstellen differenziert wird:

- Vielfach, vor allem in *anlagenintensiven Fertigungsbetrieben*, werden die Fertigungsgemeinkosten in hohem Maße vom Maschineneinsatz bestimmt, sie verhalten sich nicht lohnproportional. Mit steigender Mechanisierung und Automatisierung steigen die Zuschlagssätze, weil der Lohnanteil relativ immer niedriger wird. Man hat in der Praxis Lohnzuschlagssätze von über 10.000 % vorgefunden. Derart hohe Prozentsätze sind natürlich unsinnig; da - wegen der zu niedrigen Basis - schon eine geringfügige Lohnerhöhung rechnerisch zu einem unverhältnismäßig großen Anstieg der Fertigungskosten führt, sofern der Zuschlagssatz nicht geändert wird.

Somit stellt sich die Frage, ab welchem Zuschlagssatz die Lohnzuschlagskalkulation nicht mehr verwendet werden sollte.

Grundsätzlich ist die Wahrscheinlichkeit für das Auftreten unvertretbar großer Fehler um so höher, je höher der verwendete Zuschlagssatz ist. Es darf angenommen werden, dass der Lohn als Zuschlagsbasis nicht mehr groß genug ist, wenn sich Zuschlagssätze von über 300 % ergeben; in diesen Fällen sollte man ein anderes Kalkulationsverfahren verwenden. Da jedoch die Umstellung auf ein anderes Verfahren selbst wieder mit Arbeit und Kosten verbunden ist, die manche Unternehmen scheuen oder zunächst „noch sparen" wollen, werden nicht selten höhere Sätze als der zuvor genannte Satz hingenommen. Sind die Aufwendungen für die Umstellung nur gering, so ist ein Verfahrenswechsel bereits bei einem Lohnzuschlagssatz von etwa 150 % zu empfehlen.

- *Lohnerhöhungen* bedingen, sofern kein Verfahrenswechsel vorgenommen wird, eine Änderung des Zuschlagssatzes.

Beispiel B 14: *Auswirkungen von Lohnerhöhungen auf den Zuschlagssatz*

Beträgt z. B. der Lohnzuschlagssatz 10.000 % und der Stundenlohn 6,- EUR, so werden pro Stunde 6,- EUR + 600,- EUR = 606,- EUR Fertigungskosten verrechnet.

Nach einer Lohnerhöhung von 10 % würden bei unverändertem Zuschlagssatz pro Stunde 6,60 EUR + 660,- EUR = 666,60 EUR Fertigungskosten verrechnet werden. - Enthalten jedoch die Fertigungsgemeinkosten keine Lohnanteile, so werden sie durch eine Lohnerhöhung auch nicht beeinflusst und betragen weiterhin nur 600,- EUR; für diesen Fall wird zwingend eine Änderung des Zuschlagssatzes auf 9.090 % erforderlich (Fall 1).

---

[34] Die Zuschlagskalkulation auf Lohn-Basis ist übrigens nur im deutschsprachigen Raum zu finden, in England, Frankreich, Skandinavien und den USA ist sie hingegen unbekannt.

[35] S. Fußnote 32.

Unterstellt man, dass die Fertigungsgemeinkosten nur zu ca. 5 % aus Hilfslöhnen bestehen, die ebenfalls an der Lohnerhöhung teilnehmen, würden die Fertigungsgemeinkosten effektiv nur um 0,05 x 600 x 0,1 = 3,- EUR auf 603,- EUR ansteigen. Damit wäre nur ein Zuschlagssatz von 603/6,60 = 9.136 % gerechtfertigt (Fall 2).

	vor der Lohn- erhöhung	nach der 10 %igen Lohnerhöhung		Fall 2
		Fall 1		
		ohne	mit	
		Zuschlagsänderung		
Fertigungslohn	6,00 EUR	6,60 EUR	6,60 EUR	6,60 EUR
Fertigungs-Gemeinkosten	600,00 EUR	660,00 EUR	600,00 EUR	603,00 EUR
Zuschlagssatz	10.000 %	10.000 %	600/6,60 = 9.090 %	603/6,60 = 9.136 %
Fertigungskosten	606,00 EUR	666,60 EUR	606,60 EUR	609,60 EUR

• *Änderungen des Beschäftigungsgrades* bedingen ebenfalls eine Änderung der Zuschlagssätze. Die bei einer bestimmten Beschäftigung ermittelten Gemeinkostenzuschlagssätze sind nur richtig für den Beschäftigungsgrad, für den sie ermittelt wurden. Würde der Zuschlagssatz nicht verändert, dann bewirkt wegen der Gleichverteilung der Fixkosten auf unterschiedlich hohe Produktmengen (Proportionalisierung der Fixkosten) eine Erhöhung des Beschäftigungsgrades eine Überdeckung und umgekehrt ein Sinken des Beschäftigungsgrades eine Unterdeckung der verrechneten gegenüber den entstandenen Gemeinkosten.

Beispiel B 15: *Auswirkungen von Beschäftigungsvariationen auf den Zuschlagssatz*
Bei einem Beschäftigungsgrad von 80 % betrage der FGK-Zuschlagssatz 500 % auf der Basis von 20.000 EUR Fertigungslohn im Monat. Fällt der Beschäftigungsgrad auf nur 64 % ab, so müsste der Zuschlagssatz auf 562,5 % erhöht werden, wenn die Gemeinkosten zur Hälfte aus fixen Kosten bestehen.

| Beschäftigungsgrad | 80 % | 64 % | 64 % |
FGK-Zuschlagssatz	500 %	500 %	$\frac{90.000}{16.000} = 562,5\,\%$
Fertigungslöhne	20.000 EUR	16.000 EUR	16.000 EUR
verrechnete FGK	100.000 EUR	80.000 EUR	90.000 EUR
entstandene FGK_{fix}	50.000 EUR	50.000 EUR	50.000 EUR
entstandene FGK_{var}	50.000 EUR	40.000 EUR	40.000 EUR
entstandene Gesamt-FGK	100.000 EUR	90.000 EUR	90.000 EUR
Unterdeckung (verrechn. − entstandene FGK)	0 EUR	− 10.000 EUR	0 EUR

• *Unterschiedlich teure Maschinen* in einer Kostenstelle werden bei der Zuschlagskalkulation mit dem gleichen Gemeinkostensatz verrechnet; dies führt dazu, dass die auf den teuren Maschinen gefertigten Produkte zu gering mit Kosten belastet werden, während die Arbeiten auf kleinen billigen Maschinen zu stark mit Kosten beaufschlagt werden. Sollten aufgrund der so kalkulierten Selbstkosten wirklich Angebotspreise gemacht werden, so führt das auf lange Sicht zu einer Überlastung der großen Maschinen, während man für die kleinen Maschinen keine Aufträge hereinbekommt.

Beispiel B 16: *Auswirkungen eines disharmonischen Maschinenparks auf den Zuschlagssatz*

	große und kleine Maschine zusammen	große Maschine	kleine Maschine
Fertigungslohn	20 EUR/Stunde	10,-	10,-
Fertigungs-Gemeinkosten	100 EUR/Stunde	80,-	20,-
Zuschlagssatz	500 %	800 %	200 %

Aus der Kenntnis der Nachteile der Zuschlagskalkulation ergibt sich, dass möglichst nur die weitgehend differenzierende Version verwendet werden sollte und auch nur dann, wenn wirklich nur kostengleiche Maschinen und Anlagen in einer Kostenstelle zusammengefasst sind. Das gleiche gilt auch für den Verwaltungs- und Vertriebsbereich; statt hier nur einen Satz zu verrechnen, könnte man mit mehreren Zuschlagssätzen (z. B. für angebotsabhängige, lieferungsabhängige und rechnungsabhängige Kosten) rechnen.

Generell bleibt aber die Zuschlagskalkulation wegen der hypothetischen Proportionalität zwischen Bezugsgröße und Gemeinkosten problematisch. Zudem wird durch Differenzierung der Zuschlagssätze die Genauigkeit der Rechnung nur selten wesentlich verbessert - ganz abgesehen von einer Beeinträchtigung der Wirtschaftlichkeit der Rechnungsführung.

Die vorgenannten Mängel können letztlich nur durch Einführung der Maschinenstundensatz-Kalkulation beseitigt werden.

3.2.4. Maschinenstundensatz-Kalkulation

*Die **Maschinenstundensatz-Kalkulation** gliedert die **maschinenabhängigen Gemeinkosten** aus den Fertigungsgemeinkosten aus und bezieht sie auf eine Maschinenstunde. Die Restgemeinkosten werden meist wie bei der Zuschlagskalkulation mittels des Zuschlagssatzes auf den Fertigungslohn berücksichtigt oder in den Maschinenstundensatz einbezogen.*

*Der **Maschinenstundensatz** errechnet sich aus folgendem Quotienten*

$$\text{Maschinenstundensatz} = \frac{\text{Maschinenabhängige Gemeinkosten / Rechnungsperiode}}{\text{Maschinenlaufzeit in Stunden / Rechnungsperiode}}$$

Die *Kalkulation mittels Maschinenstundensätzen* ist also ihrem Wesen nach eine *Zuschlagskalkulation auf Zeit-Basis*; die Zuschlagsbasis für die Verrechnung der maschinenabhängigen Gemeinkosten ist hier der Zeitbedarf in Arbeits- oder Maschinen- bzw. Betriebsmittelstunden. Dagegen ist die zuvor beschriebene *„normale" Zuschlagskalkulation* eine *Zuschlagskalkulation auf Wertbasis*, d. h. auf der Basis der Material- und der Lohnkosten.

Aus den einzelnen Kostenarten müssen zunächst die nachstehenden **maschinenabhängigen Gemeinkosten** ermittelt werden. Ein Hilfsmittel zur Erfassung dieser Kosten ist die Anlagendatei.

• **Kalkulatorischen Abschreibungen** und **Kalkulatorischen Zinsen** sind hinsichtlich ihrer Ursachen und Bemessung bereits eingehend behandelt worden[36].

---

[36] S. Kap. B 2.1.2.

- Ausgehend von den tatsächlichen Instandhaltungskosten der Vergangenheit für gleiche oder ähnliche Maschinen kann auf die **durchschnittlichen Instandhaltungskosten/Rechnungsperiode** geschlossen werden. Voraussetzung ist jedoch, dass die tatsächlichen Instandhaltungskosten pro Maschine z. B. auf der Maschinendatei verfolgt werden. Je nach Alter, Nutzungsgrad, Standort und erforderlicher Arbeitsgenauigkeit der Maschine kann man mit 40 – 80 % des Anschaffungswertes während der gesamten Nutzungsdauer der Maschine rechnen.

- Die **Raumkosten** ergeben sich für eine Maschine meist aus der von ihr beanspruchten Nutzfläche (m²) einschließlich der erforderlichen Nebenflächen. In die Raumkosten sind anteilig Abschreibungen und Instandsetzung für Gebäude und Werksanlagen, sowie Beleuchtung, Heizung, Lüftung, Versicherung, Bewachung usw. einzubeziehen. Der Kostensatz wird meist als Satz je Quadratmeter festgelegt, indem die Gesamtkosten für die Gebäude und Werksanlagen durch die insgesamt genutzte Fläche dividiert werden. Er liegt je nach Baujahr und Ausstattung des Gebäudes zwischen 5 und 15 EUR/m² und Monat.

- Die **Kosten für Werkzeuge und Vorrichtungen** sind ähnlich wie die Kosten für die Instandhaltung aus den tatsächlichen Kosten der Vergangenheit zu schätzen. Auch die Kosten für die Wartung und Lagerung der Werkzeuge und Vorrichtungen müssen hier mitberücksichtigt werden.

- Zu den **Energiekosten** gehören je nach Antriebsart die Strom-, Dampf-, Gas- und Benzinkosten. Für die Berechnung der Energiekosten wird die installierte Leistung zu Grunde gelegt. Da die Nennleistung jedoch nie auf Dauer ausgenutzt wird, ist es zweckmäßig, die tatsächlich aufgenommene Leistung stichprobenweise festzustellen; sie liegt oft nur zwischen 25 und 40 % der Nennleistung.
Der kWh-Satz für Stromverbrauch sollte alle Kosten, die mit der Stromabnahme und Weiterleitung verbunden sind, beinhalten (z. B. Abschreibung und Verzinsung der Energieversorgungseinrichtungen, Wirk- und Blindstrompreise und Wartungskosten).

Gliederung	Berücksichtigung in der Kalkulation
Fertigungslöhne FLK	Ist- oder Normalwert
Fertigungsgemeinkosten FGK	
A. *Maschinenabhängige Gemeinkosten*	Stundensatz je Maschinengruppe oder
1. Kalkulatorische Abschreibungen	je Maschine
2. Kalkulatorische Zinsen	
3. Instandhaltungskosten	
4. Raumkosten	
5. Kosten für Werkzeuge, Vorrichtungen und Hilfsstoffe	
6. Energiekosten	
B. *Restgemeinkosten*	Normalsatz pro Stunde als Zuschlag
1. Hilfslöhne	zum Lohn oder in
2. Gehälter	einbezogen
3. Sozialkosten	
4. Innentransporte	
5. Anteilige Umlagekosten für Werksleitung, Arbeitsvorbereitung	

Bild B 20: Berücksichtigung der Fertigungskosten in der Maschinenstundensatz-Kalkulation

Sind die maschinenabhängigen Gemeinkosten pro Jahr festgestellt, dann ist die **Maschinenlaufzeit/Jahr** zu bestimmen.

Dabei interessiert nicht die maximal mögliche, sondern die betriebsübliche Nutzungszeit pro Jahr. Zunächst werden die tatsächlich zu erwartenden **Arbeitstage** ermittelt. Von den Jahreskalendertagen sind insbesondere abzuziehen: Sonn- und Feiertage, arbeitsfreie Sonnabende, Urlaubstage, durchschnittliche Krankheitstage, Ausfallzeit durch Reinigung, Störung, Wartung, Betriebsversammlungen usw. Die Arbeitstage werden mit den von der Schichtzahl abhängigen **Tagesarbeitsstunden** multipliziert. - Bei einer Wochenarbeitszeit von weniger als 40 Stunden kann man im Einschichtbetrieb deshalb nur mit einer Maschinenlaufzeit von ca. 1.600 Stunden pro Jahr rechnen.

Beispiel B 17: *Ermittlung des Maschinenstundensatzes*

Es ist der Maschinenstundensatz zu ermitteln, wenn folgende Daten gegeben sind:

Beschaffungspreis und Investitionsnebenkosten: 130.000,- EUR
Voraussichtliche Nutzungsdauer: 8 Jahre
Stellfläche und Arbeitsraum: 20 m²
Installierte Leistung: 10 kW
Durchschnittlich erwarteter Auslastungsgrad des Antriebes: 50 %
Restwert der Maschine nach Ablauf der Nutzungsdauer: 10.000,- EUR
Kalkulatorische Verzinsung der Kapitalanlage: 10% pro Jahr
Instandhaltungskosten/Jahr: 4 % pro Jahr
Raumkostensatz des Betriebes: 5,- EUR/m² und Monat
Werkzeugkosten/Jahr: 4.100,- EUR
Energiekosten/kWh: 0.20 EUR
Maschinenlaufzeit/Jahr: 1.600 Stunden

Lösung:

Der Maschinenstundensatz ergibt sich wie folgt:

1. Kalkulatorische Abschreibungen/Jahr = 120.000,- EUR/8   = 15.000,- EUR
2. Kalkulatorische Zinsen/Jahr = 0,1 x 130.000,- EUR/2   = 6.500,- EUR
3. Instandhaltung/Jahr = 0,04 x 130.000,- EUR   = 5.200,- EUR
4. Raumkosten/Jahr = 20 m² x 5,- EUR/m² x 12   = 1.200,- EUR
5. Werkzeugkosten/Jahr   = 4.100,- EUR

    Zwischensumme Kosten/Jahr   32.000,- EUR

    Kosten/Stunde = 32.000/1.600   = 20,- EUR
6. Energiekosten/Stunde = 0,5 x 10 kW x 0,2 EUR/kWh   = 1,- EUR
    Maschinenstundensatz   21,- EUR

Zusatzaufgabe:

Wie hoch wäre der Maschinenstundensatz anzusetzen, wenn

a) die Auslastung der Maschine um 20 % steigt,
b) die Auslastung der Maschine um 30% sinkt,
c) die Nutzungsdauer im Zweischichtbetrieb von 8 auf 6 Jahre sinkt?

Beispiel B 18: *Ermittlung der Fertigungskosten*

Zu bestimmen sind die Fertigungskosten eines Erzeugnisses, wenn folgende Daten gegeben sind:

Daten für	Drehmaschine	Fräsmaschine	Schleifmaschine
Fertigungsstunden	15 Stunden	10 Stunden	8 Stunden
Fertigungslohn/Stunde	5,- EUR	5,50 EUR	6,- EUR
Maschinenstundensatz	30,- EUR	40,- EUR	50,- EUR
Restgemeinkosten	120 % v. FLK	80 % v. FLK	5,- EUR/Stunde

Damit ergeben sich die Fertigungskosten wie folgt:

	Drehen	Fräsen	Schleifen	Summe
Fertigungslöhne/EUR	75,-	55,-	48,-	178,-
Fertigungs-Gemeinkosten/EUR				
Maschinenabhängige FGK	450,-	400,-	400,-	1.250,-
Restgemeinkosten	90,-	44,-	40,-	174,-
Fertigungskosten/EUR	615,-	499,-	488,-	1.602,-

Beachte:

Der Maschinenstundensatz ist von der tatsächlichen Auslastung der Maschine abhängig. Bei einer Abweichung der tatsächlichen Auslastung von der geplanten Auslastung ist der Maschinenstundensatz zu korrigieren.

Liegt die tatsächliche Auslastung unter der geplanten, so führt das ohne Korrektur des Maschinenstundensatzes zu einer Kosten-Unterdeckung, d. h., die tatsächlich entstandenen Kosten werden durch die verrechneten nicht gedeckt.

Es ist deshalb vielfach zweckmäßig, den Maschinenstundensatz in einen variablen und einen fixen Bestandteil aufzusplitten, um den Einfluss von Beschäftigungsabweichungen schneller ermitteln zu können; zum anderen ist zur Beurteilung von Auswahlproblemen nur der variable Teil des Maschinenstundensatzes heranzuziehen.

Beispiel B 19: *Gesplitteter Maschinenstundensatz*

Es ist der Maschinenstundensatz zweier Maschinen zu bestimmen
a) bei je 2.000 Einsatzstunden und
b) bei je 1.000 Einsatzstunden pro Jahr,
wenn folgende Daten gegeben sind:

	Maschine A	Maschine B
Fixkosten/Jahr	60.000 EUR	30.000 EUR
Proportionale Kosten/Jahr bei 2.000 Stunden/Jahr	20.000 EUR	40.000 EUR

Lösung:

a) 2.000 Einsatzstunden

	Maschine A	Maschine B
Fixkosten/Stunde	30 EUR	15 EUR
Proportionale Kosten/Stunde	10 EUR	20 EUR
Gesamtsatz/Stunde	40 EUR	35 EUR

b) 1.000 Einsatzstunden

	Maschine A	Maschine B
Fixkosten/Stunde	60 EUR	30 EUR
Proportionale Kosten/Stunde	10 EUR	20 EUR
Gesamtsatz/Stunde	70 EUR	50 EUR

Zusatzaufgabe:

Welche der beiden vorhandenen Maschinen sollte man bei dieser Unterbeschäftigung von 50 % einsetzen? Untermauern Sie Ihre Antwort durch entsprechende Argumente!

3.2.5. Kuppel-Kalkulation

Die Kuppel-Kalkulation hat ihre Bezeichnung aufgrund ihrer Anwendung bei der Kuppel-Produktion gefunden.

*Die **Kuppel-Produktion** ist dadurch gekennzeichnet, dass die Erzeugung eines Hauptproduktes zwangsläufig (technisch unabdingbar oder wirtschaftlich zweckmäßig) gekoppelt ist mit der gleichzeitigen Erzeugung eines oder mehrerer Nebenprodukte.*

So werden gleichzeitig erzeugt bzw. gewonnen
– bei der Koks-Herstellung Gas, Benzol, Ammoniak und Teer an,
– bei der Roheisenerzeugung im Hochofenbetrieb Schlacke und Gichtgas,
– in den Raffinerien leichte und schwere Kohlenwasserstoffe,
– im Kohlenbergbau Stückkohle, Nusskohle und Schlammkohle,
– im Kraftwerk Hochdruckdampf als Arbeitsdampf für die Turbinen und Abdampf, der für Heizzwecke verwendbar ist.

In allen diesen Fällen ist eine Kostenverteilung auf Haupt- und Nebenprodukte nach dem Verursachungsprinzip schlechterdings unmöglich; deshalb wird hier eine **Kostenverteilung nach dem Tragfähigkeitsprinzip** vorgenommen.

Die Verteilung der Kosten nach der Tragfähigkeit der Produkte ist eine willkürliche Belastung der Produkte z. B. proportional zu den Marktpreisen oder zu sonstigen Schlüsselgrößen. Zu beachten ist, dass bei einer Belastung proportional zu den Marktpreisen jede Schwankung des Marktpreises zu einer anderen Belastung des Produktes führt.

Bei der Kuppelkalkulation sind zwei Verrechnungsmethoden gebräuchlich:

• die Subtraktionsmethode und
• die Verteilungsmethode.

*Die **Subtraktionsmethode** (Restwertrechnung) wird angewendet, wenn neben dem Hauptprodukt ein oder mehrere Neben- oder Abfallprodukte erzeugt werden. Die Erlöse der Nebenprodukte werden von den Gesamtkosten des Betriebes subtrahiert und nur der Restbetrag als Kosten des Hauptproduktes (in der Regel das Produkt mit dem größten Nettoertrag) angesehen.*

Beispiel B 20: *Subtraktionsmethode bei der Kalkulation der Kuppelprodukte*

Kosten der Gesamtproduktion	120.000,- EUR
Erlös der Nebenprodukte	

Produkt A	20.000,- EUR
Produkt B	10.000,- EUR

Summe	30.000,- EUR
(Rest-)Kosten der Erzeugung des Hauptproduktes	90.000,- EUR
Erzeugte Menge des Hauptproduktes	30 Einheiten
Kosten/Einheit des Hauptproduktes	3.000,- EUR

Die Willkür der Subtraktionsmethode besteht also in der Gleichsetzung von Erlösen und Kosten der Neben- bzw. Abfallprodukte.

Verständlicherweise kann dieser errechnete Restbetrag nur dann als Selbstkosten des Hauptproduktes angesehen werden, wenn die Kosten für die Nebenprodukte etwa in der Höhe der erzielten Marktpreise anfallen; falls die Erlöse für die Nebenprodukte recht hoch sind, könnte sogar das Hauptprodukt mit „negativen" Kosten erzeugt werden.

*Die **Verteilungsmethode** (Marktpreis-Äquivalenzziffer-Methode) wird bei gleichzeitigem Anfall mehrerer Hauptprodukte angewendet. Die Kosten werden hier proportional zu den Marktpreisen bzw. Erlösen der Produkte oder proportional zu den um die Einzelkosten verminderten Erlösen verteilt.*

Beispiel B 21: *Verteilungsmethode bei der Kalkulation von Kuppelprodukten*

		Kuppelprodukte			Summe
		A	B	C	
1.	Erlös (EUR)	80.000,-	40.000,-	20.000,-	140.000,-
2.	abzüglich Einzelkosten (EUR)	18.000,-	14.000,-	8.000,-	40.000,-
3.	Deckungsbeitrag (EUR)	62.000,-	26.000,-	12.000,-	100.000,-
4.	Verteilungsschlüssel	62 %	26 %	12 %	100 %
5.	Gemeinkosten (EUR)	-	-	-	80.000,-
6.	Gemeinkostenanteil (4. x 5.)	49.600,-	20.800,-	9.600,-	-
7.	Gesamtkostenanteil (2. + 6.)	67.600,-	34.800,-	17.600,-	-
8.	Erzeugte Mengen	30	35	22	-
9.	Kosten/Mengeneinheit (EUR)	~ 2.250,-	~ 1.000,-	~ 800,-	-

Die Willkür der Verteilungsmethode besteht hier in der Unterstellung der Proportionalität von Marktpreisen und Kosten der Produkte.

Falls sich andere geeignetere (technische) Verteilungsschlüssel finden lassen, z. B. Erzeugungsmengen, Heizwert bei Brennstoffen, Gewichtsanteile der Rohstoffe usw., sind diese vorzuziehen; es handelt sich dann allerdings nicht mehr um eine Verteilungsmethode, sondern um eine Divisionsrechnung mit Äquivalenzziffern.

4. Deckungsbeitragsrechnung

4.1. Aussagefähigkeit von Voll- und Teilkostenrechnung

Methodisch gesehen sind die zuvor dargestellten Kalkulationsverfahren Vollkosten-rechnungen, welche auch in der traditionellen Istkostenrechnung üblich sind.

*Charakteristisch für die **Vollkostenrechnung** ist die Verrechnung der gesamten Periodenkosten auf die Kostenträger.*

Im Ergebnis ermittelt die Vollkostenrechnung immer die Durchschnittskosten einer Produkteinheit in einer ganz bestimmten Situation. Die Durchschnittskosten werden auch **Stückkosten** oder **Selbstkosten** genannt, weil der Betrieb sie durch die Leistungserstellung und -verwertung selbst hervorgerufen hat.

Der Erfahrungstatbestand, dass die marktwirtschaftliche Unternehmung - ungeach-tet der Gewinn- und Rentabilitätsmaxime - nur bei Deckung sämtlicher Kosten auf lange Sicht existenzfähig ist, scheint auf den ersten Blick diese Abrechnungsweise zu rechtfertigen und auch die Behauptung zu bestätigen, dass das „Minimum" der Gesamt-Durchschnittskosten[37] bzw. die vollen Selbstkosten je Leistungseinheit die langfristige Preisuntergrenze sind.

Bei näherer Betrachtung zeigt sich jedoch, dass für manche, vor allem kurzfristige betriebs- und absatzpolitische Entscheidung der Aussage- und Informationswert der Vollkostenrechnung wegen des Verzichts auf eine Trennung der variablen von den fixen Kosten fragwürdig ist. Die Kritik wendet sich gegen diese verrechnungs-technische Gleichbehandlung fixer und variabler Kosten, d. h. die **Proportionalisie-rung der Fixkosten,** sowie gegen die Schlüsselung der Gemeinkosten. Fixkosten sind zeitabhängig und entstehen als Folge der Betriebsbereitschaft, lassen sich mithin *nicht verursachungsgerecht* bzw. leistungs- oder beschäftigungsproportional den Kostenträgern zurechnen. Dies gilt erst recht für jede betriebliche Situation, die nicht der Vollbeschäftigung entspricht. Bei schwankender Beschäftigung verändern sich laufend die Gemeinkostenzuschläge und damit die kalkulierten Selbstkosten (Durchschnittskosten). Für die meisten unternehmerischen Entscheidungen sind deshalb die Durchschnittskosten als Entscheidungshilfe unbrauchbar. Das folgende Beispiel zeigt, dass sich ein Betrieb bei rückläufiger Beschäftigung wegen des steigenden Fixkostenanteils je Leistungseinheit (LE) aus dem Markt manövrieren kann, wenn er auf Vollkostenbasis kalkuliert.

Beispiel B 22: *Selbstkostenermittlung bei unterschiedlichen Beschäftigungslagen*

Beschäftigungssituationen/Perioden	I	II
Produktmenge in LE	5.000	2.000
Gesamt-Fixkosten in EUR	20.000	20.000
Variable Kosten gesamt (bei 3 EUR/LE)	15.000	6.000
Gesamtkosten in EUR	35.000	26.000
Selbstkosten(preis) je LE in EUR	7,-	13,-

Diese kritischen Überlegungen führten zur Entwicklung von Teilkostenrechnungen.

---

[37] Vgl. Kap. B. 1.3.2.3., kritischer Punkt (4)

Teilkostenrechnungen sind Kalkulationsformen, die auf die Kostenträger nur die variablen (direkten) Kosten verrechnen, die Fixkosten aber en bloc in der Erfolgsrechnung periodenweise abrechnen.

Den Erkenntnissen der Kostentheorie folgend müsste sich die (gewinnorientierte) Preisstellung an den Grenz(selbst)kosten ausrichten.

Die *Grenzkostenrechnung* macht die Grenzkosten (Kosten der letzten zusätzlichen Produktionseinheit) zur Kalkulationsgrundlage. Diese stellen bei Unterbeschäftigung die absolute, d. h. kurzfristige Preisuntergrenze für die Hereinnahme von Zusatzaufträgen dar. Schwierigkeiten bereitet jedoch bei nicht-linearen Kostenverläufen regelmäßig die Grenzkostenermittlung.

Geht man von den für die industrielle Produktion repräsentativen linearen Gesamtkostenverläufen aus[38], dann entsprechen die Grenzkosten den variablen bzw. proportionalen Stückkosten ($K' = k_v$). Jede positive Differenz der Verkaufserlöse je Leistungseinheit (Marktpreise) über die variablen Stückkosten ist ein **Beitrag zur Deckung der fixen Kosten**; ein Betriebsgewinn entsteht (erst) *(ab break-even-point)*, wenn die Summe der Einheits-Deckungsbeiträge größer ist als der Fixkostenblock (vgl. Bild B 6).

*Der **Deckungsbeitrag** pro Leistungseinheit wird retrograd errechnet durch Subtraktion der variablen Stückkosten von dem Stückerlös.*

$$d = e - k_v$$

Er gibt an, um wie viel sich der Periodenerfolg verbessern (verschlechtern) würde, wenn von diesem Produkt eine Einheit mehr (weniger) hergestellt und verkauft wird.

Er wird somit bei entscheidungsorientierter Unternehmensführung zum Leitkriterium für kurzfristige beschäftigungs- und absatzpolitische Planungen, bei denen die Kapazitäten und damit die Fixkosten eines Unternehmens nicht beeinflusst werden, wie

– Bestimmung der kurzfristigen Preisuntergrenze,
– Entscheidung über die Annahme von Zusatzaufträgen,
– Preisdifferenzierungen,
– Festlegung von Auftragsrangfolgen,
– Entscheidungen hinsichtlich Eigenfertigung oder Fremdbezug,
– optimale Maschinenbelegung bei Unterbeschäftigung,
– Bestimmung des optimalen Produktions- und Absatzprogramms.

Das folgende Beispiel B 23 mag dies verdeutlichen und zugleich zeigen, dass der auf Durchschnittskostenbasis ermittelte Stück- bzw. Betriebsgewinn keine Aussage darüber machen kann, wie sich das Betriebsergebnis bei Variation des Produktionsprogramms verändern würde. Er „verführt" vielmehr zu falschen Entscheidungen.

Beispiel B 23: *Betriebsergebnis und Auftragsrangfolge*

Gegeben sei ein Unternehmen, das 3 Artikel auf ein und derselben Produktionsapparatur herstellt; die Fixkosten betragen 45.000 EUR.

---

[38] S. hierzu H.-P. Fries, a.a.O. (BWL), Kap. C. IV. 2. e)

| | Produkte | | | Gesamt |
	A	B	C	
Produktions- / Absatzmenge	10.000	20.000	8.000	
Verkaufspreis / Stück	6,00 EUR	2,00 EUR	5,50 EUR	
Variable Kosten / Stück (k$_v$)	4,00 EUR	1,50 EUR	2,50 EUR	
Deckungsbeitrag / Stück	2,00 EUR	0,50 EUR	3,00 EUR	
Selbstkosten / Stück (nach Vollkostenkalkulation)	5,10 EUR	2,20 EUR	5,00 EUR	
Erlöse (Menge x Preis)	60.000 EUR	40.000 EUR	44.000 EUR	144.000 EUR
Selbstkosten je Produktgruppe u. gesamt	51.000 EUR	44.000 EUR	40.000 EUR	136.000 EUR
Betriebsergebnis	+ 9.000 EUR	– 4.000 EUR	+ 4.000 EUR	+ 9.000 EUR

Datenanalyse:

1) Aufgrund der Deckungsbeiträge ist die Produktionsreihenfolge C, A, B zu empfehlen (nach Verkaufspreisen und der Differenz Stückpreis – Selbstkosten je Stück A, C, B).

2) Das Betriebsergebnis der Vollkostenrechnung drängt scheinbar zu der Entscheidung, Produktion und Verkauf des Artikels B einzustellen. Die Einstellung dieser „Verlustproduktion" würde zwar 30.000 EUR variable Kosten einsparen, die Erlöse würden aber zugleich um 40.000 EUR sinken; das Unternehmen müsste, statt Gewinn zu erzielen, einen Gesamtverlust von 1.000 EUR ausweisen. Die Produktion B trägt also mit 10.000 EUR (-,50 EUR je Stück) zur Fixkostendeckung bei.

3) Eine Produktionseinstellung von B, d. h. einem Produkt mit negativem Vollkostenergebnis, aber positivem Deckungsbeitrag, kann nur angeraten sein, wenn stattdessen zur Auslastung der frei werdenden Kapazität Produktion und Verkauf von C (oder in 2. Linie A), z. B. durch Einsatz absatzpolitischer Instrumente (Marketing) forciert werden, oder entsprechend Fixkosten abgebaut werden können. Letzteres ist i. d. R. nur auf längere Sicht möglich.

Aufgrund der Gegenüberstellung von produktabhängigen Erlösen und Kosten ist die Deckungsbeitragsrechnung (Direct Costing) eine kombinierte Erfolgs- und Kostenrechnung.

Ihre Zielsetzung liegt in der Unterstützung operativer betriebspolitischer Entscheidungen auf der Basis von Deckungsbeiträgen zur Verbesserung des Betriebsergebnisses.

Sie ist das geeignete Instrument der (kurzfristigen) Produktions- und Absatzpolitik, insbesondere Beschäftigungspolitik, für Mehrproduktunternehmen. Ihre Anwendung setzt die Kostenauflösung[39] voraus.

Abschließend sei dem Irrtum vorgebeugt, eine Fixkostenverrechnung auf den Kostenträger sei in keinem Fall erforderlich. Für die Ermittlung der Herstellkosten (z. B. zur Bestandsbewertung in der Bilanz), für die Angebotspreiskalkulation bei individuellen Sonderanfertigungen oder bei Einführung neuer Produkte auf dem Markt sowie für Betriebsvergleiche ist die Vollkostenrechnung unentbehrlich.

---

[39] S. Kap. B 1.3.2.2., Abschnitt (3)

4.2. Einstufige und mehrstufige Deckungsbeitragsrechnung

*Bei der **einstufigen Deckungsbeitragsrechnung** werden zur Ermittlung des Betriebsergebnisses die gesamten Fixkosten von der Summe der Deckungsbeiträge abgezogen.*

Ist das Ergebnis positiv (Beschäftigungsniveau „oberhalb" des Break-even-points, vgl. Bild B 6), dann ist ein Gewinn erzielt worden; im Falle eines negativen Ergebnisses (Beschäftigungsniveau „unterhalb" des Break-even-points) liegt ein Verlust vor.

*Bei der **mehrstufigen oder stufenweisen Deckungsbeitragsrechnung** versucht man, den Fixkostenblock aufzuspalten und einzelne Fixkosten den Erzeugnissen, Erzeugnisgruppen und/oder Betriebs- bzw. Unternehmensbereichen zuzuordnen und zuzurechnen.*

Dadurch kann die Aussagefähigkeit der Deckungsbeitragsrechnung deutlich erhöht werden. Bild B 21 zeigt fünf mögliche Stufen der Fixkostenspaltung und -zurechnung, Beispiel B 24 beschränkt sich der Einfachheit halber auf zwei Stufen.

Verkaufserlöse	
– variable Kosten	
= Erzeugnisdeckungsbeitrag (DB I)	
– Erzeugnis-Fixkosten	z. B. Abschreibungen einer Maschine, die nur zur Produktion eines bestimmten Erzeugnisses eingesetzt wird
= Restdeckungsbeitrag II	
– Erzeugnisgruppen-Fixkosten	z. B. Kapitalkosten für Gebäude, die von einer Produktgruppe in Anspruch genommen und deren Kosten ihr deshalb zugerechnet werden können
= Restdeckungsbeitrag III	
– Kostenstellen-Fixkosten	z. B. Meistergehalt
= Restdeckungsbeitrag IV	
– Bereichs-Fixkosten	z. B. Verwaltungskosten
= Restdeckungsbeitrag V	
– Unternehmungs-Fixkosten	z. B. Kosten der Unternehmensleitung
= Nettoerfolg	

Bild B 21: Schema der stufenweisen Deckungsbeitragsrechnung

Beispiel B 24: *Stufenweise Deckungsbeitragsrechnung*

		Erzeugnisse		
	A	B	C	Summe
Erlöse	80.000 EUR	40.000 EUR	20.000 EUR	140.000 EUR
– Variable Kosten	18.000 EUR	14.000 EUR	8.000 EUR	40.000 EUR
= Deckungsbeitrag I	62.000 EUR	26.000 EUR	12.000 EUR	100.000 EUR
– Erzeugnisfixkosten	34.000 EUR	28.000 EUR	2.000 EUR	64.000 EUR
= Deckungsbeitrag II	28.000 EUR	– 2.000 EUR	10.000 EUR	26.000 EUR
– Unternehmungs-Fixkosten				19.000 EUR
= Nettoerfolg				7.000 EUR

4.3. Break-even-Analyse

Die Break-even-Analyse ist ein Instrument der Erfolgsplanung und -kontrolle. Sie kann für einzelne Produkte, Produktgruppen, Abteilungen und für ganze Einproduktunternehmen durchgeführt werden. Für ein Mehrproduktunternehmen als Ganzes ist sie wegen der Vielzahl kostendeckender Absatzmengenkombinationen wenig sinnvoll.

Orientierungsgröße für die Break-even-Analyse ist der Break-even-point.

> *Der **Break-even-point (Gewinnschwelle, Kostendeckungspunkt)** ist definiert durch den Schnittpunkt von Erlös- und Gesamtkostenkurve bzw. -gerade. Er bezeichnet die kritische Menge x_0, bei welcher der Gesamterlös E gerade so groß ist wie die Gesamtkosten K, der Gewinn also Null ist.*

Da mit zunehmender Rationalisierung, Mechanisierung und Automatisierung, d. h. mit zunehmender **Anlagenintensität**, der Anteil der fixen (zeitabhängigen) Kosten ständig steigt, verschiebt sich die Gewinnschwelle zunehmend nach rechts, d. h. zu einer höheren Beschäftigung. Damit steigt das Beschäftigungsrisiko, d. h., Beschäftigungsrückgänge werden gefährlicher. Hohe Fixkosten verlangen nach voller Auslastung, sie machen den Betrieb Beschäftigungsunelastisch. Bei Betrieben mit einem hohen Fixkosten-Anteil „schmerzen" daher Arbeitszeitverkürzungen mehr als Lohnerhöhungen.

Für die Durchführung einer Break-even-Analyse müssen folgende Daten bekannt sein:

p = Preis des Produktes pro Mengeneinheit

k_v = variable (proportionale) Kosten des Produktes pro Mengeneinheit

K_f = fixe Kosten des Unternehmens pro Rechnungsperiode

Mit Hilfe dieser Daten können folgende **Funktionen** in Abhängigkeit von der Produktmenge x aufgestellt werden:

Erlös: $E(x) = p \cdot x$

Kosten: $K(x) = K_f + k_v x$

Gewinn: $G(x) = E(x) - K(x) = (p - k_v)x - K_f$

Aus dem **Deckungsbeitrag pro Mengeneinheit** $d = p - k_v$ wird der **Deckungsbeitrag pro Periode** errechnet:

$$D(x) = E(x) - k_v x = (p - k_v)x = K_f + G(x)$$

Diese Funktionen lassen sich in Abhängigkeit von x im einem **Break-even-Schaubild** darstellen (Bild B 22).

Mit der Break-even-Analyse lassen sich die folgenden Planungsgrößen ermitteln.

• **Bestimmung der Break-even-Ausbringung x_0**

Der Break-even-point ergibt sich aus der Beziehung

$E(x) = K(x)$

$p \cdot x = K_f + k_v x$

Im Break-even-point ist $E(x_0) - K(x_0) = 0$, damit wird

$$(p - k_v)x_0 - K_f = 0$$

$$x_0 = \frac{K_f}{(p - k_v)} = \frac{K_f}{d}$$

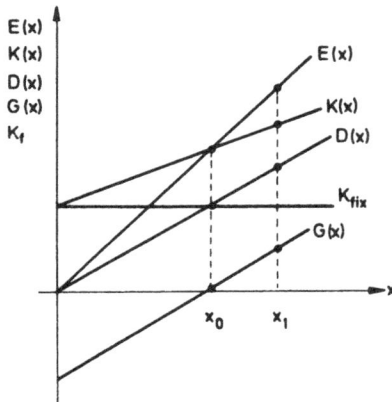

Bild B 22: Break-even-Schaubild

- **Bestimmung der Planausbringung x** bei einem angestrebten Gewinn G

$$E(x) - K(x) = G(x)$$

$$px - K_f - k_v x = G$$

$$(p - k_v)x = G + K_f$$

$$x = \frac{K_f + G}{(p - k_v)} = \frac{D}{d}$$

- **Bestimmung der Sicherheitsspanne S**
Diese gibt an, um wie viel % die Ausbringung sinken kann, ehe der Betrieb in die Verlustzone gerät.

$$S = \frac{E(x) - E_0}{E(x)} \, 100 = \frac{x - x_0}{x} \, 100$$

- **Bestimmung des Break-even-Erlöses E$_0$**
Aus dem Strahlensatz (vgl. Bild B 22) ergibt sich

$$\frac{E(x)}{D(x)} = \frac{E_0}{D_0}$$

Mit $D_0 = K_f$ wird dann

$$E_0 = \frac{E(x)}{D(x)} K_f$$

Oder anders:

Im Break-even-point ist

$$x_0 = \frac{K_f}{(p - k_v)} = \frac{K_f}{p(1 - k_v/p)}$$

Erweitert um p ergibt sich daraus

$$E_0 = p \cdot x_0 = \frac{K_f}{1 - k_v/p}$$

- **Bestimmung der erforderlichen Ausbringungserhöhung, wenn bei einer Preissenkung** der Deckungsbeitrag pro Rechnungsperiode konstant bleiben soll.

$$D = E_{alt} - K_v = E_{neu} - K_v$$

$$(p_{alt} - k_v)x = (p_{neu} - k_v)(x + \Delta x)$$

$$\frac{d_{alt}}{d_{alt} - \Delta p} = \frac{x + \Delta x}{x}$$

$$\frac{d_{alt}/p}{d_{alt}/p - \Delta p/p} = 1 + \frac{\Delta x}{x}$$

$$\frac{\Delta x}{x} = \frac{d/p}{d/p - \Delta p/p} - 1$$

So ist z. B. bei einer Preissenkung von 5 % bei einem d/p von 30 % eine Erhöhung der Ausbringung um 20% erforderlich.

- **Bestimmung der erforderlichen Ausbringungserhöhung und Erlössteigerung, wenn bei einem Anstieg der fixen Kosten** der Gewinn pro Rechnungsperiode konstant bleiben soll.

$$G = E_{alt} - K_{alt} = E_{neu} - K_{neu}$$

$$d \cdot x - K_{f,alt} = d(x + \Delta x) - K_{f,neu}$$

$$\frac{K_{f,neu} - K_{f,alt}}{d} = \Delta x$$

$$\Delta x = \frac{\Delta K_f}{d}$$

$$\Rightarrow \Delta E = \Delta x \cdot p = \frac{\Delta K_f}{d} p = \frac{\Delta K_f}{d/p}$$

Beachte:

Je niedriger der Deckungsbeitrag ist, umso höher ist die erforderliche Ausbringungsänderung, umso empfindlicher reagiert das Unternehmen auf Ausbringungsänderungen.

Je höher der Deckungsbeitrag ist, umso niedriger ist die erforderliche Ausbringungsänderung, umso lohnender sind Fixkostenerhöhungen.

- **Untersuchung des Einflusses unterschiedlich hoher fixer Kosten** auf die Gewinnsituation (Verfahrensvergleich).
  Anlageintensive Betriebe sind gekennzeichnet durch Produktionsverfahren mit hohen fixen Kosten und relativ niedrigen variablen Kosten (vgl. Kostenfunktion $K_1(x)$ in Bild B 23).

Demgegenüber haben **lohnintensive Betriebe** Produktionsverfahren mit niedrigen fixen, aber hohen variablen Kosten (vorwiegend Fertigungslohn; vgl. Kostenfunktion $K_2(x)$ in Bild B 23).

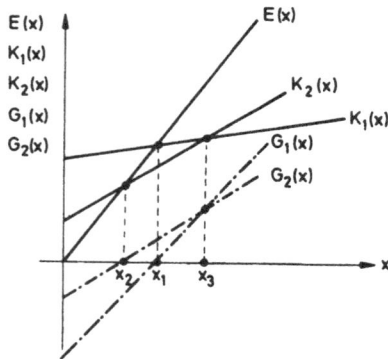

Erläuterungen:

$E(x)$ = Erlösfunktion
$K(x)$ = Kostenfunktion
$G(x)$ = Gewinnfunktion
x_1 = Gewinnschwelle des Prod.-Verfahrens 1
x_2 = Gewinnschwelle des Prod.-Verfahrens 2
x_3 = Grenzschwelle zwischen den beiden Produktionsverfahren

Bild B 23: Verfahrensvergleich

Beachte:

Je *anlageintensiver* die Produktion eines Betriebes ist (wird), desto mehr verlagert sich die Gewinnschwelle (Break-even-point) zu einer höheren Ausbringung; bereits geringe Beschäftigungsänderungen führen zu relativ starken Gewinnveränderungen (empfindliche Reaktion); der Bewegungsspielraum, bevor der Betrieb in die Verlustzone gerät, ist klein.

Bei *lohnintensiver* Produktion liegt die Gewinnschwelle niedriger als bei anlageintensiver Produktion; sie reagiert weniger empfindlich auf Beschäftigungsänderungen.

Jedoch arbeiten oberhalb der Grenzschwelle (vgl. x_3 in Bild B 23) anlageintensive Betriebe hinsichtlich Kosten und Gewinn günstiger als lohnintensive Betriebe.

Beispiel B 25

a) Lohnt sich die Beschaffung einer zusätzlichen Maschine, wenn hierdurch die fixen Kosten um 10.000 EUR/Jahr ansteigen und mit einer Steigerung der Ausbringung um 3.000 Stück/Jahr gerechnet werden kann?

Der Deckungsbeitrag wird mit 3 EUR/Stück angegeben.

Bestimmung der erforderlichen Ausbringungserhöhung bei Anstieg der fixen Kosten

$$\Delta x = \frac{\Delta K_f}{d} = \frac{100.00\,\text{EUR}/\text{Jahr}}{3\,\text{EUR}/\text{Stück}} = 3.333\ \text{Stück/Jahr}$$

Die Kapazitätsausweitung müsste wenigstens zu einer Ausstoßerhöhung von 3333 Stück/Jahr führen, wenn sich die Gewinnsituation nicht verschlechtern soll. Die Beschaffung der zusätzlichen Maschine lohnt sich also nicht.

b) Welche Erlössteigerung wäre erforderlich, um einen weiteren Angestellten mit einem Jahresgehalt von 30000 EUR verkraften zu können. Der Deckungsbeitrag sei 30% des Erlöses.

$$\Delta E = p \cdot \Delta x = \frac{\Delta K_f}{d/p} = \frac{300.00\,\text{EUR}/\text{Jahr}}{0,3} = 100.000\,\text{EUR}/\text{Jahr}$$

Der Umsatzerlös müsste also um 100.000 EUR/Jahr gesteigert werden.

c) Die Situation eines Unternehmens ist durch folgende Daten gekennzeichnet:

Erlös	500.000 EUR/Jahr
K_v	250.000 EUR/Jahr
K_f	300.000 EUR/Jahr

Durch den Einsatz einer neuen Maschine (zusätzliche fixe Kosten von 100.000 EUR/Jahr) können Ausstoß und Erlös verdoppelt werden. Ist diese Investition zu empfehlen? Wie hoch ist der Deckungsbeitrag und der Gewinn vor und nach Einsatz der neuen Maschine?

Lösung:

(alle Daten in EUR/Jahr)	vorher	nachher
1. Erlöse	500.000	1.000.000
2. Variable Kosten	250.000	500.000
3. Deckungsbeitrag (1. – 2.)	250.000	500.000
4. Fixe Kosten	300.000	400.000
5. Gesamtkosten (2. + 4.)	550.000	900.000
6. Gewinn (1. – 5.) oder (3. – 4.)	– 50.000	+ 100.000

Die Investition ist zu empfehlen!

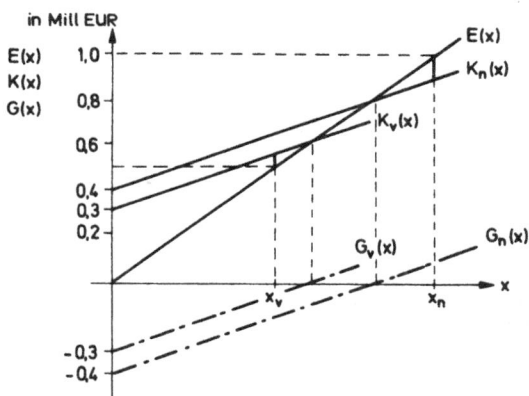

Bild B 24: Break-even-Schaubild (zu Beispiel B 25 c)

Beispiel B 26:

Der Umsatz einer Kühlschrankfabrik ist infolge einer allgemeinen Rezession stark zurückgegangen, so dass die Kapazität nur zu ca. 50 % ausgelastet ist. Die fixen Kosten betragen 50.000 EUR/Monat, die variablen Kosten 150 EUR/Stück, der Marktpreis 350 EUR/Stück, der Absatz 200 Stück/Monat.

a) Ein Großhändler ist bereit, laufend einen größeren Posten bei einem Preis von 250 EUR/Stück zu übernehmen. Wie groß muss dieser zusätzliche Posten/Monat sein, damit das Unternehmen einen Gesamtgewinn von 10.000 EUR/Monat erreicht?

b) Wo liegt der Kostendeckungspunkt und wie hoch ist die Sicherheitsspanne, wenn unter der Annahme eines weitgehend gesättigten Marktes ein Teil der Kapazität für anderweitige Zwecke eingesetzt wird und dadurch 20.000 EUR/Monat an fixen Kosten eingespart werden?

Lösung

a) $G_1(x) = E_1(x) - K_1(x)$

10000 EUR = 350 EUR/Stück · 200 Stück + 250 EUR/Stück · Δx
        – 50 000 EUR – 150 EUR/Stück (200 Stück + Δx)

Δx = 200 Stück/Monat müssen zusätzlich produziert werden.

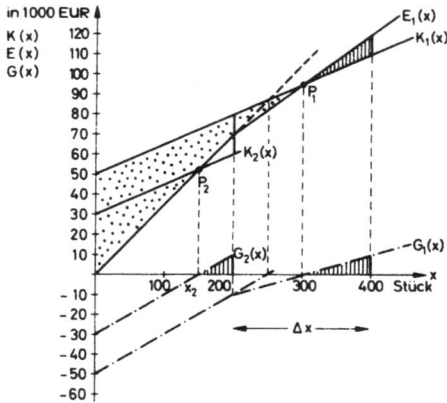

Bild B 25: Break-even-Schaubild
(zu Beispiel B 26)

b) $G_2(x) = E_2(x) - K_2(x) = 0$
350 EUR/Stück · x_2 – 30.000 EUR – 150 EUR/Stück · x_2 = 0
$x_2 = 150$
oder
$D = K_f$
$(350 - 150)x_2 = 30.000$
$x_2 = 150$
150 Stück/Monat ist die Menge, bei der die Kosten gerade gedeckt sind.
$S = (x - x_0)/x = (200 - 150)/200 = 25\ \%$.
Die Sicherheitsspanne beträgt 25 %.

Beispiel B 27:

Ein Unternehmen kann bei Vollbeschäftigung 120 Stück/Monat eines Artikels produzieren. Es sind folgende Daten bekannt:

Ausstoß (Istbeschäftigung)   100 Stück/Monat
Preis   1.100 EUR/Stück
Vollkosten (Selbstkosten)   1.000 EUR/Stück
Fixe Kosten   40.000 EUR/Monat

Folgende Situationen sollen analysiert werden:

a) Zu untersuchen ist die Erfolgssituation bei 100 Stück/Monat.

b) Durch eine allgemeine Rezession auf dem Inlandsmarkt geht die Beschäftigung auf die Hälfte zurück. Wie wirkt sich der Beschäftigungsrückgang auf die Erfolgssituation des Unternehmens aus?

c) Durch besondere Verkaufsbemühungen gelingt es, Exportaufträge für monatlich zusätzlich 40 Stück allerdings nur zu einem Preis von 900 EUR/Stück zu erhalten. Wird dadurch die Situation des Unternehmens gegenüber Fall b verbessert?

d) Es wird durch eine Marktanalyse festgestellt, dass eine allgemeine Preissenkung auf dem Inlandsmarkt um 100 EUR/Stück eine Umsatzerhöhung um 40% auf dem Inlandsmarkt bewirken wird. Ist diese Maßnahme für das Unternehmen in seiner Situation (Fall c) vorteilhaft?

Lösung:

	Situationen			
	a	b	c	d
1. Ausstoß (Stück/Monat)	100	50	50 + 40	70 + 40
2. Preis (EUR/Stück)	1.100	1.100	1.100 + 900	1.000 + 900
3. Fixe Kosten (EUR/Monat)	40.000	40.000	40.000	40.000
4. Variable Kosten (EUR/Monat)	60.000	30.000	54.000	66.000
5. Gesamtkosten (EUR/Monat)	100.000	70.000	94.000	106.000
6. Erlös (EUR/Monat)	110.000	55.000	91.000	106.000
7. Erfolg (EUR/Monat)	+ 10.000	– 15.000	– 3.000	0
8. Deckungsbeitrag (EUR/Monat) (Erlös – variable Kosten)	+ 50.000	+ 25.000	+ 37.000	+ 40.000

Ergebnis: Durch die Maßnahmen c und d wird die Situation des Unternehmens nach der Rezession erheblich verbessert.

Zusatzaufgabe: Die Verhältnisse sind im Break-even-Schaubild darzustellen!

4.4. Entscheidungen mit Hilfe der Deckungsbeitragsrechnung

4.4.1. Preispolitische Entscheidungen

Für Unternehmen im System der Marktwirtschaft besteht (mit Ausnahme der Preisbildung für öffentliche Aufträge) kein unmittelbarer Zusammenhang zwischen den Absatzpreisen und den (Selbst-)Kosten. Vielmehr werden die Preise bestimmt von dem Verhältnis der Nachfrage zum Angebot unter Berücksichtigung der vielfältigen Möglichkeiten, Nachfrage und Angebot durch Werbung, Preisdifferenzierung, Produktpolitik usw. zu beeinflussen. Dennoch ist es nach wie vor üblich, die vorkalkulierten Selbstkosten - evtl. zuzüglich eines Gewinnaufschlages - für die Bildung von Angebotspreisen heranzuziehen. Dies beinhaltet aber die bereits dargelegten Mängel der Fixkostenproportionalisierung, weshalb die Vollkostenrechnung keine geeignete Basis für preispolitische Entscheidungen ist. Orientiert sich unter Wettbewerbsbedingungen die Preisfindung an Marktpreisen oder am Preis eines Marktführers, dann gilt es für Anbieter, die **Preisuntergrenze** zu ermitteln, zu der ein Produkt noch hergestellt und verkauft bzw. ein Zusatzauftrag noch hereingenommen werden soll.

4.4.1.1. Bestimmung der Preisuntergrenze für das vorhandene Programm

Bei der Bestimmung der kurzfristigen, d. h. absoluten Preisuntergrenze, geht es darum festzulegen, wie weit bei den im Produktionsprogramm befindlichen Artikeln der Marktpreis fallen oder der Angebotspreis gesenkt werden darf, damit die variablen Kosten gerade noch gedeckt werden.

*Die **absolute Preisuntergrenze** p_{min}, eines Produktes sind seine Grenzkosten K' bzw. variablen Kosten pro Mengeneinheit.*

$$p_{min} = K'$$

Zur Verdeutlichung wird auf Beispiel B 23 Bezug genommen. Die produktbezogene Preisuntergrenze z. B. für Produkt B liegt hier bei 1,50 EUR. Erst wenn Produkt B unter diesem Preis verkauft wird, trägt es nicht mehr zur Deckung der Fixkosten bei, ist also dann ein echter Verlustbringer.

Soll jedoch die Ausstoßmenge von Produkt B aus absatzpolitischen Gründen (z. B. Sicherung des Marktanteils) bei 20.000 Stück gehalten werden, dann stellt sich die Frage, in welchem Umfang das Unternehmen bei Vernachlässigung der Rentabilitätsmaxime Preiszugeständnisse machen kann, ohne ein negatives Betriebsergebnis ausweisen zu müssen. Dazu kann der Betriebsgewinn von 9.000 EUR verwendet werden. Die absatzpolitisch bedingte Preisuntergrenze für B liegt dann bei 1,05 EUR (= 1,50 – 9.000 : 20.000), der Betriebserfolg beträgt 0 EUR.

4.4.1.2. Bestimmung der Preisuntergrenze für Zusatzaufträge

Entscheidend für den Angebotspreis ist in erster Linie die Frage: Soll der Auftrag eines Kunden hereingenommen werden oder nicht? Das Interesse am Auftrag wird in der Regel stark abhängig sein von der Kapazitätsauslastung zum Zeitpunkt der Anfrage des Kunden.

Bei **Vollbeschäftigung** ist das Interesse an einem Zusatzauftrag gering, es sei denn, man kann zur Gewinnsteigerung einen möglichst hohe Preis fordern. Zwangsläufig führt die Annahme dieses Auftrags zum Austausch gegen ein weniger vorteilhaftes, bisher gefertigtes Produkt.

Bei **Unterbeschäftigung** ist dagegen das Interesse an einem Zusatzauftrag groß, was zur Abgabe eines relativ niedrigen Preisangebots führen wird. Um den Auftrag mit großer Wahrscheinlichkeit zu erhalten, wird der Angebotspreis eventuell sogar unter dem vermuteten Angebotspreis der Konkurrenz festgelegt; er sollte aber dennoch mindestens die variablen, d. h. ausgabewirksamen Kosten decken.

Die Preisuntergrenze liegt folglich bei Unterbeschäftigung niedriger als bei Vollbeschäftigung.

Preisuntergrenze bei Unterbeschäftigung

*Die **absolute Preisuntergrenze** $p_{min,z}$ eines zusätzlichen Erzeugnisses Z sind die Grenzkosten k'_z bzw. die zusätzlichen variablen Kosten einer Mengeneinheit, die durch die Herstellung dieses Erzeugnisses anfallen werden.*

$$p_{min,z} = K'_z$$

Liegt der Konkurrenzpreis p_z für ein zusätzliches Erzeugnis Z bzw. der Preis, den ein Kunde zu zahlen gewillt ist, über der Preisuntergrenze $p_{min,z}$, so liefert dieses Erzeugnis noch einen positiven Deckungsbeitrag pro Mengeneinheit d_z und sollte deshalb als zusätzliches Erzeugnis in das Produktionsprogramm aufgenommen werden.

Das *Entscheidungskriterium für die Hereinnahme eines zusätzlichen Erzeugnisses bei Unterbeschäftigung lautet:*

$$d_z = p_z - K'_z \geq 0$$

Stehen mehrere Erzeugnisse mit positivem Deckungsbeitrag zur Auswahl, so liegt die Priorität bei demjenigen mit dem höheren Deckungsbeitrag pro Mengeneinheit.

Beispiel B 28:

Welche Erzeugnisse sollten in welcher Rangfolge bei Unterbeschäftigung in das Programm aufgenommen werden, wenn Marktpreis, Selbstkosten und Grenzkosten pro Stück gegeben sind.

Erzeugnis	1	2	3	4	5	
1. Marktpreis (EUR/Stück)	100	130	150	140	160	
2. Selbstkosten (EUR/Stück)	100	120	130	150	200	gegebene Daten
3. Grenzkosten (EUR/Stück)	60	70	100	140	170	
4. Gewinn (EUR/Stück)	0	10	20	– 10	– 40	
5. Deckungsbeitrag (EUR/Stück)	40	60	50	0	– 10	errechnete Daten
6. Empfohlene Rangfolge	3	1	2	4	-	

Selbst dann, wenn das zusätzliche Erzeugnis mit einem Deckungsbeitrag pro Mengeneinheit von Null, d. h. zu Grenzkosten verkauft wird, erfolgt keine Schmälerung des Unternehmensgewinnes (vgl. Beispiel B 29).

Immer dann, wenn der Marktpreis oder ein zu erzielender Verkaufspreis über den Grenzkosten liegt, wird durch zusätzliche Produktion und Verkauf des Erzeugnisses zu diesem Preis der Gewinn des Unternehmens in dem Umfange der Differenz Preis – Grenzkosten steigen.

Beispiel B 29: *Angebot auf der Basis der Grenzkosten*

Ein Unternehmen produzierte bisher 100 Mengeneinheiten pro Monat. Als Kosten fielen pro Monat an:

Materialkosten (variabel)	10.000 EUR
Lohnkosten (variabel)	30.000 EUR
Fixe Kosten	40.000 EUR

Aufgrund des verstärkten Konkurrenzdrucks können künftig nur noch 80 Mengeneinheiten zum bisherigen Preis von 1.000 EUR/Einheit abgesetzt werden. Da auf weiteren, bisher von dem Unternehmen nicht erfassten Märkten Absatzmöglichkeiten bestehen, jedoch nur zu niedrigeren Preisen, und die Unternehmensleitung die qualifizierten Fachkräfte wegen des voraussichtlich nur vorübergehenden Absatzrückganges nicht entlassen will, sollen die Auswirkungen folgender zwei Handlungs-Alternativen auf die Unternehmens-Situation untersucht werden:

Alternative I: Produktion und Absatz von 80 Einheiten zu einem Preis von 1.000 EUR/ Einheit.

Alternative II: Wie Alternative I; jedoch zusätzliche Produktion von weiteren 20 Einheiten und Verkauf derselben zum *Grenzkosten-Preis*.

(alle Beträge in EUR)	Bisherige Produktion 100 Einheiten	Alternative I 80 Einheiten	Alternative II 100 Einheiten
1. Variable Kosten			
Lohnkosten	30.000	30.000	30.000
Materialkosten	10.000	8.000	10.000
2. Fixe Kosten	40.000	40.000	40.000
3. Gesamtkosten	80.000	78.000	80.000
4. Grenzkosten der zusätzlichen Produktion	-	-	2.000
5. Erlös	100.000	80.000	82.000
6. Gewinn (5. – 3.)	20.000	2.000	2.000
7. Deckungsbeitrag (5. – 1.)	60.000	42.000	42.000
8. Vollkosten/Einheit	800	975	800
9. Variable Kosten/Einheit	400	475	400
10. Grenzkosten/Einheit (4./20 Einheiten)	-	-	100

Folgerungen: Würden die zusätzlichen Einheiten zum Grenzkosten-Preis von 100 EUR/ Stück abgesetzt werden (Alternative II), so würde sich der Gewinn und der Deckungsbeitrag gegenüber der Alternative I nicht vermindern. Jeder über den Grenzkosten liegende Preis führt jedoch zu einer Erhöhung des Gewinnes.

Zusatzaufgabe: Die Verhältnisse sind graphisch im Break-even-Diagramm darzustellen!

Gegen die Verwendung der Grenzkosten-Preise und der Deckungsbeiträge pro Stück als absatzpolitisches Instrument wird häufig das Argument vorgebracht, die Verwendung der nicht die Vollkosten deckenden Preise führe zu Preissenkungen, die nicht im Interesse des Unternehmens liegen.

Diesem Einwand ist folgendes zu entgegen: Diese Gefahr besteht nur bei falschem Verständnis des Grenzkostenprinzips. Deshalb sollte zunächst allen verantwortlichen Mitarbeitern des Betriebes durch entsprechende Schulung wiederholt klargemacht werden, dass die Grenzkostenrechnung keineswegs einen Verzicht auf die Deckung fixer Kosten bedeutet, sondern dass die Preispolitik immer darauf gerichtet sein muss, die Summe der Deckungsbeiträge zu maximieren. Dabei dienen zwar die Grenzkosten einerseits als absolute Preisuntergrenze, zum anderen aber auch als Daten für die gewinnmaximale Programmsteuerung. Sofern die Möglichkeit der Preisdifferenzierung besteht, sollten Verkäufe zu Grenzkosten ohnehin nicht an solche Käufer erfolgen, an die man zu „normalen" Preisen verkaufen kann.

Andrerseits sollten dem einzelnen Verkäufer die Grenzkosten der betrieblichen Erzeugnisse grundsätzlich nicht bekannt gegeben werden. Es genügt, wenn die Grenzkosten von der Verkaufsleitung für die Zwecke der Verkaufssteuerung eingesetzt werden. Schließlich könnten die Verkaufsprovisionen anstatt an die Umsätze wirkungsvoller an die Deckungsbeiträge gebunden werden.

Im übrigen muss immer wieder auf die Gefahr hingewiesen werden, dass man sich in Zeiten sinkender Beschäftigung bei Orientierung an den Vollkosten durch den steigenden Fixkostenanteil pro Mengeneinheit aus dem Markt kalkuliert.

Preisuntergrenze bei Vollbeschäftigung

Bei Vollbeschäftigung bzw. bei Vorliegen von mindestens einem Kapazitätsengpass setzt die Fertigung eines zusätzlichen Erzeugnisses Z voraus, dass irgendein bisher hergestelltes Erzeugnis V aus der Produktion verdrängt wird. Somit konkurriert das bisherige Erzeugnis V mit dem an seiner Stelle herzustellenden Erzeugnis Z um die vorhandene Produktionskapazität. Letztlich ist die Entscheidung, ob V oder Z produziert werden soll, anhand des Vergleichs der Deckungsbeiträge der Erzeugnisse V und Z zu treffen[40]. Bei der Bestimmung der Preisuntergrenze für den Zusatzauftrag ist zu beachten, dass der nicht mehr zu realisierende Deckungsbeitrag des verdrängten Erzeugnisses V dem Erzeugnis Z als sog. Opportunitätskosten (engl.: opportunity costs) angelastet werden muss.

Opportunitätskosten, auch Alternativkosten genannt, sind „Kosten" der entgangenen Gelegenheit, d. h. der entgangene Deckungsbeitrag des Erzeugnisses V (im Hinblick auf den alternativen Erfolg durch das Erzeugnis Z).

*Die **Preisuntergrenze** $p_{min,z}$ eines Zusatzerzeugnisses Z **bei Vollbeschäftigung** bzw. Vorliegen von Kapazitätsengpässen ergibt sich aus der Summe der Grenzkosten K'_z und den Opportunitätskosten $k_{op,z}$*

$$p_{mi,z} = K'_z + k_{op,z}$$

Nur dann, wenn wenigstens dieser Mindestpreis (Grenzpreis) von Kunden gezahlt wird, lohnt sich die Aufnahme dieses Erzeugnisses in das Produktionsprogramm, nur dann ist eine Substitution der Erzeugnisse (Z anstelle V) gerechtfertigt.

*Das **Entscheidungskriterium** für die Verdrängung des Erzeugnisses V durch das Erzeugnis Z bei Vollbeschäftigung lautet:*

$$p_z \geq p_{min,z}$$

Bei Vorliegen **nur eines Kapazitätsengpasses** kann man die **Opportunitätskosten** k_{op} aus der Beziehung

$$k_{op,z} = \frac{d_v}{a_v} a_z \quad \text{ermitteln,}$$

wobei

d_v = Deckungsbeitrag des verdrängten Erzeugnisses (EUR/Mengeneinheit)

a_v = Engpassbelastung des verdrängten Erzeugnisses (Zeiteinheit/Mengeneinheit)

$\frac{d_v}{a_v}$ = Deckungsbeitrag pro Engpasseinheit beim verdrängten Erzeugnis (EUR/Zeiteinheit)

a_z = Engpassbelastung des zusätzlichen Erzeugnisses (Zeiteinheit/Mengeneinheit)

Bei Vorliegen mehrerer Kapazitätsengpässe kann man die Opportunitätskosten und zwar insbesondere die Deckungsbeiträge pro Engpasszeiteinheit (d/a) nicht so einfach bestimmen, weil eine isolierte Änderung der Auslastung nur eines Engpasses nicht möglich ist. Das Problem lässt sich dann nur mittels **Linearer Optimierung** lösen[41].

---

[40] Vgl. Beispiel B 28

[41] S. hierzu W. Zimmermann / U. Stache, Operations Research, München/Wien, 10. Aufl. 2001.

Beispiel B 30:

Gegeben sind folgende Informationen über ein vorhandenes und ein zusätzliches Erzeugnis in einem vollbeschäftigten Unternehmen. Ist die Substitution zu empfehlen?

Erzeugnis	V	Z	
1. Marktpreis p (EUR/ME)	5.000	6.000	
2. Grenzkosten K' (EUR/ME)	3.000	3.600	gegebene Daten
3. Kapazitätsbelastung a (Stunde/ME)	10	14	
4. Deckungsbeitrag d (EUR/ME) (1. – 2.)	2.000	2.400	errechnete Daten
5. Deckungsbeitrag d/a (EUR/Stunde)	200	171	

Preisuntergrenze des Erzeugnisses Z

$$p_{min,z} = K'_z + k_{op,z}$$
$$= 3600 + 200 \times 14 = 6400$$

Da der Marktpreis $p_z < p_{min,z}$ ist, sollte eine Substitution des Erzeugnisses V durch das Erzeugnis Z nicht erfolgen. Dies ist auch ohne die Ermittlung der Preisuntergrenze aus den Deckungsbeiträgen pro Engpasszeiteinheit d/a bereits zu erkennen, da dieser beim Erzeugnis V größer als beim Erzeugnis Z ist.

Zusatzaufgabe: Bestimme die Preisuntergrenze des Erzeugnisses V unter der Annahme, dass das Erzeugnis Z bereits im Produktionsprogramm enthalten ist.

Während für die Entscheidung hinsichtlich der Aufnahme in das Produktionsprogramm bei Unterbeschäftigung die Deckungsbeiträge pro Erzeugnis maßgeblich sind, gilt bei Vollbeschäftigung folgendes Fazit:

*Das **Entscheidungskriterium** für die Hereinnahme zusätzlicher Erzeugnisse bei Vollbeschäftigung sind die Deckungsbeiträge pro Engpasszeiteinheit.*

Stehen mehrere Erzeugnisse mit positiven Deckungsbeiträgen pro Mengeneinheit zur Auswahl, so sind sie in der Rangfolge der größten Deckungsbeiträge pro Engpasszeiteinheit zu wählen[42].

4.4.2.   Entscheidung hinsichtlich Eigenfertigung oder Fremdbezug

Die Frage „Eigenfertigung oder Fremdbezug?" tritt in verschiedenen Funktionsbereichen des Unternehmens auf:

Beschaffungsbereich: Eigener Fuhrpark oder Beschäftigung von Spediteuren,
Entwicklungsbereich: Eigenkonstruktion oder Patentkauf bzw. Lizenznahme,
Fertigungsbereich: Eigenproduktion oder Kauf von Bauelementen,
Verwaltungsbereich: Eigenes Rechenzentrum oder Datenverarbeitung außer Haus
Absatzbereich: Angestellte Reisende oder freie Handelsvertreter.

Die verbreitete Ansicht, die Eigenfertigung müsse wegen der in die Fremdbezugspreise einkalkulierten Vertriebskosten und Gewinne meistens billiger sein als der Fremdbezug, stimmt nicht in jedem Fall; es muss berücksichtigt werden, dass spezialisierte Dienstleistungs- und Zulieferbetriebe rationeller fertigen können und sich hinsichtlich der Preisbildung auch nach Angebot und Nachfrage richten müssen.

---

[42] Vgl. Beispiel B 33, Spalte 10

Folgende Gesichtspunkte können eine Entscheidung für den Fremdbezug begünstigen: Überbeschäftigung im eigenen Betrieb, Kosten, Qualität, fehlende Erfahrung und Termin.

Umgekehrt können Geheimhaltungsgesichtspunkte, Prestige und andere Imponderabilien Motive für eine Eigenfertigung sein, selbst wenn alle anderen Gesichtspunkte für Fremdbezug sprechen.

Die zuvor bei der Preisuntergrenze für Zusatzprodukte dargelegten Gesetzmäßigkeiten gelten auch bei der Fragestellung „Eigenfertigung oder Fremdbezug".

Zur Beurteilung der Zweckmäßigkeit der Eigenfertigung bei **Unterbeschäftigung** sind nicht die Vollkosten der Erzeugnisse heranzuziehen, sondern die variablen Kosten bzw. Grenzkosten der Erzeugnisse, da die Fixkosten unabhängig von der Entscheidung „Eigenfertigung oder Fremdbezug" sind und in beiden Fällen in gleicher Höhe entstehen.

*Bei **Unterbeschäftigung** lautet das **Entscheidungskriterium** für den Übergang von Fremdbezug auf Eigenfertigung*

Lieferantenpreis > Grenzkosten bei Eigenfertigung

oder anders ausgedrückt

Preisobergrenze für Fremdbezug = Grenzkosten bei Eigenfertigung.

Bei **Vollbeschäftigung** ist Eigenfertigung nur möglich, wenn

a) ein bisher gefertigtes Erzeugnis verdrängt wird oder
b) zusätzliche Kapazität (z. B. durch Investition) geschaffen wird.

Im Falle der Verdrängung eines bisher gefertigten Erzeugnisses durch das bisher fremdbezogene Erzeugnis sind außer den Grenzkosten auch hier die Opportunitätskosten des bisher fremdbezogenen Erzeugnisses zu berücksichtigen.

*Bei **Vollbeschäftigung** und **Verdrängung eines bisherigen Erzeugnisses** lautet das **Entscheidungskriterium** für den Übergang von Fremdbezug auf Eigenfertigung*

Lieferantenpreis > Grenzkosten + Opportunitätskosten

oder anders ausgedrückt

Preisobergrenze für Fremdbezug = Grenzkosten + Opportunitätskosten.

Im Falle zusätzlicher Investitionen sind zusätzlich den Grenzkosten des jetzt selbst gefertigten Erzeugnisses auch die fixen Kosten der Investition zu berücksichtigen.

*Bei **Vollbeschäftigung** und einer **Erweiterungsinvestition** lautet das **Entscheidungskriterium** für den Übergang von Fremdbezug auf Eigenfertigung*

Lieferantenpreis > Grenzkosten + Fixkostenanteil der Investition

oder anders ausgedrückt

Preisobergrenze für Fremdbezug = Vollkosten der Eigenfertigung.

Die fixen Kosten der zusätzlichen Investition bestehen in erster Linie aus den kalkulatorischen Abschreibungen und den kalkulatorischen Zinsen.

$$K_f = \frac{A}{n} + \frac{A}{2}i$$

wobei A = Anschaffungsbetrag der Investition
n = geschätzte Nutzungsdauer
i = Kalkulationszinssatz

Beispiel B 31:

Von einem Unternehmen sind folgende Daten gegeben:

Kapazität der Maschinen, welche Drehteile fertigen können: 170 Stunden pro Monat
Fertigungszeit: 100 Drehteile pro Stunde
Fixe Kosten der betroffenen Abteilung: 5.440,- EUR/Monat
Variable Kosten der betroffenen Abteilung: 70,- EUR/Stunde (ohne Material)
Materialkosten: 1,10 EUR/Drehteil
Fremdbezugskosten: 2,- EUR/Drehteil (Preis inklusive Lieferung)
Hauptprodukt, für das die Drehteile benötigt werden:
    Deckungsbeitrag von 2,50 EUR/Stück durch Verkauf,
    Fertigungsmenge 10 Stück pro Stunde

Das Unternehmen hat bisher 3.000 Drehteile infolge Kapazitätsauslastung fremdbezogen. Es ist durch einen Kostenvergleich nachzuprüfen, ob es sinnvoll ist, vom Fremdbezug auf Eigenfertigung überzugehen, wenn folgende Alternativen in Betracht kommen.

Fall 1: Durch Absatzrückgang der Hauptprodukte wird Kapazität von 30 Stunden/Monat frei.

Fall 2: Bei Vollbeschäftigung
a) wird ein Teil der bisherigen Produktion zugunsten der fremdbezogenen Teile verdrängt oder
b) werden Überstunden oder Sonderschichten gefahren oder
c) wird zusätzliche Kapazität durch eine Investition geschaffen.

Lösung Fall 1:

Die fixen Kosten der Abteilung in Höhe von 5.440,- EUR/Monat fallen stets in dieser Höhe an, unabhängig davon ob die Drehteile selbst gefertigt oder fremdbezogen werden. Bei Unterbeschäftigung gehen nur die variablen Kosten in den Vergleich ein.

Materialkosten	1,10 EUR/Drehteil
Sonstige variable Kosten	+ 0,70 EUR/Drehteil
Summe	1,80 EUR/Drehteil

Gegenüber dem Fremdbezug werden also bei der Eigenfertigung 0,20 EUR/Drehteil bzw. 600,- EUR/Monat eingespart.

Lösung Fall 2a:

Um 30 Stunden/Monat für die Eigenfertigung der Drehteile freizubekommen, muss also auf die Produktion von 300 Hauptprodukten und damit auf einen Deckungsbeitrag von 750,- EUR/Monat verzichtet werden.

Variable Kosten	1,80 EUR/Drehteil
Opportunitätskosten (= 750/3000 = 2,50 x 0,6/6)	+ 0,25 EUR/Drehteil
	2,05 EUR/Drehteil

Die Eigenfertigung ist nicht zu empfehlen (da $p_{min,z} > p_z$).

Lösung Fall 2b:

Es handelt sich um eine echte Zusatzfertigung ohne zusätzliche fixe Kosten oder Verdrängungs-(Opportunitäts-)Kosten. Wegen des Überstundenzuschlags muss allerdings mit höheren variablen Kosten gerechnet werden (Ansatz 80,- EUR/Stunde).

Variable Kosten/Drehteil (= 80/100)	0,80 EUR/Stück
Materialkosten/Drehteil	+ 1,10 EUR/Stück
	1,90 EUR/Stück

Dieser Fall ist noch interessant, da pro Stück bei Eigenfertigung 0,10 EUR eingespart werden.

Lösung Fall 2c:

Überstunden und Sonderschichten sind kein Dauerzustand. Wenn langfristig mit dem gleichen Auftragseingang zu rechnen ist, wird man eine Kapazitätsausweitung erwägen.

Zur Ermittlung der Fertigungskosten der auf der zusätzlichen Kapazität hergestellten Drehteile müssen die fixen und die variablen Kosten der zusätzlichen Kapazität ermittelt werden. (Wird die zusätzliche Kapazität nicht voll ausgelastet, kann die Hereinnahme von Lohnaufträgen die Belastung des Drehteiles herabsetzen.)

Werden die zusätzlichen fixen Kosten mit 900,- EUR/Monat und die zusätzlichen variablen Kosten mit 70,- EUR/Stunde angenommen, ergibt sich:

Materialkosten	1,10 EUR/Drehteil
Variable Kosten	+ 0,70 EUR/Drehteil
Fixe Kosten	+ 0,30 EUR/Drehteil
	2,10 EUR/Drehteil

Die Eigenfertigung ist nicht zu empfehlen (da $p_{min,z} > p_z$).

4.4.3. Optimale Maschinenbelegung

Sind in einem nicht vollbeschäftigten Unternehmen für die Produktion eines Erzeugnisses mehrere Maschinen und Anlagen vorhanden und technisch gleich gut geeignet, dann sollte das Erzeugnis auf der Maschine oder Anlage produziert werden, welche die niedrigsten Kosten verursacht.

Für die Entscheidung, welche der vorhandenen, nicht voll ausgelasteten Anlagen eingesetzt werden sollen, sind nicht die Vollkosten, sondern nur die Grenzkosten, d. h. die *zusätzlich anfallenden Kosten* pro Mengeneinheit von Bedeutung, da die fixen Kosten der vorhandenen Anlagen unabhängig von der Auslastung der Anlagen stets anfallen und durch die Entscheidung nicht beeinflusst werden bzw. umgekehrt die Entscheidung nicht beeinflussen.

Bei Orientierung an den Vollkosten pro Mengeneinheit würden die modernen leistungsfähigeren, aber fixkostenintensiven Anlagen zugunsten der älteren weniger leistungsfähigen, aber auch weniger fixkostenintensiven Anlagen „leerkalkuliert".

Das *Entscheidungskriterium für die günstigste Maschinenbelegung bei Unterbeschäftigung sind stets die Grenzkosten des Erzeugnisses.*

Es ist deshalb zunächst diejenige Maschine zu belegen, bei der die Grenzkosten am niedrigsten sind.

Gegen diese Regel wird von Praktikern sehr häufig verstoßen. Da die Vollkosten pro Maschinenstunde einer modernen Spezialmaschine wegen der starken Fixkostenbelastung höher sind als der Vollkosten-Maschinenstundensatz einer älteren Maschine, glaubt der Betriebsleiter oder Meister, dem Unternehmen Kosten zu sparen, wenn er irgendein Erzeugnis, das „elegant" auf der leistungsfähigeren Spezialmaschine gefertigt werden könnte, auf der älteren und langsameren Maschine herstellen lässt, während die moderne Spezialmaschine ungenutzt steht.

Grundsätzlich sollten bei Unterbeschäftigung zunächst die neueren und leistungsfähigeren Anlagen eingesetzt werden und nur bei Spitzenbelastungen auch die älteren Anlagen belegt werden.

Beispiel B 32:

Ein Unternehmen hat drei Anlagen zur Herstellung eines bestimmten Erzeugnisses zur Verfügung, die durch folgende Daten gekennzeichnet sind:

Anlage	I	II	III
Fixkosten (EUR/Maschinenstunde)	10	72	240
Variable Kosten (EUR/Maschinenstunde)	50	48	20
Vollkosten (EUR/Maschinenstunde)	60	120	260
Leistungsfähigkeit (Stück/Maschinenstunde)	5	12	20

Durch eine Rezession ist der Absatz stark zurückgegangen. Wie sollte die Maschinenbelegung vorgenommen werden, wenn nur 15 Stück/Stunde benötigt werden?

Aus den gegebenen Daten lassen sich die Vollkosten und Grenzkosten pro Erzeugniseinheit bestimmen:

Anlage	I	II	III
Vollkosten (EUR/Stück)	12	10	13
Grenzkosten (EUR/Stück)	10	4	1

Zuerst ist die Anlage III mit den niedrigsten Grenzkosten einzusetzen und erst bei steigender Stückzahl pro Stunde und Auslastung der Anlage III die Anlage II und zuletzt die Anlage I.

Auf diese Weise gelingt es, die geforderten 15 Stück pro Stunde mit zusätzlichen Kosten von nur 15 EUR herzustellen.

Zusatzaufgabe:

1. Wie hoch sind die zusätzlichen Kosten pro Stunde, wenn man sich bei der Maschinenbelegung an den Vollkosten pro Erzeugnismengeneinheit orientiert?

2. Welche zusätzlichen Kosten pro Stunde fallen bei Orientierung an den Vollkosten pro Maschinenstunde an?

Bei **Vollbeschäftigung** stellt sich die Frage nach der günstigsten Maschinenbelegung (richtige Kombination Maschine - Erzeugnis) erst gar nicht, da alle Maschinen belegt sind.

4.4.4. Optimales Produktions- und Absatzprogramm und Festlegung der Auftragsrangsfolge

Liegen *keine Engpässe* z. B. in der Fertigung vor, kann also jedes Erzeugnis in der gewünschten Menge produziert werden, dann sind für Entscheidungen über das Produktions- und Absatzprogramm bzw. die Produktionsreihenfolge nicht die Gewinne pro Mengeneinheit des Erzeugnisses, sondern die **absoluten Deckungsbeiträge** der Erzeugnisse, d. h. die Deckungsbeiträge pro Mengeneinheit heranzuziehen, da die Fixkosten unabhängig von Maßnahmen der Programmpolitik und der Auslastung anfallen. Dazu müssen die Erzeugnisse bzw. Produktgruppen entsprechend der Höhe dieser Deckungsbeiträge in eine Rangfolge gebracht werden [vgl. Spalten 4 und 5 in Beispiel B 33 und Situation a) in Beispiel B 34].

Das *Entscheidungskriterium für die Rangfolge der Verteilung der Erzeugnisse bzw. Erzeugnisgruppen auf die freien Kapazitäten ist stets die Höhe der absoluten Stückdeckungsbeiträge.*

Es ist somit zunächst das Produkt herzustellen, das den höchsten Deckungsbeitrag pro Mengeneinheit aufweist, danach die weiteren Produkte nach der vorgenannten Rangfolge. Jedes Erzeugnis mit einem positiven Deckungsbeitrag pro Mengeneinheit ist im Falle freier Kapazitäten zu produzieren und abzusetzen.

Liegen allerdings *Engpässe* vor oder werden bestimmte Anlagen von den Erzeugnissen mit unterschiedlichen Fertigungszeiten in Anspruch genommen, dann hat die Produktionsentscheidung nach den **relativen Deckungsbeiträgen**, d. h. den Deckungsbeiträgen je Fertigungszeiteinheit (vgl. Spalten 7 und 8 in Beispiel B 33) bzw. je Engpasszeiteinheit zu erfolgen.

*Das **Entscheidungskriterium** für die Rangfolge der Verteilung der Erzeugnisse bzw. Erzeugnisgruppen auf die **beschränkten Kapazitäten** ist stets die Höhe der relativen Stückdeckungsbeiträge.*

Liegt nur *ein absoluter Engpass* vor, dann lässt sich das Problem recht einfach lösen [vgl. Spalten 10 und 11 in Beispiel B 33 und Situation b) in Beispiel B 34].

Unter einem **absoluten Engpass** *versteht man eine Produktionseinheit, die von allen Erzeugnissen durchlaufen werden muss und die Höhe der Gesamtproduktion absolut begrenzt.*

Beispiel B 33:

Eine Weberei stellt die Stoffarten bzw. Aufträge A - E auf ein und derselben Produktionseinrichtung her. Ein Enpass besteht bei einer Anlage (z. B. Webstuhl).

Stoffe bzw. Aufträge	Preis je 100 m	Variable Kosten je 100 m	Deckungsbeitrag je 100 m	Rangfolge	Gesamtfertigungszeit je 100 m	Deckungsbeitrag je 100 Min. Fert.-zeit (Sp.4 : 6)	Rangfolge	Engpassfertigungszeit je 100 m	Deckungsbeitrag je 100 Min. Engpassfert.-zeit (Sp.4 : 9)	Rangfolge
	EUR	EUR	EUR		Minuten	EUR		Minuten	EUR	
1	2	3	4	5	6	7	8	9	10	11
A	158,-	125,-	33,-	3	950	3,47	3	610	5,41	1
B	170,-	134,-	36,-	2	970	3,71	1	750	4,80	2
C	164,-	147,-	17,-	5	980	1,73	4	750	2,27	4
D	227,-	178,-	49,-	1	1410	3,48	2	1110	4,41	3
E	205,-	180,-	25,-	4	1480	1,69	5	1170	2,14	5

Datenanalyse:

1) Aufgrund der Deckungsbeiträge je 100 m ist die optimale Produktionsreihenfolge (Sp. 5) D, B, A, E, C.

2) Unter Berücksichtigung der unterschiedlichen Gesamtfertigungszeiten der einzelnen Fertigungsaufträge ergibt sich aufgrund der Deckungsbeiträge je 100 Minuten Fertigungszeit die Reihenfolge (Sp. 8) B, D, A, C, E.

3) Unter Berücksichtigung der Fertigungszeiten im Engpass ist aufgrund der Deckungsbeiträge je 100 Minuten Engpassfertigungszeit die zweckmäßige Reihenfolge (Sp. 11) A, B, D, C, E.

Beispiel B 34:

Die Situation eines Unternehmens, dessen Produktionsprogramm 4 Erzeugnisse umfasst, ist durch die gegebenen und errechneten Daten der folgenden Übersicht gekennzeichnet.

Erzeugnis	1	2	3	4	Summe
Gegebene Größen:					
1. Nettopreis (EUR/Stück)	100	130	150	140	
2. Variable Kosten (EUR/Stück)	60	70	100	110	
3. Gesamtkosten (EUR/Stück)	100	120	130	150	
4. Potentieller Absatz (Stück/Monat)	1.000	2.000	500	1.000	
5. Engpassbelastung (Stunden/Stück)	4	3	2	1	
Errechnete Größen:					
6. Engpassbelastung (Stunden/Monat) [5. x 4.]	4.000	6.000	1.000	1.000	12.000
7. Stückgewinn (EUR/Stück) [1. – 3.]	0	10	20	– 10	
8. Deckungsbeitrag (EUR/Stück) [1. – 2.]	40	60	50	30	
9. Deckungsbeitrag-Preis-Verhältnis (%) [8. : 1.]	40	46	33	21	
10. Deckungsbeitrag (EUR/Engpassstunde) [8. : 5.]	10	20	25	30	
11. Gesamtgewinn (EUR/Monat) [7. x 4.]	0	20.000	10.000	– 10.000	20.000
12. Gesamtdeckungsbeitrag (EUR/Monat) [8. x 4.]	40.000	120.000	25.000	30.000	215.000
13. Fixe Kosten (EUR/Monat) [12. – 11.]					195.000

Welche Rangfolge ist den Erzeugnissen beizumessen, d. h., wie sind die Produkte hinsichtlich ihres Beitrages zum Unternehmenserfolg zu beurteilen? Sollte das Produktions- und Absatzprogramm zur Verbesserung der Situation

a) bei Unterbeschäftigung (Gesamtkapazität von 15.000 Stunden/Monat),

b) bei Vollbeschäftigung (Gesamt- bzw. Engpasskapazität von 10.000 Stunden/Monat)

bereinigt werden?

Zu a):

Bei *Unterbeschäftigung* (Gesamtkapazität 15.000, beanspruchte Kapazität 12.000 Stunden/Monat) sollten alle Erzeugnisse im Programm verbleiben, weil die Deckungsbeiträge pro Mengeneinheit alle positiv sind. Eine Orientierung am Stückgewinn würde die Entscheidung nahe legen, das Erzeugnis 4 aus dem Programm zu streichen; dies hätte aber zur Folge, dass der Deckungsbeitrag dieses Erzeugnisses von insgesamt 30.000,- EUR/Monat entfiele (vgl. Zeile 12) und somit ein Verlust von 10.000,- EUR/Monat entstände.

Zu b):

Falls bei *Vollbeschäftigung* dem Unternehmen nur 10.000 Stunden/Monat zur Verfügung stehen, können nicht alle Erzeugnisse gefertigt werden.

Erzeugnis	1	2	3	4	Summe
1. Engpassbelastung (Stunden/Monat)	3.000	6.000	1.000	-	10.000
2. Engpassbelastung (Stunden/Stück)	4	3	2	1	
3. Absatzmenge (Stück/Monat) [1. : 2.]	750	2.000	500	-	
4. Deckungsbeitrag (EUR/Stück)	40	60	50	30	
5. Deckungsbeitrag (EUR/Monat) [3. x 4.]	30.000	120.000	25.000	-	175.000
6. Fixe Kosten (EUR/Monat) [wie oben]					195.000
7. Gewinn / Verlust (EUR/Monat) [5. – 6.]					– 20.000

Bei Orientierung am *Deckungsbeitrag pro Mengeneinheit* (hier ebenso bei Orientierung am Stückgewinn) wird man das Erzeugnis 4 aus dem Programm streichen und die Produktion des Erzeugnisses 1 um 250 Stück einschränken. Dadurch entstände ein Verlust von 20.000,- EUR, wie aus vorstehender Übersicht zu ersehen ist.

Bei Orientierung am *Deckungsbeitrag pro Engpasszeiteinheit* wird man die Produktion des Erzeugnisses 1 um 500 Stück einschränken und damit einen Gewinn von Null erreichen.

Erzeugnis	1	2	3	4	Summe
1. Engpassbelastung (Stunden/Monat)	2.000	6.000	1.000	1.000	10.000
2. Engpassbelastung (Stunden/Stück)	4	3	2	1	
3. Absatzmenge (Stück/Monat) [1. : 2.]	500	2.000	500	1.000	
4. Deckungsbeitrag (EUR/Stück)	40	60	50	30	
5. Deckungsbeitrag (EUR/Monat) [3. x 4.]	20.000	120.000	25.000	30.000	195.000
6. Fixe Kosten (EUR/Monat) [wie oben]					195.000
7. Gewinn / Verlust (EUR/Monat) [5. – 6.]					0

Bei Orientierung am *Deckungsbeitrag-Preis-Verhältnis* sind die Erzeugnisse 3 und 4 zu streichen. Damit würde der Gesamtdeckungsbeitrag 160.000,- EUR/Monat betragen und ein Verlust von 35.000,- EUR entstehen.

Damit ist folgender Nachweis erbracht:

> *Bei Vollbeschäftigung wird das optimale Produktionsprogramm durch Orientierung am (maximalen) Deckungsbeitrag pro Engpasszeiteinheit erreicht.*

Bestehen in einem Betrieb **mehrere Engpässe**, dann lässt sich das optimale Produktionsprogramm nur mit Hilfe der **Linearen Optimierung** ermitteln. Beispiel B 35 soll zeigen, dass diese Beschränkungen nicht nur in der Fertigung, sondern auch in anderen Funktionsbereichen auftreten können.

> *Gegenstand bzw. mathematische Aufgabe der Linearen Optimierung ist die Maximierung oder Minimierung einer linearen Funktion (sog. Zielfunktion) unter Beachtung von bestimmten Nebenbedingungen (Restriktionen, Beschränkungen).*

Diese Restriktionen, die mathematisch als ein System von Gleichungen und Ungleichungen in das Modell eingehen, begrenzen das Feld möglicher Entscheidungsalternativen und das Maß der Zielerreichung.

Da bei kurzfristiger Betrachtung die Kapazitäten und damit die Fixkosten konstant sind, ist das zu ermittelnde Optimum der maximale, von der Absatzmenge abhängige Gesamtdeckungsbeitrag. Es entspricht dem Gewinnmaximum.

Sofern nur 2 Erzeugnisse hergestellt werden, ist eine graphische Lösung des Problems möglich (vgl. Beispiel B 35); in allen anderen Fällen muss das rechnerische Verfahren, die sog. *Simplex-Methode*, angewendet werden[43].

Beispiel B 35: *Optimales Produktionsprogramm bei mehreren Engpässen*

Ein Kleinbetrieb stellt die beiden Produkte 1 und 2 her, die um die begrenzten Fertigungskapazitäten und Rohstoffvorräte konkurrieren und deren Absatzchancen verschieden sind. Die zur Verfügung stehenden Daten sind der folgenden Übersicht zu entnehmen. Es ist das optimale Produktionsprogramm zu ermitteln.

---

[43] S. hierzu W. Zimmermann / U. Stache, Operations Research, München/Wien, 10. Aufl. 2001.

Produkte		1	2
Bruttostückgewinn (Deckungsbeitrag je Stück) in EUR		50,-	60,-
Restriktionen:			
1) Verfügbare Gesamt- kapazität max. 360 Std.	Benötigte Stunden je Stück	3	2
2) Verfügbare Rohstoff- menge 450 kg	Benötigte Menge je Stück in kg	3	5
3) Max. absetzbare Stückzahl		110	70

Lösung:

Bezeichnet man die gesuchte Menge des Erzeugnisses 1 mit x_1 und die Menge des Erzeugnisses 2 mit x_2, so kann man das Problem mathematisch wie folgt formulieren:

Maximiere die Zielfunktion

$$G = 50\, x_1 + 60x_2 \quad \text{(max.)} \tag{1}$$

unter folgenden Nebenbedingungen:

Produktionsbeschränkung	$3\, x_1 + 2\, x_2 \leq 360$	(2)
Rohstoffbeschränkung	$3\, x_1 + 5x_2 \leq 450$	(3)
Absatzbeschränkungen	$x_1 \quad\quad\; \leq 110$	(4)
	$x_2 \leq \;\; 70$	(5)
Nicht-Negativitätsbedingungen	$x_1 \quad\quad\; \geq \quad 0$	(6)
	$x_2 \geq \quad 0$	(7)

Die Nicht-Negativitätsbedingungen berücksichtigen die betriebswirtschaftlich sinnvolle Forderung, dass das Modell im Ergebnis keine negativen Produktionsmengen vorschlägt.

Nimmt man zunächst an, dass die Kapazität, der Werkstoffvorrat und die Absatzmöglichkeiten voll ausgeschöpft werden, dann erhält man für die *Beschränkungen* (2) - (5) lineare Gleichungen, z. B. für (2): $3x_1 + 2x_2 = 360$, usw. Diese Gleichungen zeichnet man als Geraden in ein Koordinatensystem ein, in dem die Koordinatenachsen für die Strukturvariablen x_1 und x_2, d. h. für die Mengen der Erzeugnisse 1 und 2 stehen.

Die Lage der Geraden wird am zweckmäßigsten dadurch definiert, dass man für jede Gleichung abwechselnd x_1 und x_2 null setzt. Man erhält so je einen Schnittpunkt der Geraden mit der Ordinate und der Abszisse; am Beispiel der Gleichung (2):

für $x_1 = 0$ ergibt sich $2x_2 = 360$ bzw. $x_2 = 180$,

für $x_2 = 0$ ergibt sich $3x_1 = 360$ bzw. $x_1 = 120$.

Die Geraden sind die geometrischen Orte für alle Mengenkombinationen der Produkte 1 und 2, welche die jeweiligen Restriktionen voll ausschöpfen. Ein Überschreiten der Geraden ist nicht möglich, ein Unterschreiten bedeutet z. B. Nichtauslastung der vorhandenen Kapazität (< - Zeichen der Ungleichung). Die Nicht-Negativitätsbedingungen werden dadurch erfüllt, dass nur positive Werte (= Mengen) im 1. Quadranten des Koordinantensystems zulässig sind.

Alle Nebenbedingungen begrenzen somit als „Grenzgeraden" den zulässigen Lösungsbereich, der durch eine Schraffierung gekennzeichnet ist (Bild B 26).

Anschließend ist die *Zielfunktion* darzustellen. Für jeden beliebigen Deckungsbeitrag lässt sich eine Gleichung formulieren und eine entsprechende Zielfunktionsgerade in das Koordinantensystem eintragen. Diese Geraden zeigen Mengenkombinationen der Erzeugnisse an, die zum gleichen Deckungsbeitrag führen (*Isogewinnlinien*). Drei parallel verlaufende Isogewinngeraden (für G = 6.000, G_{max} = 6.800 und G = 9.000) sind in Bild B 26 eingezeichnet. Die

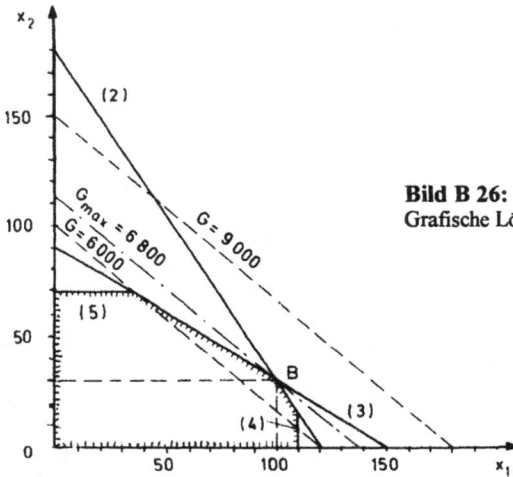

Bild B 26:
Grafische Lösung zur Linearen Optimierung

deckungsbeitragsoptimale (= gewinnmaximale) Lösung liegt dort, wo die am weitesten vom Koordinatenursprung entfernte Isogewinnlinie die schraffierte Fläche, d. h. den zulässigen Bereich gerade noch berührt; man erhält sie durch Parallelverschiebung einer beliebigen Isogewinngeraden. Sie liegt in der Regel auf einem Eckpunkt der schraffierten Fläche.

Im obigen Beispiel sind die Koordinaten des Berührungspunktes B und damit die optimalen Produktmengen $x_1 = 100$ und $x_2 = 30$; dies ergibt den maximalen Deckungsbeitrag von 6.800 EUR, von dem zur Ermittlung des (Netto-)Gewinns die gesamten Fixkosten abzuziehen sind.

4.5. Kritische Würdigung der Deckungsbeitragsrechnung

Die vorangegangenen Darlegungen haben die hohe Aussagekraft und den Nutzen der Deckungsbeitragsrechnung für betriebliche Entscheidungssituationen aufgezeigt.

Dennoch sind abschließend einige kritische Anmerkungen zu machen.

- Die auf die Erzielung positiver Deckungsbeiträge ausgerichtete Grenzkostenrechnung ist nur für kurzfristige Problemstellungen geeignet. Dies birgt die Gefahr in sich, die große Relevanz der *vollen Fixkostendeckung* auf lange Sicht zu unterschätzen, und kann *Liquiditätsprobleme* nach sich ziehen.

- Werden insbesondere in Zeiten ungenügender Beschäftigung Leistungen auf der Basis der variablen bzw. proportionalen Kosten (als Preisuntergrenze) angeboten, so wird es schwierig sein, später wieder höhere, *gewinnbringende Preise* durchzusetzen.

- Die Deckungsbeitragsrechnung ist (wie die Kostenrechnung überhaupt) eine *statische und rein monetäre Rechnung*. Sie kann deshalb das komplexe dynamische Beziehungsgeflecht innerhalb und zwischen den betrieblichen Funktionsbereichen (besonders zwischen Produktion und Absatz) nur unvollkommen widerspiegeln. Selbst eine „vorausschauende" Deckungsbeitragsrechnung verfügt nur über unsichere Informationen bezüglich Entwicklung und Reaktionen der Wirtschaft.

5. Prozesskostenrechnung

5.1. Gründe für die Entwicklung der Prozesskostenrechnung

Veränderte Wettbewerbsbedingungen und technischer Fortschritt mit zunehmender Automatisierung haben die betrieblichen Leistungs- und Informationsprozesse stark verändert und zu einer *Verschiebung der Kostenstrukturen* geführt. Die Kosten für Planung, Steuerung und Kontrolle und für die indirekten Fertigungsbereiche spielen eine immer größere Rolle. Die der unmittelbaren Produktion vor- und nachgelagerten indirekten Bereiche haben erheblich an Gewicht gewonnen und rücken dadurch zunehmend in das Zentrum des kostenrechnerischen Interesses: Fertigungsnah sind dies zum Beispiel Arbeitsvorbereitung und Werkzeugbau, weniger fertigungsnah Forschung und Entwicklung, Einkauf, Verkauf und Verwaltung. Diese Entwicklung hat einen starken *Anstieg der Gemeinkosten* zur Folge, deren Anteil an den zu verrechnenden Kosten teilweise auf ein Mehrfaches der Einzelkosten angewachsen ist. Dies beweisen Zuschlagssätze für die Gemeinkosten, die in der Praxis der traditionellen Kalkulation 1.000 % und mehr betragen können. Hinzu tritt das Phänomen, dass Gemeinkosten überwiegend Fixkostencharakter haben. Früher war die Verwendung der Lohn- und Einzelkosten als Gemeinkostenzuschlagsbasis akzeptabel, heute führt diese Methodik aufgrund der Zunahme der „fixen" Gemeinkosten, deren verursachungsgerechte Verrechnung auf den Kostenträger mit den erläuterten traditionellen Verfahren nicht hinreichend gelingt, zu fehlerhaften Kalkulationsergebnissen. Kern des Problems ist die geschlüsselte Weiterverrechnung von Gemeinkosten mittels BAB auf den Kostenträger[44]. Am Beispiel der Vertriebsgemeinkosten eines verkauften Produktes ist leicht nachvollziehbar, dass diese von Zahl und Intensität der Werbemaßnahmen und Verkaufsgespräche eher abhängen als von den Herstellkosten. - Außerdem mangelt es an der Transparenz in der Gemeinkostenstruktur. Das Augenmerk modernen Kostenmanagements muss sich deshalb stärker den *indirekten Bereichen* zuwenden, die auch als „**Hidden Factory**"[45] bezeichnet werden.

Die *Kalkulationsmängel* der klassischen Vollkostenrechnung lassen sich an drei Effekten verdeutlichen, die belegen, dass es in bestimmten Bereichen sinnvoll sein kann, die Proportionalkalkulation durch eine Prozesskalkulation zu ersetzen, bei der die einzelnen Arbeitsschritte in zu Prozessen verdichteter Form bewertet und nach Inanspruchnahme auf das Produkt verrechnet werden.

- **Degressionseffekt**

Die Gemeinkosten von Beschaffung und Vertrieb verhalten sich auf das Stück bezogen häufig auftragsgrößenabhängig degressiv, da der Beschaffungs- oder Lieferungsprozess für wenige oder viele Teile mehr oder weniger konstante Kosten verursacht. Die Prozesskostenrechnung ersetzt die pauschale Kostenzurechnung der Proportionalkalkulation durch auftragsbezogene Kalkulation.

Im Beispiel B 36 ist unterstellt, dass die Vertriebskosten pro Auftrag konstant sind. Das führt zu der dargestellten Stückkostendegression. Der Degressionseffekt beträgt

---

[44] Die fragwürdige Proportionalisierung der fixen Kosten ist bereits kritisch beleuchtet und als Auslöser für die Entwicklung von Teilkostenrechnungen herausgestellt worden; s. Kap. 4.1.

[45] Vgl. Miller, J. G. / Vollmann, Th. E.: The Hidden Factory, in: Harvard Business Review 1985, S. 142 ff. - Dieser Beitrag initiierte die Entwicklung der Prozesskostenrechnung in den USA.

für ein Stück 140 EUR/Stück, für einen Auftrag von zehn Stück 4 EUR/Stück und für einen Auftrag von 100 Stück − 18,40 EUR/Stück. Damit ergibt sich eine kostenmäßige Unterbewertung geringer und Überbewertung größerer Verkaufsmengen durch traditionelle Kalkulationsverfahren. Der Degressionseffekt weist nach, dass ein Einfluss der Auftragsmenge auf die Höhe der Stückkosten besteht, der durch die wertmäßige Zuschlagskalkulation nicht zutreffend abgebildet werden kann.

Beispiel B 36: *Vertriebskalkulation*

Herstellkosten (für alle Produkte)	400.000 EUR
produzierte Menge Produkt A	250 Stück
Herstellkosten Produkt A/Stück	200 EUR
Vertriebsgemeinkosten (VGK)	40.000 EUR
Zuschlagskalkulation (VGK/HK)	10 %

	Verkaufsmengen		
Proportionalkalkulation	1	10	100
Herstellkosten Produkt A	200,00 EUR	2.000,00 EUR	20.000,00 EUR
10 % VGK-Zuschlag	20,00 EUR	200,00 EUR	2.000,00 EUR
Summe	220,00 EUR	2.200,00 EUR	22.000 EUR
Summe/Stück	*220,00 EUR*	*220,00 EUR*	*220,00 EUR*
Prozesskalkulation			
Herstellkosten Produkt A	200,00 EUR	2.000,00 EUR	20.000,00 EUR
zzgl. Prozesskosten Vertrieb (pro Auftrag)	160,00 EUR	160,00 EUR	160,00 EUR
Summe	360,00 EUR	2.160,00 EUR	20.160,00EUR
Summe/Stück	*360,00 EUR*	*216,00 EUR*	*201,60 EUR*

- **Allokationseffekt**

Die Gemeinkosten von Beschaffung und Vertrieb sind häufig unabhängig vom Materialwert. So haben Varianten eines Produktes mit gleicher Anzahl von Bauteilen regelmäßig gleiche Logistikprozesskosten, unabhängig davon, ob gering- oder hochwertiges Material verarbeitet wurde. Die Prozesskalkulation vermeidet eine Fehlzuordnung (Fehlallokation) von Gemeinkosten.

Beispiel B 37: *Einkaufskalkulation*

Gemeinkosten (GK) des Einkaufs	20 000 EUR
Einzelkosten (EK) der Ware	200.000 EUR
Beschaffte Menge	2.500 Stück
Zuschlagskalkulation (GK/EK)	10%

Bauteil	A	B	C
Einzelkosten der Bauteile	40,00 EUR	80,00 EUR	120,00 EUR
Proportionalkalkulation zzgl. 10 % Zuschlag	4,00 EUR	8,00 EUR	12,00 EUR
Summe/Stück	*44,00 EUR*	*88,00 EUR*	*132,00 EUR*
Prozesskalkulation zzgl. Prozesskosten (GK/Menge)	8,00 EUR	8,00 EUR	8,00 EUR
Summe/Stück	*48,00 EUR*	*88,00 EUR*	*128,00 EUR*

Im Beispiel B 37 beträgt die Fehlallokation der Zuschlagskalkulation bei Bauteil A 4 EUR/Stück, bei Bauteil B 0 EUR/Stück und bei Bauteil C − 4 EUR/Stück. Damit ergibt sich eine kostenmäßige Unterbewertung geringerwertiger und Überbewertung hochwertiger Produkte durch traditionelle Kalkulationsverfahren. Der Allokationseffekt belegt die Kalkulationsfehler durch wertmäßige Zuschlagskalkulation im Materialbereich bei Produktvarianten.

- **Komplexitätseffekt**

Komplexe Produkte benötigen meist überproportional mehr Koordinationsaufwand (steuernde Prozesse) und damit Gemeinkosten als einfachere Produkte. Die Prozesskalkulation bildet die Komplexität und Variantenvielfalt verursachungsgerecht ab.

Beispiel B 38: *Montagekalkulation*

In der Montageabteilung eines Betriebes werden drei Produkte hergestellt. Insgesamt fallen Gemeinkosten in Höhe von 40.000 EUR an. Die Einzelkosten betragen 120.000 EUR. Der Zuschlagssatz beträgt damit 1/3 oder 33,33 %. Im Rahmen einer prozessorientierten Überprüfung der Fertigung bei der Kostenstelle hat sich ergeben, dass die Inanspruchnahme der Gemeinkosten (im wesentlichen verursacht durch das Meisterbüro) für die drei gefertigten Produkte wie folgt ist:

Produkt A (einfach):	5 %
Produkt B (normal):	20 %
Produkt C (komplex):	75 %

Insgesamt werden 12.000 Stück gefertigt und zwar je 4.000 von den Produkten A, B und C. Die Einzelkosten betragen jeweils 10 EUR/Stück.

a) Kalkulation nach der Zuschlagskalkulation

   Produkt A, B, C: 10 EUR + 10 EUR • 1/3 = 13,33 EUR

b) Kalkulation nach der Prozesskalkulation

A	B	C
10 EUR + 0,50 EUR = *10,50 EUR/Stück*	*10 EUR + 2 EUR = 12 EUR/Stück*	10 EUR +7,50 EUR = *17,50 EUR/Stück*

Der Komplexitätseffekt beträgt somit für Produkt A − 2,83 EUR/Stück, für Produkt B − 1,33 EUR/Stück und für Produkt C 4,17 EUR/Stück. Damit ergibt sich eine kostenmäßige Überbewertung wenig komplexer Produkte und eine Unterbewertung von Produkten mit komplexen Fertigungsverfahren durch die traditionelle Vollkostenkalkulation. Der Komplexitätseffekt belegt den Einfluss der Produkt- und Fertigungsstruktur auf die Höhe der Stückkosten.

Neben den Kalkulationsfehlern besteht bei der klassischen Vollkostenkalkulation die Gefahr von *Fehlsteuerungen*. So werden unter Umständen Rationalisierungsbedarfe nicht erkannt oder falsche Kostenstellen und Produktlinien gefördert. Die hoch entwickelten Systeme Deckungsbeitragsrechnung und die - noch zu beschreibende - Grenzplankostenrechnung[46] sind aufgrund ihrer folgerichtigen Trennung des Fixkostenblocks von den variablen Kosten nur für kurzfristige Entscheidungsrechnungen zur Steuerung direkter Unternehmensbereiche geeignet, jedoch nicht für länger-

---

[46] S. Kap. B 6.3.2.

fristige Entscheidungen. Hierfür müssen auch die indirekten Bereiche einbezogen werden.

Diese Probleme haben zur Entwicklung einer im Gemeinkostenbereich genauer kalkulierenden und den Gemeinkostenbereich transparenter darstellenden Prozesskostenrechnung geführt, die im folgenden erläutert wird.

5.2. Merkmale und Aufbau der Prozesskostenrechnung

Die Prozesskostenrechnung ist eine Form der Vollkostenrechnung, bei der die Planung und Abrechnung der Gemeinkosten von indirekten Bereichen über die kostenverursachenden Prozesse (als zusätzlicher Kalkulationsebene neben den Kostenstellen) erfolgt. Damit wird über die Verwendung von Prozesskostensätzen eine möglichst unmittelbare und verursachungsgerechte Zuordnung der indirekten Kosten auf die Produkte angestrebt.

Das betriebliche Geschehen wird in der Prozesskostenrechnung als eine Abfolge von kostenstellenübergreifenden Aktivitäten gesehen, die als Kalkulationsgrundlage für die Gemeinkosten Verwendung finden. Dementsprechend ist erforderlich, bei der Prozesskostenrechnung die Brücke zwischen der Kostenarten- und der Kostenträgerrechnung mehrstufig aufzubauen. Zwar gibt es, wie bei konventionellen Rechnungssystemen, eine Kostenstellenrechnung. Zusätzlich zu den Kostenstellen werden jedoch als weitere Verrechnungsebene für die Gemeinkosten zwischen der Kostenarten- und der Kostenträgerrechnung „Prozesse" eingeführt (vgl. Bild B 27).

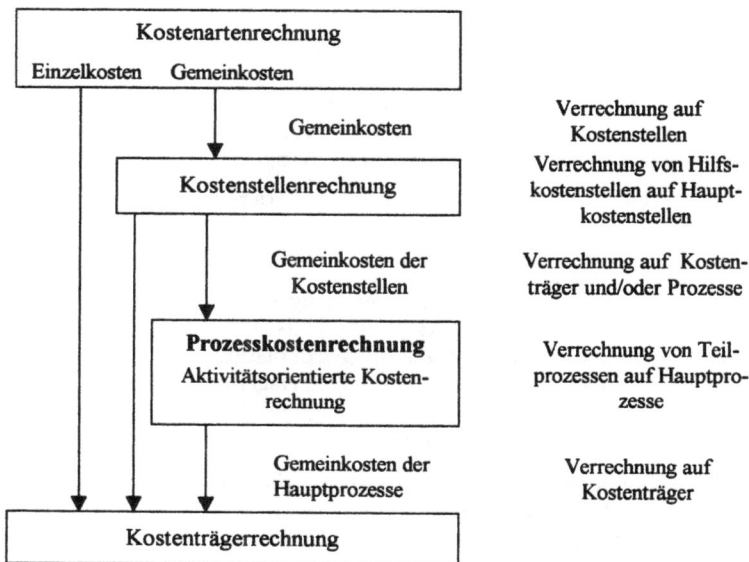

Bild B 27: Prozesse als zusätzliche Ebene der Gemeinkostenverrechnung

*Unter **Prozess** wird eine Kette bzw. Folge von logisch zusammenhängenden Aktivitäten bzw. Tätigkeiten zur Erbringung einer bestimmten Leistung verstanden.*

Tätigkeitsanalyse und **Prozessbildung** sind folglich Ausgangspunkt und erste Schritte beim Aufbau einer Prozesskostenrechnung.

Der Tätigkeitsanalyse liegt die Erkenntnis zugrunde, dass das betriebliche Geschehen sich aus vielfältigen Tätigkeiten zusammensetzt, welche die Kosten verursachen. Deshalb muss bei diesen Tätigkeiten angesetzt werden, um letztlich die Kosten zu senken. Analysiert werden sämtliche in die Prozesskostenrechnung einzubeziehenden betrieblichen Aktivitäten. Zunächst sind in jeder einzelnen Kostenstelle des indirekten Bereiches die entsprechenden Tätigkeiten zu ermitteln und zu bewerten. Dann werden diese nach Leistungsketten zu Teilprozessen verdichtet und kostenstellenübergreifend in zweckmäßig strukturierten Hauptprozessen zusammengefasst. Es entsteht eine Hierarchie von Prozessen (vgl. Bild B 28).

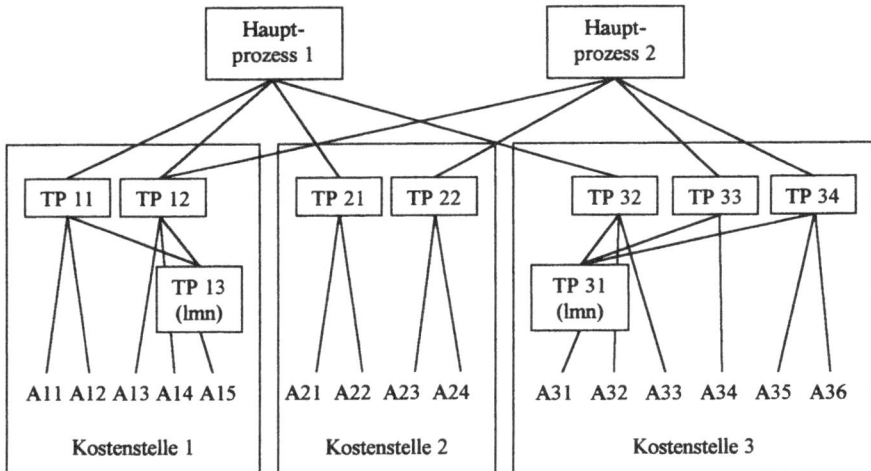

Erläuterungen: A = Aktivität bzw. Tätigkeit; TP = Teilprozess; lmn = leistungsmengenneutral

Bild B 28: Prozesshierarchie von der Kostenstelle zum Hauptprozess

Im engsten Produktionsbereich sind bei sachgerechter Kostenstellenbildung die Prozesse mit den Kostenstellen weitgehend identisch. Dort sind daher traditionelle Verfahren wie eine differenzierte Zuschlagskalkulation oder eine Maschinenstundensatzrechnung anwendbar. Im vor- und nachgelagerten Bereich, also z. B. bei Logistik, Fertigungssteuerung, Qualitätssicherung und Absatz, gilt das weit weniger. Diese indirekten Bereiche sind die Anwendungsfelder der Prozesskostenrechnung.

Die Prozessbildung und -bewertung ist nur sinnvoll für Prozesse mit einer relativ großen Wiederholungshäufigkeit (**repetitive Prozesse**). Anderenfalls wäre sie zu aufwändig. Da die betriebliche Leistungserstellung sich aus einer sehr großen Anzahl von Aktivitäten ergibt, werden diese aus Praktikabilitäts- und Wirtschaftlichkeitsgründen zu Teilprozessen und zu Hauptprozessen zusammengefasst.

*Ein **Teilprozess** ist eine Kette von Aktivitäten innerhalb einer Kostenstelle.*

*Ein **Hauptprozess** stellt einen betrieblichen Ablauf dar, der sich aus Teilprozessen einer oder mehrerer Kostenstellen mit gleichen Einflussgrößen zusammensetzt und von dem aus die Gemeinkosten auf den Kostenträger gerechnet werden.*

Bei der Prozessbildung erfolgt auch die Typisierung der Prozesse in lmi- und lmn-Prozesse.

*Prozesse, deren Tätigkeiten durch Leistungen von Kostenstellen verursacht bzw. in einem (annähernd) proportionalen Zusammenhang (mengenvariabel) zum Leistungsvolumen einer Kostenstelle stehen, nennt man **leistungsmengeninduzierte Prozesse (lmi-Prozesse)**. Umgekehrt handelt es sich bei Prozessen mit leistungsmengenfixen Aktivitäten um **leistungsmengenneutrale Prozesse (lmn-Prozesse)**.*

Beispiele für lmi-Prozesse sind der Hauptprozess „Material beschaffen" und seine Teilprozesse „Angebote einholen und vergleichen", „Bestellung durchführen", „Material annehmen", „Material prüfen" und „Material einlagern". Solche repetitiven Routinetätigkeiten werden von verschiedenen Kostenstellen (hier: Einkauf und Lager) erbracht. Dagegen sind innovative, dispositive und nicht strukturierbare Tätigkeiten, wie „Abteilung leiten", „Mitarbeiter beurteilen", „Schulungen durchführen" oder „Organisation", die wohl kaum mit dem Leistungsvolumen der Kostenstelle korrespondieren, Beispiele für lmn-Prozesse.

Nächster Schritt ist das Aufdecken von Kostentreibern in den indirekten Bereichen (**Kostentreiberanalyse**).

__Kostentreiber__ sind die Bestimmungsgrößen für die Verursachung bzw. Entstehung der Gemeinkosten in den Prozessen und damit das Mengengerüst für die prozessorientierte Gemeinkostenverrechnung. Auf der Ebene der Hauptprozesse sind sie die Basis für die Verrechnung der Gemeinkosten auf die Kalkulationsobjekte[47].

Umgekehrt sind folglich Prozesse stets eine Zusammenfassung von Aktivitäten, die einem Kostentreiber sachlogisch zugeordnet werden können. Als Kostentreiber können Prozessgrößen definiert werden, die bei den Tätigkeiten die Höhe der Kosten bestimmen. Typische Kostentreiber sind bei Bestellvorgängen die Anzahl der Bestellpositionen, bei Wareneingängen die Anzahl der Lieferpositionen, bei Produktvarianten die Anzahl der erforderlichen Änderungen oder bei der Fertigungssteuerung die Anzahl der Fertigungsaufträge. - Hinsichtlich des Arbeitsaufwandes und der Kostenentstehung spielt es in der Fertigungssteuerung keine Rolle, ob mit *einem* Fertigungsauftrag Teile im Wert von 10 EUR oder 10.000 EUR hergestellt werden. Kostentreiber ist somit nicht der Wert, sondern die Anzahl der durchzuführenden Aufträge, da die Material- und Fertigungsgemeinkosten durch repetitive Prozesssteuerungsvorgänge bestimmt werden.

Die Kenntnis der Kostentreiber kann großen Einfluss auf den betrieblichen Erfolg haben. So ist der Produktänderungswunsch eines Kunden bei einer bestellten Maschine unter Umständen mit der Veränderung der Fertigungsplanung, zusätzlichem Bestellaufwand für benötigte Teile und Nacharbeitungsaufwand verbunden und bedingt ein möglicherweise höheres Ausschuss- und Garantierisiko. Die Bewertung solcher Kostentreiber erlaubt die Ermittlung des erforderlichen

---

[47] Im Schrifttum wird der Begriff „Kostentreiber" bisweilen nur als Maßgröße für solche Prozesse verwendet, die zur Weiterverrechnung an Kostenträger dienen (Hauptprozesse).

Mehrerlöses und die Beurteilung der Erfolgswirkung der Erfüllung des Kundenwunsches. Zugleich wird deutlich, welche Kette von Aktivitäten ein Kostentreiber auslöst.

Letzter Schritt ist die **Ermittlung der Prozesskostensätze**.

*Ein **Prozesskostensatz** gibt die durchschnittlichen Kosten für die einmalige Ausführung eines Prozesses an und wird errechnet aus folgendem Quotienten.*

$$\text{Prozesskostensatz} = \frac{\text{Prozesskosten}}{\text{Prozessmenge}}$$

Die Berechnung der Prozesskostensätze setzt für jeden Prozess (z. B. Bestellvorgang) die Ermittlung (Planung) der (Plan-)Prozesskosten und der (Plan-)Prozessmengen (z. B. 170 Teile) voraus und unterstellt einen proportionalen Verlauf von Kostentreibermenge und -höhe. Zur Ermittlung der zu einer bestimmten Prozessmenge gehörenden **Prozesskosten** müssen die verschiedenen Kostenarten einer Kostenstelle auf die dort ablaufenden Teilprozesse verteilt werden.

*Eine **Prozessmenge** (auch Kostentreibermenge genannt) ist die einem Kostentreiber zuzuordnende messbare Leistung.*

Prozessmengen geben an, wie oft ein Prozess innerhalb einer bestimmten Zeit abläuft, und werden definiert durch physische Messgrößen (z. B. Anzahl Tätigkeiten, Mannjahre, Anzahl Teile, Anzahl Briefe). Die Anzahl der Wiederholungen eines Prozesses korrespondiert mit der Anzahl der Einheiten seines Kostentreibers. Prozessmengen sind Schlüsselgrößen für die Messung des Ressourcenverbrauchs und der dadurch bedingten Kosten.

(Plan-)Prozessmengenbestimmung	
Teilprozess:	Arbeitspläne ändern
Kostentreiber:	Anzahl der Produktänderungen
Prozessmenge:	150 Produktänderungen p. a.

Bild B 29: Zusammenhang von Teilprozess, Kostentreiber und Prozessmenge

In den errechneten Prozesskostensätzen sind nur Kosten der mengenproportionalen Leistungen (lmi-Prozesse) enthalten. Die Kosten der lmn-Prozesse werden methodisch anders verrechnet (s. folg. Kap.)

Die Prozesskostensätze der Hauptprozesse ergeben sich aus der Addition der Teilprozesskostensätze.

5.3. Prozesskostenverrechnung

Bei der Prozessanalyse erfolgt - wie beschrieben - auch die Identifizierung von lmi- und lmn-Prozessen. Entsprechend werden deren Kosten als lmi-Kosten und lmn-Kosten bezeichnet.

Die **lmi-Prozesskosten** lassen sich verursachungsgerecht verrechnen. Es handelt sich damit quasi um Prozesseinzelkosten.

lmi-Prozesskostensatz = lmi-Prozesskosten / Prozessmenge

Für **lmn-Prozesskosten** fehlt es an einer geeigneten leistungs-unmittelbaren physischen Bezugsgröße. In der Terminologie der Zuschlagskalkulation handelt es sich um Prozessgemeinkosten. Sie werden daher - ähnlich der traditionellen Vollkostenrechnung - proportional zur Höhe der lmi-Prozesskosten diesen per Zuschlag (**Umlagesatz**) zugerechnet[48]. Die Prozesskostenrechnung als Vollkostenrechnung arbeitet insofern auch mit Elementen der Zuschlagskalkulation. Diese proportionale Schlüsselung führt jedoch zu geringeren Kalkulationsfehlern als bei der klassischen Proportionalkalkulation.

lmn-Umlagesatz = lmn-Prozesskosten / lmi-Prozesskosten

Die nach der Umlage errechneten Kosten der Teilprozesse werden zur Ermittlung der Prozesskostensätze durch die Prozessmengen dividiert.

Die Beispiele B 39 und B 40 zeigen die Ermittlung von Gesamtprozesskostensätzen für einzelne Teilprozesse (TP) der Kostenstellen „Produktionsplanung und -steuerung" und „Qualitätssicherung".

Ein **Gesamtprozesskostensatz** *beziffert die Kosten für die einmalige Durchführung eines Prozesse unter Berücksichtigung der lmi-Kosten und der umgelegten lmn-Kosten.*

Beispiel B 39: *Produktionsplanung und -steuerung (alle Werte in EUR)*

					Kostenstelle Produktionsplanung und -steuerung (PPS)					
Teilprozesse		Maßgröße		Basis	Teilprozesskosten			TP-Kostensätze		
Nr.	Bezeichnung	Kostentreiber	Prozess-Menge	Mann-jahre	lmi	lmn	gesamt	lmi	lmn	gesamt
1	Arbeitspläne ändern	Produktänderungen	200	7	700.000	87.500	787.500	3.500	438	3.938
2	Fertigung betreuen	Varianten	100	9	900.000	112.500	1.012.500	9.000	1.025	10.125
3	Kostenstelle leiten			2	200.000					
				18		1.800.000				

Anmerkung: Alle kursiv gedruckten Daten sind errechnete Größen.

Erläuterungen zu Beispiel B 39:

Zunächst sind bei der Kostenstelle "PPS" die lmn-Kosten des Teilprozesses "Kostenstelle leiten" (Teilprozess 3) anhand der Umlagesätze den lmi-Teilprozessen 1 und 2 zuzurechnen.

Umlagesatz = 200.000 : (700.000 + 900.000) = 0,125

lmn-Prozesskosten = lmi-Kosten · Umlagesatz

Verrechnete lmn-Kosten für Teilprozess 1: 700.000 · 0,125 = 87.500
für Teilprozess 2: 900.000 · 0,125 = 112.500

Dadurch ergeben sich Gesamtkosten von 787.500 EUR für den Teilprozess 1 "Arbeitspläne ändern", dem der Kostentreiber "Produktänderungen" zuzurechnen ist (Produktänderungen erfordern Änderungen der Arbeitspläne). Bei geplanten 200 Produktänderungen beträgt der Kostensatz für den Teilprozess 1 3.938 EUR. – Entsprechend ist der Kostensatz von Teilprozess 2 zu berechnen.

---

[48] Im einschlägigen Schrifttum finden sich noch andere Vorschläge für die lmn-Kostenverrechnung.

Beispiel B 40: *Qualitätssicherung*

Kostenstelle Qualitätssicherung (QS)									
Teilprozesse		Maßgröße	Basis	Teilprozesskosten			TP-Kostensätze		
Nr.	Bezeichnung	Kosten-treiber	Prozess-Menge	Mann-jahre	lmi	lmn	gesamt	lmi	lmn	gesamt
1	Prüfpläne ändern	Produkt-änderungen	100	1	100.000	25.000	125.000	1.000	250	1.250
2	Qualitäts-kontrolle	Varianten	50	3	300.000	75.000	375.000	6.000	1.500	7.500
3	Kostenstelle leiten			1			100.000			
				5			500.000			

Bei der Kostenstelle „QS" ist analog den Erläuterungen zu Beispiel B 39 zu verfahren.

Die Prozesskosten der Hauptprozesse ergeben sich kostenstellenübergreifend aus der „Verdichtung" der Teilprozesse zu Hauptprozessen, d. h. aus der Addition der Gesamtkosten der entsprechenden Teilprozesse. In Bild 30 sind z. B. die Gesamtkosten des Hauptprozesses "Vornahme von Produktänderungen" mit 912.500 EUR die Summe der Gesamtkosten aus den zugehörigen Teilprozessen „Arbeitspläne ändern" (PPS 1) mit 787.500 EUR und „Prüfpläne ändern" (QS 1) mit 125.000 EUR.

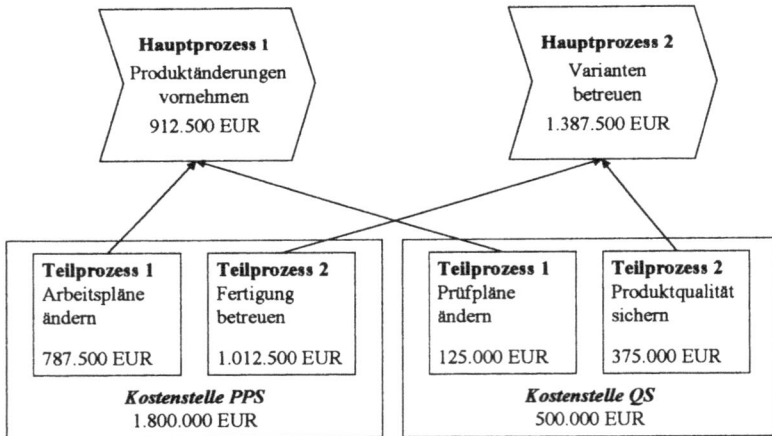

Bild B 30: Verdichtung der Teilprozesskosten zu Hauptprozesskosten

Entsprechend errechnen sich die Gesamtprozesskostensätze der Hauptprozesse aus der Addition der Gesamtprozesskostensätze der zugehörigen Teilprozesse. Für den Hauptprozess „Vornahme von Produktänderungen" beträgt der Gesamtprozesskostensatz 5.188 EUR, für den Hauptprozess „Varianten betreuen" 17.625 EUR.

Wünscht die Geschäftsleitung oder der Kunde eine Produktänderung, erhöhen sich in der Angebotskalkulation der Kostenträgerrechnung die Stückkosten entsprechend. Bei klassischer wertmäßiger Zuschlagskalkulation wären die Kosten beider Kostenstellen proportional auf die Herstellkosten verrechnet worden ohne Rücksicht darauf, das einzelne Produkte mit und andere ohne Änderung gefertigt werden.

Zuletzt werden die gesamten Kosten des Hauptprozesses mit Hilfe der (Haupt-) Prozesskostensätze - vergleichbar mit der Zurechnung von der Hauptkostenstelle in der konventionellen Kostenstellenrechnung - auf den Kostenträger verrechnet. Damit bleiben auch bei einer Prozesskostenrechnung unvermeidlicherweise grob (proportional) verrechnete Kostenbestandteile. Die dadurch auftretenden Kalkulationsfehler sind jedoch bei sachgerechter Gestaltung der Prozesskostenrechnung erheblich kleiner als bei klassischer Vollkostenrechnung.

5.4. Kriterien bei der Einführung der Prozesskostenrechnung

Durch die Beispiele B 39 und 40 wurde gezeigt, dass Produktänderungen als Kostentreiber über eine Prozesskalkulation eher verursachungsgerecht kalkuliert werden können als über eine klassische Zuschlagskalkulation. Da Wettbewerbsvorteile sich aus vielen einzelnen Aktivitäten ergeben können, leistet die Prozesskostenrechnung einen Beitrag zur Verbesserung der relativen Kostenposition des Unternehmens im Wettbewerb, sofern **Bedarf** bzw. die korrelierenden Voraussetzungen für dieses Rechnungsinstrument gegeben sind.

Bedarf besteht bei folgenden *Prämissen*:
- bedeutende Kostenvolumina,
- hoher Gemeinkostenanteil mit entsprechend hohen Gemeinkostenzuschlägen,
- heterogene Produkt- und Kundenstruktur, verschiedene Kundenansprüche,
- breites Produktionsprogramm mit heterogenen Prozessstrukturen (Sonderfertigungen, neue Produkte und Varianten, unterschiedliche Losgrößen etc.),
- überwiegend repetitive Prozesse (lmi-Prozesse),
- abgrenzbare und bewertbare Prozesse.

Der *Einführungs- und Unterhaltungsaufwand* ist bei der Prozesskostenrechnung hoch, zum großen Teil bedingt durch die Analyse und ständige Aktualisierung der Prozesse. Er dürfte höher sein als bei einer traditionellen Kalkulation. Deshalb ist vor Einführung der Prozesskostenrechnung eine Wirtschaftlichkeitsanalyse unabdingbar, um zu prüfen, ob der angestrebte und erzielbare Nutzen[49] den Aufwand rechtfertigt. Dabei ist die Quantifizierung des Nutzens erheblich schwieriger als die des Aufwands. Unter Wirtschaftlichkeitsaspekten liegt es nahe, den Einsatz auf solche Kostenschwerpunkte zu konzentrieren, die bisher am wenigsten verursachungsgerecht erfasst wurden.

Darüber hinaus muss bei der Ausgestaltung der Prozesskostenrechnung überdacht werden, welcher Grad an *Kalkulationsgenauigkeit* angestrebt wird. Dementsprechend detailliert und differenziert ist die Prozessbildung vorzunehmen. Die Genauigkeit und die durch sie bedingten Kosten hängen stark von den Informationsbedürfnissen ab. Bild B 31 zeigt den Zusammenhang zwischen Kalkulationsgenauigkeit und Kosten bei der Gestaltung des Rechnungssystems.

Fehlerkosten, Messkosten und Kalkulationsgenauigkeit sollten zur Vermeidung einer Fehlentscheidung vor Einführung z. B. durch ein Pilotprojekt gründlich geprüft werden um festzustellen, ob die erzielbare Verbesserung im Vergleich zum vorhandenen oder zu einem konventionellen Alternativsystem groß genug ist.

---

[49] S. die Effekte in Kap. B 5.1. sowie bessere Kosteninformationen, Kostentransparenz u. a.

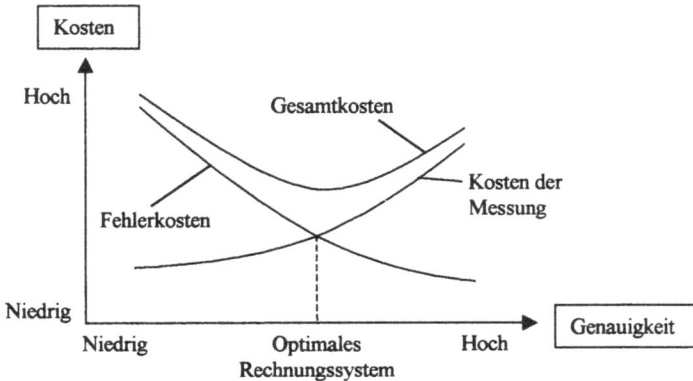

Bild B 31: Zusammenhang zwischen Kalkulationsgenauigkeit und Kosten eines Rechnungssystems

Technische Voraussetzung für einen effizienten Einsatz der Prozesskostenrechnung ist wegen des hohen Datenvolumens und der zahlreichen Rechenvorgänge ein flexibles EDV-System.

5.5. Fazit und kritische Würdigung der Prozesskostenrechnung

Die Prozesskostenrechnung ist *kein grundsätzlich neues Kostenrechnungssystem*, da sie in ihrem Aufbau, in ihren Ideen und Zielsetzungen Merkmale der traditionellen Kostenrechnung aufweist. Es handelt sich vielmehr um einen neuen Denkansatz, der geeignet erscheint, die Probleme der Gemeinkostenplanung und -verrechnung besser zu lösen. Aber diesem Ziel sind auch bei der Prozesskostenrechnung Grenzen gesetzt, weil es wegen ihrer *Vollkostenorientierung* durch die Verrechnung der lmn-Kosten ebenfalls zur Schlüsselung von Gemeinkosten (Durchschnittsprinzip) und zur Proportionalisierung von prozessmengenfixen Gemeinkosten kommt. Allerdings erfolgt die Verrechnung der Gemeinkosten nicht wert-, sondern mengenbezogen.

Auch mit der Teilkostenrechnung hat die Prozesskostenrechnung eine gewisse Ähnlichkeit, weil sie die Kosten ebenfalls aufteilt, allerdings nicht outputbezogen in variable und fixe, sondern kostentreiberbezogen in leistungsmengeninduzierte und leistungsmengenneutrale. Wegen der fehlenden Trennung von beschäftigungsfixen und beschäftigungsvariablen Kosten ist sie für kurzfristige Optimierungsentscheidungen nicht geeignet, sondern eher ein *strategisch orientiertes Instrument für mittel- bis langfristige Entscheidungen*. Typische *Einsatzfelder* sind die kostengestützte Preisbildung, Produktkonstruktions- und Produktdesignentscheidungen sowie Prozessoptimierung im indirekten Bereich.

Vorteile der Prozesskostenrechnung
- Ermittlung von Kosteneinflussgrößen / Kostentreibern
- Verrechnung indirekter Kosten mit Mengenschlüsseln
- Kostenstellen übergreifende Prozessbetrachtung (zusätzliche Verrechnungsebene in der Kostenstellenrechnung)
- Kalkulationsverbesserung (Degressions-, Komplexitäts- und Allokationseffekt)
- verbesserte Abbildung des Ressourcenverzehrs im indirekten Bereich (Kostentransparenz)

Nachteile der Prozesskostenrechnung
- Fixkostenverrechnung bei leistungsmengenneutralen Prozessen (Nachteile der Vollkostenrechnung in abgeschwächter Form)
- Hoher Aufwand
- Tendenzen zu Ungenauigkeiten bzw. zur Scheingenauigkeit wegen der Verdichtung von Einzelprozessen zu (unvollständigen) Teil- und Hauptprozessen
- Anwendbarkeit auf repetitive Prozesse beschränkt (z.B. nicht anwendbar in Forschung und Entwicklung, Leitung, allgemeiner Verwaltung)
- Zuordnung zu Hauptprozessen nicht immer realitätsgerecht
- Vereinfachungstendenzen aus Wirtschaftlichkeitsgründen mit der Gefahr der Ergebnisverschlechterung
- Unternehmensindividuelle Anpassung erforderlich
- Ergebnisverantwortung teilweise fraglich (Wer ist zuständig für Prozess?)

Verfahren / Kriterium	Deckungsbeitrags-rechnung	Plankkosten-rechnung	Prozesskosten-rechnung
Haupteinsatzbereich	Gesamtunternehmen	Produktion	Indirekte Bereiche
Bevorzugt betrachtete Kosten	proportionale Kosten; Fixkostenstufen	proportionale Kosten	Gemeinkosten
Kalkulation	pauschal über Zuschlagssätze	pauschal über Zuschlagssätze	differenziert je Kostenträger
Kostenspaltung	fix / proportional	fix / proportional	lmi / lmn
Verfahrensausrichtung	operativ	operativ	strategisch / operativ
Entscheidungsunter-stützung	kurz- / mittelfristig	kurzfristig	mittel- und langfristig
Marktorientierung	zum Teil gegeben	nicht gegeben	im Rahmen des strategischen Kostenmanagements gegeben

Bild B 32: Gegenüberstellung verschiedener Kostenrechnungsverfahren[50]

Es gibt kein alleiniges bzw. ideales Kostenrechnungssystem, das alle Zielsetzungen der Unternehmensrechnung zugleich verfolgen kann. Der Rechnungszweck bestimmt das einzusetzende Rechnungssystem. Da regelmäßig mehrere Rechnungszwecke verfolgt werden müssen, besteht auch Bedarf an mehreren Rechnungssystemen bzw. -verfahren. Bild B 32 zeigt die Unterschiede der in der Praxis hauptsächlich verwendeten Verfahren auf.

Die Prozesskostenrechnung ist somit nicht als Alternative bzw. Ersatz, sondern als *Ergänzung* des herkömmlichen Instrumentariums zu sehen. Trotz der breiten und zum Teil kontroversen Diskussion in der mittlerweile umfangreichen Literatur und ihrer vermehrten Anwendung in der Praxis ist sie auch (noch) kein fertiges oder endgültiges Instrument, sondern bedarf in Forschung und Praxis der Weiterentwicklung durch Einbindung in ein integriertes Gesamtkonzept des Kostenmanagements.

---

[50] Vgl. Horvath & Partner: Prozesskostenmanagement, München 1991, S. 5

6. Kostenrechnungssysteme

6.1. Istkostenrechnung

Die Kostenrechnungssysteme

- Istkostenrechnung,
- Normalkostenrechnung,
- Plankostenrechnung

sind historische Entwicklungen und resultieren aus unterschiedlichen Zwecksetzungen.

In den Anfängen der industriellen Kostenrechnung lag der Schwerpunkt auf der **Ermittlung der Selbstkosten** aus den in einer Rechnungsperiode tatsächlich entstandenen Kosten (**Istkosten**).

*Die **Istkostenrechnung** arbeitet mit effektiv angefallenen Kosten zum Zwecke der Nachkalkulation und einer auf Istkosten basierenden Erfolgsrechnung; sie ist folglich eine rückschauende, vergangenheitsorientierte Rechnung, bei der es vorwiegend um die verursachungsgerechte Überwälzung der Kosten auf die in einer Periode erstellten Leistungen geht.*

Mit dem wachsenden Interesse an der **Wirtschaftlichkeitskontrolle des Betriebsgeschehens** zeigte sich bald, dass eine Kostenrechnung auf der Basis der Istkosten dieser wichtigen Aufgabe nicht gewachsen ist.

Die Ist-Zahlen der Vergangenheit schwanken nämlich naturgemäß mit den Zufälligkeiten des Betriebsgeschehens; die Schwankungen sind sowohl beschäftigungs- als auch verbrauchsbedingt. Außerdem werden sie verursacht durch Preisschwankungen auf dem Beschaffungsmarkt. Dadurch ist die Vergleichbarkeit und Auswertbarkeit des Zahlenmaterials verschiedener Abrechnungsperioden zum Zwecke der Betriebskontrolle nicht gegeben.

Um Preisschwankungen zu eliminieren, wurden zunächst **Verrechnungspreise** für den Materialverbrauch eingeführt[51]. Mit dem weiteren Vordringen der Zeitstudien ging man dann dazu über, Norm-Zeiten und Verrechnungspreise für Arbeitsleistungen[52] zu verwenden, um auch hier Zufallsschwankungen auszugleichen. Damit traten an die Stelle der jeweiligen effektiven Istkosten nunmehr die durchschnittlichen (gemittelten) Istkosten.

Beispiel B 41 zeigt die Ermittlung des Istgemeinkosten-Verrechnungssatzes (kurz Ist-**Verrechnungssatz**).

Beispiel B 41: Berechnung des Ist-Verrechnungssatzes pro Fertigungsstunde

Wurden in einer Abrechnungsperiode 124.000 EUR Istgemeinkosten in einer Kostenstelle ausgewiesen und sind in dieser Periode 15.100 Fertigungsstunden gefahren worden, so beträgt der Ist-Verrechnungssatz als der unkorrigierte Durchschnittswert der Vergangenheit:

$$\text{Ist-Verrechnungssatz} = \frac{124.000\,\text{EUR}}{15.100\,\text{Stunden}} = 8,20\,\text{EUR/Stunde}$$

---

[51] *Verrechnungspreis für Sachgüter* = durchschnittlicher Einkaufspreis plus Beschaffungs- und Lagerungskosten

[52] *Verrechnungspreis für Arbeitsleistungen* = durchschnittlicher Tariflohn plus gesetzliche und freiwillige Sozialkosten

6.2. Normalkostenrechnung

Es dauerte bei der Istkostenrechnung häufig sehr lang, bis die Ergebnisse der Betriebsabrechnung vorlagen und mit den so ermittelten Verrechnungssätzen (Zuschlagssätzen) eine Nachkalkulation durchgeführt werden konnte. Um beide Rechnungen parallel durchführen zu können, operierte man in der Nachkalkulation zunächst mit Durchschnittssätzen der Istkosten der letzten Abrechnungsperioden, die über einen längeren Zeitraum beibehalten wurden.

Damit erreichte man gleichzeitig, dass saisonale und zufällige Schwankungen im Kostenanfall in der Verrechnung auf die Kostenträger ausgeglichen wurden; es wurden damit also praktisch nicht die jeweils in der Periode effektiv angefallenen Istkosten, sondern die normalerweise anfallenden Kosten, die **Normalkosten**, auf die Kostenträger abgewälzt.

Später verfolgte man in zunehmendem Maße das Ziel, bereits gegenwärtig vorliegende oder zukünftig zu erwartende Kostenverhältnisse bei dem Ansatz der Normalkosten zu berücksichtigen, so dass aus den Normalwerten schon mehr **Standard-, Soll- oder Richtwerte** wurden.

*In der **Normalkostenrechnung** werden anstelle der von Periode zu Periode unterschiedlichen effektiv angefallenen Istkosten die normalerweise anfallenden Kosten (Normalkosten) verwendet, die ggf. als **Standard-, Soll- oder Richtwerte** zu interpretieren sind.*

In der **Kalkulation** wird grundsätzlich mit Normal-Verrechnungssätzen gerechnet.

In Beispiel B 42 ist die Ermittlung des Normalgemeinkosten-Verrechnungssatzes (kurz **Normal-Verrechnungssatz**) pro Fertigungsstunde gezeigt.

Selbstverständlich wird ebenso verfahren, wenn man den Normal-Fertigungsgemeinkosten-Zuschlag (auf der Basis des Fertigungslohnes für die Lohnzuschlagskalkulation) oder aber den Normal-Materialgemeinkosten-Zuschlag (auf der Basis der Fertigungsmaterialkosten) ermittelt.

Beispiel B 42: *Berechnung des Normal-Verrechnungssatzes pro Fertigungsstunde*

Ist-Fertigungsstunden der letzten Abrechnungsperiode	15.100 Stunden
Erwarteter Beschäftigungsanstieg (z. B. 19 %)	+ 2.900 Stunden
Normal-Fertigungsstunden in der kommenden Periode	18.000 Stunden
Istgemeinkosten der letzten Abrechnungsperiode	124.000 EUR
Erwartete Verbrauchs- und Preisänderungen z. B.	+ 6.000 EUR
Aktualisierte Gemeinkosten der letzten Periode	130.000 EUR
davon fixe Gemeinkosten	48.000 EUR
und beschäftigungsabhängige Kosten	82.000 EUR
Beschäftigungsbedingte Änderung der variablen Gemeinkosten (19% von 82.000 EUR)	+ 15.300 EUR
Normalgemeinkosten der kommenden Periode (hinsichtlich Preis, Verbrauch und Beschäftigung korrigiert)	145.300 EUR

Der Normal-Verrechnungssatz der Gemeinkosten beträgt für die kommende Periode:

$$\text{Normal - Verrechnungssatz} = \frac{145.300\,\text{EUR}}{18.000\,\text{Stunden}} = 8,08\,\text{EUR/Stunde}$$

*In der monatlichen **Kostenstellenrechnung** wird geprüft, ob und wieweit die über den Normal-Verrechnungssatz auf die Kostenträger verrechneten Normalgemeinkosten die Istgemeinkosten decken.*

Eine solche Prüfung durch Gegenüberstellung der verrechneten Normalgemeinkosten mit den tatsächlich angefallenen Istgemeinkosten, wie sie in der starren Normalkostenrechnung vorgenommen wird, ist in Beispiel B 43 durchgeführt.

Beispiel B 43: *Gegenüberstellung der verrechneten Gemeinkosten (GK) mit den Istgemeinkosten und Ermittlung der Gesamtabweichung in der Normalkostenrechnung*

Monat	Arbeitstage	Normalbeschäftigung (Fertigungsstunden)	Gemeinkosten		Gesamt- abweichung[2] in EUR
			verrechnete Normal-GK[1] in EUR	Ist-GK in EUR	
1	22	1.650	13.300	13.450	− 150
2	20	1.500	12.100	11.750	+ 350
3	21	1.575	12.800	13.350	− 550
4	20	1.500	12.100	11.150	+ 950
5	20	1.500	12.100	12.800	− 700
6	19	1.425	11.500	11.400	+ 100
7	13	975	7.900	8.600	− 700
8	22	1.650	13.300	12.200	+ 1.100
9	22	1.650	13.300	13.850	− 550
10	22	1.650	13.300	13.800	− 500
11	20	1.500	12.100	12.250	− 150
12	19	1.425	11.500	11.550	− 50
Summe	240	18.000	145.300	146.150	− 850

Anmerkungen:
[1] Verrechnete Normalgemeinkosten = Normal-Verrechnungssatz x Normalbeschäftigung; Ergebnis gerundet. Es wurde der in Beispiel B 42 ermittelte Verrechnungssatz verwendet.
[2] Gesamtabweichung = Verrechnete Normal-Gemeinkosten − Ist-Gemeinkosten.

Ergebnis: Es zeigt sich, dass eine Unterdeckung von 850 EUR/Jahr vorliegt, d. h., die Ist-Gemeinkosten wurden durch den verwendeten Normal-Verrechnungssatz nicht vollständig auf die Kostenträger abgewälzt.
Unterdeckung bedeutet: Die verrechneten Normal-GK decken die Ist-GK nicht (negative Abweichung).
Überdeckung besagt: Die verrechneten Normal-GK übersteigen die Ist-GK (positive Abweichung).

6.3. Plankostenrechnung

Mit dem verstärkten Eindringen des Planungs- und Budgetierungsgedankens in das betriebliche Rechnungswesen wurde aus der Normalkostenrechnung die Plankostenrechnung entwickelt.

Sie resultiert aus der Einsicht, dass betriebliche Planung nur effizient sein kann, wenn Planzahlen den verantwortlichen Stellen budgetmäßig vorgegeben und nachher mit den Istzahlen verglichen werden. Aus den Abweichungen können dann wertvolle Erkenntnisse gezogen werden.

Die **Plankostenrechnung**[53] macht - losgelöst von den Istkosten vergangener Perioden - aufgrund von systematischen Verbrauchsstudien und mit Hilfe des technischen Mengen- und Zeitgerüstes sowie unter Berücksichtigung zukünftiger Beschäftigungserwartungen Vorgaben (Plankosten bei Planbeschäftigung) für Einzel- und Gemeinkosten, an denen die Istkosten unter Berücksichtigung des Beschäftigungsgrades fortlaufend überprüft werden.

*Die **Plankostenrechnung** zielt auf einen periodischen Soll-Ist-Vergleich und eine Analyse der Abweichungen durch Aufspaltung in beschäftigungsbedingte und verbrauchsbedingte Kostenabweichungen, wobei die verbrauchsbedingten Abweichungen aus Preis- und Mengenabweichungen bestehen können.*

Ihr Schwerpunkt liegt bei der Kostenstellen- bzw. Kostenplatzrechnung. Sie dient also primär der Kontrolle des Betriebsgebarens und nicht preispolitischen Zielen. Die Kostenstellengliederung sollte deshalb nach dem Gesichtspunkt der Verantwortung des Stellenleiters (für verschuldete Verbrauchsabweichungen, Fehldispositionen, Terminverfehlungen) erfolgen. Der Soll-Ist-Vergleich ermöglicht
- rasches Auffinden von Fehlerquellen,
- Wecken des Verantwortungsbewusstseins,
- leistungsbezogene Gewinnbeteiligung der Stellenleiter.

6.3.1. Starre Plankostenrechnung

*Bei der **starren Plankostenrechnung** werden die Einzel- und die Gemeinkosten zu Planwerten (z. B. zu festen Verrechnungspreisen) abgerechnet.*

Dabei geht man wie folgt vor:
Für die Beschäftigung jeder Kostenstelle wird eine Bezugsgröße (z. B. Fertigungsstunden, Maschinenstunden, Stückzahl, Durchsatzgewicht usw.) gewählt und für jede Abrechnungsperiode die **Planbeschäftigung** festgelegt. Der erwartete mengenmäßige Verbrauch an Gemeinkostengütern wird, u. U. nach Kostenarten differenziert, mit Festpreisen bewertet. So erhält man die **Plankosten.**

***Plankosten** werden auf der Basis eines angestrebten optimalen Betriebsablaufes im voraus für die zukünftige Planungsperiode ermittelt und haben Vorgabecharakter.*

Dividiert man die so bestimmten Plankosten einer Kostenstelle durch die Planbeschäftigung, so erhält man den Plan-Verrechnungssatz, der in der Kostenstellenrechnung und in der Kostenträgerrechnung verwendet wird.
Plan-Verrechnungssatz = Plankosten/Planbeschäftigung,
Verrechnete Kosten = Ist-Beschäftigung · Plan-Verrechnungssatz.

*Bei der **starren Plankostenrechnung** erfolgt, wie auch bei der Normalkostenrechnung, durch die Gegenüberstellung der Istkosten mit den Plankosten **nur der Ausweis der Gesamtabweichung.***

---

[53] in Anlehnung an das in den USA übliche „Standard Cost Accounting" auch *Standardkostenrechnung* (mengenorientiert), *Richtkostenrechnung* (in der Hüttenindustrie) oder *Budgetkostenrechnung* (zeitorientiert) genannt

Dadurch wird die laufende Abrechnung zwar einfach, aber eine wirkliche Kontrolle der Kosten ist nicht möglich, da eine Anpassung der Plankosten an die Beschäftigungsschwankungen nicht durchgeführt wird.

Beispiel B 44: *Abweichungsanalyse bei der starren Plankostenrechnung*

Die Planbezugsgröße für die Beschäftigung in einer Abrechnungsperiode seien 18.000 Fertigungsstunden. Die *Plangemeinkosten* sind auf insgesamt 144.000 EUR veranschlagt worden.

$$\text{Plan - Verrechnungssatz} = \frac{144.000\,\text{EUR}}{18.000\,\text{Stunden}} = 8\,\text{EUR/Stunde}$$

Nach Ablauf der Abrechnungsperiode wird festgestellt, dass die *Ist-Beschäftigung* mit 15.000 Fertigungsstunden hinter der *Plan-Beschäftigung* zurückgeblieben ist.

Die *Istgemeinkosten* betrugen 135.000 EUR.

Verrechnet wurden jedoch nur

15.000 Stunden · 8 EUR/Stunde = 120.000 EUR

Die Gesamtabweichung beträgt 15.000 EUR, d. h., es liegt eine Unterdeckung vor; dieser Betrag ist über die verrechneten Kosten hinaus effektiv angefallen.

Die Verhältnisse sind übersichtlich in Bild B 33 dargestellt.

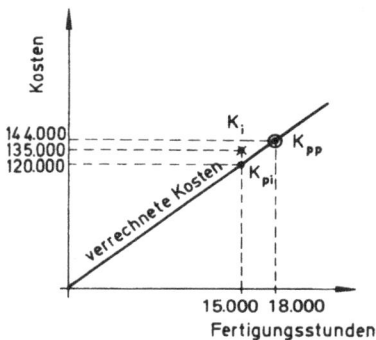

Bild B 33:   Starre Plankostenrechnung

Die Abweichung „Plangemeinkosten bei Planbeschäftigung minus Istgemeinkosten" von 9.000 EUR ist keinesfalls eine echte Kosteneinsparung, sondern zu einem Teil auf die niedrigere Beschäftigung zurückzuführen. Es läßt sich jedoch nicht ermitteln, welche Kostenabweichung durch die Beschäftigungsabweichung bedingt ist, d. h., wie hoch die Kosten bei der Istbeschäftigung hätten sein sollen bzw. dürfen und welche Kosten durch andere Einflußfaktoren verursacht wurden. Dieser Nachteil wird durch die flexible Plankostenrechnung beseitigt.

6.3.2. Flexible Plankostenrechnung

Kennzeichen der flexiblen Plankostenrechnung ist, dass - wie auch bei der starren Plankostenrechnung - Plankosten für eine erwartete Planbeschäftigung vorgegeben werden, diese aber in jeder Abrechnungsperiode an die jeweilige Istbeschäftigung angepasst werden.

Die flexible Plankostenrechnung ist zwar aufwendiger, aber auch wesentlich aussagefähiger als die starre Plankostenrechnung.

Sie arbeitet mit folgenden Kostenkategorien:

- **Plankosten** = Kosten bei Planbeschäftigung. Diese werden in fixe und beschäftigungsabhängige Bestandteile aufgespalten.

- **Sollkosten** sind die Kosten, welche bei der jeweiligen von der Planbeschäftigung abweichenden Istbeschäftigung entsprechend der (Plan-)Kostenfunktion anfallen sollten.

  Sollkosten = fixe Plankosten + proportionale Plankosten bei Istbeschäftigung

  $$K_{si} = K_{fix,p} + K_{pro,p} \cdot x_i/x_p$$

- **Verrechnete Kosten** = Plankosten bei Istbeschäftigung = Istbeschäftigung x Plan-Verrechnungssatz

  $$K_{pi} = x_i \cdot K_{pp}/x_p$$

- **Istkosten** = tatsächlich angefallenen Kosten bei Istbeschäftigung

Daraus können folgende Kostenabweichungen berechnet werden (vgl. Beispiel B 45).

➤ **Gesamt-Kostenabweichung** = Istkosten – Plankosten bei Istbeschäftigung (verrechnete Kosten)

  $$\Delta K = K_i - K_{pi}$$

➤ **Verbrauchsbedingte Kostenabweichung** (kurz: **Verbrauchsabweichung**) = Istkosten – Sollkosten bei Istbeschäftigung
Ihre Ermittlung ist für eine wirksame Kostenkontrolle unerlässlich (Ihre Ursachen: Preis- und/oder Mengenänderungen).

  $$\Delta V = K_i - K_{si}$$

➤ **Beschäftigungsbedingte Kostenabweichung** (kurz: **Beschäftigungsabweichung**) = Sollkosten bei Istbeschäftigung – Plankosten bei Istbeschäftigung

  $$\Delta B = K_{si} - K_{pi}$$

Die bei der flexiblen Plankostenrechnung verwendeten Begriffe lassen sich am besten anhand einer graphischen Darstellung erklären (Bild B 34).

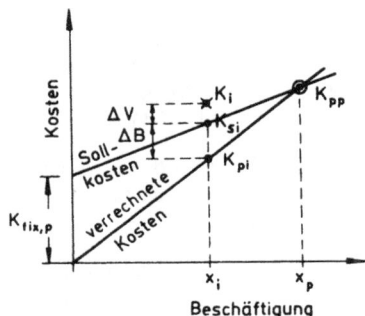

Zeichenerklärung:

⊙ K_{pp} = Plankosten bei Planbeschäftigung x_p
• K_{pi} = Plankosten bei Istbeschäftigung x_i
• K_{si} = Sollkosten bei Istbeschäftigung x_i
x K_i = Istkosten
$K_{fix,p}$ = fixe Plankosten
ΔK = Gesamt-Kostenabweichung
ΔV = verbrauchsbedingte Kostenabweichung
ΔB = beschäftungsbedingte Kostenabweichung

Bild B 34: Flexible Plankostenrechnung

Es ist zu empfehlen, die einzelnen Größen tabellarisch zu berechnen; interessiert jedoch nur die Beschäftigungsabweichung, so kann dazu folgende Bestimmungsgleichung benutzt werden.

$$\Delta B = K_{si} - K_{pi}$$
$$\Delta B = K_{fix,p} + K_{pro,p}(x_i/x_p) - K_{pp}(x_i/x_p)$$
$$\Delta B = K_{fix,p} + K_{pro,p}(x_i/x_p) - (K_{fix,p} + K_{pro,p})(x_i/x_p)$$
$$\Delta B = K_{fix,p}(1 - x_i/x_p)$$

Beispiel B 45: *Abweichungsanalyse bei der flexiblen Plankostenrechnung*

Bei einer Planbeschäftigung x_p = 18.000 Stunden wurden fixe Kosten $K_{fix,p}$ = 60.000 EUR und proportionale Kosten $K_{pro,p}$ = 84.000 EUR geplant.

Welche Kosten sind bei einer Istbeschäftigung x_i = 15.000 Stunden zu erwarten (Sollkosten)? Wie ist die Situation zu beurteilen, wenn die Istkosten bei dieser Beschäftigung K_i = 135.000 EUR betragen (vgl. Beispiel B 44)?

Sollkosten bei Planbeschäftigung = Plankosten bei Planbeschäftigung

$$K_{pp} = K_{fix,p} + K_{pro,p} = 144.000 \text{ EUR}$$

Sollkosten bei Istbeschäftigung

$$K_{si} = K_{fix,p} + K_{pro,p} \cdot x_i/x_p = 60.000 + 84.000 \cdot 15.000/18.000 = 130.000 \text{ EUR}$$

Plankosten bei Istbeschäftigung (verrechnete Kosten)

$$K_{pi} = x_i \cdot K_{pp}/x_p = 15.000 \cdot 144.000/18.000 = 120.000 \text{ EUR}$$

Verbrauchsbedingte Kostenabweichung

$$\Delta V = K_i - K_{si} = 5.000 \text{ EUR}$$

Beschäftigungsbedingte Kostenabweichung

$$\Delta B = K_{si} - K_{pi} = 10.000 \text{ EUR}$$

Gesamt-Kostenabweichung

$$\Delta K = K_i - K_{pi} = 15.000 \text{ EUR}$$

Es wurden also insgesamt 15.000 EUR zu wenig auf die Kostenträger verrechnet, davon sind 5.000 EUR echter Mehrverbrauch gegenüber den geplanten Werten und 10.000 EUR durch den Beschäftigungsrückgang bedingt, für den man den Betrieb nicht verantwortlich machen kann.

Bei Beschäftigungsrückgang werden, bedingt durch den auf den Gesamtplankosten K_{pp} basierenden Plan-Verrechnungssatz, im allgemeinen zu wenig Kosten auf die Kostenträger verrechnet, während bei einer Istbeschäftigung, die höher als die Planbeschäftigung ist, zuviel Kosten verrechnet werden (vgl. Bild B 34).

*Für eine systematische Kostenplanung und Kostenkontrolle gemäß der flexiblen Plankostenrechnung empfiehlt sich die Verwendung eines sogenannten **Plankosten-Betriebsabrechnungsbogens**, kurz **Plan-BAB** (siehe Bild B 35).*

Der Plan-BAB ist ähnlich dem im Abschnitt B 2 besprochenen Kostenstellen-Vergleichsbogen (siehe Bild B 10) aufgebaut und jährlich, vierteljährlich oder besser noch monatlich für die jeweils verflossenen Monate des Geschäftsjahres insgesamt aufzustellen.

Plankosten-Betriebsabrechnungsbogen Monat: Jahr: Kostenstelle: Plan-Beschäftigung[1]: Ist-Beschäftigung:							
Kostenarten	Fixe Kosten K_{fix}	Plankosten		Soll- Kosten K_{si}	Ist- Kosten K_i	Verbrauchs- Abweichung $\Delta V = K_i - K_{si}$	Beschäftigungs- Abweichung $\Delta B = K_{si} - K_{pi}$
		Gesamt K_{pp}	Verrechnet K_{pi}				
1. Fertigungsmaterial							
2. Fertigungslöhne							
3. Gemeinkostenlöhne + Gehälter							
4. Personalnebenkosten							
5. Gemeinkostenmaterial							
6. Energie							
7. Instandhaltung und Reparatur							
8. Steuern, Gebühren, Beiträge							
9. Sonstige							
10. Summe							

[1] Anzugeben in Fertigungsstunden, Ausbringung (in Stück, Tonnen usw.) oder Produktionswert

Bild B 35: Plankosten-Betriebsabrechnungsbogen (verkürzte Form)

Darin sind die wichtigsten Kostenarten einer Kostenstelle, eines Kostenbereichs oder des gesamten Unternehmens hinsichtlich fixer, variabler, Plan-, Soll- und Ist-kosten erfasst und auf Verbrauchs- und Beschäftigungsabweichungen hin analysiert.

Da nur die Verbrauchsabweichungen von den Kostenstellenleitern zu verantworten sind, müssen die Beschäftigungsabweichungen aus der Kostenstellenrechnung eliminiert werden, wenn man die Zahlen der Kostenrechnung zur Steuerung und Kontrolle des Betriebsgeschehens verwenden will.

6.3.3. Grenzplankostenrechnung

Während die starre und flexible Plankostenrechnung eine Rechnung auf Vollkosten-Basis ist, handelt es sich bei der **Grenzplankostenrechnung** *um eine* **Plankosten-rechnung auf Teilkosten-Basis**, *da nur die von den Erzeugnissen direkt verursach-ten, also die beschäftigungsabhängigen Kosten auf die Erzeugnisse verrechnet werden, während die fixen Kosten ganz außer Ansatz bleiben und in das Betriebsergebnis gerechnet werden.*

Dadurch vereinfachen sich die Rechnungen erheblich: Im **Grenzplan-Verrech-nungssatz** sind nur noch die proportionalen Plankosten enthalten.

$$\text{Grenzplan-Verrechnungssatz} = K_{pro,p}/x_p$$

Die **Sollkosten bei Istbeschäftigung** x_i sind identisch mit den **verrechneten Kos-ten bei Istbeschäftigung**

$$GK_{si} = K_{pi} = x_i (K_{pro,p}/x_p)$$

Dadurch entfällt die Beschäftigungsabweichung und es ist nur noch die reine Ver-brauchsabweichung zu untersuchen. Die Verhältnisse sind in Bild B 36 dargestellt.

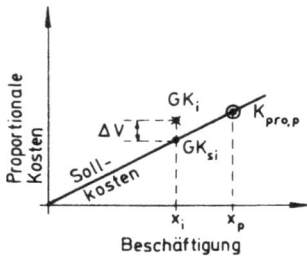

Bild B 36: Grenzplankostenrechnung

Beispiel B 46: *Abweichungsanalyse bei der Grenzplankostenrechnung*

Die in Beispiel B 45 vorgenommene Untersuchung reduziert sich bei Anwendung der Grenzplankostenrechnung auf folgende Schritte:

Grenzplan-Verrechnungssatz $= K_{pro,p}/x_p$ $= 84.000/18000$
$$= 4,66 \text{ EUR/Stunde}$$

Sollkosten bei Istbeschäftigung: $GK_{si} = x_i (K_{pro,p}/x_p) = 15.000 \cdot 4,66 = 70.000$ EUR

Verbrauchsabweichung: $\Delta V = GK_i - GK_{si} = (135.000 - 60.000) - 70.000 = 5.000$ EUR

6.4. Gemeinkostenplanung mittels Plankostenrechnung

Bei der im vorhergehenden Abschnitt dargelegten Plankostenrechnung sind folgende Stufen zu unterscheiden:

➤ *Kostenplanung*:

- Festlegung der Planbeschäftigung und
- Ermittlungder Plankosten bei Planbeschäftigung

➤ *Kostenerfassung und Kostenkontrolle*:

- Ermittlung der Istbeschäftigung und der Istkosten,
- Bestimmung der verrechneten Kosten und der Sollkosten,
- Soll-Ist-Vergleich in einer Abweichungsanalyse.

In der betrieblichen Praxis ist es üblich, einen **Kostenplan** oder ein **Kosten-Budget** für mehrere - zwei bis fünf - Jahre im voraus aufzustellen. Eine solche Kostenplanung ist jedoch nur möglich, wenn eine entsprechende Absatz-, Produktions-, Investitions- und Finanzplanung für diesen Zeitabschnitt vorausgegangen ist.

Bei der *Aufstellung des Kostenplanes* werden die Einzelkosten (direkte Kosten) proportional der Beschäftigung (gemessen an irgendeiner relevanten Bezugsgröße) angesetzt.

Schwieriger ist es, die Gemeinkosten zu fixieren. Es empfiehlt sich dabei wie folgt vorzugehen:

- Feststellung der Istkosten vergangener Perioden jeder Kostenstelle differenziert nach Kostenarten,
- Bereinigung der Istkosten von erkennbaren Unwirtschaftlichkeiten und Zufälligkeiten,
- Korrektur der so erhaltenen Zahlen hinsichtlich den Zielvorstellungen und erwarteten Gegebenheiten für den Planungszeitraum.

Es ist unsinnig, das Budget (vorgegebene Plankostenwerte) *aus Erziehungsgründen* niedriger anzusetzen, als es unter realistischer Betrachtungsweise sein muss. Die auf zu niedrigen Plankosten aufgebauten Plan-Verrechnungssätze sind für das Unternehmen wegen der daraus resultierenden zu niedrigen verrechneten Kosten viel zu schädlich, als dass sie den psychologischen Druck auf die Kostenstellenleiter rechtfertigen, zumal die Wirkung solcher Maßnahmen auf lange Sicht sowieso problematisch ist. Man sollte bei dem Ansatz der Plankosten dem *Prinzip der möglichen Realisierung* der Planwerte ein größeres Gewicht beimessen als dem Erziehungsgedanken.

Das Ergebnis der Kostenplanung für jede Kostenstelle könnte so aussehen, wie es in Bild B 37 als Beispiel für einen ganzen Betrieb gezeigt ist.

Budget für	Ist-Zahlen 2001	Plan-Zahlen 2002	Plan-Zahlen 2003	Plan-Zahlen 2004
Planproduktion (Einheiten)	15.000	18.000	22.000	25.000
Produktive Lohnempfänger	200	230	260	290
Unproduktive Lohnempfänger	130	140	150	160
Angestellte	120	130	140	150
Beschäftigte	450	500	550	600
Plankosten (in 1.000 EUR)				
1. Fertigungsmaterial	4.350	5.150	6.150	6.900
2. Fertigungslöhne	2.000	2.450	2.900	3.450
3. Provisionen	600	650	700	750
Summe Einzelkosten	*6 950*	*8 250*	*9 750*	*11 100*
0. Gemeinkosten Material	350	400	450	500
1. Instandsetzung sowie Beschaffung geringwertiger und kurzlebiger Betriebs- und Geschäftsausstattung	550	650	750	850
2. Ausschuss, Verluste, Materialmehrverbrauch	65	75	85	95
3. Gemeinkosten Löhne	900	1.050	1.200	1.400
4. Gehälter	1.400	1.600	1.850	2.100
5. Personalnebenkosten	60	70	80	90
6. Gebühren	90	100	120	150
7. Reisekosten	70	80	90	100
8. Bewirtung und Repräsentation	15	20	25	30
9. Kalkulatorische Kosten	490	500	520	580
10. Beiträge	25	30	35	40
11. Kosten-Steuern	140	170	200	250
12. Sozialleistungen	730	840	960	1.100
13. Versicherungen	20	25	30	35
14. Werbung	200	250	300	350
15. Energie	450	500	550	600
Summe Gemeinkosten	*5.555*	*6.360*	*7.245*	*8.270*
Summe Plankosten	**12.500**	**14.600**	**17.000**	**19.400**

Bild B 37: Kostenplan eines Industriebetriebes (erstellt im Jahre 2001)

Aufbauend auf einem solchen **Jahres-Kostenplan** wird für jede Kostenstelle ein **Monats-Kostenplan** erstellt. Nach Ablauf jedes Monats wird dann ein Soll-Ist-Vergleich durchgeführt. Die Ergebnisse des Vergleiches werden tabellarisch geordnet (vgl. Beispiel B 47) jedem Kostenstellenleiter zugestellt.

Beispiel B 47:   *Soll-Ist-Vergleich*

Für einen Soll-Ist-Vergleich wurden folgende Angaben gemacht:

Fixe Kosten pro Monat   350.000 EUR
Plankosten insgesamt   850.000 EUR bei einer Planproduktion von 125 t/Monat
Istkosten insgesamt   842.000 EUR bei einer Istproduktion von 120 t/Monat

Demnach ist der Plan-Verrechnungssatz:

$$\text{Plan - Verrechnungssatz} = \frac{850.000\,\text{EUR}}{125\,\text{t}} = 6.800\,\text{EUR/t}$$

Plankosten bei Istbeschäftigung (verrechnete Kosten)

$$K_{pi} = 120\,\text{t} \cdot 6.800\,\text{EUR/t} = 816.000\,\text{EUR}$$

Sollkosten bei Istbeschäftigung

$$\begin{aligned}
K_{si} &= K_{fix,p} + K_{pro,p} \cdot x_i/x_p \\
&= 350.000\,\text{EUR} + 500.000\,\text{EUR} \cdot 120\,\text{t}/125\,\text{t} \\
&= 830.000\,\text{EUR}
\end{aligned}$$

Kostenstelle:	Plan K_{pp}	Verrechn. K_{pi}	Soll K_{si}	Ist K_i	Abweichungen		
					ΔV	ΔB	ΔK
Produktion (t)	125	-	-	120	-	-	-
fixe Kosten (EUR)	350.000	350.000	350.000	350.000	-	-	-
variable Kosten (EUR)	500.000	466.000	480.000	492.000	12.000	14.000	26.000
Gesamtkosten (EUR)	850.000	816.000	830.000	842.000	12.000	14.000	26.000

7. Übungen zur Kosten- und Leistungsrechnung

Die folgenden Aufgaben dienen der Wiederholung und Nacharbeit des Wissensstoffes. Dabei soll der Leser selbst überprüfen, inwieweit er diesen verarbeitet hat. Zur Kontrolle der selbständig zu erarbeitenden Lösungen können die Musterlösungen im Anhang (Kap. D 1.) eingesehen werden.

Aufgabe 1

Die Gesamtkosten eines Walzwerkes betrugen im Abrechnungszeitraum lt. BAB 5.480.000 EUR. Die Gesamtproduktion gliederte sich in dieser Periode wie folgt auf:

Blechstärke (in mm)	Produktionsmenge (in t)
1,0	4.100
1,2	2.600
1,6	7.300
2,0	800

Ermitteln Sie die Selbstkosten je Blechsorte und je Tonne (t), wenn die Blechstärken in umgekehrter Reihenfolge als äquivalent für die Kostenverursachung angesehen werden können.

Aufgabe 2

Untersuchen Sie die Herstellkosten der folgenden drei Erzeugnisse mit Hilfe der zweistufigen Divisionskalkulation mit Äquivalenzziffern.

Die Materialgemeinkosten betragen 5 % der direkten Materialkosten. Die mittels der Äquivalenzziffern zu verrechnenden Fertigungskosten fallen in der Kostenstelle 1 in der Höhe von 100.000 EUR und in der Kostenstelle 2 in der Höhe von 62.000 EUR an (die Äquivalenzziffern entsprechen den Fertigungszeiten).

Gegeben sind außerdem folgende Daten:

Erzeugnisse	Direkte Material-kosten (EUR/Stück)	Produktmengen (Stück/Zeitperiode)	Äquivalenzziffern KSt 1	KSt 2
A	2,-	4.000	0,5	-
B	3,-	3.000	1,0	2,0
C	4,-	5.000	3,0	5,0

Aufgabe 3

Ein Unternehmen, das die Zuschlagskalkulation anwendet, hat 100.000 EUR fixe Fertigungsgemeinkosten pro Periode. Die Fertigungslöhne betragen bei Produkt A 10 EUR/Stück und bei Produkt B 5 EUR/Stück.

Normalerweise werden 3.000 Stück/Periode von Produkt A und 4.000 Stück/Periode von Produkt B hergestellt.

a) Wie hoch ist der Fertigungsgemeinkostensatz?

b) Welcher Zuschlagssatz müsste verwendet werden, wenn sich das Produktionsprogramm wie folgt ändert:

   Produkt A: 1.000 Stück/Periode
   Produkt B: 6.000 Stück/Periode

c) Welche Unter- oder Überdeckung würde sich ergeben, wenn der Zuschlagssatz bei der Programmänderung nicht geändert würde?

Aufgabe 4

In einem Unternehmen entstanden in einer Periode folgende Kosten:

Fertigungsmaterial	100.000 EUR
Fertigungslöhne	50.000 EUR
Materialgemeinkosten	10.000 EUR
Fertigungsgemeinkosten	140.000 EUR
Verwaltungsgemeinkosten	90.000 EUR
Vertriebsgemeinkosten	30.000 EUR

a) Es ist der summarische Zuschlagssatz der Gemeinkosten auf der Basis der direkten Kosten zu bestimmen.

b) Wie hoch sind die Selbstkosten für eine Mengeneinheit eines Produktes, für das 400 EUR an Materialkosten und 600 EUR an Fertigungslöhnen ermittelt wurden.

c) Es sind die Zuschlagssätze nach der differenzierten Zuschlagskalkulation zu bestimmen und die Selbstkosten nach dieser Methode für den unter b) beschriebenen Fall zu bestimmen.

Aufgabe 5

Bei einer Ausbringung von 1 Mio. Stück entstehen Gesamtkosten von 7 Mio. EUR
(davon 2 Mio. EUR fixe Kosten). Der Stückerlös beträgt 7,50 EUR.

a) Wo liegt der Break-even-Punkt (Stückzahl und Umsatzwert)?

b) Welche Stückzahlen müssten produziert und abgesetzt werden, wenn ein Gewinn
   von 1 Mio. EUR erzielt werden soll?

c) Um wieviel Prozent müsste man den Ausstoß steigern, wenn bei einem Anstieg
   der variablen Kosten um 10 % und gleichzeitigem Anstieg der fixen Kosten um
   500.000 EUR der Stückerlös nur um 4 % angehoben werden kann und dennoch
   der gleiche Gewinn von 1 Mio. EUR erzielt werden soll?

Aufgabe 6

Die Kosten- und Leistungsrechnung eines Industriebetriebes zeigt für eine Rechnungsperiode folgendes Bild:

Umsatz	13,40 Mio. EUR
Sondervertriebskosten (10 %)	1,34 Mio. EUR
Netto-Erlös	12,06 Mio. EUR

Kosten	mengenabhängig d. h. variabel	zeitabhängig d. h. fix	Summe
Fertigungsmaterial	4,00 Mio. EUR	-	4,0 Mio. EUR
Materialgemeinkosten	0,10 Mio. EUR	0,1 Mio. EUR	0,2 Mio. EUR
Fertigungslöhne (inklusive Sozialkosten)	1,80 Mio. EUR	-	1,8 Mio. EUR
Gemeinkostenlöhne	0,50 Mio. EUR	1,0 Mio. EUR	1,5 Mio. EUR
sonstige Fertigungsgemeinkosten	1,10 Mio. EUR	2,1 Mio. EUR	3,2 Mio. EUR
Verwaltung/Vertrieb	0,50 Mio. EUR	0,4 Mio. EUR	0,9 Mio. EUR
	8,00 Mio. EUR	3,6 Mio. EUR	11,6 Mio. EUR

Damit beträgt der Gewinn 0,46 Mio. EUR.

a) Ermitteln Sie die Gewinnschwelle des Betriebes graphisch und rechnerisch.

b) Welche Auswirkungen ergeben sich aus einer Forderung der Gewerkschaft, die
   Löhne um 10 % zu erhöhen? Wie - wenn überhaupt - würde sich damit die Lage
   der Gewinnschwelle verändern?

c) Anstelle der Lohnforderungen (siehe b) könnte die Gewerkschaft eine Herabsetzung der wöchentlichen Arbeitszeit von 42 auf 40 Wochenstunden bei vollem
   Lohnausgleich fordern. Wie würde diese Forderung den Gewinn beeinflussen?
   (Es wird angenommen, die Verkürzung der Arbeitszeit werde nicht durch Überstunden kompensiert.)

d) Auf wie viel EUR müsste der Absatz [ausgehend von den Werten unter b)]
   gesteigert werden, um die Kostensteigerung aufzufangen, d. h. also auch in der
   nächsten Rechnungsperiode einen Gewinn von 0,46 Mio. EUR zu erzielen?

Aufgabe 7

Ein Unternehmen stellt eine einzige Produktart her. Es sind folgende Daten gegeben:

$$
\begin{array}{llr}
\text{Fixkosten Periode} & = & 100.000 \text{ EUR} \\
\text{variable Stückkosten} & = & 35 \text{ EUR} \\
\text{Absatzpreis/Stück} & = & 65 \text{ EUR} \\
\text{Planumsatz /Periode} & = & 4.500 \text{ Stück}
\end{array}
$$

Zu bestimmen sind

a) die Ausbringungsmenge x_o am Kostendeckungspunkt,

b) die Sicherheitsspanne und der Gewinn bei Planumsatz.

Aufgabe 8

Ein Unternehmen hat 20.000 EUR fixe Kosten pro Periode und beschäftigungsabhängige Kosten von 5 EUR pro Mengeneinheit. Der Verkaufserlös pro Mengeneinheit beträgt 20 EUR.

Ermitteln Sie die Selbstkosten pro Mengeneinheit, den Gewinn pro Mengeneinheit und den Deckungsbeitrag pro Mengeneinheit bei einer Produktion von

a) 2 000 Mengeneinheiten,

b)   500 Mengeneinheiten,

c) Wie viele Mengeneinheiten müssen produziert werden, damit die Erlöse die Kosten gerade decken?

Aufgabe 9

Ein mittleres Unternehmen stellt Gartengeräte her. Seine Umsätze sind in letzter Zeit dadurch zurückgegangen, dass eine Konkurrenzfirma nun auch in seinem Absatzgebiet verkauft. Die Konkurrenzpreise sind bei gleicher Qualität der angebotenen Produkte um 5 – 7 % günstiger.

Um wie viel muss der Umsatz gesteigert werden, um eine Preissenkung von 9 % ohne Verschlechterung des Erfolgs realisieren zu können?

Für einige Maschinen und Arbeitsplätze soll eine 2. Schicht eingeführt werden, die fixe Kosten in der Höhe von 40.000 EUR im Jahr erfordern würde.

Der Berechnung ist die Kostenträgerzeitrechnung des letzten Jahres zu Grunde zu legen.

Erlöse	1.000.000 EUR	100 %
Sondereinzelkosten	– 50.000 EUR	5 %
Nettoerlöse	950.000 EUR	
Material	320.000 EUR	
Fertigungslohn	110.000 EUR	
variable Fertigungsgemeinkosten	100.000 EUR	
Sondereinzelkosten der Fertigung	40.000 EUR	
Variable Herstellkosten	570.000 EUR	57 %
Deckungsbeitrag	380.000 EUR	38 %

Aufgabe 10

Ein Unternehmer verwendet folgende Gemeinkostenzuschlagssätze:

MGK-Zuschlag: 50 % auf das Fertigungsmaterial
FGK-Zuschlag: 100 % auf die Fertigungslöhne
V+VGK-Zuschlag: 50 % auf die Herstellkosten

Alle Gemeinkosten bestehen je zur Hälfte aus fixen und variablen Kosten. Der Absatzpreis beträgt 80 EUR/Stück, der Materialeinsatz 20 EUR/Stück, der Fertigungslohn 10 EUR/Stück.
Wie hoch sind der Gewinn pro Stück und der Deckungsbeitrag pro Stück?

Aufgabe 11

Gegeben ist folgende Situation: Ausbringung 10.000 Mengeneinheiten(ME)/Monat, Verkaufspreis 100 EUR/ME, Materialkosten 40 EUR/ME, Lohnkosten 20 EUR/ME, fixe Kosten 300.000 EUR/Monat.
Wie wirken sich folgende Maßnahmen auf Deckungsbeitrag und Gewinn aus?
a) Preiserhöhung um 10 %
b) Ausbringungssteigerung um 10 %
c) Senkung der Material- und Lohnkosten um 10 %
d) Lohnerhöhung um 10 %
e) Materialkostenerhöhung um 10 %

Aufgabe 12

Die Situation eines Unternehmens ist bei Unterbeschäftigung wie folgt beschrieben:

Produktion   1000 Stück
Preis   100 EUR/Stück
Variable Kosten   80 EUR/Stück
Fixe Kosten   30.000 EUR

Es ist über die Hereinnahme eines Zusatzauftrages von 100 Stück zu gleichem Preis zu entscheiden.
a) Wie lautet die Entscheidung auf Vollkostenbasis?
b) Wie würde die Entscheidung auf Teilkostenbasis lauten, und wie beeinflusst diese Entscheidung das Betriebsergebnis?

Aufgabe 13

Ein Unternehmen stellt 5 Produkte her, von denen folgende Daten bekannt sind:

Produkt	A	B	C	D	E
Erlös/Stück	180	210	280	315	330
Selbstkosten/Stück	160	200	280	340	360
Variable Kosten/Stück	80	100	140	170	180
Absatzmenge/Periode	1.000	1.200	900	1.300	800

a) Wie beurteilen Sie die Produkte hinsichtlich ihrer Ertragskraft (Priorität, Rangfolge) nach der Vollkosten- und Teilkostenrechnung bei Unterbeschäftigung?

b) Dem Unternehmen steht nur eine begrenzte Fertigungskapazität zur Verfügung, und die Belastung dieser Kapazität durch die Produkte ist wie folgt gegeben:

Produkt	A	B	C	D	E
Maschinenstunden/Stück	0,25	0,5	1,0	0,4	0,5

Welche Produkte haben bei vorliegender Vollbeschäftigung die höchste Priorität?

Aufgabe 14

1. Welche Kriterien sind bei gegebenen Marktpreisen für die Beurteilung der Erzeugnisse hinsichtlich ihrer Rentabilität bzw. hinsichtlich ihres Beitrages zum Periodenerfolg bei folgenden unterschiedlichen betrieblichen Situationen heran zu ziehen?

   a) Die Produktionsfaktoren stehen in beliebiger Menge zur Verfügung, und es bestehen weder Kapazitätsengpässe für einzelne Betriebsmittel noch ist die Kapazität des Gesamtbetriebes ausgelastet.

   b) Die Kapazität des Gesamtunternehmens ist ausgelastet, bzw. bei einem Produktionsfaktor liegt ein Engpass vor.

   c) Bei einem Mehrprodukt-Unternehmen liegen mehrere Engpässe vor, bzw. mehr als ein Produktionsfaktor steht nur in begrenztem Umfange zur Verfügung.

2. Ein Unternehmen erwägt die Aufnahme eines Zusatzauftrages, der 400 Stück pro Monat umfasst. Da diese Produkte über eine bereits bis an die Kapazitätsgrenze belastete Maschine laufen müssen, würde bei Aufnahme dieses Produktes A in das Programm die Herstellung eines bereits im Fertigungsprogramm enthaltenen Produktes B eingeschränkt werden müssen.

Über die beiden Produkte liegen folgende Informationen vor:

	Produkt A	Produkt B
Preis	10 EUR/Stück	7 EUR/Stück
Grenzkosten	8 EUR/Stück	3 EUR/Stück
Engpassbelastung	5 Min./Stück	8 Min./Stück

   a) Um wie viele Einheiten müsste die bisherige Produktion des Artikels B eingeschränkt werden, um die Fertigung des Zusatzauftrages zu ermöglichen?

   b) Würde die Hereinnahme des Zusatzauftrages zu der Erhöhung des Periodenerfolges beitragen?

   c) Wo liegt die Preisuntergrenze für das Produkt A für die speziellen Verhältnisse der Unternehmung?

Aufgabe 15

Eine Anlage zur Herstellung von Kunststoff-Rohmaterial arbeitet aufgrund eines Schadens mit einem um 10 % erhöhten Rohstoffverbrauch. Es ist durch einen Kostenvergleich zu untersuchen, ob die Reparatur durch die Lieferfirma oder durch eigenes Personal der unterbeschäftigten Reparaturabteilung durchgeführt werden soll.

Es sind folgende Daten gegeben:

1. betr. Anlage:

Laufzeit der Anlage	24 Stunden/Tag
Produktion	300 kg/Stunde
Netto-Erlös der Produktion	2.000 EUR/100 kg Produkt
Kosten: Provision	3 %
Fracht und Verpackung	40 EUR/100 kg Produkt
Rohstoffe (vor Schadenseintritt)	1.000 EUR/100 kg
Hilfsstoffe	100 EUR/100 kg
Energie	400 EUR/100 kg

2. betr. Fremdreparatur:

Reparaturbeginn	50 Stunden nach Auftragserteilung
Reparaturdauer	10 Stunden
Reparaturkosten	8.000 EUR (abzüglich 3 % Skonto)
Auslösung für Monteure	240 EUR zusätzlich

3. betr. Eigenreparatur:

Reparaturbeginn	5 Stunden nach Auftragserteilung
Reparaturzeit	20 Stunden
Reparaturkosten	4.000 EUR für Ersatzteil (abzüglich 200 EUR für Schrotterlös des beschädigten Teils)
	200 EUR Überstundenzuschläge
	200 EUR Reparaturhilfsstoffe

Aufgabe 16

Die Teile A, B und C werden auf einer Spezialmaschine gefertigt. Ein Zubehörteil D, von dem 300 Stück benötigt werden, kann ebenfalls auf dieser Maschine bearbeitet werden (variable Kosten 72 EUR/Stück, Vollkosten 100 EUR/Stück, Bearbeitungszeit 4 Min./Stück). Es wird jedoch zu einem Preis von 70 EUR/Stück fremdbezogen. Es liegen folgende Daten vor (Auslastung der Maschine 100%):

Teil	A	B	C
Stückzahl	300 Stück	300 Stück	150 Stück
Bearbeitungszeit	20 Min/Stück	5 Min/Stück	20 Min/Stück
variable Kosten/Stück	60 EUR/Stück	41 EUR/Stück	45 EUR/Stück
Preis/Stück	80 EUR/Stück	45 EUR/Stück	60 EUR/Stück

Nachdem der Fremdbezugspreis für Teil D auf 80 EUR/Stück erhöht worden ist, soll geprüft werden, ob Eigenfertigung wirtschaftlicher ist. Wo liegt die Preisobergrenze des Teiles D bei Fremdbezug?

Aufgabe 17

Auf einer Anlage können verschiedene Zubehörteile produziert werden, die man sämtlich auch fremdbeziehen kann. Die Kapazität der Anlage reicht nicht für die Eigenherstellung aller Teile aus. Es ist festzulegen, welche Teile selbst erstellt und welche von Zulieferern bezogen werden sollen. Die Ausgangsdaten lauten:

Zubehör-teil	Bedarf (Stück/Mon.)	Bearbeitungszeit (Min./Stück)	Fremd-bezugspreis	volle Stück-kosten	Grenz-kosten
1	100	2	20	30	16
2	500	10	26	22	10
3	1.200	8	30	25	18
4	300	4	18	10	8
5	200	6	12	18	15
	Gesamtkapazität: 6.400 Min./Monat				

Aufgabe 18

In einer Abteilung eines Industriebetriebes werden u. a. Teile XY bearbeitet, die eine bestimmte Maschinenanlage zu ca. 200 Stunden/Jahr in Anspruch nehmen.

Die Kosten der Maschinenanlage betragen pro Jahr bei einer Auslastung von 1.600 Stunden (100% Auslastung):

Kostenart	Summe EUR	davon variabel EUR	davon fix EUR
Fertigungslohn (inklusive Sozialkosten)	12.800	12.800	-
Kalkulatorische Abschreibungen	9.600	2.400	7.200
Kalkulatorische Zinsen	4.000	-	4.000
Raumkosten	1.200	-	1.200
Instandhaltung/Energie	7.200	5.800	1.400
Gemeinkostenlöhne	3.200	2.200	1.000
Umlagen (technische Verwaltung)	6.000	2.400	3.600
	44.000	25.600	18.400

Die Maschine wird z. Z. mit 1.200 Stunden/Jahr, d. h. 75 % ihrer Kapazität ausgelastet.

a) Was kostet die Bearbeitung eines Teiles XY im eigenen Betrieb, wenn pro Maschinenstunde 5 Teile gefertigt werden?

b) Kluge Köpfe in der Einkaufsabteilung des Betriebes haben errechnet, dass wesentliche Ersparnisse erzielt werden können, wenn die Bearbeitung dieser Teile nach auswärts vergeben würde.

Es liegt das Angebot eines Lieferanten vor, der pro Teil (inklusive Nebenkosten) 4 EUR berechnen will. Welche Rechnung hat man wohl in der Einkaufsabteilung aufgemacht und welche Ersparnis pro Jahr hat sich danach ergeben?

c) Welche Rechnung würden Sie aufmachen und zu welchem Ergebnis kommen Sie? Bei welchem Angebotspreis wären Eigenfertigung und Fremdbezug gleich wirtschaftlich?

Aufgabe 19

In einem unterbeschäftigten Unternehmen sind zwei unterschiedliche Maschinen alternativ einsetzbar. Es ist zu entscheiden, auf welcher der beiden Maschinen ein Zusatzauftrag von 1.000 Stück hergestellt werden soll, wenn die maximale Beschäftigung 176 Stunden/Monat beträgt. Gegeben sind folgende Daten:

Maschine	A	B
Fixe Kosten (EUR/Monat)	10.000	6.000
Variable Kosten (EUR/Monat) bei einer Beschäftigung von gegenwärtig 80 Std./Monat	5.000	4.000
Leistung (Stück/Stunde)	10	5

Aufgabe 20

Zwischen zwei Firmen wurde folgende Preisgleitklausel vereinbart:

$$P = P_0(a + b\, M/M_0 + c\, L/L_0),$$

wobei P   – Preis des Produktes zum Zeitpunkt der Inrechnungsstellung t

P_0 – Preis des Produktes zum Zeitpunkt der Angebotsabgabe t_0

M   – Materialpreis zum Zeitpunkt der Inrechnungsstellung t

M_0 – Materialpreis zum Zeitpunkt der Angebotsabgabe t_0

L   – Stundenlohn zum Zeitpunkt t

L_0 – Stundenlohn zum Zeitpunkt t_0

a   – Festanteil am Gesamtpreis zum Zeitpunkt t_0

b   – Materialanteil im Gesamtpreis zum Zeitpunkt t_0

c   – Lohnanteil im Gesamtpreis zum Zeitpunkt t_0

$a + b + c = 1$

Der Preis P_0 für eine Anlage war mit 150 Mio. EUR auf der Basis von a = 25%, b = 40%, c = 35% und M_0 = 1.000 EUR/to sowie L_0 = 8 EUR/h ermittelt worden.

Bei der Fertigstellung und Lieferung der Anlage nach einigen Jahren betrugen die Preisfaktoren nach Angaben des Statistischen Bundesamtes M = 1.100 EUR/to und L = 10 EUR/h. Welcher Preis darf in Rechnung gestellt werden?

Aufgabe 21

Die Kostenanalyse eines Industriebetriebes mit Auftragsfertigung zeigt für das vergangene Jahr folgendes Bild:

Fertigungsmaterial	4,3 Mio. EUR (100% variabel)
Fertigungslöhne	1,6 Mio. EUR (100% variabel)
Fertigungsgemeinkosten	3,5 Mio. EUR (60% fix)
Verwaltungs- und Vertriebskosten	0,8 Mio. EUR (80% fix und 20% variabel)
Netto-Erlös	10,35 Mio. EUR

Damit ergibt sich ein Erfolg von 10,35 – 10,2 = 0,15 Mio. EUR.

Bedingt durch eine Lohnerhöhung werden sich im laufenden Jahr die Fertigungslöhne um 7,5% und die Fertigungsgemeinkosten um 4% erhöhen.

Die Lohnerhöhung kann nicht ohne Auswirkung auf die Erfolgssituation bleiben. Kennzeichnen Sie die Situation und untersuchen Sie folgende Maßnahmen zur Verbesserung der Unternehmenslage:

a) Falls eine Abwälzung der Mehrkosten durch die Lohnerhöhung auf die Preise der Erzeugnisse nicht möglich ist, könnte versucht werden, durch Produktionssteigerung die Situation zu verbessern. (Es wird unterstellt, dass der Markt die zusätzliche Produktion aufnimmt und die Kapazitätsausnutzung noch um 20 % erhöht werden kann.)

b) Eine Preiserhöhung von 2 % wäre evtl. am Markt zu erreichen. Damit müsste jedoch auf eine verbesserte Kapazitätsauslastung verzichtet werden, da der Markt nach der Preiserhöhung keine zusätzlichen Produkte aufnimmt.

c) Eine Preiserhöhung von 5 % würde voraussichtlich dazu führen, dass sich der Absatz (und damit die Kapazitätsauslastung) um 10 % verschlechtert.

Welche Maßnahmen würden Sie empfehlen?

Aufgabe 22

Während der Umbauzeit einer Maschine muss mit einem Produktionsausfall von 2 Monaten (2.000 Stück) gerechnet werden. Ist es zweckmäßig, innerhalb von Jahresfrist einen entsprechenden Vorlauf zu schaffen (die Lagerkosten sind 0,10 EUR pro Stück und Monat) oder soll auf einer Behelfslinie mit 0,60 EUR/Stück Mehrkosten produziert werden?

Aufgabe 23

Erläutern Sie

a) die Kalkulationsprobleme der traditionellen Zuschlagskalkulation im Vergleich zu einer Prozesskalkulation,

b) die Vorteile der Prozesskostenrechnung im Vergleich zu einer konventionellen Vollkostenrechnung,

c) anhand selbstgewählter Beispiele das Erfordernis mehrerer verschiedener Kostenrechnungssysteme in der betrieblichen Praxis!

Aufgabe 24

Geben Sie an, ob folgende Aussagen zur Prozesskostenrechnung richtig oder falsch sind:

a) Die Prozesskostenrechnung (PKR) ist ähnlich wie die Deckungsbeitragsrechnung gestaltet, es werden lediglich mehr Kostenbestandteile über Prozesse verrechnet.

b) Leistungsmengenneutrale Kosten sind nicht proportional zur Leistung der am kalkulierten Prozess beteiligten Kostenstelle.

c) Ob eine PKR zu besseren (verursachungsgerechteren) Kalkulationsergebnissen führt als eine konventionelle Kostenrechnung hängt von der Gestaltung der Hauptprozesse und der Struktur der Gemeinkosten des Unternehmens ab.

d) Ein Hauptprozess umfasst stets zwei oder mehr Teilprozesse einer Kostenstelle.

e) Eine PKR ist als laufende Rechnung und als fallweise Rechnung gestaltbar.

f) Nicht repetitive Prozesse werden nicht mit der PKR kalkuliert.

g) Der Komplexitätseffekt besagt, dass komplexe Produkte mehr Gemeinkosten verursachen, was von einer Proportionalkalkulation nicht zutreffend berücksichtigt wird.

h) Der Degressionseffekt besagt, dass Kleinserien durch eine Proportionalkalkulation zu teuer und Großserien zu billig kalkuliert werden.

i) Eine PKR verwendet für leistungsmengeninduzierte Kosten physische Bezugsgrößen.

j) Ein leistungsmengenneutraler Teilprozess wird proportional zu einem leistungsmengeninduzierten Teilprozess verrechnet.

k) Die PKR empfiehlt sich für Unternehmen mit variantenreichem Sortiment und differenzierten Kundenansprüchen.

l) Bei der Auswahl eines optimalen Rechnungssystems sind die Kosten fehlerhafter Kalkulation durch die alternativen Systeme gegen die jeweiligen Kosten der Messung abzuwägen.

Aufgabe 25

In einer Kostenstelle mit einer Planbeschäftigung von 1.500 Zeiteinheiten sind die Plankosten wie folgt vorgegeben:

Fixe Plankosten   15.000 EUR
Proportionale Plankosten   30.000 EUR

Stellen Sie die Funktionen der Sollkosten und der verrechneten Kosten in Abhängigkeit von der Zeit auf.

a) Ermitteln Sie die Kostenabweichungen für eine Istbeschäftigung von 1.000 Zeiteinheiten bei Istkosten in Höhe von 38.000 EUR. Stellen Sie die Situation im Diagramm dar.

b) Wie hoch sind die Kostenabweichungen für eine Istbeschäftigung von 1.800 Zeiteinheiten und Istkosten in Höhe von 48.000 EUR?

Aufgabe 26

1. Nennen Sie Ziele und Aufgaben der Kostenrechnung.

2. Nennen Sie einige Beispiele für
   a) Kosten, die nicht Aufwand sind,
   b) Aufwendungen, die nicht Kosten sind,
   c) Kosten, die gleichzeitig Aufwand sind.

3. Wie verhalten sich die Kosten bei Änderung der Beschäftigung?

4. Was versteht man unter kalkulatorischen Kosten (Beispiele!) und womit ist ihr Ansatz in der Kostenrechnung zu begründen?

5. Umreißen Sie Zielsetzung und Vorgehensweise der Betriebsabrechnung.

6. Gehören die Löhne für folgende Personen zum Fertigungslohn oder zum Gemeinkostenlohn?
   Pförtner, Kranfahrer, Arbeiter am Fließband, Arbeiter in der Qualitätskontrolle.
   Würden Sie die Löhne dieser Personen zu den fixen oder zu den variablen Kosten rechnen?

7. Aus welchen Gründen ist neben der Jahreserfolgsrechnung noch eine kurzfristige Erfolgsrechnung erforderlich?

8. Welche Arten der Divisionskalkulation kennen Sie und wann ist ihre Anwendung sinnvoll?
9. Welche Kalkulationsarten sind bei der Kuppelproduktion üblich?
10. Wie vollzieht sich die Prozessbildung in der Prozesskostenrechnung?
11. Wodurch unterscheiden sich Istkostenrechnung und Normalkostenrechnung?
12. Wodurch unterscheidet sich die Grenzplankostenrechnung von der Plankostenrechnung und wann ist ihre Anwendung sinnvoll?

Aufgabe 27

1. Welche einzelnen Teilgebiete des Rechnungswesens gehören zur Kostenrechnung?
2. Nennen Sie einige Beispiele für
   a) Kosten, die gleichzeitig Ausgaben sind,
   b) Kosten, denen Ausgaben in einer früheren Periode gegenüberstehen,
   c) Kosten, denen Ausgaben in späteren Perioden gegenüberstehen,
   d) Kosten, die niemals Ausgaben verursachten bzw. niemals Ausgaben verursachen werden.
3. Wie kann man die Kosten in fixe und variable Bestandteile zerlegen?
4. Worin unterscheiden sich Gemeinkosten und Fixkosten?
5. Welche Gliederung sieht der Kontenrahmen für die Kostenarten vor?
6. Wie und nach welchen Grundsätzen werden die Kosten (welche?) auf die Kostenstellen verteilt?
7. Gehören die Kosten für folgende Materialien zum Fertigungsmaterial oder zum Gemeinkostenmaterial?
   Karosserie-Bleche, Schweißelektroden, Motorblock, Heizöl, Unterlegscheiben.
   Sind die Kosten dieser Materialien zu den fixen oder variablen zu Kosten rechnen?
8. Nennen Sie die Vor- und Nachteile der Betriebsergebnisrechnung nach
   a) dem Gesamtkostenverfahren,
   b) dem Umsatzkostenverfahren?
9. Welche Arten der Zuschlagskalkulation kennen Sie und wann halten Sie ihre Anwendung für sinnvoll?
10. Welche Überlegungen sind anzustellen bei der Bestimmung der Preisuntergrenze bei Vollbeschäftigung?
11. Wodurch unterscheiden sich Normalkostenrechnung und Plankostenrechnung?
12. Wie werden Prozesskostensätze errechnet?

Aufgabe 28

1. Welche Richtlinien und Grundsätze liegen der Kostenrechnung zugrunde?
2. Welche Erträge sind gleichzeitig Leistungen und welche Erträge sind niemals Leistungen? Erläutern Sie ihre Aussagen durch Beispiele.
3. Warum ist in der Kostenrechnung eine Trennung in Einzel- und Gemeinkosten zweckmäßig?

4. Worin unterscheiden sich Grenzkosten und variable Kosten?

5. Wie kann der Materialverbrauch in der Materialabrechnung erfasst werden?

6. Erläutern Sie Ziel und Zweck der Kostenstellenrechnung, den Aufbau des BAB und die Vorgehensweise bei der Verrechnung der Gemeinkosten in der Kostenstellenrechnung.

7. Was ist Ziel und Zweck der Kalkulation?

8. Welches Kalkulationsschema verwendet man bei der Kalkulation mittels Maschinen-Stundensätzen und wann würden Sie ihre Anwendung empfehlen?

9. Welche Überlegungen sind anzustellen bei der Bestimmung der Preisuntergrenze bei Unterbeschäftigung?

10. Wodurch unterscheiden sich Prozess-, Deckungsbeitrags- und Plankostenrechnung?

11. Wodurch unterscheiden sich starre und flexible Plankostenrechnung und wann würden Sie die eine oder die andere Rechnung verwenden?

12. Was versteht man unter Abweichungsanalyse bei der Grenzplankostenrechnung?

Aufgabe 29

Was versteht man unter folgenden Begriffen?

LSP	Grundkosten	Erlöse
Beschäftigungsgrad	Kostenremanenz	Kostenauflösung
Gemeinkosten	Direct costing	Nettolohn-Abrechnung
Betriebsergebnisrechnung	Normalkosten	Deckungsbeitragsrechnung
Zuschlagskalkulation	Selbstkosten	Verrechnete Kosten
Zweckaufwand	Istkosten	Beschäftigungsabweichung
Grenzkosten	Variator	Break-even-Analyse
Kostentreiber	Prozesskosten	lmi-Kosten

Aufgabe 30

Erläutern Sie kurz folgende Begriffe:

betriebsfremder Aufwand	Außergewöhnlicher Aufwand
Kapazität	Beschäftigungungsgrad
Leerkosten	Nutzkosten
Teilkostenrechnung	variable Durchschnittskosten
Vollkosten	Grenzkosten
kalkulatorische Zinsen	kalkulatorische Wagnisse
kurzfristige Erfolgsrechnung	Betriebsergebnisrechnung
Veredelungskalkulation	Stufenkalkulation
Maschinenstundensatz	Opportunitätskosten
Plankosten	Sollkosten
Verbrauchsabweichung	Beschäftigungsabweichung
Vollkostenrechnung	Prozesskostenrechnung
Gewinnschwelle	Gewinnmaximum
Kostenträger	Zusatzkosten

Fall 1

Lotsacal Sugar company[53]

Die Lotsacal Sugar Company stellte ein Produkt her, das als „Stärkungsmittel" verkauft wurde. Die Standardkosten je 100 Pfund dieses Produktes „Lotsacal" sind:

		$	$
Material:			
Raffinade-Zucker	50 lbs. zu 0,05 $	2,50	
Dextrose	40 lbs. zu 0,09 $	3,60	
Malz	10 lbs. zu 0,07 $	<u>0,70</u>	
			6,80
Arbeit:			
Mischen	8 Stunden zu 2,00 $	16,00	
Kochen	8 Stunden zu 1,50 $	<u>12,00</u>	
			28,00
Gemeinkosten:			
Mischen	8 Stunden zu 1,25 $	10,00	
Kochen	8 Stunden zu 1,50 $	<u>12,00</u>	
			<u>22,00</u>
Gesamte Standardkosten je 100 lbs.			<u>56,80</u>

Die Standardkosten waren für ein normales Produktionsvolumen von jährlich 220.000 Pfund Lotsacal aufgestellt worden. Bei dieser Produktionshöhe sollen die variablen Gemeinkosten in der Mischabteilung 11.440 $ und in der Kochabteilung 10.560 $ betragen. Die fixen Gemeinkosten belaufen sich auf 10.560 $ in der Mischabteilung und 15.840 $ in der Kochabteilung.

Im Laufe der Woche vom 22. Mai 1961 wurden 4.400 Pfund Lotsacal hergestellt. Die Istkosten dieser Produktion sahen so aus:

Raffinade-Zucker	2.350 lbs. zu 0,04 $
Dextrose	1.850 lbs. zu 0,08 $
Malz	400 lbs. zu 0,08 $

In der Mischabteilung geleistete Fertigungslohnstunden: 350 Stunden zu 2,05 $. In der Kochabteilung geleistete Fertigungslohnstunden: 370 Stunden zu 1,40 $. Am 31. Dezember 1961 zeigten die Produktionsaufzeichnungen, dass im Laufe des Jahres 200.000 Pfund Lotsacal mit 15.000 Fertigungslohnstunden in der Mischabteilung und 16.500 Fertigungslohnstunden in der Kochabteilung produziert worden waren. Die Ist-Gemeinkosten beliefen sich dieses Jahr in der Mischabteilung auf 20.300 $ und auf 25.000 $ in der Kochabteilung.

Aufgabe:

Machen Sie eine Analyse der Ist- und Standardkosten, die folgendes wiedergibt: Preis- und Programmabweichungen (d. h. Kostenabweichung durch Änderung der produktmäßigen Zusammensetzung des Fertigungsprogramms) für jedes Material, eine gesamte Materialverbrauchsabweichung, eine Zeit- und Stundensatzabweichung (Preisabweichung) der Arbeit in jeder Abteilung und eine möglichst vollständige Analyse der Gemeinkosten.

Fall 2

Atherton Company[54]

Anfang Januar 1956 trafen sich der Verkaufschef und der Controller der Atherton Company, um gemeinsam den Preis für das Produkt 345 festzulegen. Nachdem der Präsident der Firma ihre Empfehlung annahm, wurde der Preis brieflich den Einzelhandelskunden bekannt gegeben. Nach allgemeiner Branchenusance würde der Preis während des Jahres stabil bleiben, falls nicht ganz radikale Änderungen der Marktsituation einträten.

Die Atherton Company war die größte Firma ihrer Branche, der Textilindustrie. 1955 überstieg ihr Umsatz 6 Mio. $. Die Reisenden der Firma waren auf einer Gehaltsbasis angestellt und verkauften alle Produkte. Die meisten Konkurrenten waren kleinere Firmen. Normalerweise warteten sie mit der Bekanntgabe ihrer Preise, bis Atherton die eigene Preisliste verschickt hatte.

Artikel 345 war ein teures Konkurrenzprodukt einer Abteilung, deren Maschinen nur für diesen Artikel, nicht für andere, verwendet werden konnten.

Im Januar 1954 hatte Atherton den Preis für Artikel 345 von 1,50 $ auf 2,00 $ pro Yard erhöht. Dadurch war der Gewinn dieses Artikels pro Yard auf den Durchschnittssatz der anderen Artikel gestiegen.

Obwohl die Firma finanziell stark war, würde man erhebliche Mittel benötigen, um ein großes langfristiges Modernisierungsprogramm zu finanzieren. Die Entscheidung von 1954, den Preis des Artikels 345 zu erhöhen, war eine von mehreren Maßnahmen, um Finanzmittel für dieses Programm zu beschaffen.

Die Konkurrenz der Atherton Company hatte 1954 und 1955 ihre Preise für ähnliche Artikel auf 1,50 $ belassen. Der Mengenumsatz der Industrie und der Atherton Company in Artikel 345 wurde wie folgt geschätzt.

Tabelle 1: Preise und Mengenumsatz für Artikel 345 in den Jahren 1950-1955

Jahr	Mengenumsatz in 1.000 Yards		Preise der Konkurrenz $	Atherton Preise $
	Branche gesamt	Atherton		
1950	610	213	2,00	2,00
1951	575	200	2,00	2,00
1952	430	150	1,50	1,50
1953	475	165	1,50	1,50
1954	500	150	1,50	1,50
1955	625	125	1,50	1,50

Gemäß Tabelle 1 hatte Atherton einen wesentlichen Anteil am Markt verloren. Für 1956 wurde der Branchenumsatz auf 700.000 Yards geschätzt. Der Verkaufschef war sicher, dass Atherton 25 % davon umsetzen könnte, wenn der Preis auf 1,50 $ gesenkt würde. Er fürchtete einen weiteren Verlust an Marktanteil, wenn der Preis nicht gesenkt würde. Da aber Atherton bei den Kunden einen guten Namen hatte, glaubte der Verkaufschef, dass der Absatz auch beim Preis von 2,00 $ nicht unter 75.000 Yards sinken würde.

---

[54] Aus *Anthony, R. N. / Mattesich, R. N.*: a. a. O., Fall 18 - 4, Seite 241 f.

Während der Preisdiskussion äußerte der Controller Bedenken, dass die Konkurrenten den Preis unter 1,50 $ senken würden, wenn Atherton auf 1,50 $ ginge. Der Verkaufschef glaubte jedoch nicht daran, weil alle Konkurrenten mit höheren Kosten arbeiteten und einige sich in angespannter Finanzsituation befanden. Außerdem war er der Ansicht, dass die Preispolitik bei Artikel 345 keinen wesentlichen Einfluss auf die übrigen Artikel hätte.

Der Controller stellte die Kosten für Artikel 345 bei verschiedenen Produktionsvolumen zusammen (siehe Tabelle 2). Diese Kosten basierten auf Erfahrungswerten, außer für das Volumen von 75.000 und 100.000 Yards.

Tabelle 2: Geschätzte Kosten pro Yard für Artikel 345 bei verschiedenen Produktionsvolumen

Yards	75.000	100.000	125.000	150.000	175.000	200.000
	$	$	$	$	$	$
Fertigungslöhne	0,400	0,390	0,380	0.370	0.380	0,400
Material	0,200	0,200	0,200	0,200	0,200	0,200
Ausschuss	0,020	0,020	0,019	0,019	0,019	0,020
Direkte Abteilungs-Gemeinkosten[1]	0,060	0,056	0,050	0,050	0.050	0.050
Indirekte Abteilungs-Gemeinkosten[2]	0,400	0,300	0,240	0,200	0,180	0,150
Allgemeine Gemeinkosten[3]	0,120	0,117	0,114	0,111	0,114	0,120
Herstellkosten	1,200	1,083	1,003	0,950	0,943	0,940
Verwaltungs- und Vertriebsgemeinkosten[4]	0,780	0,704	0,652	0,618	0,613	0,611
	1,980	1,787	1,655	1,568	1,556	1.551

[1] Gemeinkostenlöhne, Betriebsstoffe, Energie, Reparaturen
[2] Abschreibungen, Gehälter für Führungskräfte
[3] 30 % der Fertigungslöhne
[4] 65 % der Herstellkosten

Fragen:
1. Wie, wenn überhaupt, hing die Finanzlage mit der Preisentscheidung zusammen?
2. Für welchen Preis, also 1,50 $ oder 2,00 $, würden Sie sich entscheiden?

8. Empfohlene Literatur zur Kosten- und Leistungsrechnung

Burger, Anton: Kostenmanagement, 3. Aufl., München 1999
Busse von Colbe, Walther / Pellens, Bernhard: Lexikon des Rechnungswesens, 4. Aufl., München/Wien 1998
Coenenberg, Adolf Gerhard: Kostenrechnung und -analyse, 4. Aufl., Landsberg/Lech 2000
Däumler, Klaus-Dieter / Grabe, Jürgen: Kostenrechnung, Herne/Berlin; Bd. 1, Grundlagen, 8. Aufl., 2000, Bd. 2, Deckungsbeitragsrechnung, 7. Aufl., 2002, Bd. 3, Plankostenrechnung, 6. Aufl., 1998
Ebisch, Hellmuth: Preise und Preisprüfungen bei öffentlichen Aufträgen - Kommentar, 7. Aufl., München 2001
Ewert, Ralf / Wagenhofer, Alfred: Interne Unternehmensrechnung, 4. Aufl., Heidelberg 2000

Gau, Eberhard: Die Praxis der Grenzkosten- und Deckungsbeitragsrechnung, Stuttgart 1976

Gau, Eberhard: Praxis der Kosten- und Leistungsrechnung, Freiburg im Breisgau; Bd. 1, Aufbau der Betriebsabrechnung, 1980, Bd. 2, Einzelprobleme der Betriebsabrechnung, 1981; Bd. 3, Kosten und Leistungskontrolle, 1984

Haberstock, Lothar: Grundzüge der Kosten- und Erfolgsrechnung, 4. Aufl., München 2001

Heinhold, Michael: Kosten- und Erfolgsrechnung in Fallbeispielen, 2. Aufl., Stuttgart, 2001

Horvath & Partner (Hrsg.): Prozesskostenmanagement, 2. Aufl., München 1998

Horvath & Partner (Hrsg.): Controlling, 7. Aufl., München 1998

Hummel, Siegfried / Männel, Wolfgang: Kostenrechnung, Wiesbaden; Bd. 1, Grundlagen, Aufbau und Anwendung, 4. Aufl., Nachdr. 1999; Bd. 2: Moderne Verfahren und Systeme, 3. Aufl., Nachdruck 1993

Joos-Sachse, Thomas: Controlling, Kostenrechnung und Kostenmanagement, Wiesbaden 2001

Jost, Helmuth: Kosten- und Leistungsrechnung, 7. Aufl., Nachdruck - Wiesbaden 1997

Kaplan, Robert S. / Cooper, Robin: Prozesskostenrechnung als Managementinstrument, Frankfurt/M. 1999

Kilger, Wolfgang: Einführung in die Kostenrechnung, 3. Aufl., Wiesbaden 1992

Klümper, Peter: Grundlagen der Kostenrechnung, 2. Aufl., Herne/Berlin 1984

Koch, Joachim: Kosten- und Leistungsrechnung, 6. Aufl., München/Wien 1997

Körlin, Erich: Gewinnorientiertes Verkaufsmanagement mit Deckungsbeitragsrechnung und Profit Centers, Landsberg am Lech 1982

Mayer, Elmar / Liessmann, Konrad / Mertens, Hans Werner: Kostenrechnung - Grundwissen für den Controllerdienst, 7. Aufl., Stuttgart 1997

Moews, Dieter: Kosten- und Leistungsrechnung, 7. Aufl., München 2002

Remer, Detlef: Einführen der Prozesskostenrechnung, Stuttgart 1997

Riebel, Paul: Einzelkosten- und Deckungsbeitragsrechnung - Grundfragen einer markt- und entscheidungsorientierten Unternehmensrechnung, 7. Aufl., Wiesbaden 1994

Olfert, Klaus: Kostenrechnung, 12. Aufl., Ludwigshafen (Rhein) 2001

Sahl, Niels: Integrierte Prozesskostenrechnung, Bamberg 1998

Scherrer, Gerhard: Kostenrechnung, 3. Aufl., Stuttgart 1999

Schmidt, Andreas: Kostenrechnung - Grundlagen der Vollkosten-, Deckungsbeitrags- und Plankostenrechnung sowie des Kostenmanagements, 3. Aufl., Stuttgart 2001

Schröder, Ernst F.: Modernes Unternehmens-Controlling, 7. Aufl., Ludwigshafen 2000

Schroeter, Bernhard: Operatives Controlling - Aufgaben, Objekte, Instrumente, Wiesbaden 2002

Schweitzer, Marcell: Systeme der Kosten- und Erlösrechnung, 7. Aufl., München 1998

Schweitzer, Marcell / Trossmann. E: Break-even-Analysen, 2. Aufl., Berlin 1998

Vormbaum, Herbert / Rautenberg, Hans Günter: Kostenrechnung III für Studium und Praxis - Plankostenrechnung, Baden-Baden u.a. 1985

Wahle, Otto: Kostenrechnung für Studium und Praxis: Ist- und Normalkostenrechnung, 3. Aufl., Baden-Baden [u.a.] 1989

Warnecke, Hans-Jürgen: Kostenrechnung für Ingenieure, 5. Aufl., München 1996

Wilkens, Klaus: Kosten- und Leistungsrechnung, 8. Aufl., München/Wien 1997

Zimmermann, Gebhard: Grundzüge der Kostenrechnung, 8. Aufl., München/Wien 2001 (dazu erschienen: Arbeitsbuch)

Zimmermann, Werner: Die Fallstudie aus der Betriebswirtschaftslehre: Bedeutung und Durchführung einer Kostenstruktur-Analyse sowie einer Break-even-Analyse zur Bestimmung eines entgangenen Gewinns, WISU, Heft: 1, 1989, S. 47 f.

C. Wirtschaftlichkeits- und Investitionsrechnung

v. Univ.-Prof. Dr.-Ing. Werner Zimmermann

1. Überblick

Das Ziel jeder Produktion ist die wirtschaftliche Erstellung von Gütern und Leistungen und die Bereitstellung von Dienstleistungen. Zur Erreichung dieses Zieles sind in jedem Unternehmen **eingehende Analysen und Planungen** erforderlich, insbesondere hinsichtlich Absatz, Investitionen, Produktion und Finanzierung, die umso wichtiger und umfangreicher sind, je größer das Unternehmen und je vielgestaltiger das Produktionsprogramm ist.

Sinn und Zweck dieser Untersuchungen und Planungen ist letztlich die **Erhaltung und ständige Verbesserung der Wirtschaftlichkeit und Rentabilität** des Unternehmens.

Die Bedeutung der Investitionspolitik eines Unternehmens nimmt in dem Maße zu, wie die Produktionsprozesse mechanisiert und automatisiert und damit kapitalintensiver werden. Investitionen sind stets mit der langfristigen Festlegung von Kapital verbunden; daraus ergibt sich ein besonderes Risiko, gegen das sich das Unternehmen abzusichern versucht.

Es überrascht deshalb nicht, wenn man sich bei Investitionsentscheidungen in zunehmendem Maße nicht allein auf das **sachkundige Urteil**, die **unternehmerische Erfahrung** und **Intuition des Praktikers** stützen will, sondern sich systematischer Analysen und eingehender Rechnungen bedient.

*Da die zukünftige Entwicklung eines Unternehmens in starkem Maße von den Entscheidungen hinsichtlich des Kapitaleinsatzes abhängt, ist es **Aufgabe der Investitionsrechnung**, die Entscheidungen über die Aufteilung des verfügbaren Kapitals durch systematische Analysen und rationale Kalküle vorzubereiten.*

*Obwohl Entscheidungen bezüglich einer Investition häufig nicht allein aufgrund einer Rechnung getroffen werden können, stellt eine Investitionsrechnung, die alle rechenbaren Momente erfaßt, eine **wesentliche Entscheidungshilfe** dar und kann dem Unternehmen unnötige Verluste ersparen.*

In vielen vorwiegend kleinen und mittleren Unternehmen, in denen nur selten relevante quantitative Daten gesammelt werden, erfolgen häufig Investitionsentscheidungen ohne jede vorherige Rechnung. Der Mangel an quantitativen Unterlagen wird durch besondere Betonung der „langjährigen Erfahrung" und des „ausgeprägten Fingerspitzengefühls des Praktikers" zu überbrücken versucht.

Häufig werden in der Praxis auch Faustregeln für die Beurteilung der Zweckmäßigkeit von Investitionsvorhaben verwendet, die einer systematischen Untersuchung jedoch nicht standhalten; so wird eine Ersatzanlage z. B. als zweckmäßig bezeichnet, wenn die in Gebrauch befindliche voll abgeschrieben ist, wenn sie eine Mindestzahl von Jahren genutzt wurde, wenn die alte Anlage überhöhte Kosten für Ausschuß und Nacharbeiten verursacht oder wenn die Instandhaltungskosten der alten Anlage höher sind als die Abschreibungen einer Ersatzanlage usw.

Da sich Fehlinvestitionen langfristig auswirken, ist im Rahmen der Investitionsrechnung für das beabsichtigte Investitionsprojekt eine sorgfältige Analyse der erforderlichen **Höhe der Finanzmittel**, der **Dauer der finanziellen Verpflichtung**, des

Risikos und der **gegenwärtigen sowie zukünftigen Ertragserwartungen** anzustellen, ehe die endgültige Entscheidung getroffen wird.

Eine Investition ist charakterisiert durch eine **Anschaffungsauszahlung** (bzw. mehrere Anschaffungszahlungen), der dann zwingend während der Nutzungsdauer des Investitionsobjektes **Einzahlungsüberschüsse** folgen müssen. Eine Investition ist als vorteilhaft anzusehen, wenn die Summe der Einzahlungen die Summe der Auszahlungen übersteigt, d. h. wenn Einzahlungsüberschüsse vorliegen.

Obwohl es gewisse Investitionen gibt, welche trotz Überwiegen der Auszahlungen durchgeführt werden müssen, z. B. Bau von Spezialkläranlagen, so kann die überwiegende Mehrzahl der Investitionsvorhaben jedoch mit besonderen Rechenverfahren auf ihre Vorteilhaftigkeit, d. h. auf ihren Beitrag zur Gewinnverbesserung oder Rentabilitätssteigerung hin untersucht werden.

Bei Investitionsrechnungen – mitunter auch Wirtschaftlichkeitsrechnungen genannt – handelt es sich um zukunftsorientierte Rechnungen, sogenannte Planungsrechnungen zur Bestimmung der Vorteilhaftigkeit von Investitionen.

In der Rechnung nicht erfaßte, **imponderabile Faktoren** (z. B. Streben nach Unabhängigkeit oder Prestigedenken) können allerdings bewirken, daß die Entscheidung anders ausfällt, als das Ergebnis der Investitionsrechnung vermuten läßt.

Außerdem muß stets beachtet werden, daß die Ausgangsdaten der **Rechnung mit Unsicherheit behaftet** sind und die in der Rechnung unterstellten Verhältnisse die tatsächlichen Verhältnisse nur stark vereinfacht wiedergeben.

*In Theorie und Praxis sind eine Reihe von Verfahren zur Bestimmung der Vorteilhaftigkeit von Investitionen entwickelt worden, die sich insbesondere durch den **Grad der Vereinfachung** und durch **verschiedene Beurteilungskriterien** unterscheiden.*

Hinsichtlich des Schwierigkeitsgrades unterscheidet man

- *statische (oder ein-periodische) und*
- *dynamische (oder mehr-periodische) Verfahren.*

Bei den **statischen Verfahren** wird ein über die Nutzungsdauer gleichförmiger Verlauf der Einzahlungsüberschüsse unterstellt und die Beurteilung auf die Betrachtung nur einer Periode, d. h. auf nur ein Nutzungsjahr beschränkt; man spricht deshalb hier auch von ein-periodischen Verfahren. Statische Verfahren arbeiten also stets mit Durchschnittswerten, so daß ein zeitlich unterschiedlicher Anfall von Auszahlungen und Einzahlungen bzw. von Kosten und Erlösen während der Nutzungsdauer eines Investitionsobjektes nicht berücksichtigt werden kann.

Demgegenüber berücksichtigen die **dynamischen Verfahren** die zeitlichen und wertmäßigen Unterschiede zwischen den mit der Investition verbundenen Auszahlungen und Einzahlungen durch Diskontierung (Abzinsung) auf den Beschaffungszeitpunkt; dadurch wird bewirkt, daß die Zahlungen in den ersten Jahren der Nutzungsdauer höher bewertet werden als diejenigen in den letzten Jahren der Nutzung. Da man bei den dynamischen Verfahren alle Nutzungsjahre des Objektes betrachtet, spricht man hier auch von mehr-periodischen Verfahren der Investitionsrechnung.

In der Praxis werden trotz der größeren Exaktheit der dynamischen Verfahren in großem Umfange die statischen Verfahren angewendet; dies liegt wohl daran, daß es in vielen Fällen nicht möglich ist, die für die dynamischen Verfahren erforderlichen detaillierten Schätzungen der Einnahmen und Ausgaben für die gesamte Nutzungsdauer einer Investition vorzunehmen.

*Bei den dynamischen Verfahren ist wiederum zu unterscheiden zwischen **klassischen Verfahren**, die auf der traditionellen Investitionstheorie und auf finanzmathematischen Überlegungen aufbauen, und den **modernen Verfahren**, die sich der Methoden der mathematischen Optimierung bedienen.*

Während bei den **klassischen** wie auch den statischen Verfahren die Investitionsvorhaben isoliert, d. h. jeweils für sich und unabhängig von den übrigen im gleichen Zeitabschnitt außerdem noch beabsichtigten Investitionen betrachtet werden, bemüht man sich mit Hilfe der **modernen Verfahren**, alle Investitionsprojekte gemeinsam als Investitionsprogramm zu sehen und die Interdependenz mit dem Produktions- und Finanzierungsprogramm zu berücksichtigen.

Die hinsichtlich der Beurteilungskriterien zu unterscheidenden Verfahren sind aus folgender Systematik zu ersehen:

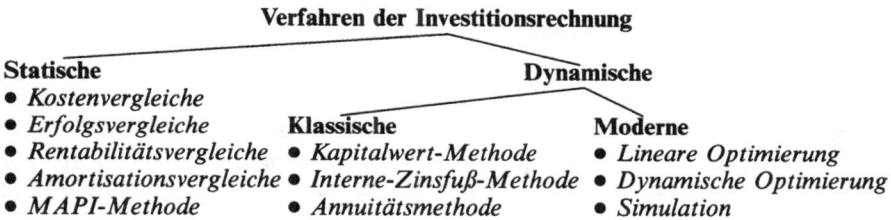

Verfahren der Investitionsrechnung

Statische		**Dynamische**
• *Kostenvergleiche*		
• *Erfolgsvergleiche*	**Klassische**	**Moderne**
• *Rentabilitätsvergleiche*	• *Kapitalwert-Methode*	• *Lineare Optimierung*
• *Amortisationsvergleiche*	• *Interne-Zinsfuß-Methode*	• *Dynamische Optimierung*
• *MAPI-Methode*	• *Annuitätsmethode*	• *Simulation*

Diese einzelnen Verfahren werden in den folgenden Abschnitten eingehend beschrieben.

Je nach Investitionszweck unterscheidet man

• **Finanzinvestitionen**
• **Real- oder Sachinvestitionen**

Im Rahmen dieses Lehrbuches soll nur auf die Real- oder Sachinvestitionen eingegangen werden. Ihre Behandlung ist wegen der großen Zahl der Einflußfaktoren, wie technische Entwicklung, zukünftige Ertragssituation und Kapazitätsauslastung, wesentlich schwieriger als die Berechnung der Vorteilhaftigkeit von Finanzinvestitionen.

Bei den Real- oder Sachinvestitionen muß unterschieden werden nach

• **Erweiterungsinvestitionen**
• **Rationalisierungsinvestitionen**
• **Ersatzinvestitionen**

Kennzeichnend für *Erweiterungsinvestitionen* ist die Kapazitätserweiterung; es ist eine Entscheidung dahingehend zu treffen, ob eine Erweiterung der Anlagen und damit eine Steigerung der Produktion bei der gegebenen Marktsituation zweckmäßig ist, oder ob darauf verzichtet werden soll.

Die Investition hat gegenüber der Nicht-Investition den Vorteil, daß neue Abschreibungsmöglichkeiten geschaffen werden. Wenn man jedoch berücksichtigt, daß in der industriellen Praxis in der Regel mehr Investitionswünsche als Finanzierungsmöglichkeiten vorhanden sind, so ist leicht zu erkennen, daß die Frage, *ob* investiert werden soll, wesentlich seltener ist als die Fragestellung, *welche* Investition getätigt werden soll.

Bei *Rationalisierungsinvestitionen* tritt an die Stelle der alten Anlage eine bessere neue, die entweder bei gleichem Aufwand höhere Erträge oder aber den gleichen Ertrag mit geringerem Aufwand erzielt. Man kann allgemein davon ausgehen, daß die neuere Anlage höhere Kapitalkosten und höhere Erträge, jedoch niedrigere Betriebskosten hat. Die Einsparungen auf der einen Seite müssen die Mehraufwendungen auf der anderen Seite unter Berücksichtigung der Mehrerträge in jedem Falle ausgleichen.

Ist man bei der Erzeugung eines Produktes nicht mehr konkurrenzfähig, so wird zu untersuchen sein, ob eine Rationalisierungsinvestition eine drohende Verringerung des Marktanteiles verhindert bzw. zu einer Erhöhung des Marktanteiles beiträgt.

Bei den *Ersatzinvestitionen* geht es im allgemeinen um die Bestimmung des Zeitpunktes, an dem eine alte Anlage bereits vor dem Ende der technischen Nutzungsdauer durch eine gleichartige neue Anlage zu ersetzen ist.

Die Entscheidungen, zu deren Vorbereitung Investitionsrechnungen durchgeführt werden, betreffen im wesentlichen zwei Problembereiche

- das **Auswahlproblem** und
- das **Nutzungsdauer-** bzw. **Ersatzproblem**

Beim Auswahlproblem geht es um die Entscheidung „Investition oder Nicht-Investition" oder, bei Vorliegen alternativer Investitionsobjekte, um die Ermittlung des vorteilhaftesten unter mehreren möglichen Investitionsobjekten.

Beim Nutzungsdauerproblem geht es um die Bestimmung der **optimalen Nutzungsdauer** des Investitionsobjektes, ehe dies beschafft oder genutzt wird.

Beim Ersatzproblem wird für eine bereits vorhandene und genutzte Anlage der **optimale Ersatzzeitpunkt** ermittelt. Dabei geht es um die Entscheidung folgender Alternativen

- Ersatz der Anlage zum gegenwärtigen Zeitpunkt oder
- Weiternutzung der vorhandenen Anlage und erneute Untersuchung der Zweckmäßigkeit des Ersatzes zu einem späteren Zeitpunkt.

Die mit den unterschiedlichen Verfahren der Investitionsrechnung zu untersuchenden Entscheidungsaufgaben sind in der folgenden Systematik zusammengefaßt:

Entscheidungsaufgaben

Auswahlproblem	**Nutzungsdauer- bzw. Ersatzproblem**
• *Einzel-Investition* *(Ja-Nein-Entscheidung)* • *Alternativ-Investition* *(Entweder-Oder-Entscheidung)*	• *Optimale Nutzungsdauer* *(Entscheidung vor Nutzungsbeginn)* • *Optimaler Ersatzzeitpunkt* *(Entscheidung nach Nutzungsbeginn)*

In den folgenden Ausführungen sollen die einzelnen Verfahren und Anwendungsbereiche vorgestellt und anhand von Beispielen erläutert werden. Auf einige Spezialprobleme wird nicht eingegangen.[1]

---

[1] *Jacob, H.*: Das Ersatzproblem in der Investitionsrechnung und der Einfluß der Restnutzungsdauer auf Investitionsentscheidungen. Zeitschrift für handelswirtschaftliche Forschung, ZfhF 28 (1976), S. 609 ff.
Lüder, K.: Die Beurteilung von Einzelinvestitionen unter Berücksichtigung von Ertragssteuern. Zeitschrift für Betriebswirtschaft 46 (1976), Nr. 8, S. 539–570, Verlag Dr. Th. Gabler, Wiesbaden
Poensgen, O.H., Straub, H.: Inflation und Investitionsentscheidung. Zeitschrift für Betriebswirtschaft 44 (1974) Nr. 12, S. 758–810, Verlag Dr. Th. Gabler, Wiesbaden

2. Statische Verfahren

2.1. Kostenvergleiche

Kostenvergleiche sind nur dann zur Beurteilung von Investitionen heranzuziehen, wenn die Erlöse der zu vergleichenden Investitionsvorhaben gleich sind; andernfalls sind Erfolgsvergleiche durchzuführen.

*Durch Kostenvergleiche stellt man die **jährlichen Durchschnittskosten** der Investitionsalternativen gegenüber, um die kostengünstigste Investition zu ermitteln; dabei werden die erwarteten Durchschnittskosten des ersten Nutzungsjahres ermittelt und unterstellt, daß diese die Durchschnittskosten während der ganzen Nutzungsdauer repräsentieren.*

Es empfiehlt sich, die Durchschnittskosten des ersten Nutzungsjahres nach Kostenarten weitgehend detailliert zu schätzen und wenigstens folgende Unterteilung zu verwenden:

Fixe Kosten K_{fix}, bestehend insbesondere aus

- Kalkulatorische Abschreibungen: $\dfrac{A - R}{n}$

  wobei A = Anschaffungswert, R = Restwert nach Ablauf der Nutzungsdauer, n = Nutzungsdauer
- Kalkulatorische Zinsen: $\dfrac{A - R}{2} i + R \cdot i = \dfrac{A + R}{2} i$

  wobei i = Kalkulationszinsfluß; Zinsen werden vom durchschnittlich investierten Kapital berechnet.
- Raumkosten: Sie enthalten Abschreibungen, Zinsen und Instandsetzung für Gebäude und Werksanlagen sowie deren Unterhaltung (z. B. Beleuchtung, Heizung usw.). Der Kostensatz wird meist als Satz je Quadratmeter festgelegt.
- Sonstige fixe Kosten: Zum Beispiel anteilige Gehälter, Hilfslöhne, Versicherungen.

Proportionale Kosten K_{pro} bestehend aus insbesondere

- Materialkosten,
- direkte Löhne,
- Energiekosten,
- sonstige variable Kosten: Zum Beispiel Werkzeug- und Instandhaltungskosten. Man kann mit etwa 40–80 % des Anschaffungswertes während der Nutzungsdauer an Instandhaltungskosten rechnen.

Das Entscheidungskriterium beim Kostenvergleich lautet: Beim Vergleich von j verschiedenen Projekten ist dasjenige mit

$$\min_{j} \{K_j\}$$

zu realisieren, wobei $K_j = (K_{fix} + K_{pro})_j$

2.1.1. Auswahlproblem

Sofern die zu vergleichenden Investitionsvorhaben **gleiches Leistungsvermögen** besitzen, so werden die **Durchschnittskosten pro Zeiteinheit** gegenübergestellt; bei **un-**

terschiedlichem Leistungsvermögen sind die **Durchschnittskosten pro Leistungseinheit** zu betrachten.

Falls für die zu vergleichenden Investitionsvorhaben mit **bestimmter Auslastung** (Leistung pro Zeiteinheit) gerechnet wird, so ist eine **tabellarische Ermittlung** der Durchschnittskosten angebracht; kann dagegen die zukünftige Auslastung noch nicht genau festgestellt werden, muß also mit **unbestimmter Auslastung** gerechnet werden, ist eine **graphische Darstellung der Kostenfunktionen** zu empfehlen. Hier ist die Bestimmung der sogenannten **kritischen Auslastung** bzw. kritischen Menge von Bedeutung, d. h. der Auslastung, bei der die Kosten der zu vergleichenden Investitionsvorhaben gleich hoch sind.

Wenn die kritische Auslastung ermittelt ist, braucht die zukünftig erwartete Auslastung nicht exakt angegeben zu werden; man hat nur abzuschätzen, ob eine Unter- oder Überschreitung der kritischen Auslastung zu erwarten ist.

Beispiel C 1: Ein Unternehmer beabsichtigt, einen neuen Artikel ins Produktionsprogramm aufzunehmen, dessen Absatz zunächst auf $x = 1000$ Stück pro Jahr geschätzt wird. Zur Herstellung des neuen Artikels wurden dem Unternehmen von einer Maschinenfabrik drei unterschiedliche Anlagen angeboten.

Folgende Daten stehen zur Beurteilung des Auswahlproblems zur Verfügung:

Anlagen	I	II	III
Anschaffungswert A (in 1000 EUR)	60	265	660
Nutzungsdauer n (Jahre)	12	8	6
Maximal-Leistung (Stück/Jahr)	5 000	38 000	70 000
Fixe Kosten			
1. Kalkul. Abschreibung (EUR/Jahr)	5 000	33 000	110 000
2. Kalkul. Zinsen (10 %) (EUR/Jahr)	3 000	13 300	33 000
3. Raumkosten (EUR/Jahr)	100	200	300
4. Sonstige (EUR/Jahr)	1 900	3 500	6 700
Summe fixe Kosten K_{fix} (EUR/Jahr)	10 000	50 000	150 000
Proportionale Kosten			
1. Materialkosten (EUR/Stück)	20	12	2,9
2. Lohnkosten (EUR/Stück)	20	10	0,1
3. Energiekosten (EUR/Stück)	1	1	1,0
4. Sonstige (EUR/Stück)	9	7	1,0
Summe proport. Kosten k_{pro} (EUR/Stück)	50	30	5

Es sind folgende Fragen zu beantworten:

a) Welche Anlage ist unter den gegebenen Umständen vorteilhaft?
b) Wie ist die Auswahl zu beurteilen, falls der zukünftige Absatz des Artikels noch ungewiß ist?

Lösung zu a)

Es liegt eine bestimmte Auslastung von 1000 Stück/Jahr vor; damit ergeben sich folgende Kosten:

Anlagen	I	II	III
Proportionale Kosten k_{pro} (EUR/Stück)	50	30	5
Proportionale Kosten K_{pro} (EUR/Jahr)	50 000	30 000	5 000
Fixe Kosten K_{fix} (EUR/Jahr)	10 000	50 000	150 000
Gesamtkosten K (EUR/Jahr)	60 000	80 000	155 000
Durchschnittskosten k (EUR/Stück)	60	80	155

Ergebnis: Bei der gegebenen Auslastung ist die Anlage I vorteilhafter als die beiden anderen Anlagen.

Lösung zu b)

Bei unbestimmter Auslastung ist die kritische Auslastung zu bestimmen.

Die Kostenfunktion

$$K(x) = K_{fix} + x \cdot k_{pro}$$

stellt eine Gerade dar, wobei die fixen Kosten den Ordinatenabschnitt und die proportionalen Kosten pro Stück das Steigungsmaß der Geraden im Kartesischen Koordinatensystem angeben. Für jede Anlage läßt sich die Gerade zeichnen, nachdem man zwei Punkte der Geraden ermittelt hat.

Anlage	I		II		III	
Auslastung x	0	1000	0	1000	0	1000
K_{fix} (in 1000 EUR/Jahr)	10	10	50	50	150	150
K_{pro} (in 1000 EUR/Jahr)	0	50	0	30	0	5
$K(x)$ (in 1000 EUR/Jahr)	10	60	50	80	150	155

Die Kosten $K(x)$ sind für die beiden Auslastungen $x = 0$ und $x = 1000$ durch Kreuze in dem Koordinatensystem markiert. Die kritische Auslastung ist durch die Schnittpunkte der Geraden gegeben.

Die kritische Auslastung (Grenzstückzahl) zwischen Anlage I und II ergibt sich zu $x_{I/II} = 2000$ Stück/Jahr, d.h. bei geringeren Stückzahlen als 2000 ist Anlage I kostengünstiger, während bei Stückzahlen über 2000 pro Jahr die Anlage II vorteilhaft ist.

Entsprechend ist $x_{II/III} = 4000$ Stück/Jahr.

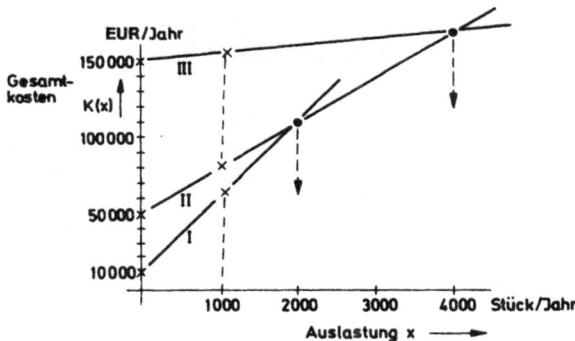

Bild C 1: Graphische Darstellung der Kostenfunktionen und Bestimmung der kritischen Auslastung

Die kritische Auslastung läßt sich auch rechnerisch ermitteln.

Die Schnittpunktsabszisse zweier Geraden kann aus

$$K(x) = (K_{fix} + x \cdot k_{pro})_I = (K_{fix} + x \cdot k_{pro})_{II}$$

ermittelt werden; es ergibt sich

$$x_{I/II} = \frac{K_{fix,\,II} - K_{fix,\,I}}{k_{pro,I} - k_{pro,\,II}}$$

Bei Verwendung dieser Bestimmungsgleichung erhält man die gleichen oben bereits angegebenen Werte.

2.1.2. Ersatzproblem
2.1.2.1. Optimaler Ersatzzeitpunkt

Das allgemeine Entscheidungskriterium bei Kostenvergleichen gilt auch für die Bestimmung des optimalen Ersatzzeitpunktes einer bereits genutzten Anlage.

Es müssen jedoch zwei Fälle unterschieden werden:

Fall 1: Die alte, zu ersetzende Anlage kann verkauft werden. In diesem Fall treten bei der Berechnung der fixen Kosten anstelle der ursprünglichen Anschaffungskosten A der alten Anlage nunmehr der gegenwärtige Restwert oder der Verkaufspreis.

$$\text{Kalkulatorische Abschreibung:} \quad \frac{R_0 - R_m}{m}$$

$$\text{Kalkulatorische Zinsen:} \quad \frac{R_0 + R_m}{2} \cdot i$$

wobei R_0 = gegenwärtiger Restwert der alten Anlage
R_m = Restwert der alten Anlage nach Ablauf der Restnutzungsdauer m

Fall 2: Die alte, zu ersetzende Anlage kann nicht verkauft werden. In diesem Falle ist der gegenwärtige Restwert Null und damit entfallen kalkulatorische Abschreibung und kalkulatorische Zinsen, so daß nur die proportionalen Kosten der alten Anlage den Gesamtkosten der Ersatzanlage gegenübergestellt zu werden brauchen.

Es wird häufig die Frage gestellt, ob nicht im Fall 2 der **Restbuchwert** einer vorhandenen alten Anlage in der Vergleichsrechnung berücksichtigt, d. h. der Ersatzanlage angelastet werden müßte.

Diese Frage ist in der Literatur dahingehend beantwortet worden, daß der Restbuchwert der alten Anlage keinen Einfluß auf die Vergleichsrechnung hat. Man darf nämlich nicht übersehen, daß Abschreibung und Verzinsung des Restbuchwertes sowohl beim Ersatz als auch bei der weiteren Nutzung der alten Anlage anfallen und damit beim Vergleich **sowohl** bei der alten **als auch** bei der Ersatzanlage (also auf beiden Seiten der Gleichung) angesetzt werden müßte; seine Wirkung hebt sich also auf und deshalb braucht er erst gar nicht angesetzt zu werden.

Das besagt jedoch nicht, daß ein hoher Restbuchwert, obwohl er für die Vergleichsrechnung irrelevant ist, beim Entscheidungsprozeß nicht zusätzlich berücksichtigt werden kann.

Bei hohen Restbuchwerten neigt der Entscheidende leicht dazu, trotz eines in der Rechnung nachgewiesenen Vorteils der Ersatzinvestition, die alten Anlage gerade wegen ihres hohen Restwertes zunächst noch weiter zu nutzen, weil er den Buchverlust durch Sofortabschreibung der alten Anlage scheut. Dabei wirkt ein hoher Restbuchwert der alten Anlage in der Steuerbilanz eigentlich auf die Ersetzung eher fördernd als hemmend, da sich im Falle des Ersatzes die Sofortabschreibung steuersparend auswirkt. Allerdings kann bei Unternehmen, die bereits einen Verlust in der Gewinn- und Verlustrechnung aufweisen, ein hoher Buchwert bei niedrigem Liquidationserlös einer alten Anlage dennoch investitionshemmend wirken, da die bei Ersatz erforderliche Ausbuchung zu einer weiteren Erhöhung des ausgewiesenen Verlustes führen würde.

Beispiel C 2: Zum Beladen der LKW mit Flaschenbier wurde in einer Brauerei bisher eine Gruppe von vier Mann mit einem Transportband eingesetzt. Es ist zu untersuchen, ob der Einsatz eines Gabelstaplers mit Fahrer und einer Hilfskraft nicht kostengünstiger ist, wenn folgende Daten gegeben sind:

Anlagen bzw. Verfahren	Transportband	Gabelstapler
Anschaffungswert (EUR)	8000	20 000
Nutzungsdauer (ab jetzt) (Jahre)	2	5
Betriebsstunden (Stunden/Jahr)	2000	1 000
Leistung (Kasten/Stunde)	500	1 000
Lohn (EUR/Stunde und Mann)	10	10
Installierte Leistung	1 kW	30 PS
Platzbedarf (m²)	10	5

Restwert nach Ablauf der Nutzungsdauer ist vernachlässigbar gering.

a) Man untersuche das Ersatzproblem unter der Voraussetzung, daß das Transportband anderweitig nicht verwendet werden kann (Zinssatz 10 %).

b) Wie ändert sich die Rechnung, wenn das Transportband gegenwärtig noch zu einem Preis von 2000,– EUR veräußert werden kann?

Lösung zu a)

	Transportband	Gabelstapler
Abschreibungen (EUR/Jahr)	–	4 000
Verzinsung 10 % (EUR/Jahr)	–	1 000
Raumkosten (3 EUR/m², Monat)	360	180
Löhne (EUR/Jahr)	80 000	20 000
Instandhaltung (5 % v. A/Jahr)	400	1 000
Energie (geschätzt) (EUR/Jahr)	120	1 200
Gesamtkosten (EUR/Jahr)	80 880	27 380
Kosten/Stunde (EUR)	40,44	27,38
Kosten/100 Kästen (EUR)	8,08	2,74

Lösung zu b)

Falls das Transportband noch zu einem Preis von 2000,– EUR veräußert werden kann (steuerliche Gesichtspunkte sollen nicht berücksichtigt werden), so erhöhen sich die Kosten der alten Anlage von

	EUR/Jahr	80 880,– um die
Abschreibungen	EUR/Jahr	1 000,– und die
Verzinsung	EUR/Jahr	100,–
Gesamtkosten	EUR/Jahr	81 980,–

Ergebnis: Die Vorteilhaftigkeit der Ersatzinvestition wird in diesem Fall noch günstiger.

Wenn eben möglich, sollte bei Ersatzproblemen nicht nur die einzelne unmittelbar bevorstehende Ersatzinvestition betrachtet werden, sondern auch die später noch folgenden Ersatzinvestitionen, also sie ganze sogenannte **Ersatzinvestitions-Kette** bzw. ein Teil derselben.

Das nächste Beispiel soll zeigen, wie man eine solche Betrachtung etwa anstellen könnte.

Beispiel C 3: Ein Unternehmen hat seit 6 Jahren eine Anlage A mit einer Nutzungsdauer von $n_A = 12$ Jahren in Betrieb. Auf dem Markt wird nun eine funktionsgleiche doch hinsichtlich der Betriebskosten günstigere Anlage B mit einer Nutzungsdauer von $n_B = 8$ Jahren angeboten. Außerdem ist bekannt, daß in 4 Jahren eine nochmals verbesserte Anlage C auf den Markt kommen wird, für die man eine Nutzungsdauer von $n_C = 6$ Jahren annimmt.

Überlegen Sie die verschiedenen Möglichkeiten der Ersatzinvestitionen und geben Sie die Kriterien hierfür an!

Für den Ersatz existieren folgende Alternativen:

Alternative 1:

Ersatz der Anlage A durch Anlage B im Planungszeitpunkt (6 Jahre nach Investition von A) und Ersatz von B durch C zum frühestmöglichen Zeitpunkt (beim Erscheinen von C auf dem Markt)

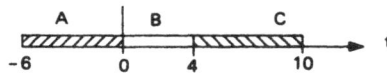

Alternative 2:

Ersatz der Anlage A durch B im Planungszeitpunkt und Ersatz von B durch C nach Ablauf der Nutzungsdauer von B.

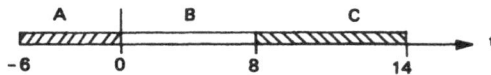

Alternative 3:

Ersatz der Anlage A durch C direkt nachdem C auf den Markt kommt

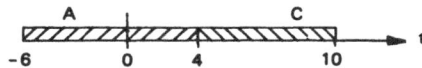

Alternative 4:

Ersatz der Anlage A durch C nach Ablauf der Nutzungsdauer von A

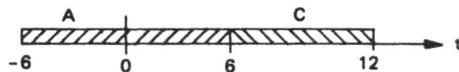

Alternative 5:

Ersatz der Anlage A durch B nach Ablauf der Nutzungsdauer von A und Ersatz der Anlage B durch C nach Ablauf der Nutzungsdauer von B

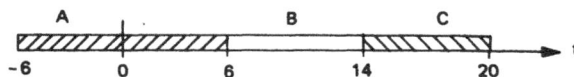

Der Entscheidungsablauf bei einer Untersuchung der Alternativen auf der Basis eines Kosten-vergleiches ist in dem folgenden Flußdiagramm dargestellt.

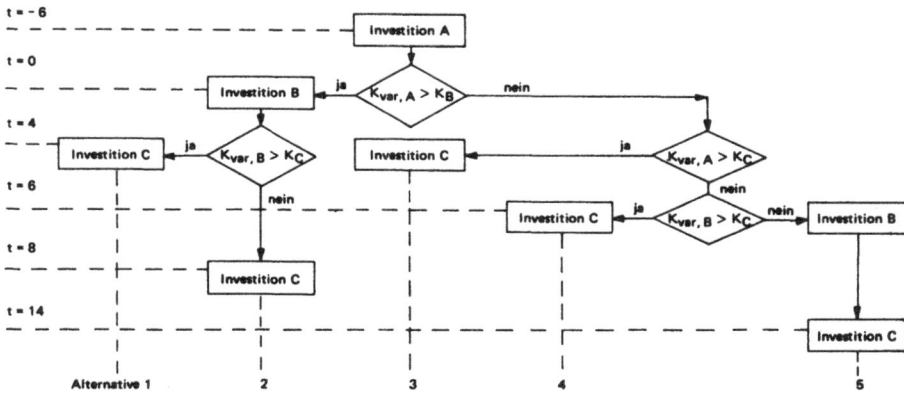

Bild C 2: Flußdiagramm des Entscheidungsablaufes bei einer Investitionskette (Altanlage kann nicht veräußert werden)

2.1.2.2. Optimale Nutzungsdauer

Bei Anlagen, die nach einer gewissen Zeit immer wieder durch eine funktionsgleiche ersetzt werden und einer starken Wertminderung durch Zeitablauf bei gleichzeitig steigender Reparaturanfälligkeit unterliegen, wie z. B. bei Personenwagen, kann man sich zur Bestimmung der optimalen Nutzungsdauer eines Investitionsvorhabens am **Minimum der Durchschnittskosten pro Leistungseinheit** orientieren.

Beispiel C 4: Ein Privatmann will den günstigsten Zeitpunkt für die Ersatzbeschaffung seines PKW herausfinden, den er zum Preis von 8 000,– EUR erworben hat. Da er den Wagen nur privat nutzt, rechnet er sich keine Zinsen für das investierte Kapital; die Wertminderung des Wagens (Anschaffungspreis abzüglich des jeweils geschätzten Verkaufspreises) muß jedoch in die Rechnung eingehen.

Die für die Untersuchung erforderlichen Daten entnimmt er seinen Aufschreibungen in den vergangenen Jahren oder schätzt sie entsprechend den Erfahrungen, die er bei früheren PKW gemacht hat.

Jahr	1	2	3	4	5
Gegebene Daten:					
1. Kilometerstand (km)	20 000	38 000	60 000	76 000	95 000
2. geschätzter Verkaufspreis (EUR)	5 700	4 800	3 600	2 900	2 100
3. Gesamtbetriebskosten (EUR)	2 400	4 500	7 300	10 200	14 000
Errechnete Größen:					
4. Gesamtwertminderung (EUR)	2 300	3 200	4 400	5 100	5 900
5. Gesamtkosten (3. + 4.) (EUR)	4 700	7 700	11 700	15 300	19 900
6. Gesamtkosten/Gesamt-km (Cent)	23,5	20,2	19,5	20,1	21,0

Das Minimum der Durchschnittskosten (Gesamtkosten/Gesamt-Kilometer) liegt mit 19,5 Cent/km im 3. Jahr. Der kostengünstigste Ersatzzeitpunkt liegt also am Ende des 3. bzw. am Anfang des 4. Nutzungsjahres. Würde der Wagen auch im 4. Jahr nicht ersetzt, so würden die Durchschnittskosten bedingt durch den Anstieg der Grenzkosten (Jahreskosten/Jahres-Kilometer) wieder ansteigen.

Man beachte, daß im Minimum der Durchschnittskosten die Grenzkosten gleich den Durchschnittskosten sind (vgl. Abschnitt B 1.3.3., Bild B 5).

Die Grenzkosten, hier Gesamtjahreskosten pro Leistungseinheit, können im vorliegenden Beispiel wie folgt berechnet werden:

Jahr	1	2	3	4	5
1. Wertminderung (EUR/Jahr)	2 300	900	1 200	700	800
2. Betriebskosten (EUR/Jahr)	2 400	2 100	2 800	2 900	3 800
3. Gesamtkosten (EUR/Jahr)	4 700	3 000	4 000	3 600	4 600
4. Jahresleistung (km/Jahr)	20 000	18 000	22 000	16 000	19 000
5. Grenzkosten (3 : 4) (cts./km)	23,5	16,7	18,2	22,5	24,2

2.2. Erfolgsvergleiche

Kostenvergleiche können nur dann zur Beurteilung von Investitionen herangezogen werden, wenn mit den zu vergleichenden Investitionsalternativen gleich hohe Erlöse erzielt werden.

Ist diese Voraussetzung nicht gegeben, sei es durch quantitative Unterschiede in der absetzbaren Leistung oder sei es durch qualitative Unterschiede der Produkte, die einen unterschiedlichen Preis auf dem Markt erzielen, so sind die Erlöse ebenfalls in Betracht zu ziehen.

*Die Entscheidung beim Erfolgsvergleich orientiert sich entweder am **Gewinn pro Zeiteinheit** als Differenz zwischen Erlös und Kosten, oder am sogenannten **Deckungsbeitrag pro Zeiteinheit** als Differenz zwischen Erlös und proportionalen Kosten.*

Beispiel C 5: Ein Unternehmen hat die Wahl zwischen zwei alternativen Investitionen A und B, zu deren Charakterisierung folgende Daten vorliegen.

Investitionen	A	B
Fixe Kosten K_{fix} (EUR/Monat)	1000	3000
Variable Kosten k_{pro} (EUR/Stunde)	20	17,50
Beschäftigung t (Stunden/Monat)	200	200
Leistung a (Stück/Stunde)	50	60
Marktpreis p (EUR/Stück)	0,60	0,70

a) Welche der beiden Investitionen ist bei der gegenwärtigen Beschäftigung zweckmäßig?
b) Stellen Sie die Verhältnisse in Abhängigkeit von der Beschäftigung graphisch dar!
c) Welche der beiden Investitionen ist zweckmäßig, wenn für die Beschäftigung folgende Wahrscheinlichkeiten geschätzt wurden?

t	100	120	140	160	180	200
p(t)	10%	20%	35%	20%	10%	5%

Lösungen:

a) Kosten, Erlöse und Gewinne sind als Funktion von der Beschäftigung als Gleichungen formulierbar.

$$K(t) = K_f + t \cdot k_p \quad \text{Kostenfunktion}$$
$$E(t) = p \cdot a \cdot t \quad \text{Erlösfunktion}$$
$$G(t) = E(t) - K(t) \quad \text{Gewinnfunktion}$$

Damit ergeben sich folgende Werte für t = 200 Stunden

Werte	Verfahren	
	A	B
K(200)	5000,– EUR	6500,– EUR
E(200)	6000,– EUR	8400,– EUR
G(200)	1000,– EUR	1900,– EUR

Ergebnis: Investition B ist vorteilhafter als A.

b) Graphische Darstellung:
Die graphische Darstellung der Verhältnisse in einem Schaubild ähnlich wie im Beispiel C 1 (siehe Kostenvergleich) ist sehr zu empfehlen, weil es über die gesuchten Größen hinaus weitere wichtige Aufschlüsse gibt.

Im Schaubild werden die Funktionen K(t), E(t) und G(t) für beide Verfahren A und B in der Reihenfolge der Aufzählung als Geraden dargestellt.

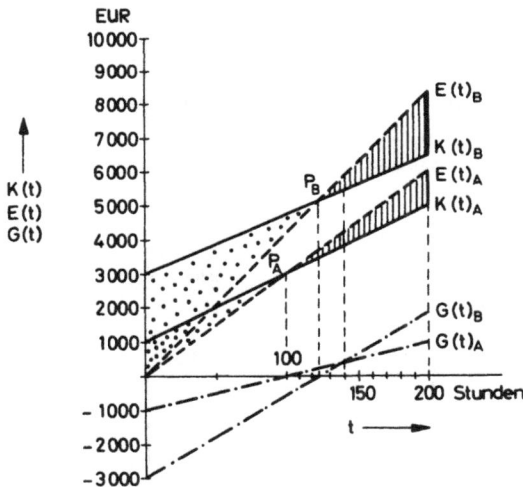

Bild C 3: Darstellung im Break-even-Schaubild

Aus dem Schaubild geht hervor, daß für jedes Verfahren eine Gewinnzone (schraffiert) und eine Verlustzone (gepunktet) existiert. Beide Zonen treffen sich im Kostendeckungspunkt P, dem sogenannten „Break-even-Point", d. h. in einem Punkt, in dem die Kosten gerade durch den Erlös gedeckt werden. Nach diesem Punkt wird das Diagramm als Break-even-Schaubild bezeichnet.

Man kann sehr leicht dem Schaubild entnehmen, daß bei einer Beschäftigung von t = 200 Stunden das Verfahren B einen höheren Gewinn abwirft. Bei einem Beschäftigungsrückgang auf ca. 140 Stunden jedoch wird bei beiden Verfahren der gleiche Gewinn anfallen.

Diese Aussage läßt sich selbstverständlich auch rein rechnerisch ableiten bzw. ermitteln:

Frage: Für welche Beschäftigung t ist $G(t)_A = G(t)_B$?

$$p_A \cdot a_A \cdot t - K_{fA} - t \cdot k_{pA} = p_B \cdot a_B \cdot t - K_{fB} - t \cdot k_{pB}$$

$$t = \frac{K_{fB} - K_{fA}}{p_B \cdot a_B - p_A \cdot a_A - k_{pB} + k_{pA}}$$

$$t = 138 \text{ Stunden}$$

Bei jedem weiteren Rückgang der Beschäftigung unter diesen Wert ist das Verfahren A günstiger. Ab einer Beschäftigung von weniger als ca. 125 Stunden entstehen bei Verfahren B sogar Verluste. Geht die Beschäftigung unter ca. 100 Stunden pro Monat zurück, so wird auch bei Verfahren A der Erlös die Kosten nicht mehr decken.

c)

t	$G(t)_A$	$G(t)_B$	p(t)	$G(t)_A \cdot p(t)$	$G(t)_B \cdot p(t)$
100	0	- 550	10 %	0	- 55
120	200	- 60	20 %	40	- 12
140	400	+ 430	35 %	140	150
160	600	+ 920	20 %	120	184
180	800	1410	10 %	80	141
200	1000	1900	5 %	50	95
			$\Sigma p(t) = 1$	$\overline{G}_A = 430$	$\overline{G}_B = 503$

$$\overline{G} = G_{Erwartungswert} = \frac{\Sigma G(t) p(t)}{\Sigma p(t)}$$

Bei der gegebenen Beschäftigungserwartung ist das Verfahren B zweckmäßiger als Verfahren A.

Beispiel C 6: Man beurteile folgendes Problem mittels Erfolgsvergleich (Zinssatz 10 %): Die Kapazität einer Abteilung soll verdoppelt werden; dazu bestehen folgende Alternativen:

I. Kauf einer weiteren Anlage der gleichen Art, wie die bereits vorhandene,
II. Ersatz der vorhandenen Anlage durch eine moderne mit doppelter Leistung.

Gegeben sind folgende Informationen:

	Alte Anlage	Gleiche neue Anlage	Moderne neue Anlage
Anschaffungswert (EUR)	80 000,-	90 000,-	140 000,-
Marktwert (zur Zeit) (EUR)	30 000,-	90 000,-	140 000,-
Kapazität (Stück/Jahr)	10 000	10 000	20 000
Restnutzungsdauer (Jahre)	4	8	8
Marktwert nach Ablauf der Restnutzungsdauer (EUR)	10 000,-	10 000,-	20 000,-
Betriebskosten (EUR/Jahr)	7 000,-	6 000,-	12 000,-
Absatzpreis (EUR/Stück)	2,-	2,10	2,10

Man beachte, daß die auf den neuen Anlagen erzeugten Produkte qualitativ besser sind und auf dem Markt einen höheren Preis erzielen.

Ergebnis:

Alternative	I		Summe	II
Abschreibung	$\dfrac{R_0 - R_m}{m}$ = 5 000	$\dfrac{A - R}{n}$ = 10 000	15 000,-	15 000,-
Zinsen	$\dfrac{R_0 + R_m}{2}$ i = 2 000	$\dfrac{A + R}{2}$ i = 5 000	7 000,-	8 000,-
Betriebkosten		7 000	6 000	13 000,-	12 000,-
Gesamtkosten			35 000,-	35 000,-
Erlös	20 000	21 000	41 000,-	42 000,-
Gewinn			6 000,-	7 000,-

Die Alternative II „Ersatz der alten durch eine moderne leistungsfähigere Anlage" ist also günstiger als die Alternative I „Erweiterung durch eine gleichartige neue Anlage".

2.3. Amortisationsvergleiche

Bei diesem **am Sicherheitsstreben orientierenden Verfahren** geht es um die **Kontrolle des Kapitalrückflusses** durch Ermittlung der sogenannten Amortisationsdauer (Kapitalrückflußdauer, Payback- oder Payoff-Periode). Es wird die Zeit ermittelt, innerhalb der das ursprünglich eingesetzte Kapital über die Erlöse der produzierten Erzeugnisse dem Unternehmen voraussichtlich wieder zufließen wird; die Rückflüsse werden dabei gedanklich zunächst ausschließlich für die Amortisation des eingesetzten Kapitals verwendet.

*Die Amortisationsdauer gibt also die Zeit an, innerhalb der das **eingesetzte Kapital durch die Kapitalrückflüsse amortisiert** (getilgt) ist und nicht mehr durch Risiken bedroht ist; sie ist also so etwas wie eine **Mindestnutzungsdauer der Investition**. Nach dem Ablauf der Amortisationszeit dienen die Rückflüsse dann nur noch der Kapitalverzinsung.*

Es existieren zwei Varianten der Amortisationsrechnung:

- Durchschnittsrechnung,
- Kumulationsrechnung.

Bei der **Durchschnittsrechnung** ist die Amortisationsdauer n zur Analyse von **Auswahlproblemen** definiert durch den Quotienten

$$n = \frac{\text{Kapitaleinsatz (EUR)}}{\text{durchschnittlicher Kapitalrückfluß (EUR/Jahr)}}$$

Der Kapitalrückfluß (Einzahlungsüberschuß) besteht aus der Differenz der jährlichen Einzahlungen und jährlichen Auszahlungen. Da in den meisten Fällen Einzahlungen und Auszahlungen in den einzelnen Jahren nur sehr schwer zu schätzen sind, wird auf die etwas leichter zu beschaffenden technischen Daten und die Zahlen der Erfolgs- und Kostenrechnung zurückgegriffen, d.h. es wird mit periodisierten und standardisierten Größen, wie Erlöse und Kosten, gerechnet.

Kapitalrückfluß = Einnahmen − Ausgaben ≈ Erlöse − variable Kosten
= Deckungsbeitrag = Gewinne + fixe Kosten

Eine Investition gilt als vorteilhaft, wenn die errechnete Amortisationsdauer n **niedriger** ist, **als die vom Unternehmer als maximal zulässig angesehene Amortisationsdauer**; welche Dauer der Unternehmer als maximal zulässig ansieht, hängt von seiner Risikobereitschaft ab.

Beim Vergleich mehrerer alternativer Investitionsvorhaben wird dasjenige mit der **kürzesten Amortisationsdauer** als das hinsichtlich der Minimierung des Risikos vorteilhafteste betrachtet.

Das Entscheidungskriterium bei der Amortisationsrechnung lautet: Beim Vergleich von j verschiedenen Projekten ist dasjenige mit $\min_j \{n_j\}$ zu realisieren, wenn

$n_j \leqslant n_{max. \text{ zulässig}}$

Die **Kumulationsrechnung** berücksichtigt Unterschiede der Kapitalrückflüsse während der Nutzungsdauer der Investition dadurch, daß die effektiven jährlichen Rückflüsse (soweit diese bekannt sind bzw. so detailliert geschätzt werden können) in der Rechnung kumuliert werden; dies kann graphisch oder tabellarisch geschehen, wie im folgenden Beispiel gezeigt wird.

Beispiel C 7: Es ist die Amortisationsdauer dreier Investitionsvorhaben zu bestimmen, deren Anschaffungsaufwand je 20 000,– EUR beträgt und für die folgende jährliche Einzahlungsüberschüsse erwartet werden:

Jahr	Investitionsvorhaben		
	I	II	III
1	6 000,–	10 000,–	2 000,–
2	6 000,–	8 000,–	4 000,–
3	6 000,–	6 000,–	6 000,–
4	6 000,–	4 000,–	8 000,–
5	6 000,–	2 000,–	10 000,–

Die Durchschnittsrechnung ergibt für alle drei Investitionsvorhaben die gleiche Amortisationsdauer

$$n = \frac{20\,000,-\ \text{EUR}}{6\,000,-\ \text{EUR/Jahr}} = 3{,}33 \text{ Jahre}$$

In der Kumulationsrechnung ergeben sich dagegen unterschiedliche Werte

n_{I} = 3,33 Jahre
n_{II} = 2,33 Jahre
n_{III} = 4,00 Jahre

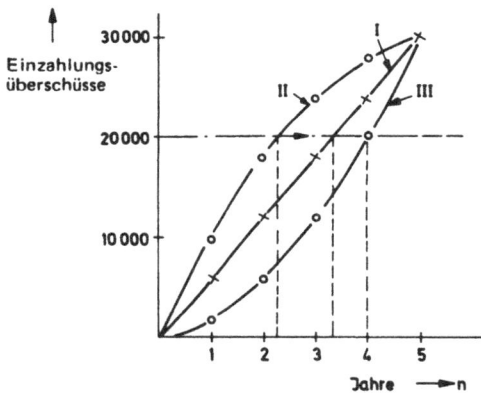

Bild C 4: Graphische Ermittlung der Amortisationsdauer

Tabellarische Ermittlung der Amortisationsdauer durch Kumulationsrechnung:

Jahr	Kumulierte Einnahmenüberschüsse		
	I	II	III
1	6 000, –	10 000,–	2 000,–
2	12 000,–	18 000,–	6 000,–
3	18 000,–	24 000,– n = 2,33	12 000,–
4	24 000,– n = 3,33	28 000,–	20 000,– n = 4,00
5	30 000,–	30 000,–	30 000,–

Die Amortisationsrechnung ist in **den** Industriezweigen insbesondere weit verbreitet, in denen die **Risikobetrachtung im Mittelpunkt der Investitionsentscheidung** steht.

Obwohl eine kurze Amortisationsdauer für eine Investition wegen des geringen Risikos wünschenswert ist, sollten Investitionsentscheidungen nicht allein auf der Basis der Amortisationsrechnung gefällt werden, sondern ergänzend hierzu andere Verfahren der Investitionsrechnung herangezogen werden; da die Amortisationsrechnung nur den Zeitraum bis zur Rückgewinnung des eingesetzten Kapitals betrachtet, während der Kapitalrückfluß in der restlichen Nutzungsdauer nach Ablauf der Amortisationsdauer unbeachtet bleibt, sind zusätzliche Rentabilitätsanalysen zu empfehlen (vgl. Rentabilitätsrechnung).

Beispiel C 8: Der Kapitaleinsatz für zwei alternative Investitionen betrage 10 000,– DM

	Investition A	Investition B
Nutzungsdauer (gegeben)	10 Jahre	5 Jahre
Gewinn/Jahr (gegeben)	4000,– EUR	4000,– EUR
Abschreibung/Jahr	1000,– EUR	2000,– EUR
Einnahmeüberschuß/Jahr	5000,– EUR	6000,– EUR
Amortisationszeit	2 Jahre	1 2/3 Jahre
Restliche Nutzungsdauer	8 Jahre	3 1/3 Jahre
Einnahmeüberschuß während der restlichen Nutzungsdauer	40 000,– EUR	20 000,– EUR

Welche Investition ist nun zweckmäßiger? Investition B mit der niedrigeren Amortisationszeit oder A mit einem insgesamt höheren Einnahmenüberschuß? Da die Investition B nach fünf Jahren eine Nachfolge-Investition erforderlich macht, könnte bei stark steigendem Preisniveau die Investition A vorteilhafter sein. Die Frage nach der günstigsten Investition kann ohne Kenntnis der Zielsetzung der Unternehmung, der Markt- und Finanzlage allein aus der Amortisationszeit nicht beantwortet werden.

Beispiel C 9: Für das in Beispiel C 2 beschriebene Ersatzproblem ist die Amortisationsdauer des Gabelstaplers zu bestimmen. Es soll unterstellt werden, daß das Transportband nicht weiterverwendet und auch nicht mehr verkauft werden kann.

$$n = \frac{\text{Kapitaleinsatz EUR}}{\text{Kostenersparnis EUR/Jahr}} = \frac{20\,000}{80\,880 - 27\,380} = \frac{20\,000}{53\,500} = 0,37 \text{ Jahre}$$

Diese extrem kurze Amortisationsdauer spricht ebenfalls für die Ersatzinvestition.

Für die Bestimmung des **Optimalen Ersatzzeitpunktes** und der **Optimalen Nutzungsdauer** ist die Amortisationsrechnung nicht geeignet, da für die vorhandene Anlage keine zu amortisierende Anschaffungsauszahlung mehr anfällt.

Das nachfolgende Beispiel zeigt eine Wirtschaftlichkeitsrechnung in einer Form, wie sie in der Praxis häufig durchgeführt wird. Obwohl man dies nicht auf den ersten Blick erkennt, handelt es sich ebenfalls um eine Amortisationsrechnung.

Beispiel C 10: Es ist die Wirtschaftlichkeit für eine Anlagenerweiterung zu untersuchen: Die Transportabteilung eines Unternehmens erwägt die Beschaffung eines schweren Lastzuges. Die Einsparungen an Frachtgebühren würden pro Jahr 126 000,– EUR betragen. Demgegenüber entstehen an laufenden Kosten für Fahrerlohn, Kraftstoff, Wartung, Steuern und Versicherung für den Lastzug usw. pro Jahr 90 000,– EUR. Der Lastzug kann für 80 000,– EUR beschafft und über 4 Jahre abgeschrieben werden. Der Anschaffungsbetrag wird auf einer Bank zu 7,5 % Zinsen geliehen. Die Unternehmung zahlt von dem Einkommen 30 % Einkommensteuer. Die Überschüsse werden am Ende eines jeden Jahres zur Darlehnstilgung verwendet.

Wann ist das Darlehen getilgt und wie hoch sind die Rücklagen nach 4 Jahren?

Das Darlehen ist, wie aus der Tabelle (vgl. nächste Seite) zu ersehen, nach 3 Jahren getilgt und nach Ablauf von 4 Jahren sind nach Abzug der Steuern 36 000,– EUR Rücklagen vorhanden.

Zeile	Jahr	1	2	3	4
1	Ersparnisse	126 000,–	126 000,–	126 000,–	126 000,–
2	Laufende Kosten	90 000,–	90 000,–	90 000,–	90 000,–
3	Abschreibung	20 000,–	20 000,–	20 000,–	20 000,–
4	Zinsen (gerundet)	6 000,–	4 000,–	2 000,–	–
5	Summe Kosten	116 000,–	114 000,–	112 000,–	110 000,–
6	Gewinn vor Steuer	10 000,–	12 000,–	14 000,–	16 000,–
7	Gewinn nach Steuer	7 000,–	8 000,–	10 000,–	11 000,–
8	Einnahmenüberschuß	27 000,–	28 000,–	30 000,–	31 000,–
9	Darlehnsstand				
10	am Jahresanfang	80 000,–	53 000,–	25 000,–	–
11	am Jahresende	53 000,–	25 000,–	–	–
12	Rücklagenstand	–	–	5 000,–	36 000,–

2.4. Rentabilitätsvergleiche

Ziel der **Rentabilitätsrechnung (Renditenmethode, Return on Investment-Methode)** ist die Bestimmung der Rentabilität des eingesetzten Kapitals, des Return on Investment (ROI).

*Der Rentabilitätsrechnung liegt der Gedanke zugrunde, die Sachinvestition über die Rentabilität mit dem Zinssatz der Finanzinvestition zu vergleichen und das Kapital dort zu investieren, wo es die **höchste Verzinsung** abwirft.*

Die Rentabilität r ist definiert durch den Quotienten

$$r = \frac{\text{Erfolg EUR/Jahr}}{\text{Kapitaleinsatz}}$$

Als **Erfolg einer Investition** ist der durchschnittliche zusätzliche jährliche Erfolg oder die zusätzliche Kostenersparnis pro Jahr zu verstehen. Bei der Bestimmung des Erfolges als Differenz aus Erlös minus Kosten, werden keine Zinskosten für das Eigenkapital angesetzt, da man sonst nicht die tatsächliche Rentabilität, sondern nur die über den Ansatz der Zinsen hinausgehende Rentabilität bestimmen würde. Außerdem wird stets von einem durchschnittlichen Erfolg während der Nutzungsdauer ausgegangen; ein zeitlich verschiedener Anfall der Erfolge bleibt unberücksichtigt.

Als **Kapitaleinsatz** ist der durch die Investition bedingte zusätzliche Kapitaleinsatz zu verstehen. Soweit durch Verkauf der alten Anlage ein Liquidationserlös frei wird, ist dieser von dem Anschaffungsaufwand der Investition abzusetzen; durch die Investition bedingtes zusätzliches Kapital für Umlaufvermögen ist dagegen hinzuzurechnen.

Für die Berechnung der Rentabilität kann man entweder den **ursprünglichen Kapitaleinsatz** zugrundelegen oder aber, falls es sich um abnutzbare Wirtschaftsgüter handelt, den **durchschnittlichen Buchwert**, d. h. 50 % des ursprünglichen Kapitaleinsatzes. Eine Berücksichtigung des jeweiligen Buchwertes in den einzelnen Nutzungsjahren würde keine aussagefähigen und vergleichbaren Ergebnisse liefern.

Eine Investition gilt als vorteilhaft, wenn die ermittelte Rentabilität höher ist als die vom Unternehmer geforderte Mindestrentabilität, die sich am Marktzins oder an den Dividendenansprüchen der Gesellschafter orientieren kann.

Beim Vergleich mehrerer alternativer Investitionsvorhaben gilt die Investition mit der höchsten Rentabilität als vorteilhaft.

Das Entscheidungskriterium beim Rentabilitätsvergleich lautet: Beim Vergleich von j verschiedenen Projekten ist das Projekt mit max $\{r_j\}$ zu realisieren, wenn $r_j \geqslant r_{mindest}$.

Die Rentabilitätsrechnung ist **für die Bestimmung des Optimalen Ersatzzeitpunktes nicht anwendbar**, da die vorhandene Anlage keine Anschaffungsauszahlung mehr hat und sich deshalb eine unendlich hohe Rentabilität ergeben würde.

Beispiel C 11: Das in Beispiel C 5 untersuchte Auswahlproblem ist bei einer Beschäftigung von 200 Stunden/Monat mit der Rentabilitätsrechnung zu analysieren. Der Kapitaleinsatz sei bei der Investition A 100 000,– EUR und bei der Investition B 240 000,– EUR. Es ergibt sich:

$$r_A = \frac{12\,000}{50\,000} = 24\,\% \text{ vom durchschnittlich investierten Kapital}$$

$$r_B = \frac{1\,900 \cdot 12}{120\,000} = 19\,\% \text{ vom durchschnittlich investierten Kapital}$$

Ergebnis: Investition A ist nach der Rentabilitätsrechnung vorteilhafter als Investition B.

Beispiel C 12: Für das in Beispiel C 2 beschriebene Ersatzproblem ist die Rentabilität des Gabelstaplers zu bestimmen.

Die Rentabilität des ersten Jahres beträgt r = $\dfrac{80\,880 - 26\,380}{20\,000}$ = 270 % des ursprünglich eingesetzten Kapitals.

Man beachte, daß die Zinskosten außer Ansatz bleiben.

Ergebnis: Die Ersatzinvestition besitzt eine extrem hohe Rentabilität und ist dringend zu empfehlen.

Falls die Entscheidung für eine Investition gefallen ist, wird noch eine Entscheidung über die Finanzierung (Fremd- oder Eigenfinanzierung) zu treffen sein; auch dies ist eine Frage der Rentabilität.

Jede Fremdfinanzierung, deren Kosten unter der Rendite des Investitionsvorhabens liegen, erhöht die Rentabilität der verbleibenden Eigenfinanzierung („leverage"-Effekt, Hebelwirkung).

Beispiel C 13: Kapitalbedarf 100 000,– EUR; errechnete Rentabilität des eingesetzten Kapitals 15 %; Fremdfinanzierungszinssatz 10 %; man untersuche die Rentabilität des Eigenkapitals bei 0 %, 50 % und 80 % Fremdfinanzierung!

Fremdfinanzierung	0 %	50 %	80 %
Fremdkapital (EUR)	–	50 000,–	80 000,–
Eigenkapital (EUR)	100 000,–	50 000,–	20 000,–
Rendite der Investition (EUR)	15 000,–	15 000,–	15 000,–
Zinsen für Fremdkapital (EUR)	–	5 000,–	8 000,–
Verbliebene Rendite des Eigenkapitals (EUR)	15 000,–	10 000,–	7 000,–
Rentabilität des Eigenkapitals	15 %	20 %	35 %

Die 80 %-ige Fremdfinanzierung ist hinsichtlich der Rentabilität des Eigenkapitals am zweckmäßigsten.

2.5. MAPI-Methode

Mit der von *Terborgh* [1962][2], dem Forschungsdirektor des „Machinery and Allied Products Institut" (MAPI) in Washington, entwickelten MAPI-Methode zur Analyse von **Ersatz-Investitionsvorhaben** ist eine leicht verständliche, ganz auf die Praxis ausgerichtete Methode entwickelt worden.

Bei diesem Verfahren geht es darum,

- den wirtschaftlich **günstigsten Zeitpunkt** für die Durchführung der Ersatzinvestition zu berechnen, indem die Rentabilität einer sofortigen Investition im Vergleich mit einem Aufschub der Investition um ein Jahr ermittelt wird, und
- die geplanten Investitionsvorhaben entsprechend ihrer **Dringlichkeit** in eine Rangordnung einzureihen, wobei als Dringlichkeitsmaßzahl die relative Rentabilität benutzt wird.

Die beim MAPI-Verfahren zur Berechnung der Dringlichkeitsmaßzahl verwendeten Einflußgrößen und Begriffe müssen zunächst erläutert werden.

Dringlichkeitsmaßzahl = Relative Rentabilität (in %)

$$= \frac{\text{Relativer Nettogewinn}}{\text{Nettoinvestitionsaufwand}}$$

$$= \frac{(D - E) + F - G - H}{A - (B + C)} \cdot 100$$

wobei: A   Gesamtinvestitionsaufwand des Projektes.

           B   Liquidationswert der alten Anlage nach Steuerabzug.

           C   Erforderliche Ausgaben, falls das Investitionsvorhaben nicht durchgeführt wird.

       B + C   Freigesetztes oder nicht benötigtes Kapital.

           D   Betriebskosten der alten Anlage im nächsten Jahr.

           E   Betriebskosten der neuen Anlage im nächsten Jahr.

       D − E   Kostenersparnis (Betriebsgewinn).

           F   Vermiedener Kapitalverzehr der alten Anlage im nächsten Jahr (nach Steuerabzug), bestehend aus:
                1. Verminderung des Liquidationserlöses der alten Anlage und
                2. auf das nächste Jahr entfallende Kosten für erforderliche Ausgaben, falls das Investitionsvorhaben nicht durchgeführt wird (= C).

           G   Entstehender Kapitalverzehr der neuen Anlage im nächsten Jahr, d. h. Wertminderung durch Nutzung und Überholung durch technische Neuerungen.

           H   Ertragssteuer vom relativen Gewinn (D − E) + F.

Der jeweilige Betrag der Wertminderung der neuen Anlage ist den MAPI-Diagrammen zu entnehmen.

---

[2]   *Terborgh, G.:* Leitfaden der betrieblichen Investitionspolitik. Verlag Dr. Gabler, Wiesbaden 1962
    Zimmermann, W.: Das MAPI-Verfahren, eine Methode zur Analyse der Wirtschaftlichkeit von Investitionsvorhaben. Zeitschrift für das gesamte Rechnungswesen (ZfR) 11 (1965), S. 40−42 und S. 57−60. Erich Schmidt Verlag, Bielefeld

In den MAPI-Diagrammen ist die Wertminderung (Kapitalverzehr) des Projektes im ersten Jahr der Nutzung in % der Anschaffungskosten (im folgenden Diagrammprozentsatz genannt) in Abhängigkeit von der erwarteten Nutzungsdauer aufgetragen. Als Parameter ist der erwartete Restwert (Liquidationserlös) in % der Anschaffungskosten eingeführt.

Anleitung zur Ermittlung des Diagrammprozentsatzes aus den MAPI-Diagrammen:

1. Man suche die jeweilige Nutzungsdauer auf der Abszisse.
2. Man gehe von diesem Punkt aus senkrecht hoch bis zum jeweiligen Restwertverhältnis.
3. Man lese auf der Ordinate den zugehörigen Diagrammprozentsatz ab.

Bei der Aufstellung der MAPI-Diagramme Nr. 1 wurden folgende Prämissen unterstellt:

1. Jährlich gleichbleibend fallende Kapitalrückflüsse aus der Nutzung des Projektes.

Erläuterungen: Bei den Diagrammen ist ein linearer Verlauf der Rückflüsse während der Nutzungsdauer des Projektes derart angenommen, daß nach der Hälfte der Nutzungsdauer die Rückflüsse vor Steuerabzug halb so groß sind, wie zu Beginn der Nutzungsdauer.

Falls diese Prämisse in einem konkreten Fall nicht gerechtfertigt ist, kann man noch unter zwei weiteren Varianten wählen, die ebenfalls von Terborgh erarbeitet wurden:

MAPI-Diagramm Nr. 2 bei jährlich progressiv fallenden Kapitalrückflüssen,
MAPI-Diagramm Nr. 3 bei jährlich degressiv fallenden Kapitalrückflüssen.

2. Ertragssteuersatz von 50 % (Einkommen- oder Körperschaftssteuer).

3. Abschreibungsmethode:

   a) Lineare AfA beim MAPI-Diagramm Nr. 1 L.
   b) Digitale oder degressive AfA bei MAPI-Diagramm Nr. 1 D.
   c) Sofortabschreibung bei MAPI-Diagramm Nr. 1 S.

Erläuterungen: Das Diagramm Nr. 1 L wird benutzt für Einrichtungen und Anlagen, die laut Steuergesetzgebung aktiviert und linear abgeschrieben werden müssen. Sofern digitale bzw. degressive Abschreibung angewendet wird, ist Diagramm Nr. 1 D zu benutzen.

Diagramm Nr. 1 S ist anzuwenden für Teile der Investition, z. B. Investitionsnebenkosten und Aufstellungskosten, die nicht aktiviert zu werden brauchen.

4. Verschuldungsgrad von 25 %, d. h. das Verhältnis von Fremdkapital zum insgesamt investierten Kapital ist 1/4.

5. Fremdkapitalzins von 3 %.

6. Eigenkapitalzins von 10 % (Eigenkapitalrentabilität nach Steuerabzug).

Aus den Prämissen 4 bis 6 errechnet sich ein Kalkulationszinsfuß von 8,25 % = (0,75 · 10 % + 0,25 · 3 %).

Der Einfluß von Verschuldungsgrad, Fremdkapitalzins und Eigenkapitalzins auf den Kapitalverzehr des ersten Jahres ist relativ gering. Die Abweichungen sind kleiner als 1 % bei Variation

des Verschuldungsgrades von 0 ... 50 %
des Fremdkapitalzinses   von 0 ... 5 %
des Eigenkapitalzinses   von 5 ... 15 %

In diesen Grenzen können deshalb die Diagrammprozentsätze ohne Änderung übernommen werden.

Von erheblich größerem und nicht zu vernachlässigendem Einfluß ist der jeweils in Abhängigkeit von Staat, Wirtschaftslage und Ertragsverwendung anzuwendende Ertragssteuersatz. Den MAPI-Diagrammen liegt ein Steuersatz von 50 % zugrunde.

MAPI-Formular zur Analyse von Investitionsvorhaben

I. Allgemeine Angaben

I.   1. Gegenstand der Analyse _____

_____

    2. Geschätzter Produktionsumfang _____

	A. vorhandene Einrichtung	B. Investitionsvorhaben
3. Beschreibung	_____	Beschreibung _____
		Auslastungsgrad _____%
4. Abteilung _____ Masch. Nr. _____		Geschätzte Nutzungsdauer ___ a Restwert _____%

II. Erforderliches Kapital

II. 1. Anschaffungskosten des Investitionsvorhabens .... EUR _____

    2. Investitionsnebenkosten .... EUR _____

    3. Gesamtkosten des Projektes (1. + 2.) .... EUR _____

    4. Liquidationswert der vorhandenen Anlage (mit Steuerberücksichtigung) .... EUR_____

    5. Erforderliche Ausgaben falls das Investitionsvorhaben nicht durchgeführt wird .... EUR_____

    6. Freigesetztes oder nicht benötigtes Kapital (4. + 5.) .... EUR_____

    7. Netto-Investitionsaufwand (3–6) .... EUR _____

III. Vorteil des Investitionsvorhabens im nächsten Jahr

III.		A. bei vorhandener Anlage	B. bei Neuinvestition
1.	Betriebsgewinn des nächsten Nutzungsjahres		
2.	Qualitätsveränderung der Produkte	EUR _____	EUR _____
3.	Ausstoßveränderung	EUR _____	EUR _____
4.	Gesamtertragsveränderung (2 + 3)	EUR _____	EUR _____
5.	Fertigungslohn	EUR _____	EUR _____
6.	Gemeinkosten – Löhne und Gehälter	EUR _____	EUR _____
7.	Einrichtekosten	EUR _____	EUR _____
8.	Unterhaltungs- und Reparaturkosten	EUR _____	EUR _____
9.	Kosten für Werkzeuge, Hilfs- und Betriebsstoffe..	EUR _____	EUR _____
10.	Ausschuß und Nacharbeit	EUR _____	EUR _____
11.	Energiekosten	EUR _____	EUR _____
12.	Raumkosten	EUR _____	EUR _____
13.	Vermögenssteuer und Versicherung	EUR _____	EUR _____
14.	Kosten für Zulieferung und Vorratshaltung	EUR _____	EUR _____
15.	Gesamtkosten (Summe 5 bis 14)	EUR _____	EUR _____
16.	Gesamtkosten mit Ertragsberücktigung (15-4)	EUR _____	EUR _____

17. Betriebsgewinn im nächsten Jahr (16A – 16B) .... EUR _____

18. Vermiedener Kapitalverzehr im nächsten Jahr:

    a) Verminderung des Liquiditätswertes der vorhandenen Anlage im nächsten Jahr   _____

    b) Auf das nächste Jahr entfallender Anteil aus Ausgaben für Großreparaturen   _____

19. Gesamtgewinn im nächsten Jahr (17 + 18a + 18b) .... EUR_____

20. Gesamtgewinn im nächsten Jahr nach Steuerabzug .... EUR_____

IV. Kapitalverzehr des Investitionsvorhabens im nächsten Jahr

IV.	1. Bestandteile	A Gesamtkosten EUR	B Nutzungsdauer Jahre	C Restwert in % von A	D MAPI-Diagramm Nr.	E Diagramm Prozentsatz	F E x A
		EUR	a	%		%	EUR

2. Kapitalverzehr des Investitionsvorhabens im nächsten Jahr (Summe Spalte F) .... EUR_____

V. Rentabilität bzw. Dringlichkeit des Investitionsvorhabens

V.   1. Verfügbarer Betrag zur Kapitalverzinsung im nächsten Jahr (III.20–IV.2) .... EUR_____

    2. Rentabilität bzw. MAPI-Dringlichkeitsmaßzahl (V.1/II.7) x 100 .... _____%

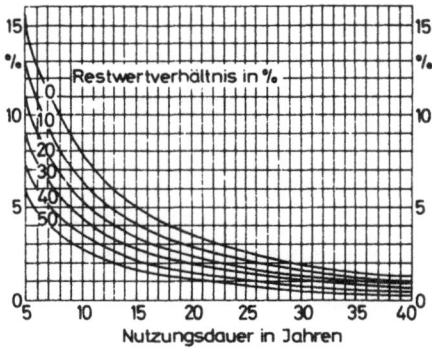

MAPI-Diagramm Nr. 1L

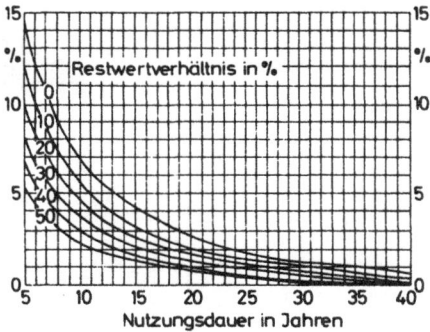

MAPI-Diagramm Nr. 1D

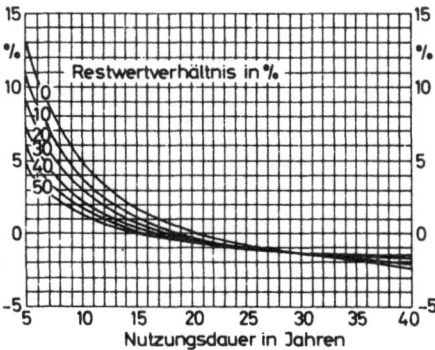

MAPI-Diagramm Nr. 1S

Bild C 5:   MAPI-Diagramme

Durchführung einer Investitionsanalyse mittels MAPI-Formular:

Das MAPI-Formular ist in allen Positionen vor der Erstellung des Investitionsbudgets in der Planungsabteilung in Zusammenarbeit mit den zuständigen Produktionsleitern auszufüllen und dem Geschäftsführer bzw. der Direktion zur letzten Begutachtung vorzulegen. Für spätere Vergleiche und Nachprüfungen sind die Formulare in der Planungsabteilung gut aufzubewahren.

Eine eingehende Beschreibung aller Positionen des Formulares ist in *Zimmermann* [1965] enthalten. Die Durchführung der Analyse eines Investitionsvorhabens ist anhand eines Beispiels gezeigt.

MAPI-Formular zur Analyse von Investitionsvorhaben

I. Allgemeine Angaben

I.   1. Gegenstand der Analyse: Ersatz von 5 Revolver-Drehbänken durch einen Drehautomaten

2. Geschätzter Produktionsumfang

	A. vorhandene Einrichtung		B. Investitionsvorhaben	
3. Beschreibung	XY		Beschreibung	Drehautomat Fabrikat XY
			Auslastungsgrad	100 %
4. Abteilung	0815	Masch. Nr. 4711	Geschätzte Nutzungsdauer	20 a Restwert 10 %

II. Erforderliches Kapital

II.   1. Anschaffungskosten des Investitionshabens .... EUR 110 000
2. Investitionsnebenkosten .... EUR 10 000
3. Gesamtkosten des Projektes (1. + 2.) .... EUR 120 000
4. Liquidationswert der vorhandenen Anlage (mit Steuerberücksichtigung) .... EUR 10 000
5. Erforderliche Ausgaben falls das Investitionsvorhaben nicht durchgeführt wird .... EUR 10 000
6. Freigesetztes oder nicht benötigtes Kapital (4 + 5) .... EUR 20 000
7. Netto-Investitionsaufwand (3—6) .... EUR 100 000

III. Vorteil des Investitionsvorhabens im nächsten Jahr

III.		A. bei vorhandener Anlage	B. bei Neuinvestition
1.	Betriebsgewinn des nächsten Nutzungsjahres	EUR —	EUR —
2.	Qualitätsveränderung der Produkte	EUR —	EUR —
3.	Ausstoßveränderung	—	—
4.	Gesamtertragsveränderung (2 + 3).....................	EUR —	EUR —
5.	Fertigungslohn	EUR 60 000	EUR 12 000
6.	Gemeinkosten — Löhne und Gehälter	EUR 10 000	EUR 10 000
7.	Einrichtekosten	EUR —	EUR 5 000
8.	Unterhaltungs- und Reparaturkosten	EUR 5 000	EUR —
9.	Kosten für Werkzeuge, Hilfs- und Betriebsstoffe	EUR —	EUR 5 000
10.	Ausschuß und Nacharbeit	EUR 1 000	EUR —
11.	Energiekosten	EUR 500	EUR 1 000
12.	Raumkosten	EUR —	EUR —
13.	Vermögenssteuer und Versicherung	EUR —	EUR 500
14.	Kosten für Zulieferung und Vorratshaltung	EUR —	EUR —
15.	Gesamtkosten (Summe 5 bis 14)	EUR 76 500	EUR 33 500
16.	Gesamtkosten mit Ertragsberücksichtigung (15-4)	EUR 76 500	EUR 33 500

17. Betriebsgewinn im nächsten Jahr (16A − 16B) .... EUR 43 000
18. Verminderter Kapitalverzehr im nächsten Jahr:
   a) Verminderung des Liquiditätswertes der vorhandenen Anlage im nächsten Jahr 3 000
   b) Auf das nächste Jahr entfallender Anteil aus Ausgaben für Großreparaturen 10 000
19. Gesamtgewinn im nächsten Jahr (17 + 18a + 18b) .... EUR 56 000
20. Gesamtgewinn im nächsten Jahr nach Steuerabzug .... EUR 28 000

IV. Kapitalverzehr des Investitionsvorhabens im nächsten Jahr

IV. 1. Bestandteile	A Gesamtkosten EUR	B Nutzungsdauer Jahre	C Restwert in % von A	D MAPI-Diagramm Nr.	E Diagramm Prozentsatz	F E x A
Maschine	EUR 90 000	20 a	10 %	1D	2,0 %	EUR 1 800
Nebenkosten	EUR 30 000	10	0	1L	8,0	EUR 2 400

2. Kapitalverzehr des Investitionsvorhabens im nächsten Jahr (Summe Spalte F) .... EUR 4 200

V. Rentabilität bzw. Dringlichkeit des Investitionsvorhabens

V.   1. Verfügbarer Betrag zur Kapitalverzinsung im nächsten Jahr (III.20−IV.2) .... EUR 23 800
2. Rentabilität bzw. MAPI-Dringlichkeitsmaßzahl (V.1/II.7) x 100 .... ~ 24 %

Je höher die errechnete Rentabilität bzw. MAPI-Dringlichkeitsmaßzahl, um so dringlicher ist die Ersatzinvestition.

Von mehreren möglichen oder erwünschten Ersatzinvestitionen werden im Rahmen der zur Verfügung stehenden Mittel diejenigen mit der höchsten Dringlichkeitszahl zuerst getätigt.

3. Klassische dynamische Verfahren

3.1. Allgemeines

Während man bei den statischen Verfahren mit durchschnittlichen jährlichen Erlösen und Kosten arbeitet, wird bei den dynamischen Verfahren die gesamte Nutzungsdauer der Investition betrachtet. Die dynamischen Verfahren unterscheiden sich von den statischen also dadurch, daß der zeitliche Unterschied der Auszahlung und Einzahlung bzw. Erlöse und Kosten einer Investition berücksichtigt werden, indem man sie durch Auf- oder Abzinsen auf einen bestimmten Bezugszeitpunkt wertmäßig vergleichbar macht.

Mit jeder Investition sind zunächst größere Auszahlungen, die **Anschaffungsauszahlungen** A_0 verbunden; in den einzelnen Nutzungsjahren t stehen den **laufenden Einzahlungen** e_t durch Verkauf der produzierten Erzeugnisse dann **laufende Auszahlungen** a_t durch Materialverbrauch, Löhne, Energie usw. gegenüber.

Die erwirtschafteten **Einzahlungsüberschüsse** $d_t = e_t - a_t$ sind von Jahr zu Jahr meist unterschiedlich und selbst bei gleichen Jahresbeträgen nicht gleichwertig; die in den ersten Jahren der Nutzung anfallenden Einzahlungsüberschüsse fallen wegen der häufigen Verzinsungen stark ins Gewicht, während weit in der Zukunft liegende Beträge nur geringen Einfluß haben.

Die mit einer Investition verbundene Zahlungsreihe läßt sich auf einem Zeitstrahl darstellen.

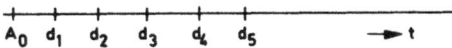

Grundsätzlich ist es gleichgültig, ob die mit einer Investition verbundenen Auszahlungen und Einzahlungen auf einen bestimmten Zeitpunkt **auf-** oder **ab**gezinst werden; es ist jedoch üblich, sie auf den **Planungs- oder Beschaffungszeitpunkt** abzuzinsen; deshalb bezeichnet man die dynamischen Verfahren auch häufig als **Diskontierungsverfahren**.

Bei den Diskontierungsverfahren werden also die erwarteten jährlichen Einzahlungsüberschüsse während der Nutzungsdauer auf den Planungs- oder Beschaffungszeitpunkt diskontiert, wobei im allgemeinen nicht mit kontinuierlich über das Jahr verteilten Zahlungen gerechnet wird, sondern der Einfachheit wegen die Zahlungen zu Jahresbeträgen zusammengefaßt und als am Ende eines Jahres getätigt angesehen werden.

Die bei der Auf- und Abzinsung in der Finanzmathematik verwendeten Formeln sollen im nächsten Beispiel kurz anhand von 7 Aufgabenstellungen in die Erinnerung zurückgerufen werden.

Beispiel C 14:

1. Im Zeitpunkt Null wird eine Zahlung K_0 geleistet, die sich mit p % pro Jahr verzinst. Wie hoch ist der Betrag nach n Jahren, wenn die Zinsen am Jahresende gutgeschrieben werden[3]?

$$K_n = K_0 (1 + i)^n$$

wobei $i = \dfrac{p}{100}$

(Für $K_0 = 10\,000$,– EUR, n = 10 Jahre und p = 10 % wird $K_n = 25\,940$,– EUR.)

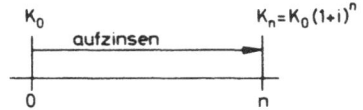

2. Welchen Wert haben K_n EUR, die im Jahre n fällig werden, zum Zeitpunkt Null? (Umkehrung der 1. Aufgabe)

$$K_0 = K_n \dfrac{1}{(1 + i)^n}$$

K_0 ist der Gegenwartswert oder Barwert des auf die Gegenwart abgezinsen (diskontierten) Betrages K_n.

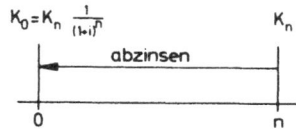

Der Abzinsungsfaktor $\dfrac{1}{(1 + i)^n}$ ist aus der Tabelle C 1 zu ersehen.

3. Situation wie bei 1., jedoch werden die Zinsen m-mal im Jahr in gleichen Zeitabständen gutgeschrieben. Wie hoch ist jetzt der Kapitalbetrag nach n Jahren?

$$K_n = K_0 \left(1 + \dfrac{i}{m}\right)^{mn}$$

(Für $K_0 = 10\,000$,– EUR, n = 10 Jahre, p = 10 % und m = 10 wird $K_n = 27\,050$,– EUR.)

4. Situation wie bei 1., jedoch werden die Zinsen in jedem Moment gutgeschrieben. Jetzt ergibt sich nach n Jahren ein Kapitalbetrag von

$$K_n = K_0 \, e^{in}$$

wobei e = 2,718282 Grundzahl des natürlichen Logarithmus ist.

(Für die bereits oben angegebenen Daten wird $K_n = 27\,182,80$ EUR.)

5. Während n Jahren wird am Ende eines jeden Jahres ein Betrag von k EUR eingezahlt und mit p % verzinst; die Zinsen werden jeweils am Ende des Jahres gutgeschrieben. Wie hoch ist der Betrag nach n Jahren?

$$K_n = k(1 + i)^{n-1} + k(1 + i)^{n-2} + \ldots k(1 + i) + k$$

Die Summe dieser Reihe ergibt[4]

$$K_n = k \dfrac{(1 + i)^n - 1}{i}$$

(Für k = 1 000,– EUR, n = 10 Jahre und p = 10 % wird $K_n = 15\,900$,– EUR.)

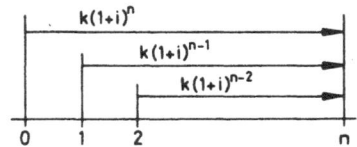

---

[3] $K_1 = K_0 + K_0 i = K_0 (1 + i)$
   $K_2 = K_1 + K_1 i = K_1 (1 + i) = K_0 (1 + i)^2$

[4] $K_n = k(1 + i)^{n-1} + \ldots + k(1 + i) + k$
   $K_{n+1} = K_n (1 + i) = k(1 + i)^n + k(1 + i)^{n-1} + \ldots + k(1 + i)^2 + k(1 + i)$
   $K_{n+1} - K_n = k(1 + i)^n - k$
   $K_n [(1 + i) - 1] = k[(1 + i)^n - 1]$
   $K_n = k \dfrac{(1 + i)^n - i}{i}$

Tabelle C1: *Abzinsungsfaktor* $\dfrac{1}{(1+i)^n}$ wobei $i = \dfrac{P}{100}$

P→ / n↓	2 %	3 %	4 %	6 %	8 %	10 %	12 %	15 %	20 %	25 %	30 %	40 %	50 %	70 %
1	0,9804	0,9709	0,9615	0,9434	0,9259	0,9091	0,8929	0,8696	0,8333	0,8000	0,7692	0,7413	0,6667	0,5882
2	0,9612	0,9426	0,9246	0,8900	0,8573	0,8264	0,7972	0,7561	0,6944	0,6400	0,5917	0,5102	0,4444	0,3460
3	0,9423	0,9151	0,8890	0,8396	0,7938	0,7513	0,7118	0,6575	0,5787	0,5120	0,4552	0,3644	0,2963	0,2035
4	0,9239	0,8885	0,8548	0,7921	0,7350	0,6830	0,6355	0,5718	0,4823	0,4096	0,3501	0,2603	0,1975	0,1197
5	0,9057	0,8626	0,8219	0,7573	0,6806	0,6209	0,5674	0,4972	0,4019	0,3277	0,2693	0,1859	0,1317	0,0704
6	0,8880	0,8375	0,7903	0,7050	0,6302	0,5645	0,5066	0,4323	0,3349	0,2621	0,2072	0,1328	0,0878	0,0414
7	0,8706	0,8131	0,7599	0,6651	0,5835	0,5132	0,4523	0,3759	0,2791	0,2097	0,1594	0,0949	0,0585	0,0244
8	0,8535	0,7894	0,7307	0,6274	0,5403	0,4665	0,4039	0,3269	0,2326	0,1678	0,1226	0,0678	0,0390	0,0143
9	0,8368	0,7664	0,7026	0,5919	0,5002	0,4241	0,3606	0,2843	0,1938	0,1342	0,0943	0,0484	0,0260	0,0084
10	0,8204	0,7441	0,6756	0,5584	0,4632	0,3855	0,3220	0,2472	0,1615	0,1074	0,0725	0,0346	0,0173	0,0050
11	0,8043	0,7224	0,6496	0,5268	0,4289	0,3505	0,2875	0,2149	0,1346	0,0859	0,0558	0,0247	0,0116	0,0029
12	0,7885	0,7014	0,6246	0,4970	0,3971	0,3186	0,2567	0,1869	0,1122	0,0687	0,0429	0,0176	0,0077	0,0017
13	0,7730	0,6810	0,6006	0,4688	0,3677	0,2897	0,2292	0,1625	0,0935	0,0550	0,0330	0,0126	0,0051	0,0010
14	0,7579	0,6611	0,5775	0,4423	0,3405	0,2633	0,2046	0,1413	0,0779	0,0440	0,0254	0,0090	0,0034	0,00059
15	0,7430	0,6419	0,5553	0,4173	0,3152	0,2394	0,1827	0,1229	0,0649	0,0352	0,0195	0,0064	0,0023	0,00035
16	0,7285	0,6232	0,5339	0,3936	0,2919	0,2176	0,1631	0,1069	0,0541	0,0281	0,0150	0,0046	0,0015	0,00021
17	0,7142	0,6050	0,5134	0,3714	0,2703	0,1978	0,1456	0,0929	0,0451	0,0225	0,0116	0,0033	0,0010	0,00012
18	0,7002	0,5874	0,4936	0,3503	0,2502	0,1799	0,1300	0,0808	0,0376	0,0180	0,0089	0,00234	0,00068	0,000071
19	0,6864	0,5703	0,4746	0,3305	0,2317	0,1635	0,1161	0,0703	0,0313	0,0144	0,0068	0,00167	0,00045	0,000042
20	0,6730	0,5537	0,4564	0,3118	0,2145	0,1486	0,1037	0,0611	0,0261	0,0115	0,0053	0,00120	0,00030	0,000025
25	0,6095	0,4776	0,3751	0,2333	0,1460	0,0923	0,0588	0,0304	0,0105	0,0038	0,0014	0,00022	0,000039	0,000002
30	0,5521	0,4120	0,3083	0,1741	0,0994	0,0573	0,0334	0,0151	0,0042	0,0012	0,00038	0,000041	0,000005	
40	0,4529	0,3066	0,2083	0,0972	0,0460	0,0221	0,0107	0,0037	0,00068	0,00013	0,000027	0,000001		
50	0,3715	0,2281	0,1407	0,0543	0,0213	0,0085	0,0035	0,00092	0,00011	0,000014	0,000002			
100	0,1380	0,0520	0,0198	0,0029	0,00045	0,00007	0,00001							

Tabelle C2: *Kapitalwiedergewinnungsfaktor* $\dfrac{i(1+i)^n}{(1+i)^n - 1}$ wobei $i = \dfrac{P}{100}$

P → n↓	0 %	2 %	4 %	6 %	8 %	10 %	12 %	15 %	20 %	25 %	30 %	40 %	50 %	70 %
1	1,00000	1,02000	1,04000	1,06000	1,08000	1,10000	1,12000	1,15000	1,20000	1,25000	1,30000	1,40000	1,50000	1,70000
2	0,50000	0,51505	0,53020	0,54544	0,56077	0,57619	0,59170	0,61512	0,65455	0,69444	0,73478	0,81667	0,90000	1,07037
3	0,33333	0,34675	0,36035	0,37411	0,38803	0,40211	0,41635	0,43798	0,47473	0,51230	0,55063	0,62936	0,71053	0,86989
4	0,25000	0,25262	0,27549	0,28859	0,30192	0,31547	0,32923	0,35027	0,38629	0,42344	0,46163	0,54077	0,62308	0,79521
5	0,20000	0,21216	0,22463	0,23740	0,25046	0,26380	0,27741	0,29832	0,33438	0,37185	0,41058	0,49136	0,57583	0,75304
6	0,16667	0,17853	0,19076	0,20336	0,21632	0,22961	0,24323	0,26424	0,30071	0,33882	0,37839	0,46126	0,54812	0,73025
7	0,14286	0,15451	0,16661	0,17914	0,19207	0,20541	0,21912	0,24036	0,27742	0,31634	0,35687	0,44192	0,53108	0,71749
8	0,12500	0,13651	0,14853	0,16104	0,17401	0,18744	0,20130	0,22285	0,26061	0,30040	0,34192	0,42907	0,52030	0,71018
9	0,11111	0,12252	0,13449	0,14702	0,16008	0,17364	0,18768	0,20957	0,24808	0,28876	0,33124	0,42034	0,51335	0,70595
10	0,10000	0,11133	0,12329	0,13587	0,14903	0,16275	0,17698	0,19925	0,23852	0,28007	0,32346	0,41432	0,50882	0,70349
11	0,09091	0,10218	0,11415	0,12679	0,14008	0,15396	0,16842	0,19107	0,23110	0,27349	0,31773	0,41013	0,50585	0,70205
12	0,08333	0,09456	0,10655	0,11928	0,13270	0,14676	0,16144	0,18448	0,22526	0,26845	0,31345	0,40718	0,50388	0,70120
13	0,07692	0,08812	0,10014	0,11296	0,12652	0,14078	0,15568	0,17911	0,22062	0,26454	0,31024	0,40510	0,50258	0,70071
14	0,07143	0,08260	0,09467	0,10758	0,12130	0,13575	0,15087	0,17469	0,21689	0,26150	0,30782	0,40363	0,50172	0,70042
15	0,06667	0,07783	0,08994	0,10296	0,11683	0,13147	0,14682	0,17102	0,21388	0,25912	0,30598	0,40259	0,50114	0,70024
16	0,06250	0,07365	0,08582	0,09895	0,11298	0,12782	0,14339	0,16795	0,21144	0,25724	0,30458	0,40185	0,50076	0,70014
17	0,05882	0,06997	0,08220	0,09544	0,10963	0,12466	0,14046	0,16537	0,20944	0,25576	0,30351	0,40132	0,50051	0,70008
18	0,05556	0,06670	0,07899	0,09236	0,10670	0,12193	0,13794	0,16319	0,20781	0,25459	0,30269	0,40094	0,50034	0,70005
19	0,05263	0,06378	0,07614	0,08962	0,10413	0,11955	0,13576	0,16134	0,20646	0,25366	0,30207	0,40067	0,50023	0,70003
20	0,05000	0,06116	0,07358	0,08718	0,10185	0,11746	0,13388	0,15976	0,20536	0,25292	0,30159	0,40048	0,50015	0,70002
25	0,04000	0,05122	0,06401	0,07823	0,09368	0,11017	0,12752	0,15470	0,20212	0,25095	0,30043	0,40009	0,50002	0,70000
30	0,03333	0,04465	0,05783	0,07265	0,08883	0,10608	0,12414	0,15230	0,20085	0,25041	0,30011	0,40002	0,50000	0,70000
40	0,02500	0,03656	0,05052	0,06646	0,08386	0,10226	0,12130	0,15056	0,20014	0,25003	0,30001	0,40000	0,50000	0,70000
50	0,02000	0,03182	0,04655	0,06344	0,08174	0,10086	0,12042	0,15014	0,20002	0,25000	0,30000	0,40000	0,50000	0,70000
100	0,01000	0,02320	0,04081	0,06018	0,08004	0,10001	0,12000	0,15000	0,20000	0,25000	0,30000	0,40000	0,50000	0,70000
∞	0,00000	0,02000	0,04000	0,06000	0,08000	0,10000	0,12000	0,15000	0,20000	0,25000	0,30000	0,40000	0,50000	0,70000

Ausführliche Tabellen sind enthalten in *Bächtold, R. V.*: Investitionsrechnung – Grundlagen und Tabellen. Zürich, 1975

6. Wie groß ist der auf den Zeitpunkt Null bezogene Barwert von n Zahlungen des gleichen Betrages k, wenn diese jeweils am Ende der n Jahre fällig sind und die Zinsen (p %) jeweils am Ende eines jeden Jahres gutgeschrieben werden?

Aus der Kombination der 1. und 5. Aufgabe ergibt sich

$$K_n = K_0 (1 + i)^n = k \frac{(1 + i)^n - 1}{i}$$

Daraus ergibt sich

$$K_0 = k \frac{(1 + i)^n - 1}{i(1 + i)^n}$$

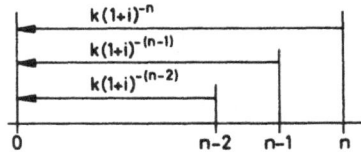

(Für k = 1 000,– EUR, n = 10 Jahre und p = 10 % wird K_0 = 6144,– EUR.)

Der Quotient $\dfrac{(1 + i)^n - 1}{i(1 + i)^n}$ heißt Barwertfaktor (BF) und ist der Kehrwert des Kapitalwiedergewinnungsfaktors (KWF), der aus Tabelle C 2 entnommen werden kann.

7. Welche jährlich gleichen Beträge k müssen vorliegen, damit der Barwert K_0 der Investition einschließlich der gewünschten Verzinsung von p % in n Jahren gedeckt wird? (Umkehrung der 6. Aufgabe)

$$k = K_0 \frac{i(1 + i)^n}{(1 + i)^n - 1}$$

Der Quotient wird Kapitalwiedergewinnungsfaktor genannt. Der Wert kann für verschiedene p und n aus der Tabelle C 2 abgelesen werden.

(Für K_0 = 10000,– EUR, n = 10 Jahre und p = 10 % wird k = 1 628,– EUR.)

Beispiel C15: Es ist die echte Verzinsung der Prämien für eine Kapitalversicherung im Erlebensfall bei einer Versicherungssumme von 1 000,– EUR zu ermitteln und zwar a) ohne und b) mit Berücksichtigung der Steuerersparnis durch die Möglichkeit, die Prämien als Sonderausgaben von den Einnahmen absetzen zu können (angenommener Einkommensteuersatz: 20 %).

Fall I: Vertragsdauer 7 Jahre, jährliche Prämie k = 141,25 EUR (fällig jeweils zum Ende des Jahres)[5]
Gewinnbeteiligung 100,– EUR (d. h. der Betrag, der über die Versicherungssumme hinaus nach Ablauf der Vertragsdauer ausgezahlt wird).

$$K_n = k \frac{(1 + i)^n - 1}{i} \quad \text{Daraus ergibt sich} \quad \frac{(1 + i)^n - 1}{i} = \frac{K_n}{k}$$

Andererseits ist

$$\frac{(1 + i)^n - 1}{i} = \frac{(1 + i)^n - 1}{i(1 + i)^n} \cdot \frac{(1 + i)^n}{1}$$

$$= \frac{1}{\text{Kapitalwiedergewinnungsfaktor}} \cdot \frac{1}{\text{Abzinsungsfaktor}}$$

Die gesuchten p werden bei gegebenem K_n/k aus Tabellenwerten gefunden.

---

[5] Die Höhe der Prämie richtet sich in erster Linie nach dem Lebensalter und dem Gesundheitszustand des Versicherungsnehmers. Die Angaben über Prämien und Gewinnbeteiligung wurden von einer Versicherungsgesellschaft für einen 35-jährigen Versicherungsnehmer gemacht.

a) $\dfrac{(1+i)^7 - 1}{i} = \dfrac{1000 + 100}{141{,}25} = 7{,}8 \rightarrow p = 4\%$

b) $\dfrac{(1+i)^7 - 1}{i} = \dfrac{1000 + 100}{0{,}8 \cdot 141{,}25} = 9{,}7 \rightarrow p = 11\%$

Fall II: Vertragsdauer 12 Jahre, jährliche Prämie k = 81,33 EUR, Gewinnbeteiligung 250,- EUR

a) $\dfrac{(1+i)^{12} - 1}{i} = \dfrac{1000 + 250}{81{,}33} = 15 \rightarrow p = 4\%$

b) $\dfrac{(1+i)^{12} - 1}{i} = \dfrac{1000 + 250}{0{,}8 \cdot 81{,}33} = 19 \rightarrow p = 8\%$

Fall III: Vertragsdauer 26 Jahre, jährliche Prämie k = 39,50 EUR, Gewinnbeteiligung 800,- EUR

a) $\dfrac{(1+i)^{26} - 1}{i} = \dfrac{1000 + 800}{39{,}50} = 45 \rightarrow p = 4\%$

b) $\dfrac{(1+i)^{26} - 1}{i} = \dfrac{1000 + 800}{0{,}8 \cdot 39{,}50} = 57 \rightarrow p = 6\%$

3.2. Kapitalwert-Methode

Bei der Kapitalwert-Methode (present value method) werden sämtliche mit der Investition verbundenen Auszahlungen und Einzahlungen mit Hilfe des Kalkulationszinsfußes (angestrebte Mindestverzinsung) auf den Planungszeitpunkt, d.h. auf den Zeitpunkt unmittelbar vor Beginn der Investition abgezinst. Die Differenz zwischen dem Barwert aller Einzahlungen und dem Barwert aller Auszahlungen wird dabei als Kapitalwert der Investition bezeichnet.

Unterstellt man, daß der erste Kapitaleinsatz, die **Anschaffungsauszahlung** A_0 auf einmal zum Planungszeitpunkt erfolgt und die jährlichen Einzahlungsüberschüsse (Differenz der jährlichen Einzahlung e_t und der jährlichen Auszahlung a_t) als Kapitalrückfluß jeweils am Ende eines Jahres anfallen, so wird bei **jährlich konstanten Einzahlungsüberschüssen** d = e − a der Kapitalwert C (entsprechend der 6. Aufgabenstellung in Beispiel C 14).

$$C = (e - a)\frac{(1+i)^n - 1}{i(1+i)^n} - A_0 \tag{1}$$

wobei C – Kapitalwert
    e – jährlich gleichbleibende Einzahlung
    a – jährlich gleichbleibende Auszahlung
    A_0 – Anschaffungsauszahlung der Investition
    i – Kalkulationszinsfuß
    n – Nutzungsdauer der Investition

$\dfrac{(1+i)^n - 1}{i(1+i)^n}$ Barwertfaktor, Kehrwert des Kapitalwiedergewinnungsfaktors, der in Tabelle C 2 angegeben ist.

Bei **jährlich unterschiedlicher Einzahlung** e_t **und Auszahlung** a_t wird der Kapitalwert

$$C = -A_0 + \sum_{t=1}^{n} \frac{e_t - a_t}{(1+i)^t} \qquad (2)$$

wobei $\dfrac{1}{(1+i)^t}$ Abzinsungsfaktor (vgl. Tabelle C1).

Wird der **Liquidationswert der Anlage** nach Ablauf der Nutzungsdauer R_n ebenfalls berücksichtigt, so wird

$$C = -A_0 + R_n \frac{1}{(1+i)^n} + \sum_{t=1}^{n} \frac{e_t - a_t}{(1+i)^t} \qquad (3)$$

Nach der Kapitalwert-Methode ist eine Investition vorteilhaft, wenn der Kapitalwert positiv ist.

Bei einem Kapitalwert von Null wird gerade die gewünschte Mindestverzinsung (zum Kalkulationszinsfuß) des eingesetzten Kapitals erreicht; positive Kapitalwerte zeigen an, daß die Projekte eine höhere als die angesetzte Mindestverzinsung abwerfen; ein negativer Kapitalwert besagt, daß der geforderte Zinssatz nicht erreicht wird.

Von mehreren Investitionsmöglichkeiten wird diejenige mit dem höchsten Kapitalwert C oder höchster **Kapitalwertrate** C/A_0 (auch als **relativer Kapitalwert** bezeichnet) angesehen.

Das Entscheidungskriterium bei der Kapitalwert-Methode lautet: Beim Vergleich von j verschiedenen Projekten ist das Projekt mit $\max_{j} \{C_j\}$ zu realisieren, falls $C_j > 0$.

Die Berechnung der interessierenden Größen ist in dem folgendem Beispiel gezeigt.

Beispiel C 16:

a) Es ist der Kapitalwert einer Investition mit einem Anschaffungsaufwand von 20000,– EUR bei einem Kalkulationszinssatz von 10%, einer Nutzungsdauer von 5 Jahren und einem jährlich gleichbleibenden Einzahlungsüberschuß von 6000,– EUR zu bestimmen.

$$C = (e + a) \frac{(1+i)^n - 1}{i(1+i)^n} - A_0 = \frac{6000}{0,2638} - 20000 = 2744$$

$$\frac{C}{A_0} = \frac{2744}{20000} = 13,7\%.$$

(Eine Kapitalwertrate von 13,7% bedeutet eine „Überschußverzinsung" von 13,7% in 5 Jahren, d.h. ca. 2,7% pro Jahr über den geforderten Kalkulationszinsfuß hinaus.)

b) Wie ändert sich der Kapitalwert, wenn bei sonst gleichen Daten mit folgenden jährlichen Rückflüssen (Einzahlungsüberschüssen) gerechnet wird: 10000,– EUR, 8000,– EUR, 6000,– EUR, 4000,– EUR und 2000,– EUR.

Die Berechnung erfolgt hier zweckmäßig in einer Tabelle.

Jahr	Zeitwert der Rückflüsse	Abzinsungsfaktor	Barwert der Rückflüsse
t	$e_t - a_t$	$\dfrac{1}{(1 + i)^t}$	$\dfrac{e_t - a_t}{(1 + i)^t}$
0	- 20 000,-	1,0000	- 20 000,-
1	10 000,-	0,9091	9 091,-
2	8 000,-	0,8264	6 611,-
3	6 000,-	0,7513	4 508,-
4	4 000,-	0,6830	2 732,-
5	2 000,-	0,6209	1 242,-
Σ = 10 000,-			C = 4 184,-

$$\frac{C}{A_0} = \frac{4\,184}{20\,000} = 20,9\,\%.$$

c) Wie ändert sich der Kapitalwert, wenn bei sonst gleichen Daten die Rückflüsse wie folgt anfallen: 2 000,- EUR, 4 000,- EUR, 6 000,- EUR, 8 000,- EUR und 10 000,- EUR.

Jahr t	$e_t - a_t$	$\dfrac{1}{(1 + i)^t}$	$\dfrac{e_t - a_t}{(1 + i)^t}$
0	- 20 000,-	1,0000	- 20 000,-
1	2 000,-	0,9091	1 818,-
2	4 000,-	0,8264	3 306,-
3	6 000,-	0,7513	4 508,-
4	8 000,-	0,6830	5 464,-
5	10 000,-	0,6209	6 209,-
Σ = 10 000,-			C = 1 305,-

$$\frac{C}{A_0} = 0,065 = 6,5\,\%.$$

d) Es ist der Einfluß eines unterschiedlichen Kalkulationszinssatzes auf den Kapitalwert zu untersuchen; es wird dies für die unter a) gemachten Annahmen durchgeführt.

Zinssatz	Barwertfaktor	Kapitalwert	Kapitalwertrate
0 %	5,000	10 000,- EUR	50 %
4 %	4,4518	6 711,- EUR	33,6 %
8 %	3,9927	3 956,- EUR	19,8 %
12 %	3,6048	1 629,- EUR	8,1 %
20 %	2,9906	- 2 056,- EUR	- 10,3 %

3.2.1. Auswahlproblem

*Der Vergleich der Kapitalwerte zweier Anlagen ist nur dann sinnvoll, wenn beide Anlagen den gleichen Anschaffungsaufwand und die gleiche Nutzungsdauer haben, d. h. der investierte Betrag und die Dauer der Festlegung muß gleich sein; es muß sich um **vollständige Alternativen** handeln.*

Sind bei den Anlagen unterschiedliche Anschaffungswerte vorhanden, so ist zur Erfüllung der obigen Bedingung der Differenzbetrag zwischen den beiden Anschaffungswerten (als für die eine Anlage nicht benötigtes Kapital) fiktiv als **Ergänzungsinvestition** mit in den Vergleich einzubeziehen (vgl. Beispiel C 17).

Ist die Nutzungsdauer der verschiedenen Alternativen nicht gleich, so ist bei dem Investitionsvorhaben mit der kürzeren Nutzungsdauer eine **Nachfolgeinvestition** für das freigesetzte Kapital während der Restnutzungsdauer der anderen Alternative ebenfalls anzusetzen, um eine Vergleichbarkeit zu ermöglichen (vgl. Beispiel C 18).

Nur unter der Annahme, daß die **Differenz- oder Komplementärinvestition** (Ergänzungs- bzw. Nachfolgeinvestition) zum Kalkulationszinsfuß angelegt und damit ihr Kapitalwert Null wird, kann sie beim Vergleich vernachlässigt werden (vgl. Beispiel C 19).

Bei der Bestimmung des Kapitalwertes können auch **durch Fremdfinanzierung verursachte Zahlungsvorgänge** berücksichtigt werden (vgl. Beispiel C 19).

Die Kapitalwert-Methode unterstellt, daß der Kapitalrückfluß in den einzelnen Jahren bis zum Ende der Nutzungsdauer der verglichenen Projekte in der Höhe und in der zeitlichen Verteilung bekannt ist. Wegen der ungewissen konjunkturellen Entwicklung kann der Kapitalrückfluß vielfach nur mit großer Unsicherheit vorausbestimmt werden; in dieser Unsicherheit über die künftigen Einzahlungsüberschüsse steckt ein gewisses Risiko. Falls es gelingt, Angaben über die Wahrscheinlichkeit der konjunkturellen Entwicklung zu erhalten, so läßt sich das **Investitionsrisiko** durch Bestimmung des sogenannten „**Erwarteten Kapitalwertes**" (besser Erwartungswertes des Kapitalwertes) quantifizieren (vgl. Beispiel C 20).

Beispiel C 17: Zwei alternative Investitionsvorhaben A und B mit gleicher Nutzungsdauer von 5 Jahren aber unterschiedlichem Kapitaleinsatz sind mit Hilfe der Kapitalwert-Methode zu vergleichen. Kalkulationszinssatz 10 %, Kapitaleinsatz für A: 170000,– EUR, Kapitaleinsatz für B: 150000,– EUR, Kapitalrückflüsse

für A: 70000,–, 50000,–, 50000,–, 50000,– und 30000,– EUR
für B: 55000,–, 50000,–, 50000,–, 40000,– und 40000,– EUR

Lösung:

Wegen des unterschiedlichen Kapitaleinsatzes ist der Differenzbetrag als Ergänzungsinvestition mit in den Vergleich zu nehmen; es wird angenommen, daß dieser Betrag mit einer Rendite von 15 % an anderer Stelle im eigenen Betrieb eingesetzt wird.

Vorhaben	A		B		Ergänzung zu B	
Kapitaleinsatz	170 000,–		150 000,–		20 000,–	
Kapitalrückfluß	Zeitwert	Barwert	Zeitwert	Barwert	Zeitwert	Barwert
1. Jahr	70 000,–	63 640,–	55 000,–	50 000,–	3 000,–	2 727,–
2. Jahr	50 000,–	41 320,–	50 000,–	41 320,–	3 000,–	2 479,–
3. Jahr	50 000,–	37 570,–	50 000,–	37 570,–	3 000,–	2 254,–
4. Jahr	50 000,–	34 150,–	40 000,–	27 320,–	3 000,–	2 049,–
5. Jahr	30 000,–	18 630,–	40 000,–	24 840,–	3 000,–	1 863,–
Summe Rückfluß	250 000,–	195 310,–	235 000,–	181 050,–	15 000,–	11 372,–
Kapitalwert		25 310,–		31 050,–		−8 628 –

22 422,–

Investitionsvorhaben A ist der Kombination B inklusive Ergänzung zu B vorzuziehen. Würde man die Ergänzungsinvestitionen fälschlicherweise nicht berücksichtigen, so würde Vorhaben B als das vorteilhaftere erscheinen.

Beispiel C 18: Zwei alternative Investitionen A und B mit gleichem Kapitaleinsatz aber unterschiedlicher Nutzungsdauer sind nach der Kapitalwert-Methode zu vergleichen. Kalkulationszinssatz 10 %, Kapitaleinsatz in beiden Fällen 150 000,– EUR.

Anlage	Nutzungsdauer	Kapitalrückfluß							
A	8 Jahre	30 000	40 000	40 000	40 000	40 000	40 000	40 000	30 000
B	5 Jahre	50 000	50 000	40 000	40 000	20 000	–	–	–

Lösung:

Wegen der unterschiedlichen Nutzungsdauer ist das freigesetzte Kapital bei der Anlage mit der kürzeren Nutzungsdauer als Nachfolginvestition mit in die Rechnung aufzunehmen. Die Schätzung der Kapitalrückflüsse für die Nachfolginvestition bereitet häufig Schwierigkeiten; in der folgenden Rechnung wurden sie so angesetzt, daß die Summe der Zeitwerte der Rückflüsse der Alternativen gleich sind.[6]

Vorhaben	A		B		Nachfolge zu B	
Kapitaleinsatz	150 000,–		150 000,–		150 000,–	
Kapitalrückfluß	Zeitwert	Barwert	Zeitwert	Barwert	Zeitwert	Barwert
1. Jahr	30 000,–	27 270,–	50 000,–	45 460,–	–	–
2. Jahr	40 000,–	33 050,–	50 000,–	41 320,–	–	–
3. Jahr	40 000,–	30 050,–	40 000,–	30 050,–	–	–
4. Jahr	40 000,–	27 320,–	40 000,–	27 320,–	–	–
5. Jahr	40 000,–	24 840,–	20 000,–	12 420,–	–	–
6. Jahr	40 000,–	22 580,–	–	–	40 000,–	22 580,–
7. Jahr	40 000,–	20 530,–	–	–	30 000,–	15 400,–
8. Jahr	30 000,–	14 000,–	–	–	30 000,–	14 000,–
Summe Rückfluß	300 000,–	199 640,–	200 000,–	156 570,–	100 000,–	51 980,–
Kapitalwert		49 640,–		6 570		51 980,–
				58 550,–		

Die Anlage B mit anschließender Nachfolgeinvestition ist vorteilhafter als die Anlage A.

Beispiel C 19: Es ist zwischen zwei alternativen Investitionsprojekten A und B nach der Kapitalwert-Methode bei einem Kalkulationszinsfuß von 15 % zu entscheiden.

Das Projekt A besteht aus der Investition einer Anlage zu einem Anschaffungsaufwand von 120 000,– EUR mit einer Nutzungsdauer von 8 Jahren. Man rechnet mit einem Deckungsbeitrag (Erlös minus direkte Kosten) von jährlich 30 000,– EUR. Bei Durchführung dieses Projektes kann ein Bankkredit von 75 000,– EUR zu 10 % rückzahlbar in 5 gleichen Jahresraten aufgenommen werden.

Das Projekt B besteht aus der Investition einer Anlage zu einem Anschaffungsaufwand von 60 000,– EUR mit einer Nutzungsdauer von 4 Jahren. Nach Ablauf dieser 4 Jahre wird noch einmal die gleiche Anlage investiert. Man rechnet mit einem jährlichen Deckungsbeitrag von 25 000,– EUR. Der Lieferant der Anlage erklärt sich nach harten Verhandlungen bereit, jeweils einen Kredit von 30 000,– EUR zu einem Zinssatz von 8 % rückzahlbar in 3 gleichen Jahresraten zu gewähren.

Es kann bei der Berechnung unterstellt werden, daß die Differenzinvestitionen zum Kalkulationszinssatz angelegt und deshalb im Vergleich vernachlässigt werden können.

---

[6] Besser wäre der Ansatz einer nochmaligen Investition von B im 5. Jahr und Verkauf im 8. Jahr.

$$C_{B+NB} = -A_0 + \sum_{t=1}^{5} \frac{e_t - a_t}{(1+i)^t} - A_5 \frac{1}{(1+i)^5} + \sum_{t=5}^{8} \frac{e_t - a_t}{(1+i)^t} + R_8 \frac{1}{(1+i)^8}$$

Lösung:

Es empfiehlt sich die tabellarische Ermittlung des Kapitalwertes.

Projekt A:

Jahr	Zahlungen (in 1000,– EUR) Anschaffung + Rückfluß	Kredit	Zinsen	Summe Zahlung EUR (Zeitwert)	Abzinsungs-faktor	Summe Zahlung EUR (Barwert)
0	– 120	75	–	– 45	1,0000	– 45 000
1	30	– 15	– 7,5	7,5	0,8696	6 522
2	30	– 15	– 6,0	9,0	0,7561	6 805
3	30	– 15	– 4,5	10,5	0,6575	6 904
4	30	– 15	– 3,0	12,0	0,5718	6 862
5	30	– 15	– 1,5	13,5	0,4972	6 712
6	30	–	–	30	0,4323	12 969
7	30	–	–	30	0,3759	11 277
8	30	–	–	30	0,3269	9 807
	Zeitwertsumme			97 500	Kapitalwert	22 858

Projekt B:

Jahr	Zahlungen (in 1000,– EUR) Anschaffung + Rückfluß	Kredit	Zinsen	Summe Zahlung EUR (Zeitwert)	Abzinsungs-faktor	Summe Zahlung EUR (Barwert)
0	– 60	30	–	– 30	1,0000	– 30 000
1	25	– 10	– 2,4	12,6	0,8696	10 957
2	25	– 10	– 1,6	13,4	0,7561	10 132
3	25	– 10	– 0,8	14,2	0,6575	9 336
4	–60 +25	30	–	– 5,0	0,5718	– 2 859
5	25	– 10	– 2,4	12,6	0,4972	6 265
6	25	– 10	– 1,6	13,4	0,4323	5 793
7	25	– 10	– 0,8	14,2	0,3759	5 338
8	25	–	–	25	0,3269	8 173
	Zeitwertsumme			70 400	Kapitalwert	23 135

Ergebnis: Da der Kapitalwert des Projektes B höher ist als der des Projektes A, ist die Realisierung des Projektes B zu empfehlen. Bei statischer Betrachtungsweise (orientiert an der Zeitwertsumme) würde man dem Projekt A den Vorzug gegeben haben.

Beispiel C 20: Ein Unternehmen steht vor folgendem Auswahlproblem:

	Anlage A	Anlage B
Anschaffungsaufwand (EUR)	50 000,–	50 000,–
Nutzungsdauer (Jahre)	2	2
Einzahlungsüberschuß bei Hochkonjunktur (EUR/Jahr)	100 000,–	80 000,–
bei Rezession (EUR/Jahr)	10 000,–	40 000,–

Die Übergangswahrscheinlichkeiten W für die wirtschaftliche Entwicklung werden wie folgt geschätzt:

Jahr	1	2
Hochkonjunktur	60 %	40 %
Rezession	40 %	60 %

Wie hoch ist der Erwartungswert des Kapitalwertes jeder Anlage bei einem Kalkulationszinssatz von 10 % und welche Anlage ist zu empfehlen?

Lösung:

Die verschiedenen möglichen Ereignisse mit den zugehörigen Übergangswahrscheinlichkeiten und Einnahmenüberschüssen können in einem sogenannten Ereignisbaum dargestellt werden.

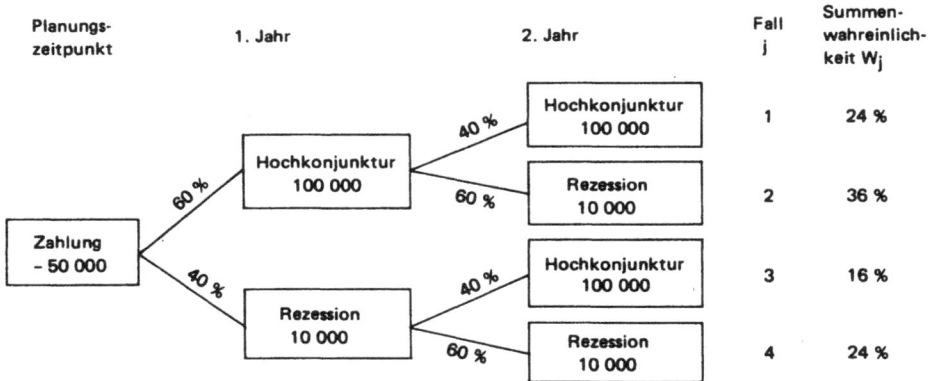

Planungs-zeitpunkt	1. Jahr	2. Jahr	Fall j	Summen-wahreinlich-keit W_j
		Hochkonjunktur 100 000	1	24 %
	Hochkonjunktur 100 000	Rezession 10 000	2	36 %
Zahlung − 50 000		Hochkonjunktur 100 000	3	16 %
	Rezession 10 000	Rezession 10 000	4	24 %

(Übergangswahrscheinlichkeiten: 60 % / 40 %; 40 % / 60 %; 40 % / 60 %)

Bild C 6: Ereignisbaum für Anlage A

Der Kapitalwert der Anlage A für die 4 möglichen Ereignisse (Fälle) ergibt sich wie folgt:

$$C_{A1} = -50000 + 100000 \cdot 0,9091 + 100000 \cdot 0,8264 = 123550$$
$$C_{A2} = -50000 + 100000 \cdot 0,9091 + 10000 \cdot 0,8264 = 49174$$
$$C_{A3} = -50000 + 10000 \cdot 0,9091 + 100000 \cdot 0,8264 = 41731$$
$$C_{A4} = -50000 + 10000 \cdot 0,9091 + 10000 \cdot 0,8264 = -32645$$

Der „durchschnittlich erwartete Kapitalwert" wird somit

$$C_{A,\,erw.} = \Sigma W_j C_{Aj} = 0,24 \cdot 123550 + 0,36 \cdot 49174 +$$
$$0,16 \cdot 41731 - 0,24 \cdot 32645$$
$$= 46195$$

Auf gleiche Weise läßt sich der erwartete Kapitalwert der Anlage B bestimmen; es ergibt sich (Prüfe nach!)

$$C_{B,\,erw.} = 54461$$

Damit ist die Anlage B der Anlage A überlegen.

3.2.2. Mindestnutzungsdauer – Dynamische Amortisationszeit

*Der untere Grenzwert für die Zweckmäßigkeit einer Investition ist **ein Kapitalwert von Null**; ein Kapitalwert von Null besagt, daß die Investition gerade die geforderte Mindestverzinsung erreicht.*

Da der Kapitalwert eine Funktion der Nutzungsdauer ist, kann man die Mindestnutzungsdauer aus der Kapitalwertgleichung bestimmen.

Bei konstanten Einzahlungsüberschüssen kann man die Mindestnutzungsdauer $n_{(C\,=\,0)}$ aus

$$C = (e - a) \frac{(1 + i)^n - 1}{(1 + i)^n \cdot i} - A_0 = 0$$

mit Hilfe der Tabelle der Kapitalwiedergewinnungsfaktoren ermitteln.

Bei unterschiedlichen Einzahlungsüberschüssen wird die Mindestnutzungsdauer tabellarisch oder graphisch ermittelt (vgl. Beispiel C 21).

*Die Mindestnutzungsdauer ist identisch mit der **dynamischen Amortisationszeit**, d.h. der Zeit, die zur Amortisation der Investition durch die Einnahmenüberschüsse unter Berücksichtigung von Zinseszinsen erforderlich ist.*

Während bei der **statischen Amortisationsrechnung** eine Verzinsung nicht berücksichtigt wird, stellt die **dynamische Amortisationsrechnung** fest, in welchem Zeitraum der Kapitaleinsatz zuzüglich der gewünschten Verzinsungen dem Unternehmen wieder zugeflossen ist.

Die dynamische Amortisationszeit ist außer vom Verlauf der Einnahmenüberschüsse sehr stark vom verwendeten Kalkulationszinssatz abhängig; ein niedriger Zinssatz führt zu einer kurzen Amortisationszeit und ein hoher Zinssatz zu einer langen. Man beachte, daß die statische Amortisationszeit ein Spezialfall der dynamischen ist, nämlich mit einem Zinssatz von Null; daher ist die dynamische Amortisationszeit stets länger als die statische.

Beispiel C 21: Bestimmung der statischen und dynamischen Amortisationszeit mit den Daten des Beispieles C 16 b

Jahr	1	2	3	4	5
statische Betrachtung					
Zeitwert der Rückflüsse $e_t - a_t$	10 000	8 000	6 000	4 000	2 000
Kumulierte Rückflüsse	10 000	18 000	24 000	28 000	30 000
statische Amortisationszeit			n = 2,3 Jahre		
C(0 %) = Zeitwert der Rückflüsse − 20 000 EUR	− 10 000	− 2 000	4 000	8 000	10 000
dynamische Betrachtung					
Abzinsungsfaktor $1/(1 + i)^n$	0,9091	0,8264	0,7513	0,6830	0,6209
Barwert der Rückflüsse	9 091	6 611	4 508	2 732	1 242
Kumulierte (Barwert)-Rückflüsse	9 091	15 702	20 210	22 942	24 184
dynamische Amortisationszeit			n ≈ 3 Jahre		
C(10 %) = Barwert der Rückflüsse − 20 000 EUR	− 10 909	− 4 298	210	2 942	4 184

Aufgrund der tabellarischen Ermittlung der statischen und dynamischen Amortisationszeit ist zu erkennen:

Die statische Amortisationszeit ist erreicht, wenn die kumulierten Zeitwert-Rückflüsse gerade so groß sind wie der Zeitwert des Kapitaleinsatzes. Für diesen Zeitpunkt ist der Kapitalwert der Investition (bei einem Zinsfuß: p = 0 %) gerade gleich Null.

Entsprechend kann die dynamische Amortisationszeit mit Hilfe des Kumulationsverfahrens ermittelt werden; nur werden in diesem Fall nicht die Zeitwerte der Rückflüsse, sondern die Barwerte der Rückflüsse kumuliert, bis die Höhe des Barwertes des Kapitaleinsatzes erreicht ist; das bedeutet gleichzeitig, daß der Kapitalwert (unter Berücksichtigung der gewünschten Verzinsung) gerade Null ist.

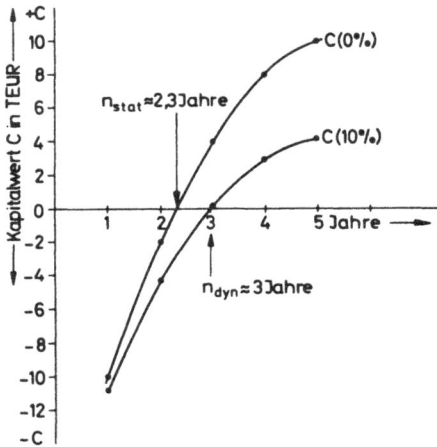

Bild C 7: Grafische Ermittlung der Amortisationszeit für Beispiel C 21

3.2.3. Optimale Nutzungsdauer

Da die Höhe der Einzahlungsüberschüsse sowie die Restwerte der Investitionen mit steigender Nutzungsdauer sinken, das Investitionsobjekt durch Reparaturen andererseits technisch fast unbegrenzt nutzbar erhalten werden kann, erhebt sich die Frage nach der optimalen Nutzungsdauer.

*Die optimale Nutzungsdauer auf der Basis des Kapitalwertes ist diejenige Nutzungsdauer, bei der ein **maximaler Kapitalwert** erreicht wird.*

Man kann die optimale Nutzungsdauer ermitteln, indem man den Kapitalwert für verschiedene Nutzungsdauern bestimmt; der höchste Kapitalwert kennzeichnet dann die optimale Nutzungsdauer (vgl. Beispiel C 22).

Da der Kapitalwert C eine Funktion der Nutzungsdauer n ist, kann man auch die erste Ableitung dC/dn bilden und die optimale Nutzungsdauer durch Nullsetzen der ersten Ableitung finden (vgl. Beispiel C 23).

Die Integralschreibweise der Kapitalwertgleichung (3) lautet

$$C = -A_0 + R_n \frac{1}{(1+i)^n} + \int_{t=1}^{t=n} \frac{e_t - a_t}{(1+i)^t} dt$$

Das Maximum von C liegt vor für $\frac{dC}{dn} = 0$. Vor dem Differenzieren ist es zweckmäßig das Integral zu lösen, und zwar nach der Formel

$$\int a^x dx = \frac{a^x}{\ln a} + C \quad \text{bzw.} \quad \int_{x=1}^{x=n} a^x dx = \frac{a^n}{\ln a} - \frac{a^1}{\ln a}$$

$$\int_{t=1}^{t=n} \frac{(e_t - a_t) dt}{(1+i)^t} = \frac{(e_n - a_n)}{(1+i)^n \ln(1+i)} - \frac{(e_1 - a_1)}{(1+i)\ln(1+i)}$$

Damit wird

$$C = -A_0 + R_n \frac{1}{(1+i)^n} + \frac{e_n - a_n}{(1+i)^n \ln(1+i)} - \frac{e_1 - a_1}{(1+i)\ln(1+i)}$$

Die konstanten Glieder (1. und 4. Glied) der Gleichung verschwinden durch die Differentiation. Das zweite Glied der Gleichung wird nach der Produktregel

$$(uv)' = uv' + u'v \text{ und nach } \frac{d\,a^x}{dx} = a^x \ln a$$

differenziert. Der erste Differentiationsquotient wird gleich Null gesetzt.

$$\frac{dC}{dn} = R_n \frac{\ln(1+i)}{(1+i)^n} + R_n' \cdot \frac{1}{(1+i)^n} + \frac{e_n - a_n}{(1+i)^n} = 0$$

(Man beachte, daß $\frac{d\,a^x}{dx} = a^x \ln a$ ist.)

Damit wird

$$|e_n - a_n| = R_n \ln(1+i) + R_n'$$

Für kleine Werte von i wird $\ln(1+i) = i$. Außerdem ist $R_n' = R_{n-1} - R_n$.

Damit wird

$$|e_n - a_n| = i\,R_n + (R_{n-1} - R_n). \tag{4}$$

In Worten: Die optimale Nutzungsdauer ist erreicht, wenn der Einzahlungsüberschuß der Periode $e_n - a_n$ gleich der Summe aus

1. den Zinsen auf den Restverkaufserlös der Periode $i\,R_n$ und
2. der Minderung des Restverkaufserlöses während der Periode $R_{n-1} - R_n$ ist.

Falls der Restverkaufserlös einer Anlage Null ist, so ist die optimale Nutzungsdauer so lange noch nicht erreicht, wie noch positive Einnahmenüberschüsse vorhanden sind.

Beispiel C 22: Ein Autobesitzer, der einen PKW zu einem Preis von 8 000,– EUR beschafft hat und pro km eine Pauschale von 0,25 EUR von seinem Arbeitgeber erstattet bekommt, möchte den optimalen Ersatzzeitpunkt unter Berücksichtigung von 10 % Zinsen und des jeweiligen Restwertes in den einzelnen Jahren bestimmen. Folgende Daten wurden geschätzt:

Nutzungsjahr t	1	2	3	4	5
Gefahrene Kilometer	20 000	18 000	22 000	16 000	19 000
Einnahmen EUR e_t	5 000	4 500	5 500	4 000	4 750
Betriebsausgaben a_t	2 400	2 100	2 800	2 900	3 800
Geschätzter Restwert R_t	5 700	4 800	3 600	2 900	2 100

Lösung unter Verwendung der Kapitalwert-Gleichung (3).

	Nutzungsjahr t	1	2	3	4	5
1.	Restwert R_t	5700	4800	3600	2900	2100
2.	$\frac{1}{(1+i)^t}$ (nach Tabelle C 1)	0,9091	0,8264	0,7513	0,6830	0,6209
3.	$\frac{R}{(1+i)^t}$	5182	3968	2705	1981	1304
4.	$e_t - a_t$	2600	2400	2700	1100	950
5.	$\frac{(e_t - a_t)}{(1+i)^t}$	2366	1987	2029	752	590
6.	$\sum\limits_{t=1}^{n} \frac{(e_t - a_t)}{(1+i)^t}$	2366	4353	6382	7134	7724
7.	$\frac{R}{(1+i)^t} + \sum \frac{(e_t - a_t)}{(1+i)^t}$	7548	8321	9087	9115	9028
8.	Kapitalwert $C(t)$	-452	321	1087	1115	1028

Der höchste Kapitalwert ergibt sich im 4. Jahr; folglich ist es zweckmäßig, den PKW zu Beginn des 5. Nutzungsjahres zu ersetzen.

Beispiel C 23: Untersuchen Sie den in Beispiel C 22 dargestellten Fall mit der in Gleichung (4) gegebenen Beziehung

	Nutzungsjahr n	1	2	3	4	5
1.	Restwert R_n	5700	4800	3600	2900	2100
2.	Zinsen $i R_n$	570	480	360	290	210
3.	Wertminderung R'_n	2300	900	1200	700	800
4.	$i R_n + R'_n$	2870	1380	1560	990	1010
5.	$e_n - a_n$	2600	2400	2700	1100	950

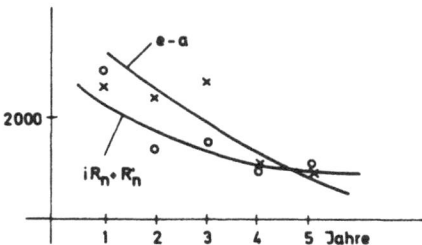

Bild C 8: Grafische Ermittlung der optimalen Nutzungsdauer

Ergebnis: Wenn man vom ersten Nutzungsjahr absieht, ist bis zum Ende des 4. Nutzungsjahres stets

$$(e_n - a_n) > i R_n + (R_{n-1} - R_n)$$

und damit ein Ersatz des PKW bis zu diesem Zeitpunkt unzweckmäßig; erst zu Beginn des 5. Nutzungsjahres wäre ein Ersatz angezeigt.

Bei den bisherigen Überlegungen wurde die optimale Nutzungsdauer nur eines einmaligen Investitionsobjektes bestimmt. Plant man jedoch mehrere identische Investitionsobjekte in der Weise zu wiederholen, daß das Ende des einen mit dem Beginn des nächsten identischen Objektes zusammenfällt (z. B. Ersatz eines alten PKW durch einen gleichartigen neuen), so muß die ganze Investitionskette betrachtet werden.

Hierbei ist wie folgt vorzugehen: Für jedes Glied k = 1, 2, 3, ... der Investitionskette wird der jeweilige Kapitalwert C_k ermittelt. Diese Kapitalwerte sind dann auf den Beginn des ersten Gliedes der Kette abzuzinsen und zu addieren, um den Kapitalwert C_g der ganzen Kette zu erhalten.

$$C_g = C_1(n_1) + C_2(n_2) \frac{1}{(1+i)^{n_1}} + C_3(n_3) \frac{1}{(1+i)^{n_1+n_2}} + \ldots$$

Zur Bestimmung des Maximums ist diese Gleichung partiell nach $n_1, n_2, n_3, \ldots$ zu differenzieren und die Ableitung gleich Null zu setzen.

Für eine Kette mit nur zwei Gliedern, d.h. einmalige identische Wiederholung des Investitionsobjektes, wird demnach für das erste Investitionsobjekt

$$|e_{n_1} - a_{n_1}| = i R_{n_1} + R'_{n_1} + i C_2$$

Der letzte Summand dieser Gleichung, die Zinsen auf den Kapitalwert des nachfolgenden Investitionsobjektes, bewirkt, daß die optimale Nutzungsdauer des ersten Kettengliedes kürzer ist als die optimale Nutzungsdauer eines einmaligen Investitionsobjektes (vgl. Gleichung (4) und Beispiel C 23).

Für das zweite Investitionsobjekt ergibt sich

$$|e_{n_2} - a_{n_2}| = i R_{n_2} + R'_{n_2}$$

Für das letzte Investitionsobjekt einer Kette ergibt sich also die gleiche optimale Nutzungsdauer wie für ein einmaliges Investitionsobjekt.

Je mehr identische Wiederholungen eines Investitionsobjektes folgen, desto kürzer wird die optimale Nutzungsdauer des ersten Gliedes der Investitionskette, da es auch die Zinsen auf den Kapitalwert der Folgeinvestitionen verdienen muß. Für den Fall einer unendlichen Investitionskette wird sie extrem kurz und ist bei allen Wiederholungsobjekten gleich, da diese ja wiederum erste Glieder einer unendlichen Kette sind.

Der Kapitalwert C_g der unendlichen Kette identischer Investitionsobjekte ergibt sich aus

$$C_g = C(n) + C(n) \frac{1}{(1+i)^n} + C(n) \frac{1}{(1+i)^{2n}} + \ldots = C(n) \frac{(1+i)^n}{(1+i)^n - 1}$$

3.3. Methode des Internen Zinsfußes

*Unter dem Internen Zinsfuß r einer Investition versteht man **den Zinsfuß, der** – verwendet als Diskontierungszinsfuß – **einen Kapitalwert von Null ergibt.** Der Interne Zinsfuß r zeigt an, wie hoch die Rendite der jeweils gebundenen Kapitalbeträge der Investition unter Berücksichtigung der Verzinsung ist.*

Der Interne Zinsfuß kann positiv, negativ und imaginär sein. Im Falle einer Anschaffungsauszahlung zum Zeitpunkt Null und jeweils konstanten **Einzahlungsüberschüssen** kann man den Internen Zinsfuß unter Verwendung der Gleichung (1) für den Kapitalwert und der Tabellen für den Kapitalwiedergewinnungsfaktor hinreichend genau bestimmen (vgl. Beispiel C 24).

In allen anderen Fällen erfordert die Ermittlung des Internen Zinsfußes die Lösung einer Gleichung n-ten Grades, die bis zu n Lösungen aufweisen kann.

Die meisten in der Praxis vorkommenden Investitionen besitzen Zahlungsreihen mit folgenden Eigenschaften:

1. Sie beginnen zunächst mit wenigstens einer Anschaffungsauszahlung; in den folgenden Jahren weisen sie vorwiegend positive Einzahlungsüberschüsse auf. Daraus ergibt sich

- das Zeitzentrum der Auszahlungen liegt vor dem Zeitzentrum der Einzahlungen,
- das Vorzeichen wechselt innerhalb der Zahlungsreihe meist nur einmal.

2. Die Summe der Einzahlungen ist größer als die Summe der Auszahlungen.

Investitionen dieser Art nennt man **Normalinvestitionen**; sie haben stets nur einen positiven Internen Zinsfuß; dies läßt sich aus der Kapitalwertfunktion solcher Normalinvestitionen ableiten.

$$C = -A_0 + \sum_{t=1}^{n} \frac{e_t - a_t}{(1+i)^t}$$

Für $i = -1$ wird $C = \infty$
Für $i = +\infty$ wird $C = -A_0$

Das Steigungsmaß der Funktion zwischen diesen beiden Werten für i ist durch die erste Ableitung der Funktion nach i gegeben

$$\frac{dC}{di} = -\sum_{t=1}^{n} \frac{t(e_t - a_t)}{(1+i)^{t+1}}$$

Da t und $e_t - a_t$ positiv sind, bleibt mit Werten $-1 < i < +\infty$ die Steigung stets negativ, d. h. der Kurvenverlauf ist monoton fallend. Es existiert also nur ein Schnittpunkt der Funktion mit der i-Achse, also nur ein Interner Zinsfuß.

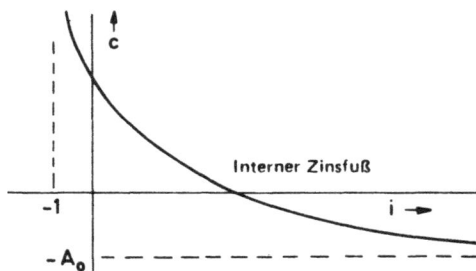

Bild C 9: Der Kapitalwert in Abhängigkeit vom Zinsfuß

Bei Normalinvestitionen mit **unterschiedlichen jährlichen Einzahlungsüberschüssen** wird der Interne Zinsfuß unter Verwendung der Gleichung (2) oder (3) für den Kapitalwert durch systematisches Probieren ermittelt, indem man mit zwei unterschiedlichen Probier-Zinssätzen so abzinst, daß je ein positiver und ein negativer Kapitalwert entsteht. Durch rechnerische oder graphische Interpolation kann man dann den Internen Zinsfuß als den Diskontierungszinssatz ermitteln, der zu einem Kapitalwert von Null führt (vgl. Beispiel C 24).

Beispiel C 24: Für eine Investition mit einer Anschaffungsauszahlung von 20 000,– EUR, einer Nutzungsdauer von 5 Jahren und einem Restwert von Null ist der Interne Zinsfuß r zu ermitteln.

a) bei jährlich konstanten Einzahlungsüberschüssen von 6 000,– EUR,
b) bei folgender Zahlungsreihe {10 000, 8 000, 6 000, 4 000, 2 000}

Lösung zu a)

$$C = (e-a) \frac{(1+i)^n - 1}{i(1+i)^n} - A_0 = 0$$

$$\frac{i(1+i)^n}{(1+i)^n - 1} = \frac{(e-a)}{A_0} = \frac{6\,000}{20\,000} = 0,3$$

Aus Tabelle C 2 ergibt sich bei n = 5 und p = 15 % ein Wiedergewinnungsfaktor 0,29832. Der Interne Zinssatz beträgt also r ≈ 15 %.

Lösung zu b)

Als Probier-Zinssätze werden gewählt r_1 = 10 % und r_2 = 20 %. Damit lassen sich die zugehörigen Kapitalwerte wie folgt bestimmen:

Jahr	Abzinsungsfaktoren r_1 = 10 %	r_2 = 20 %	Zeitwert	Zahlungsreihe Barwert für r_1	Barwert für r_2
0	1,0000	1,0000	− 20 000	− 20 000	− 20 000
1	0,9091	0,8333	10 000	9 091	8 333
2	0,8264	0,6944	8 000	6 611	5 555
3	0,7513	0,5787	6 000	4 508	3 472
4	0,6830	0,4823	4 000	2 732	1 929
5	0,6209	0,4019	2 000	1 243	804
	Kapitalwerte			4 185	93

Unterstellt man näherungsweise einen mit dem Zinssatz *linear* abfallenden Kapitalwert, so ist nach dem Strahlensatz

$$\frac{C_1}{C_2} = \frac{(r - r_1)}{(r - r_2)}$$

$$C_1 r - C_1 r_2 = C_2 r - C_2 r_1$$

Damit wird

$$r = \frac{C_1 r_2 - C_2 r_1}{C_1 - C_2}$$

Für die in diesem Beispiel gegebenen Werte wird

$$r = \frac{4\,185 \cdot 0,2 - 93 \cdot 0,1}{4\,185 - 93} - 0,202 = 20,2\,\%$$

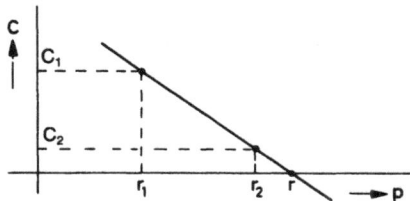

Bild C 10:   Der Kapitalwert in Abhängigkeit vom Zinsfuß (lineare Näherung)

Werden **zwei Investitionsalternativen** miteinander verglichen, so sind – wie auch bei der Kapitalwertmethode – **folgende Prämissen** zu beachten:

a) Kapitaleinsatz und Nutzungsdauer beider Alternativen müssen gleich sein; andernfalls ist eine Differenzinvestition (Komplementärinvestition) anzusetzen oder zu unterstellen, daß eine solche sich zum Internen Zinsfuß verzinst.

b) Der Kapitalrückfluß muß in seiner Höhe und zeitlichen Verteilung bekannt sein und zum errechneten Internen Zinsfuß reinvestiert werden.

Das Entscheidungskriterium bei der Methode des Internen Zinsfußes lautet: Beim Vergleich von j verschiedenen Projekten ist das Projekt mit $\max_{j} \{r_j\}$ zu realisieren, falls $r_j \geq r_{mindest}$.

Für Ersatzprobleme ist die Methode des Internen Zinsfußes **nicht geeignet**, da die in der Vergangenheit getätigte Anschaffungsauszahlung der vorhandenen Anlage nicht mehr in die Rechnung einfließt und damit der bestimmte Interne Zinsfuß unendlich hoch wird.

Während die Interne Zinsfuß-Methode in der betriebswirtschaftlichen Praxis zunehmend an Bedeutung gewinnt, wird die Zweckmäßigkeit und Aussagefähigkeit dieser Methode in der betriebswirtschaftlichen Literatur immer wieder stark diskutiert[7].

Die Methode des Internen Zinsfußes ist m. E. deshalb gegenüber der Kapitalwertmethode vorzuziehen, weil letztere in ihrer Aussagefähigkeit von dem gewählten Diskontierungsprozentsatz abhängt.

Kapitalwertmethode und Methode des Internen Zinsfußes können bei einem Vorteilsvergleich mehrerer Investitionsobjekte zu unterschiedlichen, ja gegensätzlichen Ergebnissen führen, weil bei der Kapitalwertmethode unterstellt wird, daß sich die Komplementärinvestition zum Kalkulationszinsfuß verzinst, während bei der Methode des Internen Zinsfußes angeommen wird, daß sie sich zum Internen Zinsfuß verzinst.

Wie bereits gezeigt, fällt der Kapitalwert mit steigendem Kalkulationszinssatz. In Bild C 11 ist der mögliche Verlauf der Kapitalwerte zweier Investitionen A und B dargestellt.

Aus Bild C 11 ist zu ersehen, daß bei dem dargestellten Verlauf der Kapitalwerte bei Verwendung eines Kalkulationszinssatzes $p < p_k$ die Investitionsentscheidung bei einer Orientierung am höchsten Kapitalwert zu einem anderen Ergebnis führt als bei der Orientierung am höchsten Internen Zinssatz r. Für $p > p_k$ stimmen dagegen die Entscheidungen überein.

---

[7] *Hosterbach, E.:* Einige kritische Bemerkungen zur Kapitalwertmethode. Zeitschrift für Betriebswirtschaft (ZfB) 40 (1970), S. 613–620, 42 (1972), S. 201–216
Hosterbach, E.: Kapitalwert oder Interner Zinsfuß. ZfB 42 (1972), S. 376–377
Haberstock, L.: Einige kritische Bemerkungen zur Kapitalwertmethode. ZfB 41 (1971), S. 285–288
Haberstock, L.: Kapitalwert oder Interner Zinsfuß. ZfB 42 (1972), S. 216–218
Biergans, E.: Kritische Bemerkungen zur Kritik am Internen Zinsfuß. Zeitschrift für Betriebswirtschaftliche Forschung und Praxis 25 (1973), S. 241–261. Verlag Neue Wirtschaftsbriefe, Herne-Berlin
Buchner, R.: Die Problematik des Internen Zinsfußes als zielkonformes Auswahlkriterium zur Bestimmung des optimalen Investitionsprogrammes. ZfB 43 (1973), S. 237–264
Buchner, R.: Zur Frage der Zweckmäßigkeit des Internen Zinsfußes als investitionsrechnerisches Auswahlkriterium. ZfB 43 (1973), S. 693–710
Buchner, R. und *Weinreich, J.:* Die Bedeutung der Reinvestitionsprämisse für die Diskussion um die Zielkonformität des Internen Zinsfußes. Zeitschrift für betriebswirtschaftliche Forschung und Praxis, Jahrgang 27 (1975), S. 533–550
Witten, P. und *Zimmermann, H.-G.:* Zur Eindeutigkeit des internen Zinssatzes und seiner numerischen Bestimmung. ZfB 47 (1977), S. 99–114

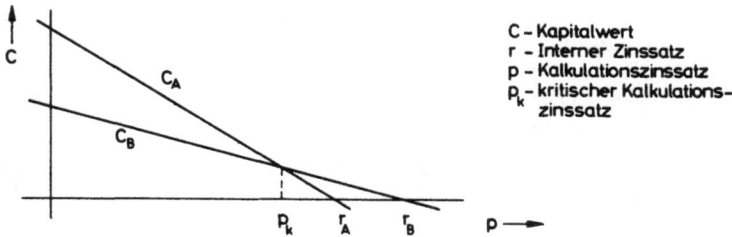

C – Kapitalwert
r – Interner Zinssatz
p – Kalkulationszinssatz
p_k – kritischer Kalkulationszinssatz

Bild C 11: Möglicher Verlauf der Kapitalwerte zweier Investitionen A und B in Abhängigkeit vom Kalkulationszinssatz

Beispiel C 25: Der Kapitalwert zweier alternativer Investitionsobjekte mit einem Anschaffungsaufwand von jeweils 20 000,– EUR und einer Nutzungsdauer von 5 Jahren ist in Abhängigkeit vom Kalkulationszinssatz darzustellen und der Interne Zinsfuß der beiden Investitionsobjekte grapfisch zu bestimmen. Die Zahlungsreihen sind wie folgt gegeben:

$$I_A \{-20\,000,\ 10\,000,\ 8\,000,\ 6\,000,\ 4\,000,\ 2\,000\}$$
$$I_B \{-20\,000,\ 2\,000,\ 4\,000,\ 6\,000,\ 8\,000,\ 10\,000\}$$

Die ermittelten Kapitalwerte sind für verschiedene i ermittelt.

i	C_A	C_B
0 %	10 000	10 000
5 %	6 821	5 133
10 %	4 185	1 305
15 %	1 971	– 1 745
20 %	93	– 4 206

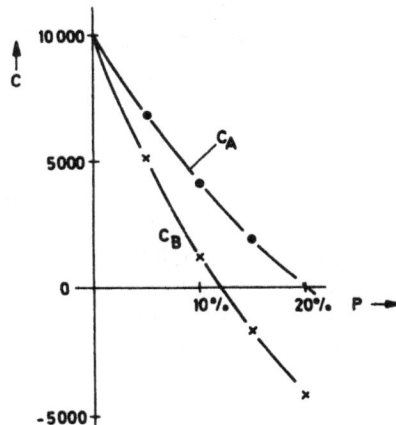

Bild C 12: Graphische Ermittlung des Internen Zinsfußes

Aus der Auftragung der einzelnen Kapitalwerte C = f(p) ergeben sich die Internen Zinssätze

$$r_A = 20\%$$
$$r_B = 12\%$$

Hier erhält man sowohl bei der Orientierung am maximalen Kapitalwert, als auch bei der Orientierung am maximalen internen Zinssatzes, die gleiche Entscheidung, nämlich die Bevorzugung der Investition A.

3.4. Annuitäts-Methode

Die dritte Version der Diskontierungsmethoden ist die Annuitäts-Methode. Während bei der Kapitalwert-Methode die jährlich unterschiedlichen Ein- und Auszahlungen während der Nutzungsdauer der Investition auf den Planungs- oder Bezugszeitpunkt diskontiert werden und so der Kapitalwert der Investition bestimmt wird, ist der Kapitalwert bei der Annuitäts-Methode wiederum in gleichbleibenden Jahresraten auf die Nutzungsdauer umzulegen. Es handelt sich bei der Annuität – häufig auch als Gewinnannuität bezeichnet – also um eine Rente[8] aus dem Kapitalwert.

Die Annuität g einer Investition ist der mit dem Kapitalwiedergewinnungsfaktor multiplizierte Kapitalwert C einer Investition

$$g = C \frac{i(1+i)^n}{(1+i)^n - 1} \tag{5}$$

Falls mit **jährlich gleichen Einzahlungsüberschüssen** gerechnet werden kann, vereinfacht sich die Ermittlung der Annuität insofern, als man den Kapitalwert nicht vorher zu bestimmen braucht. In diesem Fall ergibt sich aus (5) und (1)

$$g = (e - a) - A_0 \frac{i(1+i)^n}{(1+i)^n - 1}$$

wobei e – durchschnittliche jährliche Einzahlungen
      a – durchschnittliche jährliche Auszahlungen

$A_0 \dfrac{i(1+i)^n}{(1+i)^n - 1} = k_d$ – der jährliche Kapitaldienst ohne Restwert-Berücksichtigung

A_0 – Anschaffungsauszahlung

Damit kann man die Annuität einfach ermitteln aus

$$g = e - a - k_d \tag{6}$$

Der **Kapitaldienst** k_d ist der Betrag, der jährlich erwirtschaftet werden muß, damit der Anschaffungsbetrag der Investition einschließlich der gewünschten Mindestverzinsung während der Nutzungsdauer zurückgewonnen wird.

Zur Errechnung des jährlichen Kapitaldienstes ist es vielfach unerläßlich, den voraussichtlichen Restwert (Liquidationserlös) R_n der Anlage nach Ablauf der geschätzten Nutzungsdauer n zu berücksichtigen. Der Kapitaldienst k_d unter Berücksichtigung des Restwertes nach Ablauf der Nutzungsdauer ergibt sich aus

$$k_d = (A_0 - R_n) \frac{i(1+i)^n}{(1+i)^n - 1} + R_n i \tag{7}$$

Das Entscheidungskriterium bei der Annuitätsmethode lautet: Beim Vergleich von j verschiedenen Objekten ist das Objekt mit $\max_j \{g_j\}$ zu realisieren, falls $g_j \geq g_{mindest}$.

Beispiel C 26: Eine Anlage kann für 100000,– EUR beschafft werden. Man erwartet nach einer Nutzungsdauer von 10 Jahren noch einen Restwert von 20000,– EUR. Die jährlichen Einnahmenüberschüsse (ohne Berücksichtigung des Kapitaldienstes) werden auf 30000,– EUR geschätzt. Es ist mit Hilfe der Annuitätsmethode zu prüfen, ob die Investition vorteilhaft ist, wenn eine Verzinsung von 10 % gefordert wird!

---

[8] Rente = eine in gleichen Zeitabständen regelmäßig wiederkehrende gleichhohe Zahlung.

Nach (7) ist

$$k_d = (100\,000 - 20\,000) \cdot 0{,}16275 + 20\,000 \cdot 0{,}1 = 13\,020 + 2\,000 = 15\,020$$
$$g = e - a - k_d = 30\,000 - 15\,020 \approx 15\,000$$

Die Investition erbringt eine Annuität von 15\,000,– EUR und ist damit zu empfehlen.

Beispiel C 27: Der Einfluß unterschiedlicher Einzahlungsüberschüsse auf die Annuität einer Investition ist bei einem Zinssatz von 20 % zu untersuchen. Gegeben sind folgende Zahlungsreihen:

$$I_A \{-20\,000,\ 10\,000,\ 8\,000,\ 6\,000,\ 4\,000,\ 2\,000\}$$
$$I_B \{-20\,000,\ 2\,000,\ 4\,000,\ 6\,000,\ 8\,000,\ 10\,000\}$$

Investition A

t	$e_t - a_t$	$\dfrac{1}{(1+i)^t}$	$\dfrac{(e_t - a_t)}{(1+i)^t}$
0	– 20 000	1,0000	– 20 000
1	10 000	0,8333	8 333
2	8 000	0,6944	5 555
3	6 000	0,5787	3 472
4	4 000	0,4823	1 929
5	2 000	0,4019	804
$g = 0{,}334\,C = 31$			C = 93

Investition B

t	$e_t - a_t$	$\dfrac{1}{(1+i)^t}$	$\dfrac{(e_t - a_t)}{(1+i)^t}$
0	– 20 000	1,0000	– 20 000
1	2 000	0,8333	1 667
2	4 000	0,6944	2 778
3	6 000	0,5787	3 472
4	8 000	0,4823	3 858
5	10 000	0,4019	4 019
$g = 0{,}334\,C = -1406$			C = – 4206

Die Investition A ist sowohl nach der Annuitäts- als auch nach der Kapitalwertmethode vorteilhaft.

Die Annuitätsmethode führt stets zum gleichen Ergebnis wie die Kapitalwertmethode. Die Annuitätsmethode wird in der Praxis häufiger verwendet als die Kapitalwertmethode, weil die Annuität der Denkungsart des Praktikers eher entspricht.

Für **Ersatzprobleme** sind Kapitalwert- und Interne Zinsfuß-Methode ungeeignet, da die in der Vergangenheit getätigten Auszahlungen und Einzahlungen bezüglich der Altanlage nicht in die Rechnung einfließen; hier ist die Annuitätsmethode besser geeignet.

Beispiel C 28: Ein Industrieunternehmen steht vor folgender Frage: Soll eine bereits ausgewählte neue Anlage sofort angeschafft werden oder soll man die vorhandene alte Anlage noch weiter verwenden? Das Problem soll mittels der Annuitätsmethode untersucht werden (Kalkulationszinssatz 10 %). Gegeben sind folgende Informationen:

	Alte Anlage	Neue Anlage
Anschaffungswert	–	300 000,– EUR
Marktwert	100 000,– EUR	–
Restliche Nutzungsdauer	1 Jahr	4 Jahre
Marktwert nach Ablauf der Nutzungsdauer	60 000,– EUR	100 000,– EUR
Erlöse pro Jahr	130 000,– EUR	140 000,– EUR
Betriebsausgaben pro Jahr	60 000,– EUR	30 000,– EUR
Lösung:		
Kapitaldienst (nach (7)) pro Jahr	50 000,– EUR	73 094,– EUR
Annuität (nach (6))	20 000,– EUR	36 900,– EUR

Bei Orientierung an den maximalen Annuitäten ist die alte Anlage sofort durch eine neue zu ersetzen.

Beispiel C 29: Ein Unternehmen hat die Auswahl zwischen zwei Alternative A und B. Die Anlage A hat bei gleichen jährlichen Einnahmen zwar niedrige Betriebsausgaben/Stunde aber infolge höherer Anschaffungsausgaben auch einen höheren Kapitaldienst. Es ist zu untersuchen, ab welcher jährlichen Auslastung (Betriebsstunden) die Anlage A günstiger ist als die Anlage B.

Gegeben sind folgende Daten:

	Anlage A	Anlage B
Anschaffungsausgaben	100 000,– EUR	80 000,– EUR
Nutzungsdauer	10 Jahre	8 Jahre
Restwert nach dieser Zeit	10 000,– EUR	8 000,– EUR
Verzinsung (gefordert)	10 %	10 %
Betriebsausgaben/Stunde	15,– EUR	18,– EUR

Nach (7) errechnet sich der Kapitaldienst

$$\text{der Anlage A} \quad k_{dA} = 15\,648,-\,DM$$
$$\text{der Anlage B} \quad k_{dB} = 14\,295,-\,DM$$

Bei der Unterstellung, daß außer dem Kapitaldienst weitere fixen Kosten bei beiden Anlagen in gleicher Höhe anfallen und deshalb im Vergleich nicht berücksichtigt zu werden brauchen, errechnet sich der Grenzwert der Betriebsstunden, d. h. die Betriebsstunden, bei denen beide Anlagen die gleichen Gesamtkosten verursachen, entsprechend Beispiel C 1 wie folgt:

$$k_{dA} + a_A \cdot x = k_{dB} + a_B \cdot x$$

$$x = \frac{k_{dA} - k_{dB}}{a_B - a_A}$$

$$x = \frac{15\,648 - 14\,295}{18 - 15} = 451$$

Wenn also mehr als ca. 450 Betriebsstunden gefahren werden können, ist die Anlage A günstiger als die Anlage B, anderenfalls ist die Anlage B vorzuziehen.

4. Moderne dynamische Verfahren

Bei den statischen und klassischen dynamischen Verfahren der Investitionsrechnung werden nur augenblicklich **anstehende Investitionsobjekte isoliert für sich** und unabhängig von sonstigen im gleichen Unternehmen beabsichtigten oder bereits durchgeführten Investitionen **betrachtet.**

Wenn innerhalb eines Unternehmens ein **Investitionsprogramm** aufgestellt werden soll, werden die einzelnen Investitionsprojekte nach den gewählten Zielkriterien (Kosten, Erfolg, Amortisationsdauer, Rentabilität, Kapitalwert, Interner Zinsfuß oder Annuität) in eine Reihenfolge geordnet und entsprechend dem verfügbaren Kapital realisiert.

Bei einer solchen Vorgehensweise können Interdependenzen zwischen den einzelnen Projekten und sonstige Beschränkungen nicht berücksichtigt werden; jede Investitionsentscheidung hat jedoch Auswirkungen auf den Finanz-, Produktions-, Personal- und Absatzbereich und wird von den Gegebenheiten in diesen Bereichen beeinflußt bzw. unterliegt Beschränkungen, die durch diese Bereiche gegeben sind.

- Finanzbeschränkungen: Kapital und Kredit steht nur in begrenztem Umfang zur Verfügung.
- Kapazitätsbeschränkungen: Die Kapazität der vorhandenen und der zu beschaffenden Anlagen ist begrenzt.
- Absatzbedingungen: Es darf in einer Periode nicht mehr produziert werden als auch abgesetzt werden kann (Absatzbeschränkung); es muß mindestens soviel produziert werden, wie Lieferverpflichtungen vorliegen (Absatzverpflichtungen).
- Beschaffungsbeschränkungen: Rohstoffe und Arbeitskräfte, die zur Verwirklichung der Investitionsprojekte benötigt werden, stehen nur in begrenztem Umfang zur Verfügung.

Die Kritik an den klassischen Verfahren der Investitionsrechnung führte zur Entwicklung mathematischer Modelle im Rahmen des Operations Research mit dem Ziel der **Bestimmung des Optimalen Investitionsprogrammes** auf der Basis der **Linearen**[9] oder **Dynamischen**[10] **Optimierung** sowie der **Simulation**[11].

---

[9] *Albach, H.:* Investition und Liquidität. Die Planung des optimalen Investitionsbudgets. Verlag Dr. Th. Gabler, Wiesbaden 1962

Jacob, H.: Investitionsplanung und Investitionsentscheidung mit Hilfe der Linearprogrammierung. Dr. Th. Gabler, Wiesbaden 1971

Jacob, H.: LP-Modelle der Investitionsplanung. Das Wirtschaftsstudium (WISU), 2. Jahrg. (1973), Heft 5, S. 210ff., Heft 6, S. 260ff., Heft 7, S. 310ff.

Mentzel, K., Scholz, M.: Integrierte Verkaufs-, Produktions- und Investitionsplanung. Ablauf- und Planungsforschung 12 (1971), Heft 1, S. 1–15, Oldenbourg Verlag, München–Wien

Niemeyer, G.: Investitionsentscheidungen mit Hilfe der elektronischen Datenverarbeitung. Walter de Gruyter, Berlin 1970

Schneider, D.: Investition und Finanzierung. Westdeutscher Verlag, Köln 1970 (insbesondere Seite 288–347)

Zimmermann, W.: Flexible Investitionsplanung mit ganzzahliger Programmierung. Ablauf- und Planungsforschung 8 (1967), Heft 4, S. 408–412

[10] *Henke, M.:* Mehrstufige Investitionsentscheidungen bei Ungewißheit – Lösungen auf der Basis der dynamischen Programmierung. Zeitschrift für betriebswirtschaftliche Forschung 25 (1973), Heft 2, S. 113–130, Westdeutscher Verlag, Opladen

Hesselbach, J.: Lösung eines landwirtschaftlichen Maschineninvestitionsproblems mit dynamischer Optimierung. Zeitschrift für Operations Research, Bd. 17 (1973), S. B 1–B 11, Physica Verlag, Würzburg

Laux, H.: Flexible Investitionsplanung, Einführung in die Theorie der sequentiellen Entscheidungen bei Unsicherheit. Westdeutscher Verlag, Köln 1971

Layer, M.: Optimale Kapazitätsausnutzung und Kapazitätsbereitstellung – Sequentielle Produktions- und Investitionsplanung mit Hilfe der Dynamischen Optimierung. Physica Verlag, Würzburg–Wien 1975

Neuvians, G., Zimmermann, H.-J.: Die Ermittlung optimaler Ersatz- und Instandhaltungspolitiken mit Hilfe der dynamischen Programmierung. Ablauf- und Planungsforschung 11 (1970) S. 94–104.

Seelbach, H.: Planungsmodelle in der Investitionsrechnung. Physica Verlag, Würzburg–Wien 1967

Swoboda, P.: Entscheidungen über Ersatzinvestitionen. Das Wirtschaftsstudium WISU 2. Jahrg. (1973), Heft 2, S. 55–60, Heft 3, S. 106–111, Verlage Mohr (Tübingen) und Werner (Düsseldorf)

[11] *Biethahn, J., Liebmann, H.-P.:* Die numerische Behandlung eines gemischt-ganzzahligen Investitionsproblems mit exakten und heuristischen Methoden. Zeitschrift für Betriebswirtschaft 42 (1972), S. 401–420. Dr. Gabler Verlag, Wiesbaden

Heckmann, N., Plein, W.: Investition und Risiko, ein Simulationsmodell zur Investitionsanalyse auf der Basis trendartig formulierter Erwartungen. Zeitschrift für betriebswirtschaftliche Forschung 20 (1968), Heft 11/12, S. 760–784, Westdeutscher Verlag, Opladen

Eine eingehende Darstellung dieser Verfahren würde den Rahmen dieses Abschnittes sprengen[12].

Da bei der **Linearen Optimierung** die Maximierung bzw. Minimierung einer Zielfunktion unter bestimmten Restriktionen durchgeführt wird, liegt es nahe, diese auf das Investitionsproblem anzuwenden; anhand eines Beispieles soll eine gewisse Vorstellung vom Grundgedanken der Anwendung der Linearen Optimierung auf Investitionsprobleme vermittelt werden (vgl. Beispiel C 30 und C 31).

Ist beabsichtigt, ein optimales mehrperiodisches Investitionsprogramm aufzustellen, so erfordert dies die Anwendung der **Dynamischen Optimierung**, die eine flexible Planung durch sequentielle Betrachtungsweise ermöglicht (vgl. Beispiel C 32).

In letzter Zeit wurde der Versuch unternommen, mit **Simulation** solche Investitionsprobleme anzugehen, deren Zahlungsreihe und Nutzungsdauer sehr stark risikobehaftet sind und somit als Zufallsvariable betrachtet werden können (vgl. Beispiel C 33).

Beispiel C 30: Ein Unternehmen stellt auf zwei älteren Maschinen zwei Erzeugnisse her. Spezielle Daten sind aus folgender Übersicht zu ersehen:

	Bearbeitungszeit (Stunden/Stück) bei dem Erzeugnis		Kapazität (Std./Monat) der beiden Maschinen	Fixe Kosten (EUR/Monat)
	1	2		
Maschine 1	2	3	3000	1 000,–
Maschine 2	4	3	6000	3 000,–
Absatzbeschränkung (Stück/Monat)	1500	1500		
Deckungsbeitrag (EUR/Stück)	10,–	9,–		

Durch den Ersatz der vorhandenen Maschine 1 durch eine neue Anlage würden sich die Bearbeitungszeiten dieser Maschine um je eine Stunde/Stück verringern und der Deckungsbeitrag um je ein EUR/Stück erhöhen. Bei gleicher Kapazität betragen die fixen Kosten der neuen Anlage 5 000,– EUR/Monat, während für die alte Maschine 1 nur 1 000,– EUR/Monat zu verrechnen sind. Es ist zu entscheiden, ob der Ersatz der alten Maschine 1 zweckmäßig und welches Produktionsprogramm zu empfehlen ist.

Lösung:

Bezeichnet man mit x_1 die Menge des Erzeugnisses 1
und mit x_2 die Menge des Erzeugnisses 2,

---

[11] *Rühli, E.:* Zur Anwendung der Simulationstechnik in der Investitionsrechnung. Das Wirtschaftswissenschaftliche Studium (WIST) 1 (1972), Heft 5, S. 202–206, Verlage Beck (München) und Franz Vahlen (Frankfurt)
Schweiger, G., Kropfberger, D.: Simultane Optimierung von Investitions- und Informationsbudgets. Das Wirtschaftswissenschaftliche Studium (WIST) 2 (1973), Heft 11, S. 511–518
Wurl, H.: Betriebswirtschaftliche Projektanalysen durch Simulation. Zeitschrift für betriebswirtschaftliche Forschung 24 (1972), S. 362–378, Westdeutscher Verlag, Köln
[12] Eine ausführliche Darstellung dieser Methoden findet sich in *Zimmermann, W./Stache, U.:* Operations Research, München/Wien, 10. Aufl. 2001. Ferner wird auf die empfohlene Literatur zu diesem Buchabschnitt verwiesen.

so ergibt sich bei Orientierung am Gesamtgewinn pro Monat folgende mathematische Beschreibung des Problems

1. Bei Weiterverwendung der alten Maschine 1 (Fall 1):

Zielfunktion, Gewinn (EUR/Monat) $z = 10x_1 + 9x_2 - 4000 \Rightarrow$ Max.

Kapazitätsbeschränkungen:

Maschine 1	$2x_1 + 3x_2 \leqslant 3000$	(1)
Maschine 2	$4x_1 + 3x_2 \leqslant 6000$	(2)

Absatzbeschränkungen:

Erzeugnis 1	$0 \leqslant x_1 \leqslant 1500$	(3)
Erzeugnis 2	$0 \leqslant x_2 \leqslant 1500$	(4)

2. Bei Installation der neuen Anlage (Fall 2):

Zielfunktion $z = 11x_1 + 10x_2 - 8000 \Rightarrow$ Max.

Kapazitätsbeschränkungen:

Maschine 1 *Neu*	$x_1 + 2x_2 \leqslant 3000$	(1)
Maschine 2	$4x_1 + 3x_2 \leqslant 6000$	(2)

Absatzbeschränkungen:

Erzeugnis 1	$0 \leqslant x_1 \leqslant 1500$	(3)
Erzeugnis 2	$0 \leqslant x_2 \leqslant 1500$	(4)

Vernachlässigt man in den Beschränkungsbedingungen (1) bis (2) der beiden Fälle die $<$ Zeichen, so erhält man lineare Gleichungen mit den Variablen x_1 und x_2, die sich in einem rechtwinkligen Koordinatensystem als Geraden darstellen lassen.

Zur Bestimmung der Lage der Geraden ist es zweckmäßig, zuerst zwei ausgezeichnete Punkte zu ermitteln, die dann miteinander verbunden die Gerade ergeben; als solche Punkte empfehlen sich die Schnittpunkte der Geraden mit den Koordinatenachsen, in denen jeweils eine Variable Null ist.

Nachdem die Geraden gezogen sind, wird das zunächst vernachlässigte $<$ Zeichen wieder eingeführt; damit ist angezeigt, daß nur Punkte auf und unterhalb der Geraden zulässig sind. Um zum Ausdruck zu bringen, daß alle Punkte oberhalb der Geraden nicht zulässig sind, wird der Bereich oberhalb der Geraden schraffiert.

Die Absatzbeschränkungen werden entsprechend behandelt; sie besagen, daß für die Variablen nur Werte zwischen 0 und 1500 existieren.

Die Restriktionen bilden im Koordinatensystem einen Bereich, innerhalb welchem eine Lösung unter den gegebenen Bedingungen möglich ist.

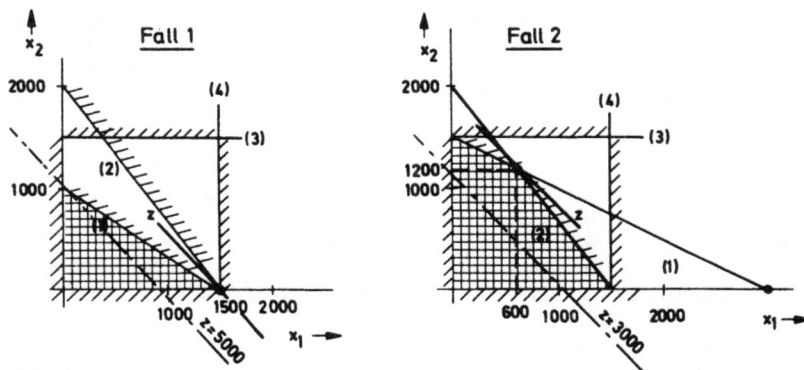

Bild C 13:   Graphische Lösung

Zur Darstellung der Zielfunktion (Gewinngerade) wird zunächst ein fiktiver Gewinn angenommen (z. B. $z = 5000$ im Fall 1 und $z = 3000$ im Fall 2), damit die Neigung Zielfunktion ebenfalls als Gerade (strich-punktiert) in das Diagramm eingezeichnet werden kann.

Durch Parallelverschiebung der strich-punktierten Geraden vom Nullpunkt des Koordinatensystems weg, aber so, daß wenigstens noch ein Berührungspunkt mit dem nicht-schraffierten Bereich existiert, erhält man die optimale Lösung durch die Koordinaten des Berührungspunktes.

Ergebnis im Fall 1: $x_1 = 1500$
$x_2 = 0$
$z = 11000$

Ergebnis im Fall 2: $x_1 = 600$
$x_2 = 1200$
$z = 10600$

Ein Ersatz der alten Maschine ist unter den vorliegenden Bedingungen also noch nicht sinnvoll.

Beispiel C 31

Die Verkehrsbetriebe einer Stadt unterhalten 5 Omnibuslinien mit unterschiedlichen Streckenlängen und folgendem Wagenbedarf

Linie	1	2	3	4	5	Summe
Anzahl Wagen	17	16	21	8	12	74

Der Wagenpark beträgt 80 Fahrzeuge; es stehen also jeweils 6 Fahrzeuge außer Betrieb (Revisionen, Reparaturen, Reservierungen für Sondereinsätze).

Erhebungen aus dem letzten Betriebsjahr ergaben folgende mittleren Zahlen von beförderten Passagieren pro Tag (Zahlen in 1000)

Linie	1	2	3	4	5	Summe
Passagiere	11	14	16	8	7	56

Auf sämtlichen Linien verkehren Busse desselben Typus, die jedoch infolge langjährigen Gebrauchs im Betrieb sehr teuer geworden sind. Sie sind außerdem veraltet und genügen nicht mehr den Anforderungen an Bequemlichkeit, die der Fahrgast erwartet. Die Gesellschaft beschließt daher, ihren Wagenpark zu erneuern; in einer 1. Etappe steht ihr zu diesem Zwecke ein Kredit zur Verfügung, der es gestattet, höchstens 40 Fahrzeuge durch wirtschaftlichere, modernere und komfortablere zu ersetzen.

Der Austausch der Fahrzeuge soll nach folgenden Richtlinien vorgenommen werden:

– Auf allen Linien bleibt die gleiche Anzahl Fahrzeuge wie bisher im Einsatz;
– Die Linien mit den höheren Beförderungszahlen sollen als erste berücksichtigt werden, um möglichst viele Passagiere in den Genuß der größeren Bequemlichkeit zu bringen;
– Die Ersetzung soll linienweise erfolgen, d. h. am Schluß soll es keine Linie geben, auf der gleichzeitig neue und alte Wagen verkehren. (Dies mit Rücksicht auf die Wagenführer, die linienweise eingesetzt sind und umgeschult werden müssen, falls die Linie auf neue Omnibusse eingerichtet wird).
– Aus betrieblichen Gründen müssen von den neu bestellten Wagen wiederum 3 außer Betrieb in Reserve gehalten werden. Es können also höchstens 37 Wagen neuen Modells für den Einsatz verwendet werden.

Wieviel Fahrzeuge hat die Gesellschaft zu ersetzen und wie sollen die neuen Wagen auf die Linien verteilt werden, damit möglichst viele Passagiere in den Genuß des erhöhten Fahrkomforts gelangen?

Bei einem so relativ einfachen Problem ist man geneigt, durch systematisches Probieren alle Möglichkeiten des Ersatzes zu überlegen und diejenige Ersatzkombination mit der höchstmöglichen Anzahl der Passagiere zu realisieren, die nicht mehr als 37 neue Fahrzeuge benötigt.

Eine mögliche Vorgehensweise wäre die in folgender Tabelle dargestellte.

Kombination der Linien	Anzahl der erforderlichen Wagen	Anzahl der beförderten Passagiere	Bemerkung
1 + 2	17 + 16 = 33	11 + 14 = 25	–
1 + 3	17 + 21 = 38	11 + 16 = 27	unmöglich
1 + 4 + 5	17 + 8 + 12 = 37	11 + 8 + 7 = 26	–
2 + 3	16 + 21 = 37	14 + 16 = 30	Optimum
2 + 4 + 5	16 + 8 + 12 = 36	14 + 8 + 7 = 29	–
3 + 4	21 + 8 = 29	16 + 7 = 23	–
3 + 4 + 5	21 + 8 + 12 = 41	16 + 8 + 7 = 31	unmöglich
3 + 5	21 + 12 = 33	16 + 12 = 28	–
4 + 5	8 + 12 = 20	8 + 7 = 15	–

Bei komplexeren Problemen empfiehlt sich jedoch die Aufstellung eines mathematischen Modells.

Führt man eine Variable x_j für alle $j = 1, 2, \ldots, 5$ Linien derart ein, daß man dieser Variablen den Wert 0 zuordnet, falls diese Linie keine neuen Wagen erhält und den Wert 1, falls diese Linie für den Ersatz vorgesehen wird, so erhält man folgende mathematische Beschreibung des Ersatzproblemes:

Zielfunktion (Maximierung zufriedener Passagiere):

$$z = 11x_1 + 14x_2 + 16x_3 + 8x_4 + 7x_5 \Rightarrow \text{Max.}$$

Restriktionen (hinsichtlich der Wagenzahl):

$$17x_1 + 16x_2 + 21x_3 + 8x_4 + 12x_5 \leq 37$$

wobei $x_j = \begin{Bmatrix} 0 \\ 1 \end{Bmatrix}$ für $j = 1(1)5$

Es handelt sich hier um ein Null-Eins-Problem, einem Sonderfall der Ganzzahligen Optimierung. Zur Lösung derartiger Probleme bieten sich folgende Verfahren an:

- Schnittebenenverfahren
- Entscheidungsbaumverfahren
- Heuristische Verfahren.

Im Folgenden soll die Anwendung des Entscheidungsbaumverfahrens dargestellt werden.

Erläuterungen zu Bild C 14:

- Die Variablen x_j werden in Reihenfolge ihres fallenden Δz_j auf den Ebenen des Baumes angeordnet.
- Die Reihenfolge der Bauschritte wird mit i angegeben
- Der Wert der Zielfunktion, den man maximal auf einem Zweig noch erreichen kann, wird mit z angegeben; man erhält diesen Wert, indem man außer der Ebenenvariablen alle anderen $x_j = 1$ setzt:
- Die Zahl der bereits reservierten Wagen wird mit R bezeichnet; zur Bestimmung von R gehen nur die bereits behandelten Ebenenvariablen ein.
- Die Verzweigung wird abgebrochen, sobald entweder $R \geq 37$

$$\text{oder} \quad z < z_{\text{opt}}.$$

Die optimale Lösung wurde mit $z_{opt} = 30$ und $r = 37$ gefunden; sie wird erreicht wenn $x_2 = 1$, $x_3 = 1$ und alle anderen $x_j = 0$.

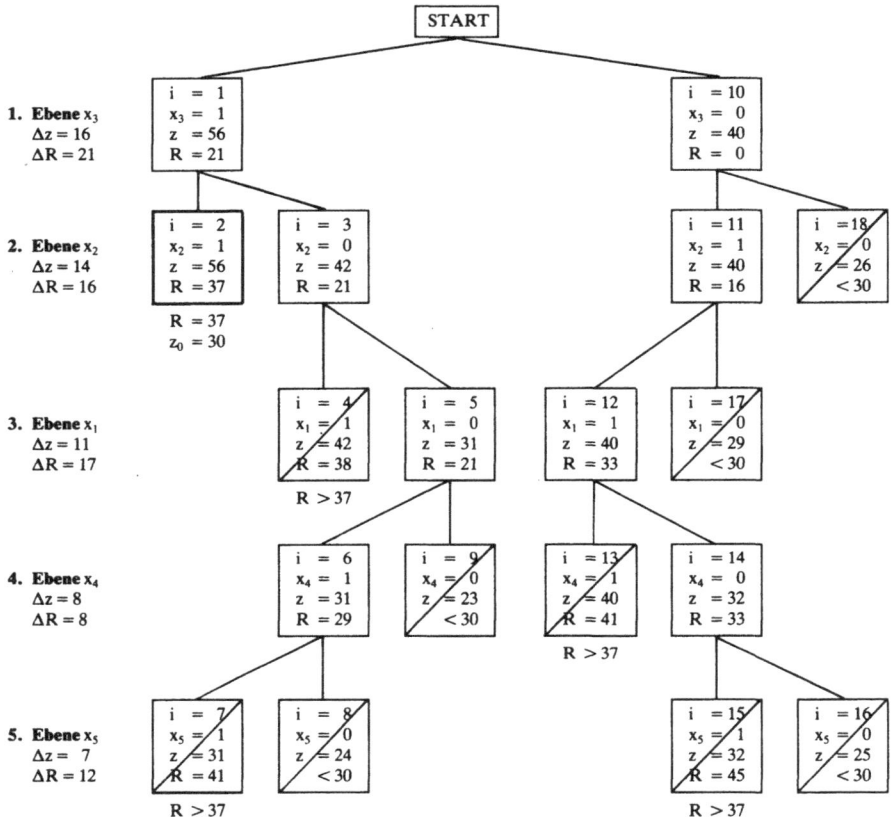

START

1. Ebene x_3
$\Delta z = 16$
$\Delta R = 21$

$i = 1$	$i = 10$
$x_3 = 1$	$x_3 = 0$
$z = 56$	$z = 40$
$R = 21$	$R = 0$

2. Ebene x_2
$\Delta z = 14$
$\Delta R = 16$

$i = 2$	$i = 3$	$i = 11$	$i = 18$
$x_2 = 1$	$x_2 = 0$	$x_2 = 1$	$x_2 = 0$
$z = 56$	$z = 42$	$z = 40$	$z = 26$
$R = 37$	$R = 21$	$R = 16$	< 30

$R = 37$
$z_0 = 30$

3. Ebene x_1
$\Delta z = 11$
$\Delta R = 17$

$i = 4$	$i = 5$	$i = 12$	$i = 17$
$x_1 = 1$	$x_1 = 0$	$x_1 = 1$	$x_1 = 0$
$z = 42$	$z = 31$	$z = 40$	$z = 29$
$R = 38$	$R = 21$	$R = 33$	< 30

$R > 37$

4. Ebene x_4
$\Delta z = 8$
$\Delta R = 8$

$i = 6$	$i = 9$	$i = 13$	$i = 14$
$x_4 = 1$	$x_4 = 0$	$x_4 = 1$	$x_4 = 0$
$z = 31$	$z = 23$	$z = 40$	$z = 32$
$R = 29$	< 30	$R = 41$	$R = 33$

$R > 37$

5. Ebene x_5
$\Delta z = 7$
$\Delta R = 12$

$i = 7$	$i = 8$	$i = 15$	$i = 16$
$x_5 = 1$	$x_5 = 0$	$x_5 = 1$	$x_5 = 0$
$z = 31$	$z = 24$	$z = 32$	$z = 25$
$R = 41$	< 30	$R = 45$	< 30

$R > 37$ $R > 37$

Bild C 14:   Entscheidungsbaum zu Beispiel C 31

Beispiel C 32

Ein Unternehmen hat einen 2 Jahre alten PKW, der noch maximal drei Jahre genutzt werden kann. Die maximale Nutzungsdauer aller zukünftig beschafften PKW sei 5 Jahre. Es ist bekannt, daß der PKW von jetzt ab nur noch 5 Jahre benötigt wird; der dann noch vorhandene PKW soll zum Restwert verkauft werden. Die jährlichen Einzahlungen sind unabhängig vom verwendeten PKW und von dessen Nutzungsdauer und brauchen deshalb nicht in die Rechnung einbezogen zu werden.

Gesucht ist die Ersatzpolitik mit maximalem Kapitalwert bzw. dem niedrigsten Barwert aller Auszahlungen (Kalkulationszinssatz 10 %).

Gegeben sind außerdem folgende Informationen:

Jahr		−2	0	1	2	3	4
Anschaffungsauszahlung		8 000	12 000	14 000	16 000	18 000	20 000
Jährliche Aus- zahlung im	1. Jahr	2 200	2 500	2 700	3 000	3 300	3 500
	2. Jahr	2 600	3 000	3 200	3 500	3 800	4 000
	3. Jahr	3 000	3 500	3 700	4 000	4 200	4 500
	4. Jahr	3 600	4 000	4 300	4 600	4 800	5 000
	5. Jahr	4 400	5 000	5 300	5 600	5 800	6 000
Restwert bei Liquidation im	1. Jahr	5 500	8 000	10 500	12 000	13 500	15 000
	2. Jahr	4 400	6 600	7 700	8 800	9 900	11 000
	3. Jahr	3 600	5 400	6 300	7 200	8 100	9 000
	4. Jahr	2 800	4 200	4 900	5 600	6 300	7 000
	5. Jahr	2 000	3 000	3 500	4 000	4 500	5 000

In den Jahren 0 bis 4 existieren jeweils 2 Entscheidungsalternativen:

Entweder Ersatz (E) oder Nichtersatz (NE) des jeweiligen PKW.

Die Darstellung der Entscheidungssituationen im Entscheidungsbaum ist zur Lösung nicht erforderlich, zum Verständnis der Lösungsmethode jedoch hilfreich.

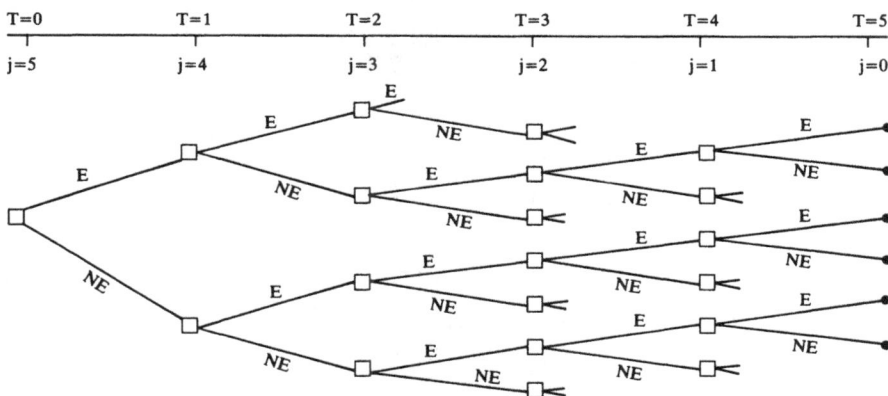

Bild C 15: Entscheidungsbaum zu Beispiel C 32

Mittels der dynamischen Optimierung wird in einer sogenannten Rückwärtsrechnung (beginnend mit dem letzten Jahr vor dem Planungshorizont und stufenweise rückschreitend bis zur Gegenwart) das Problem untersucht.

Die Entscheidung auf jeder Stufe orientiert sich am Kapitalwert; der größte der beiden Kapitalwerte a) bei Ersatz oder b) bei Nicht-Ersatz bestimmt die Entscheidung. Die entsprechende Rekursionsbezeichnung lautet

$$C_{T, t} = \text{Max.} \begin{cases} R_{T, t} - A_T + \dfrac{(e - a)_{T+1, T}}{(1 + i)} + \dfrac{C_{T+1, T}}{(1 + i)} & \text{bei E} \\[3mm] \dfrac{(e - a)_{T+1, t}}{(1 + i)} + \dfrac{C_{T+1, t}}{(1 + i)} & \text{bei NE} \end{cases}$$

wobei T   = Planungszeitpunkt
    t   = Anschaffungszeitpunkt der alten Anlage
    $R_{T, t}$ = Restwert zum T der zu t beschafften Anlage
    A_T = Anschaffungsauszahlung der neuen Anlage zu T

$$\frac{(e-a)_{T+1,T}}{(1+i)} = \text{Einzahlungsüberschuß der zu T beschafften Anlage während der Periode von T bis T + 1, abgezinst auf T.}$$

$$\frac{C_{T+1,T}}{(1+i)} = \text{Kapitalwert aller von T + 1 bis zum Planungshorizont getätigten Zahlungen, abgezinst auf T}$$

Rückwärtsrechnung:

T	t	$R_{T,t}$	$-A_T$	$\frac{a_{T+1,T}}{1+i}$ (Ersatz)	$\frac{C_{T+1,T}}{1+i}$ (Ersatz)	$= C_{T,E}$	$\frac{a_{T+1,T}}{1+i}$ (Nicht-Ersatz)	$\frac{C_{T+1,T}}{1+i}$ (Nicht-Ersatz)	$= C_{T,NE}$	Max. C_T	Bemerkung
4	0	4200	−20000	−3500/1,1	+15000/1,1	= − 5332	−5000/1,1	+ 3000/1,1	= − 1818	− 1818	NE
4	1	6300	−20000	−3182	+13650	= − 3232	−4300/1,1	+ 4900/1,1	= + 546	+ 546	NE
4	2	8800	−20000	−3182	+13650	= − 732	−4000/1,1	+ 7200/1,1	= + 2909	+ 2909	NE
4	3	13500	−20000	−3182	+13650	= + 3968	−3800/1,1	+ 9900/1,1	= + 5545	+ 5545	NE
3	−2	2000	−18000	−3300/1,1	+5545/1,1	= −13959	Unmögl., da Wagen 5 Jahre alt		= −13959	−13959	E
3	0	5400	−18000	−3000	+5041	= −10559	−4000/1,1	− 1818/1,1	= − 5290	− 5290	NE
3	1	7700	−18000	−3000	+5041	= − 8259	−3700/1,1	+ 546/1,1	= − 2868	− 2868	NE
3	2	12000	−18000	−3000	+5041	= − 3959	+3500/1,1	+ 2909/1,1	= − 537	− 537	NE
2	−2	2800	−16000	−3000/1,1	− 537/1,1	= −16415	−4400/1,1	−13959/1,1	= −16690	−16415	E
2	0	6600	−16000	−2727	− 488	= −12615	−3500/1,1	− 5290/1,1	= − 7991	− 7991	NE
2	1	10500	−16000	−2727	− 488	= − 8715	−3200/1,1	− 2868/1,1	= − 5516	− 5516	NE
1	−2	3600	−14000	−2700/1,1	−5516/1,1	= −17870	−3600/1,1	−16415/1,1	= −18195	−17870	E
1	0	8000	−14000	−2455	−5015	= −13470	−3000/1,1	− 7991/1,1	= − 9992	− 9992	NE
0	−2	4400	−12000	−2500/1,1	−9992/1,1	= −18956	−3000/1,1	−17870/1,1	= −18972	−18956	E

Vorwärtsverfolgung:

Zeitpunkt T	0	1	2	3	4
Optimale Entscheidung	E	NE	NE	NE	NE

Zusammenfassung: Ersatz des zum Zeitpunkt t = −2 beschafften PKW zum Zeitpunkt T = 0 und Verwendung des neuen PKW bis zum Planungshorizont T = 5.

Beispiel C 33

Man bestimme den Kapitalwert einer Investition, bei der nur die Anschaffungsausgaben in ihrer Höhe mit Sicherheit feststehen. Alle anderen Bestimmungsgrößen des Kapitalwertes sind Zufallsvariable, deren Wahrscheinlichkeiten gegeben sind. Durch Zuordnung von Zufallszahlen zu den Wahrscheinlichkeiten kann der Einfluß des Zufalls berücksichtigt werden.

Festwert $A_0 = 80\,000$ EUR

Zufallsvariable

$n = 3$ mit $P = 30\%$ (ZZ = 00–29)
$n = 4$ mit $P = 60\%$ (ZZ = 30–89)
$n = 5$ mit $P = 10\%$ (ZZ = 90–99)

$i = 0{,}08$ mit $P = 20\%$ (ZZ = 00–19)
$i = 0{,}10$ mit $P = 70\%$ (ZZ = 20–89)
$i = 0{,}15$ mit $P = 10\%$ (ZZ = 90–99)

$R_n = 10\,000$ mit $P = 30\%$ (ZZ = 00–29)
$R_n = 20\,000$ mit $P = 60\%$ (ZZ = 30–89)
$R_n = 30\,000$ mit $P = 10\%$ (ZZ = 90–99)

Erläuterungen:
P = Wahrscheinlichkeit
ZZ = Zufallszahlen (Tab. C 3)
n = Nutzungsjahr
i = Zinsfuß
R = Restwert

Die Einzahlungsüberschüsse $(e_t - a_t)$ sind in TEUR für die einzelnen Jahre mit den geschätzten Wahrscheinlichkeiten wie folgt gegeben:

P \ t	1	2	3	4	5	Zufallszahl
10%	100	90	80	60	40	(ZZ = 00–09)
30%	80	70	60	40	30	(ZZ = 10–39)
40%	50	40	30	20	20	(ZZ = 40–79)
20%	30	20	20	10	10	(ZZ = 80–99)

Tabelle C 3: Dreistellige gleichverteilte Pseudo-Zufallszahlen (nach der modifizierten Kongruenzmethode, Bildungsgesetz $Z_{I+1} = aZ_i + b \pmod m$ mit $Z_0 = 6543$, $a = 33$, $b = 101$, $m = 2^{18}$

	1	2	3	4	5	6	7	8	9	10	11	12	13	14	15	16	17	18	19	20
1	824	194	405	350	550	149	917	247	161	301	938	967	986	901	720	759	36	197	511	873
2	801	441	562	559	451	883	123	68	235	771	444	649	405	357	774	552	209	890	364	27
3	898	620	464	325	721	798	324	695	929	673	194	387	773	495	323	652	500	514	962	738
4	363	981	361	897	602	870	721	799	374	340	217	149	905	882	97	195	447	746	612	189
5	248	182	12	381	559	441	546	19	629	772	465	355	710	425	19	638	50	650	458	118
6	900	698	32	46	510	818	990	671	129	256	446	719	719	715	603	902	756	934	832	469
7	490	163	384	672	171	652	508	759	50	650	454	981	376	488	468	451	875	886	254	371
8	259	562	549	114	778	685	604	930	682	505	669	67	220	273	993	777	643	233	690	785
9	912	90	964	803	502	581	184	81	665	958	602	868	651	469	467	415	708	365	29	972
10	88	895	535	652	516	21	687	658	704	219	223	361	901	739	394	11	359	832	450	858
11	326	747	641	153	53	734	217	145	789	43	427	84	786	925	522	221	292	629	752	805
12	558	405	366	86	833	503	616	314	369	174	750	740	414	667	19	613	219	232	672	183
13	34	120	961	700	109	580	134	415	693	862	442	577	37	216	134	436	391	893	462	243
14	4	142	674	246	128	213	21	697	11	356	753	846	904	822	119	941	56	860	371	234
15	719	720	575	974	141	652	519	137	525	328	815	880	44	451	870	695	948	271	934	833
16	486	38	259	543	909	3	93	75	467	415	687	679	410	524	291	606	987	580	155	100
17	312	310	238	866	589	425	19	642	187	174	748	677	358	808	673	223	351	577	46	258
18	416	731	116	843	804	519	134	417	763	192	349	501	545	0	10	345	400	193	370	199
19	576	20	676	313	325	733	100	936	896	580	131	319	540	811	779	712	505	678	375	365
20	43	429	167	527	403	315	400	450	836	586	345	382	591	492	229	573	918	282	311	275
21	67	207	840	736	288	517	67	207	832	462	241	938	948	291	611	178	887	255	430	179
22	897	604	945	189	230	588	408	459	135	457	68	238	862	460	175	778	662	848	980	327
23	784	862	457	88	899	660	765	234	711	466	394	14	471	533	596	680	428	110	621	480
24	832	446	717	665	933	792	136	484	982	398	127	180	953	465	361	909	5	168	542	898
25	629	755	921	396	75	477	747	654	593	584	270	922	434	325	741	450	847	952	409	487
26	82	713	524	285	390	859	336	91	19	639	96	158	221	305	53	735	246	105	457	71
27	342	290	558	417	761	109	607	23	752	814	853	138	565	653	546	14	451	877	936	899
28	659	736	274	44	439	479	809	698	41	357	791	113	716	620	471	537	713	518	98	221
29	282	301	922	414	673	218	193	368	137	520	162	331	923	457	77	554	281	278	190	287
30	462	235	751	779	714	576	9	281	289	552	213	44	437	413	616	315	406	488	465	347
31	448	788	12	388	812	803	506	689	749	703	197	500	507	737	335	71	338	157	171	651
32	491	211	954	491	217	150	935	841	764	223	362	951	384	681	487	70	326	775	559	450
33	841	752	828	339	178	865	545	987	587	362	955	509	794	205	761	106	511	870	702	151
34	988	607	27	889	338	142	698	23	763	188	191	292	636	993	756	946	202	670	120	944
35	164	424	993	765	261	621	489	135	453	964	811	764	218	192	330	903	805	554	297	802
36	464	302	961	710	445	684	572	879	999	951	380	548	100	305	57	876	907	918	306	88
37	910	42	377	435	361	925	520	167	510	818	986	533	605	962	750	737	319	514	968	950
38	355	701	134	423	963	773	497	406	393	979	308	148	892	433	291	611	162	338	160	271
39	941	66	116	378	481	865	551	183	30	987	574	934	831	407	433	304	39	282	303	996
40	882	104	424	987	562	544	944	158	204	727	997	908	980	354	673	199	576	79	595	648
41	381	563	590	481	881	58	909	949	328	812	797	302	972	76	509	781	789	52	713	544
42	937	913	116	815	906	908	965	847	948	288	512	888	312	303	6	189	249	203	697	0
43	7	237	835	571	838	657	671	151	991	711	454	983	442	682	851	86	825	213	19	639
44	92	21	697	15	493	277	135	463	280	230	583	233	701	130	290	576	7	227	507	741
45	488	722	484	978	273	14	463	263	686	624	599	753	858	307	119	941	40	311	275	75
46	481	888	315	407	433	288	490	186	144	759	50	663	865	553	245	86	846	919	324	707
47	337	107	539	775	587	368	138	541	847	951	371	254	367	106	490	164	396	83	743	521
48	186	133	381	575	985	505	654	573	907	925	522	217	155	105	462	245	100	295	724	909
49	992	744	559	449	808	656	637	21	703	202	662	854	171	633	885	196	461	199	554	298
50	823	149	921	409	507	734	236	781	764	204	747	662	843	809	706	303	994	799	362	945

In der folgenden Tabelle ist der Erwartungswert des Kapitalwertes für vier Simulationsläufe bestimmt worden; man führe weitere fünf Simulationsläufe durch.

Kapitalwert

$$C_j = \sum_{t=1}^{n} \frac{e_t - a_t}{(1+i)^t} + \frac{R_n}{(1+i)^n} - A_0$$

Erwartungswert des Kapitalwertes

$$\varnothing C = \sum_{j=1}^{N} C_j / j$$

j	ZZ	n	t	ZZ	$e_t - a_t$	ZZ	i	$\dfrac{e_t - a_t}{(1+i)^t}$	$\sum\limits_{t=1}^{n} \dfrac{e_t - a_t}{(1+i)^t}$	ZZ	R_n	$\dfrac{R_n}{(1+i)^n}$	C_j	ΣC_j	$\varnothing C$
1	24	3	1	01	100	48	0,1	90,9							
			2	98	20	00	0,08	17,1							
			3	63	30	90	0,15	19,7	127,7	59	20	13,2	60,9	60,9	60,9
2	12	3	1	88	30	34	0,1	27,3							
			2	26	70	04	0,08	60							
			3	58	30	19	0,08	23,8	111,1	86	20	15,9	47,0	107,9	54,0
3	12	3	1	16	80	67	0,1	72,7							
			2	76	40	97	0,15	30,2							
			3	43	30	84	0,1	22,5	125,4	32	20	15,0	60,4	168,3	56,1
4	29	3	1	82	30	82	0,1	27,3							
			2	42	40	62	0,1	33,1							
			3	59	30	48	0,1	22,5	82,9	91	30	22,5	25,4	193,7	48,4
5	41	4	1	88		55									
			2	64		41									
			3	64		82									
			4	10		81				37					
6	07	3	1	92		37									
			2	48		86									
			3	81		92				23					
7	94	5	1	41		63									
			2	20		62									
			3	81		90									
			4	82		95									
			5	98		47				05					
8	20		1	42		10									
			2	20		31									
			3	38		20				29					
9	07		1	04		55									
			2	62		13									
			3	46		90				36					

Nach 4 Simulationen ergibt sich ein Erwartungswert von ca. 50 000 EUR; die Investition ist also zu empfehlen. Man führe weitere Simulationen durch.

5. Schlußbemerkungen

Die praktische Bedeutung der Wirtschaftlichkeits- und Investitionsrechnungen für investitionspolitische Entscheidungen ist heute unumstritten.

Die in früheren Jahren vorwiegend von Praktikern vorgebrachten Einwendungen lauteten insbesondere:

1. Im Rahmen der Überlegungen, die vor einer Investitionsentscheidung anzustellen sind, kann die Investitionsrechnung immer nur die quantifizierbaren, in Geldeinheiten ausdrückbaren Faktoren erfassen; über die rein rechnerisch erfaßbaren Momente hinaus existieren jedoch noch imponderabile und irrationale Momente, wie z. B. Liquidität, Risiko, Prestige, Macht, Unabhängigkeit, Marktsituation, politische Situation usw., die bei der Investitionsentscheidung häufig den Ausschlag geben oder aber sie maßgeblich beeinflussen.

2. Die klassischen Verfahren der Investitionsrechnung basieren auf der Voraussetzung sicherer Erwartungen hinsichtlich der zukünftigen Ausgaben und Einnahmen; diese Voraussetzung ist jedoch in den seltensten Fällen erfüllt.

Die vorgebrachten Einwendungen sind durchaus richtig, aber nicht nur zutreffend für Investitionsrechnungen, sondern für alle auf die Zukunft gerichtete Planungsrechnungen.

Die Tatsache, daß die Investitionsrechnung nicht alle für die Investitionsentscheidung relevanten Faktoren berücksichtigt und die in die Rechnung eingehenden Größen mit Unsicherheit behaftet sind, darf nach Überzeugung maßgeblicher Theoretiker und Praktiker nicht zu dem Schluß verleiten, die Investitionsrechnung sei entbehrlich. Wissenschaftlich fundierte Methoden sind stets zufälligen und nicht auf quantitativen Überlegungen basierenden Schätzungen vorzuziehen. Die Unterstellung sicherer Erwartungen über künftiges Geschehen ist an sich eine nicht gerechtfertigte Vereinfachung; sie erlaubt es aber häufig überhaupt erst, einer Problemlösung näherzukommen. Der Verfasser ist der Auffassung, daß der Verzicht auf die rechnerische Behandlung von Investitionsproblemen gleichbedeutend ist mit dem Verzicht auf rationales wirtschaftliches Handeln überhaupt. Kein Unternehmen kann es sich heute mehr leisten, nur auf das Fingerspitzengefühl erfahrener Praktiker angewiesen zu sein und ohne wissenschaftlich fundierte Analysen und Planungsmethoden auskommen zu wollen.

Es erhebt sich nun die Frage, welchem der dargestellten Verfahren der Investitionsrechnung der Vorzug zu geben ist. Bei der Beantwortung dieser Frage ist zu berücksichtigen, daß eine Investitionsrechnung sowohl theoretisch exakt, als auch praktisch durchführbar sein muß. Leider sind diese beiden Forderungen nicht gut miteinander zu vereinbaren; je exakter eine Rechnung vom theoretischen Standpunkt aus ist, umso schwieriger ist sie im allgemeinen durchzuführen. Das Hauptproblem bei allen Investitionsrechnungen ist die Erfassung der zukünftigen Ein- und Auszahlungen; eine exakte Schätzung, wie sie die dynamischen Verfahren erfordern, ist zum Zeitpunkt der Planung in vielen Fällen nicht möglich. Schätzungsfehler haben hier in der Regel eine viel größere Bedeutung für das Ergebnis der Rechnung, als Verfeinerungen des Rechenverfahrens; in solchen Fällen wäre es unsinnig, zwar exaktere, aber aufwendigere Rechenverfahren einzusetzen.

Das eingesetzte bzw. verwendete Verfahren sollte also dem Informationsgrad im jeweiligen Fall angemessen sein.

Bei nur geringerem Informationsgrad sind die statischen Verfahren zweckmäßig; als Vorteil der statischen Verfahren sind zu nennen insbesondere die Einfachheit und Übersichtlichkeit der Verfahren sowie die relativ einfache Ermittlung der für die Rechnung erforderlichen Größen. Man kann sich auf Durchschnittswerte bei Ein- und Auszahlungen bzw. auf die Werte des ersten Nutzungsjahres beschränken.

Falls einigermaßen sichere Daten für die ganze Nutzungsdauer des Investitionsobjektes vorliegen, d. h. also bei höherem Informationsgrad, sind dynamische Verfahren wegen der exakteren Berücksichtigung der wirtschaftlichen Wirklichkeit, insbesondere der zeitlichen Unterschiede im Anfall der Ein- und Auszahlungen, vorteilhaft.

Die neueren Verfahren der Investitionsrechnung sind zwar wesentlich rechenaufwendiger als die klassischen, erlauben jedoch die zusätzliche Berücksichtigung von Kapazitäts-, Absatz-, Liquiditäts- und Beschaffungsbeschränkungen und sind deshalb den klassischen Verfahren vorzuziehen, vorausgesetzt, man beherrscht den mathematischen Apparat dieser Verfahren.

Für den Fall, daß die in die Rechnung eingehenden Größen mit größeren Unsicherheiten behaftet sind, kann man versuchen, dieses Unsicherheitsmoment in der Investitionsrechnung zu berücksichtigen. Folgende Möglichkeiten bieten sich hierzu an:

1. Die Investitionsrechnung wird von vorneherein mit korrigierten Werten durchgeführt, d. h. man versucht die Unsicherheit durch vorsichtigeren Ansatz der unsicheren Daten bzw. durch Erhöhung des Kalkulationszinssatzes zu kompensieren.

2. Es werden mehrere Rechnungen angestellt (Sensibilitätsanalysen); man versucht durch Ansatz der ungünstigsten und günstigsten Situationen den Variationsbereich (Schwankungsbreite) der Zielgröße zu ermitteln.

3. Mit Hilfe geschätzter Wahrscheinlichkeiten für das Eintreffen zukünftiger Ereignisse versucht man die Unsicherheit durch den Erwartungswert mit in die Investitionsrechnung einzubeziehen. Die praktische Anwendung dieser Verfahrensweise wird jedoch durch die Schwierigkeit der Bestimmung der Wahrscheinlichkeiten erschwert.

6. Übungen zur Wirtschaftlichkeits- und Investitionsrechnung

Die folgenden Aufgaben sind zur selbständigen Bearbeitung gedacht. Der Leser soll dadurch angehalten werden, selbst zu überprüfen, inwieweit er den Stoff verarbeitet hat. Zur Kontrolle der selbständig erarbeiteten Lösungen können die Musterlösungen in Kapitel D 1.4. eingesehen werden.

Aufgabe 1

a) In einer Möbelfabrik ist für einen einmaligen Auftrag über 9 000 Schränke vorgesehen, ein Montageband einzurichten, mit dem bei einem Investitionsaufwand von 29 000,– EUR Montagezeit von 0,5 Stunden/Stück eingespart werden kann. Ist die Investition zweckmäßig, wenn mit 8,– EUR/Stunde Fertigungslohn und Lohnnebenkosten von 50 % des Fertigungslohnes zu rechnen ist (Statische Betrachtungsweise)?

b) Wieviel darf investiert werden, um einen Arbeiter einzusparen, sofern die Betriebsmittel 3 oder 5 oder 10 Jahre genutzt werden können und mit einer Kapitalverzinsung von 10 % p. a. gerechnet wird (Statische Betrachtungsweise)?

Aufgabe 2

Eine Maschinenfabrik erwägt die Anschaffung einer Sondermaschine für die Bearbeitung von Wellen. Der Anschaffungspreis ist mit 210 000,– EUR und die Nutzungsdauer mit 10 Jahren veranschlagt. Die proportionalen Kosten sind hierbei mit

12,– EUR/Welle zu erwarten. Bei einer Standardmaschine mit einem Investitionsaufwand von 160000,– EUR und einer Nutzungsdauer von 15 Jahren würden die proportionalen Kosten für die Bearbeitung einer Welle 18,– EUR betragen. Die Restwerte beider Maschinen nach Ablauf der Nutzungsdauer werden auf 10000,– EUR geschätzt. Raumkosten und sonstige fixe Kosten sind bei beiden Maschinen gleich hoch. Es soll ein Zinssatz von 10 % p.a. unterstellt werden.

a) Welche Maschine sollte beschafft werden, wenn 5000 Wellen pro Jahr in Auftrag gegeben wurden?

b) Ab welchem Auftragsumfang (Wellen/Jahr) lohnt sich die Beschaffung der Sondermaschine?

Aufgabe 3

In einer Möbelfabrik soll die Produktion eines Serienschlafzimmers von 600 auf 800 Einheiten pro Jahr gesteigert werden. Die Investitionsplanung weist hierfür einen Kapitalbedarf von 100000,– EUR aus. Man rechnet mit einer Nutzungsdauer des Investitionsobjektes von 10 Jahren. Das Serienschlafzimmer kann für 2000,– EUR verkauft und mit Selbstkosten von 1850,– EUR pro Einheit hergestellt werden. Wie ist die Rentabilität und die Amortisationszeit der Investition?

Aufgabe 4

Folgendes Problem ist mit der Kapitalwertmethode zu analysieren: Für den Transport von Steinen vom Steinbruch zur Aufbereitungsanlage stehen folgende Förderungsmöglichkeiten zur Verfügung: Lastkraftwagen, Seilbahn oder Transportband.

Für Anschaffung und Unterhaltung werden folgende Ausgaben erwartet:

Nummer	Art	Beschaffungs-Auszahlung	Laufende Auszahlung EUR/Jahr					Gesamtaus-zahlung
			1	2	3	4	5	
1	LKW	25 000 EUR	20 000	22 000	25 000	30 000	25 000	147 000 EUR
2	Seilbahn	80 000 EUR	10 000	12 000	15 000	17 000	12 000	146 000 EUR
3	Band	100 000 EUR	5 000	7 000	9 000	11 00	8 000	140 000 EUR

Zur Vereinfachung wurde für alle drei Projekte eine gleiche Lebensdauer unterstellt. Abbruchskosten und Verkaufserlöse sind bei den Auszahlungen des letzten Nutzungsjahres berücksichtigt worden.

Die Diskontierung erfolgt mit einem Kalkulationssatz von 10 %. Es wird unterstellt, daß die Differenzinvestitionen zum Kalkulationssatz angelegt werden und deshalb nicht in der Rechnung berücksichtigt werden brauchen.

Aufgabe 5

Ein PKW ist mit Beschaffungsausgaben von 8000,– EUR verbunden. Der Wagen wird gegen Vergütung einer Km-Geld-Pauschale beruflich eingesetzt. Wie lange muß der Wagen mindestens gefahren werden, wenn

a) mit durchschnittlichen jährlichen Einzahlungsüberschüssen von 2200,– EUR gerechnet werden kann und eine Verzinsung von 10 % gefordert wird oder

b) bei der gleichen Verzinsung mit folgenden jährlichen Einzahlungsüberschüssen zu rechnen ist

Jahr	1	2	3	4	5
Rückflüsse (EUR)	2600	2400	2700	1100	950

Aufgabe 6

Man bestimme den Internen Zinssatz folgender Investition: Kapitaleinsatz 100 000,– EUR, Nutzungsdauer 5 Jahre, Restwert nach Ablauf der Nutzungsdauer vernachlässigbar gering, Rückflüsse während der Nutzungsdauer 30 000,–, 40 000,–, 30 000,–, 20 000,–, 20 000,– EUR.

Aufgabe 7

Eine vorhandene Anlage hat einen Restwert von 20 000,– EUR. Ohne Generalüberholung würde die Restnutzungsdauer ein Jahr und der Restwert nach einem Jahr 10 000,– EUR betragen. Einzahlungsüberschuß während des Jahres: 40 000,– EUR.

Eine Generalüberholung der Anlage würde 20 000,– EUR kosten, die Nutzungsdauer der Anlage um ein weiteres Jahr verlängern und einen Einzahlungsüberschuß von jährlich 50 000,– EUR sicherstellen; Restwert der Anlage nach 2 Jahren: 10 000,– EUR, Kalkulationszinssatz 10 %. Für eine neue Anlage wurde eine Annuität von 36 000,– EUR errechnet. Was wüden Sie der Firma empfehlen?

Aufgabe 8

Ein Bauunternehmer erwägt zwei Typen von Eigenheimen zu bauen. Er rechnet damit, daß das ganze Vorhaben 3 Jahre benötigt und daß sich im 4. Jahr sofort Käufer für die fertiggestellten Eigenheime finden.

Folgende Daten wurden vom Bauunternehmer ermittelt:

Jahr	0	1	2	3
Eigenheim Typ A:				
Baukosten (EUR)	60 000	40 000	30 000	30 000
Verkaufserlös (EUR)	–	–	–	220 000
Eigenheim Typ B:				
Baukosten (EUR)	30 000	30 000	50 000	20 000
Verkaufserlös (EUR)	–	–	–	170 000
Zur Verfügung stehendes Kapital	480 000	360 000	450 000	–

Welcher Typ bzw. welches Bauprogramm (bestehend aus Typ A und Typ B) ist unter dem Gesichtspunkt der Gewinnmaximierung zu realisieren?

Aufgabe 9

Durch Anschaffung einer weiteren Druckgußmaschine im Werte von 180 000,– EUR soll der Umsatz einer Gießerei um 200 000,– EUR/Jahr erhöht werden.

a) Ist die Kapazitätsausweitung bei einer geforderten Kapitalverzinsung von 12 % p. a. zu empfehlen, wenn die Maschine voraussichtlich 7 Jahre einzusetzen ist und im Umsatz mit 25 % Einzahlungsüberschuß gerechnet werden kann?
b) Wie hoch ist die dynamische Amortisationszeit (Mindestnutzungsdauer)?

Aufgabe 10

Ein Mittelbetrieb erwägt die Anschaffung einer Rotaprint-Druckmaschine für 12000,– EUR. Die Nutzungsdauer wird mit 6 Jahren angenommen. Die Kosteneinsparung gegenüber anderen Vervielfältigungsverfahren und Auswärtsdruck sei 2400,– EUR/Jahr. Es wird eine Verzinsung von 8 % erwartet.

a) Wie hoch ist der Kapitalwert der Investition?
b) Wie hoch ist der interne Zinssatz?
c) Wie hoch ist die Annuität?
d) Wie ist die Investition bei statischer Betrachtungsweise zu beurteilen?

Aufgabe 11

Eine Maschine kostet 22000,– EUR. Welche Zahlungsbedingungen sind günstiger unter Annahme einer Verzinsung von 10 % p. a.

a) 10000,– EUR sofort und 3000,– EUR/Jahr während 4 Jahre oder
b) 16000,– EUR in einem Jahr und der Rest nach 4 Jahren?

Aufgabe 12

Für einen PKW mit einem Anschaffungswert von 10000,– EUR werden folgende Daten geschätzt:

Jahr	1	2	3	4
Einzahlungsüberschüsse/EUR	5000	4000	2500	1000
Restwert/EUR	6000	4000	2200	800

Bei einer geforderten Verzinsung von 10 % p. a. ist die optimale Nutzungsdauer sowie die statische und dynamische Amortisationszeit zu bestimmen!

Aufgabe 13

Bei dem Kauf eines Hauses werden drei Zahlungsmodalitäten angeboten:

a) 315000,– EUR nach Fertigstellung in 2 Jahren,
b) 270000,– EUR sofort oder
c) 150000,– EUR in einem Jahr und weitere 150000,– EUR in 2 Jahren.

Welche Zahlungsbedingung ist günstiger, wenn Geld anderweitig zu 8 % Zinsen angelegt werden kann?

Aufgabe 14[12]

Ein Unternehmer überlegt sich, ob er für seine Ersparnisse von 200000,– EUR ein Mietshaus erwerben soll. Dieses Haus würde nach grober Schätzung durchschnittliche Nettoeinnahmen von 20000,– EUR jährlich in den ersten 10 Jahren einbringen; für die spätere Zukunft werden nur noch 10000,– EUR jährlich erwartet. Die Lebensdauer des Hauses wird mit 50 Jahren veranschlagt. Als einzige

---

[12] Die Aufgabenstellungen der folgenden Aufgaben 14 bis 17 sind entnommen aus *Busse von Colbe, W.*: Betriebswirtschaftstheorie II. Teil, Bochum 1971.

Alternative für den Hausbau zieht der Unternehmer die Anlage des Geldes in 6%igen Pfandbriefen in Betracht. Würden Sie zum Erwerb des Hauses raten?

Aufgabe 15

Es wird erwogen, die Produktion eines Gutes aufzunehmen, das pro Mengeneinheit einen Preis von 7,– EUR erzielen und variable Kosten von 4,– EUR verursachen würde. Unter welchen Umständen ist die Produktion lohnend, wenn dazu eine Maschine für 5000,– EUR angeschafft werden muß, die 20 Jahre genutzt werden kann und jährlich im Durchschnitt 400,– EUR Wartungs- und Reparaturkosten verusacht? (Kalkulationszinsfuß 6%)

Aufgabe 16

Ein 67-jähriger Rentner zahlt für seine Wohnung 2800,– EUR Miete pro Jahr. Ihm wird eine andere Wohnung angeboten, in der er gegen eine einmalige sofortige Zahlung von 20000,– EUR bis zu seinem Lebensende wohnen kann. Um diese Summe zu zahlen, müßte er in gleicher Höhe Kredit aufnehmen. Dieser Kredit kostet 10% p. a. Zinsen. Was würden Sie raten?

Aufgabe 17

a) Eine Anlage kostet 25000,– EUR und bringt jährlich 5000,– EUR Einnahme-überschüsse. Wie lange muß die Anlage mindestens nutzbar sein, damit sich ihre Anschaffung lohnt, wenn eine Kapitalverzinsung von 10% gefordert wird?

b) Eine Maschine wird voraussichtlich während ihrer sechsjährigen Nutzungs-dauer jährlich 12000,– EUR Lohnkosten einsparen und am Schluß noch einen Verkaufserlös von 8000,– EUR erzielen. Der Unternehmer müßte den Anlauf dieser Maschine durch Bankkredit finanzieren, der 10% Zinsen p. a. kostet. Welcher Anschaffungspreis wird für ihn äußerstenfalls akzeptabel sein?

c) Ein Zweigbetrieb könnte mit Anschaffungskosten von 4 Mio. EUR eingerichtet werden und würde im Durchschnitt etwa 1,5 Mio. EUR jährliche Betriebsaus-gaben bei voller Kapazitätsausnutzung verursachen. Von welchem Jahresum-satz an arbeitet der Betrieb rentabel, wenn eine Verzinsung des eingesetzten Kapitals von 6% als Mindestrendite angesehen wird?

Fall 1

Beurteilung von Investitionen[13]

A. Ersatzinvestition

Die Parsons Company erwägt den Kauf einer neuen Maschine, um bestimmte Ar-beiten besser als mit den bisherigen Maschinen ausführen zu können. Der Kauf-preis ist $ 10000 inklusive Lieferung und Installation. Ein Produktionsingenieur von der Parsons Company schätzt, daß mit der neuen Maschine jährlich $ 2000 Arbeitslöhne und andere direkte Kosten eingespart werden könnten. Die Lebens-dauer der neuen Maschine wird auf zehn Jahre veranschlagt, der Restwert wird

---

[13] Entnommen aus *Anthony, R. N., Mattesich, R. V.*: Harvard-Fälle aus der Praxis des be-trieblichen Rechnungswesens. Bochumer Beiträge zur Unternehmensforschung, Band 3, Bielefeld 1969, Fall 19-1, Seite 258–259.

Null sein. Die gegenwärtig installierten Maschinen sind in gutem Zustand und haben eine Restlebensdauer von 20 Jahren. Die Firma kann Fremdkapital für 5 % aufnehmen. Es ist jedoch nicht vorgesehen, für diese Investition einen speziellen Kredit aufzunehmen.

Die Firma erwartet von Investitionen eine Verzinsung von mindestens 20 % vor Abzug der Steuern. (Die Steuern sind hier zu vernachlässigen.)

Fragen:

1. Angenommen, die zur Zeit vorhandenen Maschinen hätten einen Buchwert von Null und einen Schrottwert von ebenfalls Null, sollte die Firma dann die neue Maschine kaufen?
2. Sollte die Firma die neue Maschine kaufen, wenn die vorhandenen, zu ersetzenden Maschinen mit einem linearen Abschreibungssatz von 10 % vom Anschaffungswert abgeschrieben werden und einen Anschaffungswert von $ 8000 und einen Buchwert von $ 4800 haben und der Wiederverkaufswert (Schrottwert) Null ist?
3. Soll die Firma die neue Maschine kaufen, wenn der Buchwert der alten Maschine $ 4800, ihr derzeitiger Wiederverkaufswert $ 3000, nach Ablauf weiter zehn Jahre aber Null ist?
4. Soll die Firma die neue Maschine kaufen, wenn sie nur jährliche Ersparnisse von $ 1000 bringt, ihre Lebensdauer aber 20 Jahre ist und alle anderen Bedingungen wie bei Frage 1 gegeben sind?

B. Ersatz einer kürzlich beschafften Ersatzanlage

Die Parsons Company hatte sich entschieden, die Maschine zu kaufen, wie sie in Teil A beschrieben wurde (hier Modell A genannt). Zwei Jahre später kommt eine bessere Maschine (Modell B genannt) auf den Markt. Das Modell A ist damit technisch überholt und hat keinen Wiederverkaufswert mehr.

Modell B kostet fertig installiert $ 20000 und bringt eine jährliche Kostensenkung um $ 5000 gegenüber Modell A. Die Lebensdauer von Modell B wird auf zehn Jahre geschätzt. Die Steuern sind nicht zu berücksichtigen.

Fragen:

1. Was soll die Firma tun?
2. Wenn die Firma sich entscheidet, Modell B zu kaufen, muß irgendein Irrtum passiert sein, denn gute, vor zwei Jahren gekaufte Maschinen müssen verschrottet werden. Wie kam es zu diesem Irrtum?

C. Einfluß der Einkommensteuern

Die Parsons Company hat 50 % Einkommensteuer zu zahlen. Der Verlust aus dem Verkauf oder der Verschrottung alter Maschinen wird als Abzug vom Gewinn behandelt, so daß eine Steuerersparnis von 50 % entsteht. Die Firma erwartet von Investitionen eine interne Verzinsung (Rendite) von 10 % nach Abzug der Steuern. Die steuerlichen Abschreibungen werden linear (vom Anschaffungswert) berechnet.

Fragen:

1. Soll die Firma die neue Maschine kaufen, wenn die übrigen Bedingungen von A 1 gelten?
2. Wenn die Bedingungen von A 2 gelten?
3. Wenn die Bedingungen von B gelten?

D. Änderung im Ertragsfluß

Es ist anzunehmen, daß in jedem der ersten fünf Jahre die jährliche Ersparnis $ 2500, in den nächsten fünf Jahren $ 1500 beträgt. Alle anderen Bedingungen gelten gemäß A 1.

Fragen:

1. Was soll die Firma tun?
2. Welche generelle Wirkung hat ein Wechsel von linearer steuerlicher Abschreibung (vom Anschaffungswert) zur Buchwertabschreibung auf das Investitionsproblem?

Fall 2

Economy Manufacturing Company[14]

Die Economy Manufacturing Company besitzt einen sechs Jahre alten Lastwagen. Der für die Produktion zuständige stellvertretende Direktor hat entschieden, diesen alten Lastwagen durch einen neuen zu ersetzen; er ist der Meinung, daß es unrentabel ist, Anlagegüter zu benutzen, die älter als sechs Jahre sind. Der alte LKW ist zum 31. Dezember 1958 voll abgeschrieben. Er kann jedoch noch für $ 500 verkauft werden. Seine Betriebskosten für die nächsten sechs Jahre (ohne Abschreibung und Einkommensteuern) wurden wie folgt geschätzt:

Jahr	Betriebskosten in $
1959	2800
1960	2800
1961	2850
1962	2850
1963	2900
1964	3100

Am 31. Dezember 1964 hätte der LKW noch einen Schrottwert von $ 50. Die Betriebskosten des neuen Lastwagens, der $ 4000 kosten würde, wurden (ohne Abschreibungen und Einkommensteuern) wie folgt geschätzt:

Jahr	Betriebskosten in $
1959	1800
1960	1800
1961	1900
1962	1900
1963	2000
1964	2100

---

[14] Entnommen aus *Anthony, R. N., Mattesich, R. V.:* (vgl. Fußnote zu Fall 1), Fall 19-2, Seite 260–261.

Der geschätzte Restwert des neuen Lastwagens wird am 31. Dezember 1964 $ 1 000 betragen. Außerdem zog die Firma zwei Pläne in Erwägung, nach denen ein neuer LKW gemietet (anstatt gekauft) werden könnte. In beiden Fällen würde die Unternehmung die gesamten Betriebskosten zu zahlen haben, so als ob sie der Eigentümer des Fahrzeuges wäre. Von der Agentur A könnte die Economy Co. den Lastwagen für $ 900 jährlich für sechs Jahre mieten, wobei die Möglichkeit bestände, den Wagen am Ende der sechs Jahre für $ 500 zu kaufen. Bei der Verleihagentur B betrüge die Miete $ 800 jährlich für sechs Jahre, und es bestände die Möglichkeit des Kaufes nach sechs Jahren für $ 1 000. In beiden Fällen handelte es sich um unkündbare Mietverträge.

Die Firma arbeitete mit einem kalkulatorischen Zinsfuß von 10 % und einem erwarteten Einkommensteuersatz von 50 %. Wenn der LKW gekauft würde, könnte die Firma im Anschaffungsjahr 20 % der Anschaffungskosten bei LKW abschreiben. Der Rest der Anschaffungskosten sollte degressiv abgeschrieben werden, wobei ein Satz benutzt werden soll, der doppelt so hoch ist wie der Prozentsatz bei linearer Abschreibung, wenn eine erwartete Nutzungsdauer von 8 Jahren, beginnend mit dem 1. Januar 1959, zugrunde gelegt wird.

Nehmen Sie an, daß der Restwert bei der Berechnung der Abschreibungen nicht berücksichtigt zu werden braucht.

Fragen:

1. Sollte die Firma den neuen Lastwagen anschaffen?
2. Wenn der neue LKW angeschafft werden soll, sollte er gekauft, von der Firma A oder von der Firma B gemietet werden?

Fall 3

Bisbo AG[15]

Herr Aschinger, der geschäftsführende Direktor der Bisbo AG, eines großen deutschen Herstellers von Keksen, machte sich über den Verkaufsumsatz von zwei gefüllten Kekssorten, „Cocktail" und „Picknick", Gedanken. Obwohl der Verkaufsumsatz von Bisbo während der letzten Jahre stetig wuchs, waren die Umsätze bei Cocktail und Picknick seit geraumer Zeit konstant geblieben. Außerdem hatten die letzten Kalkulationen ergeben, daß die Firma bei beiden Sorten Verluste erlitt. Im Jahre 2001 belief sich der Gesamtumsatz von Bisbo auf 49 740 000,– EUR, woran die Umsätze von Cocktail und Picknick jeweils mit rund 320 000,– EUR beteiligt waren.

Der Verkaufsleiter, Herr Stark, vermutete, der Grund für die schlechten Verkaufsergebnisse bei Cocktail und Picknick wäre in der Tatsache zu suchen, daß Konkurrenzfirmen kürzlich Kekse auf den Markt gebracht hätten, die in Qualität und Geschmack ähnlich, aber in Cellophanrollen à 10 Stück verpackt waren. Cocktail und Picknick wurden gegenwärtig noch lose verkauft. Herr Stark war davon überzeugt, daß die Bisbo AG ihren Umsatz beträchtlich steigern könnte, wenn sie Cocktail und Picknick in Cellophanrollen anböte. Aufgrund einer sorgfältigen Analyse der Händlerberichte und der Marktforschungsergebnisse schätzte er, daß die Umsätze der beiden so verpackten Sorten auf 1 045 000,– EUR für 2002 steigen würden.

Herr Stark war seit 8 Jahren bei der Bisbo AG und kannte den deutschen Markt für

---

15 Entnommen aus *Anthony, R. N., Mattesich, R. V.*: (vgl. Fußnote zu Fall 1), Fall 19-6, Seite 269–272.

Kekse genau. Alljährlich stellte er monatliche Umsatzerwartungen für alle Produkte auf, die auf den Händlerberichten und den Empfehlungen seines Marktforschers beruhten. Bei einer der letzten typischen monatlichen Schätzungen, die 87 Posten umfaßte, war die Abweichung der tatsächlichen Umsätze bei 72 Posten weniger als 20 %, bei 11 Posten lag der Umsatz zwischen 20 und 70 % unter den Erwartungen und bei 4 Posten lag er 20–100 % über den Erwartungen. Herr Stark hielt den Marktforscher, der seit drei Jahren bei der Firma war, für sehr kompetent.

Die technische Abteilung führte eine Untersuchung über die von Herrn Stark vorgeschlagene Verpackung durch. Eine neue Verpackungsmaschine, die 31 000,– EUR kostete und eine Lebensdauer von 10 Jahren hatte, müßte angeschafft werden. Die Installationskosten würden sich auf weitere 1 200,– EUR belaufen. Bei dem von Herrn Stark für 2002 erwarteten Volumen von 376 000 kg Keksen in neuer Cellophanverpackung wurden die Betriebskosten auf jährlich 7 866,– EUR geschätzt (siehe Tabelle 1).

Gleichzeitig fertigte die Kostenrechnungsabteilung eine Aufstellung der für 2002 erwarteten Produktionskosten von Cocktail und Picknick an. Bei der gegenwärtigen Verpackungsart war der Jahresumsatz 2002 für beide Sorten auf je 325 000,– EUR (117 000 kg) geschätzt worden. Die „direkten" Herstellkosten für diese Menge wurden bei Cocktail auf 299 617,– EUR und für Picknick auf 320 158,– EUR geschätzt. Die Gemeinkosten, die nach einem für den gesamten Betrieb gültigen Schlüssel von 14,38 % des erwarteten Umsatzes umgelegt wurden, betrugen je 46 735,– EUR. Daher erwartet man, daß die Gesamtkosten der beiden Sorten 2002 die Gesamterlöse um 63 245,– EUR oder 9,73 % des Umsatzes übersteigen würden (siehe Tabelle 2).

Tabelle 1: Erwartete Betriebskosten der neuen Verpackungsmaschine bei einer jährlichen Gesamtproduktion von Cocktail und Picknick von 376 000 kg

	EUR
Löhne	1000
Material (48 000 m^2 Cellophan zu 0,13 EUR/m^2)	6266
Strom, Wartung	600
Gesamt	7866

Tabelle 2: Verrechnete fixe Gemeinkosten bei Cocktail und Picknick bei einer Produktion von je 117 000 kg

	Herstell-kosten *	Gesamt-kosten	Erwarteter Umsatz	fixe Gemeinkosten			
				nicht-verrechnete		verrechnete	
	EUR	EUR	EUR	EUR	%	EUR	%
Cocktail	299 617	346 352	325 000	21 352	6,57	25 383	7,81
Picknick	320 158	366 893	325 000	41 893	12,89	4 842	1,29
Gesamt	619 775	713 245	650 000	63 245	9,73	30 225	4,65

* Die direkten Herstellkosten enthalten alle Herstellkosten außer den fixen Fertigungsgemeinkosten und die anderen Gemeinkosten aus Tabelle 3.

Tabelle 2 zeigt außerdem, daß bei einer Produktion von je 117 000 kg auf Cocktail und Picknick zusammen nur 4,65 % (14,38−9,73 %) Gemeinkosten verrechnet würden.

Herr Sager, der Leiter der Kostenrechnungsabteilung, erklärte die Methode der Gemeinkostenumlage. Vor Jahresbeginn wurden die geschätzten Umsätze für alle Produkte zusammengetragen. Dann wurden die fixen Gemeinkosten für das erwartete Gesamtvolumen geschätzt. Mit Hilfe dieser beiden Schätzungen wurde der für den gesamten Betrieb gültige Gemeinkostensatz errechnet, der auf die einzelnen Produkte auf der Basis der tatsächlichen Umsätze zugeschlagen wurde. Für 2002 schätzte man die gesamten fixen Gemeinkosten auf 7 967 000,− EUR (siehe Tabelle 3) und den Gesamtumsatz auf 55 400 000,− EUR; daher betrug der Gemeinkostensatz 7 967 000 : 55 400 000 oder 14,38 %.

Tabelle 3: Schätzungen der gesamten fixen Gemeinkosten für 2002 in EUR

Fixe Fertigungsgemeinkosten	2 554 000
Verkaufsorganisation	1 245 000
Werbung	410 000
Zinsen	80 000
Abschreibung	976 000
Allgemeine Kosten	2 702 000
Gesamt	7 967 000

Herr Aschinger, der gewöhnlich nicht in die vollständigen Kostendaten für einzelne Produkte Einblick nahm, war überrascht, als er erfuhr, daß Cocktail und Picknick ihre Kosten nicht deckten. Er besprach mit Herrn Stark die Möglichkeit, diese beiden Sorten ganz fallenzulassen; sie folgerten aber, daß dies nicht durchführbar war, da diese Produkte für Bisbos Gesamtangebot wichtig waren. Dennoch fragte sich Herr Aschiner, ob es klug wäre, eine neue Maschine, die zusätzliche Kosten verursachte, anzuschaffen, und zwar für einen Zweig, der ohnehin schon mit Verlust arbeitete.

Herr Aschinger setzte jedoch seine Untersuchung fort, wußte er doch, daß ein höheres Produktionsvolumen mehr verrechnete Gemeinkosten absorbieren kann. Seine Berechnungen beruhten auf Herrn Starks Schätzungen, die er für die bestmöglichen hielt. Der Umsatz von Cocktail und Picknick würde demnach auf insgesamt 376 000 kg oder 1 045 000,− EUR steigen, sobald sie in den neuen Cellophanrollen angeboten würden. Herr Aschinger überlegte sich, daß die erwartete Umsatzsteigerung von 395 000,− EUR den Betrag der verrechneten Gemeinkosten beträchtlich erhöhen würde. Selbst wenn dies nicht zu dem Satz von 14,38 % geschah, der nötig war, um die fixen Gemeinkosten zu verrechnen, sondern nur zu einem Satz von 4,65 %, wie es gegenwärtig der Fall war, ergaben seine Berechnungen eine Zunahme der verrechneten Gemeinkosten um 18 370,− EUR (4,65 % von 395 000,− EUR).

Die Gesellschaft strebte eine Rendite ihrer Investitionen in Anlagegütern von mindestens 20 % vor Besteuerung an.

Frage:

Was soll Herr Aschinger unternehmen?

Aufgabe 18

Es ist das gewinnmaximale Produktionsprogramm für einen Kleinbetrieb zu ermitteln. Es können zwei Artikel 1 und 2 mit einem Deckungsbeitrag pro Stück von $d_1 = 500$ EUR und $d_2 = 800$ EUR gefertigt werden.

Zur Produktion stehen nur zwei Maschinengattungen A und B zur Verfügung. Gelernte Montagekräfte sind ebenfalls nur in geringer Zahl vorhanden. Die speziellen technischen Daten sind in einer Tabelle zusammengefaßt:

	Artikel 1	Artikel 2	Kapazität pro Tag
Maschinengruppe A	5	2	24 h
Maschinengruppe B	1	5	24 h
Montagegruppe	6	6	36 h
Deckungsbeitrag pro Stück in EUR	500	800	

Die Zahlen im mittleren Bereich der Tabelle geben die Belastung der Maschinen durch die Artikel (in Stunden/Stück) an.

Das optimale Produktionsprogramm wurde durch Lineare Optimierung mit

$x_1 = 1,5$ (Stückzahl Artikel 1)
$x_2 = 4,5$ (Stückzahl Artikel 2)
$z = 4350$ (Deckungsbeitrag/Tag)
$y_1 = 7,5$ (Freie Kapazität auf Maschinengruppe A)

ermittelt.

Es erhebt sich nun die Frage, ob eine sprungweise Kapazitätserhöhung zu einer Erhöhung des Deckungsbeitrages führt. Überstunden und Mehrschichtbetrieb sind aus personellen Gründen nicht durchführbar. Aus Gründen des Kapital- und Platzbedarfs sind auch Grenzen für die Erweiterung gegeben.

Die durch die Erweiterung entstehenden zusätzlichen fixen Kosten, sowie die Kapazitätsgrenzen sind wie folgt gegeben:

	Maximal zusätzliche Kapazität pro Tag	Zusätzliche fixe Kosten
Maschinengruppe B	2 Maschinen à 8 Std.	100 EUR/Maschine
Montagegruppe	4 Arbeiter à 8 Std.	30 EUR/Arbeiter

Wieviele Maschinen sollten investiert werden und wieviele neue Montagearbeitsplätze sind bereitzustellen, um den Deckungsbeitrag pro Tag zu erhöhen? Welche Anzahl der Artikel 1 und 2 können dabei gefertigt werden? Man beachte, daß das Problem nunmehr als ganzzahliges Problem betrachtet werden muß, da keine Bruchteile von Maschinen investiert werden können.

Lösungshilfe

Bezeichnet man mit $x_1 \triangleq$ Stückzahl des Artikels 1
$x_2 \triangleq$ Stückzahl des Artikels 2
$x_3 \triangleq$ Anzahl der zusätzlichen Maschinen B
$x_4 \triangleq$ Anzahl der zusätzlichen Arbeiter

so lautet die mathematische Beschreibung des Problems:

$$z = 500\,x_1 + 800\,x_2 - 100\,x_3 - 30\,x_4 \Rightarrow \text{Max}$$

mit den Nebenbedingungen

$$5x_1 + 2x_2 \le 24$$
$$x_1 + 5x_2 \le 24 + 8x_3$$
$$6x_1 + 6x_2 \le 36 + 8x_4$$
$$x_1 \ge 0$$
$$x_2 \ge 0$$
$$0 \le x_3 \le 2$$
$$0 \le x_4 \le 3$$
$$x_j \text{ ganzzahlig}$$

Aufgabe 19

Die Unternehmung verwendet ein Aggregat des Types AX. Das gegenwärtig betriebene Aggregat wurde vor zwei Jahren angeschafft und kann maximal weitere zwei Jahre genutzt werden. Auch die maximale Nutzungsdauer aller in Zukunft beschafften Anlagen ist vier Jahre. – Es ist die optimale Ersatzpolitik für die nächsten sechs Jahre zu bestimmen. Der Planungshorizont beträgt deshalb nur sechs Jahre, da zu $t = 6$ die Produktion der Erzeugnisse, der das Aggregat AX dient, aufgegeben werden soll. Das zu $t = 6$ noch vorhandene Aggregat AX wird zum Restwert verkauft. Die Daten des vorhandenen Aggregats und diejenigen, der zu $t = 1$ bis $t = 5$ jeweils günstigsten neuen Aggregate, sind in der nachstehenden Tabelle zusammengestellt. Da die Einzahlungen unabhängig vom verwendeten Aggregat bzw. dessen bisheriger Nutzungsdauer sind, brauchen sie nicht in die Berechnung einbezogen werden. Die Tabelle enthält daher neben den Anschaffungspreisen und den Restwerten der Aggregate nur die den Aggregaten zurechenbaren jährlichen Auszahlungen. ($i = 0{,}10$)

	vorhandenes Aggregat	Anschaffungszeitpunkt					
		jeweils günstigstes Neuaggregat					
	$t=-2$	$t=0$	$t=1$	$t=2$	$t=3$	$t=4$	$t=5$
Anschaffungspreis		500	510	520	600	620	640
Auszahlungen im							
1. Nutzungsjahr		100	110	120	60	70	90
2. Nutzungsjahr		120	130	140	80	100	(120)
3. Nutzungsjahr	130	140	160	180	120	(140)	(160)
4. Nutzungsjahr	210	220	230	240	(150)	(170)	(200)
Restwert nach dem							
1. Nutzungsjahr		370	375	380	400	405	410
2. Nutzungsjahr	300	310	315	320	330	335	(340)
3. Nutzungsjahr	240	250	255	260	260	(265)	(270)
4. Nutzungsjahr	140	150	155	160	(160)	(165)	(170)

Die Zahlen der Tabelle dokumentieren die Auswirkungen sowohl von prognostizierten Preissteigerungen und Produktionsmengenänderungen als auch eines zu t = 3 wirksam werdenden technischen Fortschritts, der in einer Erhöhung des Anschaffungspreises und in einer Verminderung der jährlichen Betriebskosten des Aggregats resultiert. Die in Klammer gesetzten Zahlen werden nicht benötigt, da t = 6 der Planungshorizont ist.

Aufgabe 20

Es kann ein Lastwagen zum Preis von 80 000 EUR gekauft werden. Es ist geplant, diesen Wagen 7 Jahre einzusetzen. Der Liquidationserlös beim Verkauf nach 7 Jahren wird auf 14 000 EUR bis 18 000 EUR geschätzt. Es wird mit einem Diskontierungsprozentsatz von 8 % gerechnet, und folgende Kapitalrückflüsse werden erwartet.

Jahr	Schätzung in TEUR min.	max.
1	30	34
2	25	30
3	20	30
4	15	25
5	10	20
6	5	15
7	5	15

Wie hoch ist der Erwartungswert des Kapitalwertes sowie der Vertrauensbereich für diesen Wert bei einer Irrtumswahrscheinlichkeit von 1 %?

Man beschränke sich auf 50 Simulationsdurchläufe bei Unterstellung einer Normalverteilung.

Aufgabe 21

Gegeben ist folgendes Auswahlproblem:

	Projekte A	B
Anschaffungsauszahlung	50 000	75 000
Verkaufspreis nach 1 Jahr		
bei Konjunktur	30 000	45 000
bei Rezession	20 000	35 000
Verkaufspreis nach 2 Jahren		
bei Konjunktur	15 000	20 000
bei Rezession	5 000	10 000
Jährliche Einzahlungsüberschüsse		
bei Konjunktur	90 000	70 000
bei Rezession	10 000	50 000

Welche Anlage ist zu empfehlen? Sollte man diese ein, zwei oder drei Jahre behalten, wenn man sich am maximalen Erwartungswert der Auszahlung orientiert und folgende Wahrscheinlichkeiten für die Wirtschaftslage gegeben sind:

Jahr	1	2	3
Konjunktur	70%	30%	50%
Rezession	30%	70%	50%

Kalkulationszinssatz 10 %

Aufgabe 22

Eine in Betrieb befindliche Maschine kann maximal noch drei Jahre genutzt werden. Beim Verkauf würde sie heute (Zeitpunkt 0) einen Resterlös von 1 500 EUR erbringen. Der Verlauf der notwendigen Auszahlungen und des Resterlöses für den Fall, daß die Maschine weiterarbeiten wird, ist in folgender Tabelle angegeben:

t	1	2	3
Betriebsausgaben	2 000	2 500	2 500
Reparaturen	1 000	200	–
Resterlös	900	400	–

Wann soll die Maschine ersetzt werden, wenn die in Frage kommende Ersatzmaschine jährlich durchschnittliche Ausgaben von $a_{neu} = 3\,500$ EUR verursacht?

Aufgabe 23

Eine Unternehmung hat vier verschiedene Investitionsprojekte zur Auswahl, deren Kapitalwert bekannt ist. Für jedes Projekt ist ein bestimmter Bedarf an Kapital und Arbeitskräften vorgegeben. Das Kapitalbudget sowie die insgesamt für die Projekte verfügbaren Arbeitskräfte des Unternehmens sind beschränkt. Die Summe der Kapitalwerte soll maximiert werden. Die folgende Tabelle enthält die Einzelheiten.

Projekt	Kapitalwert EUR	Kapitalbedarf EUR	Arbeitskräfte-bedarf	
1	40 000	20 000	10	Verfügbares Kapital = 35 000 EUR
2	60 000	18 000	20	
3	80 000	20 000	16	Verfügbare Arbeitskräfte = 40
4	50 000	10 000	25	

Lösungshilfe

Mathematische Beschreibung des Problems:

$$z = 40\,x_1 + 60\,x_2 + 80\,x_3 + 50\,x_4 \Rightarrow Max$$

Restriktionen

$$20\,x_1 + 18\,x_2 + 20\,x_3 + 10\,x_4 \leq 35$$
$$10\,x_1 + 20\,x_2 + 16\,x_3 + 25\,x_4 \leq 40$$
$$x_j = 0 \text{ oder } 1$$

Aufgabe 24

Ein Lastkraftwagen ist beschädigt worden und der Unternehmer überlegt, ob er ihn sofort verkaufen oder nach Reparatur weiter benutzen soll. Bei sofortigem Verkauf könnte er 20 000 EUR erlösen. Bei Weiterbetrieb fallen 5 000 EUR Reparaturkosten an. Darüber hinaus ist in den folgenden Jahren mit steigenden Betriebsausgaben und sinkenden Verkaufserlösen für das Fahrzeug zu rechnen:

Weiterbetrieb um ... Jahre	Betriebsausgaben EUR	Restverkaufswert EUR
1	20 000	12 000
2	22 000	8 000
3	24 000	5 000
4	26 000	3 000
5	30 000	–

Der in Frage kommende neue LKW, der in jedem Fall nach Ausscheiden des alten angeschafft werden soll, kostet 50 000 EUR. Er hat eine optimale Nutzungsdauer von fünf Jahren und verursacht durchschnittlich 20 000 EUR Betriebsausgaben im Jahr. Am Ende seiner Nutzung kann man noch mit einem Verkaufserlös von 5 000 EUR rechnen.

Der Unternehmer führt nur Investitionen durch, von denen er sich mindestens 10 % Verzinsung verspricht.

a) Ermitteln Sie die Ausgaben-Annuität des neuen LKW ohne Berücksichtigung des Liquiditätserlöses des alten LKW!

b) Bestimmen Sie die optimale Restnutzungsdauer des alten Wagens unter Verwendung der Ausgaben-Annuität!

c) Sollte der alte LKW unter Berücksichtigung der Ergebnisse unter a) und b) noch weitergefahren werden?

7. Empfohlene Literatur zur Wirtschaftlichkeits- und Investititonsrechnung

Bächtold, Rolf Viktor: Investitionsrechnung, 2. Aufl., Bern u.a. 1975

Blohm, Hans R. / Lueder, Klaus: Investition - Schwachstellenanalyse im Investitionsbereich des Industriebetriebes und Wege zu ihrer Beseitigung, 8. Aufl., München 1995

Busse von Colbe, Walther / Lassmann, G.: Betriebswirtschaftstheorie, Bd. 3, Investitionstheorie, 4. Aufl., Berlin 1994

Däumler, Klaus-Dieter: Grundlagen der Investitions- und Wirtschaftlichkeitsrechnung, 10. Aufl., Herne / Berlin 2000

Däumler, Klaus-Dieter: Sonderprobleme der Investitions- und Wirtschaftlichkeitsrechnung, in: Praxis der Investitions- und Wirtschaftlichkeitsrechnung, 2. Aufl., Herne / Berlin 1988

Fischer, J.: Heuristische Investitionsplanung - Entscheidungshilfen für die Praxis, Berlin 1981

Hax, H.: Investitionstheorie, 5. Aufl., Heidelberg 1993 (korrigierter Nachdruck)

Heinhold, Michael: Investitionsrechnung - Studienbuch, 8. Aufl. - München / Wien 1999

Jacob, Herbert: Kurzlehrbuch Investitionsrechnung, 3. Aufl., Wiesbaden 1984 (Nachdr. 1993)

Jacob, Herbert / Voigt, K.-L.: Investitionsrechnung, 5.Aufl., Wiesbaden 1997

Kern, Werner / Wiese, Otto: Investitionsrechnung, Stuttgart 1974

Keun, Friedrich: Finanzierung und Investition, 2. Aufl., Herne / Berlin 1985

Krause, Wolfgang: Investitionsrechnungen und unternehmerische Entscheidungen, Berlin 1973

Leffson, Ulrich: Programmiertes Lehrbuch der Investitionsrechnung, Wiesbaden 1973

Lüder, Klaus: Investitionsplanung, München 1977

Schäfer, Henry: Unternehmensinvestitionen - Grundzüge in Theorie und Management, Heidelberg 1999

Schmidt, Ralf-Bodo: Unternehmungsinvestitionen, 4. Aufl., Opladen 1984

Schneider, Dieter: Investition, Finanzierung und Besteuerung - Lehrbuch der Investitions-, Finanzierungs- u. Ungewißheitstheorie, 7. Aufl., Wiesbaden 1992

Schneider, Erich: Wirtschaftlichkeitsrechnung - Theorie der Investition, 8. Aufl., Tübingen 1973

Schulte, Karl-Werner: Wirtschaftlichkeitsrechnung, 4. Aufl., Heidelberg u.a. 1986

Schwarz, Horst: Optimale Investitionsentscheidungen, München 1967

Swoboda, Peter: Investition und Finanzierung, 5. Aufl., Göttingen 1996

Warnecke, Hans-Jürgen: Wirtschaftlichkeitsrechnung für Ingenieure, 5. Aufl., München /
      Wien 1996
Wildemann, Horst: Strategische Investitionsplanung, Wiesbaden 1987
Zimmermann, Werner / Stache, Ulrich: Operations-Research, 10. Aufl., München / Wien 2001

D. Anhang

1. Lösungen zu den Übungen

1.1. Lösungen zur Einführung

1. *Ausgaben:* Geldabfluß (Verringerung des Kassenbestandes oder der Bankguthaben) für die dem Unternehmen zufließenden Güter und die vom Unternehmen beanspruchten Dienstleistungen.

   Aufwand: Wertmäßiger Verzehr (Verbrauch) an Gütern und Dienstleistungen im Unternehmen.

   Kosten: Betriebsbedingter Werteverzehr einer Rechnungsperiode.

   Kalkulatorische Kosten: Zusatzkosten (aufwandslose Kosten), d. h. betriebliche Werteverzehre, die niemals Aufwand waren oder werden und denen auch keine Ausgaben gegenüberstehen, und Anderskosten (aufwandsungleiche Kosten), d. h. Werteverzehre, denen in der Finanzbuchhaltung Aufwand (und Ausgaben) in anderer Höhe gegenübersteht.

   Einnahmen: Geldzufluß (Erhöhung des Kassenbestandes bzw. der Bankguthaben) für Güter und Dienstleistungen, die vom Unternehmen an Dritte abgegeben werden.

   Ertrag: Wertmäßiger Zuwachs an Gütern, Vermögen und Kapital im Unternehmen.

   Leistung: Betriebsertrag, Wert der hergestellten Güter und/oder der im Sinne des Betriebszieles bereitgestellten Dienstleistungen.

   Umsatzerlös: Wert der auf den Absatzmärkten veräußerten Güter und Dienstleistungen.

2.

Rechnungsgröße \ Geschäftsvorfall	a	b	c	d	e	f	g	h	i
Ausgaben	x					x			
Aufwand, neutraler, d.h.									
a) betriebsfremder	x								
b) außerordentlicher			x						
Kosten a) Zweckaufwand = Grundkosten						x	x		
b) Zusatzkosten					x				
c) Anderskosten									x
Einnahmen		x	x				x		
Erträge, neutrale, d. h.									
a) betriebsfremde		x							
b) außerordentliche				x					
Leistungen, Betriebserträge						x			

1.2. Lösungen zur Bilanz und Erfolgsrechnung

Lösung Aufgabe 1:

Bilanzpositionen	1	2	3	4	5	6	7	8
Sachanlagen	0	0	–	0	0	0	0	0
Finanzanlagen	0	0	0	0	0	0	0	+
Vorräte	0	+	0	0	–	0	0	0
Forderungen	–	0	0	0	+	0	0	0
Kassenbestand	+	0	+	–	0	0	–	0
Gezeichnetes Kapital	0	0	0	0	0	+	0	0
Rücklagen	0	0	0	0	0	–	0	0
Darlehen	0	0	0	0	0	0	–	0
Verbindlichkeiten	0	+	0	0	0	0	0	+
Bilanzgewinn	0	0	0	–	0	0	0	0
Vermerk	AT	BL	AT	BK	AT	PT	BK	BL

Lösung Aufgabe 2:

Geschäftsvorfall	1	2	3	4	5	6	7	8	9
Vermerk	P+	E–	A+	P–	E+	A–	A–	E+	P+

Lösung Aufgabe 3:

A	Schlußbilanz		P
Anlagevermögen		Eigenkapital	115
Grundstücke und Gebäude	97	Fremdkapital	
Maschinen und Anlagen	44	Hypothekenverbindlichkeiten	67
Betriebs- u. Geschäftsausstattung	23	Darlehen	27
Umlaufvermögen		Lieferantenverbindlichkeiten	51
Vorräte	31		
Forderungen	38		
Bank und Kasse	27		
	260		260

S	GuV		H
Rohstoffaufwand	16	Erlöse	34
Personalaufwand	3	Mieterträge	5
Zinsaufwand	3		
Abschreibungen			
a) auf Gebäude	3		
b) auf Maschinen und Anlagen	4		
c) auf Betriebs- u. Geschäftsausstattung	2		
Gewinn	8		
	39		39

Lösung Aufgabe 4:

Siehe handelsrechtliche Gliederungsvorschriften

Lösung Aufgabe 5:

GEWINN- UND VERLUSTRECHNUNG	TEUR	TEUR
1. Umsatzerlöse	15 101	
2. Erhöhung des Bestandes an fertigen und unfertigen Erzeugnissen	43	
3. Andere aktivierte Eigenleistungen	64	
GESAMTLEISTUNG		15 208
4. Sonstige betriebliche Erträge		666
5. Materialaufwand		
a) Aufwendungen für Roh-, Hilfs- und Betriebsstoffe und Waren	− 6149	
b) Aufwendungen für bezogene Leistungen	− 637	
		− 6786
6. Personalaufwand		
a) Löhne und Gehälter	− 3882	
b) Soziale Abgaben und Altersaufwendungen	− 900	
		− 4782
7. Abschreibungen auf immaterielle Anlagevermögens-gegenstände und Sachanlagen	− 803	
8. Sonstige betriebliche Aufwendungen	− 2118	
9. Erträge aus Beteiligungen	194	
10. Zinsen und ähnliche Erträge	227	
11. Abschreibungen auf Finanzanlagen und Wertpapiere des Umlaufvermögens	− 316	
12. Zinsen und ähnliche Aufwendungen	− 130	
		− 2946
ERGEBNIS DER GEWÖHNLICHEN GESCHÄFTS-TÄTIGKEIT		1360
13. Steuern vom Einkommen und vom Ertrag		− 992
14. Sonstige Steuern		− 88
JAHRESÜBERSCHUSS		280

Lösung Aufgabe 6:

AKTIVA	TEUR	TEUR	TEUR
A. Anlagevermögen			
I. Immaterielle Vermögensgegenstände		–	–
II. Sachanlagen			
1. Grundstücke und Bauten	460		
2. Technische Anlagen und Maschinen	383		
3. Andere Anlagen u. Betriebsausstattungen	846		
4. Geleistete Anzahlungen	142		
		1831	
III. Finanzanlagen			
1. Anteile an verbundenen Unternehmen	1430		
2. Beteiligungen	148		
3. Sonstige Ausleihungen	96		
		1674	
			3505

B. Umlaufvermögen
  I. Vorräte
    1. Roh-, Hilfs- und Betriebsstoffe   405
    2. Unfertige Erzeugnisse und Leistungen   403
    3. Fertige Erzeugnisse und Waren   598

                                                 1406
  II. Forderungen u. sonst. Vermögensgegenstände
    1. Ford. aus Lieferungen u. Leistungen   1592
    2. Ford. gegen verbundene Unternehmen   913
    3. Ford. gegen Unternehmen, mit denen ein Beteiligungsverhältnis besteht   98
    4. Sonstige Vermögensgegenstände   453

                                                 3056
  III. Wertpapiere   1391
  IV. Kassenbestand u. Guthaben   901

                                                       6754

C. Aktive Rechnungsabgrenzungsposten   6

                    Bilanzsumme   10 265

Lösung Aufgabe 7:

Beurteilung der einzelnen Fälle:

1. Falsch! Es sind nur die Anschaffungskosten zu aktivieren.
2. Falsch! Für die Aktivierung von Vermögensgegenständen, die für den Verbleib oder den Verbrauch bestimmt sind, ist die tatsächliche Herrschaftsmacht (Besitz) entscheidend. Die rechtliche Herrschaftsmacht (Eigentum) ist unerheblich.
3. Falsch! Eine Aufrechnung der Kursgewinne und der Kursverluste widerspricht dem Saldierungsverbot und dem Grundsatz der Einzelbewertung. Die unter den Anschaffungswert „gesunkenen" Aktien sind zum Kurswert am Bilanzstichtag und die „gestiegenen" Aktien zum Anschaffungswert zu aktivieren.
4. Richtig! Pfänder werden nicht aktiviert, wenn sie auch in den tatsächlichen Herrschaftsbereich des Unternehmens übergehen, da sie nicht für den dauernden Verbleib bestimmt sind.
5. Falsch! Der Kredit ist unter den „Verbindlichkeiten" zu passivieren; ebenso ist die Forderung voll und ganz zu aktivieren.
6. Falsch! Der Wert der Ware ist als Forderung zu aktivieren.
7. Falsch! Da Beschaffungs- und Installationskosten pro Gerät den Betrag von 410,– EUR übersteigen, besteht Aktivierungspflicht; im Jahr der Installation kann im vorliegenden Falle eine halbe Jahresabschreibung verrechnet werden.
8. Normalerweise erfolgt keine Aktivierung bei gemieteten Vermögensteilen; falls jedoch, wie heute unter der Bezeichnung „Leasing" vielfach üblich, eine Art Teilzahlungsähnlicher Kauf vorliegt, ist die Anlage beim Leasing-Nehmer zu aktivieren und die Mietverpflichtung zu passivieren.
9. Falsch! Rohstoff-Aufwendungen haben in der Bilanz nichts zu suchen; nur der Bestand an Rohstoffen am Bilanzstichtag ist unter „Vorräte" einzustellen. Die in der Produktion verbrauchten Rohstoffe gehen als Aufwand in die Gewinn- und Verlustrechnung.
10. Falsch! Am 31. 12. ging das wirtschaftliche (nicht das rechtliche) Eigentum vom Lieferanten auf den Empfänger über. Folglich müssen die Rohstoffe aktiviert und die entsprechende Verbindlichkeit auf der Passivseite ausgewiesen werden.

11. Bei großen Kapitalgesellschaften ist eine Zusammenfassung nicht zulässig. Bei kleinen Kapitalgesellschaften (§ 267 HGB) und anderen Unternehmensformen ist eine Änderung gegenüber dem Vorjahr nur aus sachlichen Gründen möglich; in solchen Fällen ist ein Hinweis auf den geänderten Ausweis erforderlich.
12. Falsch! Forderungen und Verbindlichkeiten sind brutto auszuweisen. Eine Saldierung verletzt das Prinzip der Bilanzklarheit.

Lösung Aufgabe 8:

Kostenarten	a) EUR	b) EUR
Materialeinzelkosten	100,–	100,–
Materialgemeinkosten	–	10,–
Fertigungslöhne	200,–	200,–
FGK (ohne Wertminderung)	–	240,–
Bilanzielle Abschreibung	–	100,–
Herstellkosten	300,–	650,–

Lösung Aufgabe 9:

Es handelt sich um bewegliche, abnutzbare Gegenstände des Anlagevermögens; diese sind selbstständig nutzbar und bewertbar. Sofern die Anschaffungskosten für jeden Gegenstand der einzelnen Arten nicht mehr als 410,– EUR betragen, darf der Vermögensgegenstand im Jahr der Anschaffung als geringwertiges Wirtschaftsgut voll abgeschrieben werden (vgl. § 6 Abs. 2 EStG). Für die Bewertung in der Handelsbilanz gilt gemäß §§ 253, 254 HGB das gleiche. Die Anschaffungskosten übersteigen bei allen Möbelstücken bis auf den Konferenztisch nicht 410,– EUR (ohne die als Vorsteuer abziehbare MWSt und nach Abzug des Skontos von 3 %). Die Voraussetzungen für die Behandlung der Büroausstattung als geringwertige Wirtschaftsgüter liegen insoweit vor. Lediglich der Konferenztisch muß mit 421,– EUR aktiviert werden.

Lösung Aufgabe 10:

Es wird unterstellt, daß der Restwert von 20000,– EUR nach 8 Jahren exakt feststeht (z. B. vereinbarter Rückkaufpreis) und deshalb bei allen Abschreibungsverfahren berücksichtigt werden muß.
a) Abschreibungen sind in der Handelsbilanz von den historischen Anschaffungswerten vorzunehmen. Überwiegend wird dabei linear abgeschrieben [vgl. c)]. Ist jedoch mit anfänglich hohen und im Laufe der Nutzung stark fallenden Wertminderungen zu rechnen, dann empfiehlt sich die Abschreibung mit festem Prozentsatz vom jeweiligen Buchwert.

$$P = 100 \left(1 - \sqrt[8]{20000/180000}\right) = 24\%$$

Jahr	Abschreibung		Restbuchwert	
	EUR	% von 180000	EUR	% von 180000
1	43200	24,0	136800	76
2	32800	18,2	104000	58
3	25000	13,9	79000	44
4	19000	10,5	60000	33
5	14400	8,0	45600	25
6	10900	6,0	34700	19,5
7	8300	4,6	26400	14,5
8	6400	3,6	20000	11,1

b) Auch steuerlich ist die lineare Abschreibung die Regel-AfA. Werden aber zur Steuersenkung in den Anfangsjahren höhere Abschreibungsbeträge angestrebt, dann empfiehlt sich ebenfalls die degressive AfA, zulässig nur als geometrisch-degressive AfA mit z. Z. (2002) maximal 20% vom jeweiligen (Rest-)Buchwert. Die steuerliche AfA mit 20% vom jeweiligen Buchwert und zweckmäßigem Übergang auf die lineare AfA zeigt folgende Übersicht.

Jahr	Abschreibung				Restbuchwert			
	degressiv EUR	linear EUR	in % von 180 000 degressiv	linear	degressiv EUR	linear EUR	in % von 180 000 degressiv	linear
1	36 000	–	20	–	144 000	–	80	–
2	28 800	–	16	–	115 200	–	64	–
3	23 000	–	12,8	–	92 200	–	51	–
4	18 400	–	10,2	–	73 800	–	41	–
5	14 800		8,2		59 000		33	
6	11 800	13 000	6,6	7,2	47 200	46 000	–	25,5
7	9 400	13 000	5,2	7,2	37 800	33 000	–	18,5
8	7 600	13 000	4,2	7,2	30 200	20 000	–	11,5

c) In der Kalkulation werden vorwiegend lineare Abschreibungen angewendet

p = 100/8 = 12,5% von der Abschreibungssumme

Wird von den tatsächlichen, nominellen Anschaffungswerten ausgegangen, so ergeben sich folgende Daten:

Abschreibungssumme 160 000,– EUR
Jährlicher Abschreibungsbetrag 20 000,– EUR = 11,1% von 180 000,– EUR

Häufig wird in der Kalkulation bei der Ermittlung der kalkulatorischen Abschreibungen auf den Wiederbeschaffungswert, d. h. auf den Wert einer Ersatzanlage zum Wiederbeschaffungszeitpunkt (hier nach 8 Jahren), abgestellt. Bei dem angegebenen Teuerungszuschlag wird der Wiederbeschaffungswert W nach 8 Jahren

$W = 180 000 (1 + 0,05)^8 \approx$ 287 000,– EUR
Restwert nach 8 Jahren   20 000,– EUR

Abschreibungssumme   267 000,– EUR
Jährlicher Abschreibungsbetrag   33 500,– EUR

Lösung Aufgabe 11:

a) Die Höhe der Zahlung ergibt sich wie folgt:

Warenwert	200 000,– EUR
abzüglich 5% Nachlaß	10 000,– EUR
	190 000,– EUR
abzüglich 2% Skonto	3 800,– EUR
	186 200,– EUR
zuzüglich 16% MWSt	29 792,– EUR
Höhe der Zahlung	215 992,– EUR

b) Die Anschaffungskosten setzen sich wie folgt zusammen:

Entgelt nach Abzügen und ohne MWSt	186 200,– EUR
zuzüglich Kosten für Fundamente (ohne MWSt)	6 000,– EUR
zuzüglich Fracht (ohne MWSt)	2 500,– EUR
	194 700,– EUR

c) Bei Ansatz der linearen Abschreibung beträgt die planmäßige AfA 12,5 % von 194 700,– EUR = 24 338,– EUR. Da die Maschine erst im zweiten Halbjahr installiert wurde, ist davon im ersten Jahr nur die Hälfte anzusetzen.

Wertansatz Ende Oktober	194 700,– EUR
abzüglich AfA des ersten Jahres	12 169,– EUR
Wertansatz am 31. 12. des Jahres	182 531,– EUR
abzüglich AfA des 2. Jahres	24 338,– EUR
Wertansatz am 31. 12. des 2. Jahres	158 193,– EUR

Bei Buchwertabschreibung beträgt der planmäßige Abschreibungssatz 20 % des Buchwertes.

Wertansatz Ende Oktober	194 700,– EUR
abzüglich AfA des ersten Jahres	19 470,– EUR
Wertansatz am 31. 12. des Jahres	175 230,– EUR
abzüglich AfA des 2. Jahres	35 046,– EUR
Wertansatz am 31. 12. des 2. Jahres	140 184,– EUR

Lösung Aufgabe 12:

a) Die Anschaffungskosten des unbebauten Grundstückes errechnen sich wie folgt:

Kaufpreis für Grundstück einschl. abbruchreifem Gebäude	750 000,– EUR
zuzüglich Nebenkosten für Beurkundung usw.	75 000,– EUR
zuzüglich Kosten für Abbruch ohne MWSt	5 000,– EUR
zuzüglich Kosten für Straßenanschluß	90 000,– EUR
Anschaffungskosten	920 000,– EUR

b) Die Herstellungskosten für das Bürogebäude sind wie folgt zu ermitteln:

Rechnungen der Handwerker	1 300 000,– EUR
zuzüglich Architektenrechnung	70 000,– EUR
zuzüglich Anschluß an Strom- und Wassernetz	30 000,– EUR
Herstellungskosten	1 400 000,– EUR

c) Grundstücke können nicht abgeschrieben werden. Die planmäßige lineare AfA auf das Bürogebäude beträgt

● entweder jährlich 4 % von 1 400 000 EUR = 56 000 EUR:

Wertansatz bei Fertigstellung	1 400 000 EUR
abzüglich AfA für zwei Monate des ersten Jahres	9 333 EUR
Wertansatz am Ende des Geschäftsjahres	1 390 667 EUR
abzüglich AfA des Folgejahres	56 000 EUR
Wertansatz am Ende des Folgejahres	1 334 667 EUR

● oder 10 % von 1 400 000,– EUR = 140 000,– EUR in den ersten 4 Jahren

Wertansatz bei Fertigstellung	1 400 000,– EUR
abzüglich AfA für zwei Monate des ersten Jahres	23 333,– EUR
Wertansatz am Ende des Geschäftsjahres	1 376 667,– EUR
abzüglich AfA des Folgejahres	140 000,– EUR
Wertansatz am Ende des Folgejahres	1 236 667,– EUR

Lösung Aufgabe 13 und 14

Die Antworten auf diese Fragen können aus dem Inhalt des Lehrbuches evtl. unter Zuhilfenahme des Sachwortverzeichnisses gefunden werden.

Lösung Aufgabe 15:

Nach § 292 a HGB für bestimmte zur Konzernrechnungslegung verpflichtete Unternehmen (die den Kapitalmarkt in Anspruch nehmen).

Die internationale Rechnungslegung ist informationszielorientiert. Da der Konzernabschluss nach HGB ebenfalls nur Informationsfunktion hat, ist Zielkongruenz gegeben. Der HGB-Einzelabschluss hat demgegenüber vorrangig die Zahlungsbemessungsfunktion zu erfüllen und unterliegt der Maßgeblichkeit der Handels- für die Steuerbilanz. Er muss neben der Informationsfunktion auch noch der Ausschüttungsbemessung dienen. Die Anwendungsbeschränkung der internationalen Rechnungslegung in Deutschland auf den Konzernabschluss lässt sich damit begründen.

Lösung Aufgabe 16:

Für die Bilanzierung (Ansatz dem Grunde nach) gelten nach IAS auf der Aktivseite weitere Regeln. „Asset" ist jeder hinreichend wahrscheinliche künftige wirtschaftliche Nutzen. Damit kommt es zur Erfassung von mehr Vermögen als nach HGB. Beispiel ist die Ansatzpflicht für den derivativen Geschäftswert (stärkeres Gewicht der wirtschaftlichen Betrachtungsweise beim Vermögen). Auf der Passivseite führen strengere Passivierungskriterien, insbesondere bei Rückstellungen, zu einer geringeren Erfassung von Schulden. Hier sind Schulden in wirtschaftlicher Betrachtungsweise, wie Aufwandsrückstellungen, nicht zu erfassen (schwächeres Gewicht der wirtschaftlichen Betrachtungsweise bei Schulden). Bei der Bewertung (Ansatz der Höhe nach) ist der zeitnahe Wertansatz bzw. die marktnahe Bewertung vorgesehen. Diese tritt an die Stelle des strengen Anschaffungswertprinzips nach HGB (Fair value statt Obergrenze Anschaffungskosten). Außerdem ist das Vorsichtsprinzip, insbesondere in der Ausgestaltung als Imparitätsprinzip, nicht so stark ausgeprägt. So sind Abschreibungen in einem Wertpapierportfolio nur vorgeschrieben, wenn das gesamte Portfolio einen Wertverlust erleidet. Unrealisierte Verluste müssen dabei mit unrealisierten Gewinnen aufgerechnet werden. Im übrigen gibt es bei Bilanzierung und Bewertung weitaus weniger Wahlrechte.

Lösung Aufgabe 17:

a) Nach HGB:

Aktie A: 10.000 × 10 EUR = 100.000 EUR (Zeitwert,   Niederstwertprinzip,
                                                      Einzelbewertung)
Aktie B: 10.000 × 20 EUR = 200.000 EUR (Höchstwert: Anschaffungskosten)
Aktie C: 10.000 × 10 EUR = 100.000 EUR (Höchstwert: Anschaffungskosten)
Bilanzsatz: 400.000 EUR (erfolgswirksame Abschreibung der A-Aktien um 50.000 EUR)

b) Portfoliobewertung (z. B. nach US-GAAP)

Aktie A: 10.000 × 10 EUR = 100.000 EUR (beizulegender Zeitwert:
Fair Value)

Aktie B: 10.000 × 22 EUR = 220.000 EUR (wie vor)

Aktie C: 10.000 × 16 EUR = 160.000 EUR (wie vor)

Bilanzansatz: 480.000 EUR (Zuschreibung des Portfolios um 30.000 EUR, Differenz aus 80.000 EUR Wertsteigerung der Aktien B und C und 50.000 EUR Wertminderung der Aktie A)

c) Portfoliobewertung (mit Obergrenze Portfolio-Anschaffungskosten)

Bilanzansatz: 450.000 EUR (Anschaffungskosten des Portfolios als Höchstwert, Wertzuwachs der Aktien B und C größer als Wertverlust der Aktie A, Berücksichtigung von Wertzuwächsen jedoch beschränkt auf Anschaffungskosten, eine Abschreibung ist nur zulässig, wenn das gesamte Portfolio an Wert verliert)

Lösung Aufgabe 18:

Folgende Aussagen sind richtig: a), d), f), g), j), l)

Folgende Aussagen sind falsch: b), c), e), h), i), k)

Lösung Fall 1

Gewinn- und Verlustrechnungen der MASCHAG (Angaben in 1.000 EUR)	(strukturiert) 2000	2001
1. Umsatzerlöse	2.600	3.000
2. Gesamtleistung	2.600	3.000
3. Materialaufwand	1.200	1.550
4. Rohergebnis (2-3)	1.400	1.450
5. Personalaufwand	1.000	1.100
6. Abschreibungen auf Sachanlagen	50	80
7. sonst. betriebl. Aufwand (Rückstellungen)	--	50
8. Betriebsergebnis (4-5-6-7)	350	220
9. Erträge aus Beteiligungen	36	55
10. Zinsaufwand	36	55
11. Abschreibungen auf Finanzanlagen	150	100
12. Finanzergebnis (9-10-11)	-150	-100
13. Ergebnis der gewöhnlichen Geschäftstätigkeit (8+12)	200	120
14. Gesamtergebnis vor Steuern	200	120
15. Steuern	70	30
16. Jahresüberschuß (14-15)	130	90
17. Einstellungen in Gewinnrücklagen	--	--
18. Bilanzgewinn (16-17)	130	90

Auf die Erstellung einer Strukturbilanz wurde verzichtet.

1.   Finanzwirtschaftliche Analyse der MASCHAG

1.1.   Zeitpunktbezogene Analyse

a) Kapitalstruktur

* **Eigenkapitalquote** (ohne ausgeschütteten Bilanzgewinn)

	2000	2001	Veränderung
EK-Quote	$\dfrac{600 \cdot 100}{1150} = 52,2\,\%$	$\dfrac{600 \cdot 100}{1240} = 48,4\,\%$	-7,3%

* **Langfristkapitalanteil**

	2000	2001	Veränderung
LFK-Quote	$\dfrac{850 \cdot 100}{1150} = 73,9\,\%$	$\dfrac{1005 \cdot 100}{1240} = 81,0\,\%$	+9,6%

b) Vermögensstruktur

* **Anlagenintensität (AI)**

	2000	2001	Veränderung
AI	$\dfrac{500 \cdot 100}{1150} = 43,5\,\%$	$\dfrac{600 \cdot 100}{1240} = 48,4\,\%$	+11,3%

- **Vorratsintensität (VI)**

	2000	2001	Veränderung
VI	$\dfrac{280 \cdot 100}{650} = 43{,}1\%$	$\dfrac{320 \cdot 100}{640} = 50{,}0\%$	+16,0%

- **Investitions- bzw. Wachstumsrate (IR)**

	2001	Gesamtes AV	Sachanlagevermögen
$IR = \dfrac{\text{Nettoinvestitionen} \cdot 100}{\text{Abschreibungen}}$		$\dfrac{280 \cdot 100}{180} = 155{,}6\%$	$\dfrac{130 \cdot 100}{80} = 162{,}5\%$

c) Finanzstruktur (Langfristige Deckungsrelationen)

	2000	2001
Deckungsgrad A	$\dfrac{600 \cdot 100}{500} = 120{,}0\%$	$\dfrac{600 \cdot 100}{600} = 100{,}0\%$
Deckungsgrad B	$\dfrac{850 \cdot 100}{500} = 170{,}0\%$	$\dfrac{1005 \cdot 100}{600} = 167{,}5\%$
Deckungsgrad C (incl. 50% des Materials)	$\dfrac{850 \cdot 100}{575} = 147{,}8\%$	$\dfrac{1005 \cdot 100}{695} = 144{,}6\%$

d) Liquiditätsgrade (Kurzfristige Deckungsrelationen)

	2000	2001
Liquidität 1. Grades[1] „Barliquidität"	$\dfrac{320 \cdot 100}{300} = 106{,}7\%$	$\dfrac{230 \cdot 100}{235} = 97{,}9\%$
Liquidität 2. Grades[2]	$\dfrac{370 \cdot 100}{300} = 123{,}3\%$	$\dfrac{320 \cdot 100}{235} = 136{,}2\%$
Liquidität 3. Grades[3]	$\dfrac{650 \cdot 100}{300} = 216{,}7\%$	$\dfrac{640 \cdot 100}{235} = 272{,}3\%$
working capital	$650 - 300 = 350$	$640 - 235 = 405$

[1] Liquide Mittel : kurzfristige Verbindlichkeiten
[2] (Liquide Mittel + Forderungen) : kurzfristige Verbindlichkeiten
[3] Umlaufvermögen : kurzfristige Verbindlichkeiten
kurzfristige Verbindlichkeiten = Verbindlichkeiten der Bilanz-Pos. C 2 + Bilanzgewinn (als kurzfristige „Dividendenverbindlichkeit") + 50% der Rückstellungen

Zahlungsgepflogenheiten	2000	2001
Kundenziel (in Tagen)	$\dfrac{50}{7{,}2} = 6{,}9$	$\dfrac{90}{8{,}3} = 10{,}8$
Lieferantenziel (in Tagen)	$\dfrac{120}{3{,}3} = 36{,}4$	$\dfrac{70}{4{,}3} = 16{,}3$

1.2. Zeitraumbezogene Analyse

a) Cash Flow - Analyse

Direkte Ermittlung des Cash Flow		
(als Differenz zwischen finanzwirksamem, d.h. zahlungsbegleitetem Ertrag und Aufwand)		
	2000	2001
Umsatzerlöse	2.600	3.000
Erträge aus Finanzanlagen	36	55
Betriebseinnahmen	<u>2.636</u>	<u>3.055</u>
Materialaufwand	1.200	1.550
Personalaufwand	1.000	1.100
Zinsaufwand	36	55
Steuern	70	30
Betriebsausgaben	<u>2.306</u>	<u>2.735</u>
Cash Flow	<u>330</u>	<u>320</u>

Indirekte Ermittlung des Cash Flow		
(nach der Formel: Gewinn + nicht-ausgabewirksame Aufwendungen − nicht-ausgabewirksame Erträge)		
	2000	2001
Gewinn	130	90
Abschreibungen auf Sachanlagen	+ 50	+ 80
Abschreibungen auf Finanzanlagen	+ 150	+ 100
Rückstellungen	+ --	+ 50
nicht-ausgabewirksame Erträge	− --	− --
Cash Flow	<u>330</u>	<u>320</u>

CF - Kennzahlen	2000	2001
Cash Flow	330	320
Cash Flow abzüglich Ersatzinvestitionen[1]	280	240
Innenfinanzierungsgrad	$\dfrac{330\cdot100}{280}=117{,}9\,\%$	$\dfrac{320\cdot100}{180}=177{,}8\,\%$

[1] Unterstellt werden Ersatzinvestitionen in Höhe der Abschreibungen auf Sachanlagen.

b) Bewegungsbilanz

Bewegungsbilanz für 2001
(Mittelherkunfts- und Mittelverwendungsrechnung; Angaben in 1000 EUR)

Mittelverwendung			Mittelherkunft		
I. Langfristige Kapitalflüsse					
Anlagevermögensbereich			**Anlagevermögensbereich**		
Sachanlageinvestitionen [1]	130		Abschreibungen auf Sachanlagen [1][2]	80	
Finanzanlageinvestitionen [1]	150	280	Abschreibungen von Finanzanlagen [1][2]	100	180
Eigenkapitalbereich			**Eigenkapitalbereich**		
Dividende (gezahlt in 2001)		130	Bilanzgewinn [2] (erzielt in 2001)		90
Fremdkapitalbereich			**Fremdkapitalbereich**		
Abnahme langfrist. Fremdkapitals		–	Zunahme langfrist. Verbindlichkeiten	130	
			Zunahme der Rückstellungen (50%) [2]	25	155
Langfristige Verwendungen		410	Langfristige Herkünfte		425
II. Kurzfristige Kapitalflüsse					
Umlaufvermögensbereich			**Umlaufvermögensbereich**		
Zunahme der Materialbestände	40		Abnahme des Kassenbestandes	50	
Zunahme der Kundenforderungen	40	80	Abnahme der Bankguthaben	40	90
Fremdkapitalbereich			**Fremdkapitalbereich**		
Abnahme der Lieferantenverbind-lichkeiten		50	Zunahme der Rückstellungen (50%) [2]		25
Kurzfristige Verwendungen		130	Kurzfristige Herkünfte		115
Mittelverwendung insgesamt		540	Mittelherkünfte insgesamt		540

[1] Bruttowerte lt. Anlagenspiegel
[2] Mittel aus dem betrieblichen Umsatzprozeß (Cash Flow) in Höhe von 320 TEUR

2.   Erfolgswirtschaftliche Analyse der MASCHAG

2.1.   Gewinnanalyse

Gewinn - Kennzahlen	2000	2001	Veränderung
Jahresüberschuß	130	90	- 30,8%
Ordentliches Betriebsergebnis	350	220	- 37,1%
Ergebnis der gewöhnlichen Geschäftstätigkeit	200	120	- 40%

a) Jahresüberschuß

(s. vorstehende Tabelle)

b) Erfolgsspaltung

	2000	2001
Ergebnisstruktur	$\dfrac{350 \cdot 100}{200} = 175,0\,\%$	$\dfrac{220 \cdot 100}{120} = 183,3\,\%$

c) Erfolgskomponenten

• Materialaufwand

	2000	2001
Materialintensität	$\dfrac{1200 \cdot 100}{2600} = 46,2\,\%$	$\dfrac{1550 \cdot 100}{3000} = 51,7\,\%$

- **Personalaufwand**

	2000	2001
Personalintensität	$\dfrac{1000 \cdot 100}{2600} = 38,5\,\%$	$\dfrac{1100 \cdot 100}{3000} = 36,7\,\%$

- **Abschreibungen auf Sachanlagen**

	2000	2001
„Kapitalintensität"	$\dfrac{50 \cdot 100}{2600} = 1,9\,\%$	$\dfrac{80 \cdot 100}{3000} = 2,7\,\%$

2.2.   Cash Flow-Analyse

	2000	2001
Cash Flow-Rendite	$\dfrac{330 \cdot 100}{1150} = 28,7\,\%$	$\dfrac{320 \cdot 100}{1240} = 25,8\,\%$
Umsatz-Cash Flow-Rate	$\dfrac{330 \cdot 100}{2600} = 12,7\,\%$	$\dfrac{320 \cdot 100}{3000} = 10,7\,\%$

2.3.   Rentabilitätsanalyse

Rentabilitäts - Kennzahlen	2000	2001	Veränderung
Gesamtkapital-Rentabilität	14,4 %	11,7 %	- 18,8 %
Eigenkapital-Rentabilität	21,7 %	15,0 %	- 30,9 %
Umsatz-Rentabilität (incl. FK-Zinsen)	6,4 %	4,8 %	- 25,0 %
Kapitalumschlagshäufigkeit	2,26	2,42	

- **Umschlagshäufigkeit des Kapitals (UHK)**

	2000	2001
UHK	$\dfrac{2600}{1150} = 2,26$	$\dfrac{3000}{1240} = 2,42\,\text{Tage}$

	2000	2001
Umschlagsdauer	$\dfrac{360}{2,26} = 159\ \text{Tage}$	$\dfrac{360}{2,42} = 149\ \text{Tage}$

- **detaillierte Umschlagskennzahlen.**

Umschlagshäufigkeiten	2000	2001
$UH_{Leistungseinheiten}$	$\dfrac{2600}{130} = 20,0$	$\dfrac{3000}{130} = 23,1$
$UH_{Forderungen}$	$\dfrac{2600}{50} = 52,0$	$\dfrac{3000}{90} = 33,3$
$UH_{Lagermaterial}$	$\dfrac{1200}{150} = 8,0$	$\dfrac{1550}{190} = 8,2$

Die Auswertung und Interpretation der berechneten Kennzahlen, d. h. die Beurteilung der MASCHAG, ist vom Leser selbst vorzunehmen.

Lösung Fall 2:

1. Die ABC Company braucht das Geld wegen der Erhöhung der Vorräte auf einen Bestand für 30 Tage und wegen der Vorfinanzierung des Umsatzes bei den stark steigenden Forderungen.
Vorschlag zur Umgehung des Kapitalbedarfes:
   a) Lagerpolitik ändern,
   b) Zahlungsziel ändern.

2. Der Kapitalbedarf ist aus der folgenden Liquiditätsübersicht zu ersehen. Da der Kapitalbedarf nur für 2 Monate existiert, d.h. nur die Notwendigkeit für ein Überbrückungsdarlehen für einen Zeitraum von 2 Monaten besteht, scheint eine Änderung der Unternehmenspolitik nicht nötig zu sein.

Liquiditätsübersicht
Erläuterung: Zahlen in $
Klammerzahlen in Stück

Pos. Bezeichnung	Jan.	Febr.	März	April	Mai	Juni	Juli	Aug.	Sept.	Okt.	Nov.	Dez.
1. *Umsatz* (Stück)	(1000)	(1500)	(2000)	(2500)								
2. Verkaufswert	1000	1500	2000	2500	3000	3500	4000	4500	5000	5500	6000	6500
3. Kostenwert	750	1125	1500	1875	2250	2625	3000	3375	3750	4125	4500	4875
4. *Produktion* (Stück)	(1000)	(2000)	(2500)	(3000)	(3500)	(4000)	(4500)	(5000)	(5500)	(6000)	(6500)	(7000)
5. Kosten	750	1500	1875	2250	2625	3000	3375	3750	4125	4500	4875	5250
6. *Lager* Anfangsbestand		750	750	1125	1500	usw.						
7. Zugang = Pos. 5		750	1500	1875	2250	usw.						
8. Abgang = Pos. 3		750	1125	1500	1875	usw.						
9. Endbestand		750	1125	1500	1875	2250	2625	3000	3375	usw.		
10. *Forderungen* Anfangsbestand		1000	1000	1500	2000	usw.						
11. Zugang = Pos. 2		1000	1500	2000	2500	usw.						
12. Abgang = Pos. 2 Vormonat		1000	1000	1500	2000	usw.						
13. Endbestand		1000	1500	2000	2500	3000	3500	4000	4500	usw.		
14. *Kasse* Anfangsbestand		875	1125	625	250	0	0	0	0	250	625	1125	1750
15. Zugang = Pos. 2 Vormonat	1000	1000	1500	2000	2500	3000	3500	4000	4500	5000	5500	6000
16. Abgang = Pos. 5	750	1500	1875	2250	2625	3000	3375	3750	4125	4500	4875	5250
17. Endbestand	1125	625	250	0	- 125	0	125	250	625	1125	1750	2500
18. Monatsgewinn = Pos. 2 ·/. 3	250	375	500	625	750	875	1000	1125	1250	1375	1500	1625
19. Gesamtgewinn	250	625	1125	1750	2500	3375	4375	5500	6750	8125	9625	11350
20. Kapitalbedarf	–	–	–	–	+ 125	–	- 125	–	–	–	–	–
					↑ Darlehens-aufnahme		↑ Darlehens-rückzahlung					

1.3. Lösungen zur Kosten- und Leistungsrechnung

Lösung Aufgabe 1:

t	ÄZ	RE	SK je Sorte	SK je t
4100	2	8200	2050000	500
2600	1,6	4160	1040000	400
7300	1,2	8760	2190000	300
800	1	800	200000	250
		21920	5480000	

Gesamtkosten : RE = 5 480 000 : 21 920 = 250

Lösung Aufgabe 2:

Erzeugnis	A	B	C	Summe
1. Fertigungsmaterial (EUR/Stück)	2	3	4	
2. Materialgemeinkosten (EUR/Stück)	0,10	0,15	0,20	
3. Materialkosten (EUR/Stück)	2,10	3,15	4,20	
4. Produktmenge (Stück/Zeitperiode)	4000	3000	5000	
5. Äquivalenzziffer in Kostenstelle (KSt) 1	0,5	1,0	3,0	
6. Rechnungseinheiten (Stück/Periode)	2000	3000	15000	20 000
7. Fertigungskosten (EUR/Rechn.-Einheiten)	100 000/20 000 = 5			
8. Fertigungskosten in KSt 1 (EUR/Stück)	2,5	5,0	15,0	
9. Äquivalenzziffer in KSt 2	–	2	5	
10. Rechnungseinheiten (Stück/Periode)	–	6000	25000	31 000
11. Fertigungskosten (EUR/Rechn.-Einheiten)	62 000/31 000 = 2			
12. Fertigungskosten in KSt 2 (EUR/Stück)	–	4,0	10,0	
13. Fertigungskosten insgesamt (EUR/Stück)	2,5	9,0	25,0	
14. Herstellkosten (EUR/Stück)	4,60	12,15	29,20	

Lösung Aufgabe 3:

a) Fertigungslöhne = 10,– EUR/Stück · 3000 Stück + 5,– EUR/Stück · 4000 Stück
= 50 000,– EUR
Fertigungsgemeinkosten = 100 000/50 000 = 200 %

b) Fertigungslöhne = 10 · 1000 + 5 · 6000 = 40 000,– EUR
Fertigungsgemeinkostensatz = 100 000/40 000 = 250 %

c) Differenz = Verrechnete Gemeinkosten minus Istgemeinkosten
= 200 % von 40 000 – 100 000 = – 20 000,– EUR
In diesem Falle läge eine Unterdeckung von 20 000,– EUR vor.

Lösung Aufgabe 4:

a) Summarischer Zuschlagssatz $= \dfrac{\text{Summe Gemeinkosten}}{\text{Summe Einzelkosten}} = \dfrac{270\,000}{150\,000} = 180\,\%$

b) Ermittlung der Selbstkosten des Produktes:

Materialeinzelkosten	400,– EUR
Fertigungslöhne	600,– EUR
Summe Einzelkosten	1 000,– EUR
Gemeinkosten 180 %	1 800,– EUR
Selbstkosten	2 800,– EUR

c) Materialgemeinkostensatz $= \dfrac{\text{Materialgemeinkosten}}{\text{Materialeinzelkosten}} = \dfrac{10\,000}{100\,000} = 10\,\%$

Fertigungsgemeinkosten $= \dfrac{\text{Fertigungsgemeinkosten}}{\text{Fertigungslöhne}} = \dfrac{140\,000}{50\,000} = 280\,\%$

Verwalt.- und Vertr.-Gemeinkostensatz $= \dfrac{\text{Verw.- und Vertr.-Gem.Kosten}}{\text{Herstellkosten}}$

$= \dfrac{120\,000}{300\,000} = 40\,\%$

Ermittlung der Selbstkosten des Produktes:

Materialeinzelkosten	400,– EUR	
MGK (10 % von FM)	40,– EUR	
Materialkosten		440,– EUR
Fertigungslöhne	600,– EUR	
FGK (280 % von FL)	1 680,– EUR	
Fertigungskosten		2280,– EUR
Herstellkosten		2720,– EUR
V. u. V. GK (40 % von HK)		1088,– EUR
Selbstkosten		3808,– EUR

Lösung Aufgabe 5:

zu a) $x_o = K_f/d = K_f/(p - k_v)$ 800 000 Stück und 6 Mio. Umsatz
zu b) $x = (K_f + G)/d = (K_f + G)/(p - k_v)$ 1 200 000 Stück und 9 Mio. Umsatz
zu c) $x = (K_f + G)/(p - k_v) = (2,5 \text{ Mio.} + 1 \text{ Mio.})/(7,8 - 5,5) = 1 521 740,$
        d. h. $+26,8\%$ zu b)

Lösung Aufgabe 6:

a) Für die rechnerische Lösung ist es bedeutsam zu überlegen, daß die Gewinn-schwelle der „Break-even-point" ist, der Punkt, an dem Umsatz und Kosten gleich groß sind.

Brutto-Umsatz U = Gesamtkosten K
$$U = 3,6 + (8,0/13,4) U + 0,1 U$$
$$U = 3,6 + 0,597 U + 0,1 U$$
$$U = 3,6 + 0,697 U$$
$$0 = 3,6 - 0,303 U$$
$$U = 3,6/0,303 = 11,88 \text{ Mio EUR}$$

Aus der Rechnung ist zu ersehen, daß von jedem EUR Umsatz insgesamt $(8,0/13,4) + 0,1 = 0,697$ EUR auf die variablen und die Sondervertriebskosten entfallen. Der Rest von 0,303 EUR ist der Deckungsbeitrag. Bis zur Gewinn-schwelle wird er benötigt, die fixen Kosten abzudecken; darüber hinaus ist er Gewinn.

b) Mit der Erfüllung der Lohnforderungen steigen die Kosten wie folgt an (alle Zahlen in Mio EUR)

	variable Kosten	fixe Kosten	Summe
Fertigungslöhne (zusätzlich)	0,18	–	0,18
Gemeinkostenlöhne (zusätzlich)	0,05	0,1	0,15
			0,33

Damit erhöhen sich die Gesamtkosten von 11,6 auf 11,93 und der Gewinn redu-ziert sich um 0,33 auf nur noch 0,13.

Die Gewinnschwelle wird erst bei einer höheren Kapazitätsauslastung erreicht.

c) Die Herabsetzung der wöchentlichen Arbeitszeit führt zu einer Minderung der Kapazitätsauslastung um 5 %. Daduch ändern sich Kosten und Umsatz wie folgt (alle Zahlen in Mio EUR):

Die fixen Kosten bleiben unverändert	3,6
Fertigungs- und Gemeinkostenlöhne ebenfalls	2,3
Die übrigen variablen Kosten reduzieren sich von 5,7 um 5 % auf	5,415
Gesamtkosten	11,315
Der Netto-Umsatz reduziert sich von 12,06 um 5 % auf	11,46
Damit wird der Gewinn reduziert auf	0,145

d) Nach Erfüllung der Lohnforderungen beträgt der Deckungsbeitrag nur noch $1 - (8,23/13,4) - 0,1 = 0,286$ EUR je 1,– EUR Umsatz.
Zu erwirtschaften wären

die fixen Kosten mit	3,7 Mio EUR
und der Plangewinn mit	0,46 Mio EUR
	4,16 Mio EUR

Der erforderliche Umsatz müßte U $= 4,16/0,286 = 14,5$ Mio EUR betragen.

Lösung Aufgabe 7:

$$x_0 = \frac{K_{fix}}{p - k_{var}} = \frac{100\,000,- \text{ EUR}}{(65 - 35) \text{ EUR/Stück}} = 3333,\overline{3} \text{ Stück}$$

$$S = \frac{(4500 - 3333) \text{ Stück}}{4500 \text{ Stück}} \cdot 100 = 26\%$$

$$G_{plan} = p \cdot x_{plan} - (K_{fix} + k_{var} \cdot x_{plan})$$

$$G_{plan} = 65,- \text{ EUR/Stück} \cdot 4\,500 \text{ Stück} - (100\,000,- \text{ EUR} + 35 \cdot 4\,500,- \text{ EUR})$$

$$G_{plan} = 35\,000,- \text{ EUR}$$

Lösung Aufgabe 8:

a) $x = 2000$ Stück; $k_{var} = 5,-$ EUR/Stück; $p = 20,-$ EUR/Stück
$K = K_{fix} + x \cdot k_{var} = 20\,000,- + 10\,000,- = 30\,000,-$ EUR
Selbstkosten $k = K/x = 15,-$ EUR/Stück
Gewinn $g = p - k = 5,-$ EUR/Stück
Deckungsbeitrag $d = p - k_{var} = 15,-$ EUR/Stück

b) $n = 500$ Stück
$K = 20\,000,- + 2\,500,- = 22\,500,-$ EUR
Selbstkosten $k = 45,-$ EUR/Stück
Gewinn $g = -25,-$ EUR/Stück (Verlust)
Deckungsbeitrag $d = 15,-$ EUR/Stück

c) $E = K$
$p \cdot x = K_{fix} + x \cdot k_{var}$

$$x = \frac{K_{fix}}{p - k_{var}} = \frac{20\,000}{20 - 5} = 1334 \text{ Stück/Periode}$$

Lösung Aufgabe 9:

Bei gleicher Absatzmenge und einer Preissenkung von 9% ergäbe sich:

Erlöse	910 000,– EUR ≙ 100%
Sondereinzelkosten des Vertriebs	– 50 000,– EUR
Nettoerlös	860 000,– EUR
variable Herstellkosten	570 000,– EUR ≙ 62,7%
Deckungsbeitrag	290 000,– EUR ≙ 31,9%

Wenn der Erfolg nicht geschmälert werden soll, muß der Deckungsbeitrag nunmehr 380 000,– + 40 000,– = 420 000,– EUR betragen.

Der erforderliche Umsatz läßt sich nun wie folgt bestimmen: Der erforderliche Deckungsbeitrag ist durch seinen Prozentsatz vom Nettoerlös (31,9%) zu dividieren.

$$\text{erforderlicher Umsatz} = \frac{420\,000 \cdot 100}{31,9}$$
$$= 1\,316\,600,\text{– EUR}$$

Wenn man nach der Preissenkung den gleichen Gewinn erzielen will, muß der Ausstoß um 31,7% gesteigert werden.

Lösung Aufgabe 10:

FM	20	FM	20
MGK	10	varMGK	5
FL	10	FL	10
FGK	10	varFGK	5
HK	50	varHK	40
VGK	25	varVK	12,5
SK	75	varSK	52,5
p	80	p	80
G	5	d	27,5

Lösung Aufgabe 11:

	bisher	a)	b)	c)	d)	e)
Erlös	1 000	1 100	1 100	1 000	1 000	1 000
Material	400	400	440	360	400	440
Lohn	200	200	220	180	220	200
K_v	600	600	660	540	620	640
D	400	500	440	460	380	360
Zuwachs D	–	+ 25%	+ 10%	+ 15%	– 56%	– 10%
$G = D – K_f$	100	200	140	160	80	60
Zuwachs G	–	+ 100%	+ 40%	+ 60%	– 20%	– 40%

Lösung Aufgabe 12:

a)	b)
k_v = 80	P = 100
k_f = 30	k_v = 80
SK = 110	d = 20
p = 100	annehmen
ablehnen, da	
V = 10 000	

Lösung Aufgabe 13:

Produkt		A	B	C	D	E
zu a):	Gewinn/Verlust	20	10	0	− 25	− 30
	DB	100	110	140	145	150
zu b):	DB/Masch.-Std.	400	220	140	362,5	300

Lösung Aufgabe 14:

1 a) Die Erzeugnisse mit dem höchsten Deckungsbeitrag/Stück (Deckungsbeitrag = Preis minus direkte Kosten) sind zu bevorzugen. Solange ein positiver Deckungsbeitrag/Stück existiert, wird durch die Aufnahme des Erzeugnisses ins Produktionsprogramm der Periodengewinn der Unternehmung erhöht.

1 b) Die Erzeugnisse mit dem höchsten Deckungsbeitrag/Stunde der Engpaßkapazität sind zu bevorzugen.

1 c) Bei Vorliegen mehrerer Kapazitätsbeschränkungen ist das gewinnmaximale Produktionsprogramm nur mittels der linearen Optimierung zu bestimmen.

2 a) Engpaßbelastung des Zusatzauftrages (Produkt A).
5 Minuten/Stück A × 400 Stück A/Monat = 2000 Minuten/Monat
Einschränkung der Produktion des Produktes B.
$$\frac{2000 \text{ Minuten/Monat}}{8 \text{ Minuten/Stück B}} = 250 \text{ Stück B/Monat}$$

2 b)

	Produkt A	Produkt B
Produktion (Stück/Monat)	400	250
Preis (EUR/Stück)	10	7
Grenzkosten (EUR/Stück)	8	3
Deckungsbeitrag (EUR/Stück)	2	4
Deckungsbeitrag (EUR/Monat)	800	1000

Die Hereinnahme des Zusatzauftrages ist also abzulehnen, da der Deckungsbeitrag/Monat niedriger ist als bei der verdrängten Produktion.

2 c) Preisuntergrenze = Grenzkosten des Zusatzproduktes + Deckungsbeitrag des verdrängten Produktes × Engpaßbelastung des Zusatzproduktes/ Engpaßbelastung des verdrängten Produktes

$$p_{min} = 8,- \text{ EUR/Stück} + 4,- \text{ EUR/Stück} \frac{5 \text{ Minuten/Stück}}{8 \text{ Minuten/Stück}} = 10,50 \text{ EUR/Stück}$$

oder: $1000 \, D_B : 400 \text{ Stück}_A = 2,50 \, d_A$

$$p_{min} = 8 \, K'_A + 2,50 \, d_A = 10,50 \text{ EUR/Stück}$$

Lösung Aufgabe 15:

Gesamtkosten der Fremdreparatur:

1. Ausgaben:

Rechnungsbetrag (abzüglich Skonto)	7760,– EUR	
Auslösung	+ 240,– EUR	
Gesamtausgaben		8000,– EUR

2. Opportunitätskosten (entgangener Gewinn) für reparaturbedingten Stillstand

Netto-Erlös/100 kg Produkt	2000,– EUR	
abzüglich direkte Kosten/100 kg	– 1600,– EUR	
Deckungsbeitrag/100 kg Produkt	400,– EUR	
(Beitrag zur Abdeckung der fixen Kosten)		
Deckungsbeitrag/Stunde	1200,– EUR	
Deckungsbeitrag für 10 Std. Reparaturzeit		12000,– EUR

3. Erhöhter Rohstoffverbrauch bis zum Reparaturbeginn

Mehrverbrauch/100 kg Produkt	100,– EUR	
Mehrverbrauch/Stunde	300,– EUR	
Mehrverbrauch für 50 Stunden		15000,– EUR
Gesamtkosten der Fremdreparatur		35000,– EUR

Gesamtkosten der Eigenreparatur:

1. Ausgaben:

Ersatzteil (abzüglich Schrotterlös)	3800,– EUR	
Überstundenzuschläge	+ 200,– EUR	
Reparaturhilfsstoffe	+ 200,– EUR	
Gesamtausgaben		4200,– EUR

2. Opportunitätskosten (vgl. oben)

Deckungsbeitrag für 20 Std. Reparaturzeit		24000,– EUR

3. Erhöhter Rohstoffverbrauch bis zum Reparaturbeginn

Mehrverbrauch während 5 Stunden		1500,– EUR
Gesamtkosten der Eigenreparatur		29700,– EUR

Die schadhafte Anlage sollte also zweckmäßig durch eigenes Personal repariert werden.

Falls die Reparaturabteilung vollbeschäftigt wäre, müßten Überlegungen und Rechnungen angestellt werden, wie sie in Aufgabe 8 beschrieben wurden.

Lösung Aufgabe 16:

Teil	A	B	C	D
Stückzahl	300	300	150	300
Bearbeitungszeit (Min/Stück)	20	5	20	4
Kapazitätsbeanspruchung in Minuten	6 000	1 500	3 000	1 200

Gesamte Kapazitätsbeanspruchung in Minuten	11 700
Kapazität der Maschine in Minuten	10 500
Engpaß in Minuten	1 200

Da ein Engpaß vorliegt, müssen die engpaßbezogenen Deckungsbeiträge der vier Teile ermittelt werden. Die Rangfolge dieser Deckungsbeiträge entscheidet, welche Teile gefertigt werden sollten. („Deckungsbeitrag" des fremdbezogenen Teiles: Fremdbezugspreis minus variable Kosten je Stück bei Eigenfertigung.)

Teil	A	B	C	D
Preis/Stück (EUR)	80	45	60	80
variable Kosten/Stück (EUR)	60	41	45	72
Deckungsbeitrag/Stück (EUR)	20	4	15	8
Kapazitätsbeanspruchung (Min/Stück)	20	5	20	4
engpaßbezogener Deckungsbeitrag (EUR/Min)	1	0,8	0,75	2
Rangfolge	2.	3.	4.	1.

Aufgrund der Rangfolge der engpaßbezogenen Deckungsbeiträge kann entschieden werden, Teil „D" selbst zu fertigen und die Fertigung von Teil „C" einzuschränken, falls einer Produktionseinschränkung von Teil „C" keine anderen Gründe entgegenstehen.

Berechnung der Preisobergrenze des Teiles D:

p_{Grenz} = variable Stückkosten + Opportunitätskosten

p_{Grenz} = 72,– EUR/Stück + 0,75 EUR/Min · 4 Min/Stück

p_{Grenz} = 75,– EUR/Stück

Der Fremdbezugspreis für Teil D liegt mit 80,– EUR/Stück oberhalb der Preisobergrenze.

Dies bestätigt die Entscheidung für Eigenfertigung, die aufgrund der Rangfolge der engpaßbezogenen Deckungsbeiträge getroffen wurde.

Lösung Aufgabe 17:

Teil	Bedarf (Stck/Mon.)	Zeit a (Min./Stck)	Zeit gesamt	Fremd-preis p	k_v	K'	$d_e =$ $(p − K')/a$	Rang
1	**100**	× 2	= 200	20	30	16	4/2 = 2	2
2	**500**	× 10	= 5000	26	22	10	16/10 = 1,6	3
3	1200	8	–	30	25	18	12/8 = 1,5	4
4	**300**	× 4	= 1200	18	10	8	10/4 = 2,5	1
5	200	6	–	12	18	15	− 3/6 = − 0,5	–
			$\sum$ 6400					

Zusatzfrage: Welche Mengen würden Sie von welchen Produkten selbst herstellen, wenn die Gesamtkapazität begrenzt ist?

Lösung Aufgabe 18:

a) | | | |
|---|---|---|
| Auslastung | 1 600 Stunden/Jahr | 1 200 Stunden/Jahr |
| Variable Kosten | 25 600,– EUR/Jahr | 19 200,– EUR/Jahr |
| Fixe Kosten | 18 400,– EUR/Jahr | 18 400,– EUR/Jahr |
| Gesamtkosten | 44 000,– EUR/Jahr | 37 600,– EUR/Jahr |
| Variable Kosten/Stunde | 16,– EUR | 16,– EUR |
| Fixe Kosten/Stunde | 11,50 EUR | 15,53 EUR |
| Gesamt-Stundensatz | 27,50 EUR | 31,33 EUR |
| Vollkosten/Teil | 5,50 EUR | 6,27 EUR |
| Variable Kosten/Teil | 3,20 EUR | 3,20 EUR |

b) Beim Vergleich der Stückkosten auf Vollkostenbasis mit dem Fremdbezugspreis hat die Einkaufsabteilung ermittelt, daß ein Fremdbezug wirtschaftlicher wäre und zu Kosteneinsparungen von 6,27 EUR minus 4,– EUR = 2,27 EUR je

Stück, also ca. 35% der eigenen Kosten führen würde. Dadurch ergäbe sich eine jährliche Ersparnis von

200 Stunden/Jahr · 5 Teile/Stunde · 2,27 EUR/Teil = 2270,– EUR/Jahr

c) Die Rechnung der Einkaufsabteilung ist falsch, da sie nicht berücksichtigt, daß die Teile bei Eigenfertigung zur Abdeckung der fixen Kosten beitragen, was bei Fremdbezug nicht der Fall ist.

Beim Vergleich der Stückkosten auf der Bais der variablen Kosten ergibt sich, daß die Eigenfertigung verglichen mit dem Fremdbezug wirtschaftlicher ist und 4,– EUR minus 3,20 EUR = 0,80 EUR je Stück zur Abdeckung der fixen Kosten beitragen.

Daraus ergibt sich, daß ein jährlicher Deckungsbeitrag von

200 Stunden/Jahr · 5 Teile/Stunden · 0,80 EUR/Teil = 800,– EUR/Jahr

bei der Eigenproduktion gegenüber dem Fremdbezug erwirtschaftet wird, der beim Übergang auf Fremdbezug entfällt.

Das gleiche Ergebnis erhält man auch bei einer andersartigen Überlegung:

Gesamtkosten pro Jahr bei Eigenfertigung	
Variable Kosten (1200 Stunden · 16,– EUR/Stunde)	19 200,– EUR
Fixe Kosten	18 400,– EUR
Gesamtkosten	37 600,– EUR
Gesamtkosten pro Jahr bei Fremdbezug	
Variable Kosten (1000 Stunden · 16,– EUR/Stunde)	16 000,– EUR
Fixe Kosten	18 400,– EUR
Fremdbezugskosten (1000 Stück · 4,– EUR/Stück)	4 000,– EUR
Gesamtkosten	38 400,– EUR
Kosteneinsparung bei Eigenfertigung	800,– EUR

Wenn jedoch ein Lieferant bereit wäre, das Teil (inklusive aller Nebenkosten) für nur 3,20 EUR abzugeben, dann wären Fremdbezug und Eigenfertigung gleichwertig.

Lösung Aufgabe 19:

Bei Unterbeschäftigung sind die Grenzkosten (variable Kosten) pro Stück für die Maschinenbelegung entscheidend.

Maschine	A	B
1. Leistung (Stück/Stunde)	10	5
2. Beschäftigung (Stunden/Monat)	80	80
3. Gegenwärtiger Ausstoß (Stück/Monat)	800	400
4. Variable Kosten (EUR/Monat)	5000,–	4000,–
5. Variable Kosten (EUR/Stück)	6,25	10,–
6. Maximaler Ausstoß (Stück/Monat)	1760	880

Auf Anlage A werden 960 Stück zusätzlich mit Grenzkosten von 6,25 EUR/Stück gefertigt. Die übrigen 40 Stück des Zusatzauftrages werden auf Maschine B zu Grenzkosten von 10,– EUR/Stück hergestellt.

Lösung Aufgabe 20:

P = 150 (0,25 + 0,4 · 1.1 + 0,35 · 1.25) = 169.125 Mio. EUR

Lösung Aufgabe 21:

Falls keine Maßnahmen ergriffen werden, ergibt sich folgende Situation (alle Zahlen in Mio. EUR)

Fertigungsmaterial	4,3	
Fertigungslöhne (1,6 + 7,5 %)	1,72	
Fertigungsgemeinkosten (3,5 + 4 %)	3,64	
Verwaltungs- und Vertriebskosten	0,8	
Gesamtkosten		10,46
Netto-Erlös		10,35
	Verlust	0,11

Wenn keine besonderen Maßnahmen ergriffen werden, wird damit der Jahreserfolg statt + 0,15 Mio. EUR (wie im vergangenen Jahr) auf − 0,11 Mio. EUR im laufenden Jahr fallen.

a) Bei einer 20 % höheren Ausbringung steigen Kosten und Erlöse (alle Zahlen in Mio. EUR)

Fertigungsmaterial (4,3 + 20 %)	5,16	
Fertigungslöhne (1,72 + 20 %)	2,064	
Fertigungsgemeinkosten (3,64 + 8 %)	3,931	
Verwaltungs- u. Vertriebskosten (0,8 + 4 %)	0,832	
Gesamtkosten		11,987
Netto-Erlös (10,35 + 20 %)		12,42
	Gewinn	0,433

b) Eine Preiserhöhung um 2 % ohne Erhöhung der Ausbringung bewirkt (alle Zahlen in Mio. EUR)

Netto-Erlös (10,35 + 2 %)	= 10,557
Gesamtkosten (unverändert)	= 10,46
Gewinn	0,097

c) Ein Umsatzrückgang um 10 %, dem mit einem gleich hohen Beschäftigungsrückgang begegnet wird, verringert die Kosten wie folgt (alle Zahlen in Mio. EUR)

Fertigungsmaterial	(4,3 − 10 %)	= 3,87
Fertigungslöhne	(1,72 − 10 %)	= 1,55
Fertigungsgemeinkosten	(3,64 − 4 %)	= 3,49
Verwaltungs- und Vertriebskosten	(0,8 − 2 %)	= 0,78
Gesamtkosten		9,69

Der Netto-Erlös verringert sich durch den Umsatzrückgang um 10 % von 10,35 Mio. EUR auf 9,32 Mio. EUR und erhöht sich durch die Preissteigerung um 5 % von 9,32 Mio. EUR auf nunmehr 9,79 Mio. EUR.

Damit ergäbe sich ein Gewinn von 0,1 Mio. EUR.

Die zweckmäßigste Reaktion der Unternehmung auf die Lohnerhöhung ist demnach die Produktionssteigerung um 20 % ohne Preisänderung der Produkte.

Lösung Aufgabe 22:

Gegebene Daten: Produktionsausfall   2 Monate (2000 Stück)
              Lagerkosten bei Vorlauf   0,1 EUR/Stück u. Monat
              Mehrkosten bei Behelfslinie   0,6 EUR/Stück

Annahme: Über zehn Monate werden monatlich 200 Stück zusätzlich produziert. Der Lagerzugang erfolgt kontinuierlich, ebenso der Lagerabgang während der zweimonatigen Umbauzeit.

Grafische Darstellung:
Lagerzustände und Lagerabgänge innerhalb von 12 Monaten

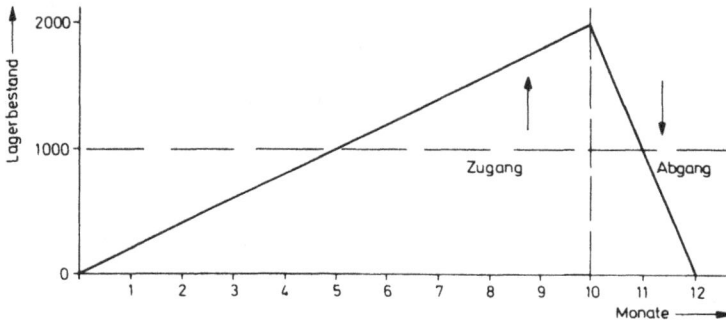

Der Grafik kann entnommen werden, daß innerhalb von 12 Monaten durchschnittlich 1000 Stück gelagert werden müssen.
Mehrkosten durch Vorlauf und Lagerung:

$$K_L = 1000 \text{ Stück} \cdot 0,1 \text{ EUR/Stück/Monat} \cdot 12 \text{ Monate} = 1200,- \text{ EUR}$$

Mehrkosten bei Einrichtung einer Behelfslinie:

$$K_B = 2000 \text{ Stück} \cdot 0,6 \text{ EUR/Stück} = 1\,200,- \text{ EUR}$$

Vorlauf und Behelfslinie verursachen die gleichen Mehrkosten.

Falls es möglich ist, den Vorlauf in weniger als zehn Monaten durchzuführen, wird gegenüber der Behelfslinie eine Kosteneinsparung erzielt.

Zum Beispiel: Vorlauf innerhalb von 6 Monaten

$$K_L = 1000 \text{ Stück} \cdot 0,1 \text{ EUR/Stück/Monat} \cdot 8 \text{ Monate} = 800,- \text{ EUR}$$

Bei einem Vorlauf innerhalb von 6 Monaten werden gegenüber der Behelfslinie 400,- EUR eingespart.

Lösung Aufgabe 23:

a) Die Zuschlagskalkulation verrechnet die Gemeinkosten üblicherweise proportional zu den Einzelkosten. Diese Proportionalität ist bei Gemeinkosten, soweit sie Fixkosten sind, in keiner Weise gegeben. Bei variablen Gemeinkosten ist die Proportionalität nur prinzipiell, im Einzelnen aber auf der Basis grob vereinfachender Annahmen nur sehr eingeschränkt gegeben. Die Proportionalkalkulation mit wertmäßigen Bezugsgrößen ist daher immer fehlerbehaftet. Die Fehler nehmen zu, je stärker die Beschäftigungsschwankungen sind. Die

Kalkulationsfehler treten auch bei Teilkostenrechnungen auf. Die Prozesskalkulation verwendet physische Größen als Kostentreiber zur Verrechnung und nimmt eine wesentlich stärkere Differenzierung der Gemeinkosten durch Prozessbildung und -bewertung vor. Sie erreicht daher bei zweckmäßiger Ausgestaltung eine höhere Kalkulationsgenauigkeit.

b) Die Vorteile der Prozesskostenrechnung liegen in einer wesentlichen Kalkulationsverbesserung (Vermeidung von Degressions-, Allokations- und Komplexitätseffekten). Außerdem führt sie zu einer Verbesserung der Kostentransparenz im Bereich der Gemeinkosten. Dadurch bietet sie einen Ansatz zur Optimierung der Gemeinkosten.

c)

Rechnungszweck	Benötigtes Rechnungssystem
langfristig kostenorientierte Preisgestaltung (langfristiger Preisuntergrenze)	Vollkostenrechnung
kurzfristig kostenorientierte Grenzpreisbildung und innerbetriebliche Steuerung bei Engpässen	Teilkostenrechnung
Gemeinkostenoptimierung	Fixkostendeckungsrechnung oder Prozesskostenrechnung

Lösung Aufgabe 24:

Folgende Aussagen sind richtig: b), c), e), f), g), i), k), j), l)
Folgende Aussagen sind falsch: a), d), h)

Lösung Aufgabe 25:

$$K_{si} = K_{fix,p} + K_{pro,p} \frac{x_i}{x_p} = 15\,000 + 20x_i$$

$$K_{pi} = K_{pp} \frac{x_i}{x_p} = 30x_i$$

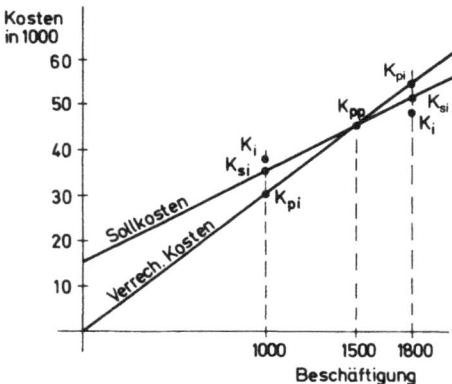

a) $x_i = 1000; \; K_i = 38\,000$
   $\Delta V = K_i - K_{si} = 38\,000 - (15\,000 + 20\,000) = 3000$
   $\Delta B = K_{si} - K_{pi} = 35\,000 - 30\,000 = 5000$
   $\Delta K = K_i - K_{pi} = 38\,000 - 30\,000 = 8000$

b) $x_i = 1800; K_i = 48\,000$

$\Delta V = 48\,000 - (15\,000 + 36\,000) = -3000$

$\Delta B = 51\,000 - 54\,000 = -3000$

$\Delta K = 48\,000 - 54\,000 = -6000$

Zusatzaufgabe: Beurteilen Sie die Situation im Fall a) und b).

Lösung Aufgabe 26–30:

Die Antworten auf diese Fragen können aus dem Inhalt der einzelnen Abschnitte evtl. unter Zuhilfenahme des Sachwortverzeichnisses gefunden werden.

Lösung Fall 1:

Siehe nächste Seite

Lösung Fall 2:

Analyse der Situation der Atherton Company

Position Bezeichnung	1950	1951	1952	1953	1954	1955	Gegebene Schätzung 1956		Eigene Schätzung 1957	
Preise (in $)										
1. Konkurrenz	2,0	2,0	1,5	1,5	1,5	1,5	1,5	1,5	1,5	1,5
2. Atherton	2,0	2,0	1,5	1,5	2,0	2,0	2,0	1,5	2,0	1,5
Mengenumsatz (in 1000 Yards)										
3. Branche	610	575	430	475	500	625	700	700	750	750
4. Atherton	213	200	150	165	150	125	75	175	75	250
5. Marktanteil der Firma (in %)	35	35	35	35	30	20	11	25	10	33
6. Umsatzertrag (in 1000 $) (2 x 4)	426	400	225	247	300	250	150	262	150	375
7. Selbstkosten (in $/Yard)	1,55	1,55	1,57	1,56	1,57	1,66	1,98	1,56	1,98	1,55
8. Selbstkosten in 1000 $ (4 x 7)	330	310	235	257	235	207	149	272	149	378
9. Erfolg in 1000 $) (6 ·/. 8)	+ 96	+ 90	– 10	– 10	+ 65	+ 43	+ 1	– 10	+ 1	– 3
10. Direkte Kosten (in $/Yard)[1]	0,68	0,67	0,64	0,645	0,64	0,65	0,68	0,65	0,68	0,69
11. Direkte Kosten (in 1000 $) (4 x 10)	145	134	96	106	96	81	51	114	51	172
12. Deckungsbeitrag (in 1000 $) (6 ·/. 11)	281	266	129	141	204	169	99	148	99	203

[1] *Erläuterung:* Fertigungslohn, Material, Ausschuß und direkte Abteilungsgemeinkosten

1. Wie aus der obigen Tabelle zu ersehen ist, hängt die Preisentscheidung mit der Finanzlage insofern zusammen, als unter Ansatz der Vollkostenrechnung

> beim Preis von 2 $ mit einem Gewinn von 1000 $/Jahr und
> beim Preis von 1,5 $ mit einem Verlust von 10 000 $/Jahr

im Jahre 1956 zu rechnen ist.

Da es jedoch ungerechtfertigt erscheint, die indirekten Gemeinkosten einfach mit einem festen Prozentsatz den direkten Kosten zuzuschlagen, wie es in der Tabelle 2 der Aufgabenstellung geschehen ist, ist eine Untersuchung des Deckungsbeitrages angebracht.

Es zeigt sich auch hier, daß sich die Preisentscheidung auf die Finanzlage des Unternehmens auswirkt, jedoch in umgekehrter Richtung:

> Beim Preis von 2 $ ist der Deckungsbeitrag 99 000 $/Jahr,
> beim Preis von 1,5 $ beträgt der Deckungsbeitrag 148 000 $/Jahr.

2. Grundsätzlich bestehen drei Alternativen
   a) Preis auf 2 $ belassen,
   b) Preis auf 1,5 $ senken,
   c) Produktion aufgeben.

Lösung Fall 1:

Analyse der Standard- und Istkosten bei der Lotsacal Sugar Company

Bezeichnung	Standard (Plan)-Kalkulation			Istkalkulation (Woche vom 22. Mai)			Ist-Nachkalkulation am Jahresende		
	Menge	Preis/Einheit	Kosten	Menge	Preis/Einheit	Kosten	Menge	Preis/Einheit	Kosten
Produktion	220 000 Pfund/Jahr			4 400 Pfund/Woche			200 000 Pfund/Jahr		
Material/100 Pfund									
Zucker	50 lbs	0,05 $/lbs	2,50 $	2350/44 = 53,5 lbs	0,04 $/lbs	2,14 $	wie vor, da keine Jahresverbrauchszahlen		
Dextrose	40 lbs	0,09 $/lbs	3,60 $	1850/44 = 42,0 lbs	0,08 $/lbs	3,37 $	für Material gegeben sind		
Malz	10 lbs	0,07 $/lbs	0,70 $	400/44 = 9,1 lbs	0,08 $/lbs	0,73 $			
Summe			6,80 $			6,24 $			6,24 $
Lohn/100 Pfund									
Mischen	8 Std.	2,00 $/Std.	16,– $	350/44 = 7,95 Std.	2,05 $/Std.	16,30 $	15000/2000 = 7,5 Std.	2,05 $/Std.	15,50 $
Kochen	8 Std.	1,50 $/Std.	12,– $	370/44 = 8,4 Std.	1,40 $/Std.	11,76 $	16500/2000 = 8,25 Std.	1,40 $/Std.	11,60 $
Summe			28,0 $			28,16 $			26,90 $
Summe Material + Lohn/100 Pfund			34,80 $			34,40 $			33,14 $
Variable Gemeinkosten/100 Pfund									
Mischen	11440/2200 = 5,20 (d.h. 5,2/8 = 0,65 $/Std.)			7,95 Std.	0,65 $/Std.	5,17 $	(20300 − 10560)/2000 = 4,87 (d.h. 4,87/7,5 = 0,65 $/Std.)		
Kochen	10560/2200 = 4,80 (d.h. 4,8/8 = 0,60 $/Std.)			8,4 Std.	0,60 $/Std.	5,05 $	(25000 − 15840)/2000 = 4,58 (d.h. 4,58/8,25 = 0,55 $/Std.)		
Summe			10,00 $			10,22 $			9,45 $
Summe Variable Kosten/100 Pfund			44,80 $			44,62 $			42,59 $
Fixe Gemeinkosten/100 Pfund									
Mischen	10560/2200 = 4,80 $			wie vor, da die Jahresleistung noch nicht			10560/2000 = 5,28 $		
Kochen	15840/2200 = 7,20 $			bekannt			15840/2000 = 7,92 $		
Summe			12,00 $			12,00 $			14,20 $
Gesamtkosten/100 Pfund			56,80 $			56,62 $			56,79 $

zu a) In diesem Falle würde die Firma in kurzer Zeit mit ihrem Artikel aus dem Markt verdrängt sein, wie der stark fallende Marktanteil vermuten läßt.

zu b) Der Marktanteil würde auf lange Sicht wieder auf den vorher bereits gehabten Anteil steigen und der Deckungsbeitrag aus der Produktion des Artikels würde wieder die frühere Größenordnung erreichen.

zu c) Der Artikel könnte in diesem Fall zwar „kostenrechnerisch" keine Verluste mehr bringen, aber es würde auch der Deckungsbeitrag dieses Artikels entfallen, so daß andere Artikel jetzt mehr belastet würden, wenn nicht anstelle des wegfallenden Artikels ein anderer, hinsichtlich des Stückgewinnes günstigerer Artikel neu in das Programm aufgenommen würde.

Folglich kann die Entscheidung nur lauten: Preissenkung auf 1,5 $.

1.4. Lösungen zur Wirtschaftlichkeits- und Investitionsrechnung

Lösung Aufgabe 1:

a) Einsparung an Montagezeit 0,5 Stunde/Stück · 9 000 Stück   = 4 500 Stunden
Einsparung an Lohnkosten 12,– EUR/Stunde · 4 500 Stunden = 54 000,– EUR
Investitionsaufwand (ohne Zinsen)   = 29 000,– EUR
Einsparung durch Investition   = 25 000,– EUR

Die Investition ist selbst dann zu empfehlen, wenn das Montageband nach Fertigstellung des Auftrages nicht weiter verwendet werden kann.

b) Wird ein Arbeiter durch die Investition eines Betriebsmittels eingespart, so entfallen einerseits die Lohn- und Lohnnebenkosten ($L_{Arbeiter}$), andererseits erwachsen jedoch Abschreibungs- und Zinskosten für das Betriebsmittel.

Eine solche Rationalisierungsinvestition ist nur dann sinnvoll, wenn

$$A/n + A i/2 \leqslant L$$
$$A(1/n + i/2) \leqslant L$$

Daraus ergibt sich, daß

$$A \leqslant L/(1/n + i/2)$$

sein muß. Die Grenzwerte für A sind in Abhängigkeit von n errechnet.

n	3	5	10
$1/n + i/2$	0,38	0,25	0,15
$A_{grenz} \leqslant$	$2,6 \cdot L$	$4 \cdot L$	$6,7 \cdot L$

Lösung Aufgabe 2:

a)

Bezeichnung	Sondermaschine A	Standardmaschine B
Anschaffungswert (EUR)	210 000,–	160 000,–
Nutzungsdauer (Jahre)	10	15
Restwert (EUR)	10 000,–	10 000,–
Proportionale Kosten (EUR/Welle)	12,–	18,–
Kalkulatorische Abschreibung $\frac{A-R}{n}$ (EUR/Jahr)	20 000,–	10 000,–
Kalkulatorische Zinsen $\frac{A+R}{2}$ i (EUR/Jahr)	11 000,–	8 500,–
Proportionale Kosten (EUR/Jahr)	60 000,–	90 000,–
Summe Kosten (EUR/Jahr)	91 000,–	108 500,–

Die Beschaffung der Sondermaschine ist bei der gegebenen Auftragslage zu empfehlen.

b) Im Break-even-point ist

$$K_{fix,A} + x \cdot k_{prop,A} = K_{fix,B} + x \cdot k_{prop,B}$$

$$x = \frac{\Delta K_{fix}}{\Delta k_{prop}} = \frac{12\,500,-\ \text{EUR/Jahr}}{6,-\ \text{EUR/Stück}} \approx 2\,100\ \text{Stück/Jahr}$$

Der Einsatz der Sondermaschine lohnt sich ab einer jährlichen Stückzahl von ca. 2100.

Lösung Aufgabe 3:

Produktionssteigerung pro Jahr	200 Einheiten
Gewinn/Einheit	150,– EUR
Gewinnzuwachs pro Jahr	30 000,– EUR
Kapitalbedarf	100 000,– EUR
Kapitalrückfluß = Gewinn + Abschreibung =	40 000,– EUR/Jahr

$$\text{durchschnittliche Rentabilität} = \frac{\text{zusätzlicher Gewinn/Jahr}}{\text{durchschnittlicher Kapitaleinsatz}}$$

$$= \frac{30\,000,-\ \text{EUR/Jahr}}{50\,000,-\ \text{EUR}} = 0,6 = 60\,\%\ \text{p.a.}$$

$$\text{Amortisationsdauer} = \frac{\text{Kapitaleinsatz EUR}}{\text{Kapitalrückfluß EUR/Jahr}} = \frac{100\,000,-\text{EUR}}{40\,000,-\ \text{EUR/Jahr}}$$

$$= 2,5\ \text{Jahre}$$

Lösung Aufgabe 4:

Da keine Einzahlungen gegeben sind, läßt sich der Kapitalwert der Fördermittel nicht bestimmen, wohl aber der Barwert der Auszahlungen.

Jahr	Abzinsungs-faktor	Barwert der Auszahlungen LKW	Seilbahn	Band
0	1,0000	25 000	80 000	100 000
1	0,9091	18 182	9 091	4 546
2	0,8264	18 181	9 917	5 785
3	0,7513	18 783	11 270	6 762
4	0,6830	20 490	11 611	7 513
5	0,6209	15 523	7 451	4 967
Barwert-Summe		116 159	129 340	129 573

Der LKW besitzt den niedrigsten Barwert der Auszahlungen und ist deshalb das zweckmäßigste Fördermittel. Man beachte, daß ohne Diskontierung der LKW als die schlechteste Alternative erscheint.

Lösung Aufgabe 5:

a) Ausgehend von der Kapitalwertgleichung (1) wird die Mindestnutzungsdauer errechnet, d. h. die Nutzungsdauer, bei der der Kapitalwert Null wird.

$$C = (e - a) \ \frac{(1 + i)^n - 1}{i(1 + i)^n} - A_0 = 0$$

$$\frac{i(1 + i)^n}{(1 + i)^n - 1} = \frac{(e - a)}{A_0} = \frac{2200}{8000} = 0,275$$

Aus Tabelle C 2 ist zu ersehen:

Für $i = 0,1$ und $n = 4$ ist der Wiedergewinnungsfaktor 0,3155.
Für $i = 0,1$ und $n = 5$ ist der Wiedergewinnungsfaktor 0,2638.
Die Interpolation ergibt $n = 4,78$ Jahre als Mindestnutzungsdauer.

b) Hier muß die Kapitalwertgleichung (2) verwendet werden, eine tabellarische Bestimmung ist von Vorteil.

Jahr t	Zeitwert $e_t - a_t$	Abzinsungsfaktor $\frac{1}{(1 + i)^t}$	Barwert $\frac{e_t - a_t}{(1 + i)^t}$	Kapitalwert $C = -A_0 + \Sigma \frac{e_t - a_t}{(1 + i)^t}$
1	2600	0,9091	2364	- 5636
2	2400	0,8264	1983	- 3653
3	2700	0,7513	2029	- 1624
4	1100	0,6830	751	- 873
5	950	0,6209	590	- 283

Durch Extrapolation ergibt sich $C = 0$ bei $t \approx 5,5$ Jahre.

Lösung Aufgabe 6:

Als Probierzinssätze werden 10 % und 20 % gewählt.

Jahr	Zahlungen (Zeitwerte)	Abzinsungsfaktor (p = 10 %)	Zahlungen (Barwerte)	Abzinsungsfaktor (p = 20 %)	Zahlungen (Barwerte)
0	- 100 000	1,0000	- 100 000	1,0000	- 100 000
1	30 000	0,9091	27 273	0,8333	24 999
2	40 000	0,8264	33 056	0,6944	27 776
3	30 000	0,7513	22 539	0,5787	17 361
4	20 000	0,6830	13 660	0,4823	9 646
5	20 000	0,6209	12 418	0,4019	8 038
	Kapitalwert		8 946		- 12 180

Die graphische lineare Interpolation ergibt einen Internen Zinssatz von ca. 14 %.

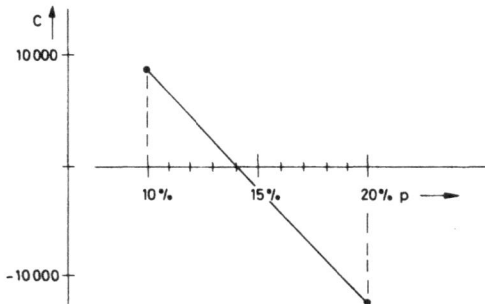

Die mathematische Interpolation ergibt r = 14,22 %

$$r = \frac{C_1 r_2 - C_2 r_1}{C_1 - C_2}$$

$$r = \frac{1789,2 + 1218}{21\,126} = 0,1422$$

Lösung Aufgabe 7:

Der Kapitaldienst ermittelt sich nach (7)
Alte Anlage ohne Überholung $k_{d,ao} = 12\,000$
Alte Anlage mit Überholung $k_{d,am} = 30\,000 \cdot 0,57619 + 1000 = 18\,286$

Die Annuität ergibt sich mit (6)
Alte Anlage ohne Überholung $g_{ao} = 28\,000$
Alte Anlage mit Überholung $g_{am} = 50\,000 - 18\,286 = 31\,714$

Da die Annuität der neuen Anlage mit $g_n = 36\,000$ angegeben ist, wird ein sofortiger Ersatz der alten Anlage durch die neue empfohlen.

Lösung Aufgabe 8:

x_1 = Anzahl Eigenheime Typ A
x_2 = Anzahl Eigenheime Typ B

Zielfunktion: $z = 60\,000\,x_1 + 40\,000\,x_2 \Rightarrow$ Max
Kapitalbeschränkungen: $60\,000\,x_1 + 30\,000\,x_2 \leqslant 480\,000$
$\qquad\qquad\qquad\quad 40\,000\,x_1 + 30\,000\,x_2 \leqslant 360\,000$
$\qquad\qquad\qquad\quad 30\,000\,x_1 + 50\,000\,x_2 \leqslant 450\,000$
$\qquad\qquad\qquad\qquad\qquad\qquad\quad x_1 \geqslant 0$
$\qquad\qquad\qquad\qquad\qquad\qquad\quad x_2 \geqslant 0$

Graphische Lösung:

$$6\,x_1 + 3\,x_2 = 48 \quad (0)$$
$$4\,x_1 + 3\,x_2 = 36 \quad (1)$$
$$3\,x_1 + 5\,x_2 = 45 \quad (2)$$
$$z = 6\,x_1 + 4\,x_2 = 24 \text{ gewählt}$$

Ergebnis: $x_1 = 6$ Stück Typ A
$x_2 = 4$ Stück Typ B
$z = 520\,000,-$ EUR Gewinn
Im 2. Jahr werden 70 000,– EUR des Kapitals nicht benötigt.

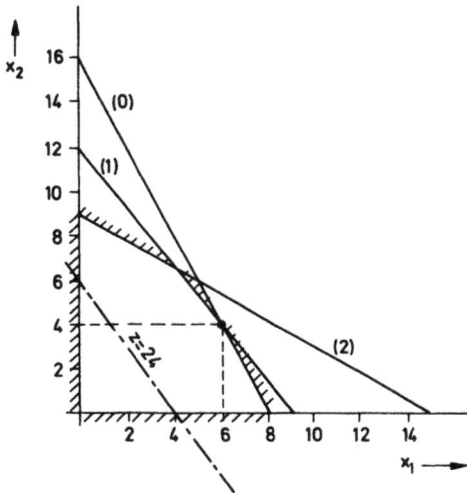

Lösung Aufgabe 9:

a) Überprüfung der Zweckmäßigkeit der Investition nach der Annuitätsmethode:

$$g = (e - a) - A_0 \frac{i(1 + i)^n}{(1 + i)^n - 1}$$

$$g = 50\,000 - 180\,000 \cdot 0{,}21912 = 10\,558,- \text{ EUR/Jahr}$$

Die Kapazitätserweiterung bringt über die geforderte Verzinsung von 12 % hinaus eine Rente von über 10 000,– EUR/Jahr und ist deshalb zu empfehlen.

b) Ermittlung der dynamischen Amortisationszeit: Bei einem Kapitalwert von Null hat sich das für die Investition eingesetzte Kapital amortisiert:

$$C = 0 = (e - a) \cdot \frac{(1 + i)^n - 1}{i(1 + i)^n} - A_0$$

$$\frac{(e-a)}{A_0} = \frac{i(1 + i)^n}{(1 + i)^n - 1} = \frac{50\,000,- \text{ EUR}}{180\,000,- \text{ EUR}} = 0{,}27778$$

Aus der Tabelle der Kapitalwiedergewinnungsfaktoren (Tabelle C 2) ist die dynamische Amortisationszeit mit ca. 5 Jahren abzulesen.

Lösung Aufgabe 10:

a) Ermittlung des Kapitalwertes:

$$C = (e - a) \frac{(1 + i)^n - 1}{i(1 + i)^n} - A_0$$

$$C = \frac{2400,- \text{ EUR}}{0,21632} - 12\,000,- \text{ EUR} = -905,- \text{ EUR}$$

Es liegt ein negativer Kapitalwert vor. Die Investition ist nicht empfehlenswert.

b) Ermittlung des Internen Zinsfußes:

$$\frac{r(1 + r)^n}{(1 + r)^n - 1} = \frac{e - a}{a_0} = 2400/12\,000 = 0,2$$

	$p = 4\%$	$p = 6\%$
$\dfrac{r(1 + r)^6}{(1 + r)^6 - 1}$	0,19076	0,20336

Durch Interpolation kann der Prozentsatz ermittelt werden, für den der Kapitalwiedergewinnungsfaktor 0,2 ist:

$$\frac{0,2 - 0,19076}{x} = \frac{0,20336 - 0,19076}{2\%}$$

$$x = 1,47\%$$
$$r = 1,47\% + 4\% = 5,47\%$$

Der Interne Zinsfuß (ca. 5,5%) liegt unterhalb der geforderten Verzinsung von 8%.

c) Ermittlung der Annuität der Investition

$$g = (e - a) - k_d$$

$$k_d = \frac{i(1 + i)^n}{(1 + i)^n - 1} \cdot A_0 = 0,21632 \cdot 12\,000,- \text{ EUR} = 2596,- \text{ EUR}$$

$$g = +2400,- \text{ EUR} - 2596,- \text{ EUR} = -196,- \text{ EUR}$$

Die Annuität kann auch sofort aus dem Kapitalwert der Investition berechnet werden:

$$g = -905,- \text{ EUR} \cdot 0,21632 = -196,- \text{ EUR}$$

Die Annuität der Investition ist negativ. Bei einer geforderten Verzinsung von 8% kann die Investition nicht empfohlen werden.

d) Beurteilung der Investition bei statischer Betrachtungsweise:
Die Investition verursacht an fixen Kosten/Jahr im wesentlichen Abschreibung und kalkulatorische Zinsen.

Abschreibung = A/n = 12000/6,- EUR/Jahr	= 2000,- EUR/Jahr
Kalk. Zinsen = A/2 · i = 6000 · 0,08 EUR/Jahr	= 480,- EUR/Jahr
Summe Fixkosten	2480,- EUR/Jahr
Kosteneinsparung	2400,- EUR/Jahr
Kostenerhöhung durch Investition	80,- EUR/Jahr

Die durch die Investition verursachten Fixkosten/Jahr sind höher als die Betriebskosteneinsparungen/Jahr. Die Investition ist unvorteilhaft.

Lösung Aufgabe 11:

Tabellarische Ermittlung der günstigsten Zahlungsbedingung:

a)

Jahr	Auszahlungen Zeitwert/EUR	Abzinsungsfaktor	Auszahlungen Barwert/EUR
0	10 000,–	1,0000	10 000,–
1	3 000,–	0,9091	2 727,–
2	3 000,–	0,8264	2 479,–
3	3 000,–	0,7513	2 254,–
4	3 000,–	0,6830	2 049,–
			19 509,–

b)

Jahr	Auszahlungen Zeitwert/EUR	Abzinsungsfkator	Auszahlungen Barwert/EUR
0	–	1,0000	–
1	16 000,–	0,9091	14 546,–
2	–	0,8264	–
3	–	0,7513	–
4	6 000,–	0,6830	4 098,–
			18 644,–

Zahlungsbedingungen b) ist günstiger. Es werden gegenüber a) 865,– EUR eingespart.

Lösung Aufgabe 12:

Ermittlung der optimalen Nutzungsdauer nach dem Kriterium:
Solange $(e_n - a_n) > i R_n + R'$ ist, ist ein Ersatz unzweckmäßig.

Nutzungsjahr	1	2	3	4
Restwert R_n (EUR)	6 000,–	4 000,–	2 200,–	800,–
Zinsen $i R_n$ (EUR)	600,–	400,–	220,–	80,–
Wertminderung R' (EUR)	4 000,–	2 000,–	1 800,–	1 400,–
$i R_n + R'$ (EUR)	4 600,–	2 400,–	2 020,–	1 480,–
Einzahlungsüberschuß (EUR)	5 000,–	4 000,–	2 500,–	1 000,–

Im vierten Jahr ist erstmals $(e_n - a_n) < i R_n + R'$.

Der PKW sollte zu Beginn des 4. Jahres durch einen neuen PKW ersetzt werden. Ermittlung der statischen Amortisationszeit (Kumulationsverfahren).

Kapitaleinsatz: 10 000,– EUR

Nutzungsjahr	1	2	3	4
Einzahlungsüberschuß (EUR)	5 000,–	4 000,–	2 500,–	1 000,–
Kumulierte Einzahlungsüberschüsse (EUR)	5 000,–	9 000,–	11 500,–	12 500,–
Amortisationszeit			z = 2,4 Jahre	
Kapitalwert bei p = 0 % C(0 %) (EUR)	– 5 000,–	– 1 000,–	1 500,–	2 500,–

Die statische Amortisationszeit ist 2,4 Jahre.

Ermittlung der dynamischen Amortisationszeit (Kumulationsverfahren):

Nutzungsjahr	1	2	3	4
Einzahlungsüberschüsse/Zeitwerte	5 000	4 000	2 500	1 000
Abzinsungsfaktor	0,9091	0,8264	0,7513	0,6830
Einzahlungsüberschüsse/Barwerte	4 546	3 306	1 878	683
Kumulierte Einzahlungsüberschüsse	4 546	7 852	9 730	10 413
Dynamische Amortisationszeit			z = 3, 4 Jahre	
Kapitalwert bei p = 10 % p.a.	− 5 454	− 2 148	− 270	413

Die dynamische Amortisationszeit beträgt ca. 3,4 Jahre.

Lösung Aufgabe 13:

Ermittlung der günstigsten Zahlungsbedingung (tabellarisch)

Zeitpunkt der Auszahlung	0	1	2	Gesamt
Zeitwert der Auszahlungen				
Alternative a) in EUR	−	−	315 000	
Alternative b) in EUR	270 000	−	−	
Alternative c) in EUR	−	150 000	150 000	
Abzinsungsfaktor (p = 8 %)	1,0000	0,9259	0,8573	
Barwert der Auszahlungen				
Alternative a) in EUR	−	−	270 050	270 050
Alternative b) in EUR	270 000	−	−	270 000
Alternative c) in EUR	−	138 885	128 595	267 480

Unter der Bedingung, daß Geld anderweitig zu 8 % angelegt werden kann, ist Zahlungsbedingung c) am günstigsten! Gegenwartswert der Auszahlungen bei Bedingung c): 267 480,− EUR = (138 885,− EUR + 128 595,− EUR).

Lösung Aufgabe 14:

a) Beurteilung nach der Kapitalwertmethode:

$$C_{Haus} = 10\,000\,\frac{(1+1)^{50}-1}{i(1+i)^{50}} + 10\,000\,\frac{(1+i)^{10}-1}{i(1+i)^{10}} - 200\,000$$

$$= \frac{10\,000}{0,06344} + \frac{10\,000}{0,13587} - 200\,000 = 31\,200$$

$$C_{Pfandbriefe} = 12\,000\,\frac{(1+i)^{50}-1}{i(1+i)^{50}} + 200\,000\,\frac{1}{(1+i)^{50}} - 200\,000 \approx 0$$

Der Erwerb des Hauses ist zu empfehlen.

b) Beurteilung nach der Methode des Internen Zinsfußes:
Interner Zinsfuß der Pfandbriefe: r = 6 %

Interer Zinsfuß des Hauses:
Bei p = 6 % wird $C_{Haus,6\%}$ = 31 200 (vgl. oben).
Bei p = 8 % wird

$$C_{Haus, 8\%} = \frac{10\,000}{0,08174} + \frac{10\,000}{0,14903} - 200\,000 = -10\,600$$

$$r = \frac{C_1 p_2 - C_2 p_1}{C_1 - C_2} = \frac{31\,200 \cdot 8 + 10\,600 \cdot 6}{31\,200 + 10\,600} \approx 7,5\%$$

Der Erwerb des Hauses ist auch nach diesem Kriterium zu empfehlen.

Lösung Aufgabe 15:

Die Stückzahl muß entsprechend hoch sein. Berechnung der Grenzstückzahl:

1. Ansatz:

$$C = (e - a) \frac{(1 + i)_n - 1}{i(1 + i)^n} - A_o = 0$$

$$[(7 - 4)x - 400] \frac{(1 + i)^{20} - 1}{i(1 + i)^{20}} = 5000$$

$$3 \times - 400 = 5000 \cdot 0,08718$$
$$x = 279 \text{ Stück}$$

2. Ansatz:

$$g = (e - a) - k_d = 0$$

$$(7 - 4)x - 400 - 5000 \frac{i(1 + i)^{20}}{(1 + i)^{20} - 1} = 0$$

$$x = \frac{5000 \cdot 0,08718 + 400}{3} = 279 \text{ Stück}$$

Die Produktion lohnt sich immer dann, wenn mit einer Stückzahl von mehr als 279 Stück pro Jahr gerechnet werden kann.

Lösung Aufgabe 16:

Die Entscheidung ist abhängig von der Lebenserwartung des Rentners. Wie alt müßte der Rentner mindestens werden, damit sich der Kredit für ihn lohnen würde?

$$k_d = A_o \frac{i(1 + i)^n}{(1 + i)_n - 1}$$

$$\frac{i(1 + i)^n}{(1 + i)^n - 1} = \frac{k_d}{A_o} = \frac{2800}{20\,000} = 0,14$$

Bei $i = 0,1$ und $n = ?$ wird der Kapitalwiedergewinnungsfaktor 0,14?
Bei $i = 0,1$ und $n = 13$ wird der KWF = 0,14078.

Der Rentner müßte also mindestens $67 + 13 = 80$ Jahre alt werden, damit sich das Angebot gegenüber der bisherigen Mietzahlung lohnt.

Lösung Aufgabe 17:

a) Bestimmung der Mindestnutzungsdauer

$$C = (e - a) \frac{(1 + i)^n - 1}{i(1 + i)_n} - A_o = 0$$

$$\frac{i(1+i)^n}{(1+i)^n - 1} = \frac{e-a}{1_o} = \frac{5000}{25\,000} = 0{,}2$$

Für $n = 7$ Jahre wird mit $i = 0{,}1$ der Kapitalwiedergewinnungsfaktor gleich 0,20541. Die Mindestnutzungsdauer ist also 7 Jahre.

b) Bestimmung des maximalen Anschaffungspreises

$$C = -A_o + R_t \frac{1}{(1+i)^t} + (e-a)\frac{(1+i)^n - 1}{i(1+i)^n} = 0$$

$$A_o = 8000 \cdot 0{,}5645 + 12\,000\,\frac{1}{0{,}22961} = 56\,778$$

Ein Anschaffungspreis von 56 778,– EUR wäre im äußersten Fall akzeptabel.

c) Berechnung des Jahresumsatzes, bei dem der Betrieb rentabel arbeitet. Wird eine Nutzungsdauer von 50 Jahren unterstellt, ergibt sich aus

$$C = (e-a)\frac{(1+i)^n - 1}{i(1-i)^n} - A_o = 0$$

$e_{50} = 4$ Mio. EUR $\cdot$ 0,06344 + 1,5 Mio. EUR = 1,754 Mio. EUR

Wird nur eine Nutzungsdauer von 5 Jahren unterstellt, so ist

$e_5 = 2{,}45$ Mio. EUR

Lösung Fall 1 bis 3 sowie Aufgaben 18 bis 24:

Die Fälle und diese umfangreicheren Aufgaben werden zur Lösung im Rahmen eines Seminars empfohlen.

2. Sachwortverzeichnis